Philipp Friedrich Gwinner

Kunst und Künstler in Frankfurt am Main

Vom dreizehnten Jahrhundert bis zur Eröffnung des Städel'schen Kunstinstituts

Philipp Friedrich Gwinner

Kunst und Künstler in Frankfurt am Main
Vom dreizehnten Jahrhundert bis zur Eröffnung des Städel'schen Kunstinstituts

ISBN/EAN: 9783743304666

Hergestellt in Europa, USA, Kanada, Australien, Japan

Cover: Foto ©ninafisch / pixelio.de

Manufactured and distributed by brebook publishing software
(www.brebook.com)

Philipp Friedrich Gwinner

Kunst und Künstler in Frankfurt am Main

Kunst und Künstler

in

Frankfurt am Main

vom dreizehnten Jahrhundert bis zur Eröffnung
des Städel'schen Kunstinstituts

von

Dr. Ph. Friedrich Gwinner

Senator und Syndikus.

———

Mit zwei Bildnissen und einer Stammtafel.

Frankfurt am Main

Verlag von Joseph Baer.

1862.

Vorrede.

In den Werken der älteren Kunsthistoriker werden zwar hier und da einige Frankfurter Künstler besprochen; allein doch nur mit Rücksicht auf die von diesen in der Kunstgeschichte überhaupt eingenommene Stellung und nur so weit es der besondere Zweck des Schriftstellers erheischte oder zuließ. Die Künstlergeschichte der Stadt Frankfurt hatte sich keiner zur Aufgabe gemacht. Hüsgen war der erste, welcher diesem Specialgebiete seine Forschungen ausschließlich widmete. Was er hierin geleistet hat, verdient um so größere Anerkennung, als er ein fast unbebautes Feld betrat und genöthigt war, seine Nachrichten meistentheils aus den verborgensten und unzugänglichsten Quellen zu schöpfen. Es kam ihm hierbei seine ausgebreitete Bekanntschaft mit hiesigen und auswärtigen Künstlern, Kunstgelehrten und Kunstfreunden, seine eigene in vieljähriger Beschäftigung mit der Kunst gesammelte reiche Erfahrung und sein unverdrossener Fleiß zu Statten. Als ich mich zur Herausgabe der gegenwärtigen neuen Darstellung des Künstlerlebens in Frankfurt entschloß, konnte es nicht meine Absicht sein, das Verdienst Hüsgens zu schmälern, da ich im Gegentheil nur auf dem von ihm gelegten Grunde fortbauen wollte. Seitdem derselbe die zweite Ausgabe seiner Nachrichten von Frankfurter Künstlern und Kunstsachen, sein Artistisches Magazin, erscheinen ließ, sind über siebenzig Jahre verflossen. Frankfurt hat in dieser langen Zeit eine Reihe theils eingeborener, theils eingewanderter Künstler besessen, alle in höherem oder geringerem Grade würdig, der Vergessenheit entrissen zu werden. Die Ansichten in Sachen der Kunst haben einen erheblichen Umschwung erfahren; das

Kunstleben unserer Stadt ist durch Städels großartige Stiftung in eine ganz andere, auch nach außen hin bedeutungsvollere Stellung getreten. Mit der Wirksamkeit dieser Anstalt begann für Frankfurt auf diesem Gebiete eine neue Aera, wodurch die Geschichte der älteren, verein= zelten Bestrebungen gleichsam zum Abschlusse gelangt ist, aber auch neues Interesse gewonnen hat. Schon aus diesem Grunde schien es mir wünschenswerth, daß auch Hüsgens Werk wenigstens bis zu diesem Zeitpunkte fortgeführt, wo nöthig berichtigt und ergänzt werde. Diesen Versuch hätte ich gern einer geschickteren Hand überlassen; aber ich mußte bei längerem Aufschub befürchten, daß zahlreiche that= sächliche Umstände, theilweise nicht Jedem zugänglich oder nur den Zeitgenossen bekannt, einem späteren Schriftsteller entgehen könnten. Diesem mag meine Arbeit mindestens als Material dienen. Dieselbe bietet nach der Natur des Gegenstandes keine systematische Kunstge= schichte, sondern beschränkt sich auf eine möglichst vollständige und übersichtliche Zusammenstellung dessen, was mir aus den zerstreuten Schriften anderer und durch eigene Forschung über das Leben und Schaffen der hiesigen Künstler bekannt geworden ist. Ich wollte dem Kunstfreunde einen Leitfaden geben, an den er selbst, wenn er das Bedürfniß fühlt, weiter eingehende Untersuchungen zu knüpfen vermag.

Es könnte scheinen, daß das umfassende, erst in neuerer Zeit beendigte Allgemeine Künstlerlexicon von Nagler und das zwar weniger umfangreiche, noch unvollendete von Fr. Müller meine Arbeit überflüssig mache; allein die Verfasser dieser verdienstlichen Werke konnten nicht alle hiesigen Künstler in der Weise berücksichtigen, wie es dem einheimischen Kunstfreunde wünschenswerth ist; viele, die wohl aus örtlichem Interesse der Erwähnung werth waren, konnten in dem größeren Werke keine Beachtung finden oder sind den Ver= fassern nicht genügend bekannt geworden, weßhalb zahlreiche Berichti= gungen nothwendig erschienen; endlich ist auch das Allgemeine Künstler= lexicon schon wegen seines Umfangs und Preises nicht Allen zugänglich.

Von diesen Rücksichten geleitet, habe ich nicht bloß der eingebo= renen und eingewanderten Künstler, sondern auch derjenigen gedacht,

welche entweder hier ihre Studien gemacht haben oder hier nur vorübergehend thätig gewesen sind. Selbstverständlich können nicht alle
verzeichneten Namen als Sterne in der Geschichte der Kunst glänzen.
Auch dem bescheidenen Talent und jeder ernstlichen Bestrebung auf
dem bezeichneten Felde gebührt seine Stelle, ja in der ältesten Periode war es nothwendig, selbst solche Künstler zu verzeichnen, von
denen wenig mehr als der Name bekannt ist. Die hervorragende
Stellung eines Conrad Fyoll, Christian Egenolph, Sigmund Feyerabend, Hans Sebald Beham, Adam Elsheimer, Matthäus Merian,
Joachim von Sandrart, Abraham Mignon, Johann Lingelbach, Johann Heinrich Roos und vieler anderen Frankfurter Künstler von
gutem Klange wird dadurch nicht beeinträchtigt.

Meine ursprüngliche Absicht, dieses Werk bis zur Gegenwart
auszudehnen, mußte schon an dem Widerstande der Künstler selbst
scheitern. Die Mehrzahl derselben, obwohl nicht die hervorragendsten,
setzte meiner Aufforderung um Mittheilung des entsprechenden Materials entweder gänzliches Schweigen oder sogar bestimmte Weige-
rung entgegen. Die unbefangene Besprechung der Leistungen lebender
Personen, an sich mißlich, wird dem einheimischen Schriftsteller fast
zur Unmöglichkeit. „Wer fühlt nicht, daß den Anwesenden Weihrauch
zu streuen in jeder guten Gesellschaft für Kriecherei, und sie zu tadeln
für Anmaßung gilt." (A. Kirchner: Ansichten von Frankfurt.) Die
Reizbarkeit gegen das Urtheil Anderer scheint nun einmal eine un-
vermeidliche Zugabe der Künstlernatur zu sein. Ein entscheiden-
des Urtheil über ihre Arbeiten gestehen sie dem Laien selten zu; in
den meisten Fällen wird ihm überhaupt jede Befähigung, über Werke
der Kunst zu urtheilen, abgesprochen. Mit Verachtung wird auf Alle
herabgesehen, die nicht selbst den Pinsel oder Meisel berufsmäßig
führen. (Frankfurter Museum vom 19. März 1859.) Und doch
ist gerade umgekehrt das Urtheil ausübender Künstler über die
Werke Anderer in der Regel ein einseitiges, selten ein unbefange-
nes und unpartheiisches, und viel leichter ist es, einen guten Maler,
als einen wahren Kenner zu finden. Das ist, neben dem angeborenen Gefühl für das Schöne, eine Wissenschaft für sich, die durch

Studien und Mühen erworben wird, denen sich die wenigsten ans
übenden Künstler unterziehen, noch wenigere mit Erfolg. Allerdings
giebt es rühmliche Ausnahmen. Um in Sachen der Kunst ein Urtheil zu haben, ist neben den allgemeinen Voraussetzungen wesentlich
nothwendig, daß man viel, recht viel, und mit unbefangenem Auge
gesehen habe. Die wenigsten Künstler befinden sich in diesem Falle.
Ihre Wanderung geht nach Rom, Paris, München, oder nach einer
anderen Metropole der Kunst; dorthin bringen sie die auf der heimischen Schule empfangene einseitige Richtung mit und legen sie in der
Regel nur ab, um mit dem neuen Winde zu segeln, der ihnen aus
den Ateliers der Akademie entgegen wehet. Zu den öffentlichen Kunst
sälen beachten sie meistens nur die Werke, welche in ihr eigenes spe-
cielles Fach einschlagen, Privatkabinete besuchen sie selten. „Wir
tragen die Anlagen des guten Geschmacks in uns", sagt der englische
Kunstforscher Daniel Webb; „diese, durch Erfahrung und Vergleichung vervollkommnet, führen uns zur richtigen Beurtheilung der
schönen Künste. Für das größte Hinderniß unseres Fortschreitens
in der Erkenntniß der Kunst halte ich die hohe Meinung, welche
wir von dem Urtheile der ausübenden Künstler hegen, so wie das
verhältnißmäßige Mißtrauen in unser eigenes. Ich habe beinahe
keinen einzigen Künstler gekannt, der nicht ausschließlicher Bewun-
derer einer Schule oder sclavischer Anhänger einer besonderen Manier
gewesen wäre. Selten erheben sie sich zu einer freien, unpartheiischen
Ansicht des Schönen, wie Leute von wissenschaftlicher Bildung und
Welt. Die bei Ausübung der Kunst ihnen entgegentretenden Schwierigkeiten machen, daß sie ausschließlich am Mechanismus kleben, während Eigenliebe und Eigendünkel sie denjenigen Geschmack der Zeichnung und des Colorits bewundern läßt, welcher ihrer eigenen Manier
am ähnlichsten ist."

Der Kunstliebhaber auf der andern Seite sieht alles und allerwärts, er bildet seinen Geschmack und sein Urtheil selbständig ohne
Vorurtheil, er ist unpartheiisch, es interessirt ihn alles, was sein
gebildeter Geist dem Ideal des Schönen sich nähernd findet, möge
es dem genialen Pinsel eines Rubens oder dem Fleiße eines Gerhard

Denn oder selbst dem Proletarierstyl eines Courbet seine Entstehung verdanken. „Es giebt eine gewisse höhere Toleranz", sagt Jean Paul, „die nicht die Frucht des westphälischen Friedens, noch des Vergleichs von 1705, sondern die eines durch viele Jahre und Besserungen gesichteten Lebens ist; — diese Toleranz findet an jeder Meinung das Wahre, an jeder Gattung des Schönen das Schöne, an jeder Laune das Komische, und hält an Menschen, Ländern, Büchern die Verschiedenheit und Individualität der Vollkommenheiten nicht für die Abwesenheit derselben. Nicht bloß das Beste muß uns gefallen, auch das Gute."

Aber es liegt nahe, daß das größere Publikum der Autorität des praktischen Künstlers, des Mannes vom Fache, stets bereitwillig den Vorzug einräumt vor der des bloßen Liebhabers und sogenannten Kenners — in allzuweiter Anwendung des Satzes Geilers von Kaysersberg: „Jeglichem ist zu glauben in seiner Kunst." Es wäre vergeblich, hiergegen anzukämpfen.

Für die Schilderung der neuesten Kunstperiode in Frankfurt seit der Eröffnung des Städel'schen Instituts, des regen Lebens, welches seit dem dritten Decennium dieses Jahrhunderts in die Ateliers unserer Künstler eingezogen ist, und des Aufschwungs, welchen in allen Theilen der bildenden Kunst Frankfurt seinem Städel verdankt, wird es seiner Zeit der Feder eines tüchtigen, unbefangenen Kunsthistorikers an reichem Stoffe für umfassende und eingehende Behandlung nicht fehlen. Das Kunstinstitut hat aber seine Aufgabe noch lange nicht bis zu dem Punkte gelöst, der eine befriedigende Prüfung seiner Wirksamkeit und der Leistungen der durch dasselbe gebildeten oder hierher gezogenen Künstler im Ganzen jetzt schon möglich machte; die Administration hat sogar einen wesentlichen Theil ihrer Aufgabe, die fortschreitende Vervollständigung der Kunstsammlungen, willkührlich oder doch ohne stichhaltige Gründe für ein Menschenalter gänzlich sistirt und dadurch der lebenden Generation den Genuß des Städel'schen Vermächtnisses unbefugterweise entzogen; die gelindeste Kritik, auf welche sie hierbei rechnen darf, ist, daß man zur Zeit ihr Thun mit dem Mantel des Schweigens bedecke.

Die zahlreichen Berichtigungen der Angaben früherer Schriftsteller, namentlich der von Hüsgen und Nagler gebrachten Geburts-
und Sterbejahre der Künstler, sind alle auf die hiesigen Kirchenbücher
und andere glaubhafte Quellen gegründet. Nur da, wo mir diese
nicht zu Gebot standen, bin ich meinen Vorgängern gefolgt. So oft
in diesem Buche auf Hüsgen ohne nähere Bezeichnung Bezug genommen wird, ist dessen Artistisches Magazin gemeint. Die
Erwähnung Naglers bezieht sich stets auf dessen Allgemeines
Künstlerlexicon.

Zum Schlusse bleibt mir noch übrig, der mannichfachen Förderung meiner Arbeit, welche mir von den Herren Senator Dr.
Usener, Archivar Dr. Kloß und andern Kunstfreunden, ganz
besonders aber von dem verstorbenen Kunsthistoriker J. D. Passavant durch freundliche Ueberlassung handschriftlicher Aufzeichnungen
und Nachweise gewährt wurde, hier dankbar zu gedenken. Zu gleichem Danke bin ich auch den Herren Heinrich Anton Cornill,
Ferdinand Prestel und Karl Theodor Reiffenstein verpflichtet, deren gefällige Mittheilungen über lebende Künstler ich aus den
angedeuteten Gründen vorerst nicht benutzen konnte.

Frankfurt im März 1862.

Literatur.

Außer den bekannten allgemeinen Künstlerbiographien von Sandrart, van Mander, Campe Weyermann, Houbraken, d'Argenville, Descamps, Fueßli, Meusel, Heller, Nagler, Fr. Müller ꝛc., ferner den neueren Schriften von Franz Kugler, Ernst Förster, G. F. Waagen u. a., worin manche Frankfurter Künstler und Kunstwerke eine Besprechung gefunden haben, beschäftigen sich mit ihnen theils ausschließlich, theils stellenweise die nachfolgenden Schriften:

Monconys, Bths. de, Journal des voyages en Portugal, Provence, Italie, Egypte, Sirie etc. redigé par le Sr. de Liergues. Lyon 1665—66. 3 Vol. 4°. Auch Paris 1677 u. 1695. 12°.

Der Verfasser, welcher im Winter 1663/64 einige Zeit in Frankfurt weilte, theilt seine Beobachtungen über hiesige Kunst und Künstler mit. Die deutsche Uebersetzung von Junker, Leipzig 1697. 8°., ist sehr unvollständig.

v. Lersner, Der weitberühmten Freien Reichs= Wahl= und Handelsstadt Frankfurt a. M. Chronica ꝛc. 2 Thle. 1706 u. 1734. Folie.

Münden, Dankpredigt, welche am dritten Jubelfest wegen Erfindung der löbl. Buchdruckerkunst gehalten worden, nebst einem historischen Bericht von denen ersten Erfindern dieser Kunst, denen frankfurter Buchdruckern ꝛc. vollendet durch Joh. Erasmus G. v. Klettenberg. Frankfurt 1741. 8°.

Müller, J. B., Historische Nachrichten von dem weitberühmten kayserl. Wahl= und Domstift St. Bartholomäi in Frankfurt. Frankfurt 1746. 4°.

Müller, J. B., Beschreibung des gegenwärtigen Zustandes der freien Reichs= stadt Frankfurt. 1747. 8°.

v. Uffenbach, J. F., Gesammelte Nebenarbeiten. (S. 209, 223.)

v. Loen, Gesammelte kleine Schriften. Frankfurt 1751 u. 1752. 8°. (Th. I, S. 258 u. Th. IV, S. 127.)

X

(Hüsgen, H. S.), Verrätherische Briefe von Historie und Kunst. 1776 und
Fortsetzung 1780. 8°. Selten.

Hüsgen, H. S., Nachrichten von frankfurter Künstlern und Kunstsachen.
Frankfurt 1780. 8°.

Hüsgen, H. S., Artistisches Magazin, enthaltend das Leben und die Verzeichnisse der Werke hiesiger und anderer Künstler ꝛc. Frankfurt a. M.
1790. 8°.

Hüsgen, H. S., Verschiedene kleinere Aufsätze in Meusels Miscellaneen
artistischen Inhalts. Erfurt 1779—1787. 8°, in dessen Museum. Mannheim 1787—1792. 8°, und in dessen neuen Miscellaneen, Leipzig 1795
bis 1803. 8°.

Hüsgen, H. S., Getreuer Wegweiser in Frankfurt und dessen Gebiet, nebst
einem Grundriß der Stadt. Frankfurt a. M. 1802. 8°.

Stark, J. J., Kurze Geschichte der zweiten evangel. Hauptkirche zu St.
Catharinen in Frankfurt am Mann. Daselbst 1778. 8°.

(Rühl), Frankfurter Beiträge zur Ausbreitung nützlicher Künste und Wissenschaften. 3 Bde. 1780 u. 1781. 8°. Selten.

　Enthält neben verschiedenem Andern auch mehrere frankfurter Künstler
　Biographien und Portraite.

Hirsching, Fr. C. G., Nachrichten von sehenswürdigen Gemälden und Kupferstichsammlungen, Münzen, Gemmen ꝛc. in Teutschland, nach alphabetischer
Ordnung der Städte. 3 Bde. Erlangen 1786—89. 8°.

　Ist, in so weit es Frankfurt betrifft, fast wörtlich aus Hüsgens „Nach-
　richten" abgeschrieben.

Faber, J. H., Topographische, politische und historische Beschreibung der
Reichs-, Wahl- und Handelsstadt Frankfurt a. M. 2 Bde. Frankfurt 1788
u. 1789. 8°.

　Ist ebenfalls, in so weit es sich auf Kunstsachen bezieht, fast wörtlich aus
　Hüsgens Nachrichten abgeschrieben.

Gerken, Phil. Wilh., Historisch-Statistische Beschreibung der freien Reichsstadt Frankfurt a. M. Worms 1788. 8°.

Die Wahl- und Krönungsdiarien von Maximilian II. bis auf Franz II.

v. Goethe, J. W., a) Schweizerreise, 1797. (Briefe aus Frankfurt.)

　b) Reise am Rhein, Main und Neckar in den Jahren 1814 u. 1815.

　c) Kunst und Alterthum am Rhein ꝛc.

　d) Aus meinem Leben. Wahrheit und Dichtung.

(Gerning, J. J.), Skizze von Frankfurt a. M., in Wielands Teutschem
Merkur, Jahrg. 1799. 8°.

Kirchner, A., Geschichte der Stadt Frankfurt a. M. 2 Thle. Frankfurt 1807
und 10. 8°. Mit Pfeiffers Repertorium.

(Feierlein), Ansichten, Nachträge und Berichtigungen zu A. Kirchners Ge-
schichte der Stadt Frankfurt a. M. oder: Vertraute Briefe über die
Kirchner'sche Geschichte ꝛc. von einem Halbwisser. 2 Thle. Frankfurt u.
Leipzig 1809. 8°.

Anton Kirchner, Prüfung der Ansichten, Nachträge und Berichtigungen oder der vertrauten Briefe eines Halbwissers. 1. (einziges) Heft. Frankfurt a. M. 1809. 8°.

Sammlung einiger in dem Frankfurter Museum vorgetragenen Arbeiten. Erster (einziger) Theil. Frankfurt 1810. 4°. Selten.

Enthält Biographien von Prestel und Pforr.

(Hundshagen, B.), Artistisch-topographische Beschreibung des Panorama's der Stadt Frankfurt und der umliegenden Gegend, gemalt von J. Fr. Morgenstern jun. nebst einer planimetrischen Abbildung dieses Gemäldes. Frkf. a. M. 1811. 8°. Selten.

Käppel, G., Topographisch-historische Beschreibung von Frankfurt a. M. Ein Handbuch für Reisende. Frkf. 1811. Kl. 8°.

Kirchner, A., Ansichten von Frankfurt a. M. und seiner Umgegend. 2 Thle. mit Kpfrn. Frankfurt 1818. 8°.

Braun, Des Leonardo da Vinci Leben und Kunst, und: Einige Züge aus dem Leben Joh. Gottl. Prestels. Halle 1819. 8°.

Schütz, G., Verzeichniß der altteutschen Bilder und einiger andern dem Museum zu Frankfurt a. M. zuständigen Gemälde. Frkf. 1820. II. 8°.

Gerning, J. J. von, Die Lahn- und Maingegenden von Embs bis Frankfurt, antiquarisch-historisch. Wiesbaden 1821. 8°.

Das Städel'sche Kunstinstitut, dessen Entstehung und dessen Sammlungen betreffend:

Stiftungsbrief des Städel'schen Kunstinstituts, enthalten in dem Testament des Herrn Jos. Friedr. Städel. Frkf. 1817. 4°.

An die Administration des Städel'schen Kunstinstituts. Frankfurt a. M. 1817. 8°. Zunftzwang gegen fremde Künstler betr.

Actenstücke und rechtliche Gutachten in Sachen der Städel'schen Intestaterben gegen die Administration des Städel'schen Kunstinstituts. Frkf. 1820. 4°.

Actenstücke und rechtliche Gutachten in Sachen der Städel'schen Intestaterben gegen die Administration des Städel'schen Kunstinstituts zu Frankfurt a. M. Enthaltend die Ansichten der Juristenfacultäten zu Berlin, Bonn, Gießen, Heidelberg, Jena, Landshut und München. Frkf. 1827. 4°.

v. Droste, Rechtfertigung des von der Bonner Juristen-Fakultät in der Sache des Städel'schen Kunstinstituts zu Frankfurt a. M. gegen die Intestaterben des verstorbenen J. F. Städel erlassenen Urtheils zu Gunsten des angefochtenen Testaments. Bonn 1827. 8°.

Zachariä, Ueber den das Städel'sche Kunstinstitut zu Frankfurt betreffenden Rechtsstreit. Aus den Heidelberger Jahrbüchern besonders abgedruckt. Heidelberg 1827. 8°.

Elvers, Theoretisch-prakt. Erörterungen der Lehre von der testamentarischen Erbfähigkeit, insbesondere juristischer Personen. Veranlaßt durch zwei Gutachten der Kieler und Leipziger Juristenfakultäten gegen die Rechtsbeständigkeit der Stiftung des Städel'schen Kunstinstituts in Frankfurt a. M. (Göttingen 1827. 8°.

Mühlenbruch, Rechtliche Begutachtung des Städel'schen Beerbungsfalles nebst einer Einleitung über das Verhältniß der Theorie zur Praxis. Halle 1828. 8°.

Stark, C. Fr., Das Städel'sche Kunstinstitut in Frankfurt a. M., dessen Stiftung, Fortgang und gegenwärtiger Zustand. Frkft. 1819. 8°.

Stark, C. F., Beschreibung des Städel'schen Kunstinstituts in Frankfurt a. M. Frankfurt 1823. 8°.

Enthält auch ein Verzeichniß der damals vorhanden gewesenen Gemälde.

(Wendelstadt), Verzeichniß der Gemäldesammlung des Städel'schen Kunstinstituts. Frankfurt a. M. 1830. 8°.

Vorläufige Mittheilungen über das Städel'sche Institut in Betracht seiner Kunstwerke, der neueren Anordnung und Aufstellung derselben. 1833. 8°.

Schmidt v. d. Launitz, Ed., Erläuterung zu den Abgüssen über antike Bildwerke in dem Städel'schen Kunstinstitut zu Frankfurt a. M. 1833. 8°.

Verzeichniß einer Sammlung von Oelgemälden, welche in der Ostermesse 1834 in dem Locale des Städel'schen Kunstinstituts öffentlich versteigert werden. Frankfurt 1833. 8°.

Interessant wie der folgende Katalog, weil daraus zu ersehen ist, welche Kunstgegenstände damals von der Administration veräußert worden sind.

Catalogue de Gravures et Eaux-fortes, tailles de bois et Clair-Obscures anciens et modernes de toutes les écoles dont la vente aura lieu le 16 Sept. 1839 à l'institut Staedel à Francfort s. M. 8°.

Overbed's, Fr., Triumpf der Religion in den Künsten, Oelgemälde des Städel'schen Kunstinstituts. Erklärung vom Meister selbst. Frkft. 8°.

Overbed's Fr., Werk und Wort. Ein Aufsatz von einem röm. Kunstfreunde in Bezug auf Overbed's Erklärung. Frkft. 1841. 8°.

Fürst, Zur Würdigung eines Künstler-Ausspruchs über drei Gemälde der Berliner Ausstellung, nebst Aufruf zur Emancipation. Berlin 1842. 8°.
In Bezug anf Lessings Huß vor dem Concil.

Bayerle, G., Johann Huß und das Concilium zu Costnitz, veranlaßt durch Lessings Bild auf der diesjährigen Kunstausstellung. Düsseldorf 1842. 8°.

Beschreibung der zwei belgischen Oelgemälde, darstellend die Abdankung Kaiser Karls V. von Louis Gallait, und: das Compromiß der flandrischen Edlen von Ed. Biéfve. Frkft. a. M. 1844. 8°.

Jügel, C., Das Städel'sche Institut in seiner Begründung, Verwaltung und seinen bisherigen Resultaten dargestellt. Mainz 1849. 8°.

Passavant, J. D., Einige Worte über die Sammlungen des Städel'schen
Kunstinstituts, als Entgegnung rc. Frankfurt 1849. 8°.

Jügel, C., Auch einige Worte an Herrn Inspektor Passavant als Erwiederung auf dessen Vertheidigungsschrift des Städel'schen Instituts. Frankfurt a. M. 1849. 8°.

Passavant, J. D., Verzeichniß der Bücher und Kupferwerke des Städel'-
schen Kunstinstituts. Frankfurt a. M. 1852. gr. 8°.

Passavant, J. D., Verzeichniß der öffentlich ausgestellten Kunstgegenstände
des Städel'schen Kunstinstituts. Frankfurt a. M. 1858. gr. 8°.

Passavant, J. D., Eine Wanderung durch die Gemäldesammlung des
Städel'schen Kunstinstituts. Frankfurt. 1855. gr. 8°.

Nachrichten über die Abstammung der Familie Städel von Straßburg.
(In der Beilage zur Zeitung Deutschland No. 47 von 1856.)

Müller, W., Prediger in Berlin, „Die Sammlung des Städel'schen Kunstinstituts zu Frankfurt a. M." (In dem Kunstblatte von 1857 No. 15—18.)

Berichte über das Städel'sche Kunstinstitut, durch die Administration veröffentlicht im August 1836 u. 1849, December 1854 u. August 1859. gr. 4°.

Verzeichniß der Gemälde Frankfurter Künstler, welche in dem Locale der
Frankfurter Gesellschaft zur Beförderung nützlicher Künste rc. in der Herbstmesse 1827 zur öffentlichen Betrachtung aufgestellt worden. Mit Angabe
der Eigenthümer. Frkft. 1827. Kl. 8°.

Taschenbuch von Frankfurt a. M. Ein Führer für Fremde und Einheimische.
Frkf. bei Wilmans. 1827. 12°.

Stellwag, J. C., Artistisches Wochenblatt. No. 1—17. Juni bis October
1830. Frankfurt 4°. (Mehr ist nicht erschienen.) Selten.

Frankfurter Jahrbücher. 1832—1838. 4°. (Enthalten einzelne Aufsätze
über hiesige Kunstsachen).

Jahresberichte der Generalversammlungen des älteren Kunstvereins von
1830—1854. 4°.

Müller, Fz. Hubert, Beiträge zur teutschen Kunst- und Geschichtskunde
durch Kunstdenkmale, mit vorzüglicher Berücksichtigung des Mittelalters.
Darmstadt 1832, 1833 u. 1835. 4°. Erste, bessere Ausgabe.
    Enthält die Beschreibung und Abbildung verschiedener Kunstdenkmale aus
Frankfurter Kirchen.

Kirchner, A., Johann Ludwig Morgenstern als Mensch u. Künstler, vorgelesen
im Museum am 5. December 1819. (Abgedruckt in der Schrift Erinnerungen an Anton Kirchner. 1835. 8°.)

Passavant, J. D., Kunstreise durch England und Belgien, nebst einem
Bericht über den Bau des Domthurmes zu Frankfurt a. M. 1833. 8°.

Passavant, J. D., Philipp Veits Carton, die Einführung der bildenden
Künste in Teutschland durch das Christenthum. (In No. 131 der Frankfurter Oberpostamts-Zeitung von 1836).

XIV

Paffavant, J. D., Fortgang der bildenden Künste in Frankfurt a. M. (In der Beilage zu No. 243 der Frankfurter Oberpostamts-Zeitung von 1838.)

(Paffavant, J. D.), Kaisersaal und Kaiserbilder. (In No. 78 der Frankfurter Oberpostamts-Zeitung von 1839.)

(Paffavant, J. D.), Ausstellung von Originalzeichnungen. (In No. 80 der Frankfurter Oberpostamts-Zeitung von 1839).

Paffavant, J. D., Verschiedene Aufsätze in dem Stuttgarter und dem Berliner Kunstblatte über Frankfurter Künstler und Kunstsachen.

Archiv für Frankfurts Geschichte und Kunst. Heft 1—8. Frankfurt 1839—1858. Gr. 8°. u. Neue Folge. Gr. 8°.

Mittheilungen an die Mitglieder des Vereins für Geschichte und Alterthumskunde in Frankfurt a. M. 1858 ff.

Gedenkbuch der vierten Jubelfeier der Erfindung der Buchdruckerkunst, begangen zu Frankfurt a. M. 1840. Kl. Folio.
Enthält geschichtliche Nachrichten über Anlaß und Entstehung des Gutenbergs-Denkmals auf dem Roßmarkt.

Uebersicht der merkwürdigsten und interessantesten Werke, Bilder u. Kupferstiche, welche am 24. Juni 1840 bei der vierten Jubelfeier der Erfindung der Buchdruckerkunst zur öffentlichen Beschauung ausgestellt werden. Frankfurt 1840. 8°.

(Böhmer, J. F.), Fürsprache für die Halle des heil. Geisthospitals zu Frankfurt a. M. Offenbach 1840. 8°.

Fürsprachen für die Halle des Heiligengeisthospitals zu Frankfurt a. M. Offenbach 1840. 8°.

Hammeran, J. A., Frankfurter gemeinnützige Chronik. 1841—1846. 4°.
Enthält einzelne Aufsätze über Kirchen, Monumente und Kunstanstalten.

(Steinle, Eduard), Die Miniaturen des Johann Fouquet, Peintre et enlumineur du Roy Loys XI., im Besitze des Herrn L. Brentano. Frkf. a. M. 8°.

Fueßli, Wilhelm, Die wichtigsten Städte am Ober-, Mittel- u. Niederrhein in Bezug auf alte und neue Werke der Architektur, Sculptur und Malerei. 2 Thle. Zürich u. Winterthur 1842 u. 1843. 8°.

Ludwig, Frankfurt a. M. und seine Umgebungen. 2. Aufl. 1843. 12°.

Die Freie Stadt Frankfurt a. M. nebst ihren Umgebungen. Ein Wegweiser für Fremde und Einheimische. Frkf. a. M. in der Hermann'schen Buchhandlung. 1843. 8°.

Paffavant, J. D., Verzeichniß des auf der Frankf. Stadtbibliothek aufgestellten Prehn'schen Gemäldecabinets. Frkf. a. M. 1843. Gr. 4°.

Das Goethe-Denkmal in Frankfurt a. M. Mit drei artist. Beilagen. Frankfurt 1844 bei J. D. Sauerländer. Ler. 8°.

Blätter zur Erinnerung an die Feier der Enthüllung des Goethe-Monuments zu Frankfurt a. M. 1844. gr. 4°.

Gedenkblätter an Goethe. Frankfurt a. M. bei Keßler. 1845. Folio.

Appell, J. W., Das Haus mit den drei Lyren und das Goethe-Denkmal in Frankfurt a. M. 1849, bei Jabusch. 8°.

Schott und Hagen, Die deutschen Kaiser nach den Bildern des Kaisersaales im Römer zu Frankfurt. Mit Lebensbeschreibungen. 1844. Folio.

Seybt, J., Kaiserbüchlein. Mit 52 Holzschnitten, die Kaiserbilder in Frankfurt a. M. darstellend. Leipzig. 8°.

Benkard, Geschichte der deutschen Kaiser und Könige, zu den Bildern des Kaisersaales; mit einem Anhange, worin die Kaiserbilder vom Standpunkte historischer Wahrheit betrachtet und die Wahlsprüche der Kaiser mitgetheilt werden. Frft. 1861. 8°.

Krug, Historisch-topographische Beschreibung von Frankfurt und seiner Umgegend. Frft. bei Joseph Baer. 1845. 8°.

Meidinger, Heinrich, Frankfurts gemeinnützige Anstalten. 2 Thle. Frankfurt a. M. 1845 und 1856. 8°.

Drärler-Manfred, C., Rheinisches Taschenbuch. Frankfurt bei Sauerländer. 8°. Mehrere Jahrgänge enthalten artistische Aufsätze und Biographien hiesiger Künstler.

Helmsdörfer, Kunstansichten aus Frankfurt a. M. (Beilage zur Allgem. Zeitung vom 29. Juli 1847).

Passavant, J. D., Erwiederung auf die Kunstansichten aus Frankfurt. (Frankf. Conversationsblatt No. 223 von 1847.)

Heyden, Gallerie berühmter und merkwürdiger Frankfurter. Frft. 1849—61. 8°.

Belli-Gontard, Leben in Frankfurt a. M. 10 Bde. Frft. 1850. 8°. Enthält Nachweise über verschiedene frankfurter Künstler.

(Passavant J. D. ?), Die St. Leonhardskirche zu Frankfurt a. M. (In No. 260 des Conversationsblattes von 1851.)

Brühl, Christliche Kunst und christliche Künstler der Gegenwart. I. Eduard Steinle. Im Hausbuch für christliche Unterhaltung von L. Lang. Bd. III. 1. Lief. Augsburg 1854. gr 8°.

(Passavant, J. D.), über E. Steinle und seine Cartons zu den Dichtungen Clemens Brentano's (im Deutschen Kunstblatt von Eggers. Jahrg. 1856. No. 38).

Steinle's Illustrationen zu den Dichtungen von Clemens Brentano (im Organ für christliche Kunst. Jahrg. 1856. No. 10).

Reichensperger, A., Matthias Merian und seine Topographien. Einleitung zu den mittelalterlichen Bauwerken nach Merian, gez. von B. Staß. Leipzig 1856. gr. 8°.

Römer-Büchner, Die Wahl- und Krönungskirche der deutschen Kaiser zu St. Bartholomäi in Frankfurt a. M. 1857. 8°.

Römer=Büchner, Beiträge zur Geschichte der Stadt Frankfurt a. M. 1853. 8°.

Baer, A., Das Morgenstern'sche Miniaturcabinet, 205 kleine Oelgemälde. Frkf. a. M. 1857. Quer 8°.

Verzeichniß der in dem ehemals v. Bethmännischen Museumsgebäude am Friedbergerthor aufgestellten städtischen Gemälde. Frkf. a. M. 1857. 8°.

Verzeichniß der Kunstgegenstände im plastischen Ariadneum des Freiherrn Moritz v. Bethmann. Frkf. a. M. 1858. 8°.

Rittweger, Fr., Wanderung durch die Werkstätten in Frankfurt wirkender Künstler. (Im Frankfurter Museum 1858, No. 45 ff.)

Frankfurter Museum, 1855—1858. 8°.

Neues Frankfurter Museum, ein Beiblatt der „Zeit." 1861. 8°.

Beide Blätter enthalten mancherlei Mittheilungen über Frankfurter Künstler und Kunstsachen.

Von den ältesten Zeiten bis zum Schlusse des
fünfzehnten Jahrhunderts.

–

Frankfurt kann sich zwar nicht, gleich andern deutschen Städten, rühmen, in der Kunstgeschichte des Mittelalters eine hervorragende Stellung einzunehmen; indessen ist es, wie den übrigen Richtungen des menschlichen Strebens, auch diesem Gebiete keineswegs fremd geblieben. Wie allerwärts, so war es auch hier der kirchliche Kultus, der zunächst den bildenden Künsten Boden und Nahrung verliehen hat. Die Geistlichkeit, reiche Klöster und begüterte Patricier sind ihre ersten Förderer gewesen. Der Bau und die Ausschmückung der Kirchen und die ästhetische Anregung häuslicher Andacht waren fast die ausschließlichen Aufgaben der Baumeister, Maler und Bildhauer der älteren Zeit.

Die frühesten Nachrichten über das Kunstleben in Frankfurt können nach den gegebenen Verhältnissen nicht anders als sehr mangelhaft sein. Die Schwierigkeit der Aufstellung eines nur einigermaßen befriedigenden Bildes der Kunstzustände jener Zeit entspringt aus dem Mangel genügender Urkunden und aus dem Schweigen nicht nur der gleichzeitigen Schriftsteller, sondern auch der späteren Kunsthistoriker, welche sich nur zur Besprechung derjenigen Frankfurter Künstler veranlaßt gefunden haben, deren Ruf weit über das Weichbild der Stadt hinausgedrungen war. Unsere Nachrichten aus jener Zeit beschränken sich daher meist auf einige dürftige Notizen der Rechnungsbücher der Stadt und der geistlichen Stifte über den einem oder dem andern Baumeister, Maler oder Bildhauer ausbezahlten Lohn für gelieferte Arbeit, woraus geschlossen werden darf, daß der erwähnte Künstler hier gelebt oder doch Beschäftigung gefunden habe. Ein Weiteres über deren Persönlichkeit, Leben, Schaffen und Kunststufe ist selten zu ermitteln gewesen. Dennoch haben auch diese dürftigen Nachrichten ihren historischen Werth; sie liefern wenigstens die Gewißheit, daß die Kunst in jener frühen Zeit auch in Frankfurt geübt worden ist und Unterstützung gefunden hat.

1*

Der älteste Künstler Frankfurts, dessen Name nebst seinem Werke uns erhalten geblieben, ist

Meister Engelberg,

1219. ein für seine Zeit geschickter Bildhauer oder Steinmetz, welcher, wenn er nicht den ganzen ursprünglichen Bau der St. Leonhards kirche als Werkmeister geleitet haben sollte, sich jedenfalls durch zwei uralte Portale an der nördlichen Seite verewigt hat. Wegen eines späteren Vorbaues befinden sich diese jetzt in der Kirche selbst. Sie sind mit kunstreicher Ornamentik versehen, aber durch die i. J. 1813 zur Beseitigung der Feuchtigkeit stattgehabte Erhöhung des Bodens der Kirche um drei Fuß in ihrem Ansehen sehr beeinträchtigt worden. In den beiden Rundbogen befinden sich bildliche Darstellungen in halber habener Stein=Arbeit. An dem zur Rechten sieht man Christus sitzend, umgeben von St. Johannes, Maria, St. Peter und St. Georg, über ihnen die Namen: † S. JOHANES. E. MARIA † JESVS NAZ. † S. PETRVS. S. GOERVS, und auf dem Sockel des Sessels, worauf Christus sitzt, steht ENGELBERGVS F.

Kaiser Friederich II. schenkte im Jahr 1219 den Bürgern zu Frankfurt die Hofstätte, worauf der Palast Karls des Großen gestanden hatte, um darauf eine Kapelle zu bauen, die anfänglich der heiligen Jungfrau Maria und dem heil. Märtyrer Georg, hundert Jahre später aber dem heil. Leonhard geweiht wurde. Der ursprüngliche Bau, wozu die beiden gedachten Portale gehören, stammt also aus dem Anfange des 13. Jahrhunderts, dem auch der Meister Engelberg angehört, über dessen sonstiges Wirken leider keine Nachrichten auf uns gekommen sind.

Der Bau der hiesigen Kirchen und anderer öffentlichen Gebäude, worüber an späterer Stelle Näheres mitgetheilt werden wird, hat nothwendig in der frühesten Zeit tüchtige Baumeister, oder wie sie sich damals nannten, Werkmeister nach Frankfurt geführt und auch manche hier gebildet; aber wenn zwar theilweise ihre Werke, so sind doch nicht ihre Namen uns überliefert worden. Besonders eifrig zeigten sich Frankfurts Bewohner im Laufe des dreizehnten und vierzehnten und in der ersten Hälfte des fünfzehnten Jahrhunderts in dem Auf= und Umbau ihrer Kirchen und Kapellen; aber die Werkmeister sind vergessen. Wer den ersten Bau und wer den um 1238 nothwendig gewordenen Umbau der Salvator = nun Bartholomäuskirche, wer die schon 1315 beginnende, das ganze Jahrhundert in Anspruch nehmende Erweiterung dieses Domes technisch geleitet hat, ist bis jetzt unermittelt, und eben so unbekannt sind die Architekten, denen der Bau der übrigen älteren Gotteshäuser Frankfurts, der Nikolai-, Weißfrauen-, St. Leonhards-, Dominikaner-, Carmeliter-, Liebfrauenkirche und der Saalhofkapelle anvertraut gewesen ist. Aber alle diese Kirchen haben den Stürmen der Jahrhunderte getrotzt, sie stehen noch, wenn auch nicht alle mehr in ihrer alten Schönheit und ursprünglichen Bestimmung, und sind, so wenig sie sich messen können mit den Domen von Cöln, Straßburg, Ulm und Freiburg, dennoch Zeugen des frommen Sinnes und des Kunstgeschmacks unserer Vorältern.

Die erste urkundliche Erwähnung einiger dieser Meister findet sich in dem Verzeichniß aller Bürger, welche im Jahre 1387 nach 1387. beendigten bürgerlichen Unruhen dem Rathe den Treuschwur erneueten. Hierunter werden genannt die Steinmetzen: Meister Heinrich von Buwern, Meister Johann Gertener, Madern, sin Sohn, und Weigel, der Parlerer. Der bedeutendste dieser Werkmeister scheint

Madern Gertener

gewesen zu sein. Er war schon bei dem Bau der Mainbrücke ver- 1399. wendet worden. In einer Urkunde vom Jahr 1399 verpflichtet er sich, den Schaden zu tragen, welcher aus den Rissen an den von ihm gebauten Schwibbögen der Mainbrücke entstehen möchte, und 1411 finden wir ihn an den Kreuzflügeln des Domes beschäftigt, um 1411. einiges noch Unvollendete nachzuholen, wofür ihm einmal eine Maas Wein zu 10 Hellern verehrt und ein andermal, als sie den Lochstein setzten, ihm und seinen Gesellen ein halbes Viertel Wein verabreicht wurde. Diesem Meister wurde auch der Bau des Pfarrthurms gegen einen Jahrgehalt von 10 Gulden und 2 Gulden Geschenk übertragen, nachdem seit 1413 Rath und Geistlichkeit eifrigst bemüht gewesen waren, die zu diesem großen Werke erforderlichen Räume und Geldmittel zu gewinnen. Die letzteren wurden durch Beiträge des Raths, des Stifts und frommer Bürger beschafft, und man ging, obgleich sie noch sehr gering waren, mit Muth und Vertrauen an das Werk. Am 6. Juni 1415 wurde der Grundstein des Thurmes unter ent- 1415. sprechender Feierlichkeit gelegt und Samstag nach Lamberti 1423 das erste Gewölbe geschlossen. Der ursprüngliche Plan, wonach Madern Gertener baute, ist leider nicht mehr vorhanden. Der Meister führte den Bau mit drei und zeitweise fünf Steinhauern eifrigst fort

bis zum Jahr 1432, in welchem er wahrscheinlich starb. Wenigstens
1432. finden wir in demselben Jahr den Meister Leonhard an seiner Stelle,
der jedoch wegen der kurzen Dauer seiner Thätigkeit mit sechs Arbei-
1434. tern den Bau nur wenig fördern konnte. Schon 1434 zahlte seine
Wittwe 6 Gulden an seinen Nachfolger, den Meister Michel, der nach
1440. drei Jahren gleichfalls vom Tode ereilt wurde, worauf 1440 Meister
Jost für einen Jahrgehalt von 6 Gulden als Werkmeister eintrat.
Wie lange dieser und der nach ihm an die Stelle getretene Meister
Bartholomeo diese versehen haben, und in welchem Umfange sie
thätig gewesen sind, liegt nicht vor. Bartholomeo erhielt 1468 sechs
Pfund ausbezahlt. Sehr zweifelhaft ist, ob die genannten Nachfol-
ger Maberno dessen ursprünglichen Bauplan stets beibehalten haben.
Im Jahr 1480 wurde dem Meister

Hans von Ingelheim

1480. die Weiterführung des Werkes übertragen und ihm Meister Hans
von Lich als Parlierer beigegeben. Der erstere entwarf den schönen,
noch im Stadtarchiv aufbewahrten neuen Plan zur Vollendung des
Thurmes. Moller hat denselben in neuerer Zeit veröffentlicht.

Der Thurmbau war seit Maberns Tod nur langsam vorgeschritten; es fehlte an den nöthigen Mitteln, zu deren Beschaffung
der Rath und die Geistlichkeit 1483 sich nochmals vereinigten, auch
wegen des Baues andere Architekten zu Rath zogen. Hans von
Ingelheim, als tüchtiger und zuverlässiger Werkmeister erkannt,
erhielt eine Jahresbesoldung von 10 Gulden. Der Mann stand nicht
nur hier, sondern auch auswärts in großem Ansehen. Er führte
den Bau bis zum Jahr 1490 mit Umsicht weiter; aber die Mittel
flossen immer spärlicher, die Arbeit konnte nicht gefördert werden, was
1491. den Meister veranlaßte, 1491 seinen Abschied zu nehmen, der ihm
„zur Vermeidung abgünstiger Nachrede" ertheilt wurde.

Nachdem dem Rathe von benachbarten Fürsten und Reichsstädten
verschiedene andere Werkmeister waren empfohlen worden, wurde
endlich 1494 im Einverständniß mit der Geistlichkeit dem Meister

Niclas Quecke

1494. von Mainz gegen einen Jahrgehalt von 20 Gulden die oberste Leitung
des Thurmbaues übertragen. Diese Wahl war keine glückliche; sie

führte zu ärgerlichen Zerwürfnissen. Quecke versuchte, an die Stelle des von seinem Vorgänger entworfenen zweckmäßigen Planes abermals einen neuen, von ihm erdachten, zur Geltung zu bringen. Als ihm dieß nicht gelang, war er verdrossen und vernachlässigte den Bau, obwohl sich viele seiner Ausstellungen gegen den älteren Plan als grundlos erwiesen. Der Parlierer Jacob von Etlingen mußte zeitweise seine Stelle versehen, während Quecke sich in Mainz aufhielt, wohin er sogar den Bauriß eigenmächtig mitgenommen hatte. Nur auf ernstliches Drängen der Bauherrn gab er denselben 1503 heraus, worauf er seinen Abschied erhielt und die fernere Leitung des Baues dem seitherigen Parlierer, Meister

Jacob von Etlingen

übertragen wurde. Von diesem, wenn nicht von Quecke, scheint der 1508.
1509. auf dem Stadtarchiv befindliche Plan herzurühren, wonach der Thurm ohne Kuppel und Spitze in einer Plattform endigen und das diese umgebende Geländer an den acht Ecken eben so viele verzierte Spitzen erhalten sollte. Die unglückliche Jdee fand aber keinen Beifall. Dennoch unterzog sich Meister Jacob, ungleich seinem Vorgänger, gewissenhaft der Leitung des Baues nach dem vorgeschriebenen Plane. Ohne die Schuld dieses redlichen Mannes, welcher dem Baue bis zum Jahr 1509 treulich vorstand, nahm indessen das Werk keinen rechten Fortgang, was jenen 1505 veranlaßte, dem Rathe wohlgemeinte Vorstellung zu machen, der sich denn auch, gleich wie die Geistlichkeit, der Sache mit neuem Eifer annahm und für weitere Geldmittel sorgte. Aber 1507 waren diese schon wieder erschöpft. Meister Jacob führte bittere Klage, die auch diesmal den Eifer der Bauherrn neu belebte, ja sogar die Verdoppelung des Jahrgehaltes des Meisters auf 30 Gulden nebst Belobung und weiteren Vergünstigungen zur Folge hatte. Zu Anfang November 1508 war der Bau endlich soweit gebracht, daß das obere Gewölbe unter dem Wächterhaus geschlossen und bald darauf dieses selbst begonnen werden konnte. Aber mit dessen Vollendung um 1512 scheint es allseitig an Geld und Lust zum Weiterbau gefehlt zu haben. Die Acten schweigen, der Thurm blieb unvollendet, ohne die in Aussicht genommene Spitze, so wie wir ihn heute noch vor Augen sehen. Das Jahrhundert, in dessen Anfang man mit geringen Mitteln, aber freudigem Muthe das schöne Werk begonnen und mit großen

Opfern weiter geführt hatte, fand an seinem Schlusse ein anderes Geschlecht, mit anderen Interessen, dessen Nachkommen selbst bis in die zweite Hälfte des 19. Jahrhunderts noch keinen Beruf gefunden haben, das Werk ihrer sinnigen Altvordern mit verhältnißmäßig geringen Kosten zur Zierde der Vaterstadt zu vollenden. Zwar hat es an verschiedenen Anregungen zum Ausbau des Thurmes nicht gefehlt; allein sie scheiterten jedesmal an dem Mangel eines warmen Gefühls für die Sache und an kleinlichen finanziellen Rücksichten. Im Jahre 1826 hatte der Senat, zunächst veranlaßt durch einen beredten Vortrag des Schöffen v. Guaita, die Aufnahme der Summe von mindestens 3000 Gulden in den jährlichen Bedürfnißstand zum Zwecke der Reparatur und Vollendung des Thurmes nach dem ursprünglichen Plane bei der gesetzgebenden Versammlung beantragt und hierfür einen Zeitraum von 10 bis 15 Jahren in Aussicht gestellt. Allein die Versammlung lehnte den Antrag ab und bewilligte nur die Kosten der nothdürftigen Reparatur. Am 14. December 1833 stellte ein Mitglied derselben, Herr Pepper, unter warmer Befürwortung einen erneuerten Antrag auf Vollendung des Thurmes, aber wieder ohne Erfolg; mit 55 gegen 14 und 11 suspendirte Stimmen wurde der Antrag für unzulässig erklärt, somit nicht einmal dem Senat zur Rückäußerung unterbreitet. Einige der Gegner suchten ihre Engherzigkeit mit dem Bedenken zu beschönigen, daß eine Verwilligung seitens des Aerars für diesen, wie sie anerkannten, schönen Zweck den Eifer der Privaten beeinträchtigen könne! In späterer Zeit war allerdings die Staatskasse durch vordringendere Interessen — Eisenbahnen, Schulen ꝛc. — allzusehr in Anspruch genommen, als daß an den Thurmbau hätte gedacht werden können. Allein auch der gerühmte Eifer der Privaten läßt noch auf sich warten. Hoffen wir also auf eine kommende günstigere Zeit.

Einen ausführlichen Bericht über den Bau des Domthurmes hat J. D. Passavant in seiner „Kunstreise durch England und Belgien", 1833 geliefert. Derselbe wurde nochmals abgedruckt im dritten Hefte des Archivs für Frankfurts Geschichte und Kunst, worauf zum weiteren Nachlesen verwiesen wird. Ebendaselbst findet man auch sehr beachtenswerthe, durch Zeichnungen erläuterte Ansichten über den Ausbau des Thurmes von F. M. Hessemer.

Noch vor Beginn des Thurmbaues hatte ein Frankfurter Bürger, Zeckel Budeler zu Rodenstein, ein Crucifix in die Kirche geschenkt, woran man einen Opferstock errichtete. Für dieses Crucifix verfertigten

Henne, der Steinmetz und Clese Mengoß

1413 ein Gehäuse nach dem Muster eines zu Mainz befindlich gewesenen, worauf das Crucifix eingesegnet und von den Bauherrn bestimmt wurde, daß alle bei demselben und bei dem Marienbilde eingehenden Gelder ausschließlich für den Thurmbau verwendet werden sollten.
Gleichzeitig mit dem Thurmbaumeister Madern Gertener
war ein anderer Werkmeister, der Steinmetze

Friedrich Königshofen

in Frankfurt beschäftigt. Er hatte i. J. 1405 das vordere Gewölbe   1405.
im Römer erbaut, welches bald nach seiner Vollendung theilweise
wieder einstürzte und ganz abgebrochen werden mußte. Im Bewußtsein seiner Schuld verzichtete er schriftlich auf alle Ansprüche wegen
seiner Arbeit. Da der Annahme eines anderen leitenden Werkmei-
sters bei dem Römerbau nirgends Erwähnung geschieht, obwohl man
deren zeitweise zu Rath gezogen hat, so darf angenommen werden,
daß Königshofen den anfänglich begangenen Fehler durch desto größere Sorgfalt beim Baue der schönen Säulenhallen, die sich bis zu unseren Tagen erhalten haben, wieder gut zu machen bestrebt gewesen ist.[1]

---

[1] Der von ihm ausstellte, im Archiv aufbewahrte Revers, dessen Abschrift
mir von Herrn Dr. J. F. Böhmer mitgetheilt wurde, lautet:

„Ich Friederich Königshofen steynmecze erkennen offinlich mit dissem
brieffe, also als ich vormals mit den ersamen wisen luden burgermeistern
scheffen vnd rade zu Franckenfurd ubirkommen bin, vnd ein gewelbe in dem
forbersten huse zum Romer gedingt vnd auch gemacht hatte, dasselbe gewelbe als iz gemacht waz zu stunt zu reiß vnd eins teils nyder viel, vnd
sie iz vollen haben wider nyder werffen vnd bu anderwerb machen: des bin
ich mit den vorgenant burgermeistern scheffen vnd rade zu Franckenfurd
vorgenant davon fruntlichen ubirkommen vnd sie mit mir, also daz ich dur
mich vnd myn erben uff die egenant burgermeister scheffen vnd rad vnd stab
zu Franck. von der egenant sache wegen, vnd waz sich daron biß uf dissen
hutigen tag verhandelt hat, nichtis vzgenommen, lutirlich vnd gentlich
virtziegen han, vnd virtzihen mit dissem brieffe, daz ich myn erben oder
nymands anders von unsern wegen darumb nommer keinerley ansprache
obir forderunge zu iin iren burgern obir den iren getun sollen obir wollen
in keine wise, ane geuerde. Des zu erkunde so han ich Friederich vorgenant gebeten den strengen ritter hern Rudolffen von Sassenhusen schult-
heissen zu Franck., das er sin ingeß. durch myne bede willen an dissen brieff
hat gehangen. Das ich Rudolff von Sassenhuß. ritter vorgenant mich irkenne vmb Friederichen egenant bede willen also besigelt haben. Datum
anno domini millesimo quadringentesimo sexto, feria quarta ante Galli
confessoris." (6. October 1406.)

Meister Hans und Erwyn,

1434. die Steinhauer, Vater und Sohn, leiteten in der ersten Hälfte des
15. Jahrhunderts als Werkmeister die Erweiterung der St. Leonhardskirche und den Anbau der beiden Seitenschiffe nebst der Ueber-
wölbung der Kirche. In dem Getäfel des Chors stand, wie Lersner
berichtet, eingeschnitten, links: Meister Henchin Steynhemmer und sin Sohn Erwyn, die Hand das gemacht, und
rechts: MCCCC in dem vier und dreißigsten Jahr. Dieses
Getäfel wurde 1808 bei der Renovation der Kirche beseitigt. Augenscheinlich beruht der Name Steynhemmer bei Lersner auf einem
Mißverständniß.

Nicht die Baukunst allein, auch die Malerei ist dem frommen
Sinn unserer Vorfahren dienstbar gewesen. Die von jener errichteten Tempel wurden von dieser, freilich noch nicht auf gleicher Kunststufe stehend, geschmückt.

1280. Die ältesten hiesigen Kirchen-Gemälde, welche sich bis in unsere
Zeit erhalten hatten, deren Urheber aber völlig unbekannt ist, befanden sich in der ehemaligen St. Michaelskapelle. Hüsgen hat diese
Bilder noch gesehen und genau untersucht, er setzt ihre Entstehung
in die Jahre 1280—1290, (Artist. Magazin S. 8) und äußert sich
darüber in Meusels Miscellancen, Heft 12, S. 325, in
folgender Weise:

„Der Ursprung der St. Michaelskapelle ist wegen ihres hohen Alters
ganz unbekannt. Aller Alterthumskenner Meinung nach soll sie im 12. Jahrhundert erbaut worden sein. In gedachter Kapelle stehet noch ein großes ge-
wölbtes Beinhaus mit zwei vergrembsten Bögen. An diesem Beinhaus an dem
ersten Bogen beim Eingang der Kapelle ist es, woran bemeldete Gemälde bis
auf diese Stunde befestiget und neben einander auf die ganze Länge des Rau-
mes genau eingepaßt sind. Sie stehen in sieben wohl erhaltenen Stücken
auf Holz und glanzvergoldetem Grunde gemalt, in gothische von Holz geschnitzte Zierrathe eingefaßt, in deren Winkel der glanzvergoldete Grund mit
blauem Glas bedeckt ist. Ihre Vorstellungen enthalten Geschichten der Paf-
sion mit stehenden Zetteln darüber, die mit alter lateinischer Schrift, so in
dem 13. Jahrh. gebräuchlich war, besetzt sind. Sechs davon sind 1½ Schuh
hoch und 1 Schuh breit, das siebente hingegen, so in der Mitte stehet, ist
einen halben Schuh höher und verhältnißmäßig breiter.“

„Damit man sich aber bei der Untersuchung nicht einzig und allein auf
mein Wort zu verlassen hat und hierinnen mehrerer Kenner Zeugniß die Va-
terlandsehre unterstützte, so erbat den Herrn Canonikus Batton, der schon längst
als ein gelehrter Alterthumskenner bekannt ist, und den berühmten hiesigen
Künstler, Herrn Chr. Georg Schütz, solcher mit beizuwohnen, die sodann auch
beide Hand mit anlegten und 1) mit bloßem Wasser zu mehrmalen, 2) mit

Scheidewasser und 3) mit Vitrioloel wohl eine ganze Hand breit über ein Ge= wand gewaschen, ohne daß nur das Mindeste sich daran verändert oder weg= gewaschen hätte, es wurden statt dessen die Farben viel schöner und angeneh= mer und ein jeder mußte nach allen diesen vorgenommenen Kuren bekennen, daß es ursprünglich Oel und gewiß und zuverlässig keine andere Gemälde sind, die ebenfalls das Gepräge des gleichen Zeitalters mit den ältesten Karl= steinischen Bildern (zu Prag) und in Kunst und Materie einerlei Behandlung und Stoff an sich tragen, wie man solches jedem neugierigen Kenner hier alle= zeit augenscheinlich darzuthun erbötig und bereitwillig ist."

Die Beschreibung dieser Tafeln, der Ort und die Art ihrer Auf= stellung und ihre ursprüngliche äußere Verzierung lassen in Ansehung des ihnen beigelegten hohen Alters wenig Zweifel übrig. Desto be= denklicher aber scheint mir die Annahme, daß diese Bilder, wenn sie wirklich dem 13. Jahrh. angehören,[1] Oelgemälde gewesen seien.

Zwar steht es fest, daß schon vor Johann van Eyck die Mischung der Farben mit Oel, namentlich bei Wandanstrichen, bekannt gewesen ist; allein schwerlich dürfte sie schon so frühe auf eigentliche Kunstmalerei angewendet worden sein. Welche Bewandniß es mit der erzählten Bearbeitung der Bilder mit Scheidewasser und Vitrioloel ge= habt habe, mag dahingestellt bleiben. Sind sie wirklich unbeschädigt aus dieser Feuerprobe hervorgegangen, so ist um so sicherer anzuneh= men, daß sie nicht mit Oel= sondern mit Temperafarben gemalt wa= ren, welche letztere durch ihre Beimischung von Eiweiß eher geeignet sein könnten, jenen Aetzmitteln zu widerstehen. Indessen dürfte doch von ähnlichen Versuchen sehr abzurathen sein. Leider sind diese höchst interessanten Kunstalterthümer, wie so vieles Andere spurlos verschwun= den und wir dadurch außer Stand, Hüsgens Vitriolprobe einer schär= feren Prüfung zu unterwerfen. Ob das von Kirchner in den „An= sichten von Frankfurt a. M.", Th. 2 S. 287 erwähnte Gemälde eins der von Hüsgen beschriebenen gewesen und wo dasselbe geblieben ist, konnte ich nicht in Erfahrung bringen. Bei dem in den Jahren 1809 und 1830 erfolgten vollständigen Abbruche der schon unter der fürstlichen Regierung im Inneren geräumten und in ein Waarenge= wölbe verwandelten St. Michaelskapelle waren die Bilder bereits nicht mehr vorhanden. Nicht ganz unwahrscheinlich ist es, daß sie 1809 durch die Hände von Chr. Georg Schütz, dem Vetter, nach außen gewandert sind.[2]

---

[1] In den „Nachrichten von Frankfurter Künstlern", Frankfurt 1780, S. XVIII, hatte Hüsgen den Ursprung dieser Gemälde in die Jahre 1350 bis 1360 gesetzt.

[2] Man vergleiche unten den Artikel „Holbein."

Daß die Glasmalerei hier schon frühe geblüht habe, läßt sich nicht bezweifeln. Die hiesigen Kirchen waren so gut wie anderwärts durch diese Kunst geschmückt. Die Glasmaler bildeten eine eigene mit der Glaser-Innung vereinigte Zunft. Ihr Meisterstück bestand in einem Crucifix mit den beiden Schächern und architektonischem Beiwerk. Indessen hat schon Hüsgen, welcher noch eine gemalte Scheibe mit der Jahrzahl 1306 in dem Dome gesehen, sich vergeblich bemüht, den Namen eines dieser Künstler aufzufinden, wenn man nicht den späteren Johann Elsheimer hierher zählen will, von dessen Beruf als Glasmaler Hüsgen bei Descamps Th. 1, S. 283 gelesen haben will, wo aber keine Spur zu finden ist. In den Bürgerbüchern der Jahre 1612 und 1627 werden Franz und Balthasar Behem Glasmaler genannt, der letztere jedoch mit dem Zusatze: „Will das Glasmalen noch nit treiben." Die Zeit und der Stumpfsinn der Menschen haben die Werke dieser Kunst zum größten Theil zerstört. Nur einige spärliche Reste der alten Herrlichkeit sind diesem Schicksal in Frankfurt entgangen. Die besten noch übrigen einheimischen Glasmalereien besitzt die St. Leonhardskirche.

Der älteste hiesige Maler, über dessen Arbeiten eine dürftige Notiz zu uns gelangt ist und mit dem deßhalb Hüsgen seine Nachrichten beginnt[1]), ist

Meister Frischen, auch Fritzen oder Fritzichen.

Hüsgen fand die erste Erwähnung desselben in der kurzen Notiz der Fabrikrechnung des St. Bartholomäusstifts vom Jahr 1396: „Item meyster Frischen, meler, XV grotz". Aber auch schon in den städtischen Rechnungsbüchern der Jahre 1369, 1373, 1375, 1384 und 1388 wird dieses Meisters wegen kleiner Zahlungen gedacht, die ihm für das Malen und Vergolden von Uhr-Zifferblättern, „Banir" und „Wimpeln" geleistet wurden. In den Rechnungen von 1393 bis 1394 kommt unter den Ausgaben für den Fehdezug gegen die Raubfeste Hattstein vor: „VI ₰ IX ₰ III ₰. Fritzen melir umb LXXXXVI Wimpeln u. umb CC u. XVI schilde und umb ein banir den lauffen-

---

[1]) Das Bürgerbuch vom J. 1340 S. 43 hat zwar den Namen eines Malers Cyriacus aufbewahrt, i. J. 1344 wird ebendaselbst S. 54 ein „Johannes gener pictricis" genannt, und im Beedbuche der Oberstadt von 1354 heißt es: »An dem Rathode: Henne Monich der Meler 3 ß, Bartholomeus der Meler 3 ß und zur Sengerie: Heintze Schuppelin, Meler 6 ß und 13 ß für die vom Heins.« Allein damit ist wenig gedient.

ben knechten."[1]) Ob dieser Frischen derselbe Maler gewesen, wie Hüsgen vermuthet, welcher nach Lersners Chronik II, 1, 19, i. J. 1392 für „die Marter des Herrn" (Christus mit drei Jüngern am Oelberge) unter dem alten Brückenthurm XXII ß erhalten hat, muß dahin gestellt bleiben. Vielleicht ist es auch derselbe, welchem 1407 Subb. post epiphan dn. „von einer Dafelin, die Rhme daroff zu machen in die Ratstoben vnd vmb zwey Dafeln mit dem Oberhange" XVI ß bezahlt wurden.

Ein anderer Meister Frißlichen oder Fritzghn, wahrscheinlich ein Sohn des vorgenannten, wird in dem Zinsregister des Bartholomäusstifts von 1438 erwähnt: „Item VI den. de domo zum Seligenstadt in quo morabatur Fritsgyn maler"; der selbeempfing i. J. 1442 „vor die schrifft in der unwen Ratstoben: „Epus manns Rebbe eine halbe Rebbe" IIj ß und i. J. 1470 vierzehn Gulden um die neue künstliche Uhr am Dome mit Gold, Zinnober und andern Farben zu malen; und Meister Johann, „Orglodner zu Hagenau", der die Orglocken und das Astrolabium gemacht hatte, erhielt 100 Gulden und außerdem 40 Gulden „zur Ergetzung", da er das Werk kunstreicher gemacht, als bedungen war. (Lersner II 2, S. 167).

Weit interessanter als diese dürftigen Notizen ist der aus einer in Böhmers Urkundenbuch der Reichsstadt Frankfurt abgedruckten Urkunde vom Jahr 1382 sich ergebende Nachweis der hohen Achtung und reichlichen Unterstützung, welche damals schon die Malerei in Frankfurt gefunden hat. Darin bescheinigt am 8. Juni 1382 Meister

Johann, Schilder von Bamberg

dem St. Bartholomäusstift den Empfang des Kaufpreises von acht 1382. Hundert Gulden für eine dem Stifte gelieferte Tafel. Der Gegenstand des Gemäldes ist zwar nicht angegeben, indessen läßt der für jene Zeit enorme Preis, dem wegen besonderer Zufriedenheit noch eine Ehrengabe von acht Gulden für Kleider hinzugefügt wurde, mit ziemlicher Sicherheit schließen, daß es ein großes und sehr vorzügliches Werk, wahrscheinlich dasjenige Bild gewesen sein mag, welches vor der i. J. 1663 bei Errichtung des neuen Hochaltars aufgestellten und seit mehreren Jahren durch die Himmelfahrt Christi von Ph. Beit

---

[1]) Näheres über die damalige Fehde mit den Rittern von Hattstein findet man in Useners: Beiträge zu der Geschichte der Ritterburgen und Bergschlösser der Umgegend von Frankfurt a. M. S. 162—164.

erſetzten Copie nach Rubens[1]) den Hauptaltar der Domkirche geſchmückt hatte. Jenes früheſte Altarblatt iſt noch auf den Darſtellungen des Chors in den Krönungsdiarien der Kaiſer Matthias und Ferdinand II. zu erkennen. Man bemerkt darauf den erhöhten Chriſtus über den Wolken ſchwebend.

Die erwähnte, auch von Paſſavant in der „Kunſtreiſe durch England und Belgien" veröffentlichte Urkunde bietet für meine beſon= dere Aufgabe zu viel Intereſſe, als daß ich mir verſagen könnte, deren vollſtändigen Abdruck hier nochmals zu liefern, Sie lautet wörtlich:

„Ich meiſter Johan Schilder[2]) von Babinberg, burger zu Oppinheim, irkenne uffinlich mitt dieſem brieff, das die erſamen herren des ſtiftes zu Ste Bartholome zu Frankfurt mir fruntlichin und wol bezalt hant die dafeln, die ſie vor jyden umb mich gelaufft hant, mit namen fur acht hundirt gulden, und gaben mir zu liepniße acht gulden vor eyn par cleiber. Der vorgenant acht hundirt gulden und acht ſagen ich meiſter Johan vorgenant die egenanten herren zu Ste Bartholome mit dieſem brieff quid lebig und loys, und dancken yn guder bezzalunge, und inſal noch inwil ich obir myne erben noch nymand von unſern wegin die egenanten herren zu Ste Bartholome noch ire vicarien nu obir deheynen jyden ſchedigen, hindern noch furberunge zu yn haben in keyne wys, ſundern ich und die mynen ſollen und wollen ſie eren und fur= dern alle zyt ane alle boſe funde. Das zu urkunde han ich meiſter Johan Schilder vorgenant myn eygin ingeſigel fur mich und myn erben gedrucket zu rude uff dieſen brieff. Darzu han ich gebedin den ſtrengen ritter hern Johan Kemmerer, den man nennet von Dalburg, das er ſyn ingeſigel zu geczugniße dieſer vorgeſchrieben bezzalunge für mich bie das myne hat gedrucket zu rude uff dieſen brieff. Und ich Johan Kemmerer, ritter vorgenant irkennen, das ich umb vliſſige bedde willen meiſter Johans Schilders des vorgenanten myn ingeſigel fur yn zu geczugniße dieſer vorgeſchrieben bezzalunge by das ſine han gedrucket zu rude uff dieſen brieff. Datum anno M°. CCC°. Lxxxij dominica proxima post festum corporis christi."

Lersner: Th. 1, 2, S. 105, nach ihm Müller: hiſtor. Nach= richt vom St. Bartholomäusſtift S. 36 und Hüsgen: Nachrichten von Frankfurter Künſtlern ꝛc. S. XIX, haben zwar die Anſchaffung dieſes Bildes für den Hochaltar erwähnt, aber wie es ſcheint die Ur= kunde nicht geleſen, da ſie angeben, das Bild ſei von einem Johann Schildknecht geſtiftet worden.

Ueber die ſonſtigen Kunſtleiſtungen des Meiſters Johann von Bamberg, der ein Zeitgenoſſe Wilhelms von Cöln geweſen iſt

---

[1]) Eine Himmelfahrt der Maria; ſie wurde ſpäter als Erſatz für das durch die Franzoſen aus der Deutſchordenskirche zu Sachſenhauſen geraubte Altarblatt von Piazetta an dieſe Kirche abgegeben.

[2]) Maler.

und seinen Wohnsitz in Oppenheim gehabt zu haben scheint, fehlen bis jetzt alle Nachrichten. Wenn aber dieser Künstler i. J. 1382 für ein oder vielleicht auch für mehrere Gemälde 800 Gulden ansprechen und bewilligt erhalten konnte, so berechtigt dieser Umstand jedenfalls zu der Annahme, daß sein Talent kein gewöhnliches gewesen ist, und liefert zugleich den Beweis, daß Kunstliebe und Kunsturtheil damals schon in unserer Stadt eine Stufe erreicht hatten, die eine längere Pflege voraussetzen läßt.

Wir lesen ferner in dem Fabrikbuch des Bartholomäusstifts von 1412:

„Meister Clas,

dem Maler fl. 5 von dem mittleren Schlußstein und Gewölbe vor 1412. dem Chor zu malen und zu vergolden."

In dem folgenden Jahr werden verausgabt: „2 ℔ 2 ₰ von dem 1413. Kasten, den man mit dem Creutze traget, mit dem Heiligthum zu verneuen und zu malen und fünf Kneufe daran zu vergolden," und zwei Jahre später seitens der Stadt „dem Mahler von St. Antho-1415. niusbild unten in den Römer zu mahlen, daß es desto reinlicher daran bleibe," 2 ℔ 14 ₰ bewilligt. (Rechenbuch von 1415.)

Von einem ungenannten, ohne Zweifel der cölner Schule ange-1427. hörenden Meister hat der Scholaster des Bartholomäusstifts Frank von Ingelheim i. J. 1427 auf die beiden Seitenwände des Chors im Dome die Legende des heil. Bartholomäus, sich selbst aber hin= ter dem Hochaltar knieend, ferner zu beiden Seiten des letzteren die Himmelfahrt der Maria und Christus, wie er der Magdalena er= scheint, malen lassen. Ich werde auf diese in Oelfarben mit einer Beimischung von Wachs ausgeführten, hier nur wegen der Zeitfolge erwähnten Bilder später zurückkommen.

Contze Ulner zum armen Henselin, 1430.

Walter, ein Maler, 1445.

Hans vom Stein und **Hans Walch,** Maler, 1454.

Henne Wetzel, Maler, 1455.

werden in den Gerichtsbüchern als Kläger oder Zeugen genannt.

Unter der Rubrik: **Fargassen Martini** liest man: **Meilzheimer,** ein Maler, und **Hensselin,** Maler. Der letztere dürfte wohl mit dem oben erwähnten **Contze Ulner** eine Person sein.

Eberhard Friedeberger,

1441. 1451. Steinmetz von Frankfurt, erbaute zwischen 1441 und 1451 den Thurm der herrlichen Liebfrauenkapelle zu Würzburg, der einige Aehnlichkeit mit unserem Pfarrthurm gehabt haben soll, wovon aber, nachdem der Thurm in den Jahren 1856 und 1857 von der halben Höhe an eine neue kunstreiche Spitze im gothischen Styl erhalten hat, nichts mehr zu erkennen ist. Meister Friedeberger war gleichzeitig mit ähnlichen Bauwerken am Rhein beschäftigt. (Scharold: Würzburg und seine Umgebungen 1856 S. 246; Braunfels: Die Mainufer und ihre nächsten Umgebungen S. 252).

Sebald und Konrad Fyol.

1439. 1476. Die Nachrichten über diese beiden Künstler sind leider sehr mangelhaft, was um so mehr zu beklagen ist, da der Sohn Konrad als der bedeutendste Maler betrachtet werden kann, den Frankfurt in jener Zeit besessen hat.

Sebald, der Vater, wird von Hüsgen nicht erwähnt, während er Konrad, Sebalds Sohn, als Conrad Sebald aufführt und ihn mit dem Vater verwechselt. Das Verdienst, auf Konrad Fyol zuerst öffentlich aufmerksam gemacht zu haben, gebührt unserem Passavant. Ich glaube daher, mich keinem Tadel auszusetzen, wenn ich dessen in dem Stuttgarter Kunstblatt von 1841 mitgetheilten Nachrichten im Wesentlichen hier benütze.

Die Familie Fyol ist seit sehr frühen Zeiten in Frankfurt einheimisch gewesen. Ein Heinrich Viol kommt schon von 1215 bis 1219 in öffentlichen Urkunden als Zeuge vor,[1] und in dem Beedbuche der Oberstadt von 1354 liest man: „Am Lumpen Hus Heile Fiol", und 1365: „Geyn dem alden Swerte ubir in der Bargassen: Heile Fyol." Ebenso in dem Beedbuche der Niederstadt von 1367: „Der Backinheimir Thurm: Fritze Fyol."

Sebald Fyol war Maler. Sein Geburts- und Todesjahr ist ungewiß, sicher aber, daß er 1476 nicht mehr gelebt hat. Er wird in den städtischen Rechnungen vom Jahr 1439 erwähnt, da er damals „die alte Schreibstube bei der Schreiberei" im Römer mit Malereien versehen, die leider verschwunden sind, und im Jahr 1453 heißt es: „371 ß 19 ₰ 1 ₰ han wir außgeben alß gekostet hat die Uhr und

---

[1] Böhmer: Codex diplom. francof. pag. 23, 26, 28.

Zeiger vorn an dem Römer mit allen Sachen nämlich 200 fl. Sebold dem Mahler für Gold, Farb und Arbeit und er rechnet das
Gold an 140 fl."; auch hat derselbe nach Lersner II, 1, S. 19 i. J.
1462[1]) das Gemälde unter dem Brückenthurm um sechs Gulden gemalt. Hüsgen schreibt dasselbe ohne Grund dem Sohne Konrad zu.
Passavant hält die gedachte Arbeit für eine Ausbesserung der Malereien von 1392, die einerseits die Kreuzigung Christi, andererseits
die Geschichte des tridentinischen Kindes mit dem bekannten Spottgemälde auf die Juden dargestellt habe. Aber Lersner, unser einziger
Gewährsmann, spricht nicht von bloßer Ausbesserung, sondern von
einem eigenen Gemälde, auch haben die Malereien von 1392 unter
der Benennung: die Marter des Herrn, (s. oben S. 13), Christus
am Oelberg, nicht die Kreuzigung, dargestellt. Die letztere ist vielmehr nach aller Wahrscheinlichkeit i. J. 1461 oder 1462 von Sebold Fyol an die Stelle des erloschenen Oelbergs neu gemalt worden. (Battonn S. 40). Die Geschichte des tridentinischen Kindes hat
sich erst im Jahre 1475 ereignet.

Zufolge einer Uebereinkunft von 1454 auf St. Valentinstag ver-
laufte Sewald Fyol, Maler, und Katharina seine Hausfrau an
den Deutschorden einen Gulden Geld als ewigen Zins auf dem Hause
ihres Schwagers und ihrer Schwester, Heynz Grünewals und
Annen seiner Hausfrau in Sachsenhausen. Dieser Heynz Grünewals
(Grünewald) dürfte der Vater des Matthäus Grünewald gewesen sein,
welcher in Frankfurt, besonders aber in Mainz und Aschaffenburg viele
herrliche Altarblätter gemalt hat, worauf später zurückgekommen wird.

Was nun den Sohn Konrad Fyol betrifft, so ist es nicht möglich gewesen, das Jahr seiner Geburt und seines Todes festzustellen.
Die Kirchenbücher gehen nicht über die Zeit der Reformation zurück.
Auch seine Arbeiten lassen sich mit voller Gewißheit nicht nachweisen.
Soviel aber wissen wir, daß er ein vielbeschäftigter Maler und Bildschnitzer gewesen, der auch auswärts gesucht wurde und dessen Thätigkeit in die zweite Hälfte des 15. Jahrhunderts fällt.

Da, wie oben bemerkt wurde, die Geschichte mit dem tridentinischen Kinde, dessen grauenhafte Ermordung allgemein den Juden
zur Last gelegt wurde, sich erst 1475 zugetragen hat, so kann das
durch ältere Kupferstiche und Holzschnitte genugsam bekannte Schmäh-

---

[1]) Derselbe Schriftsteller setzt jedoch Th. 1, S. 20 die Entstehung dieses Bildes in das Jahr 1461; auch verwechselt er den alten Brückenthurm mit dem neuen
in Sachsenhausen.

bild, auf dem ein Jude verkehrt auf einer Sau reitet, den Schwanz
als Zaum in der Hand haltend, während ein anderer kniend den
Koth mit dem Munde auffängt und ein dritter die Milch sauget,
jedenfalls nicht früher an dem Brückenthurm angebracht worden sein;
aber sicher fällt seine Entstehung in den Zeitpunkt der ersten Erbit-
terung, also in das Jahr 1475 oder 1476. Von dieser Ansicht geht
auch Lersner aus. Es darf daher vermuthet werden, daß die Anfertigung des Bildes unserem Konrad Fyol, dem geschicktesten hiesigen Maler jener Zeit, übertragen worden sei. Diese Geschichte hatte
offenbar alle Gemüther in die höchste Aufregung versetzt, die es auch
allein erklärlich macht, daß sich sogar der Rath bewogen finden konnte,
ein derartiges Schmähbild an öffentlicher Stelle anfertigen zu lassen.
Warum sollte man also nicht den namhaftesten Künstler damit betraut, warum sollte dieser nicht seine Hand dazu hergeliehen haben,
der öffentlichen Stimmung durch das Bild eine Art von Genugthuung zu schaffen? Hiergegen läßt sich freilich einwenden, daß das
Spottgemälde, wie es uns in den Nachbildungen überliefert ist, mit
den von Passavant dem Konrad Fyol zugeschriebenen Arbeiten in
Conception und Zeichnung wenig Aehnlichkeit zeigt; allein es ist zu
bedenken, daß jene Malerei eben an sich schon eine Absonderlichkeit
war, daß die Nachbildungen von sehr mittelmäßigen Künstlern herrühren und in der Zeichnung bedeutend von einander abweichen, endlich daß die häufigen Restaurationen, welche das Gemälde im Laufe
der Zeit durch sehr ungleiche Hände erlitten hat, es fast unmöglich
machen zu bestimmen, was an dem Bilde ursprünglich gewesen und was
spätere Laune oder Ungeschicklichkeit hinzugefügt haben mag. Das
Bild, schon zu Hüsgens Zeit kaum mehr kenntlich, ist i. J. 1801
mit dem Abbruche des Thurmes vollends zu Grund gegangen, ein
Verlust, der gewiß weniger zu beklagen ist, als die Zerstörung so
mancher erheblicheren öffentlichen Werke der Architektur und Malerei,
an denen unsere Stadt arm genug ist. Läge nicht die Absicht am
Tage, das Verbrechen der Juden gerade an dem lebhaftesten öffentlichen
Platze aller Welt zu verkündigen, so würde es kaum begreiflich sein,
warum man jene Malereien, auf deren Erhaltung man so viel Werth
legte, daß man sie in den Jahren 1507 durch Meister Schweitzer,
1609 durch Phil. Uffenbach, 1677 durch Hermann Voß und
1709 durch Conrad Unsin (Using) sorgfältig restauriren ließ, und
deren Beseitigung die Juden durch angebotene beträchtliche Geld-
opfer nicht zu bewirken vermochten, obwohl man ihre Verdeckung
während der Wahl des Kaisers Matthias 1612 gestattete, gerade an

einem Orte angebracht hat, wo sie, dem Einflusse der Witterung ausgesetzt, dem unvermeidlichen Verderben preisgegeben waren [1]).

Nach Lersner I, 1, 41, wurde im Jahr 1437 in allen hiesigen Stiften und Klöstern eine Gedächtnißfeier für den eben verstorbenen Kaiser Sigismund veranstaltet und bei dieser Gelegenheit das
Portrait dieses Kaisers dreimal gemalt — zwei Brustbilder und ein
größeres, worauf der Kaiser im vollen Ornate auf dem Throne sitzt.
Der Künstler erhielt für seine Arbeit sieben Gulden. Wenn ich vermuthe, daß es Fyol, der Vater, gewesen, so kann ich freilich dafür
keinen anderen Grund anführen, als eben die Voraussetzung, daß man
mit der Anfertigung jener Kaiserbilder jedenfalls einen namhaften
Künstler betraut haben werde.

Sichere Kunde von einer Arbeit Konrad Fyol's, die aber
gleichfalls untergegangen oder doch nicht mehr an ihrer ursprünglichen
Stelle vorhanden ist, giebt uns ein zwischen dem Abt Konrad zu Selbold und Meister „Konrad, Maler, Sebold's Sohn," i. J. 1476
geschlossener Contrakt, wonach Fyol für jene Klosterkirche eine Altartafel von fünf Ellen Breite und sechs Ellen Höhe zum Preis von 70
Gulden und 10 Achtel Korn zu fertigen übernahm. Die Mitte sollte
in geschnitzten, zum Theil vergoldeten Bildern die heilige Jungfrau
mit dem Christuskinde, Johannes den Täufer und den Kirchenvater
Augustin, die Flügel in Oelfarbe gemalte Darstellungen auf Goldgrund enthalten. Der Abt schoß ihm zwanzig Gulden auf diese Arbeit vor. Indessen verzögerte Meister Fyol deren Vollendung, so
daß i. J. 1470 mit dem Abte Streitigkeiten entstanden, in deren
Folge sich dieser an den Rath der Stadt mit der Bitte wandte, den
Maler zu vermögen, entweder die Altartafel zu vollenden, oder das
darauf vorausempfangene Geld zurück zu erstatten.

In ein ähnliches Zerwürfniß war unser Meister mit den beiden

[1]) An demselben Thurme sah man vormals, wenn man von Sachsenhausen
nach der Stadt ging, unter der Mansarde des Thurmdaches auf einem etwas
vorspringenden Raume eine lange Holztafel, worauf ein menschlicher Körper abgebildet war mit der Beischrift: M. Manlius Oppugnator patriae Li-
bertatis.

Wahrscheinlich hatte dieses Bild Bezug auf die am Thurme aufgesteckt gewesenen Köpfe Fettmilchs und seiner Genossen, da bekanntlich Manlius Capi-
tolinus, nachdem er sich zuvor lange der Volksgunst in hohem Grade erfreut
gehabt, später, weil er nach der Alleinherrschaft strebte, als Verräther von dem
Capitol herabgestürzt wurde. Dieses Bild soll nach dem Abbruche des Thurmes
noch längere Zeit auf dem Boden des Römers aufbewahrt worden sein. Einen
Kunstwerth hat es nicht gehabt. (Lersner I, 20 und Battonn S. 40).

2 *

Dorfgemeinden G r ü n b a und M i t l a [1]) gerathen, die ihm für die Ausbesserung zweier Altarblätter, „so bresthaftig befunden worden," gleichfalls je vier Gulden vorgeschossen hatten, ohne daß er sein Versprechen zur rechten Zeit erfüllte, weßwegen gleichzeitig mit den Beschwerden des Abts zu Selbold ähnliche von dem Grafen von Büdingen an den Rath gelangten. Damals war F h o l gerade auswärts beschäftigt, sobald er aber heimgekehrt war, wurde er vom Rathe we= gen seiner Säumniß angehalten, worauf er entschuldigend erwiderte, wie er wegen der Länge der mit ihm gepflogenen Verhandlungen in= zwischen viele andere Arbeiten übernommen habe, die er zuvor habe beendigen müssen, nun aber in Bälde beide klagende Theile zu befrie= bigen gedenke. Aus einem Briefe des Abtes aus dem Jahr 1476 wird aber ersichtlich, daß F h o l die Altartafel für die Klosterkirche bis dahin noch immer nicht ganz vollendet hatte, obwohl er, wie der Abt ihm vorwirft „oder alle Beredung zu freundschaft achtzehn Wochen mit zweyen Knechten an Kost, Essen, Drinken, Licht, Feuerwerk viel sunst" in dem Kloster gehalten worden war [2]).

In demselben Jahr 1476 zahlte Meister K o n r a d F h o l 9 Pf. 4 fi jährlichen Zins an das Bartholomäusstift für seine Wohnung im Hause Nideck in der Kannengießergasse am Eck der Fahrgasse; i. J. 1477 malte derselbe die obere Rathsstube und erhielt dafür 12 Schillinge, und 1498 erhielt er für „den h. Christophel außwendig an die untere Ratstube zu machen" 3 fl. 2 fi.

„Sehen wir uns nun nach den etwa noch vorhandenen Werken unseres thätigen Künstlers um," sagt Passavant, „so finden wir zwar kein mit seinem Namen bezeichnetes, allein doch mehrere, welche in jener Zeit von einem und demselben Maler für Kirchen und Patri= cier hiesiger Stadt gefertigt worden sind, und die füglich keinem an= deren, als dem Meister K o n r a d F h o l zugeschrieben werden dürfen." Für diese Annahme, welche sich hauptsächlich auf den Umstand stützt, daß, soviel ermittelt werden konnte, zu jener Zeit kein anderer Meister von gleichem Rufe hier gearbeitet hat, spricht, wenngleich ein sicherer Beleg nicht beigebracht werden kann, allerdings eine große Wahrschein= lichkeit, was mich verpflichtet, die von Passavant unserem Künstler zugeschriebenen Gemälde hier näher zu bezeichnen. Es sind folgende:

[1]) Die heutigen Pfarrdörfer G r ü n b a u und M i t l a u, entweder Hain=
grünbau, Mittelgrünbau oder Niedergrünbau — Altmitlau oder Niedermitlau
alle zwischen Gelnhausen und Büdingen gelegen.

[2]) Stadtarchiv, Mglb. E. 14. Tom. IV.

1) Ein großes Altarblatt mit Flügeln, in der Mitte die Familie der heiligen Anna, von vielen Figuren umgeben, zu den Seiten die Geburt und den Tod der Maria darstellend. Es befand sich vormals in der Dominikanerkirche und wurde mit vielen andern Gemälden der hiesigen Klöster im J. 1809 durch den Fürsten Primas für das Museum angekauft[1]), von diesem aber in der neuesten Zeit wieder der Stadtbibliothek übergeben, welche es wegen Mangel an Raum vorläufig dem Städel'schen Kunstinstitut zur Aufstellung überlassen hat. Schütz, der Vetter, schreibt dieses Gemälde in dem Katalog der Bilder des Museums irrig dem Roger von der Weyde zu.

2) Drei grau in Grau gemalte Tafeln: a) Joseph mit dem auf dem Steckenpferde reitenden Christuskinde, und St. Gregor; b) St. Lucia und St. Agnes; c) St. Valentin und St. Martinus. Die Köpfe und Hände haben ihre natürliche Farbe. Auch diese Bilder stammen aus der Dominikanerkirche und sind, wie das zuerst gedachte, vorläufig in dem Städel'schen Kunstinstitut aufgestellt.

3) Ein Triptychon, welches als Hausaltärchen gedient hat. Das Mittelbild zeigt Christus am Kreuze, von Jüngern und Frauen umgeben; Maria ist in Ohnmacht gesunken. Zur Seite links der kniende Donator mit drei Söhnen, von einem Bischof empfohlen, oben das Wappen der Familie v. Humbracht; rechts kniet dessen Hausfrau mit drei Töchtern, von einer Heiligen empfohlen, oben das Wappen der Faute v. Monsperg. Aus den Wappen ergiebt sich, für welche Frankfurter Patricierfamilie das Bild gemalt worden ist. Die äußere Seite der Flügel zeigt grau in Grau den Leichnam Christi mit dem Motto: Cogita mori. Später besaß dieses werthvolle Bild die Familie v. Glauburg, von welcher es das Städel'sche Kunstinstitut erworben hat. Der Meister erscheint nach Passavants Urtheil in diesem vorzüglichen Werke „als einer der besseren Nachfolger der van Eyck'schen Schule in Deutschland, durch Naturstudium, individuelle Auffassung, edle Charakteristik, Schmelz der Farben und saubere Ausführung; indessen steht er weit hinter einem Rogier von Brügge und Memling und scheint überhaupt kein Künstler von ausgezeichnetem Genius gewesen zu sein. Dieses fällt besonders bei seinen Figuren in größeren Dimensionen auf, die nicht immer richtig gezeichnet, in der Model-lirung nicht gehörig gerundet sind; die Kinder besonders verun-

---

[1]) Näheres hierüber bei Hans Holbein.

glückten ihm faft bis zur Ungeftalt; dagegen erfreuen oft die lieblichen Bildungen feiner Frauenköpfe von eigenthümlicher Feinheit;
die in Ohnmacht gefunkene Maria zeigt felbft einen hohen Adel.
Die Färbung, an die Niederländer fehr erinnernd, hat indeffen
nicht ganz deren Klarheit, Tiefe und Schmelz, nicht deren zauber-
hafte Harmonie in der Zufammenftellung."

4) Maria mit dem Kinde und der heil. Anna, zur Seite Jofeph,
Zacharias und muficirende Engel. Auch hier zeigt fich der Meifter
als Nachfolger der van Eyck'fchen Schule. Das Bild ift Eigenthum des Herrn Infpector Paffavant.

5) Ein kleiner Hausaltar mit Flügeln. In der Mitte die Kreuzabnahme; auf der einen Seite der kniende Stifter mit dem Car-
theufer-Abte Hugo und auf der andern die kniende Stifterin mit
der heil. Katharina. Diefes fchöne Bild ift aus der Boifferée'-
fchen Sammlung in die Pinacothek zu München übergegangen, wo
es für ein Werk des Johann Walter von Affen gehalten
und auch unter diefem Namen lithographirt worden ift.

6) Ein anderer Hausaltar, welcher früher dem Hans Schäuffe-
lein zugefchrieben war, ift jetzt, nachdem der Director Waagen auf
unferen Meifter aufmerkfam gemacht worden, in den feit 1850
erfchienenen Verzeichniffen der königl. Gemäldegallerie zu Berlin
unter dem Namen Konrad Fyol's aufgeführt. Das Mittelbild ftellt die heil. Anna und die in einem Buche lefende Maria
dar; die erftere reicht dem zwifchen beiden fitzenden Chriftuskinde
einen Apfel; mit landfchaftlichem Hintergrund. Die innere Seite
der beiden Flügel zeigt rechts die heil. Barbara, links die heil.
Katharina. Auf der äußeren Seite ift die Verkündigung der
Maria; diefe und der Engel find durchaus weiß gekleidet.

7) Auch in dem Mufeum von Antwerpen wird ein Triptychen unfe-
rem Fyol zugefchrieben. Das Mittelbild ftellt die Anbetung der
Könige, der rechte Flügel die Geburt und der linke die Befchnei-
dung Chrifti dar. Diefer Hausaltar ftammt aus der Sammlung
des Ritters Florent van Ertborn.

8) Endlich befaß der verftorbene Kunftfreund Kränner zu Regensburg zwei Tafeln von demfelben Meifter, wie die vorbefchriebenen,
wovon das eine den bethlehemitifchen Kindermord darftellt.

Es ift nicht unwahrfcheinlich, daß noch hier und da in einer
Kirche der Nachbarfchaft Altartafeln unferes Meifters fich auffinden
laffen würden, wenn ein eifriger Forfcher feine Muße dazu verwenden könnte.

Wahrscheinlich ein Sohn und Schüler Conrads war

Hans Fyol,

welcher i. J. 1498 ein Crucifix auswendig über die Thüre der Raths-stube malte, dessen sonstige Leistungen aber nicht bekannt sind. (Vergl. den Art. Hans Frol.)

Gleichzeitig mit Fyol, etwa um die Mitte des 15. Jahrhunderts blühte zu Worms ein Künstler, welcher einer unserer angesehensten Patricierfamilien angehörte:

Franz Rorbach.

Er war ein Sprosse des längst ausgestorbenen Geschlechtes die- 1450. ses Namens[1]). Sein Vater Gerlach Rorbach, Ortweins Sohn, stand zu Dresden in Diensten des Herzogs von Sachsen. Von seinen drei Söhnen hatte Franz, der mittlere, sich dem geistlichen Stande gewidmet. Er war nach Inhalt des von Bernhard Rorbach, welcher 1482 dahier starb, niedergeschriebenen, jetzt im Besitze des Herrn Finger, des Raths, befindlichen Geschlechtsbuche dieser Familie „Pre-diger-Observant" zu Worms. „Der waß," heißt es in dieser interes-santen Urkunde, „nit Priester, wan er waß eyns bloben gesichtis, aber waß sust eyn ufrichter des ganczen convents und eyn kostlicher werg-mann buwes und schrynerwerkes, und hat dye große taffel uff dem frawen altare desselbigen predigerclosters zu Wormße gancz von grund uns selber gemacht."

Demnach war Franz Rorbach ein geschickter Baumeister und Holzschnitzer, über dessen sonstige Arbeiten leider alle Nachrichten fehlen.

An den Namen Rorbach knüpft sich die für die Kunstgeschichte unserer Stadt interessante Entdeckung neuester Zeit, daß der

Monogrammist ⌊X𝔅

den Sandrart ohne Angabe der Quelle Barthel Schön nennt, 1467. der aber nach den neuesten Forschungen des anerkannten Kunstkenners E. Harzen[2]) kein anderer sein soll, als der ausgezeichnete Ulmer

---

[1]) Der Mannsstamm erlosch 1550 mit Heinrich von Rohrbach.
[2]) Naumanns Archiv für die zeichnenden Künste, 1860, Heft 1. 2.

Maler, Stecher und Formschneider Barthel Zeitblom[1]), wenn
nicht längere Zeit, doch jebenfalls um 1466—1467 hier in Frank=
furt seine Kunst ausgeübt hat. Es wurde nämlich von diesem vor=
trefflichen Künstler, dessen eigentliche Heimath bis jetzt unbekannt ge=
wesen ist, und der in seinen Arbeiten dem Martin Schön, für
dessen Bruder, gleichfalls ohne nähere Begründung, er gehalten wurde,
so auffallend nahe kommt, daß er jebenfalls als dessen Schüler be=
trachtet werden muß, in dem v. Holzhausen'schen Familienarchiv eine
Kupferplatte aufgefunden, worauf die verbundenen Wappen der hiesi=
gen Patricierfamilie v. Rohrbach und v. Holzhausen mit zwei schild=
haltenden Figuren, einem jungen Manne und einer jungen Frau dar=
gestellt sind. Auf dem Papierumschlag der Platte befand sich von
alter Hand die Aufschrift: 1467. Die Platte selbst ist ganz in
M. Schongauers Art gestochen und mit dem erwähnten Mono=
gramm bezeichnet. Alle Umstände sprechen dafür, daß sie zum An=
denken an die i. J. 1466 vollzogene eheliche Verbindung Bernhards
v. Rohrbach mit Eilchen v. Holzhausen verfertigt worden ist[2]).
Die weibliche Figur stellt höchst wahrscheinlich die Neuvermählte dar,
wenigstens zeigen ihre Gesichtszüge große Aehnlichkeit mit noch lebenden
Gliedern der Familie v. Holzhausen, und die Tracht des Mannes
stimmt mit der von Bernhard v. Rohrbach in dem schon erwähnten
Manuscript gegebenen Beschreibung der Gewänder, welche er i. J. 1467
hatte anfertigen lassen, auffallend überein. Es ist nicht anzunehmen,
daß diese Platte anderswo, als in Frankfurt selbst gestochen sei.
Sie schien früher kaum benutzt worden zu sein; aber Harzen fand
ein vorzügliches altes Exemplar in der Sammlung dell' Instituto zu
Bologna, die von Pabst Benedict XIV. seiner Vaterstadt geschenkt
wurde. Nach Auffindung der Platte wurden einige neue Abdrücke
genommen, wovon einer sich in der Städel'schen Sammlung befindet.
Das Blatt ist 3" 5½''' breit und 3" 7''' hoch, nach dem Pariser
Fuß[3]). Die Jahrzahl 1467 auf dem Umschlag der Platte war

---

[1]) Harzen glaubt in dem Buchstaben S des Monogramms nicht den Ge=
schlechtsnamen, sondern die Profession des Künstlers finden zu müssen, liest deß=
halb nicht Barthel Schön, sondern Barthel Stecher. Mir scheint diese
Lesart eine sehr gewagte zu sein, jedenfalls aber vermag ich in der sonst sehr
interessanten Abhandlung keine genügenden Gründe zu finden, um in Harzens
Annahme, unser Monogrammist LXS und Meister Barthel Zeitblom seien eine
und dieselbe Person, mehr als eine bloße Hypothese zu erkennen.
[2]) v. Lersners Chronik I, S. 302 u. 313.
[3]) Nach Harzen nur 3" 5''' br. u. 8" 6''' hoch; aber ich glaube genau
gemessen zu haben.

deßhalb von hohem Interesse, weil kein einziges Blatt des Meisters mit einer Jahrzahl bezeichnet ist und nunmehr wenigstens feststeht, daß er schon 1466 oder 1467 thätig gewesen ist.

Harzen schreibt eine Reihe interessanter, in dem Amsterdamer Museum befindlichen, altdeutschen, mit der trockenen Nadel geritzten Blätter, die von Duchesne ainé als dem Meister von 1480 angehörend, bezeichnet worden waren, sämmtlich unserem Meister L.XS zu. Darunter befindet sich auch das Wappen der Frankfurter Patricier= familie Knoblauch. Daß aber diese geritzten Blätter, wovon kein einziges das gedachte Monogramm trägt, und welche sämmtlich die mit dem letzteren bezeichneten Grabstichelarbeiten weit übertreffen, dem nämlichen Künstler angehören, halte ich gleichfalls für eine bloße Hypothese, die ihres besseren Beweises harret.

Die bisher als Arbeiten des Barthel Schön bekannt ge= wesenen Blätter, deren es 41 waren, haben Heinecken, Nagler und Passavant, letzterer in seinen Nachträgen zum Peintre-graveur, umständlich beschrieben, Harzen aber hat deren Zahl, mit Hinzu= rechnung der obengedachten, mit der trockenen Nadel gearbeiteten, auf 158 gebracht.

Clas Krugen

bekommt 1450 acht Gulden 12 ₰ „vom Adler und dem andern ¹⁴⁵⁰⁄₁₄₇₀ Gemälde am Thurm der Canzlei zu malen", und 1470 „von den drei Gewölben zu wißen und zu malen" (die Schlußsteine im Kreuz= gang) vier Gulden (Rechnungsbuch des Barth.=Stifts).

In der Baukunst hatte sich

Hans von Frankfurt

im Laufe des 15. Jahrhunderts, wenn nicht schon gegen das Ende des vierzehnten, einen Ruf erworben. Außer seiner Betheiligung am Baue des Münsters zu Ulm, vermag ich indessen über seine Thätig= keit nichts beizubringen. (Ulms Kunstleben im Mittelalter von Grün= eisen und Mauch.) Ein anderer

Meister Hans von Frankfurt

kommt als Maler in dem Zunftregister der Künstler der St. Lucas= ¹⁴⁷⁰⁄₁₅₀₁ brüderschaft zu Würzburg vor, deren neue Satzungen er unterschrieb.

(Scharolb a. a. O.) Im Jahr 1470 malte er ein Crucifix um 18 Pf. für die Marienkapelle daselbst. In verschiedenen Rechnungen wird seiner bis zum Jahr 1498 gedacht, und in der 1501 erneuerten Zunftrolle der Maler, Glaser und Bildschnitzer ist er in der Reihenfolge der Dritte.

Im Jahr 1516 finden wir einen Hans von Frankfurt als Bürger und Maler zu Straßburg unter den Künstlern der erbarn Meisterschaft des Malerhandwerks als den letzten in der Reihenfolge verzeichnet. (Naumanns Archiv für die zeichnenden Künste, Jahrg. II. S. 148.) Ob dieser mit dem eben erwähnten Würzburger Maler des gleichen Namens eine und dieselbe Person ist, muß dahin gestellt bleiben. Nach einer brieflichen, freilich nicht verbürgten Mittheilung des Verfassers des allgemeinen Künstlerlexicons wäre der in Straßburg angesessene Hans von Frankfurt ein Sohn des später zu gedenkenden Formschneiders Hieronymus Greff und hätte, gleich diesem, für die Grüninger'sche Officin gearbeitet. Nagler hält das

bei Brulliot I. No. 2124 erwähnte Monogram.n ⋈. für das des Hans von Frankfurt.

Im British Museum befindet sich ein mit dem Namen Johannes de Francofordia bezeichneter Holzschnitt, welcher nach dem von Bartsch P. G. XII. S. 203 beschriebenen, äußerst seltenen Kupferstiche von Antonio Palajuolo, „die Gladiatoren" gefertigt und eben so selten ist, wie das Original selbst. Es dürfte schwer zu ermitteln sein, ob dieser Holzschnitt einem der gedachten Künstler von Würzburg oder Straßburg oder einem andern Frankfurter Formschneider zuzuschreiben ist.

Um dieselbe Zeit dürften auch die in dem vormals von der Patricierfamilie v. Rohrbach besessenen Hof und Garten, dem jetzigen großen Bleichgarten nächst der Rittergasse (nun Klingergasse) befindlich gewesenen, theilweise noch jetzt zu erkennenden Wandgemälde entstanden sein, in welchen Turnire und Jagden zu Wasser und zu Land, wie auch eine Kreuzigung Christi mit dem v. Rohrbachischen Wappen dargestellt waren, deren Meister aber unbekannt ist. (Hüsgen: Nachrichten S. XX. XXI.)

Hans Hesse, Maler,

1471. wohnte nach dem Zinsregister des Bartholomäusstifts 1471 im Hause Nybeck in der Fahrgasse und entrichtete dem Stifte einen

Zins von 9 Pf. 4 ₰. Ein Mehreres ist von ihm nicht bekannt. Sein Zeitgenosse

Hans Dirmstein,

Goldschmied von Frankfurt, verfertigte 1473 die Brustbilder der [1473] beiden Kirchenpatrone der Stiftskirche zu Aschaffenburg, St. Peter und St. Alexander, von getriebenem und vergoldetem Silber, in etwa ¾ Lebensgröße, mit den im gothischen Styl verzierten päbstlichen Kronen. Der Künstler hat beide noch vorhandene Büsten mit seinem Namen bezeichnet. Das silberne Brustbild Alexanders, 30 Mark 4 Loth schwer, welches i. J. 1552 zur Deckung eines Theils der durch den Grafen Christoph von Oldenburg, Führer des schmalkaldischen Bundesheers, der Stadt und Umgegend von Aschaffenburg auferlegten Brandschatzung nebst andern Kirchenparamenten nach Frankfurt verkauft worden ist, muß ein anderes als das von Dirmstein verfertigte gewesen sein. (Archiv des histor. Vereins des Untermainkreises, Bd. 4, Heft 2, S. 33. 111.)

Meister Kiesenzieg.

Von ihm ist nichts bekannt, als sein tragisches Ende. Lersner [1486] berichtet darüber: „1486 Samstag nach Oculi zu vier Uhren Nachmittags erstach sich selbsten in seinem Haus aus Wahnwitz ein Maler, was genannt Kiesenzieg, und sein Frau warffe ihn darnach an dem Sonntag Mitternacht von der Brücken in den Main, nackend und heimlich, doch mit Bewilligung und Verhängniß des Raths."

Peter Seger,

ein Maler aus Mainz empfing 1491 von Johann Blarrock 24 Gul- [1491] den und noch 2 Gulden 4 Alb. von Johann Pommer für sein Malerwerk im Chor des St. Bartholomäusstifts. (Rech. Buch).

Hans Abel

erhielt 1494, tertia post Epiphan. sechs Gulden: „Das Tuch mit [1494] den Adlern zu malen, das man uff unser gnädigsten Frauen, der Röm. Königin [1]) Zukunft machen lassen, überzutragen und hat der

---

[1]) Gemahlin Maximilians I.

Rath das Tuch und Gold bezahlt. Item fünfzehn Gulden für vier Bücher Gold minus ein Viertel, für jedes Buch vier Gulden und hält das Buch 300 Blätter." Ferner 1502 „hat Meister Abel die drei Sonnenzeiger gemalt, ein an der Fahrpforten, ein am alten Brückenthurm und ein an dem Friedbergerthor." (Lersner II, 1, S. 23 und 43.)

„Hans Piel

1498. dem Maler wurden 1498 für die Tafel (Crucifix) außwendig der Rathstub vier Gulden bezahlt." (Stadt = Rech. Buch.)

Maternus, Maler,

1499. wohnte nach Inhalt des Zinsregisters des St. Bartholomäusstifts von 1499 in dem Eckhause dem römischen Kaiser gegenüber.

Zum Schlusse dieser allerdings nicht sehr umfangreichen Nachrichten, worauf ich mich in diesem ersten Abschnitte beschränkt sehe, glaube ich die Aufmerksamkeit der hiesigen Kunstfreunde auf

ein in der Kirche zu Niedererlenbach befindliches Gemälde

lenken zu müssen, da seiner noch nirgends Erwähnung geschehen ist. Es ist ein in Temperafarben gemaltes Triptychon. In der Mitte des Hauptbildes steht Maria auf der Mondsichel, das Christuskind im Arme haltend; zu ihrer Rechten der Erzengel Michael mit vier Kindern im Arme [1]); zur Linken St. Hieronymus, seine Hand auf den Löwen stützend. Der Vorgrund ist sehr sorgfältig mit Blumen und Kräutern geschmückt, unter denen ein grüner Frosch auf-

---

[1]) Der Erzengel Michael ist der Engel der Gnade. Nach der hebräischen Engellehre bringt er die reinen Seelen dem Allmächtigen zum Opfer dar. Die Seele wird sehr häufig unter dem Bilde eines neugeborenen Kindes dargestellt. So steigt aus den gefalteten Händen eines Betenden ein Kindlein auf, um die zu Gott sich erhebende Seele anzudeuten. Die Engellehre der ältesten christlichen Zeit, wie sie umständlich bei den Kirchenvätern vorkommt, hat ganz und gar den Charakter der hebräischen Geheimlehre bewahrt. Hierdurch dürften die vier symbolischen Kinder in den Armen des Erzengels auf unserem Bilde ihre Erklärung finden. Helmsdörffer: „Christliche Kunstsymbolik und Ikonographie. Frankfurt 1839, 8.

fällt. Sollte derselbe vielleicht auf die Familie Frosch als Stif=
terin des Bildes Bezug haben? Hier und da liegen kleine Kiesel
auf dem Boden zerstreut. Jeder der beiden Flügel stellt sechs Apo=
stel, je drei übereinander stehend, dar. Auf dem dunkelroth gefärbten
Holzrahmen ist zwischen einfachen Arabesken jedesmal der Name der
betreffenden Figur zu lesen. Oben in der Mitte des Rahmen des Haupt=
bildes steht die Jahrzahl *J2gΛ* . (1497).

Der Faltenwurf der Gewänder ist leicht und besonders die Figur
des Erzengels sehr wohl gelungen. Das im Ganzen wohl erhaltene Bild
hat höchst wahrscheinlich früher als Altarblatt der Kirche gedient,
wurde aber später, vielleicht zur Reformationszeit, von seiner Stelle
entfernt und durch eine andere, sehr geringe, Malerei ersetzt. Jetzt
ist dasselbe an einer Seitenwand der Kirche befestigt. Es mißt 4'
in die Höhe und das Hauptbild 3' 7", jeder der Flügel aber 1' 7"
in die Breite.

Der Meister dieser interessanten Reliquie ist mit Sicherheit
nicht anzugeben. Es könnte die Arbeit eines Gehülfen oder Nach=
folgers von Conrad Fyol sein.

Die Kirche zu Niedererlenbach enthält im Plafond noch zwei
alte verdienstliche Freskomalereien, je in einem Oval die Auferstehung
und die Himmelfahrt Christi darstellend. Leider haben diese Bilder
durch die Zeit und ungeschicktes Abreiben sehr gelitten. Diese Kirche,
früher reichslehnbar, ist i. J. 1346 mit Genehmigung des Kaisers
Ludwig von dem Ritter Hans Baut von Bonames dem Liebfrauen=
stift zu Frankfurt übergeben, seit der Reformation aber ausschließlich
zum evangelischen Gottesdienst verwendet worden. (Böhmers Ur=
kundenbuch der Reichsstadt Frankfurt S. 597.)

Das sechszehnte und siebenzehnte Jahrhundert.

Die Fortschritte, welche die Kunst, insbesondere die Malerei, im Laufe des fünfzehnten Jahrhunderts sowohl in der künstlerischen Auffassung als auch in der technischen Behandlung hauptsächlich durch den Einfluß der Brüder van Eyk wie in den Niederlanden, so auch in Deutschland und in Italien gemacht hatte, gelangten in der folgenden Periode zu der erfreulichsten Entwickelung und Blüthe. Als Sterne erster Größe glänzten im Anfange und bis in die Mitte des sechszehnten Jahrhunderts in Italien Leonardo da Vinci, Michel Angelo Buonaroti, Raphael von Urbino, in Deutschland Albrecht Dürer, Hans Holbein, Matthäus Grünewald, Lucas Cranach und viele Andere.

Auch Frankfurt blieb von diesem anregenden Einfluß nicht ausgeschlossen, das Interesse an den Werken der Kunst ist lebhafter geworden, die Zahl der einheimischen Künstler im Wachsen begriffen und von den auswärtigen sehen wir die Meister ersten Ranges durch geistliche Stifte und reiche Bürger zeitweise hier beschäftigt. Sogleich im Anfange dieses Zeitabschnitts finden wir

Hans Holbein den älteren

1500. bei den Dominikanern seine Kunst üben. Während seines nach der gewöhnlichen Annahme zweijährigen, aber nach der Zahl der von ihm ausgeführten Arbeiten zu schließen, wohl längeren Aufenthalts [1]) in diesem Kloster als Haus- und Tischgenosse — Commensalis, wie das Klosterdiarium besagt — verfertigte Holbein eine Reihe von Gemälden, wovon mehrere unserer Stadt erhalten geblieben sind. Sie

---

[1]) Indessen ist er doch schon 1502 wieder in seiner Vaterstadt Augsburg thätig gewesen, (Waagen: Kunstwerke und Künstler in Deutschland, Th. 2, S. 18, 23), was eine Unterbrechung seines hiesigen Aufenthalts vermuthen läßt.

waren vormals theils in der Kirche, theils in dem Refectorium des
Klosters aufgestellt [1]).

I. In der Kirche sah man bis zur Säcularisirung f ü n f wohlerhaltene Gemälde aus der Leidensgeschichte, wovon das mittlere die
Verspottung Christi vorstellt, von dem Meister i. J. 1500 vollendet. (Hüsgen S. 558).

II. In dem Refectorium befanden sich

1) a c h t größere Passionsgemälde (Hüsgen S. 561), wobei namentlich die Gefangennehmung, Christus vor Pilatus, die Kreuztragung und die Auferstehung. Sie gehören zu den ausgezeichneten Arbeiten des Meisters; die Figuren der sehr reichen
Compositionen haben etwa ²⁄₃ Lebensgröße;

2) f ü n f kleinere Darstellungen aus der Leidensgeschichte, vier: der
Einzug in Jerusalem, die Austreibung aus dem Tempel, die
Fußwaschung und Christus am Oelberg, jedes zwei Schuh hoch
und anderthalb Schuh breit; das fünfte stellt als größeres Mittelbild das Abendmahl dar. Hüsgen glaubte (S. 561) in diesen Bildern Albrecht Dürers Manier zu finden; allein es
besteht jetzt darüber kein Zweifel, daß sie dem älteren Holbein
angehören. Endlich

3) v i e r merkwürdige Stammtafeln, die Geschlechtsfolge vom Patriarchen Abraham bis Joseph und die Jungfrau Maria, ferner
die Dominikaner-Generale vom heil. Dominicus bis zum heil.
Vincenzius in Figuren von halber Lebensgröße vorstellend. Jedes
dieser Bilder ist 5 Schuh hoch und 4¼ Schuh breit, auf Holz
gemalt. Das erste zeigt die Patriarchen Abraham, Isaak und
Jacob. Vom Leibe des ersteren geht ein Zweig aus, der sich
im Kreise herumschlingt, worauf die Büsten des Königs David und anderer israelitischen Herrscher erscheinen. Unten rechts
liest man in großer lateinischer Schrift: Ano a partu Virginis
Salutifero M° V° Primo Praeside in loco isto Rñdo Prē.
F. I. W. Hans Hoilbayn de Augusta me pinxit.

---

[1]) Der im Jahr 1215 von D o m i n i c u s de G u s m a n zu Toulouse gestiftete einflußreiche Orden der Dominikaner- oder Predigermönche hat sich vor
anderen Klostergeistlichen durch Gelehrsamkeit und Kunstsinn ausgezeichnet. In
Frankfurt soll er sich zuerst 1233 angesiedelt haben. Im Jahr 1238 wurde der
Bau des Klosters und der Kirche begonnen, das erstere muß bereits 1242 vollendet gewesen sein, da in diesem Jahr der auf dem Reichstag hier anwesend gewesene Stifter und Probst der Dominikanerklöster zu Erfurt und Eisenach, Graf
Elgerus v. Honstein, bei den Predigern wohnte und starb.

In ähnlicher Weise und mit ähnlichen Inschriften sind die drei anderen Gemälde ausgeführt.

Durch die i. J. 1803 erfolgte Säcularisation der geistlichen Stiftungen gelangten deren Güter und somit auch sämmtliche Gemälde der Klostergeistlichen in das Eigenthum der Stadt. Diese war nicht in der Lage, zur Aufstellung solcher Kunstwerke einen geeigneten Raum beschaffen zu können, sie wurden alle vorläufig in dem Predigerkloster zusammengestellt. Indessen wollte man sich dennoch von dem Werthe dieser Schätze überzeugen. Im Jahr 1804 wurde der bekannte Kunstkenner Christian von Mechel veranlaßt, die Sammlung einer Prüfung zu unterwerfen. In seinem an die Geistliche Güteradministration erstatteten Bericht heißt es:

„Sie empfangen hier das Verzeichniß der mit allem Fleiß aus den hier aufgehobenen katholischen Stiftern gewählten besten, meist geistlichen Gemälden, die nun in dem großen Saal zu ebener Erde im ehemaligen Dominikaner-kloster aufgestellt sind. Es sind darunter mehrere für die Geschichte der Kunst der Alten sehr interessante, aber auch einige treffliche Stücke von modernen Meistern. Kenner und Liebhaber werden sie zu schätzen wissen, für bloß Neugierige werden sie erst in's Auge fallen, wenn der geschickte Herr Morgenstern seine Sorgfalt mit Reinigen und Firnissen denselben wird erwiesen haben. Möchte diese erste öffentliche Ausstellung ein Anlaß werden, eine zweite sehr nöthige an einem geschickten Ort mit manchen dermalen in den Aemtern auf dem Römer verwahrten schönen Gemälden, worunter besonders das Hauptstück von Heinrich Roos ist, zu veranstalten, so würden hierbei die guten Gemälde, die durch Ofenhitze und Staub in engen Zimmern ganz zu Grunde gehen, und zugleich das Publikum gewinnen."

Chr. v. Mechel übergab ein Verzeichniß von sechszig Gemälden, welche er als die besten von allen ausgewählt habe, und erhielt für seine Mühe ein Ehrengeschenk von dreißig Brabanter Thalern.

Der Fürst Primas, welcher bei allen Schwächen und gänzlichem Mangel der einem Regenten nothwendigen Eigenschaften doch viele den reichen Privatmann und den Gelehrten zierende Tugenden besaß und damit den besten Willen verband, das Gute zu fördern, fand bei seinem Regierungsantritt jene Gemälde noch in dem Dominikaner-kloster. Am 11. März 1809 schrieb er an den mit der Verwaltung der vormals geistlichen Güter beauftragt gewesenen Finanzrath Steitz:

„Dem Herrn Finanzrath Steitz wird hiermit eröffnet, daß Ich Mich entschlossen habe,

1) die alten Gemälde, welche im Dominikanergebäude gesammelt worden und aufbewahrt werden, um den Taxationspreis von der Geistlichen Güteradministration zu kaufen, daß Ich

2) diese Gemälde unter der Aufsicht des Kunstmalers Herrn Schütz werde repariren und ferner herstellen lassen, auf meine Kosten, und daß Ich

3) diefe Gemälde zur Zierde der guten Stadt Frankfurt in das Museum bestimmt habe. Ich ersuche Herrn geheimen Finanzrath Steitz, dem Herrn Kunstmaler Schütz den Zutritt zu diesen Gemälden sogleich zu verstatten, damit derselbe den Plan zu deren Verbesserung und Herstellung entwerfe. Zugleich ersuche Ich Euer Wohlgeboren, Mir den summarischen Taxationspreis zu eröffnen." „Ihr Freund Carl."

Christian Georg Schütz, der Vetter, erhielt die sämmtlichen Klostergemälde überliefert, ließ sie reinigen und überantwortete sie wenigstens theilweise dem kurz vorher gestifteten „Museum", welches in neuester Zeit die Bilder nebst seinen übrigen Kunstsachen der Stadtbibliothek als städtisches Eigenthum zur ferneren Bewahrung übergeben hat. Ob und welcher Preis von dem Fürsten an die Kasse der Geistlichen Güterabministration bezahlt worden, bleibt unermittelt. Die Acten schweigen darüber. Wohl ist es möglich, daß man damals Grund gehabt, diesen Geldpunkt auf sich beruhen zu lassen.

Von den unter I, gedachten fünf Holbeinischen Tafeln führt Schütz in seinem 1820 gedruckten „Verzeichniß der altdeutschen Bilder und einiger andern dem Museum zuständigen Gemälde" Seite 19 vier auf, die er aber, gleich Chr. v. Mechel, irrthümlich dem jüngeren Holbein zuschreibt. Diese befinden sich jetzt auf der Stadtbibliothek. Wo aber die fünfte geblieben ist, liegt im Dunkeln.

Das Schicksal der acht unter II, 1 erwähnten Gemälde des älteren Holbein war lange ein Geheimniß geblieben. Erst in neuerer Zeit wurden sieben davon in der Sammlung des 1857 im 94. Lebensjahr verstorbenen Regierungsraths Martinengo zu Würzburg entdeckt und es stellte sich bei näherer Nachforschung heraus, daß diese durch Vetter Schütz an den genannten Kunstfreund für sieben hundert Gulden verkauft worden sind! Aus dem achten Bilde soll Schütz den schönen Christuskopf heraus gesägt und für sich behalten haben. Diese Angaben stützen sich auf zum Theil urkundliche Mittheilungen von Männern, deren Sachkenntniß und Gewissenhaftigkeit keinen Zweifel gestattet. Ich selbst sah die sieben Bilder nach Martinengo's Tode i. J. 1858 mit schmerzlichem Bedauern über den Verlust dieser vortrefflichen, für Frankfurt doppelt interessanten Kunstschätze, welche sich in einem für ihr Alter höchst seltenen Zustand der Erhaltung befinden. Es ist peinlich, diese widerliche Geschichte, deren schon Rüppell im 7. Heft des Archivs Erwähnung gethan hat, hier nochmals öffentlich zur Sprache bringen und auf den Charakter eines sonst geachteten Künstlers einen Schatten

3

werfen zu müssen. Aber ist es benkbar, daß Dalberg um einen so gemeinen Schacher gewußt und benselben, im Widerspruche mit seinen großmüthigen Abfichten, auch nur stillschweigend genehmigt und baburch sein Lieblingsinstitut, das Museum, eines so bebeutenden Theiles seines Schmuckes um einiger Hundert Gulden willen beraubt haben sollte? Ich kann baran um so weniger glauben, als bekanntlich das Museum auch in anderer Beziehung eine ähnliche, das Aubenken jenes Mannes trübende Erfahrung gemacht hat. Die von Senator Brönner bahin vermachte vorzügliche Kupferstichsammlung fand sich nach des Conservators Tode in ihren besten Abbrücken, wovon sich viele in bessen Nachlasse wieberfanden, vertauscht und geplündert. Der urspünngliche Brönnerische Katalog war verschwunden.

Einer etwaigen Reclamation der fieben Bilder würde, abgesehen von anderen Schwierigkeiten, schon die erlöschende Verjährung der Bindicationsklage entgegen stehen. Sie wurden von Martinengo's Erben mit anderen Kunstgegenständen an den Kunsthändler de la Motte in Paris verkauft und sollen nächstens (1661) in Würzburg zur öffentlichen Versteigerung kommen.

Daß auch die im Schützischen Nachlasse vorgefundenen und mit der übrigen Erbmasse versteigerten altbeutschen Kirchengemälbe aus den hiesigen Klöstern gestammt haben, wage ich nicht zu behaupten, gewiß aber ist, daß nicht alle i. J. 1809 vorhanden gewesene Klosterbilder an das Museum gelangt sind.

Die unter II, 2. 3. weiter erwähnten neun Holbeinischen Gemälde sind der Stadt erhalten. Das Abendmahl war in dem von Chr. v. Mechel 1804 verfertigten Katalog mit aufgeführt, ist aber in dem Schützischen Verzeichniß nicht mehr enthalten. Diese Tafel war lange verschwunden, bis sie später nach der Restauration der St. Leonhardskirche barin zum Vorschein kam. Das Bild soll burch einen Beichtiger der Kirche übergeben worden sein! Es ist nur zu bebauern, daß es bort keine bessere Verwenbung gefunden hat, als in einer büstteren Ecke verborgen zu werden, wo es kaum zu er= kennen ist.

Der Einzug Christi in Jerusalem und die Austrei= bung aus dem Tempel sind als Eigenthum der Stadt zur Zeit in dem Stäbel'schen Kunstinstitut aufgestellt, und die beiden an= beren, die Fußwaschung und Christus am Oelberg, werden nebst den vier großen Geschlechtstafeln in der Stadtbibliothek aufbewahrt.

Es ist meine Aufgabe nicht, die ziemlich dunkele Lebensgeschichte des älteren Holbein hier aufzuhellen, vielmehr genügt die Bemer=

lung, daß dieser unserer Stadt nur vorübergehend angehört habende Künstler um 1450 zu Augsburg geboren wurde und zu Basel, wo er noch 1521 gelebt haben soll, seine Laufbahn beschlossen hat. Nur wenige Jahre nach Hans Holbein fand dessen Zeitgenosse

Matthäus Grünewald

hier gleichfalls dauernde Beschäftigung. Dieser berühmte Meister 1506. war um 1470, nach der gewöhnlichen Annahme zu Aschaffenburg geboren, obwohl Frankfurt diese Ehre vielleicht mit größerem Recht ansprechen kann, wie schon S. 17 angedeutet wurde. Zu Gunsten Aschaffenburgs kann mehr nicht behauptet werden, als daß der Künstler frühe und lange dort gearbeitet hat, woher nach damaliger Sitte seine Benennung Grünewald von Aschaffenburg entstanden sein mag. Es liegt aber ein positiver Beweis für dessen Geburt in dieser Stadt nicht vor, auch ist nirgends zu finden, daß sein Name sonst zu irgend einer Zeit daselbst vorkomme, wohl aber ist nachgewiesen, daß der Name Grünewald seit den ältesten Zeiten bis zum heutigen Tage durch eine bürgerliche Familie in Frankfurt vertreten gewesen ist. Schon 1444 war Heinz Grünewald, der Schwager des Malers Fyol, hier angesessen; der Zeit nach kann er ganz wohl der Vater unseres Matthäus gewesen sein.

Wie in Aschaffenburg, so auch in Mainz, Colmar und anderwärts hat Matthäus Grünewald die herrlichsten Altarblätter geschaffen, die theilweise an diesen Orten noch gezeigt werden, obgleich der dreißigjährige Krieg viele davon zerstört hat. Namentlich hatten die Schweden aus dem Dom zu Mainz die schönsten Bilder geraubt; diese sind alle auf der Reise zur See zu Grunde gegangen.

In seinem reiferen Alter, etwa um 1505, wandte sich der Künstler nach Frankfurt, oder vielleicht richtiger wieder nach Frankfurt, um seine Geschicklichkeit den kunstsinnigen Predigermönchen zu widmen. Der Patricier Jacob Heller und dessen Hausfrau Katharina von Melem hatten 1509 eins der vorzüglichsten Gemälde Albrecht 1509. Dürer's, die Himmelfahrt und Krönung der Maria als Altarblatt in die Dominikanerkirche gestiftet. Ch. G. Schütz schildert dieses Bild in folgender Weise: „Maria gelangt aus diesem irdischen Leben, durch Engel getragen, in die himmlische Glorie. Gott Vater und Sohn empfangen sie mit Liebe und setzen ihr die himmlische Krone auf. Die Freude, Verehrung und das Erstaunen der Engel, welche in herrlichen Gruppen diese festliche Scene umgeben, ist von hoher und reicher

3*

Mannichfaltigkeit. Saitenspiel und Gesang erheben diesen Empfang. Die Apostel sehen erstaunt auf das leere Grab, und einige suchen darin vergebens die Auferstandene mit forschendem Blicke, während andere erleuchtet nach der himmlischen Glorie blicken. Ausdruck, Bewegung und Gruppirung sind in hohem Einklang und das Ganze ziehet die Seele unwillkührlich zur Bewunderung hin. Dürer hat sich selbst in den Mittelgrund der Landschaft gemalt, er stützt sich auf eine Tafel, worauf zu lesen: Albertus Dürer Allemannus faciebat post Virginis partum 1509."

Dieses Gemälde fällt in des Meisters beste Zeit, als er eben aus Italien zurückgekommen war. Er hatte sich dieser Arbeit, welche ihn über ein Jahr ausschließlich beschäftigte, mit ganzer Seele hingegeben. Noch nie, sagt er selbst in einem Briefe an Jacob Heller, habe er eine Arbeit unternommen, die ihm so viel Freude mache, wie diese. Er ließ den besten Ultramarin kommen, wovon die Unze zwölf Ducaten kostete. Das Hauptbild malte er durchaus selbst, keiner seiner Gehülfen durfte Hand daran legen. Er ließ es mit zwei guten Farben grundiren und untermalte es fünf bis sechsmal. Nachdem es schon beendigt war, wurde es von dem Meister noch zweimal übergangen. Dieses Werk, sagt Dürer in dem erwähnten Briefe, sei nicht gemacht, wie ein gewöhnliches, daher man es, ihm zu Liebe, sauber und gut halten solle, und wenn er nach ein, zwei oder drei Jahren nach Frankfurt komme, wolle er es mit einem besonderen Firniß überziehen, welchen man sonst nicht machen könne; dann würde sich sein Gemälde bestimmt hundert Jahre länger erhalten, wie außerdem. Wer das Bild sah, war von Bewunderung hingerissen. Sandrart und van Mander können zu dessen Lob kaum Worte genug finden. Und für eine solche Arbeit erhielt der Künstler zwei hundert Gulden; aber auch diese nicht ohne vorausgegangenen sehr verdrießlichen Briefwechsel, in welchem er überall als deutscher Ehrenmann erscheint. Jacob Heller hatte sich in seiner Ungeduld verleiten lassen, demselben zu schreiben: wenn er die Tafel nicht bedungen hätte, so würde er sie nicht mehr bestellen, Dürer möge sie nur behalten, so lange er wolle 2c. Dieser hielt ihn beim Worte und zahlte, da ihm von einem Dritten für das Bild 300 Gulden geboten waren, den empfangenen Vorschuß von 100 Gulden an Hellers Bevollmächtigten Hans Imhoff zurück. Allein Heller hatte nur einen Schreckschuß beabsichtigt und suchte jetzt den beleidigten Künstler zu beschwichtigen, der denn auch „auf Imhoffs Anhalten" antwortete: „Angesehen, daß ihr die Taffel an mich gekrumbt, auch daß ich lieber wollte, daß dieselbig zu Frankfort, als anderswo stünde, hab ich euch verwilligt, diese folgen zu laſſen." [1]

Aus dieſem Sachverlaufe ergiebt ſich zugleich, daß die Unterſtellung Sandrart's, Albr. Dürer habe die Himmelfahrt der Maria hier in Frankfurt gemalt, auf einem Irrthum beruhet. Wohl hat Dürer Frankfurt geſehen, aber im Jahr 1520 auf der Durchreiſe nach den Niederlanden, in Begleitung ſeiner Frau und einer Magd. Zu ſeinem Reiſetagebuch heißt es: „Darnach kamen wir nach Frankfort und zeigte mein Zollbrieff, da ließ man mich fahren, und ich verzehret 6 Weißpfenning und anderthalben Heller, und den Buben 2 Weißpfenning, und zu Nachts verzehrt 6 Weißpfenning. Auch ſchenket mir Jacob Heller den Wein in die Herberg und ich hab verdienget, mit meinem Guth, von Frankfort gen Mentz zu fahren umb 1 fl. und 2 Weißpfenning. Mehr hab ich dem Buben geben 5 frankforter Heller, ſo hab wir Nachts verzehrt VIII Weißpfenning. Alſo fuhr ich im Frühſchiff von Frankfort am Sontag gen Mentz."

Zu dem erwähnten koſtbaren Werke Dürer's hat Matthäus Grünewald die inneren und äußeren Flügelbilder gemalt; im Inneren die Enthauptung der heil. Katharina und außerhalb grau in Grau St. Laurentius, St. Stephan, St. Elisabeth und noch eine andere Heilige, wobei Hans Grünewald mitgearbeitet haben ſoll. Laurentius iſt mit des Meiſters Monogramm [M]. N. bezeichnet. Dieſe Seitenbilder befinden ſich auf der Stadtbibliothek. Das Hauptbild von Dürer's Hand, deſſen Vorzeigung an kunſtliebende Fremde dem Kloſter eine reiche Rente abwarf, wurde 1613 von den weniger kunſtſinnigen Nachfolgern der erſten Beſitzer, nachdem Kaiſer Rudolph ver-

---

[1] Zur Vergleichung der Beſcheidenheit eines Albr. Dürer mit den Anſprüchen unſerer heutigen jungen Künſtler möge noch Folgendes dienen. Am 24. Aug. 1508 ſchreibt jener an Jacob Heller: „Das Mariabildt, das ihr bei mir habt geſehen, bitt ich euch, ob ihr bei euch ainen wißt, der ainer Taffel darff, daß ihr ihms anbietet. So man recht Leiſten dazu macht, were es ain hüpſche Taffel, denn ihr wißt, daß ſie rein iſt gemacht, ich will ſie euch wohlfail geben, ſo ichs ainem machen ſolt, nemb ich nit unter 50 fl., weilen ſie aber gemacht iſt, möcht ſie mir im Hauß ſchadhaft werden, darumb wolt ich euch gewalt geben, daß ihr ſie wohlfail gebt um 30 fl., aber eher ichs unverkauft ließ ich gebs um 25 fl., mir iſt wohl viel ſreiß darüber gegangen." Inmittelſt war jedoch zwiſchen dem Künſtler und Jacob Heller das erwähnte Zerwürfniß eingetreten. Deßhalb ſchrieb jener im November deſſelben Jahres: „Item, Ihr dörfft nach keinem Kaufmann Trachten zu meinem Maria Bildt, denn der Biſchof zu Preßlau hat mir 72 fl. dafür geben, habs wohl verkauft, laßt euch befohlen ſein."

geblich 10,000 Gulden dafür geboten hatte, für 1000 Joachimsthaler oder nach Andern gegen eine jährliche Rente von 400 Gulden dem Herzog, nachherigen Kurfürsten Maximilian I. von Bayern überlassen, ist aber leider i. J. 1673 bei dem großen Brande in München zu Grunde gegangen. Aber eine von Paul Juvenel und nicht von Phil. Uffenbach, wie Chr. v. Mechel in dem früher erwähnten Berichte meint, gefertigte Copie war hier zurückgeblieben. Diese wird noch jetzt auf der Stadtbibliothek aufbewahrt und hat nach dem Verluste des Originals jedenfalls einen kunsthistorischen Werth. Christian Georg Schütz hat sich zwar in dem „Verzeichniß der Gemälde des Museums" bemüht, jener in der Technik mittelmäßigen Copie die Originalität zu vindiciren; allein es ist ihm diese patriotisch gemeinte Absicht keineswegs gelungen, wie er denn überhaupt in der Bezeichnung der aus den Klöstern stammenden Gemälde nicht sehr glücklich gewesen ist.

Christian v. Mechel schreibt noch verschiedene andere grau in Grau gemalte Figuren von Heiligen unserem Grünewald zu; allein die Authenticität dieser noch vorhandenen Bilder ist sehr zweifelhaft.

Ein von M. Grünewald in Wasserfarben hier ausgeführtes Gemälde, Christus in den Wolken mit Moses und Elias, wird als eins seiner vorzüglichsten Werke gerühmt. (Lersner Appenb. S. 234). Leider bin ich nicht im Stande, über das Schicksal dieses Bildes und anderer von dem Künstler hier ausgeführten Werke etwas Näheres zu berichten. Eben so wenig war zu ermitteln, in wie weit Hüsgens Vermuthung (S. 561) begründet sei, daß verschiedene andere, vormals in der Sacristei der Dominikanerkirche befindlich gewesene vorzügliche Bilder diesem Meister angehören.

Matthäus Grünewald wird von Sandrart der „deutsche Correggio" genannt und ist auch sicher einer der besten deutschen Maler seines Jahrhunderts. Seine Arbeiten machen sich durch Wahrheit der Zeichnung, ausdrucksvolle Wirkung, Harmonie und Lebhaftigkeit der Farben, sowie durch fleißige Ausführung bemerkbar. Oft übertrifft er Dürer an grandioser Haltung und hat bei feinerer Zeichnung und Modellirung eine gewisse Verwandtschaft mit Lucas Cranach, besonders in der Behandlung der Landschaft, was zu der Vermuthung führt, daß er der Lehrer oder Mitschüler dieses Meisters gewesen sein möge.

Wie hoch die Arbeiten Grünewald's schon in älterer Zeit geachtet wurden, ist unter andern aus einem Berichte des französischen Touristen de Monconys zu entnehmen, welcher um die Mitte des siebenzehnten Jahrhunderts die halbe Welt durchreist und seine Beobachtungen der Nachwelt in drei Quartbänden überliefert hat, wovon verschiedene deutsche Ueberfetzungen erschienen sind. Dieser Reisende verweilte im December 1663 und Januar 1664 in Frankfurt. Er scheint sich für die Kunst besonders interessirt zu haben, wenigstens hat er verschiedene hiesige Künstler und Kunstfreunde besucht und erzählt u. a., daß ihn der Maler Marrel zu dem Herrn Schellens geführt, bei welchem er ein Buch mit Zeichnungen von einem Namens Martin von Aschaffenburg gesehen habe, welcher ungleich höher gehalten werde, als Albr. Dürer, aber in Frankreich nicht so bekannt sei. Es ist nicht zu zweifeln, daß unter diesem angeblichen Martin von Aschaffenburg kein anderer, als Matthäus Grünewald gemeint ist. Martin und Mathieu können im Französischen leicht verwechselt werden, wenigstens hat Herr von Monconys andere Namen so auffallend verketzert, daß jene Annahme keinesfalls unstatthaft erscheint. So will er bei M. Merian das Haupt der Lucretia von „Guiderin" und bei Herrn de Neufville einige Bilder von „Ossanbaic" gesehen haben; den Herrn v. Fleischbein nennt er Fransbain und den Herrn v. Malapert Mallepan[1]).

Matthäus Grünewald soll nach Sandrart auch längere Zeit zu Mainz gewohnt, aber daselbst in unglücklicher Ehe ein trauriges Leben geführt haben. Er endigte seine Tage in unserer Stadt nach der gewöhnlichen Annahme um 1510, nach Andern 1513. Indessen scheint der Künstler nach einer auf dem noch vorhandenen vergoldeten Sockel eines Altarblattes in der Stiftskirche zu Aschaffenburg befindlichen, von Grünewalds Monogramm ⟨M⟩. begleiteten Inschrift: „Ad honorem festi nivis deiparae Virginis Henricus Retzmann hujus aedis Custos et Canonicus ac Gaspar Schanz Canonicus ejsd. F. E. 1519," wenigstens noch in diesem Jahr gelebt zu haben, und auch andere Umstände lassen es kaum bezweifeln, daß sein Tod zwar in Frankfurt, aber erst in den zwanziger Jahren des sechszehnten Jahrhunderts erfolgt ist[2]).

---

[1]) Interessant ist auch der Eindruck, den das Kinderfest des Christabends auf unsern Touristen gemacht hat: „Ich sah den Narrenpossen zu, welche allhier eingeführt sind, da nämlich verkleidete Engel und Teufel in den Häusern herumgehen und fragen: ob die Kinder fleißig beten und fromm sind; da sie dann niederknien und weil sie beten, so legt der Vater oder die Mutter das, was sie ihnen verehren wollen, hinter sie auf einen Tisch und will sie dadurch bereden, als ob Gott ihnen diese Sachen vom Himmel schicke."

[2]) Das Altarblatt Grünewald's, welches seit Jahrhunderten die Stiftskirche zu Aschaffenburg geziert hatte, ist dieser in neuerer Zeit entzogen, nach

In seinen Briefen an Jacob Heller erwähnt A. Dürer verschiedentlich des Frankfurter Malers

Martin Heß,

1508. deſſen Beurtheilung er ſein Gemälde unterſtellt und dem er Grüße
ſendet. „Mein Lob“, ſagt er, „begehr ich nur unter den Verſtändi-
gen zu haben und ſo euch's Merten Heß loben wird, ſo mögt ihr
deſto beſſer glauben daran haben.“ Leider fehlen über dieſen von Albr.
Dürer alſo geehrten Künſtler alle weiteren Nachrichten.

Ohngefähr gleichzeitig mit Matthäus Grünewald arbeitete auch
der hieſige Maler und Formſchneider

Hieronymus Greff,

welcher in einer alten Handſchrift des Bartholomäusſtifts ein Frankfurter Pictor genannt wird. Im Jahr 1502 gab er zu Straßburg unter dem Titel: „Die heimlich offenbarung johannis“
Copien nach Albr. Dürers Apokalypſe heraus, an deren Schluß man
lieſt: „Eyn Ende hat das buch der heymlichen offenbarung
ſant johannſen des zwelfbotten und evangeliſten. Gedruckt zu Straßburg durch Jheronimum Greff den maler, genannt von Frankfurt, nach chriſti geburt M.ccccc
und lj jor.“ Die von Joſeph Heller über die Autorſchaft unſeres
Künſtlers angeregten Zweifel ſind gewiß in ſoweit grundlos, als das

___

München verpflanzt und durch ein anderes von ganz geringem Werthe erſetzt worden. Ich kann nicht unterlaſſen, mein Bedauern über ein Verfahren auszuſpre-
chen, welches kein Bedenken trägt, Kunſtgegenſtände ihrer urſprünglichen Beſtim-
mung und dem Orte, mit dem ſie ſeit ihrer Entſtehung gleichſam verwachſen
geweſen ſind, zu entfremden, um den Glanz der Metropole zu erhöhen. Geld
kann hier keinen Erſatz bieten. Es iſt ein Unrecht gegen die Stifter, ein Unrecht gegen die armen Provinzbewohner, denen ihr Pfennig genommen wird, nm
den Schatz der Hauptſtadt zu vergrößern, deſſen Anblick ihnen vielleicht in ihrem
ganzen Leben nicht vergönnt iſt. Ob überhaupt die Anhäufung aller Kunſtſchätze
an einem einzigen Orte deren Gemeinnützigkeit nicht eher hindert als fördert,
und ob nicht ſolche maſſenhafte Aufſpeicherungen in einem großen Kunſtlager-
haus die Gefahr der Vernichtung dieſer unerſetzlichen Koſtbarkeiten durch Brand
oder Plünderung weſentlich vermehrt? das dürfte noch nicht hinreichend erwogen
ſein!
Einer ähnlichen Mißachtung der Abſicht des frommen Stifters verdankt auch
Frankfurt und mit ihm die geſammte Kunſtwelt den Verluſt des herrlichen Altar-
blatts von Albrecht Dürer.

auf den Holzschnitten befindliche, zu jenem Zweifel Anlaß gebende Monogramm **Ⱨ**. ganz wohl, wie schon Brulliot und Nagler bemerkt haben, mit Jeronymus von Frankfurt erklärt werden kann, auch kein sonstiger Grund vorliegt, weßhalb man dem Herausgeber des Werks, der Künstler war und sich als solchen nennt, die Autorschaft absprechen könnte, wenn diese auch vielleicht nur in der Auftragung der Zeichnung auf die Holzplatten bestanden haben sollte, während die Ausführung des Schnitts einer anderen Hand überlassen gewesen sein kann. Uebrigens wurde Greff wegen dieser Copien mit Albr. Dürer in einen Rechtsstreit verwickelt.

Der Vermuthung E. Rüppell's im Archiv für Frankfurts Geschichte und Kunst, Heft 7, S. 9, 12, daß die Stempel zu den Medaillen auf Georg Weiß von Limpurg 1579 und auf Matthias Ritter sen. 1588, welche beide mit den Initialen II. G. bezeichnet sind, vielleicht von einem Nachkommen unseres Künstlers verfertigt seien, fehlt es, wie Rüppell selbst einräumt, an hinreichender Begründung. In ähnlicher Weise vermuthet auch Nagler, daß der oben S. 26 erwähnte Hans von Frankfurt ein Sohn des Hieronymus Greff gewesen.

Wenn Hüßgen den Hieronymus Greff den ältesten von ihm entdeckten hiesigen Formschneider nennt, so ist ihm dessen Zeitgenosse und, wie es scheint, Anverwandter,

Meister Antony

unbekannt geblieben. Diesem der Schule des älteren Cranach angehörenden Künstler muß in Ansehung der Meisterschaft unbedingt der Vorrang vor Hieronymus Greff eingeräumt werden; er hat seinen Namen durch einen vorzüglichen Holzschnitt verewigt. Das Blatt führt die Ueberschrift: Ein hüpsch spruch von Kaiser Maximilian, und stellt das Innere einer Kirche dar, worin der Priester am Altar die Messe celebrirt. Rechts kniet der Kaiser mit seinem Gefolge in einem reich verzierten Betstuhl; links wird eine Orgel durch den Blasbalg mit Luft versehen, rechts befindet sich ein Sängerchor; in der Mitte sieht man zwei Hunde, die sich anknurren — der Humor darf nicht fehlen. Unten im vollen Rande stehen drei gedruckte Strophen zum Lobe des Kaisers: „O Kaiser Maximilian, Dein Lob ich nit aussprechen kan" ꝛc. „Antony Formschneider zu Frankfurt."

Es kommen Abdrücke von 1515, 1518 und 1519 vor. Der Schnitt ist sehr schön und setzt es außer Zweifel, daß der Meister i. J. 1515 kein Neuling mehr in der Kunst gewesen ist, sich viel= mehr schon weit früher damit beschäftigt haben muß. Von unter= geordneterem Range mag

Heinrich Marr

1502. gewesen sein. Nach Lersners Bericht hat er i. J. 1502 auf dem Dreikönigs = Kirchhof zu Sachsenhausen mancherlei Figuren gemalt, über deren Bedeutung sonst nichts bekannt geworden ist. Auch

Meister Schweitzer,

1507. welcher 1507 zwei Gulden für die Ausbesserung des Gemäldes am Brückenthurm empfing, (Lersner II, S. 19) dürfte zu den diis mi- norum gentium zu zählen sein. Wir begegnen diesem Künstlernamen im Laufe dieses Jahrhunderts und zu Anfang des folgenden noch einige Male; es war aber nicht zu ermitteln, in welcher Beziehung sie zu dem Obigen stehen. Ein gleich geringes Interesse bietet der Maler

Hans Frol,

1515. von dem nichts bekannt ist, als daß er 1515 von dem Kirchenbanne losgesprochen wurde. Es drängt sich indessen die Vermuthung auf, daß dieser angebliche Hans Frol mit dem früher erwähnten Hans Fyol eine Person sein könnte.

Von hoher Bedeutung sind dagegen die Werke welche zwei an- dere Künstler:

Meister Schwed

1515. 1519. und sein Gehülfe Georg Glasser aus Bamberg in dem ersten Viertel des sechszehnten Jahrhunderts auf Kosten verschiedener reicher Kunstfreunde und Gönner der Carmelitermönche in dem 1469 erbau- ten Kreuzgange ihres Klosters ausgeführt haben[1]. Aus den lateinischen Inschriften erkennt man unter den Stiftern namentlich: Matthäus, Cardinal = Erzbischof von Salzburg, Bernhard von Gleß, Bischof von

---

[1] Das Carmeliterkloster soll 1247 gegründet worden sein; in demselben wurde 1519 Kaiser Karl V. erwählt.

Trident, Friedrich, Pfalzgraf bei Rhein und Herzog von Bayern, Casimir, Markgraf von Brandenburg und Burggraf zu Nürnberg, denen sich später, wie Lersner I, 2, S. 118 berichtet, noch einige adelige und bürgerliche Familien angeschlossen haben. Zu denselben gehörte namentlich die der Frosche, deren Wappen auf der westlichen Wand noch sichtbar ist.

Diese umfangreichen, in den nassen Kalk gemalten Bilder verdienen die Aufmerksamkeit eines jeden Kunstfreundes und Kunsthistorikers. Passavant sagt darüber in dem sechsten Heft des Archivs: Diese Frescomalereien beginnen mit der Darstellung des Engelsturzes und der Erschaffung des Menschen, seines Falles und seiner Austreibung aus dem Paradies. Diese in engen Raum gefaßte Darstellung zeigt gewissermaßen einleitend die Ursachen des Erlösungswerks durch Christus, welches dann der Gegenstand der vielen darauf folgenden Bilder ist. Zunächst schließt sich daran an die Jugendgeschichte Jesu, an diese seine Taufe, Versuchung und Leidensgeschichte. Die weitere Folge von Bildern bis zum jüngsten Gericht ist durch einen späteren Bau auf der Südseite zerstört worden. Auf mehreren der Malereien befindet sich das Zeichen R + S, den Meister des Werkes, den Maler Schwed angebend, welcher es in Gemeinschaft mit Georg Glasser aus Bamberg in dem Jahr 1515 angefangen und 1519 vollendet hat. Letzterer starb jedoch schon 1516 und wurde am Eck, unter dem Gemälde des jüngsten Gerichts begraben, wie Hüsgen berichtet, der daselbst die Grabschrift noch gesehen hat. Auf einigen Bildern sieht man auch das Zeichen I + S und auf einem weißen Täfelchen bei Christus vor Pilatus steht $\boxed{15 \cdot 21}$.

Wenn dies die Jahrzahl 1521 bedeutet, so ergiebt sich daraus, daß die Vollendung der Malereien viele Jahre in Anspruch genommen hat.

Die noch erhaltenen Wandbilder sind alle sehr tüchtig mit viel Phantasie und reicher Charakteristik ausgeführt, wurden aber leider meistens in den Jahren 1712 und 1713 (Lersner II, 2, S. 194) so stark übermalt, haben auch durch unvorsichtiges Abwaschen so gelitten, daß nur noch wenige Stellen ihre ursprüngliche Vortrefflichkeit erkennen lassen. Am meisten von diesen Unbilden verschont blieb das Gemälde mit großen Figuren, die Versuchung und Taufe Christi darstellend, am Ende der langen östlichen Wand, und das der Schöpfungsgeschichte mit kleineren Figuren über einem ehemaligen Spitzbogenfenster von drei Abtheilungen am Ende der kürzeren nördlichen Wand.

Paſſavant hat im ſechſten Heft des Archivs von dem Gemälde der Schöpfungsgeſchichte, welches nach Inſchrift und Wappen von einem Grafen von Hanau und deſſen Gemahlin Sibylla Margaretha von Baden geſtiftet iſt, nicht nur die ausführliche Beſchreibung, ſondern auch eine von dem zu früh verſtorbenen Kupferſtecher Karl Kappes nach einer Zeichnung von J. B. Bauer in Umriſſen ausgeführte treue Nachbildung geliefert und ſich dadurch ein anerkennungswerthes Verdienſt erworben, zumal da die Holzſchnitte, welche in älterer Zeit nach dieſen ſämmtlichen Wandgemälden gefertigt worden ſein ſollen, verloren ſind und die noch übrigen Reſte des Originalwerkes in den jetzt als Kaſerne benutzten Räumen vorausſichtlich in nicht ferner Zeit der gänzlichen Zerſtörung preisgegeben ſein werden.

Was den künſtleriſchen Werth dieſer Gemälde betrifft, den ſchon Hüsgen, durch J. G. Preſtel darauf aufmerkſam gemacht, geprieſen hat, ſo müſſen wir, ſagt Paſſavant, „um gerecht zu ſein, bei deſſen Beurtheilung uns in die Zeit jener Kunſtepoche verſetzen, wo die Zeichnung noch öfters etwas mager, eckig und nicht immer ganz correkt war, daher wir auch dieſe, obgleich nicht auffallenden Mängel mit Nachſicht zu betrachten haben. Dagegen müſſen wir anerkennen, daß Ausdruck und Geberde der Figuren ſehr wahr und ergreifend ſind, daß die wohlgeordnete Compoſition mit einem Reichthum der Phantaſie behandelt iſt, die Bewunderung verdient und unſern Maler Schweb als einen der begabten Künſtler ſeiner Zeit bekundet.“

Hätte Nagler Gelegenheit gehabt, dieſe Arbeit zu ſehen, oder hätten ihm nur die erwähnten Nachbildungen vorgelegen, ſo würde er die ſpottende Bemerkung, womit er in dem allgemeinen Künſtlerlexicon Hüsgens Urtheil begleitet, zurück gehalten haben.

Ueber die Perſönlichkeit und das Leben des Meiſters Schweb fehlen leider alle Nachrichten. Es kann nicht einmal mit Sicherheit behauptet werden, daß er ein hier eingeborener Künſtler geweſen iſt. Gegen die von Lersner und nach ihm von Hüsgen demſelben beigelegten vier Taufnamen J. K. M. Z. dürften einige Zweifel erlaubt ſein. Sie ſtimmen mit den Monogrammen R + S und I + S nicht überein und überdieß war die Sitte der Neuzeit, die Kinder in der Taufe mit einer Unzahl von Namen zu belaſten, unſern ſchlichten Altvordern fremd. Lersner theilt die Quelle, woraus er geſchöpft hat, nicht mit; leicht kann hier ein Irrthum untergelaufen ſein.

Auf der ſüdlichen Wand des Kreuzganges, dem Eingang gegenüber befindet ſich das bei Weitem umfangreichſte Gemälde der Anbetung der Könige, wovon im achten Heft des Archivs gleichfalls

eine sehr eingehende Beschreibung nebst einem nach C. Beckers Zeichnung von Karl Kappes gestochenen Umriß enthalten ist[1]). Dieses
Bild haben Nicolaus v. Stalburg und dessen Hausfrau Margaretha
v. Rein durch einen vorzüglichen Maler, der sich über der kleinen
Thüre mit R. 1514 bezeichnet hat, ausführen lassen. Am Fuße der
das Bild in zwei Theile trennenden Säule befinden sich die Familienwappen und die Inschrift: Claus Stalburg. Margaretha v. Rein
fein Husfrw 1515.

Das Haus dieses reichen Patriciers, des ehemaligen Besitzers
der Stalburger Oede, stand an dem großen Kornmarkt auf der
Stelle der jetzigen reformirten Kirche. Er hatte es i. J. 1496 auf
dem Raum von vier niedergerissenen älteren Häusern erbaut und zur
großen Stalburg benannt. Durch Testament Craft Stalburg's vom 3. Aug. 1567 wurde dasselbe als Fideicommiß zum
Stammhause des Mannsstammes der Familie bestimmt. Dieses
„Stammhaus", wie es auch im Volke gemeinlich genannt wurde,
war im gothischen Styl erbaut und sah mehr einem alten Castelle,
als einem Wohnhause ähnlich. Die vordere Façade war oben mit
Zinnen versehen, an den beiden Ecken waren kleine Thürmchen angebracht. Das Thor, über welchem sich ein großes Marienbild befand, war mit so vielem und so zierlich gearbeitetem Eisenwerk
bedeckt, daß die Vorübergehenden oft stehen blieben und die alterthümliche Pracht mit Bewunderung ansahen. An dem mittleren Stockwerk befand sich ein Erker mit hoher Thurmspitze, worin ehemals
der Altar der Hauskapelle stand. Das Regenwasser stürzte durch die
Rüssel großer Elephantenköpfe vom Dache herab. Das Getäfel des
großen Saales war mit schönen Malereien aus der Geschichte
Coriolan's u. A. verziert und diese durch beigesetzte Reime, welche
Battonn in Abschriften erhalten hat, erläutert. Die Zimmer zu ebener
Erde hatten Kreuzgewölbe und der Bau der in den ersten Stock führenden Stiege soll höchst merkwürdig gewesen sein. In dem Hofe
endlich sah man einen Brunnen, dessen äußerst zierlich in Stein aus-
gehauener thurmähnlicher Ueberbau Aufmerksamkeit verdiente.

Karl Theod. Reiffenstein hat von diesem stattlichen Gebäude, dem
merkwürdigsten unserer Stadt, welche — überhaupt so arm an erheblichen Bauwerken der Vorzeit — kein zweites der Art aufzuweisen
hat, nach Battonns Beschreibung für sein höchst interessantes Album

---

[1]) Die colorirten Zeichnungen nach Schweb's Wandgemälden besitzt das
Städel'sche Institut.

hiesiger Baudenkmale eine vortreffliche Sepiazeichnung gefertigt, deren Anblick das gerechte Bedauern über den Verlust des alterthümlichen Stammhauses nur steigern kann. Im Jahr 1787 wurde das= selbe von der Familie mit gerichtlicher Genehmigung an die deutsch= reformirte Gemeinde für 45,000 Gulden auf den Abbruch verkauft. Dieser erfolgte 1789. Die Nichtachtung der Stiftung und des Wil= lens der Ahnen hatte man durch die armseligsten Gründe, u. a. auch mit der Behauptung zu rechtfertigen gesucht: das Haus entspreche nach den veränderten Zeiten und deren Geschmack schlech= terdings nicht mehr seinem Zwecke und stehe nach seiner inneren Einrichtung und seinem äußeren Ansehen weit hinter allen bürgerlichen Wohnungen zurück! Ein kläg= licheres Zeugniß ihres nüchternen Philister=Geschmacks konnte sich jene Zeit wahrlich nicht ausstellen.

Im Jahr 1504 hatte Claus Stalburg für die Kapelle dieses Hauses ein Altarbild malen lassen. Die mittlere Tafel stellte, al tempera, die Kreuzigung Christi dar; die beiden Seitenflügel zeigten den Stifter und seine Gemahlin fast lebensgroß in Oel gemalt. Der Meister dieser Bilder ist so wenig bekannt, wie der des Wandgemäl= des in dem Kloster. Die Familie hatte den Altar bei dem Verkaufe des Hauses zurückbehalten, veräußerte aber später die beiden Flügel= bilder auf Dr. Böhmers Veranlassung an das Städel'sche Kunst= Institut, in dessen Gallerie sie noch heute mit vielem Interesse ge= sehen werden. Auf den ursprünglichen, noch wohl erhaltenen schwarzen Rahmen dieser Gemälde liest man folgende Inschriften: Bei dem einen oben: Dusent fünf hundert und fier jar, und unten: Clas Stalburgk also was ich gestalt do ich 35 jar was alt; bei dem an= deren oben wieder die Jahrzahl und unten: Margret Stalburgern was ich gestalt do ich 20 jar was alt.

Das Mittelbild hatte der gelehrte Hundeshagen erworben, der es nebst anderen Kunst= und literarischen Schätzen nach Hanau brachte. Im Jahr 1813 ging aber sein Haus bei der Erstürmung der Stadt durch die Franzosen in Feuer auf. Hundeshagen war abwe= send und alle jene Schätze wurden ein Raub der Flammen. (Battonn's Manuscript und Fichard's Zusätze).

Der unbekannte Meister der von dem Stalburg'schen Ehepaar gestifteten ausgezeichneten Wandmalereien, ein ebenbürtiger Mitarbei= ter Schweb's, gehört der oberdeutschen Schule an, bei welcher das phantastische Element, das ganz besonders in den Werken der Archi= tektur jener Zeit so auffällig hervortritt, bei sonst großartiger An=

ordnung sehr zur Geltung kam. Neben der würdigen Darstellung der dem Christuskinde huldigenden Könige, unter denen man in dem mittleren den Kaiser Maximilian I. erkennt, sieht man denn auch hier bei dem Gefolge der Könige allerlei abentheuerliche Episoden, die uns beinahe in das Reich der Fabeln versetzen. Selbst bei der Hauptgruppe konnte der Künstler seinen Humor nicht unterdrücken, indem, während Maria und Joseph ihre ganze Aufmerksamkeit auf die Verehrung, welche dem Christkinde erwiesen wird, wenden, ein fremdartiges Thier die Gelegenheit benützt, den Brei für das Kind aus dem Napf zu lecken. Demungeachtet tritt der Hauptgegenstand im Vorgrund in würdiger Haltung eben so wohl durch Masse, als kräftige Färbung auf's entschiedenste hervor. Die Zeichnung ist durch= gehends energisch, wenn auch nicht voll in den Formen, die Behand= lungsweise ist breit und flüssig, trotz vieler vorkommenden Einzel= heiten. (Passavant.)

Das Bild ist mit Oelfarbe, die mit etwas Wachs vermischt ist, auf den Bewurf der Wand gemalt.

Auch der vormalige Speisesaal der Carmeliter war mit einer Darstellung der Procession der Geistlichen nach dem Berge Carmel und andern Malereien in dem Jahr 1515 oder 1517 von

Georg Schlot

in Fresco verziert; aber leider sind sie in neuerer Zeit übertüncht worden. (Lersner Append. S. 236, Hüsgen S. 20 und 493). Ueber das Leben dieses, nach dem Urtheil Aller, die seine Arbeit noch ge= sehen haben, sehr begabten Künstlers, fehlen gleichfalls nähere Nachrich= ten. Der schon früher erwähnte französische Reisende be Monconys nennt ihn einen vortefflichen Maler, der in des alten Breughels Ma= nier gearbeitet habe, Schlot's Zeichnung sei aber weit edler und besser. Es ist nicht unwahrscheinlich, daß das in dem Kreuzgange des Klosters bemerkbare Zeichen I+S Jörg Schlot bedeutet und also auch ein Theil der dort ausgeführten Malereien diesem Meister an= gehört. Ein Zeitgenosse der vorgenannten Künstler war

1515.

1517.

Martin Steffen,

ein hiesiger Metallgießer, der auch auswärts bekannt gewesen zu sein scheint. In der Stadtbibliothek wird ein früher in dem Archiv be= findlich gewesenes Manuscript in gr. Folio aufbewahrt, welches den

1518.

spanischen Titel führt: Discurso del Artileria del Imperator Carolo V, Tambien de 149 Peças de la Fundicion de Sü Mag^{ta}. Que de muchos otros loquales de Sacoron de diversas tierras etc. 1552. Es enthält die mit der Feder gezeichneten und colerirten Abbildungen von 203 theils dem Kaiser, theils verschiedenen Reichsfürsten und Reichsstädten angehörigen Kanonen und Mörsern nebst ihren Geschossen, der Angabe des Gewichtes und andern Erläuterungen. Der Verfasser und Zeichner ist nicht genannt. Eine der abgebildeten Kanonen, Nr. 56, ein hessischer 32 Pfünder, zeigt oben ein schwebendes Crucifix, von sechs Wappen umgeben; darunter knien eine betende, wie es scheint weibliche, Figur und unter dieser zwei Männer in gleicher Stellung. Einer der letzteren kniet auf einem Schwan. Unter dieser Darstellung, in welcher Hüsgen die Jungfrau Maria, Luther und Calvin erkennen will, was ich dahin gestellt sein lasse, liest man den Spruch: Ein Nachtigall bin ich genant, Liblich und schon ist mein gesang, Wen ich sing dein Zeit ist lang.

Das Geschütz ist bezeichnet: Martin Steffen zu Franckfurt. Eine zweite Kanone, Nr. 77, ein hessischer 9 Pfünder, trägt die Inschrift: Meister Steffen zu Francfort gos mich 1518.

Ueber die Lebensverhältnisse und sonstigen Leistungen dieses Metallgießers war nichts zu ermitteln.

Die Buchdruckerkunst liegt zwar an und für sich außer den Grenzen meiner Aufgabe; indessen ist es gewiß, daß die ersten Buchdrucker meistens auch Formschneider oder Briefmaler gewesen sind und ihre Kunst in beiden Richtungen ausgeübt haben. Schon aus dieser Rücksicht ist es mir nicht gestattet, die Männer, welche vorzugsweise durch die Menge und Schönheit der von ihnen ausgegangenen typographischen und zylographischen Werke im Laufe dieser Epoche sich selbst und der Ehre unserer Stadt ein unvergängliches Denkmal gesetzt haben, mit Stillschweigen zu übergehen. Vor allen ist hier des Buchdruckers

Christian Egenolph

zu gedenken. Er war 1502 zu Hadamar geboren und um 1530 von Straßburg aus hier eingewandert. Den Bürgereid leistete er aber erst am 9. April 1532. Damals muß er bereits verheirathet gewesen fein; denn schon am 3. Mai 1549 verheirathete sich sein Sohn Lorenz und am 28. Jan. 1550 wurde sein Sohn Christian Egenolph der jüngere als Bürger beeidigt. Auf den Grund einer auf dem Eckstein seines Hauses[1]) befindlich gewesenen Inschrift: „Ab invecta huic urbi a se primo Typographica[2]) A°· XIII Domum hanc Christianus Egenolphus Hademarien. extrui F. A°· Dni. MDXLIII", und nach Inhalt seiner Grabschrift wurde Egenolph von jeher als der erste hiesige Buchdrucker angesehen. Auch Fallenstein in seiner „Geschichte der Buchdruckerkunst", S. 103, vertritt diese Ansicht, obwohl er, hiermit im Widerspruch, in dem chronologischen Verzeichniß der Druckorte der Stadt Frankfurt ihre Stelle im Jahr 1507 anweiset. Wenn man aber auch absehen will von Hans Pfedersheim, dem Gehülfen Just's, der sich bereits 1459 als Briefdrucker hier niedergelassen hatte[3]), so dürfte doch jedenfalls feststehen, daß die Kunst des Buchdrucks schon 1478, wenn auch nicht geschäftsmäßig, hier geübt worden ist. Den Beweis liefert ein Büchelchen, wovon das einzige bekannte Exemplar in der für Frankfurt verlorenen v. Uffenbach'schen Bibliothek sich befand, unter dem Titel: Opusculum confessionale quod industria et arte impressoria fieri ordinavit et constituit Venerabilis Vir Magister Joannes Lupi Capellanus capellae S. Petri in suburbio Francofurtensi per suos manufideles pro parochiis sedum diocesi Moguntiensis etc. Quod completum est anno domini 1478, 4.

Es ist nicht unwahrscheinlich, daß dieser Kapellan Johannes Wolf an der St. Peterskirche noch mehr dergleichen kleine Schriften durch seine Gehülfen hat drucken lassen. Etwa dreißig Jahre später finden sich in Frankfurt mehrere fremde Drucker in vorübergehender Thätigkeit. Nicolaus Lamperter und Balthasar Murrer (Murher) druckten hier 1507: Grammatica Martiani Foelicis Capello, und Murher allein 1509: Sallustii Oratio invectiva in Ciceronem; Batt (Beatus) Murner aus Straßburg, vielleicht mit Balthasar Murrer eine Person: Arma patientie contra omnes seculi adver-

---

[1]) Es war das Haus am Eck des Kornmarkts und der großen Sandgasse K. 163, zur Weilburg, auch zum Wiltberg genannt. Im Jahr 1785 wurde es niedergerissen und an seine Stelle das gegenwärtige Schlamp'sche Haus erbaut. (Battonn's Manuscript).

[2]) sc. arte.

[3]) In der Stadtmatrikel von 1459 heißt es: Hans Pedersheim Brieffdrucker hat den Burgereyd getan und mit den Rechenmeistern umb X ß 4 β überkommen. Act. Duic. p. Luc. anno LIX.

sitates, frankfordie predicata, 1511. Ludus studentum Friburgensium etc. Francophordie imprimebat Anno dni 1512, mit Holzschnitten; und in demselben Jahr des Thomas Murners „Schelmenzunft", dessen „Schiffart von bissem ellenden jamertal", in Versen, mit Holzschnitten; ferner dessen „Ritus et celebratio phase judeor.", dessen „Benedicite judeor. ante et post cibum" und „Der Juden benedicite wie sy gott den herren loben" etc., sämmtlich in 4°. (Panzer, Annales Typographici ab anno 1501 ad annum 1536 continuati, Vol. VII p. 51. Dr. Kloß in dem Gedenkbuche der vierten Jubelfeier der Buchdruckerkunst, und Gödeke: Grundriß zur Geschichte der deutschen Dichtung, Bd. 1, S. 291). Von den genannten Schriften befinden sich „Ludus studentum Friburgensium" und „Schiffart von bissem ellenden jamertal" in der hiesigen Stadtbibliothek. Endlich erhellet auch aus dem von Herrn Theol. Dr. Steitz in dem Neujahrsblatt des Vereins für Geschichte und Alterthumskunde zu Frankfurt a. M. für 1861 S. 52 mitgetheilten, von Karl V. am 12. Nov. 1521 gegen den Druck Luther'scher Schriften erlassenen Mandat, daß damals in Frankfurt Druckereien, wenn auch nur vorübergehend, bestanden haben.

Ungeachtet dieser nachgewiesenen älteren Druckwerke darf Christian Egenolph wegen der erwähnten Inschrift seines Hauses nicht der Anmaßung geziehen werden; denn in dem Umfange und mit den Mitteln, wie er, hatte vor ihm Keiner hier die neue Kunst geübt und in Aufnahme gebracht. Die Arbeiten seiner hier nicht ansässig gewesenen Vorgänger, welche mit ihren kleinen Druckereien umherwanderten[1]), können nur als unvollkommene und vereinzelte Versuche angesehen werden, was auch wohl den Rath veranlaßt haben mag, die erste Ausgabe des unter dem Titel: Reformation der Stat Frankenfort am Main, des heil. Romischen Reichs Camer, i. J. 1509 erschienenen Stadtrechts zu Mainz bei Johann Schöffer drucken zu lassen. Er konnte ein so wichtiges Werk den wandernden Druckern nicht anvertrauen.

Auswärts sind weit früher mehrere Frankfurter als Drucker thätig gewesen. So haben Nicolaus von Frankfurt von 1472 bis 1481 zu Venedig, Johann von Frankfurt 1493 zu Vallabolid, und Wilhelm Schomberg von 1498 — 1499 zu Messina

---

[1]) Aehnlich wie in Celaria im Engadin eine wahrhaft primitive, auf einem Esel transportable Druckerei in einem Heustall etablirt war. (Maiers „Mittheilungen über die Anfänge der Buchdruckerkunst in der Schweiz", vorgetragen im historisch-antiquarischen Bereine zu Schaffhausen.)

viele und bedeutende Werke gedruckt. Auch Conrad Sweynheim (Schwanheim), welcher von 1465 — 1473 in Rom arbeitete, wird zu den Frankfurtern gezählt. (Heller: Geschichte der Holzschneidekunst S. 48—53).

Von der Natur mit ungewöhnlichen Anlagen begabt, erwarb sich Egenolph in dem Umgange mit gelehrten Männern, unter denen auch der berühmte Arzt und Dichter Adam Lonicer, einen Schatz von Kenntnissen. Sein Briefwechsel mit Melanchton und anderen ausgezeichneten Gelehrten giebt Zeugniß von der allgemeinen Achtung seiner Zeitgenossen. Aus dem Umstande, daß er i. J. 1533 an den Rath das Ansuchen richten konnte, ihm zu einem Hause zu verhelfen, das er um einen leiblichen Zins haben könne, darf auf den Umfang und die Wichtigkeit des Geschäftsbetriebs geschlossen werden. Zehn Jahre später konnte er sich ein eigenes Haus erbauen.

Die Menge der von Egenolph mit großer Sorgfalt verlegten Werke beweiset seine Thätigkeit. Sein erstes in Frankfurt gedruktes, mit einem Monatsdatum bezeichnetes Werk ist: „Jacob Köbel von Oppenheim, der Stab Jacob, künlich und gerecht zu machen und zu gebrauchen, damit an Gebäuen auch sonst — zu messen. Frankfurt Christ. Egenolph 1531 im May." 4. mit Holzschnitten. Diesem folgte: „Gülbin Bull Caroli des vierden, weiland Röm. Keyser. Reformationn, Statuten, Herligkeiten und Ordnungen aller Oberkeit des h. Röm. Reichs und Teutscher Nation belangend, nebst Keyser Friedrichs Reformation aller Ständ ꝛc." „Zu Frankfurt am Meyn bei Christ. Egenolph im Hewmon des M.DXXXI Jahrs." 4. Wenn Heller in der „Geschichte der deutschen Holzschneidekunst" wissen will, daß Egenolph schon 1522 gedrukt habe, so muß dies in Straßburg geschehen sein. Seine vollkommensten Drucke sind die lateinischen; doch gebührt auch seiner mit Holzschnitten gezierten, am 26. Mai 1534 vollendeten deutschen Bibel in Folio, der ersten hier gedruckten, alle Anerkennung. Von diesem seltenen Werke befindet sich ein schönes Exemplar in der königlichen Bibliothek zu Stuttgart.

Egenolph war zu gleicher Zeit Holzschneider und Schriftgießer[1]). Unter andern hat man von ihm sein eigenes Bild in halber Figur, mit flachem Hute, mit dem Monogramm ⚓ und der Ueberschrift:

Talis eram lustris supra tria quattuor actis, Egenolphi proles nomine Christianus. 8. Es befindet sich auf der Rückseite des Titels

---

[1]) Auch in der Dichtkunst hat er Versuche gemacht.

von Goblers gerichtlichem Proceß. Ein anderes Bild, N. Folio, nur als Büste mit hohem Hute dargestellt, und mit der Ueberschrift: Talis eram fragili visendus corpore forma Egenolphi proles nomine Christianus, zeigt das Monogramm mit geringer Veränderung Ⓒ.

Es ist kein Grund vorhanden, mit Nagler zu bezweifeln, daß Ege= nolph diese Bildnisse selbst in Holz geschnitten habe. Sein Buch= druckerzeichen, das sich auf dem zuerstgedachten Bilde gleichfalls be= findet, war ein anderes. Gerade die Beifügung des Monogramms bezeichnet hier den Meister als Urheber des Holzschnittes. Ein ver= lehrtes N, welches man auf einigen seiner Porträte, außer dem erwähnten Monogramm findet, ist augenscheinlich von späterer Hand hineingeschnitten.

Von Egenolph bezogen die meisten damaligen deutschen Offi= cinen ihre Typen. Die grobe Frakturschrift „Sabon" ward von seines Sohnes Schwiegersohn, Jacob Sabon, eingeführt. Er starb im Jahr 1555. Seine Wittwe und Kinder ließen ihm auf dem St. Petersfirchhof ein Epitaphium errichten mit der Inschrift:

Hic jaceo Egenolphus Chr. de nomine dictus
Hacque Chalcographus primus in Urbe fui.
Obii Christianus Egenolphus Hademarien.
Anno Dom. 1555 Aetatis suae 53 ab
Invecta vero a se primo in hanc Urbem
Typographia Anno 25. Civis defuncti
Memoriae sat. Margaretha Uxor
Et Liberi superstites M. P. C.

Eine Abbildung dieses nicht mehr vorhandenen Denksteins findet sich unter No. 167 in dem alten „Epitaphienbuche", dessen später weitere Erwähnung geschieht. Egenolph's Buchdruckerzeichen: ein Altar mit flammendem Herzen, ist darauf dargestellt. Darunter ruht eine weibliche Figur auf einem Todtenkopfe neben einer Sanduhr, mit der Ueberschrift: Humilitas. Dann folgt die obige Inschrift. Dieses Epitaphium kam in der ersten Hälfte des 18. Jahrhunderts in den Besitz des Wechselnotars Syberth, dessen Nachkommen dasselbe mit ihrem eigenen vereinigt haben.

Sein Sohn, Christian Egenolph der jüngere, hatte sich dem geistlichen Stande gewidmet und begleitete von 1553 bis zu seinem 1566 erfolgten Tode das Amt eines evangel. Predigers, was ihn nach damaliger Uebung nicht hinderte, im Stillen den Buchhandel seines Vaters fortzusetzen. Seine Tochter war in erster Ehe mit dem ausgezeichneten Schriftgießer Jacob Sabon und in zweiter mit

Conrad Berner vermählt. Eine Enkelin heirathete den Johann Luther, den Stifter einer Schriftgießerei, die über 250 Jahre in Frankfurt geblüht hat[1]).

Faſt gleichzeitig mit Egenolph und noch ſpäter betrieb auch

Peter Brubach,

ein Kupferſtecher und Formſchneider, in dem Hauſe Würtemberg in der Saalgaſſe eine Druckerei, aus welcher faſt ausſchließlich grie- chiſche Schriften hervorgegangen ſind. Höchſt wahrſcheinlich iſt er der- ſelbe, deſſen Andenken noch zu Hüßgen's Zeiten in der St. Peters- kirche auf einer gemalten Tafel, worauf man Brubach mit ſeinen vier Weibern und 22 Kindern knieend und betend dargeſtellt ſah, er- halten war. Nach dieſer Gedächtnißtafel ſoll er am 13. Mai 1567 geſtorben ſein.

c. 1540 1567.

Von einem anderen, ebenfalls gleichzeitig mit Egenolph arbeiten- den hieſigen Buchdrucker:

Hermann Gülfferich,

deſſen ich ſonſt noch nicht erwähnt gefunden habe, kamen mir erſt in neueſter Zeit in dem antiquariſchen Lager von Joſeph Baer zwei Schriftchen unter den folgenden Titeln zu Geſicht:

1) „Temporale des weit berümpten M. Johan Künigsperger natür- licher Kunst der Astronomey kurtzer Begriff von natürlichem Einfluss der Gestirn, Planeten und Zeichen etc. Gedruckt zu Frankfurdt am Main durch Herman Gülfferichen inn der Schnur- gassen zum Krug." 4. Mit in den Text eingedruckten Holz- ſchnitten. Auf dem letzten Blatte befindet ſich als Buchdrucker- zeichen ein Schild, worauf ein alter, nackter, bärtiger Mann in halber Figur, mit der Rechten eine Fackel oder feurige Geißel ſchwingend, die Linke in die Hüfte ſtemmt. Der geſchloſſene Helm trägt die gleiche Figur.

2) „Vom Ende der Welt vnd zukunfft des Endtchriſts. Wie es vorm Jüngſten tag in der Welt ergehen werde.

---

[1]) Sie wurde in dem Hauſe zum alten Froſch, jetzt Litr. J. No. 189, neben der goldenen Roſe, Ed der Fallen- und Kaffeegaſſe, betrieben. Der letzte Beſitzer aus der Familie, Senator Dr. Joh. Nic. Luther, veräußerte das Haus im Jahr 1796. (Münden: Hiſtor. Bericht von den erſten Erfindern der Buch- druckerkunſt und den frankfurtiſchen Buchdruckern. 1741. S. 188, verglichen mit dem Reßlauſſchillingsbuche von 1796 Fol. 322 und Inſatzbuch von 1798 Fol. 623).

Alte vnd newe Propheceyen x. in rheumen gestelt. Mit einer vorred vnd Ermanung an den Christlichen Leser M. Melchioris Ambach, Prediger zu Franckfurdt." Auf der letzten Seite: „Getruckt zu Franckfurdt am Mayn durch Herman Gülfferich."

Diese Schrift umfaßt, außer dem Titel und der Vorrede, 50 Quartblätter in Reimen und 5 Blätter Prosa. Melchior Ambach erklärt in der Vorrede, daß er diese Prophezeiung in einem über hundert Jahre alten Manuscript, dessen Verfasser nicht genannt sei, gefunden und daran, soviel die Ordnung, die Reime und das Deutsche betreffe, nach Vermögen gebessert habe. Ambach war in Meiningen geboren, stand zehn Jahre lang als evangel. Prediger in Steinbach am Neckar, und wurde von da nach Frankfurt berufen. Er schrieb u. a. auch einen Traktat von Zusaufen und Trunkenheit; und von dem üppigen gewöhnlichen Tanzen. Frankfurt 1543 und 1579, 12°. Er gerieth hier in den Verdacht, sich zum Calvinismus zu neigen.

Hermann Gülfferich war seines eigentlichen Fachs ein Buchbinder. Als solcher hatte er am 14. August 1540 den Bürgereid geleistet, sich aber, wie es scheint, zu Höherem berufen gefühlt. Der schöne Druck der beiden Schriften kommt ganz mit den aus Egenolph's Officin hervorgegangenen überein. Sie sind äußerst selten. Außer den beiden genannten wurden auch von ihm gedruckt: Goßdorff's „Feldbuch", 1551 Fol. und Johann von Parisiis „New Wundarzney." 1552.

Mit Uebergehung der gleichfalls bedeutenden Buchdrucker Christian und Andreas Wechel, so wie des ersteren Schwiegersöhne Jean Aubry und Claude de Marne, die, aus Flandern vertrieben, hier eine Freistätte gefunden hatten, wende ich mich sogleich zu der aus Hall in Schwaben stammenden in der Geschichte der Kunst und des Buchdrucks weit wichtigeren

Familie Feyerabend,

1527/1560. deren ältestes Glied nach Fueßli der Formschneider Johann Feyerabend I. gewesen, von welchem der Druck eines lateinischen Testaments bekannt ist. Höchst wahrscheinlich war er der Vater Sigmunds, des eigentlichen Begründers des Ruhmes dieser verdienstvollen Familie.

Sigmund Feyerabend war 1527 in Frankfurt geboren. Er hatte sich frühe eine ausgezeichnete wissenschaftliche Bildung angeeignet und sich in den Künsten geübt. Daß er ein geschickter Formschneider gewesen, kann nicht bezweifelt werden; weniger gewiß, doch sehr wahrscheinlich ist, daß er auch der Malerei obgelegen. In der Dedication des Werks: Insignia S. C. Majestatis, Principum Electorum etc. schreibt er von sich selbst: „Trahit sua quemque voluptas, ego solus exemplo et testimonio esse potero, qui circa immensas in re typographica sumptus gravissimasque curas inprimis Picturae cum magna animi voluptate studeo — — atque adeo me non poenitet istorum vel sumptuum vel laborum, ut indies novo et pingendi et sculpendi studio me oblectem."

Ausgerüstet mit Wissen und Geschick, hat dieser thätige Mann durch eine beträchtliche Zahl vortrefflicher Werke der Holzschneide- und Buchdruckerkunst, die noch heute von Kennern und Liebhabern gesucht sind, sich um Wissenschaft und Kunst ein hohes Verdienst erworben. Die ausgezeichnetsten Kupferstecher und Formschneider jener Zeit, ein Virgil Solis, Jobst Amman, Tobias Stimmer, Georg Keller und viele andere, namentlich auch mehrere seiner nächsten Anverwandten waren für seine Unternehmungen beschäftigt. Es mögen von den aus Sigmund Feyerabend's Officin, beziehungsweise Verlag, hervorgegangenen, zum Theil höchst seltenen und in hohen Preisen stehenden Werken hier nur genannt werden: seine schöne deutsche Bibel mit Holzschnitten in Folio [1]), Amman's Trachtenbücher, das Augsburger Geschlechterbuch, Frenspergers Kriegsbuch, Reinefe Fuchs, das Buch der Liebe, das Heldenbuch u. a. m., wobei er sich häufig der Beihülfe der Druckerpressen von Georg Raab und Weygand Han zu bedienen genöthigt war. Wie weit sich seine eigene Thätigkeit an den xylographischen Arbeiten seines Verlags erstreckte, ist noch nicht genügend festgestellt und hängt wohl von der Entzifferung der auf vielen Holzschnitten seiner Verlagswerke vorkommenden Initialen S F und F ab, die doch wohl unserem Feyerabend ange-

---

[1]) Nach Fallensteins Geschichte der Buchdruckerkunst und nach fast allen andern Schriftstellern ist diese Foliobibel zuerst 1567 erschienen; allein man findet nicht nur eine Ausgabe von 1565, sondern die früheste erschien i. J. 1564 im gemeinschaftlichen Verlage Sigm. Feyerabend's, Georg Raben's und Weygand Hanen's Erben. Sie ist in Weigel's Kunstkatalog Nr. 18803 erwähnt und in Becker's »Jobst Amman" (1854) genau beschrieben. Unsere Stadtbibliothek besitzt ein Exemplar dieser ersten Ausgabe. Einer der darin befindlichen Holzschnitte trägt die Jahrzahl 1563.

hören dürften. Das hiergegen von dem ausgedehnten Verlagsgeschäfte Feyerabend's hergenommene Bedenken Becker's kann ich nicht gelten lassen, da an den Fleiß und die Productivität der Künstler jener Zeit ein ganz anderer Maaßstab gelegt werden muß, als der auf heutige Künstler anwendbare, wie denn auch der ältere M. Merian uns ein ähnliches Beispiel künstlerischer Selbstthätigkeit bei dem umfangreichsten Verlagsgeschäfte darbietet. Uebrigens könnten die Initiale S F vielleicht auch nur den Zeichner andeuten, wogegen aber das beigefügte Messerchen spricht. In der schon gedachten Bibel finden sich sehr viele Blätter mit diesem Zeichen, einige auch ohne das Messerchen; andere haben neben dem S F das von Brulliot dem Johann Bocksberger zugeschriebene Monogramm *B*. und noch andere *SF.* oder F allein, auch *S.* I A und *HE.*

Unser Künstler wußte den durch seine ehrenvolle Betriebsamkeit erlangten Wohlstand mit lobenswerther Freigebigkeit zu verwenden. Sein Haus, zum kleinen Marstall genannt, am Liebfrauenberg nächst der Kirche[1]) war, wie sein Tisch und seine Kasse, Gelehrten und Künstlern, besonders den durch die Stürme der Zeit aus ihrer Heimath vertriebenen, jederzeit geöffnet. Oft hat Sigmund Feyerabend das verkannte Verdienst aus dem Dunkel an das Licht gezogen. Der Rechtsgelehrte Mobius bezog als Correktor von ihm einen Jahrgehalt von 200 Imperialen, gewiß für jene Zeit ein beträchtliches Honorar. Als bescheidener Künstler und Kenner war er von Allen geschätzt und geehrt. Viele noch vorhandene Poesien eines Posthius, Reusner und Anderer verkündigen sein Lob in Versen. Aber bei allem äußeren Glück hatte der wackere Mann dennoch manches Mißgeschick zu erfahren. Von seinen fünf Kindern gingen ihm vier Töchter in den Tod voran. Diesen ließ ihr Bruder Hieronymus, nicht der Vater, auf dem St. Peterskirchhofe ein Denkmal errichten. Es ist nicht mehr vorhanden. Nach einer in dem schon erwähnten Epitaphienbuche unter Nr. 28 befindlichen Zeichnung sah man in dem oberen Theile drei allegorische Genien mit der Sanduhr, unten zwei Wappen, zu deren Seiten rechts und links je zwei Töchter betend sitzen; in der Mitte die Inschrift:

---

[1]) Es war das de Georgi'sche Haus, welches 1856 zur endlichen Befriedigung des längst gefühlten Bedürfnisses einer Verbindungsstraße zwischen der Zeil und dem Liebfrauenberg niedergerissen wurde.

Epitaphium.
Quatuor filiolarum Patr. Sigismundi
Feierabend, Civis ac bibliopolae
Francof. pie in Christo obdormientium.
1576
Feierabendinae sobolis monumenta viator
Quatuor hic cernis funera terra tegit.
Magdalis hic jacet, hic Lucretia, hic Elsula et Anna,
Quas Patri charo mors properata tulit.
Si pectus pietas movet aut miseratio cordi est,
Dic defunctarum suaviter ossa cubent.
Hieron. Feierab. defunctarum frater P. E. posuit.

Wenn Hüsgen S. 73 und 591 von einem wunderschönen, die Kreuzigung Christi darstellenden, Feyerabend'schen Denkmal spricht, wovon er einen nach der Zeichnung Hemskerks von Cornhaert gefertigten Kupferstich gesehen, davon aber unter der genannten Nr. 28 auf dem Kirchhofe nur noch die Unterschrift gefunden haben will, so ist er im Irrthum; er hat offenbar das Epitaphienbuch nicht gekannt; der Kupferstich, den er gesehen, muß sich auf ein anderes Denkmal beziehen.

Ein zweites dieser Familie angehörendes Monument befand sich in der Dominikanerkirche, es war mit einem guten Gemälde von Abraham Blömert, die Erweckung des Jünglings von Nain vorstellend, geziert. Auch dieses Denkmal ist leider zerstört, aber das Gemälde wird in der Stadtbibliothek aufbewahrt.

Sigmunds Todesjahr kann nicht mit voller Gewißheit angegeben werden; indessen geht aus der Vorrede des von ihm herausgegebenen Heldenbuchs hervor, daß er am 28. März 1590 noch gelebt hat, während in demselben Jahre zum erstenmal ein Werk im Verlage von Sigmund Feyerabends Erben erschienen ist. Es kann daher mit ziemlicher Sicherheit angenommen werden, daß er 1590 sein ruhmvolles Leben beschlossen habe.

Das beste und zuverlässigste Portrait desselben ist uns in einem vorzüglichen Holzschnitte Jobst Ammans vom Jahre 1569 in Folio aufbehalten. Es wurde vielfach in Holzschnitt und Kupferstich nachgebildet, namentlich lieferte J. Sadeler 1587 einen schönen Kupferstich in N. Folio. Eine zu seinen Ehren geprägte silberne Denkmünze von der Größe eines Speciesthalers mit seinem Brustbilde und der Umschrift: Sigismundus Feierabend Aet. 57. 1585, ist äußerst selten geworden. Der Stempel dieser Medaille, wovon eine Abbildung sich im siebenten Hefte des Archivs befindet, wurde von dem Nürnberger Stempelschneider Valentin Maler gefertigt. — Sigmunds Sohn:

Hieronymus Feyerabend, schon seit 1568 in den Meßkatalogen als Buchhändler genannt, und wahrscheinlich derselbe, welcher gewöhnlich als J. H. Feyerabend für Sigmunds Bruder oder Vetter gehalten wird, hat mehrere Holzschnitte zur deutschen Bibel geliefert und nach seines Vaters Tode das Geschäft fortgesetzt.

Von anderen Gliedern der Familie ist zunächst Karl Sigmund Feyerabend zu nennen, der gleichfalls 1590 als Buchhändler und Verleger erscheint und allgemein für Sigmunds Sohn gehalten wird, wofür aber kein genügender Beweis vorliegt. Er sammelte die Holzschnitte seiner Verwandten und ließ sie in verschiedenen Ausgaben erscheinen, wovon eine vom Jahre 1599 mit 299 Blättern in 4° dem Kaiser Rudolph II. zugeeignet ist.

Nach Jobst Ammans Zeichnungen haben ferner L. Feyerabend, B. Feyerabend und M. Feyerabend in Holz geschnitten. Von dem letzteren hat man auch einige im Jahr 1578 nach M. Lorchs Zeichnungen geschnittene Figuren.

Der Buchdrucker Johann Feyerabend II. erscheint seit 1580 auch als Buchhändler in den Frankfurter Meßkatalogen, wovon er selbst zwei 1578 und 1579 für Portenbach und Lutz gedruckt, und zwei andere 1598 und 1599 persönlich verlegt hat. Irrthümlich wird er für Sigmunds Sohn gehalten.

Daß Jobst Amman, Maler, Kupferstecher und Formschneider, geboren in Zürich 1539, gestorben in Nürnberg 1591, auch hier in Frankfurt zeitweise seine Kunst ausgeübt habe, ist zwar nicht nachgewiesen, aber da er die Portraite hiesiger Personen in Holz geschnitten hat, für Feyerabends Unternehmungen so vielfach thätig gewesen ist und seine Arbeiten von diesem verlegt worden sind, jedenfalls in hohem Grade wahrscheinlich.

Da es nicht meine Absicht ist, eine Geschichte des Buchdrucks in Frankfurt, oder auch nur einen kurzen Umriß davon zu geben, so müssen die vielen andern verdienten Männer dieses Fachs hier unberührt bleiben.

Um die übersprungene Zeitfolge wieder einzuhalten, habe ich hier, mich zurückwendend, noch zweier interessanten

Bilder des allgemeinen Almosenkastens

zu gedenken, von denen das eine ohne Zweifel dieser Stiftung von Anfang an angehört hat, das andere aber früher in dem Kreuzgange des schon zur Zeit der Reformation an die Evangelischen gelangten Barfüßer-Klosters gehangen haben soll.

Das erste dieser Bilder ist in Oel auf Leinwand gemalt und in zwei Abtheilungen getrennt, die jedoch mit sich im Zusammenhange stehen und im Ganzen einen Raum von 19 Fuß in der Länge und 4³/₄ Fuß in der Höhe einnehmen. In der Abtheilung links entsendet Christus seine Apostel. Auf einer Tafel über dem Haupte Christi steht der Spruch Ev. Marci 16, 5: „Gehet hin in alle Welten und prediget das Evangelium allen Creaturen." Auf dem oberen Rande der zweiten Abtheilung rechts liest man die Inschrift: „1531 Sonntag Lätare wurden von E. Erlen Rath zu Kastenherrn erwählt." Darunter sitzen die ersten Pfleger, nach dem Leben gemalt, um einen Tisch. Zu Häupten eines jeden steht dessen Namen auf einem Täfelchen. Es sind: Hans Brum (soll heißen Brom), Hans Eller, Hans Gebbern¹), Hans Ugelheimer, Hieronymus Breuheußer und Simon Bocher, nebst dem Kastenschreiber Conrad Uffenbach. Der Kornschreiber und der Kastenknecht vertheilen die Spenden an die erschienenen Armen. Ueber ihnen schwebt der heil. Geist in Gestalt einer Taube.

Das ursprünglich ganz wacker gemalte Bild hat im Laufe der Zeiten, namentlich, wie darauf zu lesen, in den Jahren 1625, 1704, 1817 und 1839 Restaurationen erfahren, wodurch die Schärfe der Zeichnung augenscheinlich gelitten hat. Immerhin bleibt es eine interessante Reliquie. Der Maler ist nicht genannt und konnte auch aus den Ausgabebüchern des Almosenkastens nicht ermittelt werden, weßhalb anzunehmen ist, daß es irgend einem Freunde der Anstalt seine Entstehung verdankt.

Das andere Bild, gleichfalls in Oel, aber auf Holz gemalt, stellt die Kreuzigung Christi vor, eine aus zahllosen Figuren gebildete reiche Composition. In der Mitte wird der Heiland am Kreuze erhöht, während die beiden Schächer zur Rechten und Linken soeben daran geschlagen werden. Ganz im Vorgrunde würfeln die Kriegsknechte um die Kleider; einer derselben hat am entblößten Beine eine Wunde, woran eine große Schmeißfliege sich labet! Im Hintergrunde wird die ohnmächtige Maria von Johannes und ihren Freundinnen unterstützt. In jeder der vier Ecken des Bildes ist ein Wappen angebracht, vermuthlich den, wie es scheint, bürgerlichen Stiftern angehörend, nämlich:

¹) Ursprünglich war Hans Kißer, des Raths gewählt; allein dieser scheint aus irgend einem Grunde das Amt nicht angetreten zu haben, da auf dem Bilde Hans Gebbern seine Stelle einnimmt.

Oben rechts: im dunkeln Schilde eine Thüre mit geöffneten Flügeln.
Oben links: ein in zwei Felder quergetheilter Schild. Das obere
goldene Feld zeigt einen nach rechts schreitenden rothen
Löwen; das untere schwarze zwei Sterne mit rothen und
goldenen Strahlen.
Unten rechts: ein rother Schild mit zwei oben gegen einander gelehn-
ten Sparren, auf denen sich drei rothe Rosen befinden,
deren Herzen weiß sind.
Unten links: ein senkrecht in zwei Felder getheilter Schild, wovon
das eine roth, das andere weiß ist, mit einer dem gothischen $\mathfrak{H}$. ähnlichen Figur.

Dieses interessante, soviel ich finden konnte, bis jetzt noch nirgends erwähnte Gemälde ist wohlerhalten. Der augenscheinlich der
oberdeutschen Schule angehörende Meister hat mit dem Maler des
zuerst gedachten Bildes nichts gemein; er dürfte in das Ende des
fünfzehnten oder den Anfang des sechszehnten Jahrhunderts zu setzen
sein. Die Tafel ist 5³/₄ Schuh breit und 3¹/₂ Schuh hoch.

––––––––

Nach einer handschriftlichen Mittheilung des verstorbenen Archi-
vars Dr. Schneegans in Straßburg ward

Kaspar Weiß,

1545. Stadtbaumeister von Frankfurt, um 1545 von der Reichsstadt Straßburg in Bestallung genommen. Er war mehrere Jahre an dem dortigen Festungsbau beschäftigt und hat als Ingenieur in großem Ruf
gestanden. Ueber seine hiesige Thätigkeit ist nichts bekannt. Ein anderer Frankfurter Künstler,

Kaspar Reichard,

erbaute 1576 in Straßburg den vormaligen schönen Fischerbronnen.
Im vierten Jahrzehend des sechszehnten Jahrhunderts nahm

Hans Sebald Beham

c. 1531/1550. zu Frankfurt seinen bleibenden Wohnsitz. Dieser Künstler, einer der
ausgezeichnetsten und in manchem Betracht merkwürdigsten seiner Zeit.

war um 1500 zu Nürnberg geboren, hatte die Anfangsgründe der Kunst bei seinem Oheim Barthel Beham erlernt und sich dann unter Albrecht Dürer's Leitung zum vollendeten Künstler ausgebildet. Daß er in seinen jüngeren Jahren auch Italien gesehen, wie Manche vermuthen, dafür spricht zwar einige aus seinen Arbeiten sich ergebende Wahrscheinlichkeit, aber es mangelt jeder äußere Beweis. Als Maler hat Beham sich weniger bekannt gemacht. Seine Gemälde sind äußerst selten. Im Louvre zu Paris sieht man ein mit ausnehmendem Fleiße miniaturartig ausgeführtes Oelgemälde in der Form eines Tisches, in vier Abtheilungen Scenen aus dem Leben Davids vorstellend, mit der Jahrzahl 1534, dem Monogramm und dem eigenen Bilde des Künstlers in ganzer Figur. Es enthält eine Menge kleiner, ungemein geistreich erfundener, höchst lebendiger und wohlgezeichneter, im Zeitkostüme mit vielem Geschmack gekleideter Figuren in reichen Landschaften und verräth in einzelnen Zügen das derbhumoristische Naturell des Künstlers, zeichnet sich auch durch eine ganz vortreffliche Färbung aus.

Das Verzeichniß der kaiserl. Gemälgegallerie zu Wien enthält ebenfalls ein kleines unserem Meister zugeschriebenes Oelbild: Drei Bauern im Gespräch, einer trägt einen Korb mit Eiern, ein anderer stützt sich auf sein Schwert.

Auch von Behams Miniaturgemälden haben sich nur fünf in einem 1531 gemalten Gebetbuche erhalten. Sie waren, gleich dem Pariser Oelgemälde, für den Kardinal Erzbischof Albrecht von Mainz gemalt, befinden sich gegenwärtig in der Hofbibliothek zu Aschaffenburg und sind von Prof. J. Merkel in dessen 1836 erschienen Beschreibung der dortigen Miniaturen und Manuscripte nachgebildet. Sie stellen die Beichte, die Buße, den Anfang und das Ende der Messe und die Communion dar, und sind eben so genial erfunden, wie trefflich ausgeführt. (Müller: Die Künstler aller Zeiten und Völker. Stuttgart 1857).

Nach dem Katalog der öffentlichen Kunstsammlung zu Basel wird dort eine aus dem Cabinet des Dr. Fäsch stammende Handzeichnung, Moses darstellend, mit dem Monogramm unseres Künstlers aufbewahrt [1].

---

[1] Chr. v. Mechel schreibt in dem mehrerwähnten Verzeichnisse der hiesigen Klostergemälde ein allegorisches, jetzt in der Stadtbibliothek aufbewahrtes Oelgemälde dem Hans Sebald Beham zu. Dasselbe verdient indessen weniger wegen der Kunst, als wegen der sonderbaren Composition einige Aufmerksamkeit.

Größeren Ruhm hat sich Hans Sebald Beham durch seine
kleinen geistreichen Kupferstiche erworben, in benen er meistens die
komische Seite des gemeinen Lebens und seinen eigenen Leichtsinn,
aber auch ernstere Dinge, wie wohl letztere mit geringerem Talent,
zur Darstellung brachte. Gleiches Lob verdienen die nach seinen
Zeichnungen von Anderen gefertigten Holzschnitte. Dieser Ruhm
wird aber durch das ausschweifende Leben, dem sich der Künstler
schon frühe hingegeben, gar sehr verdunkelt. Sein sittenloser Wan-
del war es auch, der ihm den längeren Aufenthalt in seiner Vaterstadt unmöglich machte und ihn nöthigte, auswärts Zuflucht zu suchen.
Er wählte Frankfurt und erwarb das Bürgerrecht, mußte sich aber,
wenn er hier eine nachsichtigere Beurtheilung seiner Aufführung erwartete, sehr getäuscht finden. Die Zeit seiner Einwanderung läßt
sich nicht genau bestimmen. Nach der gewöhnlichen schon von Sandrart
vertretenen, aber keineswegs über alle Zweifel erhobenen Meinung

sind alle Blätter, welche Beham mit dem Monogramm ISP. ver-

sehen hat, in Nürnberg, und die mit ISB. bezeichneten in Frank-

furt verfertigt. Da das erste bekannte Blatt der letzteren Art die
Jahrzahl 1531 trägt, so könnte angenommen werden, daß der Künstler
schon in diesem Jahre sich in Frankfurt befunden habe. Jedenfalls
lassen die nach seinen Zeichnungen und unter seinem Namen bei
Christian Egenolph erschienenen biblischen Geschichten, über seinen hiesigen Aufenthalt in der ersten Hälfte der dreißiger Jahre wenig Zweifel.
Uebrigens sind die über die verschiedenen Ausgaben des genannten
Werks von den Kunsthistorikern — Heineken, Hüsgen, Bartsch,
Heller und Nagler — gelieferten Nachrichten alle mehr oder weniger ungenügend. Bartsch und Nagler halten irrig die Ausgabe
von 1536 für die erste; von den Ausgaben, die sie für die zweite
und dritte ansehen, geben sie die Jahrzahl nicht an, auch wird nicht
gesagt, wie es sich mit dem Texte verhält, und Bartsch zählt mit
Einschluß des Titels nur 73 Holzschnitte. Heineken und Hüsgen

---

Es stellt die menschlichen Leidenschaften unter dem Einfluß der Planeten vor.
Auf drei abgesonderten Thronen sitzen Regenten. Ueber dem ersten steht: Domus
maternalis; über dem zweiten: Domus fortunalis; über dem dritten: Domus
mortalis. Zwischen diesen Thronen erscheinen unter freiem Himmel viele Figuren, nach denen die Planeten Strahlen werfen und, auf Tugend und Laster hin-
deutend, jede mit ihrem Namen bezeichnen, als: Prudentia, Voluptas etc. Das
Bild ist auf Holz gemalt, 5½ Schuh breit und nur 1 Schuh und 8 Zoll hoch.
Daß es von Beham gemalt sei, scheint mir mehr als zweifelhaft.

scheinen nur eine deutsche und eine lateinische Ausgabe von 1539 ge-
kannt zu haben, deren Titel sie nicht einmal vollständig angeben.
Heller in seinen Zusätzen zum Peintre-graveur kennt die frühere
Ausgabe von 1535 und hält diese für die erste. Mir sind nur zwei
Exemplare dieses interessanten Werks zu Gesicht gekommen:

1) „Biblisch Historien Figürlich fürgebildet durch den wolberümp-
ten Sebald Beham von Nürnberg ⌐SB. Zu Frankfurt am
Meyn bei Christian Egenolph." 8°. Auf dem letzten Blatte
steht die Jahrzahl MDXXXIII.

Diese Ausgabe von 1533, welche ich sonst nirgends erwähnt gefunden habe, dürfte die erste und äußerst selten sein; sie hat, außer
den kurzen Ueberschriften der einzeln Holzschnitte, die immer auf beiden Seiten des Blattes gedruckt sind, keinen Text. Das mir vorgelegene Exemplar ist leider defect; es zählt, einschließlich des Titels,
nur 65 Holzschnitte; die Bogen C. und D. mit je acht Darstellungen fehlen.

2) „Biblicae Historiae Magno artificio depictae et utilitatis
publicae causa latinis Epigrammatibus à Georgio Aemylio
illustratae. ⌐SB. cum Caes. Maj. privilegio Francofurti Christianus Egenolphus excudebat." Auf der letzten Seite: „Chr.
Egen. MDXXXIX." 4°.

Diese in 54 Blättern vollständige Ausgabe ist von dem Dichter
Aemylius dem Fürsten Georg von Anhalt gewidmet und mit einem
Text in lateinischen Versen versehen. Sie zählt mit dem Titelblatt
82 Holzschnitte. Wenn Heineken von 348 spricht, so fehlt dafür,
falls es nicht auf einem Druckfehler beruht, die Erklärung. Jedenfalls ist dies nicht, wie Heller meint, die dritte, sondern mindestens
die vierte Ausgabe.

Anfangs hatte Beham hier seine Wohnung über dem St. Leonhardsthor und lag seiner Kunst eifrig ob. Seine Neigung zur Lieder-
lichkeit führte ihn aber bald zur Uebernahme einer Weinschenke, ja
die Sage legt ihm Schlimmeres zur Last und läßt ihn sogar zur
Strafe seines unzüchtigen Lebens nach damaligem Brauche den Tod
des Ertränkens sterben, wofür indessen keine Beweise vorliegen. Die
Criminalacten des städtischen Archivs liefern nicht die leiseste An-
deutung.

Ueber den wahren Namen dieses Künstlers ist viel gestritten
worden. Da er sich aber auf seinem Wappen und auf andern Blät-

tern selbst Beham genannt hat, so ist kein Grund vorhanden, ihm einen anderen beizulegen. Der Name Böhm, womit er öfter be= zeichnet wird, ist offenbar eine durch das Zusammenziehen der Vocale in der Aussprache entstandene Corruption. Der abwechselnde Ge= brauch des B und des P in seinem Monogramm kann nicht auf= fallen; die Verwechselung beider Buchstaben kommt, sowie die des D und T in manchen Gegenden Deutschlands, zumal in älterer Zeit, so häufig vor, daß es kaum begreiflich ist, wie man allein auf diesen Grund hin dem Künstler einen Doppelgänger geben konnte. Das Monogramm liefert in seinen beiden Formen zugleich den Beweis, daß er den Taufnamen Hans Sebald und nicht bloß Sebald geführt habe; denn das H ist darin ganz unzweifelhaft enthalten. Die wahr= haft abentheuerliche Weise, in der unsere welschen Nachbarn den deutschen Namen des Meisters Beham verketzert haben, indem sie ihn bald Hans Ben, bald Hispen, Hisbin, Hispean, Se= bald Been, Peham, Hisibit, Hisbel Pen und wie sonst noch nannten, ist längst als lächerliche Unwissenheit erkannt.

Die von Hans Sebald Beham gestochenen kleinen Blätter sind mit eben soviel Zierlichkeit und Zartheit, wie Klarheit und Kraft ausgeführt, und von jeher, besonders aber in der jüngsten Zeit, von den Liebhabern eifrigst gesucht und theuer bezahlt worden. Ihre Zahl beläuft sich nach älteren Angaben auf 262 Kupferstiche und Aetzungen. Nach seinen Zeichnungen gefertigt kannte man 171 Holzschnitte. Seine Werke sind von Heineken und später von Bartsch, theilweise auch von Brulliot, Heller und Nagler, neuerdings aber ergänzend von Passavant so genau verzeichnet und beschrieben worden, daß ich mir füglich erlauben kann, auf diese in den Händen der meisten Kunst= freunde befindlichen Schriften Bezug zu nehmen[1]). Von der Vielsei= tigkeit des Talents unseres Künstlers liefern auch einige Steine den Beweis, in welche er sein eigenes Bild und das seiner Ehehälfte, so wie sein Wappen in erhabener Arbeit meisterhaft geschnitten hat. Diese drei Steine, eine Art Speckstein, befanden sich ehedem im Be= sitze des älteren Heinrich van der Borcht und später in den Händen Hüsgens. Wenzel Hollar hat nach ihnen schöne Kupferplättchen ge= stochen. (Hüsgen S. 31).

---

[1]) Heller in seinen „Beiträgen zur Kunst- und Literaturgeschichte" und J. D. Passavant in seinen nächstens vollständig erscheinenden Zusätzen zum Peintre= graveur von Bartsch, haben noch eine ziemliche Anzahl bisher unbekannt gewe= sener Arbeiten Behams nachgewiesen.

Wann Beham sein Leben beschlossen habe, ist bis jetzt nicht ganz zuverlässig ermittelt. Die Sterberegister erwähnen seiner nicht. Sollte dieses Schweigen mit seiner Todesart zusammenhängen? Ich glaube es nicht. In den Stadtrechnungen von 1549 heißt es: „Joh. Sebolten Behamen vf des Rats Beschluß 12 Taler verert für die gemahlt Tafel, so oben in der alten Ratstuben angehefft vnd mit Reimen verfaßt ist." Mehrere der von ihm gestochenen Blätter tragen noch die Jahrzahl 1549, aus späterer Zeit haben sich bis jetzt keine gefunden. Mit Recht wird daher angenommen, daß sein Tod etwa um 1550 erfolgt sein möge, und wirklich nennt auch Neubörffer, ein Landsmann und Zeitgenosse Behams, ganz bestimmt den 22. November 1550 als dessen Todestag.

Das Portrait dieses Künstlers ist von Hollar, Kilian und Andern gestochen worden; man findet es bei Sandrart und auch in einem Holzschnitt vom Jahr 1540.

Ein anderer namhafter Künstler von Nürnberg, welcher um die Mitte des sechszehnten Jahrhunderts Frankfurt zu seinem Wohnsitze wählte,

Heinrich Lautensack,

war nach Ausweis des Meisterbuchs der hiesigen Gold= und Silber- 1550. arbeiter am 3. Febr. 1522 zu Bamberg geboren, jedoch mit seinem c. 1540. Vater, dem durch seine religiöse Schwärmerei bekannten Maler Paul Lautensack, 1527 nach Nürnberg übergezogen und dort im Jahr 1532 dem Goldarbeiter Melchior Bayer auf sechs Jahre in die Lehre gegeben worden. Nachdem er sich in dessen Kunst genügend ausgebildet hatte, führte ihn seine Wanderung nach Frankfurt. Hier fand er eine Lebensgefährtin, Lucretia Ort von Bingen, mit welcher er am 21. Juli 1550 in die Ehe trat und sich häuslich niederließ, was voraussetzen läßt, daß er schon mehrere Jahre vorher hier gelebt und gearbeitet habe, da sonst seine Aufnahme in das Bürgerrecht und die Zunft der Goldschmiede kaum möglich gewesen sein würde.

Heinrich Lautensack hat nicht nur als geschickter Goldschmied, sondern auch als Maler lange Jahre unserer Stadt angehört und zur Ehre gereicht, wozu seine Kunstliebe und die von ihm angelegte Gemälesammlung, vielleicht die erste, welche hier gebildet worden ist, wesentlich beitrugen. Einen Beweis der Vielseitigkeit seiner Bildung liefert auch das i. J. 1553 von ihm verfaßte Werk: „Des Cirkels und Richtscheits, auch der Perspectiva und Proportion

5

der Menschen und Rosse Unterweisung des rechten Ge-
brauchs", womit er vielen Beifall erwarb. Es ist mit Holzschnitten
versehen und hat drei Auflagen erlebt. In der hiesigen Stadtbibliothek befindet sich eine Ausgabe vom Jahr 1564; aus deren 1563
geschriebenen Vorrede erhellet, daß der Verfasser hauptsächlich durch
Johann Fichard zur Herausgabe veranlaßt worden war.

Ob Heinrich Lautensack auch selbst in Holz geschnitten und in
Kupfer gestochen habe, ist sehr zweifelhaft. Verschiedene Blätter mit
den Initialen H. L. aus dem Jahr 1533 werden ihm zwar zugeschrieben, können ihm aber nicht angehören, weil er zu jener Zeit
erst 11 Jahre alt war. Von andern das gleiche Monogramm tra-
genden Blättern mag seine Autorschaft dahin gestellt bleiben, sie
läßt sich mit Sicherheit ebensowenig bestreiten als nachweisen. Nagler
hat von diesen überhaupt nicht sehr zahlreichen Grabstichelarbeiten
ein Verzeichniß gegeben, worauf ich Bezug nehme. Daß das bekannte
Portrait des Paul Lautensack nicht von Heinrich, sondern von
Hans Sebald Lautensack verfertigt sei, steht längst fest.

In seinem späteren Lebensalter verlegte Heinrich Lautensack nach
der unstäten Weise vieler Künstler seinen Wohnsitz wieder nach Nürnberg, wo er i. J. 1590 starb.

Daß auch der Maler, Kupferstecher und Formschneider Hans
Sebald Lautensack, der Berühmteste dieser Familie, einige Zeit
hier gearbeitet habe, will nach einer angeblich mit seinem Monogramm ℋ𝔏, versehenen Ansicht der Stadt geschlossen werden. Sie
ist mir jedoch niemals zu Gesicht gekommen. Dieser Künstler wird
für einen älteren Bruder Heinrichs gehalten. Er soll um 1507
oder 1508 zu Bamberg geboren und 1560 zu Nürnberg, wo er
seinen Wohnsitz genommen hatte, gestorben sein. Unter dem Namen

Adolph Lautensack

„von Frankfurt rc. 1595" findet sich ein Kupferstich, welcher die Belagerung von Gran darstellt. Da sich der Künstler selbst einen
Frankfurter nennt, so kann mit einigem Grund angenommen werden,
daß er Heinrichs Sohn gewesen. Ein weiterer Nachweis findet sich
indessen nicht.

Der Monogrammist ⌐SG,

deſſen Namen nicht ermittelt iſt, hat mehrere Holzſchnitte verfertigt, wovon einige in dem 1561 zu Frankfurt a. M. bei Weygand Han und Georg Raben erſchienenen Werke: „Des Fürſten von Anhalt, Dompropſt zu Magdeburg Predigten und andere Schriften," enthalten ſind. Ungewiß bleibt es indeſſen, ob der Künſtler h i e r gelebt habe. Derſelbe arbeitete auch für Münſters Kosmographie. (Heller: Geſchichte der Holzſchneidekunſt, S. 136. Brulliot: Dictionnaire des Monogrammes, II. 2491).

————

Nach der Mitte des 16. Jahrhunderts hatte die Kunſt mit ihrer größeren Verbreitung viel von ihrer höheren Richtung verloren; ſie wurde dagegen deſto häufiger decorativen Zwecken dienſtbar, und in dieſen Grenzen ſind ihre Leiſtungen oft ſehr anerkennenswerth. Dieſer praktiſchen Richtung verdankt eine ganze Reihe größerer illuſtrirten Werke, beſonders im Gebiete der Kriegs = und Turnierkunſt, der Geſchichte, Erdbeſchreibung und Naturgeſchichte ihre Entſtehung. In ihnen findet man die Proſpekte und Grundriſſe nicht nur der größeren Städte Europa's mit ihren Befeſtigungswerken, ſondern oft auch die der unbedeutendſten Orte, je nach den dem ſpeculativen Verleger zu Gebote geſtandenen Mitteln; und gerade dieſe, oft vortrefflichen Abbildungen ſind es, welche ſolchen Büchern, deren Text längſt Makulatur geworden iſt, noch immer einen erheblichen Werth verleihen. Häufig auch ſuchte man wichtige Zeitereigniſſe durch den Grabſtichel oder den Holzſchnitt in ſelbſtändigen Blättern dem Gedächtniß aufzubewahren.

In den Monaten Juli und Auguſt 1552 hatte Frankfurt durch die gegen den Kaiſer verbündeten proteſtantiſchen Fürſten, den Kurfürſten Moritz von Sachſen, den Landgrafen Wilhelm von Heſſen, den Markgrafen Albrecht von Brandenburg und mehrere andere eine ſchwere Belagerung zu beſtehen, während die Stadt durch die kaiſerlichen Söldner, die ſie unter dem Oberſten Conrad v. Hanſtein hatte aufnehmen müſſen, und durch eine verheerende Seuche kaum geringere Drangſale als von dem belagernden Feinde erdulden mußte[1].

———

[1] Eine ausführliche Beſchreibung dieſer Belagerung findet man in Kirchners Geſchichte der Stadt Frankfurt, II, 163 ff. und neuerdings in dem Oſterprogramm der höheren Bürgerſchule von 1859 von Prof. Dr. Caſſian, wo auch die älteren Quellen angegeben ſind.

Ein Bild dieser in der Geschichte Frankfurts denkwürdigen Belagerung, welche ein gleichzeitiger Volksdichter folgendermaßen besingt:

„Die Stadt sie thäten b'schiessen,
Das achten wir all's klein;
Man ließ sie's wid'rum g'niessen
Und schankt' ih'n' tapfer ein.
Aus Cartaunen, newen und virnen,
Hieß man's Gott willkomm' seyn;
's gab Schenkel, Köpf' und Hirnen,
Ich mag nicht solche Birnen.
Gott helf' ih'n all'n aus Pein!"   (Lersner I, 388).

hat uns der von Creuznach gebürtig gewesene, i. J. 1537 in das hiesige Bürgerrecht gelangte Maler

Conrad Faber [1]

1552. in einem großen, ausführlichen Grundrisse der Stadt und ihrer nächsten Umgebung überliefert. Dieser, wenn auch nicht nach streng geometrischen Regeln, doch mit vielem Verständniß i. J. 1552 aufgenommene Plan, wurde in dem folgenden Jahr von dem Formschneider Hans Grav aus Amsterdam in Holz geschnitten und von Christian Egenolph gedruckt und verlegt. Der letztere lieferte hundert Exemplare an den Rath ab und forderte dafür achtzig Gulden, welche zwar bewilligt wurden, über deren Zahlung aber das Rechenbuch keinen Nachweis enthält. Die Original-Holzstöcke wurden, nachdem sie lange Zeit verschwunden gewesen, i. J. 1825 wieder gefunden und bisher in dem Stadtarchiv aufbewahrt, haben aber theilweise stark durch den Wurm gelitten. Dieser auf Kosten der Stadt in zehn zusammengefügten Folioblättern ausgeführte Grundriß führt den Titel:

Francofordiae ac Emporii Germaniae celeberrimi effigatio,
qualis quidem tum cernebatur, quum tempore
Gallicae Confoederationis gravi obsidione premeretur,
Dei vero Opt. Max. Clementia atque
Caroli V invictiss. auxilio
Senatus civiumque virtute et erga
Caesaream Maj. et Sacro S. Rom. Imperium
fide perpetua denuo liberata, consisteret,
Anno Domini MDLII.
Joanne Glauburgo et Joanne Völkero C.S.S.

---

[1] Aus den Archivalacten hat sich neuerlich ergeben, daß sich der Meister nicht Fabri, sondern Faber nannte.

Das Werk ist weder mit dem Namen des Zeichners noch des Formschneiders bezeichnet. Die Angabe Brulliots (Dictionnaire des Monogrammes I, 1846), dieser Holzschnitt sei i. J. 1533 entstan=ten, beruhet jedenfalls auf einem Schreib= oder Druckfehler. Der= selbe Schriftsteller gedenkt ebendaselbst noch eines andern, aus zwei Blättern in gr. Folio bestehenden Holzschnittes mit dem Titel: Ab= contrafeiung des heil. Röm. Reichs Stadt Frankfurt am Mayn, und mit dem Zeichen ⨎H, welches in dem Katalog der Sammlung des Barons v. Stengel dem Hans Grav zuge= schrieben werde. Das Blatt ist mir nicht zu Gesicht gekommen.

Fabers Plan ist nicht nur wegen der gedachten geschichtlichen Beziehungen, sondern auch wegen seines ein recht klares Bild der inne= ren Stadt und der feindlichen Lager diesseits und jenseits des Maines gewährenden Umfanges von großem Interesse. Im Jahr 1586 ver= anstaltete der Briefmaler Antony Cortoys mit des Raths Erlaubniß einen neuen Abdruck, wovon er fünfzig Exemplare und ein illuminirtes an das Archiv ablieferte. Ein wiederholtes deßfallsiges Gesuch fand keine Gewährung. Dagegen wurde, wie Hüsgen behauptet, um 1775 abermals eine Anzahl Exemplare abgezogen, wovon die wenigen im Stadtarchiv noch vorhandenen herrühren mögen, da sie den bereits durch den Holzwurm beschädigten Stöcken entnommen sind. Die Acten geben indessen über diesen dritten Abdruck keinen Aufschluß. Durch Rathsschluß vom 8. Mai 1860 endlich erhielten die Jäger'sche Buchhandlung und der Buchdrucker Karl Kruthoffer die Erlaubniß zum abermaligen Abdruck der Holzstöcke unter der Bedingung der Wiederherstellung der letzteren und der Ablieferung von 50 Abdrücken an das Stadtarchiv. Nachdem jedoch die Jäger'sche Buchhandlung später zurückgetreten war, wurde zu Anfang des Jahres 1861 in der Kruthoffer'schen Officin von den unveränderten Holzstöcken ein Abdruck verfertigt, dieser auf Stein übertragen, letzterer hierauf durch Karl Theod. Reiffenstein an den schadhaften Stellen nach Fehrs Copie sorgfältig ergänzt und hierdurch lithographisch eine neue Auflage hergestellt, welche die älteren, unmittelbar von den Holz= platten abgezogenen Blätter an Schärfe und harmonischer Gesammt= wirkung übertrifft. Die Originalholzstöcke aber wurden in dem alten beschädigten Zustande nebst 50 neuen Abdrücken zur ferneren Auf= bewahrung in der Stadtbibliothek an das Stadtarchiv abgeliefert, womit freilich die Bedingung, unter welcher die Benutzung der Origi= nalstöcke zum Neudruck gestattet war, umgangen und factisch für den

Befiter der Steinplatten die in rechtlicher Beziehung fehr zweifelhafte Möglichkeit künftigen weiteren Verlags erlangt worden ift, was ihm als Lohn feiner uneigennützigen Mühe wohl gegönnt werden könnte. Auch ift es gewiß nicht zu bedauern, daß die Holzftöcke in ihrem urfprünglichen Zuftand, ohne moderne Nachhülfe, erhalten worden find.

Peter Fehr hatte fchon 1734 diefen Plan in verkleinertem Maaß- ftabe für Lersners Chronik nachgeftochen. Eine andere, fpätere, noch kleinere Copie in Folio von einem mir unbekannten Radirer hat die Unterfchrift: „Die Belagerung der Stadt Frankfurt a. M. im Jahr 1552." Sie gehört zu irgend einem hiftorifchen Werke; oben rechts in der Ecke fteht: S. 160. Abermals kleiner ift die fchlechte Nachbildung, welche fich in Meifingers: „Neue Chronik der freien Stadt Frankfurt" befindet. Eine vierte endlich, die kleinfte, wurde im zweiten Hefte des Archivs geliefert. Sie ift von dem Architeften Kayfer gezeichnet und bei Donndorf lithographirt, giebt aber das Original in den Einzelheiten nicht genau wieder.

Faber hatte nicht die Freude, die Vollendung des Holzfchnittes zu erleben und die Früchte feiner Arbeit zu ernten. Schon im März 1553 fupplicirt feine Wittwe um Auszahlung des Honorars, auch gerieth fie mit Hans Grav wegen ungebührlicher Verzögerung des Werks in Zerwürfniffe. Am 9. Sept. 1553 erging feitens des Raths der Befchluß, daß Hans Grav wegen feines Unfleißes in Haft gezo- gen, d. h. verantwortlich gemacht, Chriftian Egenolph aber beauftragt werden folle, die Arbeit des verftorbenen Meifters Faber zu prüfen und abzufchätzen. Die Wittwe hatte für die erfte, kleinere Zeichnung fechs Thaler und für die zweite, größere neunzig Thaler beanfprucht, woraus erhellet, daß Faber anfangs eine kleinere Zeichnung gefertigt hatte, die aber nicht in Holz gefchnitten worden zu fein fcheint; wenigftens finden fich keine Abdrücke. Wahrfcheinlich ift es nur der erfte Entwurf gewefen. Am 27. Nov. 1553 berichten Egenolph und Hans Grav: „fo viel als ein Maler eine Woch verdienen möge, fie zwanzig Thaler ufs meift." Hierauf wurden der Frau dreißig Thaler zugebilligt, die jedoch auf ihre wiederholten Ein- wendungen und nachdem der Pfalzgraf bei Rhein Johann von Spon- heim fich angelegentlich für fie verwendet hatte, fchließlich auf fünfzig Gulden (wohl Goldgulden) beftimmt wurden. Eine abermalige Remon- ftration der Wittwe wurde abfchlägig befchieden. Grav's Arbeit follte nochmals unterfucht und derfelbe nach Billigkeit zufrieden geftellt werden. Am 6. Jan. 1554 wurden ihm für fünf Platten vierzig

Gulden ausbezahlt. Wegen der fünf andern findet sich in den Rechnungsbüchern kein Nachweis.

Hüsgen irrt, wenn er diesen Faber'schen Grundriß für den 1550.
ersten und ältesten von Frankfurt hält. Bereits in der 1550 bei
Heinrich Petri in Basel erschienenen fünften deutschen Auflage von
Sebastian Münsters Kosmographie findet sich S. 958 ein
in Holz geschnittener Plan mit der Ueberschrift: Frankfurt am
Mayn, die fürnemest und gemeinest Gewerbstadt deutscher Nation, und dem Doppeladler, der in jeder Kralle ein kleines
Wappenschild mit dem einfachen städtischen Adler hält. Oben links
in der Ecke steht das Zeichen des nicht bekannten, aber ziemlich unbeholfenen Formschneiders .MH. nebst einem Messerchen. Kl. Folio.

Der Abbé Marolles schreibt dieses Monogramm ohne weiteren
Nachweis dem Melchisedech van Hoeren zu. Derselbe Monogrammist hat auch nach Zeichnungen des Rudolph Immanuel Deutsch
in Holz geschnitten. (Bartsch IX. S. 407). In den früheren Ausgaben der Kosmographie findet sich der Grundriß von Frankfurt noch
nicht. J. Heller räumt dies S. 143 seiner Geschichte der Holzschneidekunst ein, behauptet aber S. 136, das Blatt trage die Jahrzahl 1545, die ich nicht finden konnte.

Da hier einmal von den älteren Grundrissen der Stadt Frankfurt
die Rede ist, so sollen, etwas vorgreifend, sogleich noch einige andere
erwähnt werden, die theils in der letzten Hälfte des 16. Jahrhunderts, theils in dem folgenden erschienen sind. Dahin gehören, außer
den später zu berührenden Merianischen:

1) Grundriß der Stadt, Kupferstich, oben mit dem Reichsadler und 1567.
der Aufschrift: Frankfurt. Unten rechts in der Ecke: Il vero
disegno e ritrato di Frankfort. In Venetia l'anno MDLXVII.
Kl. Folio. Ziemlich geringe und oberflächliche Arbeit. (Gernings
Sammlung in der Stadtbibliothek Bd. III).

2) Civitas Francofordiana ad Mö. Unten rechts eine neun
Zeilen umfassende historisch-topographische Nachricht über die
Stadt. Links sieht man einige Figuren in der Tracht der Zeit,
eben so gut gezeichnet und gestochen wie der Grundriß selbst,
welcher die Ansicht der Stadt gegen Nord-Ost gewährt. Die
Umgebung ist landschaftlich dargestellt. Auf der Kehrseite wird
eine ausführlichere Beschreibung gegeben, worin unter Anderem
auch das Altarbild von Albrecht Dürer, die Himmelfahrt
der Maria, erwähnt, aber irrigerweise in die Carmeliterkirche

verſetzt wird. Das Blatt gehört in den erſten Theil des in den Jahren 1572 — 1618 von dem Dechanten Georg Bruin zu Cöln gleichzeitig in deutſcher, lateiniſcher und franzöſiſcher Sprache herausgegebenen intereſſanten und ſelten gewordenen Werks: „Beſchreibung und Contrafactur von den vornembſten Stetten der Welt. (Civitates orbis terrarum)." Es umfaßt ſechs Theile in Folio. Georg Hoefnagel und Cornelius Chaymon haben dazu die Grundriſſe vieler europäiſchen, namentlich deutſchen Städte gezeichnet. Die Kupfer ſind von Franz Hoogenbergk und Simon van den Noevel geſtochen. Es iſt nicht unwahrſcheinlich, daß dieſes Werk in M. Merian den Gedanken zur Herausgabe der Topographien zunächſt angeregt habe.

Eine wenig und nur in unweſentlichen Beiwerken veränderte Copie dieſes Planes in verkleinertem Maaßſtabe befindet ſich in P. Bertii commentariorum rerum Germanicarum libri tres. Amstelodami apud Joannem Jansonium. Anno 1616 qu. 4. Ob dies die erſte Ausgabe des Werks, iſt mir nicht bekannt.

3) Zwei zuſammen gehörige Blätter nach der Aufnahme des Malers

Elias Hofmann

1583. i. J. 1583 von einem Künſtler geſtochen, der ſich hinter den bis jetzt unerklärten Initialen H. W. verborgen hat. Die beiden Folioblätter geben die Anſicht der Stadt Frankfurt und deren Gebiet, ähnlich einer Landkarte. Das obere Blatt ſtellt die Feldmark mit den angrenzenden Nachbargebieten dar und trägt die Umſchrift: Francofurdia Moeni Territorium et Situs. Die Einfaſſung bilden 19 Wappen der damaligen Schöſſen und Rathsherrn. Das untere Blatt giebt den Grundriß der Stadt ſelbſt und iſt von 29 Wappen der damaligen Zunftmeiſter eingefaßt. In den beiden oberen Ecken halten Justitia und Pax das kaiſerliche und das ſtädtiſche Wappen, in den unteren Ecken Fortitudo und Prudentia die Wappen der beiden im Amte geſtandenen Bürgermeiſter Achilles v. Holzhauſen und Hermann Reckmann. Die beiden von Hüsgen alſo beſchriebenen Blätter ſollen von ſehr geſchickter Hand geſtochen ſein und ſind äußerſt ſelten. Das einzige von ihm gekannte Exemplar befand ſich in der mehrerwähnten Gerning'ſchen Sammlung Frankfurter Anſichten; ich habe es aber darin vergeblich geſucht. Brulliot hat ſie (Th. II, No. 1277) ebenfalls beſchrieben, vielleicht nur auf Hüsgens Autorität.

Außer vielen andern minder bedeutenden, finden sich noch folgende ältere in Kupfer gestochene Grundrisse von Frankfurt und seinem Weichbilde, denen theilweise die Aufnahme des Elias Hofmann zur Grundlage gedient haben mag:

4) Ein Plan der Stadt und der angrenzenden Gebiete nach Art 1587. einer Landkarte, in der Mitte die Stadt im Grundrisse, vom Main durchschnitten. Oben links in der Ecke Justitia mit dem Reichsadler, rechts Pax mit dem Frankfurter Adler, zwischen beiden zwei sich fassende Hände mit der Ueberschrift: Concordia. Das Ganze ist von 19 Wappen des damaligen Schultheißen, der Bürgermeister, Schöffen und Syndiker eingefaßt, einen Halbkreis bildend. Gr. Folio.

Dieses Blatt kann nicht der unter 3 beschriebene Plan sein. Es ist i. J. 1587 verfertigt; denn in diesem Jahr haben die Bürgermeister Weiß v. Limpurg und Hans Hector zum Jungen, deren Wappen sich darauf befinden, zusammen im Amte gestan= den. In der Gerning'schen Sammlung, II, 1, befindet sich ein, wie es scheint, unvollständiges Exemplar.

5) Eine unvollkommene Nachahmung des so eben beschriebenen Blattes, doch von der entgegengesetzten, der nördlichen Seite gesehen, und ohne die Wappeneinfassung und Embleme. Oben in der linken Ecke befindet sich der Frankfurter Adler, rechts liest man: Terri- torium Francofurtense; unten links Amstelodami apud Joannem Jansonium. Gr. Folio. (Gerning II, 3). Johannes Janson be= trieb seinen Kunstverlag in der ersten Hälfte des 17. Jahr= hunderts.

6) Gegen das Ende des 16. Jahrhunderts, 1590 bis 1597, gab 1590—1597. Francesco Valegio zu Venedig eine kleine Kosmographie in Prospekten und Grundrissen der bedeutendsten Städte Europa's in kl. qu. 8. heraus. Die besseren darunter sind von Valegio selbst gestochen und zum Theil mit seinem Namen bezeichnet. Andere verdanken, wie es scheint, einer ungeübteren Hand ihre Entstehung, oder sind doch mit weniger Fleiß gearbeitet. Zu die= sen gehört auch der Grundriß von Frankfurt. Wegen Unvoll= ständigkeit des mir vorgelegenen Exemplars vermag ich nicht den Titel des Werks anzugeben.

7) In Wilhelm Dilich's hess. Chronik, wovon die erste Aus= 1605. gabe i. J. 1605 erschien, findet sich ein Grundriß hiesiger Stadt von Norden nach Süden gesehen. Oben links steht der kaiserliche und rechts der Frankfurter Adler. Im Mainstrom liest man:

Francofurtum, und unten links befindet sich eine lateinische Zu=
eignung an Senat und Bürgerschaft. Kl. qu. Folio. Geringe
Arbeit.

1611. 8) Ein kleiner runder, höchst interessanter und seltener Grundriß
der Stadt vom Jahr 1611 wird später in den Artikeln Furck
und Schilling erwähnt werden.

1627. 9) In dem Werke: Oesterreichischer Lorbeerkranz, 1627
zu Frankfurt a. M. von Theobald Schönwetter „von Neuem"
in Folio verlegt [1]), befindet sich neben andern Ansichten und vielen
Portraiten S. 214 auch ein mittelmäßig gestochener Prospekt von
Frankfurt in Quer 8. mit der Ueberschrift: Forti viro omnis
locus Patria, und der Unterschrift:

Non est grande malum natali limine abesse,
Namq' locus forti est patria quisq' viro.
Kein groß Unglück ist biß wenn man
Daheim nicht immer sitzen kan.
Wer dapffer ist, erfährt was drauß
Wo Er hinkompt ist Er zu Hauß.

In der Mitte des Blattes im Vorgrund steht, vom Main
umfluthet, auf einer Schildkröte ruhend, ein hohes alterthümliches
Gebäude auf dessen Dache Störche nisten und dasselbe umkreisen.
An der Seite läßt sich ein Gewappneter am Seile herab —
offenbar eine symbolische Darstellung, worauf auch die Unter=
schrift Bezug haben mag. Ob frühere Ausgaben existiren, ist
mir nicht bekannt. Dieselbe Platte ist auch anderwärts, nament=
lich für Meißners Sciagraphia Cosmica, welche 1678
zu Nürnberg erschien, benutzt worden.

1637. 10) »Novam hanc Territorii Francofortensis Tabulam Nobiliss. etc.
Dom. Praetori, Consulibus, Scabinis et Senatoribus inclytae
ejusdem urbis et Reipublicae Francof. Viris praest. etc. fau-
toribus suis in reverentiae Signum merito — — D. D. D.
Johan et Cornel Blaeu.« Gr. Folio.

Dieser Plan ist dem unter 4 gedachten ähnlich, aber viel
besser und sorgsamer gearbeitet. Die oberen Ecken zeigen gleich=
falls Justitia und Pax, in der Mitte aber befinden sich die
Wappen des Stadtschultheißen Hieronymus Steffan v. Cron=
stetten, des älteren Bürgermeisters Joh. Max. Kellner und des
jüngeren Bürgermeisters Joh. Max. zum Jungen, gehalten durch
Consilium und Concordia. Auf beiden Seiten umgeben den

---

[1]) Die frühere Ausgabe von 1625 ist mir nicht zu Gesicht gekommen.

Plan 27 Wappen der übrigen Rathsglieder und unten die der drei Syndiker Dr. Melchior Erasmus, Dr. Max. Fauft von Aschaffenburg und Dr. Georg Hieronymus Marftaller. Der Namen des Stechers und eine Jahrzahl finden sich nicht. Da indeffen J. M. Kellner und J. M. zum Jungen i. J. 1637 das Bürgermeifteramt verwalteten und Dr. Marftaller am 23. März deffelben Jahrs zum Syndikus erwählt worden war, so ift diefer Plan, welcher die neuen Feftungswerke dieffeits des Mains schon vollftändig zeigt, ohne Zweifel 1637 geftochen worden, was auch mit der Zeit, in welcher die Gebrüder Blaeu thätig waren, übereinftimmt. (Gerning II, 2).

11) Abbildung der weit berühmten keyferlichen Reichs-, Wahl- und Handelsftadt Frankfurt am Mayn mit ihrem Gebiet, durch Nicolaus Bifcher in Amfterdam. Gr. Folio.

Das Blatt ift dem unter 4 erwähnten gleichfalls ähnlich, doch nach einer felbftändigen Aufnahme von Süden nach Norden, geftochen. (Gerning II, 4).

Nach Naglers Angabe hat Nic. Bifcher den Kunfthandel feit 1660 für eigene Rechnung betrieben, mithin fiele die Entftehung diefes Blattes in die zweite Hälfte des 17. Jahrhunderts.

Andere neuere Pläne und Anfichten von Frankfurt, deren es unzählige giebt, können hier füglich übergangen werden.

Der Vollftändigkeit wegen find noch einige Künftler zu erwähnen, welche theils nur vorübergehend hier gearbeitet, theils außer ihrem Namen kein bleibendes Zeichen ihres Wirkens hinterlaffen haben:

Tobias Stimmer,

der bekannte fehr achtbare Maler, Zeichner und Formfchneider, i. J. 1534. 1534 zu Schaffhaufen geboren, wo er anfangs mit der äußeren Verzierung der Häufer befchäftigt und ziemlich unbekannt geblieben war, fpäter aber fich durch feine Kunft, befonders durch viele von ihm felbft und nach feinen Zeichnungen von Andern gefertigten vorzüglichen Holzfchnitte berühmt machte, hat auch hier in Frankfurt um 1554, wie zu Schaffhaufen und Straßburg, viele Häufer von außen mit fehr gutgezeichneten Darftellungen aus der heiligen und weltlichen Gefchichte in Fresco verziert und manche Zeichnungen zu Sigmund Feyerabends Bibelwerk geliefert, was es rechtfertigt, feiner hier zu gedenken, obwohl er einen bleibenden Aufenthalt in Frankfurt nicht genommen hatte. Von seinen Malereien ist leider nichts übrig geblieben. Seine Holzschnitte findet man in Naglers Künstlerlexicon verzeichnet. Das Portrait des Meisters ist mehrfach dargestellt worden. In der Lehnemannschen Sammlung auf der Stadtbibliothek sind drei verschiedene aufbewahrt, wovon das eine mit den Initialen I. R. fec. bezeichnet ist.

Stimmers Todesjahr wird verschieden angegeben; dasselbe dürfte aber jedenfalls noch in das Ende des 16. Jahrhunderts zu setzen sein.

Moses Weixner

arbeitete gegen Ende des 16. Jahrhunderts als Formschneider und Briefmaler in Frankfurt. Unter andern ist von ihm bekannt ein zwar ziemlich schlecht geschnittener, aber seltener Holzschnitt, worin eine zum Tischgebet versammelte Bürgerfamilie von neun Personen vorgestellt ist. Oben steht: „Gott wolgefällige Tischzucht; unten: Zu Frankfurt am Main bei Moises Weixner Form‑schneider und Brieffmahler". (Höhe mit der Schrift 10" 6"', Breite 13" 3"'.) Es giebt von diesem Blatte schwarze und illumi‑nirte Exemplare. (Heller: Geschichte der Holzschneidekunst S. 201).

Matthias Schweitzer,

1560 1604 — Maler, um 1560 dahier geboren, vielleicht der Sohn oder Enkel des Seite 42 genannten Künstlers, ward i. J. 1584 mit Margaretha Ekel getraut und starb 1604. Er war der Lehrer des später zu erwähnenden Malers Peter Müller. Seine beiden Söhne hatten sich gleichfalls der Kunst gewidmet:

Lorenz Schweitzer,

im Jahr 1586 dahier geboren, starb schon 1612 in Würzburg, und

Johann Schweizer,

geboren 1585, wanderte auf seiner Kunst nach Cöln und ließ sich 1608 zu Aachen häuslich nieder. Nach einer in dem Stadtarchiv befindlichen Vormerkung war in dem alten Wahlzimmer von diesem Künstler ein die Geschichte des Propheten Daniel vorstellendes Gemälde vorhanden, dessen Schicksal mir nicht bekannt ist.

Nagler gedenkt eines Malers und Kupferstechers des gleichen Namens, der, ein Schweizer oder Hesse von Geburt, im Jahr 1679 gestorben sein soll. Von diesem kennt man einige Portraite und andere Darstellungen, darunter: „Thierbüchlein von Joh. Heinrich Roos inventirt, und durch Joh. Schweizer in Kupfer gebracht". Es enthält die Blätter B. 33. 35. 36. 37 und W. 43 des Werks von J. H. Roos mit dem obigen von Joh. Schweizer sehr mittelmäßig gestochenen Titel, der es ungewiß läßt, ob Schweizer als Stecher aller Blätter oder nur als Verleger gelten wollte.

Dieser Joh. Schweizer könnte vielleicht mit dem unserigen eine Person sein.

Hans Rasch,

ein Kupferstecher, verlegte 1562 in Gemeinschaft mit Sigmund Feyerabend und David Zephelius (Zäpflin) „Summariu über die ganze Bibel" von Veit Dietrich, ein mit 166 Holzschnitten verziertes Werk in Folio. Im Jahr 1563 wohnte Hans Rasch nach Inhalt eines Zinsregisters des Bartholomäusstifts in der Bockgasse im Hause zum Bock, und 1579 gab er mit Zephelius eine Bibel heraus. Ueber seine sonstige künstlerische Thätigkeit fehlt es an Nachrichten. Er scheint sich mehr mit der Druckerei, als mit der Kupferstecherkunst beschäftigt zu haben.

Der Frescomaler

Valentin Schar

malte 1578 die Rathsstube und empfing dafür 261 Goldgulden, eine Belohnung, die auf eine größere Arbeit hinweiset.

Das Wahlzimmer war bereits 1557 von einem anderen Künstler so schön gemalt worden, daß der Pfalzgraf Otto Heinrich den Rath um die Vergünstigung bat, es durch seinen Hofmaler copiren lassen zu dürfen, (Kirchners Ansichten, I. S. 288).

Mehr Interesse bietet eine Reihe von Künstlern, welche in der zweiten Hälfte des sechszehnten Jahrhunderts, vor den Stürmen und Verfolgungen des Bürgerkriegs fliehend, ihre Heimath in den Niederlanden verließen, um in unserer gastfreien Stadt Schutz und Unterkunft zu suchen, Künstler, die sich bereits in ihrem Vaterlande einen ehrenvollen Namen erworben hatten und in Frankfurt zur neuen

78

Belebung des Kunstsinnes und Geschmacks wesentlich beitrugen. Dahin gehört zunächst

Martin van Balkenburg, der ältere.

1568 c. 1602 Er war um 1542 zu Mecheln geboren und hatte die Kunst wahrscheinlich von seinem älteren Bruder Lucas erlernt. Nachdem er bis in das Jahr 1566 in seinem Vaterlande gearbeitet hatte, wandte er sich mit seinem Bruder, um den Kriegsunruhen zu entgehen, zuerst nach Aachen und von da in die Gegenden der Maas, wo beide längere Zeit Beschäftigung fanden. Um die Zeit von 1568 bis 1570 trennten sich die Brüder. Lucas kehrte vorerst in die Heimath zurück; Martin wandte sich nach Frankfurt und nahm daselbst seinen bleibenden Wohnsitz. Hier malte er in der Weise seines Bruders mit vieler Kunstfertigkeit Landschaften, Portraite und historische Gegenstände in allen Größen, wofür er besonders bei seinen eigenen Landsleuten, den die hiesigen Messen besuchenden niederländischen Kaufleuten, guten Absatz fand. Seine reiche Phantasie ließ ihn häufig in den Fehler verfallen, seine Bilder mit Figuren zu überladen, auch ist seine Färbung zuweilen etwas zu hart grün. In seinen Landschaften nahm er, nach der Gewohnheit fast aller seiner Zeitgenossen, den Augenpunkt zu hoch, so daß sie in der Vogelperspektive erscheinen. Hüsgen erwähnt lobend verschiedene Gemälde des Meisters, die er zu sehen Gelegenheit hatte; unter andern eins, welches den Brand von Troja darstellt, ferner eine Fastnachtsluftbarkeit auf öffentlicher Straße, und in sehr großem Format die vier Jahreszeiten. Alle diese Bilder sind überreich an Figuren. Größeren Beifall zollt Hüsgen den einfacheren Compositionen des Künstlers. Von diesen nennt er namentlich eine nackte Figur in halber Lebensgröße, wohl eine Venus, als die beste Arbeit, welche er von Martin Valkenburg gesehen habe. Die Zeichnung findet er darin vortrefflich und das Colorit reizend. Georg Flegel schmückte Valkenburgs Bilder mit seinen meisterhaft gemalten Blumen, Früchten und metallenen Gefäßen. In dem von Christian v. Mechel gefertigten Verzeichniß der kaiserl. Bildergallerie zu Wien finden sich ebenfalls zwei größere Gemälde dieses Meisters: eine Dorfkirchweihe und eine Ansicht der Gegend bei Schwanstadt mit dem Falle der Tran, was zugleich den Beweis liefern würde, daß Martin v. Valkenburg auch in Oesterreich gewesen. Indessen ist v. Mechel's Urtheil nicht ganz zuverlässig; in dem früher erwähnten Verzeichniß der hiesigen Klosterbilder schreibt er u. a. die beiden Portraite des Jacob Heller und deſſen Hausfrau Catharina v. Melem dem älteren Ballenburg zu, der mindeſtens zwanzig Jahre nach dem Tode jener beiden geboren ward. In dem neueſten Verzeichniß der Gemälde des Belvedere wird die erwähnte Anſicht von Schwanſtadt richtiger dem Lucas v. Ballenburg beigemeſſen. Ein kleines Bildchen des Meiſters, eine Landſchaft mit Wald, an deſſen Saume viele Pilger lagern, ſiehet man in dem Prehn'ſchen Kabinet.

Die Zeit von Martins Tod iſt nicht ermittelt, die Sterbe= regiſter geben keine Auskunft. Die gewöhnliche Annahme, daß er 1636 hier geſtorben ſei, hat die Wahrſcheinlichkeit gegen ſich, da er dann ein Alter von 94 Jahren erreicht haben müßte; ſie beruht offenbar auf einer Verwechſelung mit dem Todesjahr des Sohnes. Aber eben ſo grundlos dürfte auch Ballema's*) Annahme ſein, daß der ältere M. v. Ballenburg bereits 1574 ſeine Laufbahn beſchloſſen habe; denn ſein Sohn ſtarb 1636 in der Blüthe der Jahre, war alſo viel ſpäter als 1574 erzeugt worden. Vielleicht ließe ſich aus dem von Lucas Kilian 1602 zu Venedig geſtochenen Portrait unſeres Künſtlers, deſſen Hülsgen gedenkt, das mir aber nie zu Geſicht gekommen iſt, ſchließen, daß er 1602 noch gelebt habe. Ohne allen weiteren Nachweis ſetzt Schütz in ſeinem Verzeichniß der Bilder des Muſeums S. 15. Ballenburgs Tod in das Jahr 1615.

Martin van Ballenburg der jüngere,

in Frankfurt geboren, ſtand nicht nur wegen ſeiner Kunſt, ſondern auch wegen ſeiner günſtigen äußeren Verhältniſſe und ſeines gewandten Benehmens bei den höheren Klaſſen der Geſellſchaft in großem Anſehen. Eins ſeiner hiſtoriſchen Gemälde vom Jahr 1633, den Triumphzug des Seſoſtris mit den vier gefangenen Königen darſtel= lend, befand ſich in dem vormaligen Wahlzimmer und iſt jetzt am Vorplatze der Kaiſerſtiege aufgehangen. Es iſt auf Leinwand gemalt und mißt 5′ 5″ in der Höhe und 9′ 4″ in der Breite.

Dieſer Künſtler unterlag 1636 im kraftvollſten Manneſalter der Peſt, welche damals einen großen Theil der Bevölkerung hinweg= raffte. Sein Verluſt wurde allgemein beklagt.

Etwas ſpäter als der ältere Ballenburg, aber aus gleicher Veranlaſſung ſuchte und fand auch

1580 c.
1636.

---

*) Biographie des peintres flamans. Gand 1844.

Heinrich van Steenwyk der ältere

in Frankfurt eine neue Heimath. Dieser ausgezeichnete Künstler
führte seinen Namen von seinem Geburtsorte Steenwyk, wo er um
1550 das Licht der Welt erblickt hatte. Sein Vater war in der
Baukunst erfahren und besaß Kenntniß der Perspective. Dieses,
aber hauptsächlich der Einfluß seines Lehrers Hans Bredemann
be Vries und dessen Sohnes Paul Bredemann, welche beide
die Architektur= und Perspectivmalerei als selbständige Kunst in Auf=
nahme gebracht hatten, führte auch Steenwyk diesem Fache zu, worin
er bald Außerordentliches leistete. Seine Darstellungen des Innern
gothischer Kirchen fanden nicht nur wegen der richtigen Perspective,
sondern oft auch wegen der magischen Beleuchtung allgemeinen Bei=
fall. Die Figuren ließ er sich meist von Breughel und andern
Künstlern malen. Sein Ton ist in der Regel etwas zu bräunlich,
ein Fehler, welcher auch den früheren Arbeiten des jüngeren Heinrich
Steenwyk einigermaßen zum Vorwurf gereicht, den aber der Sohn
während seines Aufenthalts in England zu vermeiden sich bestrebte,
so daß nur dessen ältere Werke mit denen des Vaters verwechselt werden
können. Nur dieser letztere gehört durch seine Einwanderung Frankfurt
an, wo er auch um das Jahr 1603 oder 1604 seine ewige Ruhestätte
fand. Die Vermuthung Naglers, der ältere Steenwyk sei früher als
1550 geboren, findet in dem Vorhandensein von Werken mit seinem
Monogramm und mit der Jahrzahl 1573 keine genügende Begründung.
Die Gemälde dieses Künstlers fanden in den ersten Sammlungen
bereitwillige Aufnahme. Die Wiener, die Dresdener, die Stuttgarter,
die Mannheimer und die Casseler Gallerie, wie die zu Salzdahlen
und andere haben alle mehr oder weniger Werke des älteren Steenwyk
aufzuweisen. Auch in dem vormals kurmainzischen, jetzt königl.
bayerischen Schlosse zu Aschaffenburg sieht man eine wohlerhaltene
gothische Kirche mit des Meisters Namen bezeichnet. Ein ganz kleines
auf Kupfer gemaltes Bildchen von Steenwyk enthält das Prehn'sche
Kabinet. Es bietet die Aussicht durch einen Thorbogen, unter welchem
ein Lautenspieler sitzt. Ein anderes kleines Gemälde desselben, wenn
nicht seines Sohnes, das Gefängniß Petri mit den schlafenden Wäch=
tern, vormals in der Gogel'schen Sammlung, bewahrt jetzt Herr
Senator Keßler. Sein Portrait findet man bei Sandrart, d'Argens=
ville, Descamps u. A. Das beste aber, welches jenen als Original
gedient zu haben scheint, ist von P. Pontius nach Anton van Dyk
gestochen. Kl. Folio. Nach Steenwyk hat auch

Jodocus oder Joas van Winghe

Frankfurt zu seinem Wohnsitz erwählt und fast gleichzeitig mit jenem $\frac{1584}{1603}$ seine Kunst ausgeübt. Er war 1544 in Brüssel geboren und sehr jung nach Italien gewandert. Dort hatte er sich während seines vierjährigen Aufenthalts zu einem so geschickten Historienmaler ausgebildet, daß er bei seiner Rückkehr in die Heimath von dem Herzog von Parma zum Hofmaler ernannt wurde. Indessen scheint er in dieser Stellung keine Befriedigung gefunden zu haben. Er ging später nach Paris und 1584 nach Frankfurt, wo er bis zu seinem 1603 erfolgten Tode sehr fleißig gearbeitet hat. Bei dem Herzog von Parma wurde auf seinen Vorschlag O. Beenius sein Nachfolger.

Van Mander, welcher viele Bilder dieses Meisters in den Niederlanden gesehen hat, rühmt u. a. ein Abendmahl in der Kirche der Barmherzigen Brüder zu St. Goelen in Brüssel, zu welchem Paul de Vries die Architektur gemalt hatte. Auch in Amsterdam und Middelburg befanden sich von seinen Arbeiten. In Paris hatte van Winghe eine Allegorie auf sein Vaterland gemalt, welche Beifall fand. Ueberhaupt scheint derselbe für allegorische Darstellungen eine besondere Vorliebe gehabt zu haben. In ähnlicher Richtung arbeitete er in Frankfurt; doch hat man von ihm auch Bildnisse in der Weise des Geldorp Gorzius. Ein solches, eine Dame aus dem Patriciergeschlecht von Stalburg vorstellend, befindet sich in der Sammlung des Städel'schen Instituts. Es ist ein Kniestück „I. A. Wing." bezeichnet. In der kaiserl. Gallerie zu Wien werden zwei Gemälde mit dem Namen des Meisters gezeigt, beide in verschiedener Weise Apelles darstellend, wie er in Gegenwart Alexanders die reizende Campaspe malt. Van Winghe's Portrait ist mehrfach gestochen; auch bei Sandrart findet man es. Frankfurt ganz angehörig ist der einzige Sohn dieses Künstlers,

Jeremias van Winghe,

welcher hier 1587 geboren ward und 1658 sein Leben beschloß. $\frac{1587}{1658}$ Den ersten Unterricht erhielt er von dem Vater, der ihn später zur weiteren Ausbildung der Leitung des geschickten Historienmalers Franz Babens in Antwerpen übergab und dann die übliche Kunstreise nach Italien antreten ließ, wo er fleißig arbeitete. Nach seiner Heimkehr fanden seine Gemälde und besonders seine Portraite wegen ihres natürlichen Colorits und ihrer großen Aehnlichkeit vielen Beifall.

Das von ihm gemalte Bild seines Schwiegervaters Sebastian de Neufville, des Stammvaters des hiesigen Zweigs dieser alten Familie,
befindet sich jetzt im Besitze des Herrn Major v. Malapert gen. Neufville. Zu seinen größeren Compositionen wußte er besonders die Beiwerke meisterhaft zu behandeln. Ich selbst besaß früher ein größeres
Gemälde desselben, eine junge Victualienhändlerin in Lebensgröße, vor
welcher ein vornehmer Herr als Käufer erscheint. Geflügel, Fische,
Gemüse, Obst und die sonstigen Küchenvorräthe sind vortrefflich. Das
junge Mädchen ist mit ausnehmendem Liebreiz gemalt. Eine etwas
zweideutige Anspielung in der Geberde des Mannes bewog mich, dieses
sonst vorzügliche Bild wegzugeben. Es ist bezeichnet: „Jeremias v.
Winge fec. 1613," und befindet sich jetzt in Hanau.

Unser Künstler hatte sich die Neigung einer reichen jungen Dame,
Johanna de Neufville,[1]) zu erwerben gewußt, die ihm ihre Hand
reichte. Dadurch in Wohlstand versetzt, vernachlässigte er die Kunst
und verschwendete seinen Reichthum in einem luxuriösen Leben, so
daß er im Alter genöthigt war, wieder zum Pinsel zu greifen, um
für sich und seine zahlreiche Familie den Unterhalt zu erwerben.

In anderer Richtung war thätig

die Familie de Bry.

1570
1623. Sie verdient in der Reihe der aus den Niederlanden in Frankfurt eingewanderten Künstler vorzugsweise genannt zu werden. Der
Vater Theodor de Bry und seine beiden Söhne Johann
Theodor und Johann Israel, denen später der Schwiegersohn
Clemens Ammon sich anschloß, haben sich als Zeichner, Kupferstecher und Verleger bleibenden Ruhm erworben. Aus dem in den
interessanten Bilderheften zur Geschichte des Buchhandels
von Lempertz in Cöln mitgetheilten Facsimile eines französischen Briefes des älteren de Bry dd. Francfort ce 19 Sept. 1595 ergibt sich,
daß derselbe seinen Namen so und nicht de Brie zu schreiben pflegte.

Theodor de Bry war 1528 zu Lüttich geboren. Er hatte
seine Kunst als Goldschmied und Kupferstecher bereits bis in das
reifere Mannesalter ausgeübt, als er sich i. J. 1570 mit seinen
beiden Söhnen, damals noch Knaben, in Frankfurt niederließ und

---

[1]) Nicht Anna Maria Martens, wie Hüsgen angiebt. Sie war am 4. Sept.
1588 geboren.

sowohl hier, als in Oppenheim eine Buchhandlung gründete. De Bry war ein Künstler, dessen Fleiß und Unternehmungsgeist mit seiner Geschicklichkeit gleichen Schritt hielt. Es ist fast unglaublich, welche Menge einzelner Blätter und größerer Sammelwerke dieser thätige Mann theils allein, theils später, unterstützt von seinen beiden talentvollen Söhnen, die seine Schüler waren, zu Tag gefördert hat. Diese Künstler haben in ihren kleinen biblischen und allegorischen Darstellungen, in ihren zahlreichen Portraiten, äußerst zierlichen Friesen, Arabesken und Zierrathen aller Art so ziemlich den Geschmack der älteren Kleinmeister beibehalten und stehen in diesem Betrachte einigermaßen außer ihrer Zeit, auf die sie ebendeßhalb keinen erheblichen Einfluß geübt haben. Nichtsdestoweniger verdienen ihre Arbeiten fast ohne Ausnahme vortrefflich genannt zu werden und haben von jeher bei allen Kennern und Liebhabern die gebührende Anerkennung gefunden. Hüsgen hat davon ein ziemlich umfangreiches Verzeichniß geliefert, ohne auf Vollständigkeit Anspruch machen zu können.

Theodor de Bry starb 1598. Seine Söhne, von denen Johann Theodor, geboren zu Lüttich 1561, den Vater als Künstler übertraf, setzten das Geschäft in brüderlicher Eintracht und ungeschwächter Thatkraft bis an ihren Tod fort. Der jüngere Bruder Johann Israel schied zuerst um 1611 aus dem Leben. Ihm folgte der ältere Johann Theodor im Jahr 1623.

Clemens Ammon, als Künstler weit hinter seinem Schwiegervater und dessen beiden Söhnen zurückstehend, arbeitete als Kupferstecher hier und in Heidelberg. Seine Thätigkeit beschränkte sich jedoch hauptsächlich auf die Veranstaltung neuer Ausgaben der Werke seiner Verwandten.

Noch ist eines anderen Kupferstechers zu gedenken, welcher ebenfalls hier, wenngleich nur vorübergehend, seinen Wohnsitz gehabt hat:

Johann Sadeler,

geboren zu Brüssel 1550 und gestorben zu Venedig um 1600, nach 1587 Andern um 1610. Er lebte i. J. 1587 (nicht 1588) in Frankfurt und stach hier, außer dem Bilde des Buchdruckers Sigmund Feyerabend, vier Bilder in 4°., die Jahreszeiten darstellend. Am 31. August desselben Jahres wurden ihm in der St. Bartholomäuskirche Zwillinge getauft, welche die Namen Michael und Gabriel erhielten. Taufpathe war ein Maler Adrian, von dem sonst nichts bekannt geworden ist.

6*

Johann Sabeler ist der ältere und bessere einer achtbaren Künstlerfamilie, die sich troß der in ihren Arbeiten herrschenden etwas harten Manier, um die Kupferstecherkunst manche Verdienste erworben hat. Das Nähere über diese Familie und ihre Arbeiten kann bei Nagler nachgelesen werden. Ein anderer Maler:

Sebastian Wolf,

welcher nach den Zinsbüchern des Bartholomäusstifts in den Jahren 1586 bis 1589 in der Gelnhäusergasse neben dem Brunnen wohnte, hat von seinen Arbeiten nichts hinterlassen, woraus seine Leistungen erkannt werden könnten. Anders verhält es sich mit

Georg Flegel.

c. 1590
1638.

Dieser, i. J. 1563 zu Olmüß in Mähren geboren, hat sich, wie es scheint sehr frühe zu Frankfurt niedergelassen. Er wurde vermöge seiner natürlichen Anlagen und Neigung, ohne eigentlichen Lehrer durch Selbststudium in die Kunst eingeführt. Das sogenannte Still-Leben: Früchte, Blumen, Insekten, Fische und Geflügel, Tisch-geräthe, Pokale und andere Gefäße von Glas und Metall, waren die Gegenstände seiner Wahl, welche er sehr naturgetreu und oft täuschend darzustellen wußte, wobei ihm jedoch mit Recht der Vorwurf gemacht wird, daß ihm die Kenntniß der Perspective abgehe und daß er in der Anordnung seiner kleinen, sonst recht fleißig und ansprechend behandelten Bilder meist sehr unglücklich gewesen, indem er von einer geschmackvollen Zusammenstellung keinen Begriff gehabt. Demungeachtet wurden seine besseren Bilder, die er auch mit seinem Mono-gramm, einem verschlungenen GF, zu bezeichnen pflegte, von dem Lieb-habern gesucht und oft bis zu sechszig Speciesthalern bezahlt, während er für flüchtigere Arbeiten sich mit zwanzig, zehn und selbst mit acht Speciesthalern begnügte. Man findet seine meist auf kleine Holz-tafeln gemalte Bilder noch häufig in den Kabineten der Liebhaber. Auch in der Prehn'schen Sammlung sind einige zu sehen.

Daß Martin van Valkenburg zuweilen seine Gemälde durch Flegel mit Blumen, Früchten und Metallgefäßen schmücken ließ, wurde schon früher bemerkt. Auch im Portraitmalen scheint er sich zeitweise versucht zu haben. Ein Bildniß des Predigers Marcus Cassiodorus Reinius ist bezeichnet G. Flegel pinx. Eberh. Wieser exc. Einer seiner Schüler war der Blumenmaler Jacob Marrel.

In seinem häuslichen Leben hatte Flegel viel Mißgeschick zu erfahren; drei Söhne, von denen die beiden älteren, vielleicht auch der
jüngste, sich der Kunst gewidmet hatten, starben in der Blüthe des
Lebens, die beiden jüngeren sogar ganz kurz nach einander im demselben Jahre:

Friedrich, geb. 1597 † 1616.

Jacob, geb. .... † 1623.

Leonhard, geb. 1602 † 1623.

Nachdem der hart geprüfte Mann 1633 auch seine Frau durch
den Tod verloren hatte, beschloß er selbst im Jahr 1638 sein Leben.
In Heinrich van der Borcht fand er einen poetischen Panegyriker
und Sebastian Furck hat sein Portrait nach dem Leben gestochen.

***

Neben den eingewanderten Künstlern jenes Zeitraums stehen die
eingeborenen keineswegs zurück; unter diesen besitzt vielmehr Frankfurt Einen, welcher alle andern aufwiegt. Ehe ich zu ihm komme,
habe ich noch einiger seiner Vorgänger und Zeitgenossen zu gedenken,
unter denen mehrere, wenn sie auch keinen europäischen Ruf erlangt
haben, doch in der Kunstgeschichte Frankfurts stets mit Achtung genannt worden sind.

Daniel Meyer,

auch Mayer, war um 1570 hier geboren, vermählte sich am 7. Au- $\frac{1570}{1630}$
gust 1598 und starb, nachdem er 1620 Wittwer geworden und in
demselben Jahr eine zweite Ehe geschlossen hatte, laut Kirchenbuch
am 14. October 1630. Hiernach sind die Angaben Hüsgens und
Naglers zu berichtigen und zu ergänzen.

Daniel Meyer war ein geschickter Maler und Kupferätzer.
Die Gebrüder de Bry verlegten im Jahr 1609 ein architektonisches
Werk mit fünfzig von ihm nach seinen eigenen Zeichnungen geätzten
Blättern unter dem Titel: »Architectura oder Verzeichniß allerhand
Einfassungen an Thüren, Fenstern und Decken 2c. Sehr nützlich und
dienlich allen Mahlern, Bildhawern, Steinmetzen, Schreinern und
andern Liebhabern dieser Kunst. Alles erstlichen new erfunden und
geetzt durch Daniel Meyern, Mahlern vñ Burgern zu Frankfurt
am Mahn. Auch daselbst gedruckt in Verlegung Johannis Theodori
und Joh. Israel de Bry, Gebrüder. MDCIX.« Folio.

Diese Blätter sind mit einer breiten und geistreichen Nadel radirt und mehrere derselben mit dem kleinen Monogramm *DI 1609*. auch *M 1609*. bezeichnet, welches von Malpé irrthümlich dem Dirk Meyer und von Andern dem Daniel Mignot zugeschrieben wird.

Es ist nicht zu bezweifeln, daß dieser wackere Künstler auch den Pinsel mit Geschick zu führen gewußt habe und daher zu bedauern, daß von seinen Arbeiten dieser Gattung nichts auf uns gekommen ist. In dem Verzeichniß der i. J. 1827 stattgehabten Ausstellung von Gemälden Frankfurter Künstler wird ihm eine auf Holz gemalte Feldschlacht zugeschrieben. Aus seinem Schüler Johann Lorenz Müller, von dem später die Rede sein wird, hat er jedenfalls einen tüchtigen Maler gebildet.

Peter Müller.

Dieser von Hüsgen nicht gekannte Künstler darf um so weniger 1573 / 1633 unerwähnt bleiben, als das von ihm i. J. 1611 begonnene und bis 1633 fortgeführte, jetzt in der Urschrift auf der hiesigen Stadtbibliothek befindliche Gedenk- oder Tagebuch einige bisher unbekannt gewesene Umstände aus dem Leben mehrerer seiner berühmt gewordenen Zeit- und Kunstgenossen enthält, wovon ich geeigneten Orts Gebrauch gemacht habe.

Peter Müller ward am 24. Sept. 1573 dahier geboren, wo sein Vater als Weinschröter verbürgert war, was ihn veranlaßt, von sich zu rühmen, daß er „Frankfurt mit Recht sein Vaterland nennen könne". Nachdem er die Dreikönigsschule zu Sachsenhausen besucht hatte, wurde er 1589 von seinem Vater „auf sechs Jahre bei Matthias Schweitzer zur Erlernung der Malerkunst verdingt". Im Jahr 1597 trat er seine Kunstwanderung an, während welcher er namentlich zu Würzburg sechs Monate verweilte. Zwei Jahre später, am 15. Mai 1599, besagt das Tagebuch, „habe ich mit meiner Hausfrau Walpurgis Handschlag und Weinkauf trunken und den 9. Juli bin ich mit ihr zur Kirche gegangen und Hochzeit gehalten". Im Jahr 1620 Wittwer geworden, schritt er 1624 mit „Ahl" (Eulalia?), der abgeschiedenen Ehefrau von Michael Schulze zur zweiten Ehe.

In welchem Fache und mit welchem Erfolge Peter Müller seine Kunst ausgeübt habe, darüber gibt das Tagebuch keinen Aufschluß.

Verschiedene darin enthaltene Notizen über Malereien und andere Arbeiten, welche der Rath i. J. 1611 an den beiden damals neu-errichteten Springbrunnen auf dem Liebfrauen - und Römerberg, so-dann an den Lettnern in der Kirche zu Sachsenhausen und 1612 vor der Wahl des Kaisers Matthias in dem Römer ausführen ließ, könnten auf einen Decorationsmaler schließen lassen; indessen sagt Müller nicht, daß er selbst bei diesen Arbeiten mitgewirkt habe und überdieß ist es bekannt, daß auch namhafte Künstler, wie Phil. Uffenbach u. A., sich zu ähnlichen Arbeiten herbei ließen. Es darf angenommen werden, daß Peter Müller bei seinen Kunstgenossen in gutem Ansehen gestanden; denn mit Johann Elsheimer, Phil. Uffenbach, Daniel Meyer und Georg Flegel war er nahe befreundet; der letztere hatte ihm einen Sohn zur Taufe gehoben. Jedenfalls gebührt ihm sein Antheil an der Heranbildung seines Sohnes Johann Lorenz zum tüchtigen Maler. Sein Leben fiel in die bewegteste Periode der Geschichte Frankfurts. Er war Zeuge der Fettmilchischen Unruhen und dabei nicht unbetheiligt ge-blieben. „Am 29. January 1616 zu Nacht," heißt es im Tagebuch, sind ich und Andreas, Bildhauer[1]), verschlossen worden. Hat sich der Altbürgermeister sehr bemüht und uns das Heiliggeistpförtlein aufthan, auf daß wir nicht erfroren sein; denn es war diesen Winter so kalt, daß der Mayn ganz zugefroren war und Jedermann ist über und über gelaufen. Den 6. Aug. hab ich den Herren zur Straf gebracht fl. 1. 7 Creuzer von wegen des verlaufenen Handels der Bürger." Im Jahre 1617 gibt Müller sein Vermögen zu 150 Gulden an und zahlt davon „zum erstenmal wieder fl. 1. 14 ß. Schatzung". Der Reformation war er eifrigst zugethan. Die Be-schreibung der am 2. und 3. Nov. 1617 stattgehabten Säcularfeier schließt er mit den Worten: „Solch Jubelfest ist dermaßen gehalten und gefeiert worden, als noch nie ein Fest; denn da ist abermal, wie zu der Zeit Lutheri des Pabsts Greuel in allen Kirchen auf-gedeckt worden. Gottes Wort und Luthers Lehr vergehet in Ewigkeit nimmermehr".

Auch die Wirren des dreißigjährigen Kriegs und die politischen Ereignisse jener Zeit sind von Peter Müller nicht unbeachtet geblieben, was seinem Tagebuch ein weiteres Interesse verleiht. Die Zeit seines Todes ist nicht zu ermitteln gewesen; doch ist es sehr wahr-

---

[1]) Wahrscheinlich Andreas Gemelich

scheinlich, daß sie in das Jahr 1633 oder 1634 fällt, da das Tagebuch mit dem 5. Brachmonat 1633 endet.[1])

Adam Grimmer.

Die Nachrichten über diesen Künstler sind äußerst mangelhaft. Selbst das Jahr seiner Geburt und seines Todes ist ungewiß. Daß er 1590 noch gelebt habe, dürfte außer Zweifel stehen; dagegen fehlt der Behauptung Brulliots und Naglers (Künstlerlexicon): Grimmer, den sie Griemer nennen, habe bis zum Jahr 1640 gelebt, nicht nur der erforderliche Nachweis, sondern sie hat auch die Wahrscheinlichkeit gegen sich und scheint auf einer Verwechselung mit dem angeblichen Todesjahr seines Schülers Phil. Uffenbach, zu beruhen, der doch jedenfalls viel jünger gewesen ist und nach der gewöhnlichen Meinung 1640 gestorben sein soll, obwohl, wie später gezeigt werden wird, selbst Uffenbachs Lebensende noch früher eingetreten ist.

Adam Grimmer war Historien-, Portrait- und Landschaftmaler. Matthäus Grünewald soll sein Lehrer gewesen sein, was ich bezweifle, aber, falls es begründet sein und nicht auf einer Verwechselung mit Hans Grimmer beruhen sollte, für sich allein schon die Gewißheit geben würde, daß er nicht bis zum Jahr 1640 gelebt haben kann.

Auch der Vorwurf, welchen die beiden genannten Schriftsteller bezüglich der Rechtschreibung des Namens dieses Künstlers dem alten Fueßli machen, dürfte der genügenden Rechtfertigung entbehren; denn wenn Brulliot vier runde in Kupfer gestochene Landschaften mit Figuren aus der Geschichte des Cephalus und der Procris mit der Bezeichnung: Griemer Inuen. (oder griër inv.) Th. Galle exc. unserem Meister zuschreibt, so fragt es sich vor Allem: mit welchem Recht? Sollte ihm auch wirklich ein Antheil daran gebühren, so läßt sich aus der gegebenen Bezeichnung doch immer nur entnehmen, daß er der Erfinder, der Zeichner, ein Anderer aber der Stecher gewesen, von dem es abhing, wie er den Namen seines Vorbildners zu schreiben verstanden. Wie arg die Kupferstecher sich in dieser Beziehung von jeher gegen die Maler versündigt haben, ist eine bekannte Sache. Ich habe Grund anzunehmen, daß Meister

---

[1]) Als merkwürdige Familiennotiz erwähnt das Gedenkbuch: „1626, 29. Christmonat starb mein Schwager Nicol. Hoffmann im Alter vor 110 Jahren."

Adam der Familie des Hans Grimmer von Mainz angehörte, und beharre bei der alten Schreibweise seines Namens.[1]

Das Prehn'sche Kabinet enthält von ihm ein kleines rundes, auf Kupfer gemaltes Bildchen, eine Hütte am Walde mit einem Weiher darstellend. Eine andere kleine, etwas hart gemalte Land-schaft auf Holz, früher in meinem Besitze und jetzt in der städtischen Gemäldesammlung, wurde gleichfalls diesem Meister zugeschrieben, ist aber J. Grimmer fec. 1588 bezeichnet, dürfte also dem Jacob Grimmer von Antwerpen angehören.

Adams Portrait wurde 1773 von Nothnagel geätzt. Sein Schüler

Philipp Uffenbach

stammte aus einer angesehenen Frankfurter Familie. Das Jahr $\frac{1565\ c.}{1639.}$ seiner Geburt ist bis jetzt nicht ermittelt; dasselbe dürfte in das Ende des dritten Viertels des sechszehnten Jahrhunderts, etwa um 1565 bis 1570, zu setzen sein, da er sicher schon in dem vorletzten Decennium thätig gewesen ist. Von seinem Vater für die Kunst bestimmt, wurde er Grimmers Anleitung übergeben, den er jedoch bald übertraf. Er hatte sich dem historischen Fache zugewendet und die älteren deutschen Meister zum Vorbild genommen, was seinen Werken das Ansehen eines höheren Alters giebt als sie in der That haben. Von seinen Portraiten und geschichtlichen Gemälden sind nur wenige den Stürmen der Zeit entgangen. Darunter ist vor allen das große Altarblatt zu nennen, welches er für die vormalige Dominikanerkirche gemalt hatte. Es stellt die Himmelfahrt Christi dar und zeichnet sich durch Mannichfaltigkeit der Charaktere, schöne Gruppirung, großartigen Faltenwurf und gute Wahl der Farben aus. Das Bild ist mit dem Monogramm des Meisters und der Jahrzahl 1599 bezeichnet. Es mißt 6' in der Höhe auf 4' 3" in Breite. Gegenwärtig wird es auf der Stadtbibliothek aufbewahrt.

Ein kleines Staffeleibildchen bringt die Säulengänge der Römer-halle zur Anschauung. Richtige Perspective mit angenehmer Färbung und wohlgezeichnete Figuren lassen auch in diesem historisch interes-santen Gemälde den tüchtigen Meister erkennen. Nach ihm ist, wie es scheint, ein Holzschnitt von ohngefähr gleicher Größe verfertigt,

---

[1] In dem neueren Werke: Die Monogrammisten, Th. 1 S. 297 weicht Nagler von seiner früheren Ansicht wesentlich ab.

welcher sich in einem colorirten Exemplar auf der Stadtbibliothek in der Geruing'schen Sammlung Frankfurter Ansichten, Bd. III Nr. 83, und in einem anderen Exemplar in dem Städel'schen Kunstinstitut befindet. Das Blatt ist in beiden Exemplaren bis zum Plattenrande beschnitten, der Formschneider daher nicht zu bestimmen. Ob es dasselbe ist, welches Hüsgen S. 134 und 571 dem H. Lautensack zuschreibt, vermag ich nicht zu sagen, da ich es nicht vergleichen konnte. Sollte H. Lautensack wirklich der Urheber sein, so würde das Oelgemälde, welches nach der darauf befindlichen Jahrzahl 1601, also lange nach Lautensack's Tod entstanden ist, als eine nach dem Holzschnitte verfertigte Copie angesehen werden müssen. Es befindet sich in der städtischen Gemäldesammlung. Im Jahr 1607 wurden dem Meister 5 Gulden und 8 ß dafür bezahlt.

Ein anderes allerliebstes Bildchen: die Anbetung der Könige, vielleicht nach einem älteren Gemälde des sechzehnten Jahrhunderts, mit Uffenbachs Monogramm und der Jahrzahl 1619 bezeichnet, befindet sich in dem Prehn'schen Kabinet. Das von ihm gemalte Portrait des Vincenz Fettmilch sieht man in der städtischen Sammlung.

Hüsgen erwähnt S. 563 ohne nähere Beschreibung zweier Gemälde Uffenbachs, die sich in dem Dominikanerkloster befunden haben sollen. Ich vermag keine Auskunft darüber zu geben.

Auch in der kaiserl. Gallerie zu Belvedere sieht man ein von ihm auf Kupfer gemaltes Bild, die Verkündigung oder den englischen Gruß darstellend. Es ist mit der Jahrzahl 1600 bezeichnet und mißt 2' 4" in der Höhe auf 1' 8" in der Breite.

Uffenbachs Monogramm bestand, wie aus einem von ihm verfaßten und selbst verlegten Werke sich ergiebt, wovon später die Rede sein wird, in der Vereinigung der Initialen $\mathcal{PU}$. auch $\boxed{\mathcal{PU}}$. und manchmal $\mathcal{PJ}$. Mit diesem Zeichen finden sich verschiedene gestochene Blätter, von denen es bezweifelt wird, ob er nur der Erfinder oder auch der Stecher gewesen ist. Da sie kein anderes Zeichen tragen, auch Arbeit und Zeit nicht entgegenstehen, so finde ich keinen Grund, ihm die Ehre der Erfindung und des Stiches streitig zu machen.

Von den folgenden Blättern führt Bartsch die drei ersten mit Uffenbachs Zeichen, das er nicht zu deuten wußte, unter den anonymen Monogrammisten auf:

1. Die Auferstehung. Christus entsteiget in Gestalt einer Sonne dem Grabe. Der Glanz der Strahlen scheuchet die Wächter zurück, von denen jedoch einer fest eingeschlafen ist. Oben rechts befindet sich das Zeichen

mit der Jahrzahl 1588. Gegenüber liest man: „Matt. 28 F. Aspruck excud."
9′ h., 7″ 8‴ br. Es gibt auch Abdrücke ohne diese Adresse.

2. Der heil. Christoph, mit dem Christuskinde auf den Schultern, das
Meer durchschreitend. Im Hintergrund bemerkt man einen Eremiten mit
einer Laterne. Oben links steht auf einem Täfelchen das Monogramm.
Dieses Blatt ist sehr gut gezeichnet und mit einer geistreichen Nadel radirt.
2″ 4‴ h., 2″ 1‴ br.

3. Fortuna, welche einen dem Schiffbruche entronnenen Greis rettet. Unten
links liest man auf einem Zettel: „Im großen Glück erheb dich nicht" ꝛc.,
1592 und das Monogramm. 4″ 9‴ h., 6″ 3‴ br.
Brulliot erwähnt Th. I, 3082:

4. Madonna mit dem Jesuskinde in einer Glorie, mit dem in einen
Rahmen eingefaßten Monogramm und der Jahrzahl 1593.
Auch glaubt man drei andere Blätter:

5. „Amurates Der III Des Namens ietz Regierender Türkischer Kayser",
offenbar von derselben Hand verfertigt, wiewohl ohne das Monogramm,
(Vgl. Drugulins allgem. Portrait=Katalog No. 362.)

6. „Soldan Mahomet primogenitus filius Amuratis III turcarum imperator,"
oben rechts das Monogramm gr. 8. und

7. Landgraf Georg von Hessen auf dem Paradebett, mit dem Monogramm,
unserem Künstler zuschreiben zu können.
Endlich findet sich in dem von J. G. A Frenzel verfaßten Katalog der
Kupferstiche und Handzeichnungen des Grafen Franz v. Sternberg=Mander-
scheid, 1838 Bd. II No 1271:

8. „Ringelrennen des Königs von Dänemark zu Copenhagen
den 3. bis 6. Sept 1596." Unten links Uffenbachs Monogramm.
Eine Radirung in quer Folio.
Sollte dieses Blatt von dem Meister herrühren, so würde sich daraus
ergeben, daß er damals in Kopenhagen gewesen.

Für ein Geschichtswerk soll Uffenbach dreißig geätzte Blätter
mit Darstellungen aus der niederländischen Geschichte verfertigt haben,
die mir niemals zu Gesicht gekommen sind. Nach seinen Zeichnungen
hat auch Georg Keller Vieles gestochen.

Philipp Uffenbach scheint von dem Rathe und der Geistlichkeit, wenigstens in früherer Zeit, sehr begünstigt gewesen zu sein.
Wir finden ihn häufig mit öffentlichen Arbeiten betraut, denen er
sich wohl mehr des Verdienstes, als der Kunst wegen unterzogen
haben mag. So liest man in dem städtischen Rechnungsbuche:

1603. Philipp Uffenbacher, Mahlern, zahlt man, die Recheneystub
auszumalen fl. 30.

1604. item die eine Tafel in der Recheney über der Stubenthür
mit dem Kahser und den Churfürsten in ihrer Session mit
Oelfarb fl. 36.

1606. Philipps Offenbacher, Mahlern, für die andere Taffel in der
Recheney über der Gewölbthür zu mahlen und zu vergulten fl. 32.

1607. Demselben für das kleine Contrefait des Römers, uff der Rechenei an der Wand hängend, fl. 5. 8 ß.

1609 besserte er die Fresco-Malerei am Brückenthurme aus.

1613. Philipps Offenbacher, Mahlern, zahlt man für eine newe Fahne mit Ochsen und Schweinen zu mahlen, welche uff die gewöhnlichen Viehmarkttage aus dem Viehhof ausgesteckt werden soll, dazu er das Tuch geben 4 fl. 13 ß.

Unter den Rechnungen des St. Bartholomäusstifts findet sich die nachfolgende Quittung von des Künstlers Hand:

„Verzeigenung was ich nachbenander an dem uhrwerk jn der Bartholomäuskirchen mit Malerej verdienet hab.

Erstlich für das Zeigerbret heraußen an der kirchen . . 18 fl.

Item für das kalender Rat und das Biltlein zumalen . . 84 fl.

Item das Gehäus jnwendig zu malen . . . . . . 10 fl.

Item für die zwey Menlein die uff die glock schlagen auszumalen . . . . 6 fl.

Item hab ich dem Bilthauer 4½ für das Zeigerbiltlein am kalender zu schnizen abbezalet.

Sum. . . 150½ fl.

hierauf empfangen 38 fl. uff zweimal.

philippes uffenbach, maler.

Den 1. Februarÿ 1606 ist dieser Zettel uff dem Baw mit 144 fl. zahlt worden.

Schon i. J. 1599 hatte er die Orgel in der Barfüßerkirche mit Malereien versehen.

Neben der Kunst beschäftigte sich dieser unterrichtete Mann auch mit Mechanik, Geometrie und Anatomie. Zwei Werke waren die Frucht dieser Studien:

1. Bericht und Erklärung zweyer beigelegten Kupferstucken oder Zeitweiser der Sonnen über die ganze Welt. Frankfurt 1598. 4.

2. De Quadratura circuli mechanici, das ist Ein Newer, kurzer, Hochnützlicher vnd leichter Mechanischer Tractat ꝛc. Durch Philippum Uffenbachen, Mahlern und Burgern zu Frankfurt am Mayn. In Verlegung des Authoris 1619. (Hiervon erschien 1653 bei Fürst in Nürnberg eine vermehrte Ausgabe.)

Am Schlusse dieser Schrift findet sich das mehrerwähnte Monogramm.

Die Liebhaberei für Alchemie und mystische Zeichen, welche Hüsgen dem Meister Uffenbach zum Vorwurf macht, scheint nicht soweit gegangen zu sein, daß sie seinen lebhaften Geist von der praktischen Seite des Lebens abgezogen hätte. Während der bürgerlichen Unruhen jener Zeit ergriff er lebhaft Fettmilchs Parthei und verscherzte dadurch die Gunst der gemäßigteren Bürger. Aus Verdruß zog er sich in der letzten Zeit fast ganz in sein Haus zurück.

Sandrart und alle nachfolgenden Schriftsteller setzen den Tod des Künstlers in das Jahr 1640. Die hiesigen Sterbelisten erwähnen seiner nicht; dagegen heißt es darin wörtlich: „Mittwoch den 6. Februar 1639 (starb) Philipp Uffenbachs seel. Wittib Margaretha", jener muß also jedenfalls, wenn nicht schon früher, ganz im Anfange des Jahrs 1639 aus dem Leben geschieden sein.

Philipp Uffenbach hatte einen Sohn gehabt mit Namen Johann Philipp, den er selbst unterrichtet und nach Peter Müllers Gedenkbuch am 27. April 1614 „ledig gesprochen" hatte. In dem nämlichen Jahr trat derselbe seine Kunstwanderung nach Nürnberg an, starb aber auf der Reise in Bamberg und wurde daselbst beerdigt.

Alles Lob, welches Philipp Uffenbach als Künstler verdient, jeder Vorwurf, den er wegen seiner Verirrungen sich zugezogen haben mag, verschwindet vor dem einzigen großen Verdienste, den bedeutendsten unter allen eingeborenen Malern, deren Frankfurt sich rühmen darf, auf die Bahn der Kunst geführt zu haben. Es ist

Adam Elsheimer,

welcher im Jahr 1574 hier geboren ward. Sein Vater, ein Schneider, 1574
1620. nicht Töpfer, wie einige Schriftsteller angegeben haben, wohnte in der Predigergasse neben der rothen Badstube in einem Hause, das schon zu Hüsgens Zeit einem neuen hatte weichen müssen und jetzt nicht mehr näher bezeichnet werden kann. Der Mann hatte außer unserem Adam noch einen jüngeren Sohn Johann. Beide Brüder widmeten sich der Kunst, wozu der ältere schon frühe große Lust und viel Geschick gezeigt hatte, weßhalb ihn der Vater dem damals in allgemeinem Ansehen gestandenen Philipp Uffenbach in die Lehre gab, bei dem er so bedeutende Fortschritte machte, daß er den Lehrmeister sehr bald hinter sich zurück ließ und schon als junger Mann einen gewissen

Ruf erwarb, wodurch Paul Juvenel von Nürnberg[1]) sich bewogen
fand, nach dem 1597 erfolgten Tode seines Vaters, Elsheimers
Schüler zu werden.

Von Jugendarbeiten unseres Künstlers befindet sich noch eine
kleine Ansicht der Stadt von der Sachsenhäuser Seite in dem Prehn'-
schen Kabinet, und ein anderes Bild, eine Landschaft mit einem Jäger,
ehemals in der Huthischen Sammlung, besitzt jetzt Herr Hofrath Dr.
Sömmering. Elsheimers früheste, noch in Deutschland gemalte Bilder
sind meistens mit Jägern, Wildschützen und Hirten in der Tracht
unserer Gegend zu damaliger Zeit staffirt. Sie können mit seinen
späteren italienischen Arbeiten in keinen Vergleich kommen; indessen
ist auch in ihnen das schlummernde Talent nicht zu verkennen.

Elsheimers strebsamem Geiste gewährten, nachdem er sich
seines höheren Genius bewußt geworden war, die engen Verhältnisse,
in denen er in seiner Vaterstadt lebte und seine erste Kunstbildung
erhalten hatte, keine genügende Anregung. Es zog ihn nach einer
kurzen Wanderung durch einen Theil Deutschlands nach Italien —
nach Rom. Von allen Kunsthistorikern, denen wir Nachrichten über
Adam Elsheimer verdanken — Karl von Mander, Sandrart, Houbraken, Descamps, d'Argenville, Hüsgen, J. D. Passavant — hat
der letztere dessen Leben und Leistungen am ausführlichsten behandelt.
Seine beiden im „Archiv für Frankfurts Geschichte und Kunst" enthaltenen Aufsätze, denen nächst eigener Forschung, Sandrarts Nachrichten und eine warme Lebensschilderung Elsheimers in Meusels
Museum (11tes St.) zur Grundlage gedient haben, geben in klarer
Darstellung, verbunden mit eingehendem Urtheil, alles, was über
dessen Lebensverhältnisse bis jetzt ermittelt werden konnte, und liefern
zugleich eine sorgfältige Aufzeichnung der von demselben noch vorhandenen oder ihm zugeschriebenen Gemälde, Handzeichnungen und
Radirungen, so daß es überflüssig sein würde, eine neue Darstellung
zu versuchen. Ich kann nichts Besseres thun, als jene Mittheilungen
mit des Verfassers Genehmigung, hier wieder zugeben, was um so
mehr Billigung finden wird, da das „Archiv" seiner Bestimmung
gemäß, keine allgemeine Verbreitung gefunden hat.

In Italien, sagt Passavant, ging unserem Elsheimer eine neue
Welt auf: die großartige Umgebung, die herrlichen Kunstwerke der
antiken und neueren Zeit wirkten so mächtig auf ihn, gaben seinem

---

[1]) Derselbe, welcher i. J. 1613 die S. 38 erwähnte Copie nach Albr. Dürers
Altarblatt verfertigt hat.

Genius einen solchen Schwung, daß er bei seinen gründlichen Studien bald zu den trefflichsten Malern Roms gerechnet wurde. [1] Im innigsten Verbande mit seinen Bestrebungen und zu immer höherer Entwickelung sich gegenseitig aufmunternd, lebte er mit Peter Lastmann und Johann Pinas, beide Holländer, und mit Thoman von Hagelstein aus Lindau. Gemeinschaftlich machten sie ihre Studien, wenn sie, öfters schon vor Sonnenaufgang, in die freie Natur wanderten und die Schönheiten der Formen oder die Geheimnisse der Luftperspective und der Beleuchtung zu ergründen suchten. Elsheimer zwar, indem er Roms Kirchen, Ruinen und Umgegend besuchte, zeichnete nur sehr wenig, pflegte aber oft halbe Tage lang unter schönen Bäumen oder bei andern ihn ansprechenden Gegenständen beobachtend zu verweilen und sich dieselben so stark ins Gedächtniß zu prägen, daß er sie, nach Hause zurückgekehrt, mit allen Einzelheiten auf das Treueste aufzeichnen konnte. So rühmt Sandrart besonders eine Ansicht der Villa Madama mit ihren schön bewachsenen Umgebungen, die er aus dem Gedächtniß so wahr und treu aufgezeichnet und colorirt hatte, daß man darin jeden Baum und jeden Strauch nach seiner Art und Beleuchtung wieder finden konnte. Ueberhaupt war er ein tüchtiger Zeichner. Ausgeführte Zeichnungen fertigte er nur wenige; aber wenn er mit der Feder oder der Kreide nur einen Umriß machte, so zeigte er darin so viel Kenntniß und Geist, wie viele andere Künstler durch Mühe und Arbeit nicht zu erreichen vermochten.

Anfänglich malte Elsheimer Bilder in größerem Format mit Gegenständen aus der Bibel und Mythologie, wie sich dergleichen einige in England befinden, namentlich: wie Jacob nach Canaan zurückkehrt, in der Sammlung des Marquis von Bute, und Amor und Psyche in dem Fitzwilliam = Museum zu Cambridge. Weit vorzüglicher aber ist er in seinen kleinen Bildern, die er ganz eigenthümlich behandelte und höchst vollendet, meisterlich und geistreich ausführte. Diese sind es dann auch, welche seinen Ruf begründeten und denen er in seiner späteren Periode sein Talent ausschließlich widmete. Sandrart, welcher i. J. 1632 des Künstlers Wittwe und Söhne in Rom besuchte und von denselben eins seiner Bilder zu erwerben das Glück hatte, berichtet über jene Leistungen folgendermaßen: Unter den von Elsheimer gefertigten Bildchen mehrte seinen

---

[1] Daselbst nannte man ihn gewöhnlich Adam von Frankfurt, auch Adamo tedesco.

Auf besonders das mit einem kleinen Tobias auf einer spannenlangen Kupferplatte, [1]) worin der Engel den jungen Tobias über ein seichtes Wasser führt und das Hündlein von einem Stein zum andern springt. Beiden scheint die aufgehende Sonne in das Angesicht. Die Land= schaft ist so schön, der Widerglanz des Himmels im Wasser so natür= lich, die Reisenden und Thiere sind so wohlgebildet, wie dergleichen wahre Darstellungsweise zuvor noch nie gesehen worden war, weßhalb denn auch damals in Roms Kunstwelt von nichts die Rede war, als von Elsheimers neuerfundener Kunst im Malen. Gleicher Weise malte er in eine etwas größere Landschaft eine Latona mit ihren Kindern und wie die ihr mißgünstigen Bauern in Frösche ver= wandelt werden. Ferner in derselben Größe die verwundete Prokris bei Cephalus, welcher bemüht ist, Heilkräuter für sie aufzusuchen. Nicht weniger kunstreich ist das Bild des heil. Laurentius, der zum Martertod geführt, begeistert und gläubig zum Himmel blickt. Dieses Gemälde sah Sandrart in der Residenz des Grafen von Nassau zu Saarbrücken; jetzt ziert es die Münchener Pinalothek. Einen anderen heil. Laurentius, eine einzelne, stehende Figur im Levitengewand, malte er für Abraham Mertens zu Frankfurt, einen Vetter Sandrarts. Besonders bewunderungswürdig ist in diesem von Hollar in Kupfer gestochenen Bildchen die schön colorirte Landschaft mit untergehender Sonne. Es befindet sich jetzt im Museum Fabre zu Montpellier.

Nachdem Elsheimer durch die hohe Vollendung dieser kleinen Bilder in Oelfarben außergewöhnlichen Beifall erworben, sah er sich hierdurch veranlaßt, das Schaffen größerer Werke für immer aufzu= geben und sich dem sogenannten Kleinmalen zuzuwenden. Unter andern bildete er eine walbige Landschaft in der Morgenröthe, wo man über Hügel und Thäler nach einer weiten Gegend hinaus sieht. Alles ist hier auf das Bewunderungswürdigste und Natürlichste colorirt, so wohl der Horizont in seiner farbig erleuchteten Klarheit, als der noch in Dunkel gehüllte Vordergrund in seiner duftigen, tiefen Färbung. Diesem Bildchen von bezaubernder Wirkung wird gewöhnlich der Name Aurora gegeben. Weiter malte er in einem kleinen Oval die Ent= hauptung Johannes des Täufers bei Fackelschein, worin er die Be= leuchtung auf eine so reizende Weise behandelte, daß er beßhalb großes

---

[1]) Elsheimer pflegte, wenigstens in späterer Zeit, auf Kupfer zu malen; auf Holz gemalte Bilder, die ihm zugeschrieben werden, erregen schon beßhalb gegründete Zweifel gegen ihre Echtheit.

Lob erwarb und sich angeregt fühlte, noch einige andere Bilder dieser Gattung zu fertigen. Zunächst wie Jupiter und Merkur, bei Philemon und Baucis eingekehrt, an einem Tische bei Lampenlicht sitzen. Die Beleuchtung der Figuren, des Hausgeräths und überhaupt der ganzen Räumlichkeit ist hier so trefflich gegeben, daß Sandrart in seiner Jugend dieses und das folgende Gemälde als Vorbilder ansah und studirte, wie man nächtliche Scenen mit Lichtbeleuchtung zu behandeln habe. Das andere Bild stellt vor, wie Ceres, ihre Tochter Proserpina suchend, Nachts bei der alten Metanira eingekehrt ist und begierig ihren Durst löscht, deßhalb aber von deren Söhnchen verspottet wird. In dieser Darstellung kommt die Beleuchtung von verschiedenen Seiten. Erstens von der brennenden Kerze in der Hand der Alten, sodann von der Fackel, welche Ceres gegenüber auf einiges Ackergeräth niedergelegt hat, wodurch sie von zwei Seiten beleuchtet wird, während den Hintergrund ein Feuer erhellt, um welches einige kochende Landleute sitzen. Außerdem erglänzt die ganze landschaftliche Umgebung im Scheine des Mondes. Dieses bewunderungswürdige Bild fand Gerhard Dow so vortrefflich, daß er vor dessen Wanderung aus Holland nach England eine genaue Copie davon fertigte. Das Original befindet sich jetzt im königl. Museum zu Madrid und ist wahrscheinlich das nämliche, welches sich im Nachlasse des Rubens befunden hatte, während das auf Holz gemalte Exemplar zu Berlin die erwähnte Copie von Gerhard Dow sein dürfte.

Zum Schlusse seines Berichts beschreibt Sandrart noch zwei andere Bilder Elsheimers wie folgt: „Wie hoch sein Geist in der Poesie, Allegorie, Erfindung und guten Gedanken gestiegen, beweist sein vorzügliches Werk in seiner Geburtsstadt, welches mir der hochbenahmte Handelsherr dü Fay Anno 1666 gezeigt hat. Er hat darin das Contento oder das Vergnügen auf eine große Kupferplatte in folgender Weise abgebildet: In der Luft schwebt das Verlangen oder Contento in zwei anmuthigen Bildern vorgestellt; unten auf der Erde sind allerlei hohe und niedere Standespersonen in ihrem Vornehmen beschäftigt; etliche zeigen ihre Hoffnung zu den Göttern mit Andacht bei dem Opferfeuer, wo auch im finstern Tempel der weißgekleidete alte Priester mit dem Rauchwerk in Gegenwart der mit Lorbeerzweigen gekrönten vestalischen Jungfrauen sich befindet; dabei stehen, der antiken Ordnung nach, junge Knaben mit Weihrauchkästlein, sammt anderen Zubereitungen des Altars. Alle herumstehenden Andächtigen werden vom Feuer wunderlich beleuchtet. Vorn sieht man das zur Schlachtung geführte Opfervieh. Im Tempel, oben herab, kommt der erschreckliche Jupiter mit seinen blinkenden Donnerkeilen in der Hand, sich wegen des angezündeten Opfers ganz willfährlich gegen den Contento zeigend. Außerhalb dem Tempel sieht man allerhand Standespersonen sehr geschäftig, jeder nach der Art seines Verlangens, begierig zu hoher Dignität, Pracht, Gut und Geld; die Philosophen und Andere zur Gelehrsamkeit, Kunst und Weisheit; Etliche durch Handlung und Kriegsverrichtungen ihren Gewinn zu erreichen; Andre suchen durch Schnelllaufen, Pferde= rennen, Spielen, Kegeln und sonstige Mittel ihr Contento zu er= langen; genug Jedweder ist auf absonderliche Weise und ganz un= gemeine Manier vorgestellt, so daß selbiges Stück für dieser Stadt größte Zierde in der Malerkunst zu preisen ist."

Es scheint, Sandrart machte diese Beschreibung nicht vor dem Bilde selbst, sondern aus der Erinnerung, so daß, wenn auch der dargestellte Gegenstand und die meisten Einzelheiten richtig von ihm angegeben sind, er sich doch in einigen Nebendingen geirrt hat, wie das Bild selbst beweist, welches sich jetzt in der Pinakothek zu Mün= chen befindet, dort aber als der Sieg des Christenthums über das Heidenthum erklärt wird! Unter der gleichen Benennung befand sich auch eine auf Holz gemalte Copie in dem Kabinet Poullain, nach welcher es von Martini gestochen wurde. Die Beschreibung des Bildes bei andern Schriftstellern ist sehr verwirrt und die Benen= nung höchst irrig. Descamps erkennt darin das Opfer der Iphi= genia, und der Katalog der Mannheimer Gallerie, wo es sich ehedem befunden, hält es für ein Opfer dem Jupiter zu Ehren, welches dem Priester durch Merkur entzogen wird! Es erneuert sich hier die Erfahrung, wie schwer es oft ist, den Sinn von verwickelten allegorischen Darstellungen richtig zu entziffern, und daß ohne Com= mentar des Künstlers selbst die wahre Lösung selten wird gefunden werden. Es dürfte daher nicht sehr zu beklagen sein, daß in neuerer Zeit die Allegorie ein ziemlich verlassenes Feld geworden ist.

Das andere kleine Bild, welches Sandrart noch mit höchstem Lobe erwähnt, stellt die nächtliche Flucht der heil. Familie nach Aegypten vor. Es hat eine dreifache Beleuchtung, nämlich die eines Feuers, einer Fackel und des Mondscheins, die mit so abgemessener Unterordnung behandelt ist, daß sie durch keine zerstreuten Lichter der Totalwirkung Eintrag thut, vielmehr dem Ganzen einen erhöhten Reiz verleiht. Damals ganz neu und höchst passend wählte der Künstler die Nacht zur Flucht, aber eine Nacht, die durch des Himmels Leuchte etwas Trauliches erhält. Die Stellung des Mondes tief im Westen und die schon größtentheils abgebrannte Fackel in Josephs Hand deuten den herannahenden Morgen an; die dann erfolgende Frische, das Feuer, um welches Hirten im Grunde des Bildes gelagert ruhen. Auch Maria mit dem Jesuskinde auf dem Esel reitend, hüllt dasselbe sorgsam in ihren Mantel ein, während Joseph dem wachenden Kinde zur Beschäftigung ein abgerissenes Rohr spielend vorhält. Auf diese Weise wußte der Künstler dieser Darstellung etwas überaus Anziehend-Gemüthliches zu geben und darin sein eigenes poetisches und zartfühlendes Wesen abzuspiegeln. Dieses unvergleichlich schön colorirte und vollendet ausgeführte Bild, wie man dergleichen vorher niemals gesehen, sagt Sandrart, habe ihm Junker Gouda von Utrecht oft gezeigt und auch versucht, es aufs Treueste in Kupfer zu stechen, habe jedoch, obgleich der Stich vortrefflich geworden, nie die Vorzüge des Originals erreicht; denn es sei unmöglich, daß die Kunst des Kupferstechers jemals die höheren Eigenthümlichkeiten der Malerei völlig wiedergebe. [1]

Sandrart berichtet ferner, daß Elsheimer sich auch im Radiren versucht habe, und erwähnt namentlich einige kleine Landschaften. Es scheint aber, daß die meisten dieser Blätter im Lauf der Zeit verloren gegangen sind; wenigstens findet man jetzt nur höchst selten noch einige wenige allgemein als echt anerkannte Radirungen von ihm.

Das schöne Talent des Meisters und sein ernstes Streben, sich zu immer höherer Vollkommenheit zu entwickeln, fand denn auch bei seinen Zeitgenossen so hohe Anerkennung, daß er nicht nur zum Mitgliede der Akademie des heil. Lucas in Rom ernannt wurde und sein von ihm selbst gemaltes Bildniß, ihn zu ehren, daselbst eine Stelle fand, sondern daß auch mehrere talentvolle Maler seine Schüler oder doch Nachahmer wurden. Die Holländer Peter Lastmann und Johann Pinas, sowie Thoman v. Hagelstein sind schon oben genannt worden. Auch der ältere David Teniers, des Rubens Schüler, trat in Rom in ein nahes Verhältniß zu ihm, wohnte, wie Cornelius de Bie berichtet, zehn Jahre bei ihm und machte unter seiner Leitung bedeutende Fortschritte. Ein Schüler Elsheimers war auch J. König von Nürnberg, der sich um das Jahr 1613 in Rom befand und in seinen kleinen Bildern unserem

---

[1] Dieses Bild hatte Johann Wilhelm Kurfürst von der Pfalz s. Z. von dem Grafen Werschowitz in Prag für fl. 1300 erkauft; es befand sich im Jahr 1756 in der Mannheimer Gallerie.

Meister so nahe kam, daß sie oft für dessen Werke ausgegeben worden sind. Indessen macht ihn doch seine schwere, perlenartige
Blätterung des Baumschlags kenntlich. Zu den zeitweisen Nachahmern gehören J. van der Velde, Moses Uytenbroet, Nikolaus Mohaert, Cornelius Poelemburg und Gottfried
Wals. Zuletzt aber ist hier noch des Grafen Heinrich v. Goudt[1])
zu gedenken, welcher aus Liebe zur Kunst und zu den Werken Elsheimers, mit dem er in dem freundschaftlichsten Verhältnisse stand,
selbst ein tüchtiger Künstler wurde. Er kaufte alle Bilder auf, die
er von ihm erhalten konnte und versuchte sich im Kupferstechen so
lange, bis er einen sehr hohen Grad von Geschicklichkeit erlangt hatte
und mehrere Gemälde Elsheimers so vortrefflich in Stiche wiederzugeben vermochte, daß sie alles überbieten, was in dieser Art nach
Elsheimers Arbeiten geleistet worden ist. Es sind nachfolgende sieben
Blätter, die einzigen Arbeiten des Grafen, welche noch heute als
Zierde jedes Kunstkabinets betrachtet werden:

1. Der junge Tobias wird von dem Engel über das Wasser geführt. A.
   Elsheimer pinx. H. Goudt ec. Romae 1608. Gr. Quer 8.
2. Ceres, ihre Tochter Proserpina suchend, wird von Stellio, dem Sohne der
   Metanira verspottet. A. Elsheimer pinxit. H. Goudt sculpsit et dicavit
   Romae 1610. Folio.
3. Jupiter und Merkur, von Philemon und Baucis bewirthet. H. Goudt,
   palat. Comes et aur. mil. Eques nob. viro a Goudt, patri suo picturae et
   oim insignum artium amatori d. d. 1612. Kl. Quer Folio.
4. Tobias, den Fisch nachschleifend, wandert mit dem Engel in einer Landschaft von der Linken zur Rechten. H. Goudt, palat. Comes et aur. Mil.
   Eques. A°. 1613. Quer 4.
5. Die Flucht nach Aegypten bei Mondschein. H. Goudt 1613. Gr. Quer Folio.
6. Landschaft bei Sonnenaufgang, Aurora benannt. H. Goudt, Palat. Comes
   et Aur. Mil. Eques 1613. Kl. Quer 4.
7. Die Enthauptung Johannes des Täufers. Unten kaum sichtbar Æ. und
   H. G. bezeichnet. Kl. Oval.

Die Originale dieser vortrefflichen Kupferstiche sind zum Theil bereits
oben besprochen worden.

Unter solchen äußerlich günstig erscheinenden Umständen verheirathete sich Elsheimer mit einer zwar wenig bemittelten, aber schönen
und liebenswürdigen Römerin, mit der er sehr glücklich gelebt haben
würde, wenn sein Einkommen mit den steigenden Bedürfnissen seiner
immer zahlreicher werdenden Familie gleichen Schritt gehalten hätte.

---

[1]) Er war i. J. 1585 in Utrecht geboren und starb daselbst 1630 in Geistes-
schwäche.

Allein nur seiner Kunst lebend und bei der großen Sorgfalt und Zeit, die er auf die Ausführung seiner Bilder verwendete, erhielt er für sie, obgleich sie gut bezahlt wurden, doch keinen solchen Preis, daß er dabei mit seinen vielen Kindern hätte bestehen können. In dieser drückenden Lage unterstützte ihn Graf Geudt durch Vorschüsse an Geld auf zu fertigende Bilder und übte im Warten oft große Geduld. Aber diese Hülfe reichte nicht aus, er kam in seinen Vermögens= umständen immer mehr zurück, so daß er sich durch weiteres Auf= borgen zu helfen suchen mußte. Dieser peinliche Zustand drückte sehr auf sein zartfühlendes Gemüth, das ohnehin zur Melancholie geneigt, in tiefe Schwermuth versank. Er suchte jetzt die Einsamkeit, um dem Elend im Hause und seinen drängenden Gläubigern zu entgehen, wurde aber von diesen zuletzt in den Schuldthurm gebracht. Solche Mißgeschicke machten den Künstler vollends unfähig, sich durch Ar= beiten in etwas zu helfen, vielmehr erkrankte er, vom Gram verzehrt. Seine Freunde, sobald sie die traurige Kunde erhielten, befreiten ihn zwar aus dem Gefängniß; allein seine Lebenskräfte waren erloschen, er verschied bald darauf 1620 im 46. Jahr seines Lebens mit Hinter= lassung einer trauernden Wittwe, mehrerer noch unmündigen Kinder, vieler den Verlust schmerzlich empfindenden Freunde, aber auch mit einem unsterblichen Ruf bei der Nachwelt, die in ihm einen der edelsten Künstler und Menschen verehrt. Die Angabe, Rubens habe ihn durch Zahlung seiner Schulden aus dem Gefängniß befreit, wird von Weyermann widerlegt. Rubens hatte Rom längst verlassen, als Elsheimer sich in bedrängter Lage befand.

Betrachten wir noch einmal die persönlichen Eigenschaften unseres trefflichen Meisters, so finden wir vollkommen bestätigt, was van Mander von der Liebenswürdigkeit seines Charakters berichtet[1]); denn er war der innigsten Freundschaft fähig, gefällig gegen jeder= mann, ein zartfühlender Gatte und Vater; aber sein Gemüth war von zu zarter Natur und er zu sehr in seinen höheren Bestrebungen vertieft, um die harten Mißgeschicke seines Lebens durch rüstigen und

---

[1]) In dem 1618 zu Amsterdam erschienenen Schilder Boeck sagt dieser Schriftsteller: „Noch ist gegenwärtig in Rom ein hochdeutscher Maler Namens Adam, zu Frankfurt geboren, der nach Italien kommend noch gering in der Kunst war, sich aber nachmals so sehr vervollkommnete, daß er ein trefflicher und kunstreicher Meister geworden ist. Er ist bewunderungswürdig in den schö= nen Erfindungen seiner Bilder, welche er auf Kupferplatten malt; doch hat er deren nicht viele gefertigt, da sie wunderbar ausgeführt sind. Er ist sehr freundlich und gerne Jedem in allen Dingen gefällig."

praktischen Sinn bewältigen zu können. So lange er ungestört sich der Beschauung der Natur und den Bildern des Schönen und Edeln, die in seiner Seele sich entfalteten, hingeben konnte, sehen wir ihn oft von heiterer Lebenslust beseelt, die sich höchst anmuthig in mehreren seiner mythologischen Darstellungen abspiegelt. Oder wir begegnen ihm in traulicher Gemüthlichkeit in einigen seiner Nachtstücke, oder frommen gottergebenen Sinnes in Gegenständen, die er der heiligen Schrift entnahm. Allerdings verräth sich auch öfters in seinen tragisch be= handelten Darstellungen eine gewisse Sehnsucht, die aber gerade das Erbtheil der edelsten Geister ist, denen die Zeitlichkeit keine Genüge zu leisten vermag.

Die Betrachtung der Eigenschaften Elsheimers als Künstler, und des Verhältnisses, in welchem seine Leistungen zu denen seiner Zeit= genossen gestanden, führt zu folgendem Ergebniß:

Nachdem seit Mitte des 16. Jahrhunderts die bildenden Künste sowohl in Deutschland als in Italien in eine schwülstige, aller Wahr= heit entfremdete Manier versunken waren, erhoben sich gegen Ende desselben Zeitabschnitts dies= und jenseits der Alpen einzelne befähigte Geister, die einen einfacheren Weg einzuschlagen und der Kunst ihre vormalige Würde wiederzugeben strebten. Unter diesen nimmt auf deutscher Seite Elsheimer eine höchst ehrenvolle Stelle ein. Ja man darf selbst behaupten, daß ihn keiner seiner Zeitgenossen über= troffen hat an gründlichem Studium und scharfer Auffassung der landschaftlichen Natur, ebensowohl in der Charakteristik der Formen, als in der Wahrheit und Harmonie des Colorits. Seine naturgetreue Nachahmung geht selbst so weit, daß mehrere seiner Landschaften wie im Hohlspiegel aufgefaßt erscheinen. Indessen sind sie nicht bedeuten= artig, sondern immer sehr poetisch behandelt. Elsheimer erscheint in seinen Werken stets als origineller, erfindungsreicher Geist, der ihnen das Siegel einer eigenthümlichen Anschauungsweise aufgedrückt hat. Diese Vorzüge erhalten noch einen erhöhten Reiz durch den edeln und gesunden Sinn, der aus allen seinen Werken spricht, zuweilen selbst durch lebensfrohe Laune ergötzt. Zu seiner aufs Aeußerste vollendeten, aber geistreichen Ausführung gesellt sich auch eine reizend klare Färbung vom feinsten Ton und satter Tiefe, sei es nun im Glanze des Sonnenscheins oder in dem milden Schein des Mondes oder in der scharfen Beleuchtung des Fackellichtes.

Die Landschaftmaler vor ihm nahmen stets einen sehr hohen Augenpunkt an, der sich öfter bis zur Vogelperspective steigerte. Els= heimer dagegen verlegte den Horizont weit tiefer, wie er sich uns in der Wirklichkeit gewöhnlich darstellt, und ist hierdurch auch der Begründer eines neuen Systems in der Auffassung und Darstellungsweise der Landschaft, welchem nach ihm die Carraccis, die Poussins und die späteren Holländer gefolgt sind. Die deutschen Schüler und Nachahmer Elsheimers überließen sich mehr seiner idealen Richtung, ohne jedoch des Meisters originelles Genie zu besitzen, noch dessen gründliche Naturstudien gemacht zu haben. Sie verfielen daher sehr bald in Manier oder leblose, nur äußerliche Nachbildung, während seine niederländischen Schüler und Nachahmer vielmehr die naturalistische Seite seiner Kunst weiter ausbildeten. Diese Richtung der Kunst Elsheimers ist es denn auch, welche auf die Entwickelung der holländischen Malerschule einigen Einfluß ausgeübt hat, sich jedoch in der äußeren Erscheinung, oder in Bezug auf die Gegenstände, eigenthümlich entwickelte. Nach der allgemeinen nationalen Sinnesweise nämlich, wonach bei den Holländern die Kunst aus dem großartigen, religiösen und historischen allgemeinen Leben in das beschränkt individuelle, meist selbst niedere Volksleben zurückgedrängt wurde, sehen wir Elsheimers naturgetreue und zartvollendete Behandlungsweise, die er bei poetischer Auffassung seiner Gegenstände anwendete, hier fast ausschließlich jener untergeordneten Richtung dienstbar.

Es bleibt jetzt noch übrig, diejenigen Werke des Künstlers, welche für dessen Vaterstadt erhalten worden sind, hier namhaft zu machen, während bezüglich aller sonst noch vorhandenen Gemälde und Zeichnungen, sowie der nach seinen Bildern von Andern gefertigten Kupferstiche, auf das umfängliche Verzeichniß des Archivs verwiesen werden kann.

A. Oelgemälde.

1. In dem Städel'schen Kunstinstitut werden zwei kostbare Bilder aufbewahrt:

    a) Paulus und Barnabas zu Lystra, wo beide für Götter gehalten werden und man ihnen einen Stier opfern will. Sehr reiche Composition auf Kupfer. 12″ 6‴ h., 16″ 6‴ br.

    Dieses vortreffliche Bild, in welchem, obgleich in voller Tagesbeleuchtung behandelt, der feine Sinn des Meisters für das Helldunkel sehr entschieden und wahrhaft bewundernswerth hervortritt, ging aus der Lausbergischen Sammlung für den Preis von 400 Gulden in die Wilmans'sche über, bei deren Veräußerung dasselbe im Jahr 1839 für das Kunstinstitut um 925 Gulden erworben worden ist.

b) Eine baumreiche Landschaft mit Aussicht über Wiesen nach
einem fernen Hügelland; im Vorgrund mehrere wohlgekleidete
Frauen, die einen nackten Knaben umgeben; rechts Felsen
mit einem Schloß. Kpfr. h. 7", br. 10".

Dieses Bildchen ist eine wahre Perle und gehört in Zeich=
nung und Ausführung zu den allerfeinsten Arbeiten des
Meisters, welcher hier die Natur so sehr ins Kleinste gehend
beachtet hat, daß das liebliche Gemälde wie ein Abbild im
Hohlspiegel erscheint. Dasselbe gelangte durch die Vermitte=
lung J. Fr. Morgensterns in den Besitz des Kunstinstituts;
es könnte eine der beiden von Hüsgen in seinen „Nachrichten
von Frankfurter Künstlern und Kunstsachen" S. 24 erwähn=
ten Landschaften sein, welche sich 1780 in dem Gogel'schen
Kabinet befanden; indessen findet sich in dem 1781 gedruckten
Versteigerungskatalog des letzteren kein entsprechendes Bild
verzeichnet.

Eine andere in dem Kunstinstitut aufbewahrte Landschaft: Christus
tritt zu den Jüngern auf dem Weg nach Emaus; auf Kpfr.
3" 10''' h., 6" 9''' br., ist nicht von Elsheimer, sondern von
einem seiner Nachahmer.

2. In dem Prehn'schen Kabinet befindet sich die schon Seite 94
erwähnte Jugendarbeit des Künstlers: Ansicht der Stadt Frank=
furt von der Sachsenhäuser Seite. Auf Holz gemalt, 6³/₄" h.,
8¹/₂" br.

Vier andere in dem Prehn'schen Katalog von 1843 unter
No. 133. 460. 461 und 462 mit Elsheimers Namen beehrte
Bildchen können nur als Nachahmungen oder Copien betrachtet
werden.

3 In der Daems'schen, jetzt städtischen Sammlung
wird eine Landschaft gezeigt, eine reichbewachsene felsige Gegend,
durch die ein Wasser fließt. Auf der Höhe sieht man einige
antike Gebäude; links im Vorgrund Merkur, der den Argus ein=
schläfert, und einen Hund, weiterhin Jo als weiße Kuh. Auf
Holz gemalt, 12" h., 18" br.

Ein fein ausgeführtes Bild, dessen Echtheit aber zweifelhaft ist.

4. Herr Hofrath Dr. Sömmering besitzt die schon oben
erwähnte, aus der Huthischen Verlassenschaft stammende, von
Hüsgen S. 84 als „Wildniß" bezeichnete Landschaft mit mäch=
tigen Bäumen an einem Wasser. Im Vorgrund links steht bei
einem niedergestürzten Baumstamm eine vornehm gekleidete Dame

in damaliger Tracht; sie sieht einem jungen Manne von Stand
zu, wie er nach einem Vogel schießt. Zwei Hunde befinden sich
bei ihm, ein Reh lagert im fernen Walde; rechts bläst ein Hirt
die Flöte. 18" 9''' h., 24" br. Das Bild ist noch etwas
hart und manirirt in der Art des Paul Brill gemalt, der grüne
Ton herrscht vor, doch ist die Haltung im Allgemeinen sehr
effectvoll. Stellenweise hat es gelitten.

Mit voller Berechtigung beanspruche ich ferner die Originalität
für einige in meinem eigenen Besitze befindliche Gemälde unseres
Meisters:

5. Der Tod der Procris (f. S. 96). Sie liegt von dem
Geschosse ihres Gemahls, des Cephalus, tödtlich getroffen, zur
Linken auf einem mit Pelzwerk und Gewändern belegten Rasen-
hügel unter einem von blühenden Schlingpflanzen umrankten
Baume hingestreckt, während Cephalus in der Nähe beschäftigt
ist, Kräuter für ihre Wunde zu sammeln. Rechts in der Ferne
der sehr zart behandelten Landschaft haben Amor und mehrere
Satyre in der Nähe eines Wassers ein Feuer angezündet. Auf
Kpfr. 8½" h., 6" 8''' br.

Dieses schöne und wohlerhaltene Bild befand sich früher im
langjährigen Besitze der Familie de Neufville; es ist von
Magdalena de Passe in gleicher Größe von der Gegenseite
in Kupfer gestochen mit einer dreizeiligen Dedication an Peter
Paul Rubens.

Passavant erwähnt eine ähnliche in Oel gemalte Composition,
die sich im Besitze der Familie Methuen in Corshamhouse befinden soll. Allein, da er das Bild nicht persönlich gesehen hat,
sich vielmehr nur auf Waagen beruft, dessen Urtheil keineswegs
als Autorität anerkannt ist [1]) und keine Bürgschaft dafür bietet,
daß das „durch Einwirkung von Feuchtigkeit mit einer
verdunkelnden Kruste bedeckte" Bild zu Corshamhouse

[1]) Waagen: „Kunstwerke und Künstler in England und Paris." Mißtrauen gegen den Ernst und die Gründlichkeit der Untersuchung muß es jedenfalls erregen, wenn in einem nach seinem Titel speciell den Kunstwerken
und Künstlern gewidmeten Buche beinahe auf jeder Seite das Bestreben
hervorleuchtet, dasselbe durch Einmischung von nicht zur Sache gehörigen Nebendingen für das größere Publicum schmackhaft zu machen, — wenn man u. a.
zu lesen bekommt, wie der Verfasser, nachdem er zu Bowood ein erquickliches
Frühstück eingenommen und als galanter Gentleman der Lady Landsdowne seine
Bewunderung gezollt hat, mit seinem „Fly" nach Corsham geeilt, im Schloß-

106

echt und mit der Composition des de Passe'schen Kupferstichs, gleich dem meinigen, identisch ist, so lasse ich die Frage der Originalität jenes englischen Exemplars dahin gestellt sein. Unter allen Umständen wäre es nichts Auffallendes, wenn sich der Meister, wie dies auch heute noch häufig geschieht, wiederholt hätte.

6. **Die Zauberin oder die Here von Endor.** Sie steht in ihrer Höhle nächst dem Eingange, in der Rechten eine brennende Kerze haltend, die Linke rückwärts auf einen Schädel lehnend und einen außerhalb befindlichen Gegenstand scharf beobachtend. Ueber ihr breitet eine Fledermaus ihre Flügel aus.

Die ausdrucksvoll lauernden Gesichtszüge der Alten, ihre Hände und Gewänder sind ausnehmend zart ausgeführt, die mit vielem Verständniß behandelte Wirkung des Lichtes erinnert an ähnliche Arbeiten von Gerhard Dow. Aus des Meisters bester Zeit, Kupfer, 6″ 6‴ h. 4″ 6‴ br.

7. **Eine baumreiche italienische Gebirgslandschaft** mit verschiedenen Gebäuden und antiken Ruinen. Links im Vorgrunde unter einem hohen, mit herabhängenden Schlingpflanzen bewachsenen Baume ruhet die heil. Familie auf der Flucht. Rechts kommt ein Reiter auf einem Esel des Wegs und im Hintergrund schreiten mehrere Pilger den Berg hinan. Kpfr. 5″ h. 6″ 5‴ br.

8. **Christus mit den beiden Jüngern auf dem Wege nach Emaus.** Sie richten ihre Schritte nach einem in der Mitte befindlichen thurmartigen antiken Gebäude, durch dessen Thor Hirten ihre Schaafe den Kommenden entgegen treiben. Zur Linken öffnet sich bei untergehender Sonne eine reizende Fernsicht in die Landschaft. (Gegenstück zu No. 7, von gleicher Größe.)

Beide Bildchen, so wohl Landschaft als Staffage, sind mit geistreichem, feinem Pinsel ausgeführt und lassen in der Färbung das grünliche Studium der Natur recht auffallend erkennen. Ihre

---

hofe von großen Hunden angebellt worden ist; wie er dann, bevor er uns in die Gemäldegallerie führt, seine „Bewunderung der vortrefflichen Küche" des dortigen Gasthofes nicht zu unterdrücken vermag, das köstliche Ale und eine Fleischpastete rühmt, „die der feingebildetsten Zunge nichts zu wünschen übrig gelass", und in der Erinnerung an die Behaglichkeit der englischen Betten schwelgt, um endlich zu seinem Berichte über den Inhalt und Gehalt der Gemäldesammlung überzugehen, die er besser findet, als ihr Ruf ist, obgleich die Bilder sich in dem kläglichsten Zustande befinden und die Bestimmung der Meister von geringer Kenntniß des Sammlers zeugt!

Entstehung dürfte in Elsheimers erste Zeit seines Aufenthalts in
Rom zu setzen sein. Sie stimmen in Ton und Behandlung mit
den beiden kleinen in der Dresdener Gallerie befindlichen Landschaften des Meisters mit ähnlichen Darstellungen so auffallend
überein, daß an ihrer Originalität kein Zweifel bestehen kann.

B. Original-Handzeichnungen

besitzt das Städel'sche Kunstinstitut von Elsheimer sechs, nämlich:

1. Ceres bei Metanira. Leichter Federentwurf zu dem Gemälde in Madrid,
in Bister und Sepia schattirt und schön in Helldunkel gehalten. Kl. Folio.
2. Der Satyr und der Bauer, welcher kalt und warm bläst. Effectvoller
Entwurf in Bister getuscht und mit Weiß gehöht. Verschieden von der
Darstellung, welche Hollar nach einer anderen Zeichnung des Meisters
1650 gestochen hat.
3. Eine Gruppe von zwei Männern, einer Frau und einem Mädchen. Federzeichnung, 4. Stammt aus der Sammlung des Grafen H. Goudt.
4. Eine Gruppe von zwei Männern und zwei Weibern mit Kindern und
einem Hunde. Sie gehen nach rechts. Wie das vorhergehende Blatt behandelt.
5. Männer, Frauen und Kinder, dreizehn an der Zahl, kommen, wie es
scheint, aus der Kirche. Sehr kleine Figuren, meisterhaft mit der Feder
gezeichnet.
6. Viele Weiber mit Kindern und zwei Männer gehen in drei Gruppen nach
links. Gleich der vorhergehenden behandelt. Kl. Querformat.

C. Original-Radirungen

des Meisters sind folgende bekannt, wovon die Städel'sche Sammlung
die drei ersten besitzt:

1. Joseph, mit der Rechten seinen Mantel fassend, führt mit der Linken den
Jesusknaben, der, den Blick zu Joseph gerichtet, nach rechts schreitet, wäh-
rend jener, herab auf den Knaben blickend, seine Schritte mehr links wendet.
Den Hintergrund bildet einiges Buschwerk. Nahe am rechten Fuße des
Joseph steht Æls.[1]
Ein malerisch frei und geistreich behandeltes Blättchen. 4" 8''' h.,
3" 4''' br.. Irrthümlich ist der Gegenstand für den jungen Tobias gehalten worden, der seinen blinden Vater führt. Vaillant hat das
Blatt mit einigen Veränderungen und etwas größer in Schwarzkunst
wiedergegeben. Ein ähnliches Schwarzkunstblatt ist bezeichnet Elshamer
pinx. van Somer sc. 8" 7''' h., 6" 4''' br.
2. Ein Satyr, in der Mitte des Blattes auf einem Erdhügel sitzend, bläst
auf einer Flöte; bei ihm sitzt ein bekleidetes Weib. Rechts an einem Felsen

---

[1] Hieraus ergiebt sich, daß der Künstler seinen Namen Elsheimer und
nicht, wie manche Schriftsteller, Elzheimer schrieb.

drei zuhörende Satyre, links Bäume und Buschwerk an einem Wasser. 3″ h., 4″ br.

3. Eine Nymphe tanzt zur Musik eines auf der Flöte blasenden Satyrs; dabei befinden sich noch zwei Satyre und eine sitzende Nymphe; links ein tanzender Satyr. 2″ 5‴ h , 3″ 8‴ br. W. Hollar verfertigte davon eine gegenseitige Copie.

4. Der Satyr und zwei Nymphen. Er sitzt rechts auf einem Erdhügel des Vorgrundes und bläst die Flöte; bei ihm sitzen zwei zuhörende Weiber; links ein Fluß mit waldigem Ufer. 2″ 3‴ h., 3″ 10‴ br.

Hollar hat das Blatt von der Gegenseite leicht geätzt. Diese Copie hat eine Breite von 3″ 7‴.

5. Der Reitknecht. Ein junger Mann mit entblößten Füßen steht an einem Hügel und hält mit erhobenem Arm die Zügel des hinter ihm stehenden Pferdes mit langem Schweif. Mit der Linken hält er einen Windhund an der Leine, ein anderer liegt bei seinem rechten Fuße. 4. Sehr kräftig radirt, mit dunkeln Schatten und breiten Lichtern. Dieses Blatt, welches als Unicum betrachtet wird, wurde aus der Sammlung des Herzogs von Buckingham um 20 Pf. für die Privatsammlung des Königs von Sachsen erworben.

Außer diesen werden noch vier andere Radirungen, jedoch mit weniger Sicherheit unserem Meister zugeschrieben, nämlich:

6. Abraham und Agar. Er gehet zwischen ihr und dem kleinen Ismael. Im Hintergrunde altes Mauerwerk. Vorn links bezeichnet Ælshaemer. 3″ 5‴ h., 5″ 3‴ br. (Nagler: die Monogrammisten I. S. 148.)

7. Der Satyr mit der Traube. Er sitzt am Fuße eines Brunnens und reicht einem Kinde, welches sie auf dem Boden ruhende Mutter hält, eine Traube. Im Hintergrunde breitet sich eine Landschaft aus. 12. (Brulliot im Katalog Aretin No. 534.)

8. Der junge Tobias mit dem Engel; letzterer trägt den Fisch unter dem linken Arme, und der Engel begleitet ihn in der mit Felsen und Bäumen besetzten Landschaft am Wasser nach links hin. 3″ 5‴ h., 6″ 4‴ br. Sehr selten. (Nagler: die Monogramm. I. S. 257, No. 2.)

9. Der Engel begleitet den jungen Tobias in einer durch Felsen geschlossenen Landschaft nach links hin. Der Engel trägt den Fisch über dem Stocke auf der Achsel. 5″ 7‴ h., 4″ 7‴ br. (Katal. Winkler No. 1579, und Nagler: die Monogramm. I. S. 257, No. 3.)

Alle Arbeiten Elsheimers, Oelgemälde wie Handzeichnungen und Radirungen, wurden schon zu seinen Lebzeiten von den Kunstliebhabern eifrig gesucht und besonders nach seinem Tode von jeher sehr theuer bezahlt.

Zum Schlusse ist noch der Portraite des Meisters zu gedenken, in so weit solche bekannt sind:

1. Das von Elsheimer selbst gemalte Bildniß in halber Figur, die Palette in der Linken haltend, stammt aus der Akademie von

St. Lucas in Rom und befindet sich jetzt in der Sammlung von
Künstlerportraiten der Gallerie zu Florenz. Es wurde verschiedentlich in Kupfer gestochen:

   a. Gio. Dom Ferretti del. Giacomo Frei scalp. Kl. Folio.
   b Nur als Brustbild: II. del. Ben. Eredi sc., in der Serie degli nomini
      i piu illustri nella pittura etc. Firenze 1773. Vol. VIII.
   c. J. Eisenhardt sc., im Archiv für Frankfurts Geschichte und Kunst.
      Heft 4. Folio.

2. Der Künstler in halber Figur steht nach links gewendet vor der
Staffelei und malt an einem heiligen Bild. Ueber eine Mauer,
an welcher zwei Männer stehen, sieht man in eine bergige Laub-
schaft mit einer Stadt. Kl. Folio. Es ist von Heinrich Hon-
bius jun. gestochen, mit dessen Monogramm H. bezeichnet
und hat die Unterschrift: Adamus Elsheymer Francofurtensis
pictor; dann folgt ein lateinischer Vers von vier Zeilen.[1]

   Das von Hüsgen angeführte, H. Hondius sc. Jansonius bezeichnete Portrait ist wohl nur eine Copie des obigen. In d'Argenville: Abrégé de la vie des plus fameux peintres findet man
das nämliche Portrait von der Gegenseite, jedoch nur den Kopf,
und nach diesem hat ihn auch G. C. Kilian gestochen.

3. Brustbild, drei Viertheile links gewendet, mit einer Hand, welche
den Mantel faßt. J. Meysens pinx. et exc. W. Hollar fecit 8.
Bei den ersten Abdrücken fehlt noch der Name Hollars, welcher
dieses Blatt für des de Bie „Gulden Cabinet", Antwerpen 1661,
gestochen hat.

   Diesem Portrait entnommen sind auch die, welche sich in den
Werken von Sandrart, Weyermann, Houbraken, Descamps und
Knorr befinden, meist in kleinem Format und gering im Stich.

Johann Elsheimer,

Adams Bruder, muß bedeutend jünger gewesen sein; denn in dem
handschriftlichen Gedenkbuche Peter Müllers heißt es: „1617 den
7. Mai ist alhie hinweggezogen der kunstreich Mahlergesell Johann
Elsheimer von Frankfurt." Hiernach darf angenommen werden, daß
Johann zu der Zeit als sein älterer Bruder Frankfurt verließ,
noch ein Knabe war. Ist dies richtig, und die Umstände sprechen

---

[1] Drugulin schreibt in seinem Portraitkatalog dieses Blatt dem Simon
Frisius zu, der allerdings verschiedene Portraite nach H. Hondius gestochen
hat. Das erwähnte Monogramm würde dann nur den Zeichner andeuten.

allerdings dafür, so müssen gegen die Erzählung: Johann Elsheimer habe zum Andenken an die schmerzliche Trennung von seinem Bruder Adam zwei Glasscheiben gemalt, worauf die Abschiedsscene dargestellt gewesen, erhebliche Zweifel entstehen. Fueßli und nach ihm Hüsgen und Andere berufen sich für diese Tradition auf Descamps I, S. 283, woselbst aber nicht einmal der Name unseres Künstlers, vielweniger seine Kunst als Glasmaler irgend wie erwähnt ist, so daß ich den Grund oder Ungrund jener Sage ebenso, wie die Autorschaft bezüglich der Glasscheiben, welche Hageborn bei dem Sohne des letzten weiblichen Sprossen der Familie Elsheimer hier in Frankfurt gesehen haben will, dahin gestellt sein lassen muß.

Gewiß ist, daß Johann Elsheimer historische Bilder in Oel ausgeführt, namentlich, daß er i. J. 1632 für das ehemalige Wahlzimmer im Römer die Geschichte der Virginia gemalt hat. Dieses umfangreiche Bild — es zählt 22 Figuren — zeugt von sehr achtbarer Befähigung. Zeichnung und Composition sind gut, die Gewänder in großem Styl behandelt; aber das Costüme hat der Meister nicht verstanden. Es ist sehr zu bedauern, daß manche Theile, besonders die schönen Frauenköpfe, durch ungeschicktes Reinigen bedeutend gelitten haben. Das Bild ist auf Leinwand gemalt, mißt 8' 4" in die Breite und 5' 6" in die Höhe und ist gegenwärtig an der Kaiserstiege aufgehangen. In den städtischen Rechnungsbüchern heißt es in Bezug auf dieses Gemälde: „Historia von Claudii Tochter Erstechung. Johannes Elsheimer 1632." Hierbei ist freilich Lucius Virginius, der Vater der edlen Römerin, mit ihrem lasterhaften Verfolger, dem Decemvir Appius Claudius Crassus verwechselt worden.

Ueber die sonstigen Arbeiten dieses Künstlers und über seinen Lehrmeister vermag ich keinen Nachweis zu liefern. Er trat i. J. 1627 mit Barbara Heil in die Ehe und hat in Frankfurt, ungewiß wann, sein Leben beschlossen.

Die Familie dieser Künstler ist hier längst erloschen. In der Umgegend, u. a. in Altenhahn bei Soden, kommt der Name Elsenheimer noch heute vor.

_____

Es ist unmöglich, bei Darstellung des Lebens und Wirkens der Künstler die Zeitfolge immer ganz streng einzuhalten, nicht nur weil oft die Wirksamkeit des jüngeren in eine frühere Zeit fällt, als die des älteren und jener eher aus dem Leben geschieden ist, als dieser,

fondern auch hauptſächlich, weil ſehr häufig das Geburts= und das
Sterbejahr eines Künſtlers ganz unbekannt und nur ein einzelnes
Zeichen ſeines Lebens zu unſerer Kenntniß gekommen iſt. Deßhalb
muß es genügen, wenn nur die Zeitfolge im Allgemeinen nicht ver=
letzt wird.

Während in Rom Adam von Frankfurt den Gipfel des
Ruhmes erſtieg, wirkten in der Heimath, wenn auch bei Weitem nicht
mit gleichem Erfolg, doch mit anerkennenswerthem Fleiß und Geſchick
in ſtiller Beſcheidenheit manche brave Künſtler, wovon viele eingeboren,
mehrere auch von außen eingewandert waren.

Da ich keinen übergehen darf, weil auch die minder bedeutende
Beſtrebung der Geſchichte der Kunſt angehört, ſo habe ich hier zu=
nächſt zu nennen

Friedrich Spangenberg,

welcher, um 1566 zu Friedberg in der Wetterau geboren, ſich am $\frac{1592}{1617}$
17. Juli 1592 in Frankfurt mit Catharina Schreiber aus Siegen
verehelichte und das Bürgerrecht erwarb. Er war ein Maler, über
deſſen Leiſtungen jedoch nichts bekannt geworden iſt. Am 30. April
1617 beſchloß er ſein Leben. (Peter Müllers Tagebuch.) Ver=
muthlich ein Sohn von ihm iſt

Hans Friedrich Spangenberg,

der, wie Hüsgen berichtet, ſein eigenes Portrait in ſpaniſcher Tracht
mit Pinſel, Palette und Malſtock in der Hand, ſo trefflich mit
Bleiſtift gezeichnet hat, daß dieſe Arbeit den Eindruck machte, als
rühre ſie von der Hand eines Schülers der flamändiſchen Schule
her. Peter Müller hat in ſeinem Tagebuch den Tod dieſes Künſt=
lers, den er Spangenburg nennt, am 22. Juni 1623 einge=
tragen. Derſelbe ſcheint demnach im kräftigſten Mannesalter aus
dem Leben geſchieden zu ſein. Ein Zeitgenoſſe dieſer beiden,

Andreas Gemelich,

war gegen das Ende des 16. und in dem erſten Viertel des 17. $\frac{1570}{1638}$
Jahrhunderts Bürger und Bildhauer dahier. Unbedenklich kann man
mit Hüsgen annehmen, daß dieſer Künſtler, obgleich abgeſehen von
Meiſter Engelberg, andere vor ihm nicht namentlich nachgewieſen

werden können, keiner der ersten seines Fachs in unserer Stadt gewesen ist. Die mancherlei Werke der Bildhauerkunst, welche sich
zum Theil aus dem Anfang des 14. Jahrhunderts bis zu unseren
Tagen hier erhalten haben, ohne daß die Urheber genannt werden
können, und worunter wenigstens einige sich durch Kunstwerth auszeichnen,[1]) liefern den Beweis, daß diese Kunst schon frühe hier ihre
Pfleger gefunden hat.

Andreas Gemelich, von Peter Müller in seinem Tagebuch
Gehmeling genannt, kommt in dem Kirchenbuch des St. Bartho-
lomäusstifts in den Jahren 1607 bis 1623 verschiedentlich vor. Im
Jahr 1616 war er in Gemeinschaft mit Peter Müller wegen Theil-
nahme an den bürgerlichen Unruhen jener Zeit in das Gefängniß
gerathen, und am 14. Jan. 1621 diente er mit Phil. Uffenbach und
Peter Müller als Zeuge bei einem zwischen dem Bildhauer Hans
Heinrich Rosenacker und einem Schreinergesellen wegen Erlernung
der Bildhauerei abgeschlossenen Vertrag. Ueber seine künstlerischen
Leistungen vermag ich nichts zu berichten.

Wenn Hüsgen von einem zweiten Bildhauer des ganz gleichen
Namens spricht, welcher am 16. Febr. 1626 mit Jungfrau Agatha
Kreuter von Cronberg getraut wurde, wobei viele geistliche und welt-
liche Zeugen zugegen gewesen, und den er für den Sohn des obigen
hält, so muß billig dahin gestellt bleiben, ob nicht beide eine und
dieselbe Person sind. Weniger bedenklich ist es, den Bildhauer

Georg Gemelich,

dessen Name in dem Kirchenbuch auch Gümmelich gelesen werden
kann und welcher um 1636 ein gesuchter Meister seines Fachs gewesen sein soll, für den Sohn des Andreas zu halten, wie denn
überhaupt dessen Verwandtschaft mit den Bildhauern Johann Leonhard und Hans Gemelich, die nach v. Stetten und Nagler um
die Mitte des siebenzehnten Jahrhunderts in Augsburg lebten, kaum
zweifelhaft sein dürfte.

Die Vermuthung Hüsgens, daß die ehedem häufig vorgekommene
und auch jetzt noch hier und da an den Tragsteinen der Häuser
sichtbaren, zum Theil von Phantasie und Geschicklichkeit der Erfinder

---

[1]) Es braucht nur an den herrlichen Altar von 1480 in der Marialkapelle
des Doms erinnert zu werden.

zeugenden Figuren und Fratzenköpfe von der Hand der erwähnten Künstler, aus deren Zeit sie wenigstens theilweise herstammen, gefertigt sein könnten, hat Einiges für sich, obgleich ein sicherer Nachweis fehlt und manche dieser phantastischen Zierrathen zuverlässig späteren Ursprungs sind. [1]

Hans Heinrich Rosenacker

war ein hier verbürgerter Kunstschreiner und Bildhauer in Holz und Stein, welcher nach Peter Müllers Tagebuch in dem ersten Viertel des siebenzehnten Jahrhunderts seine Kunst betrieb.

Jacob Hoefnagel,

der Sohn des kunstreichen Miniaturmalers Georg Hoefnagel von 1542. Antwerpen, hat in seiner Jugend hier einige Zeit als Kupferstecher gearbeitet und namentlich 1592, kaum 17 Jahre alt, ein von ihm im de Bry'schen Geschmack gestochenes Werkchen mit Früchten, Kräutern, Insecten etc. nach den Zeichnungen seines Vaters in vier Abtheilungen unter folgendem Titel herausgegeben: »Archetypa Studiaque Patris Georgii Hoefnagelii Jacobus F. genio duce ab ipso sculpta omnibus philomusis amice D. ac perbenigne communicat.«

Jacob Hoefnagel war um 1575 geboren. Die Zeit seines Todes ist unbekannt.

In dem städtischen Rechnungsbuche von 1603 liest man: „1593 Einem Illuministen, welcher des Kaisers Maximilian Triumphwagen, so in der oberen Rathsstube steht, illuminirt" etc., was hier nur als historische Notiz eine Stelle finden mag.

Cornelius Suintus

soll nach Fueßli's Künstlerlexicon ein Frankfurter Maler gewesen sein.

---

[1] Dergleichen befinden sich u. a. noch an den Häusern in der Fahrgasse No. 43. 79. 94. 97. (neu), Schnurgasse 8. 46. 52. 69, Töngesgasse 1. 17. 23, am Trierischen Plätzchen 8 und 25, Kl. Hirschgraben 26, Gr. Sandgasse 8, Neue Kräme 15, Kaffeegasse 4, Pauls- u. Kälbergasse 3, Samstagsberg 12. 24, Markt 5. 7. 12. 30. 35, Hühnermarkt 18, Saalgasse 3 u. 34, an der Mehlwage 2, Gr. Eschersheimergasse 43. 45, am Darmstädterhof auf der Zeil etc. Einige dieser Arbeiten sind von Joh. Georg Schön, andere von Donett.

Er hat gegen das Ende des 16. Jahrhunderts im Verein mit dem Florentiner Lorenzo Bennini die Abbildungen zur Ornithologie des Ulysses Aldrovandi nach der Natur gezeichnet, die sodann von Chr. und G. B. Coriolan in Holz geschnitten wurden: Bononiae 1599, 1637. Folio. Ein Weiteres ist von ihm nicht bekannt.

Hieronymus Wannecker,

1596. ein geschätzter Kupferstecher aus Antorf, erhängte sich 1596 aus Mangel und Schwermuth. (Kirchner, Geschichte v. Frankfurt II, S. 460.)

Hieronymus van Kessel,

ein niederländischer Portraitmaler, scheint, wie die meisten Künstler seines Fachs, ein sehr unstätes Leben geführt zu haben. Er durchreiste Frankreich und Deutschland, arbeitete auch einige Zeit in Frankfurt und begab sich von hier um 1606 nach Augsburg, wo er viele Bildnisse, namentlich für die Familie Fugger malte. In Straßburg verfertigte er das Bild des Erzherzogs-Bischof Leopold, welches R. Sabeler 1609 in Kupfer stach. Seine weiteren Schicksale sind unbekannt.

Isaak Major,

1576
1656. oder Mayor, ward um 1576 in Frankfurt geboren und begab sich, nachdem er zu Wien in die Kunst eingeführt worden war, nach Prag, um sich unter Roland Savery's Leitung in der Malerei auszubilden. Indessen wendete er sich bald ausschließlich zur Kupferstecherkunst, worin er von Egidius Sabeler, in dessen Haus er längere Zeit wohnte, unterrichtet wurde, weßhalb er sich auch dessen Styl in hohem Grade näherte, obgleich er seinen Meister niemals erreicht hat. Seine früheren Arbeiten verdienen alle Anerkennung, besonders sein Hauptblatt, eine große heroische Landschaft mit dem heil. Hieronymus nach R. Savery, vom Jahr 1622, auf deren sorgfältige Ausführung er den größten Fleiß verwendete. So gelungen diese Arbeit genannt werden darf, so gering war der äußere Erfolg. Alte Abdrücke werden jetzt mit 1²/₃ Thlr. bezahlt. Indessen fand das Blatt dennoch die Anerkennung, daß J. Wagner davon eine Copie in gleicher Größe von der Gegenseite verfertigte.

Neben den eigenen Arbeiten unterstützte Major seinen Lehrmeister Egid Sabeler bei dem Stiche vieler Landschaften. In der Folge scheint er jedoch aus irgend einem Grund lässig geworden zu sein; seine Werke fanden nicht mehr den früheren Beifall, er gerieth in bittere Armuth und Noth, woraus ihn 1636 zu Wien der Tod erlöste.

Johann von den Popelieren,

ein aus Westflandern dahier eingewanderter Goldarbeiter und Edelsteinschneider, hat hauptsächlich durch ein von ihm hinterlassenes Manuscript über die Kunst des Wappenschneidens in Stein
und deren leichte Erlernung, nebst Angabe aller benö-
thigten Werkzeuge, seinen Namen der Vergessenheit entzogen,
obgleich das Werk, dem ausdrücklichen Willen des Verfassers gemäß,
als Geheimniß behandelt und niemals gedruckt worden ist, da er in
der Vorrede seinen Kindern streng befohlen hatte, nur gegen Erle-
gung von zehn Rthrn. davon eine Abschrift nehmen zu lassen. Gegen
Ende des vorigen Jahrhunderts befand sich diese Handschrift noch im
Besitze eines hiesigen Kunstfreundes. Dem i. J. 1534 beginnenden,
durch zahllose Wappen und autographische Inschriften interessanten
Stammbuche der hiesigen Gold- und Silberarbeiter ist das von Furk
gestochene Portrait des Meisters vorangeheftet. Derselbe war am
16. März 1574 geboren und starb 1640. [1]

c. 1600 — 1640.

Georg Keller,

Kupferstecher, Radirer und Maler, wurde 1576 in Frankfurt geboren
und von Philipp Uffenbach, sodann in Nürnberg von Jobst Amman
unterrichtet. Sandrart nennt diesen Künstler einen vernünftigen Maler,
woraus Hüsgen und andere Schriftsteller irrig folgern, dieses Epitheton
sei ihm allgemein als ein besonderer Zuname beigelegt worden. Schon
während seiner vierjährigen Lehrzeit in Nürnberg arbeitete der junge

1576 — 1640.

---

[1] Die beiden Decken des gedachten, durch verschiedene Erweiterungen zu
einem dicken Quartbande angewachsenen Buches sind mit getriebenen und cise-
lirten Silberarbeiten reich ausgestattet. Erwähnung verdienen u. a. eine Flora
von Nik. Birkenholz, 1660; eine Ceres als Gegenstück von Daniel Nick,
1660; ein sitzender Alter, der sich am Kohlfeuer wärmt, von Joh. Georg von
den Popelieren, 1660; und das schönste: drei rauchende Bauern, im Geschmacke Teniers, von Hans Jacob Nick, 1666. Außer dem Stammbuche
und der sogenannten Meisterrolle in Holzdeckeln mit schönen eingelegten Figuren
und Arabesken, besitzt die Innung noch verschiedene vortrefflich getriebene und
ciselirte silberne, vergoldete Pokale, darunter einen von Jacob de Collier
1614 verfertigt.

Mann mit großem Fleiße.[1]) Seine hauptsächlichste Thätigkeit scheint er im Radiren und Kupferstechen entfaltet zu haben. Sehr viele schöne Blätter von seiner Hand findet man in dem von den Gebr. de Bry in den Jahren 1603 und 1606 in 13 Theilen und mehreren Nachträgen herausgegebenen Reisewerk über Ostindien; desgleichen in der Beschreibung des Schloßbaues zu Aschaffenburg, welche 1616 in Mainz verlegt wurde; in verschiedenen bei Sigmund Feyerabend und bei M. Merian erschienenen Werken und anderwärts mehr.

Kellers Oelgemälde sind sehr selten und es ist nicht einmal gewiß, welchem Fache der Malerei er vorzugsweise obgelegen. Gewöhnlich wird er als Landschaftmaler bezeichnet. Lipowsky aber schreibt ihm zwei Altarblätter zu, das eine: **Magdalena**, in der Stiftskirche zu Obermünster bei Regensburg, und das andere: **Antonius von Padua** in der vormaligen Franziskanerkirche. Bei der im Jahr 1827 stattgehabten Ausstellung von Gemälden Frankfurter Künstler wurden gleichfalls zwei Bilder diesem Meister beigemessen:

1. Ein männliches und ein weibliches Portrait auf **einer** Holztafel, mit dem Monogramm C_K bezeichnet. 28" h. 22" br. Frankf. Maaß. Dasselbe gehörte damals der Familie Prehn und wurde 1829 in öffentlicher Versteigerung um fünf Gulden zurückgekauft.

2. Ländliche Familienscene: Ein Edelmann und seine junge Frau, beide in der Tracht des 17. Jahrhunderts, sitzen im Schatten dichter Bäume. Die Dame hat ein Hündchen auf dem Schooß, der Mann scheint im Begriff zu sein, sich auf die Jagd zu begeben, worauf ein zur Seite stehender Diener mit der Flinte und ein Jagdhund hindeuten. Rechts in der Ferne erblickt man jenseits eines Wassers einen alterthümlichen Thurm. Bez. G_C. P. 1650. Kupfer, 16" h. 17½" br. franz. Maaß.

---

[1]) Die Hyperbel, welche Hüsgen und andere Schriftsteller nach Sandrart (Deutsche Akademie, Ausg. von 1675, I S. 254) wiederholen: Keller habe während seiner Lehre so viele Zeichnungen gefertigt, daß man damit einen Heuwagen würde anfüllen können, beruht offenbar auf einem durch Sandrarts mangelhafte Ausdrucksweise veranlaßten Mißverständnisse; denn Sandrart will diese Erzählung im J. 1615 in Frankfurt gehört haben und zwar, wie die Wortfassung glauben läßt, aus dem Munde Jobst Ammans; dieser war aber schon 1591 gestorben, die Erzählung kann mithin nur im umgekehrten Sinne dahin verstanden werden, wie sie auch von anderen Schriftstellern, namentlich von Huber und Rost, von Becker und von Jos. Heller aufgefaßt worden ist, daß der Schüler, G. Keller, sich jener Hyperbel zum Lobe seines Lehrers J. Amman bedient habe.

Damals gehörte dieses Gemälde dem Kunsthändler Fr. Wilmans, welcher davon in dem „Taschenbuch der Liebe und Freundschaft für 1827" einen von J. Stöber recht sauber gearbeiteten, in
der Wirkung sehr gelungenen kleinen Kupferstich geliefert und das
Original dem Georg Keller zugeschrieben hat, dessen Name auch auf
der Kehrseite in Oelfarbe von neuerer Hand zu lesen ist. Das Gemälde ist gegenwärtig in meinem Besitze; aber ich vermag die Ueberzeugung nicht zu gewinnen, daß es in der That von Kellers Hand
geschaffen sei. Zunächst steht die Jahrzahl 1650 im Widerspruch
mit der allgemein als richtig angenommenen Angabe, daß Keller zu
Nürnberg, wo er seinen Wohnsitz genommen hatte, bereits um 1640
sein Leben beschlossen habe, — es sei denn, daß Lipowsky, der ihn
ohne näheren Nachweis noch 1660 in seiner Vaterstadt arbeiten läßt,
recht hätte, was sehr zu bezweifeln ist. Aber abgesehen hiervon,
kann ich, so sehr ich Kellers Geschicklichkeit als Zeichner, Radirer
und Kupferstecher achte, nicht glauben, daß ein Mann, welcher seine
ganze Lebenszeit mit dem Grabstichel und der Radirnadel und mit
Zeichnen auf Holzstöcke beschäftigt gewesen ist, um landschaftliche
Prospecte, Schlösser, Monumente, Wappen, Vignetten und andere
Gegenstände dieser Art massenhaft zu Tage zu fördern, noch Zeit und
Beruf gefunden haben sollte, der Oelmalerei mit solcher Liebe, Sorgfalt und Geschicklichkeit obzuliegen, womit das in Frage stehende Bild
in der That ausgeführt ist. Es ist ganz in niederländischem Geist
gedacht und behandelt und kann nicht aus Jost Ammans oder Uffenbachs Schule hervorgegangen sein. Wäre Keller in dem Grade Meister
des Pinsels gewesen, so würde es sehr zu beklagen sein, daß er
nicht seine Zeit dieser Kunst ausschließlich gewidmet hat, jedenfalls
würden seine Gemälde bekannter geworden sein.

Ich glaube nicht zu irren, wenn ich meinem Bilde die Autorschaft des Gonzales Coques zuschreibe. Dasselbe stimmt nicht
nur mit der Art und Weise, in welcher dieser Meister, der gerade
1650 in seiner Blüthe gestanden, seine Familienportraite zu gruppiren pflegte, sondern auch mit dessen Pinsel, namentlich in den
Köpfen der beiden Hauptfiguren überein; überdies kann das Monogramm ebensogut G C. wie G K. gelesen werden, und es ist außerdem bekannt, daß der Künstler seine Gemälde zuweilen Konsaole
bezeichnet hat.

In der städtischen Sammlung sieht man ein recht gutes Gemälde mit lebensgroßen Figuren, die Geschichte der keuschen Susanne
darstellend, das deutlich mit dem Monogramm C_K. F. A° 1645

bezeichnet und von jeher dem Kaspar de Craher[1]) zugeschrieben
worden ist, — mit welchem Recht, will ich nicht entscheiden —,
aber Crahers Pinsel vermag ich nicht darin zu erkennen. Dieses Bild
war ehemals in dem Amtslocal des Forstamtes, dann des Stadt-
rechnungs = Revisionscollegs aufgehangen, von wo es, weil die alten
Herrn an dem Gegenstand Anstoß nahmen, auf den obersten Boden
des Römers wandern mußte. Hier fand ich es 1857 allen schlimmen
Einflüssen des Staubes, der Sonnenhitze, des Regens und Ungeziefers
ausgesetzt und veranlaßte dessen fernere Bewahrung in der städtischen
Sammlung.

Wenn auch nicht als ausübender Künstler, doch als Kunst=
Schriftsteller verdient hier erwähnt zu werden der Schöffe und
Rathsmann

Vincenz Steinmeyer.

₁₅₇₈ Er war der Sohn des Buchdruckers Paul Steinmeyer und
_{1667.} dessen Ehefrau Maria Egenolph, ward 1578 geboren, 1636 in den
Rath und 1640 zum Schöffen gewählt, hatte sich mit Justina v.
Holzhausen vermählt und starb als ältester Schöffe i. J. 1667.
Als Nachkomme Egenolphs fand er bei dem Epitaphium dieser Fa-
milie auf dem St. Peterskirchhof seine Ruhestätte.

Vincenz Steinmeyer war ein verdientes und hochgeachtetes
Mitglied des Magistrats, und ein in Kunst und Wissenschaft er=
fahrener Mann. Man verdankt ihm eine Abhandlung über die Holzschneidekunst, welche als das erste in Deutschland erschienene Werk
der Art betrachtet werden kann. Es führt den Titel: Neue künstliche wohlgerissene und in Holz geschnittene Figuren,
dergleichen niemalen gesehen worden. Gedruckt zu Frankfurt am Mayn in Verlegung Vincentii Steinmeyers.
anno MDCXX." Quer 4.

Dieses interessante Werkchen, aus dem Sandrart, Doppelmaier,
v. Murr, Fueßli, v. Stetten, de Piles und Hüsgen geschöpft haben,
ist äußerst selten geworden. In der Münchener Centralbibliothek soll
sich ein Exemplar befinden. (Meusels neue Miscellancen S. 483.)

Steinmeyers Bild wurde 1660 von Ludwig Pfanstill gemalt
und 1667 von Johann Philipp Thelott in Kupfer gestochen.

Zu den niederländischen Künstlern, welche in Folge der bürger-

---

[1]) Geb. zu Antwerpen 1582 † zu Gent 1669.

lichen Unruhen ihres Vaterlandes in Frankfurt eine neue Heimath gesucht haben, gehört noch

Heinrich van der Borcht, der ältere.

Er war 1583 zu Brüssel geboren, mit seinen Aeltern in früher 1586 Kindheit um 1586 nach Deutschland gekommen und wegen seiner natürlichen Anlagen zur Malerei dem älteren Martin van Valkenburg dahier zum Unterricht übergeben worden.[1]) Nach beendigter Lehre wandte sich der junge Künstler, der Sitte der Zeit gemäß, nach Italien, wo er nicht nur seiner eigenen Kunst fleißig oblag, sondern sich auch archäologischen Studien mit großem Eifer und Erfolg hingab. Gründliche Kenntniß in diesem Fache und eine beträchtliche Sammlung von Gemmen und anderen Gegenständen antiker Kunst brachte er aus dem Süden zurück. Die Sammlung erwarb später Graf Arundel, von welchem sie mit dessen übrigen Kunstschätzen durch Vermächtniß an die Universität Oxford gelangte.

Nach seiner Rückkehr verheirathete er sich und arbeitete mehrere Jahre in Frankenthal, wählte aber, um den Bedrängnissen des dreißigjährigen Kriegs zu entgehen, nachdem er sich zuvor noch längere Zeit in England aufgehalten hatte, 1627 Frankfurt zum bleibenden Wohnsitz, wo er i. J. 1660 sein Leben beschloß. Sein Sohn

Heinrich van der Borcht, der jüngere,

war um 1610, nach Andern 1620, zu Frankenthal geboren und mit dem Vater nach Frankfurt gekommen. Er hatte sich hier unter dessen Leitung zum Künstler und Kunstkenner ausgebildet. Diese Eigenschaften erwarben ihm die Gunst des als Kunstmäcen bekannten Grafen Arundel. Derselbe nahm ihn 1636 mit sich nach Italien und übertrug ihm später die Aufsicht über seine Kunstsammlungen in England. In dieser Stellung blieb er bis zu des Grafen Tod, trat dann in die Dienste des Königs, zog sich aber zuletzt nach den Niederlanden zurück und starb in hohem Alter zu Antwerpen.

Beide Künstler, Vater und Sohn, lagen mehr der Aetzkunst, wie der Malerei ob. Da beide in ihren Werken sich des gleichen Namens und Zeichens bedienten, so sind jene schwer von einander

---

[1]) Einige Schriftsteller geben ihm irrthümlich den Giles v. Valkenburg zum Lehrmeister, der niemals in Frankfurt gewesen ist.

zu unterscheiden, obwohl Brulliot in den Blättern, welche dem Sohne zugeschrieben werden, eine delicatere und feinere Nadel bemerkt haben will. Heinecken, so wie Huber und Rost geben ein Verzeichniß der Aetzarbeiten der beiden van der Borcht. Hüsgen hat dasselbe zwar vermehrt, aber noch immer unvollständig gelassen. Ihr außerordent= licher Fleiß ist nach der Zahl ihrer Blätter zu bemessen, welche sich in dem Katalog des Quintin de Lorrangere, dessen Sammlung 1704 zu Paris versteigert wurde, auf 577 belief. Das bedeutendste Werk des älteren van der Borcht ist ohne Zweifel der Einzug des Kur= fürsten Friedrich V. von der Pfalz mit der königl. Prinzessin Elisabeth von England in Frankenthal, in 22 Blättern, die mit einer Beschreibung von Mirou i. J. 1613 erschienen sind. Folio.

Die Initialen und Zeichen, deren sich beide Künstler bedienten, werden verschieden angegeben. Das Monogramm ist nach Huber und Rost: A͟B. Hüsgen fand dasselbe auf einem kleinen Blättchen in fol= gender Weise: H͡B. Nach Joseph Heller und Brulliot finden sich außer den Initialen H. V. D. B. und H V G ✿, noch folgende, den beiden van der Borcht zugeschriebene Zeichen: A͟B. A͟B. Das letztere enthält ein A, kann also nur dann unseren Künstlern beigemessen werden, wenn man etwa den Namen Heinrich in Arh umgestaltet. Uebrigens könnte dieses Zeichen auch dem Andreas van der Borcht angehören, dessen Nagler II S. 52 gedenkt. Ich selbst be= sitze eine kleine auf Pergament sehr sorgfältig in Wasserfarben aus= geführte Zeichnung, welche höchst naturgetreu und täuschend einen Eichzweig mit einigen Galläpfeln, zwei Schmetterlingen nebst einer Raupe darstellt und » A͟Borcht fecit 1652« in zierlichen Goldlettern bezeichnet ist. Es scheint mir bedenklich, diese Zeichnung, deren Gegen= stand von den sonst bekannten Arbeiten der beiden Heinrich van der Borcht so sehr abweicht, einem von ihnen zuzuschreiben, was doch geschehen müßte, wenn das zuletzt gedachte Monogramm ihnen an= gehören sollte.

Von den Leistungen dieser beiden Künstler im Fache der Malerei ist fast gar nichts bekannt. Um so interessanter ist es, daß wenigstens ein Bild in unserer Stadt übrig geblieben ist, welches einem der beiden van der Borcht zugeschrieben wird. Dasselbe stellt die Salbung Davids durch Samuel vor und umfaßt 12 Figuren in

etwa ³/₄ Lebensgröße, die von kräftiger Färbung, aber in der Zeichnung hart und etwas zu kurz gerathen sind. Es ist auf Leinwand
gemalt und 6¹/₂' h., 9¹/₂' br. Vormals befand sich dasselbe in dem
Wahlzimmer, jetzt aber ist es an der Kaiserstiege aufgehangen.

Das Portrait des Vaters, vom Sohne gemalt, ist 1650, und
das des letzteren, von Johann Meyssens gemalt, 1648 von W. Hollar
gestochen worden.

Zu den eingewanderten Künstlern gehört auch

Sebastian Furck,

ein tüchtiger Zeichner und Kupferstecher, nach den mir vorgelegenen _{c. 1613 / 1666.}
Archivalacten über seine Aufnahme in das hiesige Bürgerrecht zu
Alterkülz bei Castellaun auf dem Hundsrück und nicht, wie Brulliot will, in Goslar geboren. Die Zeit seiner Geburt und seines
Todes konnte ich nicht ermitteln, muß daher der Angabe Brulliots
folgen, der die erstere in das Jahr 1589 und den letzteren in das
Jahr 1666 setzt. Dagegen halte ich dessen Ansicht, Furck sei mit
Sebastian Fulcari eine und dieselbe Person gewesen, für grundlos, oder doch mehr als zweifelhaft. Hüsgen und Andere haben,
irrgeführt durch die Schreibweise jener Zeit, welche das lateinische u
häufig mit dem Zeichen der Dehnung ú zu versehen pflegte, wahrscheinlich um es von dem v zu unterscheiden, unseren Künstler Fürck
genannt, obgleich dieser jene Schreibweise nicht bloß bei seinem Namen, sondern auch anderwärts gebraucht hat, z. B. Sebastianús Fürck
ad vivúm scúlpsit oder Seb. Fúrck Kúpfferstecher. Uebrigens finden
sich auch Blätter, auf welchen das Dehnungszeichen über dem u fehlt,
z. B. auf dem Portrait des Mathematikers Faulhaber, des Dr. L.
v. Hörnigk u. a. Er nannte sich Furck. Eine Familie dieses Namens lebt noch heute in Frankfurt.

Furcks Niederlassung dahier fällt in seine frühe Jugend. Seine
hiesige Thätigkeit soll bereits 1612 begonnen haben, jedenfalls hatte
er schon viele Jahre als Beisasse hier gelebt, als er am 16. August
1642 in das Bürgerrecht aufgenommen wurde.

Die Zahl der von diesem Künstler sowohl für größere Werke,
als auch einzel gestochenen historischen Blätter und Portraite ist so
groß, daß schon Hüsgen von deren vollständigen Aufzählung abstand.
Zum sechsten Theile der Bibliotheca chalcographica stach er 53 Portraite, und die Kupfer zur zweiten Ausgabe von Wilhelms Architec-

tura civilis sind von seiner Hand; so auch eine Copie des jüngsten Gerichts von Michel Angelo. Seine Bildnisse, die er meistens nach dem Leben zuerst mit dem Bleistift auf Pergament in verschiedenem Format sehr fleißig zeichnete und dann mit allerlei Randverzierungen in Kupfer stach, machen eine gute Wirkung und den Eindruck der Aehnlichkeit. Seine Zeichnung ist correct, sein Grabstichel rein und kräftig, zuweilen etwas hart, was aber dem Werthe seiner Arbeit wenig Eintrag thut. Er pflegte sie mit seinem vollständigen Namen, zuweilen auch nur mit dem Monogramm $\mathfrak{F}$ zu bezeichnen. Ich beschränke mich, von seinen Blättern nur die folgenden für Frankfurt bemerkenswerthen zu erwähnen:

1. Ansicht der Stadt im Grundriß, von der Sachsenhäuser Seite, nach der Zeichnung und mit dem Monogramm von Lorenz Schilling. Sie ist rund, hat 53 Millimeter im Durchmesser und trägt die Umschrift: Francofurti at Moenum Civitatis Imp. et Emporii Totius Europae Celeberr. Typus 1611.

    Indem ich dieses interessante, zart gestochene und höchst seltene Blättchen dem S. Furk zuschreibe, folge ich der Angabe Hüsgens, ohne für die Richtigkeit einzustehen, da der Stich vielleicht mit mehr Recht dem Lorenz Schilling vindicirt werden kann. Man findet denselben Grundriß in neuen, zwischen 1830 und 1840 entstandenen Abdrücken von der entgegengesetzten Seite, so daß die Umschrift verkehrt erscheint. Diese sind also von einer andern Platte abgezogen, die aber so genau mit den älteren Drucken übereinstimmt, daß man zweifelhaft wird, ob man sie für eine kunstreiche Copie oder ein Product der Galvano-Plastik halten soll. (Man vergl. den Artikel Lorenz Schilling.)

2. Eine andere Ansicht am Main bei der Windmühle, wo die Taufe Christi im Flusse in Gegenwart des Kapellmeisters Jepp dargestellt ist, während das vorüberfahrende Mainzer Marktschiff mit Böllern salutirt. Das Blatt ist rund, mit musikalischen Noten eingefaßt und zeigt unten die Wappen der beiden damaligen Bürgermeister mit einer Widmung an den Senat.

3. Das Ehrengedächtniß des Königs Gustav Adolph zu Frankfurt a. M. 1633.

4. Brustbild Gustav Adolphs. 8.

5. Brustbild des Stadtschultheißen Johann Schwind, nach links gewendet, mit Degengehänge und einfacher goldener Gnadenkette, in der linken Hand den Handschuh haltend, nach J. L Pfanstill mit dessen Monogramm. 1467. Kl. Folio. Der Paspartout zeigt die Figuren der Wahrheit und Gerechtigkeit.

6. Derselbe in reichem Sammetkleide, ohne die Gnadenkette, nach rechts gewendet, die Finger der rechten Hand sind eingeschlagen.

7. Derselbe, in etwas höherem Lebensalter und größer als No. 5 und 6, nach rechts gewendet, die linke Hand auf die Brust legend, mit Wehrgehänge und doppelter Gnadenkette. Das Monogramm Pfanstills steht an derselben Stelle wie bei No. 5. Der Paspartout ist einfacher. Kl. Folio.

8. Derselbe als Leiche auf dem Paradebett. Ex Museo Gerningiano. Qu. Folio.

9. Deſſen Gemahlin Regina geb. Pyrander. In zwei verſchiedenen Platten.
10. Johann Martin Baur v. Eyſeneck, Stadtſchultheiß. Kl. Folio.
11. Maria Juliane Baur v. Eyſeneck, æt. 12. 1629. 8.
12. Joh. Andr. Herbſt, Muſikdirector zu Nürnberg und Frankfurt. 1635. 4.
13. Gottfried Hupla, Muſikus zu Frankfurt.
14. Joh. Jepp, Kapellmeiſter zu Frankfurt. 1635. Kl. Folio.
15. Joh. Wilhelm Dilich, Ingenieur des Frankfurter Feſtungsbaues, mit der rechten Hand ſetzt er einen Zirkel auf den Feſtungsplan. 1636. Kl. Folio.
16. Daſſelbe Bild von der entgegengeſetzten Seite, in einer Landſchaft. Er hält in der Linken einen Zollſtab. Kl. Folio.
17. Deſſen Hausfrau. 1644. 8. Oval.
18. Georg Flegel, Maler, 1638. 8.
19. Matthäus Merian d. ältere. Honoris ergo sculpsit et dedicare voluit Francofurti Seb. Furck. Kl. Folio.
20. Joh. Maximilian zum Jungen, Schöff. Kl. Folio.
21. Joh. v. d. Birghden, erſter Reichspoſtmeiſter zu Frankfurt. 1638. Kl. Folio.
22. Anna Cath. v. d. Birghden, geb. Bawerin v. Eiſeneck, deſſen Gemahlin. 1639. Kl. Folio.
23. Jodocus Authäus, Reipubl. Francof. Archigrammaticus, im Tode darge: ſtellt. 1639. 4.
24. Anton Williarts, Goldſchmied. 1639. 8. Oval.
25. Hieronymus Steffan v. Cronſtetten, Stadtſchultheiß. 1639. Folio.
26. Chriſtoph Bender v. Bienenthal, Stadtſchultheiß.? 1640. 8.
27. Deſſen Gemahlin, Suſanna geb. Ayrer. 1640. Kl. Folio.
28. Jacob Marquard v. Glauburg, Schöff. Kl. Folio.
29. Johann Chriſtoph Kellner, Schöff. 4.
30. Johannes Götz, Pfarrer. 1641. 4.
31. Joh. Chriſtoph Abegg, kurfürſtl. bayer. Geſandter zu Frankfurt. † da: ſelbſt 1644. Kl. Folio.
32. Johann Schröder, Stadtphyſikus. 1641. 4.
33. Peter Lotichius, med. Dr. 1645. Kl. Folio.
34. Hector Wilhelm v. Günderrode, Stadtſchultheiß. 1647. 4.
35. Valentin Piſtor, Prediger ad St. Barthol. 1647. Kl. Folio.
36. Paulus de la Jacobinus, J. U. D. et civis Francof. Kl. Folio.
37. Phil. Ludwig v. Melem, Frankfurt. Reichstagsgeſandter. 1652. Folio.
38. Ernſt Sprenger, J. U. D. und Syndikus. 1653. Kl. Folio.
39. Nikolaus Schwebel, Advoc. Republicae Francof. 1653. Kl. Folio.
40. Jacob Schütz, b. R. D. und Syndikus. 1654. 4.
41. Deſſen Hausfrau, Anna Maria geb. Burkhard. Kl. Folio.
42. Heinrich Zettelbach, S. S. Theol Dr. et Ministerii Senior, 1657. Kl. Folio.
43. Laurentius Ehrhard, Lehrer des Geſanges am Gymnaſium, mit einer darunter geſtochenen muſikal. Compoſition. Kl. Folio.
44. Daniel Meißner, Dichter, gab zu Frankfurt den Theſaurus philo: politicus heraus. Kl. 4.
45. Johann v. d. Popelieren, Goldſchmied und Steinſchneider. 4.
46. Nikolaus (Gebhard) Ruland, Handelsmann. Oval 8.

Ein Sohn dieses Künstlers war

Heinrich Furck,

welcher unter den bei dem Neubau der St. Catharinenkirche thätig gewesenen Malern genannt wird. Er starb am 3. Oct. 1685.

Michael Le Blon

$\frac{1587}{1656}$, auch Le Blond, ist nach Inhalt des hiesigen Kirchenbuchs am 9. Juli 1587 getauft worden. Mit diesem Nachweis ist der bisherige Streit der Schriftsteller, welche die Geburt des Künstlers bald in das Jahr 1570, bald gegen 1600 verlegen, geschlichtet und zugleich das Vorkommen von Blättern desselben aus dem Jahr 1610 erklärt. Seine Aeltern hatten sich von Mons in den Niederlanden vor den damaligen Kriegsunruhen hierher zurückgezogen. Der Knabe zeigte frühe ein vielseitiges Talent. Die Erlernung der Goldschmiedekunst gab ihm den willkommensten Anlaß, seine Anlagen zur Kunst, insbesondere mit dem Grabstichel und der Radirnadel in Gold, Silber und Kupfer fleißig zu üben und es bald zur Meisterschaft zu bringen. Seine kleinen historischen Darstellungen aus der biblischen Geschichte, Hochzeiten, besonders aber Wappen, Arabesken, Blumen- und Laubverzierungen, welche er im Geschmacke des de Bry theils in einzelen Blättern, theils in Folgen herausgab, beweisen Geschicklichkeit. Er pflegte seine Arbeiten mit dem vollen Namen oder mit dem Monogramm *M.* zu bezeichnen. Man findet sie bei Heinecken im Dictionnaire des artistes und bei Hüßgen ziemlich vollständig verzeichnet.

Le Blon hatte mit seinem Verwandten Joachim v. Sandrart, der ihn als seinen väterlichen Freund und Rathgeber in der Kunst betrachtete und ehrte, Italien bereist. Beide waren besonders in Rom von der Schilder-Bent mit großer Auszeichnung empfangen worden. Le Blon war nicht blos Künstler, sondern auch ein tüchtiger Kenner, eifriger Liebhaber und Beschützer der Künste, dabei ein vielseitig gebildeter, von der Natur mit einem bedeutenden Rednertalent begabter Mann — Eigenschaften, welche ihm allerwärts Achtung und Ansehen erwarben und sogar die schwedische Regierung veranlaßten, ihn zu ihrem Agenten bei dem Könige Karl Stuart von England zu ernennen. In Folge dieser ehrenvollen Sendung verweilte Le Blon viele Jahre in England, nahm aber später seinen

Wohnsitz zu Amsterdam und beschloß daselbst, allgemein verehrt, i. J. 1656 sein ruhmvolles Leben. (Sandrart: Ausgabe von 1675 I. S. 358. Huber und Rost Th. I. S. 270.)

Sein Bild hat Theodor Matham nach van Dyk gestochen. Ein anderes findet man bei Sandrart.

Wilhelm Hoffmann,

Bürger und Formschneider, gab i. J. 1610 das Krönungsdiarium des Kaisers Maximilian II heraus, das erste, welches mit Kupfern illustrirt war, worin auch der erste, obwohl schlechte Prospect der Stadt zu sehen ist. Eine zweite 1612 erschienene Ausgabe ist von Eberhard Kieser mit besseren Kupfern ausgestattet, welche theilweise auch zu dem in dem nämlichen Jahr bei Johann Bringer und Heinrich Kröner herausgekommenen Krönungsdiarium des Kaisers Matthias benutzt wurden. Interessant ist Hüsgens Herzensfreude bei der Vergleichung dieser alten Prospecte der inneren Stadt mit den zu seiner Zeit entstandenen vermeintlichen Verschönerungen, wobei er den schlechten Geschmack „der Herren Vettern und Frau Basen" der alten Zeit in ihren Trachten und ihrer Baukunst bespöttelt und über die vielen „elenden Feuer-Nester" klagt, welche trotzdem noch immer vorhanden seien und deren Ausrottung noch lange Zeit erfordern werde, ehe die Stadt eine Rolle unter den schönen Städten Europa's spielen könne. Ob wohl Hüsgen auch das Stalburger „Stammhaus", welches ein Jahr vor dem Erscheinen des Artist. Magazins niedergerissen wurde und dessen er mit keiner Sylbe gedenkt, unter die „Feuernester" zählt? Wie würde der Mann sich wundern, wenn er die Veränderungen sähe, welche sein liebes Frankfurt seitdem erfahren hat!

Friedrich Hulsen,

auch Hulsius, 1566 in Middelburg geboren, kam mit seinem Vater, dem gelehrten Mathematiker Levinus Hulsius, welcher 1590 von Gent nach Nürnberg und von da 1602 nach Frankfurt übergesiedelt war, hierher, wo er eine Kunstverlagshandlung gründete und verschiedene Blätter zu Boissards Beschreibung der Alterthümer Roms, und Bildnisse zu dessen chalcographischer Bibliothek in einer ziemlich trockenen Manier stach. Sein Tod soll erst gegen 1660 erfolgt sein.

c. 1602/1660.

Johann Lorenz Müller,

$\frac{1601}{1651.}$ der älteste Sohn von Peter Müller, ward im Jahr 1601 dahier geboren. Den ersten Unterricht empfing er von seinem Vater. In dem Tagebuch des letzteren heißt es: „1618, 11. Jan. hab' ich verdingt mein Sohn Joh. Lorenz zu dem Meister Daniel Mayer, Maler, auf 3 Jahre, gab ihm nichts zu Lohn und er ihm auch nichts, soll ihm das Malen lehren so= viel er weiß." Meister Mayer scheint seine Aufgabe redlich gelöst zu haben; denn aus seinem Schüler ist ein sehr tüchtiger Künstler geworden, wie eine von diesem auf Leinwand in Oel gemalte Ansicht der Stadt von der Sachsenhäuser Seite, den Einzug Gustav Adolphs mit seinem Heere im Jahr 1631 darstellend, beweist. Dieses ge= lungene Bild befand sich ursprünglich in der Gogel'schen Sammlung und war nach einer alten Familiennotiz dem Künstler mit neun und zwanzig Speciesthalern bezahlt worden. (Hüsgen S. 158. Faber: Topogr. polit. hist. Beschreibung ꝛc. Bd. 1. S. 377.) Als i. J. 1782 diese Sammlung zur Versteigerung kam, wurde das erwähnte interes= sante Gemälde von Dr. Kißner für den Spottpreis von zwölf Gul= den und dreißig Kreuzern erstanden, 1824 aber durch die Bürger= meister von Guaita und Thomas um 110 fl. für die Stadt erworben. Es befindet sich seitdem in dem Audienzzimmer des älteren Bürger= meisters, obwohl irrthümlich unter dem Namen des Matthäus Merian, der eine ähnliche Darstellung in Kupfer gestochen hat, woher die Verwechselung entstanden sein mag. Das Bild mißt nach der, übrigens nicht ganz genauen, Angabe des Gogel'schen Katalogs 3' 10" in die Breite und 2' 4½" in die Höhe.

Johann Lorenz Müller hatte sich 1624 mit Margaretha Herlen und 1633 mit Agnes Ainzelmann vermählt. Das Jahr seines Todes ist unermittelt, gewiß aber, daß er noch 1651 gearbeitet hat, indem er damals die Decken der äußeren Verdachungen der Römer=Portale mit historischen Malereien verzierte.

Lorenz Schilling

$\frac{1601}{1637.}$ machte sich als Zeichner, auch Stahl= und Wappenschneider im ersten Viertel des 17. Jahrhunderts bekannt. Er war von Wesel gebürtig (ob Ober= oder Niederwesel sagt das Kirchenbuch nicht), und durch seine Heirath am 7. Juni 1601 in das hiesige Bürgerrecht gelangt. Ich gedenke seiner hauptsächlich wegen verschiedener von ihm in Stahl geschnittenen Stempel zu Ehren= und Gedächtnißmünzen, namentlich einer mit der Ansicht von Frankfurt, wovon er dem Rathe ein Exemplar überreichte; sodann der großen Medaille mit dem Grund=riß der Stadt und einem Revers mit dem Reichsadler und achtzehn Wappen damaliger Rathsglieder. Sie hat etwa zwei Zoll im Durch=messer. Auf dem äußeren Rande liest man hinter der lateinischen Zueignung an den Magistrat den Namen des Meisters mit dem Zusatze »Civ. Franc. 1611.« Auf der Platte selbst befindet sich das Monogramm $\mathcal{S}$. Von dieser Medaille, wofür ihm 193 fl. 13 ß. 7 ₰ bezahlt wurden, hat man zwei etwas von einander ab=weichende Gepräge: das schon beschriebene, dessen Revers sehr mangel=haft ist, und ein anderes, dem die gedachte Randschrift fehlt, wogegen auf dem besser geschnittenen und geprägten Revers unter dem Reichs=adler die Jahrzahl 1611 erscheint. Eine nicht ganz correcte Nachbil=dung findet man bei Lersner. Ein sehr selten gewordener Kupfer=stich, zwei Linien kleiner als die Medaille, zeigt denselben Grundriß, jedoch mit der Jahrzahl 1611 in der Umschrift. Es ist das bei Sebastian Furck unter No. 1. erwähnte Blatt mit Schillings Monogramm, könnte daher auch von Schilling selbst gestochen sein. Die gleichfalls erwähnten neueren Abdrücke von der entgegengesetzten Seite haben das Verdienst, die Umrisse etwas schärfer wiederzugeben als die alten Originale.

Zwei andere Denkmünzen verschiedener Größe verfertigte Schil=ling 1618 auf den damals sichtbar gewesenen Cometen mit den Ini=tialen L. S. Noch eine andere vom Jahr 1626 zeigt einerseits die Ansicht der Stadt, andererseits eine Pyramide mit dem vollständigen Namen des Meisters. Es finden sich auch Exemplare mit einer Henne und ihren Küchlein auf dem Revers anstatt der Pyramide; diese haben die Jahrzahl 1627.

Wenn auch die Arbeiten dieses Stahlschneiders gerade keine Meisterstücke genannt werden können, so zeigen sie doch ein ernstes Streben, das Anerkennung verdient. Rüppells strenges Urtheil im 8. Heft des Archivs ist, zumal wenn man die Zeit berücksichtigt, gewiß nicht gerechtfertigt. Schillings Geburtsjahr ist, wie sein Sterbejahr, unbekannt.

Eberhard Kieser

war ein geschickter und sehr fleißiger Kupferstecher und Kunstverleger 1600. in der ersten Hälfte des 17. Jahrhunderts. Am 19. Juni 1609

trat er mit Anna Christina Hoffmann, der Tochter eines hiesigen Malers, in die Ehe und erwarb dadurch das Bürgerrecht. Er hat viele
zu jener Zeit hier und auswärts erschienene gelehrte Werke mit achtbaren Arbeiten in Georg Kellers Manier ausgeschmückt. Von diesen
Werken verdienen, außer dem schon S. 125 erwähnten Krönungsdiarium Maximilians II von 1612, hier noch genannt zu werden:

1. Joh. Jac. Wallhausens Ritterkunst. Frankfort am Mayn 1616, 8°.
2. Dessen Romantische Kriegskunst. Frankfort bei Paul Jacobi. 1616
   Folio.
3. Daniel Meißners Thesaurus philopoliticus. Frankfort 1620—1630.
4. Oesterreichischer Lorbeerkranz. 1625. Folio.

    Ferner gab Kieser eine Folge von Kaisern, Kurfürsten und an-
dern großen Herren zu Pferd, im Ganzen etwa 78 Blätter, in kl. 4°
heraus, und stach noch verschiedene Portraite, namentlich die der sogenannten Aechter Fettmilch, Schopp, Gerngros und Ebel in S. Furcks
Manier, was vermuthen läßt, daß er mit oder nach diesem, ihn jedenfalls übertreffenden, Künstler öfter gearbeitet habe. Endlich hat man
von ihm auch einige Copien nach A. Dürer.

    Kiesers Blätter sind theils mit seinem vollen Namen, theils
mit den Initialen K. K. oder *E. K.* bezeichnet. Die Zeit seiner
Geburt und seines Todes ist nicht bekannt.

Johann Schütz,

ein bis jetzt wenig bekannter Formschneider im Anfange des 17. Jahrhunderts, hat einen großen, 4½′ breiten Holzschnitt folgendermaßen bezeichnet: „Wahrhaftige eigentliche Abconterfactur der chur-
fürstl. Stadt Mainz am Rheinstrom gelegen ꝛc. Frankfurt a. M. durch Johann Schützen, Formschneider." Das
Blatt trägt keine Jahrzahl; da sich aber das Wappen des Kurfürsten
Johann Schweikart von Kronberg darauf befindet, so kann mit ziemlicher
Sicherheit angenommen werden, daß die Verfertigung in die Jahre
1604 — 1620 fällt. (Schaab: Geschichte der Stadt Mainz. Bd. 1
S. 17.) Das Blatt muß äußerst selten sein, da es sich nicht einmal
in der Stadtbibliothek zu Mainz befindet. Weitere Arbeiten dieses
Meisters sind mir nicht bekannt geworden.

    Von einem andern Formschneider,

Johann Ludwig Schimmel,

1611. welcher, nachdem er sich am 14. Oct. 1611 mit Margaretha Mohr
verheirathet hatte, zugleich als Briefmaler hier ansässig war, hat man

zwei mit seinem Namen und der Jahrzahl 1615 bezeichnete, einen damals hier vorgefallenen großen Diebstahl bildlich darstellende Holzschnitte. Diese wahrscheinlich geringfügigen Blätter sind mir nie zu Gesicht gekommen, auch vermochte ich über des Meisters Leben und seine sonstigen Leistungen nichts weiter zu ermitteln.

Jost Schoner,

ein hiesiger Maler, über dessen Lebensverhältnisse und Arbeiten nichts 1621. bekannt ist, verheirathete sich am 11. April 1621 mit Jacobine Kerchs aus Augsburg und starb am 24. September 1624. (Peter Müllers Tagebuch.)

Johannes Hofmann

war ein geschickter Kunstgießer in der ersten Hälfte des 17. Jahr- 1622. hunderts. Von ihm sah man ehedem auf dem St. Peterskirchhof unter No. 101 ein Epitaphium der Magdalena Beutmüller aus Nürnberg, „des hiesigen Bürgers und Münzmeisters Kaspar Ayrer eheliche Hausfrau", worauf die Auferstehung Christi vorgestellt war, mit der Bezeichnung: Johannes Hofmann in Frankfurt gos mich 1622. Eben so befand sich in der Kirche selbst das jedenfalls nach 1626 gegossene Epitaphium der Familie Bromm, die Auferstehung der Todten nach dem Propheten Ezechiel darstellend. Im Vordergrunde knieen Johann Friedrich Bromm und seine Frau nebst ihrem Sohne; sie schauen das große Ereigniß betend an. Das Ganze ist mit Wappen und architektonischen Verzierungen eingefaßt und hat die Inschrift: »Joh. Hofmann gos mich.« (Hüsgen S. 150. 589.) Beide Platten sind jetzt verschwunden.

Nagler erwähnt, daß ein Kunstgießer des ganz gleichen Namens um 1650 in Norwegen gelebt habe. Es wäre immerhin möglich, daß unser Meister sein Leben im fernen Norden beschlossen hätte. Am 21. April 1612 hatte er sich hier verheirathet. Wann und wo ihn der Tod ereilt hat, ist nicht bekannt.

M. Hans Baber,

gleichfalls ein hiesiger Kunstgießer, welcher, um 1583 geboren, am 1622. 21. Oct. 1611 mit Catharina Pantelgrowel in die Ehe trat, hat unter andern eine schöne Platte für das Epitaphium des Nikolaus

Lohr, No. 129 auf dem erſten St. Peterskirchhof verfertigt. Nikolaus
Lohr und ſeine Familie knien betend in einer reich verzierten Land=
ſchaft. Unten las man: M. Hans Bader in F. F. goss mich 1623.
(Hüsgen S. 149. 595.) Es iſt mir nicht gelungen, dieſe Gußplatte
auf dem Kirchhofe oder anderwärts wieder aufzufinden. Sie iſt
wahrſcheinlich mit den vielen andern Denkmalen der Pietät, wovon
Hüsgen noch berichten konnte, der Zerſtörung verfallen.

Wenn man auch in neuerer Zeit einige Vortheile gefunden hat,
den Kunſtguß weniger umſtändlich und beſchwerlich zu machen, als
es in früheren Jahrhunderten der Fall war, ſo bleibt doch die Erz=
gießerei unter allen Arten der productiven Kunſt unbeſtritten diejenige,
welche die tiefſten Kenntniſſe und Erfahrungen neben richtigem Kunſt=
gefühl erfordert. Deßhalb iſt der Erzguß zu allen Zeiten als eben=
bürtig mit der eigentlichen Kunſtſchöpfung angeſehen worden. Es
rühmte ſich Benvenuto Cellini mehr des gelungenen Guſſes,
als der Erfindung, und die Namen der flamändiſchen Erzgießer haben
in der Kunſtwelt vollgültigen Klang behalten, während die Urheber
der Modelle meiſt vergeſſen ſind.

Hier dürfte der Ort ſein, der wenigen noch erhaltenen Bild=
hauer= und Erzgußarbeiten des alten Friedhofes zu gedenken. Es
ſind kaum noch vier oder fünf:

1. Das in der Mitte der erſten Abtheilung auf einem hohen gemauerten Sockel
errichtete Crucifix von röthlichem Sandſtein mit dem gekreuzigten Heiland
und den darunter ſtehenden Figuren der Mutter Maria und des Evange=
liſten Johannes wurde i. J 1509 von Hartmuth Neſtern, einem
wohlhabenden Gärtner, zu ſeinem und ſeiner Hausfrau Gedächtniß ge=
ſtiftet. Wenn auch artiſtiſch nicht von beſonderer Bedeutung, bleibt dieſes
anſehnliche, durch die Stürme von beinahe vier Jahrhunderten verhältniß=
mäßig noch wenig beeinträchtigte Denkmal der Frömmigkeit immerhin ein
achtbarer Zeuge der einheimiſchen Kunſtſtufe jener Zeit. Vorzugsweiſe Be=
achtung verdienen die Geſtalten der Maria und des Johannes. Die am
Saume der Gewänder erkennbaren Inſchriften ſind kaum noch zu entziffern.

2. Eine der ſchönſten Gußtafeln ſchmückte einſt unter No. 188 die Grabſtätte
eines gewiſſen Hans Körner, Bürgers von Nürnberg, der am 19. März
1600 zu Frankfurt vom Tode überraſcht wurde. Sie beſteht aus zwei
übereinander geſetzten Platten, wovon jede zwei Abtheilungen hat. Auf
der oberen größeren Platte iſt in der erſten Abtheilung die Auferweckung
des Lazarus und darunter in der umfänglicheren zweiten Abtheilung die
Auferſtehung der Todten nach dem Propheten Ezechiel in Hautrelief dar=
geſtellt. Die untere Platte, gleichſam den Sockel der oberen bildend, zeigt
Chriſtus am Kreuze, zu deſſen Seite Hans Körner und ſeine beiden Haus=
frauen betend knien. Bei jeder der Figuren befindet ſich deren Wappen
und unter dem Ganzen eine nekrologiſche Inſchrift. Die beiden Platten
zuſammen ſind 3′ 8″ hoch und 2′ 7″ breit. Sie wurden zur Zeit der

Schließung des alten Kirchhofes, wohl der Sicherheit wegen, von dort ent=
fernt und seitdem von der Friedhofscommission, später von dem Historischen
Verein aufbewahrt. Ihr Verfertiger ist nicht genannt. Wenn man sie
nicht einem der beiden gleichzeitigen hiesigen Kunstgießer Johann Hof=
mann oder Hans Baber zuschreiben, also eher an einen auswärtigen,
namentlich an einen nürnberger Künstler denken will, so könnte es wohl
kein anderer sein, als Benedict Wurzelbauer, der um die gleiche
Zeit in Nürnberg blühte und den ausgezeichnet schönen Brunnen vor der
St. Lorenzkirche gegossen hat. [1]

Nach einem Protocoll des Kastenamtes vom Jahr 1746 wurden damals
auf das Körnerische Epitaphium von dem Schöffen, später Stadtschultheißen,
Joh. Wolfgang Textor, dem Großvater Goethe's, gleichzeitig aber
auch von einer Frau Christin Clauer Ansprüche erhoben, von beiden
jedoch, wie es scheint, nicht weiter verfolgt.

3. Auf dem ersten Kirchhofe an der südlichen Mauer in der Nähe wo ehe=
mals das Beinhaus gestanden, befindet sich, hinter dem Gebüsch versteckt,
das Bronzedenkmal (No. 40) von Johann Bayn († 1601), seiner ersten
Hausfrau Rosine Andreä († 1600) und seiner zweiten Hausfrau Susanna
Rammad († 1607). Der obere Hauptheil der Gußplatte giebt in einem
runden Schilde die Parabel von den klugen und thörigten Jungfrauen,
der Heiland erscheint mit dem Kreuze in der Hand. In der mittleren
Abtheilung sieht man Christus am Kreuze, links knien Johann Bayn mit
seine drei Söhne, rechts seine beiden Hausfrauen mit zwei Töchtern, neben
ihnen auf dem Boden liegt ein Säugling. Darunter die Inschrift. Dieses
Monument ist in dem gleich zu erwähnenden Epitaphienbuche unter No. 40,
jedoch unvollständig, abgebildet. Der Bronzeguß steht dem unter 2 ge=
dachten an Kunstwerth gleich. Beide dürften von derselben Hand her=
rühren. Die Platte ist bis jetzt vollkommen gut erhalten, es wäre sehr zu
bedauern, wenn sie nicht vor möglicher Beschädigung oder gar Entfrem=
dung geschützt würde.

4. Rechts vom Eingange zum ersten Kirchhofe an der östlichen Mauer nach der
Schäfergasse hin sieht man nebeneinander zwei große Bronzetafeln mit
weitläufigen Inschriften. Beide Platten sind von gleicher Größe und ge=
hören naheverwandten Familien an, nämlich:

a) Das Epitaphium des Schöffen Jacob Am Steeg und des Syn=
dicus Kaspar Gabriel Rasor, mit Inschrift, letztere von sechs
Wappen umgeben und bezeichnet: Sebastian Denner f. Norimberg
1677.

b) Das Epitaphium des Peter Caspar Gläßer und seiner Haus=
frau einer gebornen Rasor, mit Inschrift und vier Wappen, errichtet
1678 und bezeichnet: „Sebastian Denner gemacht zu Nürnberg“. [2]
Beide Denkmale sind in dem Epitaphienbuche unter No. 194 und 195
eingetragen.

5. Eine unbedeutendere Gußplatte: das Wappen des am 28. Dec. 1582 hier

---

[1] Er ist zu Nürnberg geboren 1584 und gestorben 1620.

[2] Sebastian Denner war ein geschickter Bildhauer und Kunstgießer zu Nürn=
berg, wo er 1691 noch lebte.

verstorbenen W e i m a r S t o ck m a n n, Rathsverwandten und Handelsherrn
zu Kassel, mit entsprechender Inschrift, einst unter No. 84 auf dem ersten
Peterskirchhofe, wird jetzt bei der Friedhofscommission aufbewahrt. Man
liest darauf:

> Durch das Feuer fluß ich,
> Gottfried Kohler zu Kassel goß mich.

Wie viele schöne Grabdenkmale in Erz und Marmor der alte
Peterskirchhof enthalten hat, die aber alle bis auf wenige zu Grunde
gegangen sind, läßt sich noch aus dem bei der Friedhofscommission
befindlichen alten „Epitaphienbuche" ersehen, worin die getuschten
Zeichnungen der Epitaphien der beiden ersten Abtheilungen des Friedhofes nebst handschriftlichen Erläuterungen aufbewahrt sind. Freilich
ein schwacher Ersatz für das Verlorene! Dieses interessante „Riß-
buch" verdient jedenfalls die Beachtung der Kunst= und Alterthums
freunde, vornehmlich aber der Nachkommen der auf dem Peterskirch
hofe Ruhenden. Es ist nicht nach und nach, je mit der Aufrichtung
der einzelnen Denkmale, entstanden, aber von kundiger Hand, wie es
scheint zu Anfang des achtzehnten Jahrhunderts, gleichsam als ein
Inventar des Friedhofes aufgenommen. Einige wenige Blätter sind
späteren Ursprungs.

Johannes Wolf

1623. kommt im Jahr 1623 als Glasmaler in einer Zinsrechnung des Bartholomäusstifts vor, an welches er für einen Kramladen auf dem
Pfarreisen halbjährig einen Zins von 1 fl. 12 ß. entrichtet. Hüsgen
vermuthet, daß Wolf mit von ihm gemalten Trinkgläsern, Flaschen
und Fensterscheiben, die damals noch stark im Brauche gewesen, einen
Handel getrieben habe und bedauert mit Grund, daß die Glasmaler
selten ihre Arbeiten mit ihrem Namen bezeichnet und dadurch selbst
veranlaßt haben, daß sie bei der Nachwelt in Vergessenheit geriethen.
Auch über Wolfs Leistungen in diesem Fache schweigt die Geschichte.
Am 2. März 1612 hatte er sich verheirathet.

Johann von der Heyden

oder v a n d e r H e y d e n, war nach Brulliots Angabe um 1570 zu
Straßburg geboren. In der ersten Hälfte des 17. Jahrhunderts
lebte er als Kupferstecher zu Frankfurt, wo er eine große Anzahl meist kleiner fein geätzter Blättchen aus der heil. Geschichte,
Allegorien, Portraite und auch Landschaften stach. Die sehr selten

gewordenen Portraite der Helden des dreißigjährigen Kriegs: Bernhard von Weimar, Wilhelm Landgraf von Hessen, Pfalzgraf Ludwig
Otto, Torstensohn u. A., alle zu Pferd, sind als Hauptblätter des
Künstlers zu betrachten. Zu einem Spruchbuche in Ll. Folio verfertigte er gleichfalls die Abbildungen. Auf dem letzten Blatte liest
man: „Gedruckt zu Frankfurt bei Eberhard Kiefer. In Verlegung
Jacobs von der Heyden. Chalcograph. Anno MDCXXIII." Nagler
hat viele Blätter dieses Meisters verzeichnet, denen noch das Portrait
des Janus Gruterus, 4.° beizufügen ist. Von der Heyden bediente
sich der folgenden Monogramme: $\mathcal{K}.\ \mathcal{K}.\ \mathcal{K}.\ \mathcal{K}eide.$
$Js.\ ab\ heyd.\ I.v.h.$ und H. (Brulliot).

Ueber seine Lebensverhältnisse und sein Ende fehlen alle Nachrichten.
Nach Inhalt des Kirchenbuchs wurden

Anton Serrarius

Maler, und Anna Maria von der Bruck, letztere aus Straßburg,
am 24. Nov. 1623 in Frankfurt getraut. Diese Notiz möge hier
Platz finden, bis es einem Andern besser gelingt, zu ermitteln: ob
dieser Künstler in Frankfurt, in welchem Fache und mit welchem
Erfolge gearbeitet hat? Um dieselbe Zeit war

Johann Wilhelm Dilich,

Ingenieur und Baumeister, im Jahr 1600 zu Cassel geboren, mit der 1625 1640.
Leitung des hiesigen Festungsbaues betraut. Noch werden in einem
starken Foliobande die zu diesem damals für Frankfurt höchst wichtigen Unternehmen von ihm eigenhändig angefertigten Fortifications-
plane in dem Stadtarchiv aufbewahrt. Nach diesen vom Anfange
des Baues bis zum Jahr 1640 und weiter reichenden Zeichnungen
kann man den Fortgang des Befestigungswerks Schritt für Schritt
verfolgen.

Wilhelm Dilich, des obigen Vater, war gleichfalls Architekt.
Er hat außer: „Unterricht, einen Platz zu fortificiren" ꝛc. auch eine
Chronik der Stadt Bremen und eine solche von Hessen geschrieben.

Sebastian Furck hat das Portrait des Vaters und des Sohnes,
letzteres zweimal, in Kupfer gestochen.

Johann Philipp Waldmann.

1629. Eine an diesen Künstler gerichtete Zueignung im vierten Theil von **Daniel Meißners** Thesaurus Philopoliticus bezeichnet ihn um 1629 als hiesigen Kupferstecher, und in einer alten Brunnen= rolle des Hainerhofs erscheint er 1634 als Mitglied dieser Brunnen= genossenschaft.

In der Vorrede zu **Johann Wilhelms** Architectura civilis, welche zuerst 1649 in Frankfurt und 1668 wiederholt in Nürnberg erschien, wird ein **Waldmann** als hiesiger Werkmeister genannt, der die Absicht gehabt habe, ein Werk über bürgerliche Baukunst herauszugeben. In Naglers allgem. Künstlerlexicon findet man eine ganze Malerfamilie dieses Namens, welche im 17. und 18. Jahr= hundert zu Insprug und Wien namhafte Künstler in ihrer Mitte zählte. Daß auch unser Waldmann zu dieser Familie gehört habe, ist sehr wahrscheinlich.

Wilhelm Panneels,

1630. um 1599 zu Antwerpen geboren, hatte seine Kunstbildung in Rubens' Schule erhalten. Er selbst nennt sich auf einigen von ihm geätzten Blättern einen Schüler dieses großen Meisters. Nach der bedeuten= den Anzahl seiner gut und geistreich, meistens nach Rubens radirten Blätter zu urtheilen, hat Panneels die Radirnadel dem Pinsel vor= gezogen; indessen hat doch C. Waumans nach ihm die Bildnisse verschiedener altburgundischen und brabantischen Herzoge und Grafen gestochen. Gegen das Jahr 1630 kam er nach Frankfurt, wo er sich längere Zeit aufgehalten zu haben scheint. Mehrere seiner Blätter weisen darauf hin, namentlich:

1. Der Sturz des Phaeton, Plafond, G. Panneels, Discip. Rubeni inv. fe. Francofurti 1630.
2. Die Geburt Christi, Anbetung der Hirten. Guilielmus Panneels, Discip. Rubeni inv. fec. francofurti ad Moenum 1630.
3. Die Taufe Christi. G. Panneels fecit Francofurti 1630.
4. Die heil. Jungfrau mit dem Christuskinde, welches dem Johannes eine Schale reicht. Annib. Carracius inv. Joannes (?) Panneels fec. Francf.
5. Die Toilette der Venus. G. Panneels Francofurti ad Moenum fecit 1631 (nicht 1632, wie Nagler angiebt).
6. Der Tod der Cleopatra durch den Schlangenbiß. G. Panneels francofurti ad Moenum 1631.

In dem Katalog des Grafen Rigal findet man die hauptsäch= lichsten Blätter des Meisters verzeichnet. Von Frankfurt begab sich derselbe nach Cöln. Wann und wo er starb, ist unbekannt.

Noch sind mehrere Künstler zu erwähnen, über deren Lebensverhältnisse alle Nachrichten fehlen, und deren Dasein selbst unbekannt geblieben sein würde, wenn sie nicht durch einige noch vorhandene, mit ihrem Namen bezeichnete Gemälde denselben der Nachwelt überliefert hätten. Diese Bilder sind beinahe alle in den Jahren 1630—1632 entstanden, also in Mitten der Drangsale des
dreißigjährigen Kriegs, was, wenn es im Hinblick auf die um dieselbe Zeit erschienenen Merianischen Kupferwerke dessen noch bedürfen
sollte, den Beweis liefert, daß man in der allgemeinen Noth des
Vaterlandes dennoch die Pflege der schönen Künste nicht vergessen
hatte. Wenn auch diese und die zuletzt besprochenen Maler mit den
großen Niederländern jener Zeit sich nicht messen können, so verdient
doch ihr ernstes und tüchtiges Streben unsere Anerkennung. Und wo
in Deutschland gab es damals viele bessere? Es scheint hauptsächlich
auf die Ausschmückung des älteren Wahlzimmers in dem Römer abgesehen gewesen zu sein. In diesem Saale waren viele der theils
schon erwähnten, theils noch zu erwähnenden Gemälde aufgehangen.
Nach dem Neubaue dieses Theils des Römers im Jahr 1732 wurden
sie aus dem Wahlzimmer, dessen Wände ohnehin für größere Gemälde zu wenig Raum bieten, entfernt und anfänglich in dem Rondel
vor dem Wahl- jetzt Rathszimmer, dann in dem Amtslocale des
Forstamtes aufgehangen, fanden aber zuletzt, nachdem sie sogar eine
Zeit lang in dem kleineren Römerhöfchen unter freiem Himmel zusammen geschichtet gestanden hatten, im Jahr 1824 durch die Fürsorge
des Bürgermeisters v. Guaita und des damaligen Rathschreibers Dr.
Usener eine Stelle an der Kaiserstiege, deren Wände ehemals von
Joh. Baptista Innocenz Colomba mit schönen Frescogemälden verziert waren, die aber später, mit Ausnahme des Plafonds, überweißt
wurden. Hier sind die Bilder, wenn auch nicht gegen den Staub,
doch gegen Wind und Wetter vor gänzlichem Verderben geschützt.
Mehrere derselben haben indessen schon bedeutend gelitten.

Außer den hierher gehörigen schon früher besprochenen Malern
Johann Elsheimer, **Martin van Valkenburg** und **Heinrich v. d. Borcht**, sind noch zu erwähnen:

Abraham de la Rue,

Historienmaler, angeblich ein Schüler von Rubens, hatte jedenfalls 1632
dessen Werke studirt. Wenn er auch sehr weit hinter diesem Meister
zurückgeblieben ist, so zeigen doch seine Arbeiten, daß er seinem großen

Vorbilde nachgestrebt hat, was besonders in den weiblichen Figuren bemerkbar ist. Das an der Kaiserstiege hängende Gemälde stellt die Großmuth des Scipio Africanus dar.[1] Die Figur des neben dem Mädchen knienden Verlobten ist besonders gelungen, weniger die Hauptperson, Scipio, dem der Künstler eine zu theatralische Stellung gegeben hat. Die Beiwerke, goldene Gefäße rc. sind schön und mit vielem Fleiße gearbeitet. Das Bild ist »Abraham de la Rue 1632« bezeichnet, auf Leinwand gemalt, und mißt 8½' in die Breite und 5½' in die Höhe. Dasselbe ist 1639 dem Künstler von dem Rathe mit achtzehn Gulden bezahlt worden.

In dem 1843 durch Passavant verfaßten Verzeichnisse des Prehn'schen kleinen Kabinets sind unter No. 299 und 300 zwei auf Holz gemalte Bildchen, einen Zug von Kriegern und ein Seegestade vorstellend, unter dem Namen de la Rüe verzeichnet; ich bezweifle aber, daß sie unserem Meister angehören; wahrscheinlich sind sie von der Hand des französischen Landschaft- und Pferdemalers F. R. de la Rüe.

Ob Abraham de la Rüe mit Jacob de la Rüe, Formschneider zu Paris um 1565, oder mit Louis Felix de la Rüe, Bildhauer daselbst 1630—1665, oder endlich mit dem eben genannten F. R. de la Rüe, einem Schüler Parocels, verwandt gewesen, bleibt unermittelt. Der Familienname de la Rüe kommt bis in die neueste Zeit in Frankfurt vor.

Hans Jacob Schäffer

1631. war gleichfalls Geschichtsmaler, von dem man eine Composition von 24 Figuren, das Gastmahl des Belsazzar vorstellend, an der Kaiserstiege im Römer sieht. An diesem auf Leinwand gemalten Bilde ist besonders die gute und kräftige Färbung zu loben. Es ist »Hans Jacob Schaeffer 1632« bezeichnet und mißt 8½' in die Breite und 5½' in die Höhe.

Schäffer war wahrscheinlich ein Schüler, jedenfalls Gehülfe von Lorenz Müller; denn im August 1651 half er diesem bei den historischen Malereien, womit damals die Decken der äußeren Verdachungen der Römer-Portale verziert wurden.

---

[1] Im städtischen Rechnungsbuche wird es die Historia von Pipino genannt.

Balthasar Behem.

Das ebenfalls an der Kaiserstiege befindliche Bild, welches uns den Namen dieses Künstlers durch die Bezeichnung »Balthasar Behem, Mahler in Frankfurt 1631« aufbewahrt hat, stellt Salomons Urtheil vor. Es ist auf Leinwand gemalt und gerade kein Meisterstück, 9½' breit, 5½' hoch. Hüsgen erwähnt dasselbe S. 573, ohne den Meister zu kennen. Dieser war im April 1627 zum Bürgerrecht gelangt. Nach Inhalt des Bürgerbuchs hatte auch ein Maler Franz Behem am 24. Febr. 1612 den Bürgereid geschworen.

In einem älteren schriftlichen Verzeichnisse der in dem Römer befindlich gewesenen Gemälde, sind außer den so eben gedachten noch ferner genannt:

1. Hans Heinrich Eberhard 1632: ein historisches Bild im Wahlzimmer.

2. Hans Jacob Eher 1636: die Historie von der Esther. Es hing vormals über der Thür des alten Wahlzimmers.

Nach Inhalt der rechneiamtlichen Protocolle wurde diesem „Kunstmaler" am 17. Jan. 1644 verstattet, in seiner Wohnung an der Catharinenpforte das von einem Bierbrauer an Zahlungsstatt empfangene Bier so lange verzapfen zu dürfen, bis er zu seiner Forderung von 100 Thlr. gelangt sein werde. Die Wirthschaft mag gut gegangen sein; denn schon im Mai desselben Jahrs erhielt er definitiv die Concession einer Bierwirthschaft!

3. Hans Jürg Müller: die Geschichte von Jephtas Tochter, daselbst.

Müller war um 1605 hier geboren und schwor 1635 den Bürgereid.

4. In der Canzlei über des Substituten Platz sah man den geschundenen Marsias, mit einem lateinischen Spruche und deutschen Reimen, von einem ungenannten Maler.

Weder über die Lebensverhältnisse dieser Künstler, noch über das Schicksal ihrer ebengedachten Werke war ein weiterer Aufschluß zu erlangen.

Einen weit höheren Rang nimmt der Historien- und Portraitmaler

Samuel Hoffmann,

ein, welcher Frankfurt in seinen späteren Lebensjahren bis zu seinem Tode angehört hat. Dieser Künstler war um 1591 oder 1592 in

einem Dorfe bei Zürich geboren. Sein Vater, ein gebildeter Land=
geistlicher, hatte ihm eine gute Erziehung gegeben. Nachdem er die
Anfangsgründe der Kunst in Zürich bei dem ausgezeichneten Maler
und Radirer Gottfried Ringli erlernt gehabt, bildete er sich in
der Schule des Rubens zum vollendeten Künstler aus. Neben dem
Drange nach Vollkommenheit hatte auch die Begierde, den großen
Rubens, dessen Ruhm damals durch halb Europa erscholl, per=
sönlich kennen zu lernen, den begeisterten Kunstjünger nach Antwerpen
getrieben. Hier war er von dem erlauchten Meister mit Liebe auf=
genommen worden und hatte sich bald dessen Achtung erworben, da
dieser ihn mit zu seinen besten Schülern zählen konnte. Als Hoff=
mann nach längerem Aufenthalte in Antwerpen selbständig auftreten
zu können glaubte, begab er sich nach Amsterdam, wo er mit dem
glücklichsten Erfolge Portraite und Still=Leben malte. Daselbst ver=
mählte er sich mit Elisabetha Bason und kehrte mit ihr 1624 in
seine Vaterstadt zurück. Die Festigkeit und Leichtigkeit seiner Zeich=
nung, die Zartheit seines Pinsels und die Natürlichkeit seines Colorits
erregten auch hier, im Gegensatz zu der bis dahin üblich gewesenen
trockenen Manier, die allgemeine Aufmerksamkeit. Er vermochte den
an ihn gelangten Bestellungen kaum zu genügen. Besonders wurden
seine Bildnisse bewundert. Aber auch seine historischen Gemälde,
deren indessen nur wenige bekannt sind, und seine Still=Leben fanden
großen Beifall. Fueßli [1] macht deren viele namhaft, wovon sich
manche noch jetzt in der Schweiz befinden mögen. Wenn man auch
von des Künstlers Lob, zu dessen Ausdruck Fueßli kaum Worte ge=
nug finden kann, einen Theil dem schweizerischen Patriotismus des
Schriftstellers zuschreiben will, so kann doch nicht geleugnet werden,
daß Samuel Hoffmann einer der begabtesten deutschen Künstler
seiner Zeit war und die ihm auch außerhalb seines engeren Vater=
landes zu Theil gewordene Anerkennung wohl verdient hat. Von
dem berühmten Helden des dreißigjährigen Kriegs, Herzog Bernhard
von Weimar, wurde er nach Breisach berufen, um ihn und andere
Personen in Lebensgröße zu malen. Da Herzog Bernhard Breisach
erst am 7. Dec. 1638 erobert hatte und bereits am 8. Juli 1639 starb,
so muß Hoffmann in diesem Jahre daselbst gewesen sein. Nach
Fueßli's Angabe hatte er, als er dem Rufe des Herzogs folgte,
seine Familie in Frankfurt zurückgelassen, seinen festen Wohnsitz in
dieser Stadt aber erst genommen, nachdem er seine Arbeiten in

---

[1] Geschichte der besten Künstler in der Schweiz I. S. 155.

Breisach vollendet gehabt. Hieraus scheint mit ziemlicher Gewißheit sich zu ergeben, daß er erst in den letzten Jahren des vierten Jahrzehends des 17. Jahrhunderts, etwa um 1638, nach Frankfurt gekommen ist, wonach denn auch Naglers Angabe, derselbe habe den Einzug Gustav Adolphs in Frankfurt als Augenzeuge gemalt, um so zweifelhafter wird, als sich von der Existenz eines solchen Bildes hier keinerlei Spur findet. Ueberhaupt war auch in Frankfurt Hoffmanns Thätigkeit fast ausschließlich dem Portrait zugewendet. Noch jetzt sieht man hier und da bei alten Familien von ihm Gemälde dieser Art, welche würdig sind, in den ersten Gallerien eine Stelle zu finden. Auf der Stadtbibliothek befindet sich das Bild des gelehrten und kunstliebenden Schöffen Johann Maximilian zum Jungen in Lebensgröße, und in der Sammlung des Städel'schen Instituts das Bild einer vornehmen Dame in schwarzer Tracht mit großem runden Kragen, Kniestück, beide sehr vorzügliche Werke. In dem Museum zu Darmstadt wird das Bildniß eines Juweliers in schwarzer mit Pelz besetzter Kleidung aufbewahrt. Auch in der Schweiz findet man noch manche seiner Portraite. Seltener sind die geschichtlichen Bilder des Meisters. Dennoch hat sich das, welches die Geburt des Erichthonios, des Sohnes Vulkans, darstellt und von Hüsgen S. 573 als eins der schätzbarsten Gemälde des hiesigen Rathhauses bezeichnet wird, auch ohne Zweifel dasselbe ist, dessen schon Fueßli a. a. O. erwähnt, bis auf unsere Tage erhalten. Es ist eine Composition von vier lebensgroßen nackten Figuren. Die Töchter des Kekrops: Pandrosos, Herse und Aglauros entdecken in dem ihnen von Minerva anvertrauten und gegen deren Verbot eröffneten Wiegenkorbe das Kind mit dem Schlangenschweife, welches aus der Umarmung des Hephästos und der jungfräulichen Minerva in unvollkommener Zeugung entstanden war. Composition, Zeichnung und Colorit dieses schönen Bildes bekunden den talentvollen Schüler Rubens'. Es ist bezeichnet: S. Hoffmann von Zürich. Einige weitere Worte, wie es scheint: pinx. Frankfurt und die Jahrzahl, sind unkenntlich geworden. Das Bild ist auf Leinwand gemalt und befand sich ehedem in dem Amtszimmer des Forstamtes, wohin es freilich nicht gehörte. Später, nachdem es einige Zeit in dem Amtslocal des Stadtrechnungs-Revisionscollegs gehangen hatte, wurde es mit der S. 117 erwähnten keuschen Susanna auf den obersten Boden des Römers verwiesen, wo es seinem Schicksale nicht entgangen sein würde, wenn ich nicht Gelegenheit gefunden hätte, die fernere Aufbewahrung in der städtischen Gemäldesammlung zu veranlassen.

Ein anderes geschichtliches Gemälde: Thysbe bei dem Leich-
name des Pyramus in einer gebirgigen Landschaft, auf Leinwand,
51" hoch und 66" breit, ist in dem Verzeichnisse der 1827 ausgestellt
gewesenen Gemälde Frankfurter Künstler unter No. 20 unserem Meister zugeschrieben.

Im Jahr 1648 ereilte ihn der Tod im noch nicht vollendeten
56. Lebensjahr. Seine Wittwe zog sich mit ihrem Sohne und den
beiden Töchtern nach ihrer Vaterstadt Amsterdam zurück, wo sie und
die Tochter Magdalena, welche im Blumenmalen besondere Geschicklichkeit besaß, bis an ihr Lebensende der Kunst oblagen.

Von nicht geringerer Bedeutung ist

Ludwig Pfanstill,

auch Pfaustil und Pfannenstil — der Name findet sich in verschiedener Weise geschrieben — ein geschickter Maler und Kupferstecher.
Er war eines Metzgers Sohn, gegen Ende des 16. oder im Anfange
des 17. Jahrhunderts hier geboren, und übte seine Kunst noch 1666
in kraftvoller Thätigkeit. Es ist sehr zu bedauern, daß über das Leben
und die Werke dieses talentvollen Künstlers alle Nachrichten fehlen.
In seiner eigenen Vaterstadt beinahe vergessen, ist er in weiteren
Kreisen nicht bekannt geworden; und doch ist er solcher Anerkennung
gewiß mehr, als viele Andere werth. Hüsgen macht zuerst auf ihn
aufmerksam durch die Schilderung eines seiner Gemälde. Es ist eine
Allegorie auf die Eitelkeit: Eine vornehme, nicht sehr reizende Dame
in Lebensgröße sitzt vor einem mit reichem Teppiche belegten Tische,
auf dem Krone, Zepter, Reichsapfel, goldene Gnadenketten und Perlen
liegen. Zur Seite steht ein Schatzkästchen mit einer Uhr darüber;
daneben liegen ein farbiger Federbusch und andere Dinge mit allerlei
Edelsteinen besetzt. Eine große silberne vergoldete Schüssel und Kanne
fallen im Vorgrund wegen ihrer Schönheit besonders auf. Als Gegensatz zu diesem eitelen Prunke zeigt der mitten darunter stehende Spiegel
in einem Todtengerippe als Bild der Vergänglichkeit die eigene Büste
der Dame. Obwohl die weibliche Figur, meint Hüsgen, nicht zum
besten gelungen sei, woraus erkennbar werde, daß dies nicht des Meisters Hauptsach gewesen, so befriedigten doch desto mehr die vielen
Beiwerke, Gold, Silber, Perlen und Juwelen, welche mit einer wunderbaren Nachahmung der Natur so täuschend gemalt seien, daß man
in Versuchung gerathe. Dieses Gemälde hat der Künstler zweimal
mit seinem Namen und der Jahrzahl 1660 bezeichnet. Den damaligen

Besitzer nennt Hüßgen nicht. Vermuthlich ist es Graf Elz gewesen. Später befand es sich in der Mergenbaumischen Sammlung zu Nilkheim bei Aschaffenburg und wurde am 16. Juli 1846 bei deren Versteigerung von Professor Ritz für 25 Gulden erstanden — ein Preis, welcher dem Kunstwerthe des Bildes nicht entspricht und sich wohl nur aus dem verminderten Geschmack für allegorische Darstellungen von so großem Umfange erklären läßt. Nachdem ich selbst das Bild im Jahr 1859 bei dem gegenwärtigen Besitzer gesehen habe, muß ich Hüßgens Lob sowohl, wie dessen Tadel für übertrieben erklären; insbesondere finde ich die Figur der Dame keineswegs ohne Reize, die sie nur allzu deutlich zur Schau trägt.

Erfreulich ist es, daß noch ein anderes großes Gemälde dieses Meisters sich hier erhalten hat, oder vielmehr hierher zurück gelangt ist. Dieses genügt, um Hüßgens Zweifel an der Befähigung Pfanstills als Historienmaler vollständig zu beseitigen. Das Bild stellt die Ruhe der heiligen Familie auf der Flucht in Lebensgröße dar und liefert durch die Anmuth der Composition und Zeichnung, besonders in der Gestalt der Maria, wie nicht weniger durch die Kraft des Colorits den entschiedensten Beweis von dem Berufe unseres Meisters als Geschichtsmaler, dem sicher des Rubens Schule nicht fremd geblieben war. Dieses schöne, auf Leinwand gemalte Bild ist bezeichnet: Ludw. Pfanstill Invent. et pinxit 1664. Es befand sich ehedem als Altarblatt in einer rheinischen Kirche, aus welcher es wahrscheinlich durch die Franzosen entfremdet, später aber von Dr. Bachmann erworben wurde. Nach dessen Tod vereinigten sich 1859 einige hiesige Kunstfreunde: die Herrn Senator Franz Bernus, Dr. Euler, G. Finger des Raths, Senator Gwinner, J. A. H. Osterrieth, Senator Reuß, Baron v. Wellens und Frau Wittwe Sänger zum Ankaufe dieses Bildes, um es der Stadt zu erhalten. Vorläufig hat der Historische Verein die Aufbewahrung übernommen, bis sich eine schickliche Gelegenheit zur Verwendung an öffentlicher Stelle gefunden haben wird. Das Bild war ursprünglich höher und als Altarblatt oben abgerundet. Dr. Bachmann ließ dasselbe am oberen Theile so weit verkürzen, daß es jetzt ein überhöhtes Viereck bildet, 8' in der Höhe und 6'½' in der Breite messend. Der abgenommene Theil, einige in der Luft schwebende, Blumen streuende Engel darstellend, ist indessen aufbewahrt und könnte wohl wieder angesetzt werden. Dr. Bachmann hat von dem Bilde einen einfachen, auf Stein gezeichneten Umriß fertigen lassen, der jedoch von der Schönheit des Gemäldes nur einen schwachen Begriff giebt.

Einen weiteren Beweis, daß sich Hüsgen entschieden im Irrthum befindet, wenn er glaubt, die Bildnißmalerei sei nicht Pfanstills Hauptsach gewesen, liefern auch einige gute, wenigstens im Kupferstiche erhaltene Portraite. Von Ludwig und nicht, wie Hüsgen irrig behauptet, von Johann Pfanstill ist das 1666 gemalte Bild des Stadtschultheißen Bender v. Bienenthal, welches Matthäus Küssel in Kupfer gestochen; von Ludwig Pfanstill und nicht von Johannes gemalt ist auch das Bild des Schöffen Vincenz Steinmeyer, wovon Joh. Phil. Thelott einen Kupferstich geliefert hat, und ebenso ist auch das von Hüsgen dem Johannes Pfanstill zugeschriebene Portrait des Stadtschultheißen Schwind, wonach Seb. Furck 1647 seinen schönen Kupferstich verfertigte, von Ludwig gemalt. Die Ansicht dieser drei Blätter stellt Hüsgens Irrthum außer Zweifel. Daß ein gleiches Versehen auch bezüglich des von Aubry gestochenen Portraits des Grafen Gustav Wrangel obwaltet, dürfte um so unbedenklicher anzunehmen sein, als auf dem Blatte, wenigstens auf dem mir vorgelegenen Exemplar, der Maler überhaupt nicht genannt ist. Es ist mir bis jetzt nicht gelungen, ein Gemälde oder einen Kupferstich mit dem Namen Johannes Pfanstill bezeichnet, zu Gesicht zu bekommen. Die schon gerügte auffallende Verwechselung beider Namen und der Umstand, daß Hüsgen das Still-Leben als das Hauptsach beider Meister bezeichnet, ohne daß er sich bezüglich des angeblichen Johannes auf eigene Anschauung berufen kann, geben der Möglichkeit Raum, daß dieser sonst gewissenhafte Schriftsteller hier, gleich wie es ihm auch in Ansehung des Hermann Bos begegnet ist, aus einem Künstler zwei geschaffen, daß ein Johannes Pfanstill gar nicht existirt oder daß Ludwig zugleich den Namen Johannes geführt hat. Dieses letztere dürfte durch das auf dem erwähnten Portrait des Stadtschultheißen Schwind ersichtliche Maler-Monogramm ⅃⅃ seine Bestätigung erhalten. Zwar ist in dem Verzeichniß der Gemälde Frankfurter Künstler von 1827 ein „Familiengemälde" dem Johannes Pfanstill zugeschrieben; allein jener Katalog bietet durchaus keine Gewähr für die Richtigkeit der Bezeichnung der einzelnen Bilder; diese wurden von der Ausstellungscommission nach den Angaben der Einsender aufgenommen. Die Richtigkeit ist hier um so mehr zu bezweifeln, als die Wittwe und Erben des in dem Katalog genannten Besitzers, obgleich sie alle Kunstsachen ihres Erblassers genau kannten, von einem Gemälde des Johannes Pfanstill nichts wissen.

Größeres Interesse noch, wenigstens in kunsthistorischer Beziehung, bietet ein äußerst seltenes Schwarzkunstblatt unseres Meisters, welches in der Sammlung des Städel'schen Kunstinstituts aufbewahrt wird. Dasselbe stellt in einem Oval die Mutter Gottes in halber Figur dar; auf ihrem Schooße ruhet der Leichnam Christi; mit gefalteten Händen blickt sie betend auf ihn herab. Die Zeichnung ist sehr gelungen. Das Blatt ist bezeichnet: Lud. Pfanstil fec., und der Markgräfin Anna von Baden gewidmet — »Liberalium artium Minervae incomparabili« etc. Es mißt nach altfranzösischem Maaße 9″ 10‴ in der Höhe auf 7″ 8‴ in der Breite.

Dieses Blatt, welches Leon de Laborde in seiner »Histoire de la gravure en manière noire« nicht kennt, ist um so beachtungswerther, weil es den Beweis liefert, daß auch ein Frankfurter Meister bald nach Ludwig von Siegen und dem Prinzen Rupert, mit deren Arbeiten Pfanstills Blatt viele Aehnlichkeit hat, die Schwarzkunst geübt habe. Es ist nicht unwahrscheinlich, daß unser Künstler zu diesem gelungenen Versuche in der neuen Kunst, wenn er nicht das Geheimniß durch des Prinzen Ruprecht Gehülfen, Wallerant Vaillant, erfahren haben sollte, angeregt worden ist durch den vortrefflichen Maler und Kupferstecher Johann Thomas von Ypern. Dieser war im Jahr 1658 während der Krönung Leopolds I. als kaiserlicher Hofmaler in Frankfurt anwesend gewesen und hatte bei diesem Anlasse dem Kaiser eins seiner Schwarzkunstblätter gewidmet. Dieses stellt Christus und Maria neben einander als Brustbilder dar mit der Unterschrift: Jesus cum matre sua etc.; sodann folgt der ganze kaiserliche Titel und die Dedication: »Debitae demissionis ergo offert servus à picturis Joannes Thomas Francofurti I. Aug. 1658.« Hieraus ergiebt sich zugleich, daß Thomas damals schon und nicht, wie Nagler und Andere behaupten, erst 1662 die Stelle eines kaiserlichen Hofmalers bekleidet hat. (Meusels neue Miscellaneen, S. 211.)

Die Lebensschicksale und das Todesjahr Pfanstills sind unbekannt. Sie scheinen nicht die günstigsten gewesen zu sein; denn am 26. Mai 1660 wurde ihm laut recheneiamtlichem Protocoll die Concession ertheilt: „neben seinen Kunststücken einen Buchkram zu führen." Noch vor wenig Jahren lebte hier ein Sprosse seiner Familie, vielleicht ein Nachkommen von ihm selbst, der Metzgermeister Johann Pfannenstiel, und in dem frankfurtischen Dorfe Oberrad ist die Familie heute noch zahlreich vertreten.

Auf einem andern Felde erwarb sich

Justus Klesecker [1]

einen ehrenvollen Ruf. Dieser Künstler war von Hameln, nicht wie
Hüsgen sagt, von Minden gebürtig. Er hatte sich, unterstützt durch
angeborenes Talent, auf seinen Reisen in den Niederlanden und Ita=
lien durch fleißiges Studium der Antiken zum tüchtigen Bildhauer
ausgebildet. Als Bischof Melchior Otto von Bamberg nach Been=
bigung des dreißigjährigen Kriegs die dortige Domkirche wieder her=
stellen ließ, [2] führte Klesecker die Bildhauerarbeiten an mehreren
neuen Altären im Geschmacke der damaligen Zeit aus. Bei der vor
einigen Jahren vollzogenen neuesten Restauration jener Kirche wurden
diese Altäre, als mit dem byzantinischen Baustyl nicht harmonirend,
wieder beseitigt, und an einen Kunst= und Antiquitätenhändler ver=
kauft. Bei diesem sah ich neben andern dahin gehörigen Ueberresten
auch neun colosale in Holz geschnitzte Figuren: Maria mit dem Kinde,
sitzend, Christus, St. Petrus, St. Henricus, St. Kunigunde, zwei
anbetende Engel und zwei Bischöfe. Christus und Maria sind in
Musculatur und Ausdruck besonders gelungen. Auf der Brust der
Madonna liest man: Justus Klesecker fec. Es ist zu fürchten, daß
diese Werke, in Ermangelung anderer Verwendung, nachdem die reiche
Vergoldung abgeschabt sein wird, zuletzt als Brennmaterial benutzt
werden.

Nachdem Klesecker im Jahr 1653 sich mit einer vermögenden hie=
sigen Bürgerin verheirathet und im folgenden Jahr das Bürgerrecht
erlangt hatte, nahm er seinen festen Wohnsitz in Frankfurt, wo er
schon lange vorher beschäftigt gewesen zu sein scheint. Er erwarb
sich bald solches Ansehen, daß ihm die damals wichtige Stelle eines
Bürgerkapitains übertragen wurde. Seine in Elfenbein ausgeführten
Crucifixe und andere Figuren wurden von den Liebhabern sehr hoch=
geschätzt.

Die Zeit der Geburt dieses Künstlers kann ebensowenig mit
Sicherheit angegeben werden, als die seines Todes. Die hiesigen
Kirchenbücher geben keinen Aufschluß.

---

[1] In seinem Bürgerrechtsgesuche unterschrieb er sich Kleßger, demunge=
achtet scheint Klesecker der richtige Name zu sein.

[2] Joseph Heller: Taschenbuch von Bamberg. 1831. S. 85.

Die Familie Merian

zählt eine Reihe von Künstlern, welche der Stadt Frankfurt nicht allein, sondern der deutschen Kunst überhaupt zur Ehre gereichen. Es ist nur zu beklagen, daß die vorhandenen Nachrichten über die Lebensverhältnisse dieser Künstler im Vergleich mit den von ihnen gelieferten Werken so dürftig sind. Sie beschränken sich fast ausschließlich auf die Mittheilungen Sandrarts und Fueßli's, denen zu folgen ich genöthigt bin. Indessen ist es mir dennoch gelungen, die Familiennachrichten in einigen wesentlichen Punkten zu ergänzen und eine den Frankfurter Zweig der Familie umfassende Stammtafel zu liefern, deren Vollständigkeit ich bei der Lückenhaftigkeit unserer Kirchenbücher zwar nicht verbürgen kann, die aber jedenfalls alle namhaften Glieder der Familie umfaßt.

Matthäus Merian der ältere

war am 22. Sept. 1593 zu Basel geboren. Schon in früher Jugend _{1650.}¹⁶²⁵ traten seine natürlichen Anlagen und seine Neigung zur Kunst so entschieden hervor, daß sein Vater, der Rathsherr Walter Merian, sich veranlaßt fand, den kaum sechszehnjährigen Jüngling dem geschickten Maler Dietrich Meyer in Zürich zur weiteren Ausbildung zu übergeben. Dieser Künstler hatte sich auch im Radiren hervorgethan und einen neuen Aetzgrund entdeckt, was seinem Schüler wesentlich zu Statten kam, da dieser sich vorzugsweise dem Kupferstechen zuzuwenden gedachte. In der That machte er in dieser Kunst bald die auffallendsten Fortschritte. Seine Leistungen fanden so allgemeine Anerkennung, daß er schon in seinem zwanzigsten Jahr nach Nancy berufen ward, um, wie Fueßli behauptet, die Exequien des Herzogs Heinrich II. von Lothringen nach Claude de Ruelle in Kupfer zu stechen. Diese Angabe dürfte aber aus chronologischen Gründen in Zweifel zu ziehen sein und der Auftrag sich vielmehr auf den Fries von 12 Blättern bezogen haben, in welchem unser Künstler den Einzug des Herzogs in Nancy dargestellt hat.

Nach Vollendung dieser Arbeit begab sich Merian nach Paris, wo er mit dem berühmten Jacob Callot, den er wahrscheinlich schon in Nancy kennen gelernt hatte, in nähere Berührung trat. Beide Künstler, deren verschiedene Charaktere sich gegenseitig ergänzten, zogen aus diesem freundschaftlichen Umgange den erheblichsten Nutzen.

Nach einem mehrjährigen Aufenthalt in Paris lehrte Merian in seine Vaterstadt zurück in der Absicht, sich von da nach Italien zu begeben. Da sich diesem Vorhaben jedoch unvorhergesehene Hindernisse entgegenstellten, begab er sich vorläufig nach Augsburg, wurde von da 1617 nach Stuttgart berufen, um verschiedene Festlichkeiten für den Hof in Kupfer zu äßen, besah sich dann die Niederlande und kam auf dem Rückwege, in der stets festgehaltenen Absicht, die Reise nach Italien auszuführen, nach Frankfurt. Hier entschied sich sein künftiges Geschick. Merian, dessen Ruf bereits ziemlich verbreitet war, machte die Bekanntschaft des Johann Theodor de Bry,[1] der seines jüngeren Freundes Verdienste wohl zu würdigen verstand. Zwar hatte de Bry vergeblich versucht, den talentvollen jungen Mann für seine Unternehmungen zu gewinnen und hier festzuhalten; dieser wollte von seinem Römerzuge nicht abstehen; aber, was dem Vater nicht gelang, bewirkte die Tochter, deren Anblick in Oppenheim, wo sich die Familie aufhielt, unsern Künstler dergestalt fesselte, daß er die Reise aufgab und der schönen Maria Magdalena de Bry um 1619—1620 die Hand zum Ehebund reichte. Nachdem Merian seinem Schwiegervater noch kurze Zeit bei der Herausgabe eines Reisewerks über Indien durch Anfertigung der Abbildungen behülflich gewesen, zog er mit seiner jungen Gattin nach Basel. Hier entwickelte er in der Darstellung landschaftlicher Ansichten in einzelnen Blättern sowohl, als in größeren Folgen eben so vielen Eifer wie künstlerisches Talent und begründete dadurch seinen Ruf immer fester. Zu diesen Arbeiten gehören namentlich die in P. Aubry's Verlag erschienenen Landschaftsbilder aus der Gegend von Basel, Stuttgart, Heidelberg und Schwalbach, das er vorzugsweise geliebt und oft besucht zu haben scheint; sodann Novae regionum aliquot amoenissimarum delineationes, verschiedene Darstellungen von Schlachten, Jagdscenen 2c. Alle fanden allgemeinen Beifall und wurden begierig gekauft.

Aber Basel sollte den Künstler nicht immer behalten. Nach dem Tode seines Schwiegervaters nahm Merian seinen bleibenden Wohnsitz in Frankfurt. Der Zeitpunkt dieses Ueberzugs läßt sich nicht genau, aber doch annähernd bestimmen; er dürfte mit ziemlicher Sicherheit gegen das Ende des Jahres 1624 oder spätestens in den Anfang des folgenden zu setzen sein. Schon im April 1625

---

[1] Nicht des Theodor de Bry, wie allerwärts angeführt wird. Dieser war bereits i. J. 1598 gestorben.

wurde ihm zu Frankfurt seine Tochter Maria Elisabeth geboren, und in seinem Bürgerrechtsgesuch vom 6. April 1626 sagt er selbst, daß er am 3. October 1625 gemeinschaftlich mit seinem Schwager Wilhelm Fetzer den Buch- und Kupferstichhandel seines Schwiegervaters übernommen habe und, da auch sein Beisaßenschutz zu Ende gehe, unter Aufgebung seines Bürgerrechts in Basel, das hiesige zu erlangen wünsche. Dieses wurde ihm am 6. Juni wirklich ertheilt. Von hieraus entfaltete er mit verstärkter Kraft die großartigste Thätigkeit. Nach einander erschienen geschichtliche, geographische und andere Werke von dem bedeutendsten Umfange, wozu die zahlreichen Kupfer zum großen Theil von seiner Hand entworfen, wenn auch nicht alle von ihm persönlich ausgeführt wurden. Die hauptsächlichsten dieser Werke sind seine Darstellungen zur Bibel, welche zuerst in 150 Blättern ohne Text, dann 1625 bei Lazarus Zetzner zu Straßburg mit Versen und endlich 1630 mit vollständigem Bibeltext erschienen; sodann die Abbildungen zu Gottfrieds Chronik [1]), zum Theatrum europäum und zu Zeillers zahlreichen Topographien, durch die allein schon M. Merian, wenn er auch weiter nichts geleistet hätte, sich ein unvergängliches Verdienst mehr noch um die Nachwelt, als um seine Zeitgenossen erworben haben würde; denn wenngleich nicht zu verkennen ist, daß seine früheren Arbeiten in der künstlerischen, oft wahrhaft poetischen Auffassung der Landschaften, in der leichten Behandlung des Baumschlags, der schönen Gruppirungen und wohlberechneten Fernen bei weitem den Vorzug vor den späteren Productionen seines Verlags verdienen, in denen vielfältig bemerkbar wird, wie der Künstler vor dem Geschäftsmanne in den Hintergrund zu treten genöthigt war, was namentlich von seinen Allegorien und Fabelbildern gilt, so hat doch Merian besonders durch seine in den Topographien gelieferten, zwar ihrem Zwecke entsprechend naturgetreuen, aber keineswegs prosaisch aufgefaßten Abbildungen der Städte und alterthümlichen Bauwerke, die sich aus früheren Jahrhunderten bis in seine Zeit erhalten hatten, seitdem aber der Zerstörung verfallen und bis auf wenige spärliche Ueberreste völlig verschwunden sind, der Kunst und Wissenschaft einen unschätzbaren Dienst erwiesen, ohne welchen sich unser nüchternes, realistisches Zeitalter von dem imposanten Anblick der thurmreichen Städte und

---

[1]) Der Verfasser des jetzt werthlos gewordenen Textes war der Pfarrer J. L. Gottfried zu Offenbach.

zinnengekrönten Burgen unserer Vorfahren kaum einen richtigen Be=
griff zu machen im Stande wäre.[1])

Es bleibt fast ein Räthsel, wie es der Anstrengung eines be=
scheidenen Bürgers, wenn auch ausgerüstet mit Thatkraft und eiser=
nem Fleiße, gelingen konnte, in Mitte der Wirren des dreißigjährigen
Kriegs und des Elendes unseres Vaterlandes dennoch für seine fried=
lichen Unternehmungen in Kunst= und Wissenschaft so viele Theil=
nahme und Unterstützung zu finden, um vor keinem Hinderniß zurück=
zuschrecken und sein Werk so glänzend durchzuführen. Aber der ein=
fache Sinn unserer Vorältern liebte noch kräftige und gesunde Nah=
rung. Der Geschmack war zu jener Zeit noch nicht verdorben durch
Pfennig=Magazine und Groschen=Illustrationen in Holzschnitt und
Steindruck, womit die Welt heut zu Tage überfluthet und übersättigt
wird. Merians Werke werden nicht nur mit Rücksicht auf ihren
inneren Werth, obschon diesem ihre allzugroße Zahl Abbruch gethan
hat, sondern auch mit Rücksicht auf die Zeit ihrer Entstehung dem
deutschen Geist und teutschen Fleiß ein dauerndes Denkmal bleiben.

Es ist interessant, die Preise kennen zu lernen, zu welchen u. a.
die Topographien, wovon sich noch zu Anfang dieses Jahrhunderts
viele, obwohl sehr mißhandelte Kupferplatten hier befanden, in den
alten Meßkatalogen angesetzt waren. Im Buchhandel wurden die
Topographien der geistlichen Kurstaaten, von Westphalen, Elsaß und
Hessen zu je 2 Thlr. 8 Ggr., die von Bayern, Obersachsen und
Franken zu 2 Thlr. 12 Ggr., Schwaben, Rheinpfalz, Böhmen (nebst
Mähren und Schlesien) zu 3 Thlr., Germania inferior, Germania
superior und Italien zu 4 Thlr. 8 Ggr., Niedersachsen und die
Schweiz (mit Rhätien und Vindelicien) zu 4 Thlr. 12 Ggr., Oester=
reich, Braunschweig und Lüneburg, sowie die verbundenen Topogra=
phien von Brandenburg, Pommern, Preußen und Liefland zu 6 Thlr.,
Gallien endlich, welches aus 13 Theilen in zwei umfangreichen Fo=

---

[1]) Mit Recht sagt A. Reichensperger in seiner Einleitung zu: Mittelalterliche Bauwerke nach Merian, von Statz: „Heutzutage machen
gar Viele in Poesie, die besser daran thäten, bloß das Lineal zu handhaben,
während bei den Alten, mit Einschluß unseres Merian, die innere Wahrhaftig-
keit und Tüchtigkeit sich wie von selbst dichterisch umkleidete und gestaltete. Aus
den bloßen Wappenschildern des 15. und 16. Jahrhunderts blickt mehr Phantasie hervor, als aus der Mehrheit der auf unseren Kunstausstellungen figuri-
renden Mondschein= und Sonnenuntergangs=Landschaften, wie verschwenderisch
dieselben auch mit Farben und Effecten aller Art ausgestattet sein mögen."

lianten besteht, zu 15 Thlr. verkauft. Zieht man die Menge der
Kupferplatten von so großem Format in Betracht — für die Beschreibung des Elsasses, eine der kleinsten und billigsten, wurden
deren nicht weniger als 40 verwendet, eine Zählung der in den
Zeiller'schen Topographien mit Ausschluß Italiens, überhaupt enthal=
tenen Tafeln ergiebt deren 2212 — und nimmt man noch hinzu,
welche Mühe und Arbeit der Text zu damaliger Zeit erforderte, so
wird man die Merianischen Werke selbst im Vergleiche zu den heutigen
Groschenpreisen noch immer billig finden. (Reichensperger a. a. O.)

Wenn v. Quandt in seinem „Entwurf einer Geschichte der
Kupferstecherkunst" und, wie es scheint, auf dessen Autorität hin auch
Nagler im Künstlerlexicon unseren Merian gleichsam für einen Trödler
erklären, der „seinem Erwerbe von Stadt zu Stadt nachgegangen sei,
um seine Prospekte an den Mann zu bringen", so muß ich diesem
ungerechtfertigten Ausspruche entgegentreten. Daß wir den Künstler
„theilweise in Basel, in Nancy, in Frankfurt und anderwärts finden",
ein Umstand, worauf sich jenes Urtheil zu stützen scheint, hat gewiß
nichts Auffallendes; denn Basel war, wie später Frankfurt, Merians
Heimath, in Nancy befand er sich, wie wir gesehen haben, als junger
Künstler zur Ausführung eines besonderen Auftrags, nicht des Han=
dels halber. Daß er zum Zwecke der Aufnahme seiner topographi=
schen Ansichten genöthigt war, sich an Ort und Stelle zu begeben,
versteht sich von selbst. In der That waren auch die umfangreichen
Werke des Merianischen Verlags zu einem Hausirhandel nicht entfernt geeignet, und ein Mann, welcher die zu diesem Verlage erforderlichen bedeutenden Mittel zur Verfügung hatte, kann nicht genö=
thigt gewesen sein, als Hausirer im Lande herumzuziehen. Auch ver=
mißt man für diese Behauptung jede Quellenangabe. Uebrigens stan=
den in älteren Zeiten dem Künstler keine auch die mittelmäßigsten
Productionen fördernden Kunstvereine zu Gebote, und bekannt ist es,
daß selbst ein Albrecht Dürer es nicht verschmäht hat, auf seinen
Reisen die Gelegenheit wahrzunehmen, seine Kupferstiche an den Mann
zu bringen.

Wenn aber der sonst geistvolle v. Quandt, in seiner allzu vor=
nehmen Kritik so weit geht, Merian und dessen Söhne als „unbe=
deutende Stecher" zu bezeichnen, „die mehr als geschickte Handwerker
zu betrachten" seien, so läßt sich mit dieser modernen Kunstanschauung
freilich nicht rechten. —

Das von Hüsgen mit vielem Fleiß gesammelte Verzeichniß der

von Matthäus Merian und seinen Söhnen gelieferten Einzelblätter und größeren Werke, deren Zahl und Umfang in der That fast an das Unglaubliche grenzt, giebt einen Begriff von dem Unternehmungsgeiste und dem unermüdlichen Fleiße dieser Männer. Und dennoch bedarf Hüsgens Verzeichniß, dem ohnehin eine bessere Anordnung zu wünschen wäre, der Berichtigung und Vervollständigung. Diese hat es durch Nagler noch nicht genügend erhalten.[1]) Auch mir mangelt leider das zu umfassender Ergänzung nothwendige Material; ich sehe mich genöthigt, diese gewiß verdienstliche Arbeit jüngeren Kräften zu überlassen. Aber dennoch habe ich ein Werk des Merianischen Kunstfleißes hier besonders zu besprechen, nicht allein, weil es unsere Stadt vorzugsweise berührt, sondern auch weil bezüglich seiner Hüsgen und die, welche ihm nachgeschrieben, in neuester Zeit eine wesentliche, die Ehre des älteren Merian wahrende Berichtigung erfahren haben. Ich meine den aus vier Blättern bestehenden großen Plan von Frankfurt, ohne welchen die topographische Kenntniß unserer Stadt eine ihrer hauptsächlichsten Grundlagen entbehren würde.

Hüsgen, dem offenbar nur die späteren Ausgaben dieses Planes bekannt geworden waren, hatte dessen Entstehung irrthümlich in das Jahr 1682 gesetzt und folgerichtig Zeichnung und Stich dem jüngeren Merian zugeschrieben. Aber K. Th. Reiffenstein, unermüdlich in der Erforschung unserer städtischen Topographie, führte in dem fünften Hefte des „Archivs" den Beweis, daß die Entstehung des Planes in das Jahr 1628 fällt, mithin die Ehre der Aufnahme und Ausführung dieses mit eben so viel Kenntniß als Geschick vollendeten Kunstwerks ausschließlich dem älteren M. Merian gebührt. Er ist so glücklich gewesen, in der Jäger'schen Buchhandlung ein Exemplar dieser ersten Ausgabe zu entdecken, worauf sich die Jahrzahl 1628 einmal in deutschen und einmal in römischen Ziffern befindet, eine Reliquie, deren Werth durch den Umstand noch erhöht wird, daß sie das einzige, leider nicht einmal vollständige Exemplar ist, das bis jetzt aufgefunden werden konnte. Es besteht nur aus den beiden unteren Platten.

Die Vergleichung der verschiedenen bis jetzt bekannten Abdrücke führt zu folgendem Ergebniß:

---

[1]) Beide Schriftsteller lassen u. a. die 1630 bei Laz. Zetzners Erben zu Straßburg erschienene Bibel in Folio unerwähnt. Diese Ausgabe ist wahrscheinlich die erste; sie unterscheidet sich von der späteren von 1704, abgesehen von den besseren Abdrücken, hauptsächlich durch die in letzteren fehlenden Verzierungen, womit sämmtliche Kupfer gleichförmig eingerahmt sind.

1. Die erste Ausgabe, von der Hand des älteren Matthäus Merian, [1]) erschien im Jahr 1628. Die unten zur Rechten befindliche Adresse lautet und ist eingetheilt wie folgt:

Matthäus Merianus Basiliensis, Civis et Calcographus
Francofurtensis mensus est, delineavit expressit, caelavit, jurisq' publici fecit Anno
1628.

Unten in der linken Ecke steht eine lateinische Zueignung an Schultheiß, Bürgermeister und Rath und die gesammte Bürger= schaft mit der Jahrzahl MDCXXVIII; in der rechten Ecke ein la= teinisches Gedicht zum Lobe der Stadt.

Der Plan zeigt noch die alte einfache Befestigung vor Annahme des neuen Systems, [2]) mit dessen Ausführung aber sehr bald nach Vollendung der Platten begonnen wurde. Hierdurch dürfte die außerordentliche Seltenheit eines Abdruckes dieser ersten Ausgabe einfach ihre Erklärung finden, da die Platten in ihrer ursprüng= lichen Gestalt schnell veraltet waren und durch die alsbald noth= wendig gewordene Eintragung der neuen Festungswerke äußerlich ein ganz anderes Ansehen erhielten. Daß solche Veränderungen schon bald nach dem ersten Erscheinen des Planes vorgenommen und spätestens im Laufe der dreißiger Jahre veröffentlicht worden seien, habe ich nie bezweifelt; denn es schien mir — zumal bei dem Mangel einer genügend starken Auflage des ersten Abdrucks — nicht denkbar, daß in dem folgenden Zeitraum von vier und fünfzig Jahren keine neue erschienen sein sollte. Aber weder Hüsgen, noch irgend ein späterer Schriftsteller hat (bis zu Reiffen= steins Entdeckung) eine frühere Ausgabe, als die um 1682 er= schienene, nachzuweisen vermocht. Der Druckbogen, worin auch ich diese letztere als die zweite zu bezeichnen gedachte, war be= reits unter der Presse, als mir der Kunsthändler, Herr Ferdinand Prestel zu meiner freudigen Ueberraschung ein vollständiges und wohlerhaltenes, erst kürzlich (Sept. 1861) in Cöln aufgefundenes Exemplar von 1636 vorlegte. Meine Vermuthung war damit bestätigt und ich in den Stand gesetzt, die gegenwärtige Berich= tigung zu geben:

---

[1]) Die Vermuthung, daß auch Hollars geschickte Hand bei dem Stiche dieser Platten mitgewirkt habe, drängt sich bei der Betrachtung mancher Einzel= heiten der delicaten Nadelführung und besonders bei Vergleichung der Schrift auf; indessen läßt sich das mit Sicherheit nicht nachweisen.

[2]) Reiffenstein und nach ihm ich selbst nannte dasselbe irrig das Bauban'sche. (Archiv, Heft 5, Neues Archiv, Heft 1.)

2. Der neu entdeckte Abdruck zweiter Ausgabe ist bis jetzt ein werthvolles Unicum. Er weicht von dem ersten in einigen wesentlichen
Punkten ab:

a) Inhalt und Eintheilung der Adresse und der lateinischen Zueignung
sind zwar die nämlichen geblieben; aber sowohl die deutsche als die römische Jahrzahl ist herausgeschliffen und dafür 1636 eingesetzt. Die
Zueignung ist, um Raum für die neuen Festungswerke zu gewinnen,
bedeutend tiefer gerückt und ihre Einfassung abgeändert.

b) Die neuen Festungswerke sind mit ziemlich schwerer Hand diesseits
und jenseits des Mains hinzugefügt. Sie sind, abgesehen von einigen späteren Abänderungen und Ergänzungen, vollendet.

c) Die in dem Abdrucke von 1628 unten in der Mitte auf der Sachsenhäuser Seite angebrachte Windrose ist nun an die rechte Seite des
Planes diesseits des Maines versetzt.

d) An die Stelle des überbauten Brückenthors sind die beiden Mühlen
getreten; die Spitze des Thurmes am Schaumainthor fehlt. Der
kleine Prospekt der Stadt, oben in der linken Ecke, ist bereits vorhanden, wie wahrscheinlich schon auf der ursprünglichen Platte. In
der oberen Ecke rechts zeigen sich zwei einfache Adler und darüber
der Doppeladler mit der Reichskrone. Ob diese Vignette sich schon
auf der Ausgabe von 1628 befunden hat, muß vorläufig dahin gestellt bleiben, da die letztere nur in den beiden unteren Platten vorhanden ist. Schriftspuren, welche Herr Reiffenstein an der fraglichen
Stelle späterer Exemplare bemerkt hat, finden sich auf dem Plan
von 1636 nicht [1])

Die außerordentliche Seltenheit der Abdrücke vom Jahr 1636,
wovon bis jetzt nur das Prestel'sche Exemplar bekannt ist, läßt auf
eine, schon durch die damaligen betrübten Zeitverhältnisse bedingte,
sehr mäßige Auflage schließen. Daß der betriebsame Merian nicht
an eine neue (dritte) gedacht und auch der Sohn erst kurz vor
seinem Tode sich hierzu entschlossen haben sollte, müßte auffallend
erscheinen, wenn man nicht eben jenen traurigen Zustand Deutschlands während und nach dem dreißigjährigen Krieg, so wie ferner
zu bedenken hätte, daß die von dem Künstler schon im Jahre 1646
in der Topographia Hassiae und anderweit veröffentlichten kleineren Stadtpläne den wiederholten Abdruck des großen einigermaßen entbehrlich erscheinen lassen konnten. So viel bis jetzt bekannt, ist

---

[1]) Eine detaillirtere Bezeichnung etwaiger Abweichungen der zweiten von der
ersten Ausgabe, vermag ich nicht zu beschaffen, da Herr Reiffenstein, als ich ihn
um die Mittheilung der letzteren ersuchte, dieselbe verlegt hatte, mithin eine
specielle Vergleichung beider nicht möglich war, was indessen von keiner Erheblichkeit ist, weil die genaue Vergleichung des dritten mit dem zweiten Abdruck zugleich die Uebereinstimmung des letzteren im Wesentlichen mit dem ersten ergiebt.

3. die dritte Auflage um 1682, vielleicht noch einige Jahre später, erschienen; denn die alte Catharinenkirche mit zwei Thürmchen ist auspolirt und die neue im Jahr 1681 vollendete Kirche an ihre Stelle gesetzt. Bei Vergleichung dieser dritten Auflage mit der zweiten von 1636 ergeben sich, außer der ebengedachten, die folgenden weiteren Veränderungen:

a) In dem Rahmhof ist das 1636 noch fehlende Zeughaus mit dem Treppenthurm eingestochen.

b) Zwischen der Stadtallee und der Töpfergasse zählt man neun zusammenhängende Häuser mit drei Stockwerken und Giebel, während der Abdruck von 1636 nur sechs zweistöckige Häuser zeigt, wovon die beiden ersten am Comödienplatze durch einen freien Raum von den übrigen getrennt sind.

c) Die alte Hauptwache, welche 1636 noch fehlt, ist nebst dem spanischen Bock eingestochen und hierdurch die Verschiebung des Ziehbrunnens mehr nach dem Eck des Steinwegs hin nothwendig geworden.

d) Auf dem Liebfrauenberg ist der zweite Brunnen nach der Ziegelgasse hin verschwunden.

e) Der spitze Thurm der Barfüßerkirche ist durch einen dicken runden ersetzt.

f) Vor dem äußeren Galgenthor sieht man Pallisaden, welche 1636 noch fehlen. Die Bastion des Mühlwehrs am Schneidwall, welche 1636 nur zur Hälfte von Mauerwerk und von einem Erdwall gekrönt ist, reicht jetzt weiter in den Fluß und ist ganz von Mauerwerk, auch mit Pallisaden und zwei Canonen besetzt.

g) Die Festungswerke von dem Allerheiligenthor bis zum Main haben wesentliche Veränderungen erlitten. Gegenüber der Einmündung des Metzgerbruchgrabens in den äußeren Stadtgraben ist zwischen diesem und dem inneren Stadtgraben auf dem Wall eine Mauer mit einem Pförtchen entstanden, und auf dem Fischerfeld eine von Norden nach Süden ziehende Mauer, ein Schießhäuschen mit zwei Schreiben und noch ein größeres Haus errichtet. In der Mauer längs dem Main sind Schießscharten angebracht. Dies alles fehlt auf dem Plan von 1636.

h) Am äußersten Ende unten rechts ist an der inneren Befestigung anstatt der früher daselbst befindlich gewesenen Häuser eine hohe mit Canonen besetzte Bastion sichtbar. Vor dem Affenthor ist eine zweite Schanze entstanden und das äußere Brückchen, welches 1636 rechts über den Graben ging, führt jetzt gerade aus. Durch diese bedeutende Veränderung ist

i) eine andere Eintheilung der sonst unveränderten Adresse nothwendig geworden. Diese lautet jetzt:

Matthäus Merianus Civis et
Calcographus Francofurtensis mensus est, delineavit, expressit, caelavit jurisqu' publici fecit.

Die Jahrzahl ist ausgelöscht und keine andere an ihre Stelle gesetzt; auch fehlt unten in der Ecke an der Cartouche links die Fortsetzung

des Kranzes und Flügels, die 1636 vollständig der Form derselben
auf der rechten Seite entsprechen.

Abdrücke von dieser dritten Beschaffenheit sind noch immer sehr
schätzenswerth und ziemlich selten.

4. Eine noch spätere Ausgabe fällt ohngefähr in das Jahr 1761.
In diesen Abdrücken ergeben sich folgende weitere Veränderungen:
A n die Stelle des alten Darmstädter Hofs mit dem gothischen
Erkerthurm ist der gegenwärtig noch stehende Bau, und an die
Stelle der alten Hauptwache die neue getreten; die äußere Catha-
rinenpforte fehlt; das alte Waisenhaus, der Römische Kaiser, die
jetzige Jassoy'sche Apotheke nebst dem anstoßenden Haus, das
Thurn und Taxissche Palais, die Schiffmühle auf dem Main und
die beiden Häuser neben dem Rothen Haus nach der Hauptwache
hin, sind hineingestochen.

Auch die Abdrücke dieser Gattung sind nicht sehr häufig.

5. Ohngefähr um 1770 erschien abermals eine veränderte Ausgabe,[1]
worin der Brückenthurm in Sachsenhausen, die Bornheimerpforte,
die Bastionen vor dem Affenthor links, sowie Namen, Schrift und
Jahrzahl gänzlich fehlen. An der Stelle des älteren Rothen Hauses ist das neue hineingestochen; zwischen dem Waisenhaus ist ein
Verbindungsgang angebracht, rings um die Wälle der Stadt sind
Bäume gepflanzt und die Befestigung am Schaumainthor ist verändert.

Die im Laufe der Zeiten, meistens von ungeschickten Händen,
in der angegebenen Weise mißhandelten Platten, sind gegenwärtig
im Besitze der Jäger'schen Buchhandlung, bei welcher Abdrücke der
fünften Gattung fortwährend zu haben sind. Möglicherweise können
auch Exemplare vorkommen, welche von speculativer Hand aus einzelnen Blättern der verschiedenen Ausgaben zusammengesetzt sind. Vorsichtige Prüfung ist deßhalb beim Ankaufe immerhin zu empfehlen.

Außer dem großen Plane von 1628 hat man noch einen kleineren von so vortrefflicher Arbeit, daß auch er, obgleich der Künstler
seinen Namen nicht darauf gesetzt hat, dem älteren M. Merian zugeschrieben werden muß. Dieses sehr seltene Blatt mißt 10¹/₂ Zoll
altfranzösischen Maaßes in der Breite und 6³/₄ Zoll in der Höhe.
Die neuen Festungswerke sind bereits begonnen und theilweise —

---

[1] Reiffenstein glaubt das Jahr 1766 annehmen zu sollen; allein nach Battonn wurde der Umbau des Rothen Hauses erst 1769 begonnen, der die neue
Façade desselben zeigende Plan kann daher nicht wohl früher als 1770 erschienen sein.

vom Eschersheimerthor bis in die Nähe des jetzigen Sandwegs zwischen dem Friedberger- und dem Allerheiligenthor — beendigt, weiterhin durch Punkte bereits angedeutet. Oben links in der Ecke
liest man: Frankfurt am Mayn, gegenüber rechts in einem
Schilde steht der, Frankfurter Adler. Aus einer in dem Stadtarchiv
aufbewahrten interessanten Sammlung der Originalpläne der neuen
Festungswerke, von J. W. Dilich, wonach man den Fortgang des
Baues von Jahr zu Jahr, verfolgen kann, ergiebt sich, daß die
neuen Werke im Jahr 1632 gerade so weit gediehen waren, wie
sie dieser kleine Plan darstellt, während in dem folgenden Jahr die
Arbeit schon weiter vorgeschritten war. Demnach ist derselbe 1632
entstanden.

Wieder in anderem Format und mit den vollendeten neuen Fe-
stungswerken diesseits des Mains befindet sich der Plan von Frankfurt in der 1646 erschienenen Topographia Hassiae et vicinarum
regionum. Derselbe mißt 13½" altfranz. Maaßes in der Breite
und 10½" in der Höhe. Man liest oben rechts: Francofurtum —
Frankfurt, neben dem Reichs- und dem städtischen Adler; unten
rechts M. Merian fecit. In dem dritten Bande der Gerning'schen
Sammlung finden sich mehrere Exemplare. Auch von dieser Platte
hat man spätere Abdrücke mit der neuen Catharinenkirche und andern Veränderungen. Der städtische Adler ist hier auf die linke Seite
versetzt.

Mit Uebergehung einiger andern Merian'schen Ansichten von
Frankfurt mag hier nur noch das zum Andenken an den Einzug
Gustav Adolphs gestochene Blatt in Kleinfolio erwähnt werden. Es
hat die Aufschrift: Contrafactur der Stadt Frankfurt am
Mayn und wie Königl. May. zu Schweden daselbst mit
ihrer Armee ein und durchgezogen d. 17. Nov. 1631.
M. Merian fecit. Das Blatt wurde für das „Theatrum europäum" gestochen, aber auch für Pet. Lotichii Rerum germanicarum
libri LV verwendet. G. Bodenehr zu Augsburg hat davon eine Copie
in gleicher Größe geliefert. Man findet einen Abdruck des Originals
in Bd. III, 13 der Gerning'schen Sammlung und die Copie ebendaselbst Bd. II, 63.

Merians Arbeiten sind Radirungen, wozu er sich des von seinem Lehrmeister Dietrich Meyer erfundenen Aetzgrundes bediente,
später der Merianische genannt. Unser Künstler war dessen, was
er seinem verdienten Lehrer schuldete, lebenslänglich eingedenk und
bezeugte ihm auch seine Dankbarkeit durch Widmung eines Bandes

der historischen Chronik und durch freundliche Aufnahme und Unter=
weisung seiner Söhne. Rudolph Theodor Meyer, der älteste
Sohn Dietrichs, war 1605 zu Zürich geboren. Er verweilte längere
Zeit hier in Frankfurt bei Merian, für dessen Verlag er viele Por=
traite und die 80 Sinnbilder von Daniel Cramer ätzte. Er starb
schon 1638 in seiner Vaterstadt. Auch sein jüngerer Bruder, der
Maler und Kupferstecher Conrad Meyer, fand später bei Mat=
thäus Merian längere Zeit Beschäftigung.

Ein anderer Schüler unseres Meisters war Wenzel Hollar,
der größte deutsche Kupferstecher und Radirer des 17. Jahrhunderts.
Ursprünglich zu einer wissenschaftlichen Laufbahn bestimmt, hatte er
sich in jüngeren Jahren nur aus Liebhaberei mit Zeichnen und Ra=
diren beschäftigt. Später zwangen ihn unglückliche Familienschicksale,
die Kunst als Lebensberuf zu ergreifen, und in der That war er
hierzu berufen, wie keiner seiner Zeitgenossen. Als talentvoller
Dilettant, der sich schon mehrfach versucht hatte, kam Hollar um
1627 zu Merian, um sich in der praktischen Handhabung der Radir=
nadel zu vervollkommnen. Es bedurfte hierzu nicht langer Zeit. Das
Genie und der Erfolg des Schülers überflügelte gar bald den geübten
Meister. Hollar hat manche vortreffliche Ansicht für Merians Topo=
graphie der Rheinlande geliefert; alle zeichnen sich, ungeachtet ihrer
portraitähnlichen Naturtreue, durch poetische Auffassung und geistreiche
Führung der Nadel vor den Arbeiten Anderer vortheilhaft aus. Zu
Cöln stach er im Jahr 1635 zu einer Folge verschiedener Ansichten
auch eine solche des Liebfrauenbergs zu Frankfurt, wovon ein Nachstich
von der Gegenseite mit No. 12 existirt. (Parthey 767.) Als Hollar
im Jahr 1636 den Grafen Arundel nach Wien begleitete, verweilte
er nochmals mehrere Tage in Frankfurt, und folgte später dem Grafen
nach England. Die weiteren Lebensschicksale und die Leistungen dieses
berühmten Künstlers, der Frankfurt gleichsam nur im Fluge angehört
hat, erheischen an anderer Stelle eine ausführliche Besprechung, die
sie auch zur Genüge gefunden haben. Hollar war 1607 zu Prag
geboren und starb 1677 in London.

Häufig wird der ältere Merian auch als Maler genannt; aber
ohne hinreichenden Grund. Mit Sicherheit läßt sich kein von seiner
Hand ausgeführtes Gemälde nachweisen, auch ist kaum anzunehmen,
daß ein von frühester Jugend mit der Radirnadel unausgesetzt be=
schäftigter und mit Arbeit überladener Kupferstecher und Verleger
noch Zeit für die Oelmalerei erübrigt haben sollte, wovon sich doch
hier oder in Basel irgend eine zuverlässige Spur gefunden haben

müßte. Er selbst nennt sich in seinem Bürgerrechtsgesuch und in mehreren seiner Werke nur Kupferstecher und auch nur als solcher und als Buchhändler wird er in dem gleich zu erwähnenden Nach= rufe bezeichnet. Chr. v. Mechel schreibt ihm zwar eine in der kaiserl. Gallerie zu Wien befindliche, in Oel gemalte Waldlandschaft zu (S. 280 des Verzeichnisses); allein v. Mechel ist hierin eine schwache Autorität, die dadurch, daß Krafft in seinem neuesten Katalog der Wiener Gallerie jene alte Tradition einfach beibehalten hat, noch nicht an Stärke gewinnt. Es mag vielleicht diese Landschaft eine nach einem Merianischen Kupferstich ausgeführte Arbeit eines ande= ren gleichzeitigen Malers sein, dergleichen Bilder man häufig findet. Ganz entschieden ist Nagler im Irrthum, wenn er das von P. Schenk in Schwarzkunst gestochene Bildniß des Erasmus Seiffart v. Klettenberg dem Pinsel des älteren Merian zuschreibt. Der im Greisenalter Dargestellte war im Jahr 1634 geboren, also 1650), als M. Merian starb, erst 16 Jahre alt. Uebrigens ergiebt sofort der Anblick des Blattes selbst, daß es erst 1698 und zwar von Joh. Matthäus Merian, dem Enkel, gemalt worden ist.

Nachdem den Künstler im Mai 1645 das Schicksal betroffen hatte, seine erste Frau durch den Tod zu verlieren, schritt er, wahr= scheinlich mit Berücksichtigung des jugendlichen Alters seiner zahlreichen Familie, schon zu Anfang des folgenden Jahrs mit Johanna Si= bylla Heiny zur zweiten Ehe. Aus der ersten Ehe finden wir in den hiesigen Kirchenbüchern fünf und aus der zweiten zwei zu Frank= furt geborene Kinder verzeichnet. Die Zwischenräume ihrer Ge= burten sind indessen zuweilen groß genug, um der auch sonst wahr= scheinlichen Vermuthung Raum zu geben, daß ein oder selbst mehrere Kinder in die Register einzutragen vergessen worden seien. Sicher sind diese aber im kindlichen Alter gestorben.

Einem so thätigen und ruhmvollen Leben wäre eine kräftigere Ge= sundheit und längere Dauer zu wünschen gewesen. Aber es war ihm ein frühes Ziel gesteckt. M. Merian verschied, kaum 58 Jahre alt, am 19. Juni 1650 in dem Bade Schwalbach, wo er schon öfter Er= holung und Stärkung seiner erschöpften Kräfte gesucht hatte. Seine Leiche wurde nach Frankfurt gebracht und am 22. desselben Monats auf dem St. Peterskirchhofe beerdigt. Allgemein war die Trauer um den Verlust des nicht allein als Künstler, sondern auch als Mensch und Bürger hochgeachteten Mannes. Ein nach seinem Tode erschie= nener Nachruf seiner Freunde wurde als Gedenkblatt vertheilt. Er lautet:

158

Memoria Merianaea sive Epicedia in praematurum et luctuosum obitum
viri egregii et artium celebritate nominatissimi Domini Mathaei Meriani
civis Francofurto-Moenani bibliopolae ac caelatoris ingeniosissimi, qui cur-
andae valetudinis ergo ad alcidulas Sualbaco-Cattimelibocens profectus, ani-
mam ibi 19. Junii Deo creatori ac servatori suo reddidit, cujus corpus Francofurtum revoctam 22. ejusdem anno 1650 ad D. Petri tumulatum est. Scripta
ab amicis. Francofurti cura et impendio Wolfgangi Hofmanni.

Auf der Kehrseite dieses äußerst seltenen Quartblattes befindet
sich das wohlgestochene Brustbild des Künstlers, der in der rechten
Hand einen seiner Kupferstiche hält, worauf das Urtheil Salomons
dargestellt ist. Ein schöner Kopf, ungleich dem in Sandrarts Aka-
bemie mitgetheilten Portrait, macht er den Eindruck naturgetreuer
Aehnlichkeit. Es finden sich auch Abbrücke dieser Platte ohne den
Nachruf. Auch in dieser Gestalt ist das Blatt selten. Wahrscheinlich
ist es nach dem von dem jüngeren M. Merian gemalten, vormals
in der Casseler Gallerie befindlich gewesenen Portrait durch M. Küssel
gestochen. Ein gutes Bild unseres Künstlers hat auch sein Zeitgenosse
Sebastian Furck, und ein anderes W. Hollar gestochen. Noch ein
anderes findet man bei Fueßli. Das von Nagler erwähnte Portrait,
welches Merian selbst gestochen haben soll, ist mir nicht zu Gesicht
gekommen, falls nicht das schon erwähnte mit dem Nachrufe gemeint
sein sollte.

Matthäus Merian hinterließ seiner Wittwe und seinen
Kindern ein wohlgeordnetes und blühendes Geschäft. Dasselbe wurde
im Geiste des Vaters von dem ältesten Sohne Matthäus fortgeführt.
Außer diesem hatte sich auch der zweite, Kaspar, und von den Töchtern die jüngste, Maria Sibylla, der Kunst gewidmet.

Matthäus Merian der jüngere

1625
1687.
war 1621 zu Basel geboren, aber schon als Kind mit seinen Aeltern
nach Frankfurt gekommen, um hier seine bleibende Heimath zu finden.
Mit Recht nennt Fueßli diesen Künstler ein Schooßkind des Glückes.
Unter den günstigsten äußeren Verhältnissen geboren, von der Natur
mit körperlichen und geistigen Vorzügen reich ausgestattet, durch die
Sorgfalt eines vortrefflichen Vaters in Sprachen und Wissenschaften
gründlich unterrichtet und unter der Leitung eines Joachim von
Sandrart zur Kunst herangebildet, trat der Jüngling, begleitet
von dem Ruhme des väterlichen Namens in die Welt. Kein Wunder
war es, daß der talentvolle junge Mann allerwärts geehrt, ja in
seinen Leistungen von den Zeitgenossen vielleicht überschätzt wurde.

Entschieden war bereits des Knaben Neigung der Malerei zugewendet, als im Jahr 1635 zur glücklichen Stunde Joachim von
Sandrart aus Italien zurückkehrte. Schon früher mit dem Vater
eng befreundet, erkannte er bald die vortrefflichen Anlagen des Sohnes.
Er nahm diesen zu sich in sein Haus und ward ihm nicht nur ein
tüchtiger Lehrer, sondern auch ein erfahrener Freund und Rathgeber,
dessen Einfluß auf Merians glänzende Laufbahn nicht zu verkennen
ist. Nur kurz war indessen Sandrarts Aufenthalt in der Vaterstadt.
Es war für diese und das benachbarte flache Land eine schwere Zeit,
die Jahre 1635 bis 1637 können als die grauenvollste in der Geschichte Frankfurts betrachtet werden. Der Krieg hatte alle Zucht
und Ordnung aufgelöst. Während der schwedische Oberst Hans von
Vitzthum in Sachsenhausen wüthete und die kaiserlichen Truppen
unter Gallas das Land diesseits des Mains verheerten, hatten
Hunger und Raubsucht das ausgeplünderte Landvolk und eine Menge
herumschweifenden Gesindels nach den äußeren weniger bewohnten
Theilen der Stadt getrieben, wo es in elenden Strohhütten lagernd,
sein Unwesen trieb. Die allgemeine Noth war so hoch gestiegen, daß
das ärmere Volk Hunde, Katzen, Ratten und Mäuse, ja selbst Aeser
vom Schindanger begierig als Nahrung verschlang. Kinder sollen
von den gierigen Rotten Abends in Schlingen gefangen und verzehrt
worden sein. Thatsache ist es, daß anderwärts zur Nachtzeit Leichen
ausgegraben wurden und deßhalb die Friedhöfe bewacht werden mußten.
Krieg, Hunger und Pest hatten in dem einzigen Jahr 1635 zu Frankfurt nahe an 7000 Menschen dahin gerafft. (Kriegk in der neuen
Folge des Archivs, Bd. I S. 251 ff.)

Eines Abends war der junge Matthäus Merian, wie Hüsgen
erzählt, von seinem Lehrherrn zu dessen Schwager gesendet worden,
als ihn unterwegs plötzlich mehrere Bauern überfielen und ihm einen
Strick um den Hals schlangen um ihn zu erwürgen. Nur zufällige
Hülfe rettete ihm das Leben. Die auch in den folgenden Jahren
fortdauernde Unsicherheit aller Lebensverhältnisse brachte Sandrarts
Entschluß, diesen unerträglichen Zuständen zu entfliehen, endlich zur
Reife. Er zog nach seiner Vermählung im Jahr 1637 mit seiner
jungen Gattin und seinem Schüler nach Amsterdam. Hier machte
Merian so rasche Fortschritte, daß er schon 1640 in seinem neunzehnten Jahre die von seinem Lehrer zur vollständigen Ausbildung
nothwendig erachtete große Kunstwanderung antreten konnte. Zunächst besuchte er England, wo van Dyk gerade im höchsten Ansehen stand. Er schloß mit diesem berühmten Künstler Freundschaft,

nahm sich dessen Werke mit unverkennbarem Erfolge zum Vorbilde und übte sich zugleich eifrig in der englischen Sprache.[1]) Nach längerem Aufenthalt begab er sich nach Antwerpen, wo er so glücklich war, sich noch des Umgangs des großen Rubens erfreuen zu dürfen, der an der künstlerischen Begabung, wie an den feinen Sitten und der angenehmen äußeren Erscheinung des Jünglings besonderes Wohlgefallen fand. Merian wurde bald mit allen berühmten Künstlern seiner Zeit näher befreundet. Mit Johann Jordaens stand er in vertrautem Verhältniß, verkehrte später in Paris mit Eustache le Süeur und Simon Vouet, und studirte hierauf längere Zeit zu Rom unter der Leitung des Andreas Sacchi nach den Werken Raphaels, Guido Reni's und Carracci's, wobei Carl Maratti, mit dem er den engsten Freundschaftsbund für das ganze Leben geschlossen hatte, sein beständiger Gefährte war.

So günstige Verhältnisse konnten ihre Wirkung nicht verfehlen. Matthäus Merian kehrte mit den empfangenen Eindrücken, reich ausgestattet an Kenntnissen und Erfahrung und begeistert für seine Kunst, aus Italien in das Vaterland zurück. Zunächst begründete er in

---

[1]) Aus der Zeit seines Aufenthalts in England stammt das folgende, schon von Hüsgen gekannte und zufällig in meinen Besitz gekommene facsimilirte Gedenkblatt:

Nürnberg, wahrscheinlich durch Saubrart veranlaßt, während des Friedens-Vollzugs-Congresses seinen Ruf durch die von ihm gemalten sehr ähnlichen lebensgroßen Bildnisse der meisten anwesenden kaiserlichen, französischen und schwedischen Officiere, namentlich des Feldmarschalls Wrangel, wofür ihm allgemeine Anerkennung und reicher Lohn wurde. Die ihm gereichten Geschenke beliefen sich allein auf 5000 Thaler. Diese seine Concurrenz mit dem älteren, damals schon berühmten Joachim v. Saubrart, mußte unserem Merian zu hoher Ehre gereichen. Der Wunsch seines kranken Vaters rief ihn indessen bald nach Frankfurt zurück. Hier fand er 1652 in Antonetta Margaretha Parthels eine eben so schöne, wie tugendhafte Lebensgefährtin und übernahm nun den väterlichen Buch- und Kunstverlag, den er mit voller Liebe und Thatkraft fortsetzte und ausdehnte. Insbesondere verwendete Merian auf die Fortsetzung der Topographien und des gleichfalls von dem Vater begonnenen Theatrum europäum großen Fleiß. Zu dem letzteren Werke hat er persönlich viele Platten geliefert, auch außerdem mehrere Blätter in Kupfer gestochen. Aber der Malerei scheint er doch mit Vorliebe obgelegen zu haben. Ich kann hierin Naglers gegentheiliger Ansicht nicht beistimmen und ebensowenig vermag ich sein hartes Urtheil über des Künstlers Befähigung als Maler zu theilen, obgleich ich einräume, daß dessen Werke einigermaßen von der Mode getragen und deßhalb von seinen Zeitgenossen überschätzt worden sind, wozu der Mangel anderer hervorragender Künstler in Deutschland das Seinige beigetragen haben mag. Auch läßt sich nicht läugnen, daß Merians Gemälde häufig durch die Flüchtigkeit der Ausführung, wozu ihn das allgemeine Begehren und die leidige Erwerbsucht — noch heute die Feindin der Kunst — verleiteten, an künstlerischem Werthe verloren. Es muß deßhalb zwischen solchen Bildern, die er nur des Lohnes halber anfertigte und denen, die er mit Liebe und Sorgfalt ausführte wohl unterschieden werden. Ich will nicht daran erinnern, wie schon sein Lehrer Saubrart Merians richtige Zeichnung und schönes natürliches Colorit gerühmt hat; aber man darf in dieser Beziehung auf Fueßli's Urtheil, obwohl auch er in seinem schweizerischen Patriotismus zuweit geht, noch mehr Gewicht legen. Dieser anerkannte Kunstkenner schreibt unserem Merian großartige und edle Erfindung, Festigkeit der Zeichnung, richtigen Ausdruck und kräftige, wohlverschmolzene Färbung zu und behauptet sogar von einem als Kniestück gemalten Bilde des Grafen Serini, daß „wenn Rubens und Rembrandt dieses Gemälde gemeinschaftlich gemalt hätten, sie kaum etwas Besseres geliefert haben würden." Auch der berühmte Kupetzky, welcher außer Titian, Rembrandt, van Dyl und sich selbst keinen Bildnißmaler anerkannte, konnte Merians Ar- beiten seinen Beifall nicht versagen.

Bald nachdem er sich in Frankfurt häuslich niedergelassen hatte, wurde er, wahrscheinlich auf Sandrarts Veranlassung nach Bamberg berufen, um im Auftrag des Fürst-Bischofs Melchior Otto, Voit von Salzburg, dessen Bildniß und zwei Altarblätter: die Marter des heil. Laurentius bei nächtlicher Beleuchtung und die heil. Katharina, für den dortigen Dom zu malen. Wegen dieser und anderer Ar- beiten mußte er in Bamberg öfter verweilen. Die von Joseph Heller mitgetheilten Auszüge aus der fürstbischöflichen Kammerrechnung be- sagen u. a.: „fl. 8. 3 ß. 11 ₰. Heinrich Fischer, Wirthen bei den drei Mohren allhie, so Matthäus Merian von Frankfurt bei ihme vom 17. May bis 4. Juni verzehrt, zahlt den 8. Juni 1652" und ferner: „fl. 169 dem Mathes Merian, Maler von Frankfurt, von Junker Friedrichs Engel v. Wagrein, gewesener Pagi bei Hof Thesin in Kupfer zu stechen, etliche 100 Exemplarien auf weiß und gelben Atlas, wie auch auf Papier zu drucken, im März 1653 zahlt." Die beiden genannten Altarbilder sind jetzt im Besitze des Domkapitels.

Schon kurz nach Vollendung seiner Arbeiten in Bamberg hatte Merian die Bildnisse der Kurfürsten von Mainz und der Pfalz ge- malt; aber die Kaiserkrönung vom Jahr 1658 gab ihm Gelegenheit, seine Kunst zu noch größerem Ansehen zu bringen. Von allen Seiten wurde er in Anspruch genommen; Fürsten und Staatsmänner wollten sich durch seinen Pinsel verewigt sehen. Die nächste Folge war 1659 seine Berufung nach Wien, um den Kaiser Leopold I. selbst zu malen. Dieses Bild, welches sich ehemals im Belvedere befand, jetzt aber im Verzeichnisse nicht mehr erscheint, stellt den Kaiser zu Pferd, umgeben von vielen allegorischen Figuren in mehr als Lebensgröße dar. Auch der Herzog Christian Ludwig von Zelle, der Kurfürst Friedrich Wil- helm von Brandenburg, dessen Familie und die Markgrafen von Baden ließen sich von Merian malen. Alle waren durch seine Ar- beiten so vollkommen befriedigt, daß man ihn mit kostbaren Geschenken überhäufte. Der große Kurfürst, auch die geistige Befähigung und Gewandtheit des Künstlers wohl würdigend, ernannte denselben zu seinem Rath und Agenten, betraute ihn mit verschiedenen wichtigen Unterhandlungen und beehrte ihn zu Frankfurt mehrmals mit seinem persönlichen Besuche. Schon früher hatten die Markgrafen von Ba- den dem Künstler den Titel eines Hofraths verliehen. Der im Jahr

1660 von dem Dichter Johann Rist gestiftete Elbische Schwanen-Orden ernannte ihn unter dem Namen Artisander zu seinem Mitgliede, und Rist widmete ihm seine Lobrede der edlen Schilderkunst. Ueber den Schwanenorden vergl. Canderins (Konrad v. Hägelen) „Deutscher Zimber Schwan. 1667.“

Es würde unmöglich sein, alle von Merians Hand gemalten Bildnisse aufzuzählen. Ich erwähne nur die seiner Frankfurter Zeitgenossen, vor allen das vormals in der Casseler Gallerie befindlich gewesene, wahrscheinlich von den Franzosen entführte schöne Portrait seines Vaters, wonach vermuthlich der Kupferstich mit dem Nachrufe gefertigt ist; ferner das Bild seiner Halbschwester Marie Sibylle, das sich in der städtischen Gemäldesammlung zu Basel befindet, und endlich die Bildnisse des Stadtschultheißen Adolph Ernst v. Humbracht, der Schöffen Jacob Bender v. Bienenthal, Joh. Adolph Steffan v. Cronstetten, Phil. Wilhelm Fleischbein v. Kleeberg, Joh. Hieronymus v. Humbracht, Joh. Balth. Keib, Anton Christian v. Mohrenhelm, Wilh. Persbecher, Phil. Heinrich Schad, Heinrich Ludwig v. Lersner, Joh. Hieronymus v. Stalburg, Joh. Daniel Weiß, des niederländischen Gesandten Peter Pallenier, des Syndicus Martin Rasor und des Seniors Ministerii Joh. Daniel Arcularius, woven die beiden letzteren noch in der hiesigen Stadtbibliothek aufbewahrt werden. Alle diese Portraite sind zum größeren Theil von C. Ch. Heiß, andere von L. Heckenauer, Rugendas und Haid in Schwarzkunst, einige auch von B. Kilian und M. Küssel gestochen.

Von seinen historischen Gemälden hielt Merian selbst seine Artemisia, welche die Asche ihres Gemahls in ihren Trank mischet, für das beste. Dieses Bild befand sich vormals im Besitze des Miniaturmalers Joseph Werner von Bern.[1]) Das Merianische Familienbild, worin der Künstler sich und seine Angehörigen in lebensgroßen Kniestücken mit vieler Liebe dargestellt hat, befand sich bis zum Jahr 1777 zu Frankfurt, ist aber leider bei der v. Löhnischen Versteigerung nach außen gewandert. Der bekannte Kunstfreund G. Burkhard von Basel erstand es für Ein Hundert ein und fünfzig Gulden. (Hüsgen.)

---

[1]) Joseph Werner war 1637 geboren. Er bereiste, nachdem er von 1650 bis 1654 hier bei M. Merian in der Lehre gestanden hatte, einen großen Theil Italiens, genoß den Unterricht des Carl Maratti und des Petrus Beretinus von Cortona, legte sich später in seiner Vaterstadt vorzugsweise auf die Miniaturmalerei, ward 1696 Director der Kunstakademie zu Berlin, kehrte jedoch 1707 nach Bern zurück und starb daselbst 1710.

Die alte lutherische Hauptkirche zu den Barfüßern zierte ehedem ein schönes Altarblatt von Merians Hand: die Auferstehung Christi, nicht die Kreuzigung, wie Sandrart schreibt. Es ist bezeichnet Matthaeus Merian, Principum Badensium Consiliarius, 1651, und wird dermalen in der Stadtbibliothek aufbewahrt.

Durch seine künstlerische Thätigkeit, verbunden mit der ausgedehnten und erfolgreichen Verlagshandlung, hatte dieser Mann ein bedeutendes Vermögen erworben und nicht allein unter seinen Mitbürgern eine unabhängige, ehrenvolle Stellung erlangt, sondern auch auswärts, selbst über die Grenzen Deutschlands hinaus seinem Namen Achtung und Ansehen verschafft. Matthäus Merian galt als bewährter Kenner und Besitzer von Kunstschätzen. Kein Frankfurt berührender Literatur- und Kunstfreund versäumte es, den feingebildeten Künstler in seinem Atelier aufzusuchen und dessen Sammlungen zu sehen. Der französische Reisende de Monconys rühmt unseren Merian als den damals vorzüglichsten deutschen Maler, bei dem er auch viele gute Gemälde anderer Meister, namentlich eine ausgezeichnet schöne Lucretia von Guido Reni gesehen habe. Das Merianische Haus stand in der großen Galgengasse. Es muß von bedeutendem Umfange gewesen sein, da während der Anwesenheit des Kurfürsten von Sachsen im Jahr 1693 die Gräfin Rochlitz mit einem Gefolge von 54 Personen darin ihre Wohnung nahm und ihr Wochenbett hielt. (Lersner I S. 357.)

Keines Menschen Glück ist vollkommen; dies mußte auch Merian erfahren. Viel und oft hatte er mit körperlichen Leiden zu kämpfen, wodurch seine Thätigkeit häufig unterbrochen wurde. Er unterlag denselben am 15. Febr. 1687 im Alter von 66 Jahren.[1] Seine Gattin hatte ihm vier Söhne und eine Tochter geboren, die er theilweise überlebte. Von ihnen hat nur der zweite Sohn

Johann Matthäus von Merian

1659 — 1716. die Bahn der Kunst betreten und das von seinen Vorfahren zur höchsten Blüthe gebrachte Verlagsgeschäft fortgeführt, während sein älterer Bruder Karl Gustav, geboren im October 1655, aus unbekannten Gründen eine eigene Buchhandlung errichtete, die sich jedoch

---

[1] Sein Portrait findet man bei Sandrart und Fueßli, auch hat es Joh. Friedrich Schmidt im Verlage von Roth-Scholz in Nürnberg gestochen. Von Merian selbst gemalt, wird es auch in der Gemäldegallerie zu Darmstadt gezeigt.

niemals besonders hervorgethan zu haben scheint, obwohl sie unter der Firma seiner Erben noch in dem Meßkatalog von 1707 genannt wird.

Johann Matthäus v. Merian ward im December 1659 hier geboren. Er war Portaitmaler und arbeitete nur in Pastell, einer damals sehr beliebten Kunst, die er sich mit großer Vollkommenheit angeeignet hatte. Sein Ruf war bald begründet. Ehre und reicher Lohn flossen ihm in gleichem Maaße zu, wie einst seinem Vater. Er nahm für das einfache Brustbild sechs Carolin, ein Kniestück mit Händen oder gar eine ganze Figur wurde mit zwölf, fünfzehn bis zwanzig Carolin bezahlt; so namentlich das Bild des Prinzen Eugen von Savoyen. Noch höhere Preise gab man für nackte Figuren des Rubens und van Dyk, welche Merian nach Kupferstichen in Pastell ausführte. Man findet auch von ihm meisterhafte Zeichnungen in schwarzer Kreide auf blauem Papier, weiß gehöht. Von den vielen durch Matthäus v. Merian gemalten Bildnissen ausgezeichneter Männer hiesiger Stadt nenne ich nur die des Stadtschultheißen Phil. Wilhelm v. Günderode, gestochen von Phil. Kilian, des Schöffen Friedr. Max. Baur v. Eyseneck, gestochen von E. Chr. Heiß, und des Bürgermeisters Joh. Erasmus Seiffart v. Klettenberg, Kniestück 1698, gestochen von Peter Schenk.

Sein Nachlaß enthielt 326 Oelgemälde von seinem Vater und andern Meistern, außerdem noch 35 größere Zeichnungen von ihm selbst, welche von Jacob Helbeviers in einem gedruckten Preiskatalog zum Kaufe ausgeboten wurden.

In diesem Enkel des ersten Begründers des Merianischen Ruhmes erreichte die Familie in Frankfurt den Gipfel ihres Reichthums und Glanzes. Er wurde in den Adelstand erhoben und der Kurfürst-Erzkanzler von Mainz ernannte ihn zu seinem Geheimenrath. Aber mit raschen Schritten ging es wieder abwärts. Johann Matthäus hatte sich am 13. Dec. 1684 mit Johanna Maria Helbeviers vermählt und schied am 4. Mai 1716 aus dem Leben. Seine Wittwe folgte ihm vier Jahre später. Wie viele Kinder aus dieser Ehe hervorgegangen sind, ist nicht ermittelt. In den hiesigen Kirchenbüchern findet sich keines eingetragen; sicher aber hat Johann Matthäus eine, wahrscheinlich auswärts geborene Tochter hinterlassen, welche sich nach des Vaters Tod mit

Johann Friedrich Eosander v. Göthe

vermählte. Dieser, ein Schwede von niederer Herkunft, hatte sich durch Talent und natürliche Gewandtheit und Intriguen emporge=schwungen. Er war 1692 Architekt Friedrichs I. von Preußen, wurde 1699, nachdem er eine größere Reise durch Frankreich und Italien gemacht hatte, Hofbaumeister, dann 1709 Hofbaudirector. Als solcher leitete er den Bau der Kuppel und zweier Flügel des Charlottenburger und eines Theils des Berliner Schlosses, des Schlosses Monbijou und anderer königlicher Bauten, nachdem er durch seine Intriguen den vorzüglichen und redlichen Architekten Andreas Schlüter ge=stürzt hatte. Nebenbei führte Eosander den Titel eines Generalquar=tiermeisters, wurde dann preußischer Gesandter am Hofe Karls XII., nahm nach seines Königs Tod, weil dessen Nachfolger seine Besoldung zu hoch fand, schwedische Kriegsdienste, half 1715 Stralsund vertheidigen und gerieth dabei in preußische Gefangenschaft, erhielt jedoch auf Ehrenwort die Erlaubniß, sich nach Frankfurt a. M. zurückzu=ziehen. Hier verschaffte ihm seine Verbindung mit der Merianischen Erbtochter die Mittel zur Fortsetzung seiner gewohnten luxuriösen Lebensweise. Nicolai entwirft in seinen „Nachrichten von preu=ßischen Künstlern" von Eosander kein vortheilhaftes Bild. Er soll eitel, hämisch und neidisch gewesen sein; man legte ihm den Ver=lust werthvoller Zeichnungen und Plane von königlichen Civil= und Militärgebäuden, ja selbst die Unterschlagung einer großen Zahl der schönsten, ihm zum Fassen anvertraut gewesenen Miniaturgemälde zur Last. Von Loen erzählt von ihm in seinen „Kleinen Schriften" (I. S. 260 ff.): „Eosander war vor die menschliche Gesellschaft ge=boren und liebte nebst den Künsten und Wissenschaften auch alle Arten der Belustigungen; er war aufgeräumt, artig, sinnreich, schmeichelhaft und liebte einen großen Aufwand; sein Ehrgeiz machte ihn hochmüthig, tapfer, verwegen und jähzornig. Sonsten hatte er Züge von einem ehrlichen und frommen Mann. Er wußte von der Religion sehr gründlich zu reden, hatte die heil. Schrift wohl inne und liebte be=sonders Joh. Arnds Bücher, vermuthlich weil er darin seinem außer=ordentlichen Trieb zur Chymie das Wort geredet fand, wiewohl er mir öfters selbst gesagt, daß ich denen Goldmachern nicht trauen sollte. Der General führte eine sehr kostbare Haushaltung. Er hatte prächtiges Geschirr, täglich war bei ihm Gesellschaft, alle Fremde hatten freien Zutritt. Man fand bei ihm Fürsten, Grafen, Generale, Gesandten, Räthe, Gelehrte, Kaufleute, Künstler, Officiere, Spieler, herumirrende

Ritter, mit einem Wort allerhand Leute. Er hatte die beste Tafel, doch ohne närrischen Ueberfluß; alles war nett, gutschmeckend und wohl ausgesucht. Man lebte in seinem Hause ohne Zwang, ohne Gepräng, artig und frei, mit einer natürlichen Wohlanständigkeit. Hier war eine Schule für junge Leute, welche die Welt sehen wollten. Nie habe ich eine bessere Lebensart gesehen. Nur Schade, daß die Einkünfte des Generals und seiner Frau, die eine Tochter der Geheimräthin v. Merian war, nicht zulangen wollten, solche fortzuführen. Der Aufwand war zu groß; man machte Schulden, versetzte Bücher an Juden und Christen; diese verkauften solche in Mangel der Zahlung, weit unter ihren Preisen, damit lag Handel und Credit."

Nach kaum sieben Jahren war das vom Vater, Sohn und Enkel erworbene bedeutende Vermögen vergeudet; der ganze Merianische Buch- und Kunstverlag, der von dem Urgroßvater de Bry ererbte mit einbegriffen, vertrödelt und verschleudert und nichts übrig geblieben, als der durch 150jährigen ehrenhaften Kunstfleiß erworbene unvergängliche Ruhm des Merianischen Namens. [1]

In dieser Noth war Cosander so glücklich, durch Vermittlung eines alten Freundes, einem Ruf an den königlich polnischen Hof in Warschau als Generallieutenant mit 6000 Gulden Gehalt folgen zu können. Er verließ 1722 Frankfurt, lebte in Warschau und Dresden ohne erhebliche Erfolge seines Wirkens und starb 1729, eben mit der Herausgabe eines reich ausgestatteten militärischen Werks beschäftigt: „Kriegsschule, oder der deutsche Soldat", wovon jedoch nur der erste Theil im Merianischen Verlag erschienen ist.

Cosanders sehr ähnliches Portrait wurde von Wolfgang nach Anton Pesne's Gemälde für die „Schwedische Fama" gestochen.

Wann und wo seine Ehe- und Schicksalsgenossin ihr Leben endete, ist nicht ermittelt. Mit ihr war die ältere Linie des Frankfurter Stammes der Merian erloschen.

Ich wende mich nun zurück zu den übrigen Nachkommen des älteren Matthäus und zwar zunächst zu dessen zweitem Sohne

Kaspar Merian.

Dieser war im Februar 1627 in Frankfurt geboren; er hatte sich 1627. nach seines Vaters Vorbild gleichfalls der Aetz- und Kupferstecherkunst

---

[1] Zum letztenmal findet sich die Firma M. Merians Erben in dem Meßkatalog von 1727.

gewidmet, auch darin eine anerkennenswerthe Geschicklichkeit erlangt, obgleich er seinen Vater und Bruder nicht erreichte. Indessen hat er dennoch beide bei der Herausgabe ihrer größeren Werke, insbesondere der Topographien, sehr fleißig unterstützt und dazu viele Platten gestochen, auch außerdem selbständig eine Menge Zeichnungen und Kupferstiche geliefert, worunter, außer den landschaftlichen Blättern, namentlich nach Chevalier de la Rose (1656), und einer Reihe von Bildnissen zu Leopolds I. Krönungsdiarium, das er 1658 selbst verlegte, auch ein großer Prospekt von Frankfurt (1657), der zu Augsburg durch Jeremias Wolffs Erben, Joh. Fried. Probst, verschiedene Nachbildungen erfuhr, Erwähnung verdient.

Kaspar Merian hatte sich am 30. April 1650, also kurz vor dem Tode seines Vaters, hier mit Rachel Mejans aus Nürnberg verheirathet. Aus dieser Ehe ging nur ein Töchterchen, Lydia, hervor, welches aber dem Vater bald nach der Geburt wieder entrissen wurde. Wann dieser selbst sein Leben beschlossen hat, war aus den hiesigen Sterberegistern nicht zu ermitteln.

Maria Sibylla Merian,

1647 / 1717 die Tochter zweiter Ehe des älteren Matthäus, war am 2. April 1647 zu Frankfurt geboren. [1]) Die Natur hatte ihr nach der Aussage aller ihrer Biographen körperliche Schönheit versagt; aber diese wahrscheinlich durch das in ihrem Alter von Houbracken gestochene, allerdings nicht sehr reizende Portrait entstandene Tradition wird durch das von ihrem Bruder M. Merian gemalte Bild, wonach das diesem Werke beigefügte Titelkupfer radirt ist, vollständig widerlegt. Hierauf kommt indessen wenig an, da nur ihre geistigen Gaben ihren Namen der Nachwelt überliefern sollten. Den Sinn für Kunst und Wissenschaft scheint sie von dem Vater geerbt zu haben, dem es indessen nicht beschieden war, diese Anlagen der Tochter persönlich zur Entwickelung zu bringen. Die Mutter, eine praktische und häusliche Frau, hatte an der entschiedenen Neigung des Kindes zum Zeichnen und Malen wenig Gefallen, war daher bemüht, dessen Sinn auf andere, wie sie meinte seinem Geschlechte besser anstehende Beschäftigungen hinzulenken. Dieser an sich lobenswerthe mütterliche Eifer hatte aber wenig Erfolg

---

[1]) Unerklärlich ist es, wie Fuessli dazu kommen konnte, Sibylla Merian, die weder in der Schweiz geboren ward, noch jemals dahin gekommen ist, in seine „Geschichte der besten Künstler in der Schweiz" aufzunehmen.

— vielleicht gerade deßhalb, weil dem Hange des Kindes zu schroff entgegengetreten wurde. Sibyllens wahrer Beruf machte sich in ihrem eilften Jahr so entschieden geltend, daß Jacob Marrel, mit dem sich Merians Wittwe in zweiter Ehe verbunden hatte, sich verpflichtet hielt, dem Wunsche der Stieftochter entgegen zu kommen. Seiner Unterstützung ist es zunächst zu danken, daß ein so bedeutendes Talent nicht im Keime erstickt wurde. Pflanzen, Blumen, Vögel, Insekten, Reptilien und andere Gegenstände der Natur waren es, deren Untersuchung und Darstellung den Geist der kleinen Künstlerin in auffallender Weise so ausschließlich beschäftigten, daß die Mutter sich jetzt erinnerte, wie sie selbst während ihrer Schwangerschaft Naturalien jeder Art mit Begierde gesammelt habe. Sie konnte ihre Einwilligung nicht länger versagen. Der berühmte Blumen= und Früchtenmaler Abraham Mignon, Marrels Schüler, unterrichtete sie von jetzt an in seiner Kunst und hatte bald die Genugthuung, aus der gelehrigen Schülerin eine ausgezeichnete Künstlerin gebildet zu haben.

Schon in ihren Kinderjahren hatte sie sich mit der Zucht der Seidenraupe beschäftigt. Diese Liebhaberei führte sie, wie sie selbst in der Vorrede zu ihrem surinamischen Werke erzählt, zur Pflege und Beobachtung anderer Nachtfalter und zuletzt aller Raupen und Insekten. Die Erforschung des Lebens — der Entstehung, Nahrung und Verwandlung — dieser Thiere, wovon sie verschiedene Species aus hiesiger Gegend zuerst beschrieben hat, und deren bildliche Darstellung war bei ihr wahrhaft zur Leidenschaft geworden, auf deren Befriedigung sie, mit Vermeidung jedes gesellschaftlichen Umgangs, alle ihre Kräfte verwandte. Um ihrem Forschungstrieb besser genügen zu können, erlernte sie die lateinische Sprache und studirte die besten ihr zugänglich gewesenen Werke, wobei sie nicht selten Gelegenheit fand, deren Angaben durch eigene sorgfältige Beobachtungen zu berichtigen. Die unterscheidenden Kennzeichen der Pflanzen und Thiere wußte sie mit wissenschaftlicher Genauigkeit und doch mit künstlerischem Sinne darzustellen, so daß ihr selbst Fachgelehrte die Anerkennung nicht versagen konnten.

Nachdem die junge Künstlerin sich schon in ihrem achtzehnten Jahre (1668) mit dem ehemaligen Schüler ihres Stiefvaters, dem geschickten Architekturmaler Johann Andreas Graff von Nürnberg, vielleicht nicht ganz nach ihrer Neigung, verheirathet hatte, zog sie 1670 mit ihrem Gatten nach dessen Vaterstadt. Als eine leere Erfindung darf es betrachtet werden, wenn behauptet wird, sie sei diese Heirath eingegangen, um in Gesellschaft ihres Mannes nach

lebenden Acten malen zu können. Das Actzeichnen lag ja ihrer Kunst=
richtung gänzlich fern. Sibyllens Talent war kein einseitiges, ihre Strebsamkeit wußte
dasselbe auf die verschiedenartigste Weise zur Geltung zu bringen.
Sie malte in Oel=, Aquarell= und Gouachefarben, stach in Kupfer
und war eine kunstreiche Stickerin. Es war ihr gelungen, mittelst
eigenthümlich bereiteter Saftfarben auf Leinwand und Seidenzeuge
Blumen, Kräuter, Vögel und Insekten in einer Weise zu malen, daß
sie auf beiden Seiten gleich vollkommen erschienen und durch Waschen
nichts an ihrer Schönheit verloren. Jueßli sah bei der Markgräfin
von Baden=Baden eine in dieser Weise von unserer Künstlerin gemalte
Tischdecke, an welcher die in seiner Gegenwart angestellte Waschprobe
sich vollkommen bewährte.

In Nürnberg gab Sibylle Graff ihre »Florum fasciculi tres«
mit 36 Kupferplatten in Folio, und 1679 den ersten Theil ihres In=
sektenwerks: „Der Raupen wunderbare Verwandlung und sonderbare
Blumennahrung" in 4°. im eigenen Verlag heraus.[1]) Der zweite Theil
erschien 1683 in Frankfurt, wohin sie mit ihrem Gatten im folgenden
Jahr zurückkehrte. Sie hatte, um dem Werke seinen wissenschaftlichen
Werth zu bewahren, die Zeichnungen sowohl, als die Kupfer alle
eigenhändig verfertigt, auch manche Exemplare selbst colorirt. Später
erschien zu Amsterdam von diesen beiden Theilen eine um 15 Platten
vermehrte holländische Ausgabe, wozu die Verfasserin selbst einen dritten
Theil vorbereitet hatte, den nach ihrem Tode die jüngere Tochter Ma=
ria Dorothea folgen ließ unter dem Titel: Derde en laatste Deel
der Rupsen begin etc. . Amsterdam (1717) Gerard Valk. 4. Eine
noch spätere lateinische Ausgabe des ganzen Werks führt den Titel:
Erucarum ortus, alimentum et paradoxa metamorphosis. Amstelodami Joan Oosterwyk, mit 150 Kpfr. 4.

Neben dieser regen Berufsthätigkeit lag die Künstlerin der Er=

---

1) Es findet sich darin das folgende von dem Professor der Redekunst und Poesie
Christoph Arnold zu Nürnberg (g. 1627, † 1687) verfaßte „Raupenlied":

Im Ton: Jesu, der du meine Seele ꝛc.

Herr! du Schöpfer aller Dinge,	Weicher Sammet, reine Seiden
Teine große Weisheit macht,	Müssen sie ganz überkleiden;
Daß ich von den Wundern singe,	Da uns kaum der Wiz zerrinnt
Tie du so wol bast bedacht:	Wann sich alles paart und spinnt.
Tenen ist nichts zu vergleichen	
Mein Verstand kann nicht erreichen,	Siebster Gott so wirst du handeln
Teiner Werke Art und Weis	Auch mit uns zu seiner Zeit;
Tir allein geziemt der Preis.	Wie die Raupen sich verwandeln,
	Tie durch ihre Sterblichkeit
Gold und Silber seh ich strahlen,	Wiederum lebendig werden
Perlenschmuck ist ihr Gewand;	Gleich den Todten in der Erden:
Schöner könnte sie nicht mahlen	Laß mich armes Würmelein
Auch die beste Meisterhand	Tir alsdann besohlen sein.

ziehung und dem Unterrichte ihrer Kinder gewissenhaft ob, und bewahrte selbst im vorgerückten Alter die Lebhaftigkeit des Geistes. Indessen scheint ihr reger Geist, besonders aber ihre religiöse Richtung in dem Umgange mit dem Gatten keine Befriedigung gefunden zu haben, wozu vielleicht des letzteren Betragen mitgewirkt haben mag. Sie verließ denselben nicht lange nach ihrer Rückkehr in die Vaterstadt für immer, nahm den väterlichen Namen Merian wieder an und begab sich mit ihrer Mutter und ihren beiden Töchtern nach Westfriesland, wo sie auf dem Schlosse eines Herrn van Sommerdyk bei Winwarden in die Brüder- und Schwestergemeinde der reformirten Labbadisten-Sekte trat, die damals dort Zuflucht gefunden hatte und von Peter Yvon geleitet wurde. Unter andern bedeutenden Persönlichkeiten zählte die Gemeinde auch die gelehrte Anna Maria Schurmann zu den ihrigen. Der Besitzer des Schlosses Bosch hatte aus Surinam eine werthvolle Sammlung exotischer Insekten gesandt, was unserer Künstlerin Gelegenheit zu erweiterten Studien gab. Nachdem sie später noch viele andere Naturaliensammlungen, namentlich die des berühmten Anatomen und Botanikers Friedrich Ruysch in Amsterdam gesehen hatte, entschloß sie sich, von vielen Seiten dazu aufgemuntert, ihre Forschung in Surinam selbst fortzusetzen. Im Juni 1699 [1], also in ihrem 53. Lebensjahr, trat die muthige Frau die beschwerliche Reise in Begleitung ihrer älteren Tochter Johanna Helena an, gelangte glücklich an den Ort ihrer Bestimmung und kehrte, nachdem sie nahe an zwei Jahren das Leben der dort vorkommenden Insekten, Frösche und Reptilien beobachtet und eine große Anzahl auf Pergament gemalt hatte, hauptsächlich aus Rücksichten für ihre bedrohte Gesundheit, früher als sie sich vorgenommen hatte, mit der Ausbeute ihres Fleißes, wozu eine bedeutende Naturaliensammlung gehörte, am 23. September 1701 nach Amsterdam zurück. Hier ließ sie im Jahr 1705 die Frucht ihrer seitherigen Mühen, das neue naturhistorische Werk mit 60 Kupfertafeln in Roy. Folio unter dem Titel erscheinen: Metamorphosis Insectorum Surinamensium, in qua Erucae ac Vermes Surinamenses cum omnibus suis transformationibus ad vivum delineantur et describuntur singulis eorum in plantas, flores et fructus collocatis, in quibus reperta sunt, tum etiam generatio Ranarum, Bufonum, rariorum Lacertarum, Serpentum, Aranearum et Formicarum exhibentur, omnia ad vivum naturali magnitudine picta atque

[1] Hülsgen und Nagler lassen sie schon 1698 abreisen. Ich berichte aber nach Sibyllens eigener Angabe in der Vorrede ihres surinamischen Werks.

172

descripta per M. S. Merian. Amstelodami, Gerard Valk. Der Bo-
taniker Kaspar Commelini hatte nach der Verfasserin haudschrift-
lichen Bemerkungen den Text der verschiedenen Ausgaben in deutscher,
französischer, holländischer und lateinischer Sprache georbnet. Das
Werk wurde mit allgemeinem Beifall aufgenommen und wird heute
noch, obgleich in wissenschaftlicher Hinsicht veraltet, selbst von Natur-
forschern geschätzt. Die Gegenstände sind alle in ihrer natürlichen
Größe dargestellt, von Sibylle eigenhändig gezeichnet und von den
geschickten Künstlern Joseph Mulder und Joh. Peter Sluy-
ter in Kupfer gestochen. Einige wenige Exemplare wurden von ihr
persönlich ausgemalt und nach damaligen Begriffen theuer bezahlt.
Der gelehrte Frankfurter Reisende Zacharias Conrad v. Uffenbach,
welcher unsere Merian im Jahr 1711 zu Amsterdam besuchte und
in ihr eine „gar muntere und sehr höfliche, manierliche
Frau" fand, mußte für die beiden Quartbände, die illuminirt sonst
nur fünf Gulden kosteten, zwanzig, und für den Foliobanb, der sonst
für fünfzehn Gulden verkauft wurde, fünf und vierzig Gulden bezahlen,
weil sie von ihr eigenhändig colorirt waren. Diese seltenen Exemplare
enthalten aber auch nicht sowohl illuminirte Kupferstiche, als vielmehr
kunstreich ausgeführte Aquarellgemälde. Ein solches Exemplar soll sich
nach Hüsgen als Geschenk des französischen Marschalls von Belle-
Isle in der hiesigen Stadtbibliothek befinden. Allein dies ist nicht der
Fall. Das hiesige Exemplar mit 60 Kupfertafeln und holländischem
Text, ohne Jahrzahl des Druckes, ist ziemlich mittelmäßig colorirt.
Die besten Kupfer enthält die Ausgabe mit lateinischem Text. Im
Jahr 1719 ließ der Buchhändler Oosterwyk in Amsterdam eine neue,
um 12 Kupfertafeln vermehrte Auflage in verschiedenen Sprachen er-
scheinen, unter dem veränderten Titel: Dissertatio de Generatione et
Metamorphosibus Insectorum Surinamensium etc. Verschiedene noch
spätere Ausgaben liefern, wie natürlich, stets geringere Abdrücke.

Die gelehrte Künstlerin, mit dem bis dahin Geleisteten noch nicht
zufrieden, dachte fortwährend an die Vervollständigung ihres Werks.
Da ihre körperliche Schwäche eine zweite Reise unmöglich machte, so
ließ sie ihre ältere, inzwischen mit einem nach Surinam handelnden
Kaufmanne Namens Johann Herold verheirathete Tochter, diesen dahin begleiten. Helene Herold, in der Mutter Schule gebildet, entsprach bereitwillig und mit Geschick deren Wünsche, sammelte und zeichnete fleißig und sandte alles mit den nöthigen Bemerkungen der Mutter, die den neuen Stoff zu einem Nachtrage ihres
Werks zu verwenden gedachte. Alter und Kränklichkeit verhinderten

sie aber an der Ausführung. Maria Sibylla Merian endigte ihr thätiges und ruhmreiches Leben zu Amsterdam am 13. Januar 1717, ohne ihren letzten Wunsch erfüllt zu sehen.

Einige der von ihr aus Surinam mitgebrachten Schmetterlinge befanden sich lange im Besitz des Schöffen Seiffart v. Klettenberg, der sie dem im Jahr 1773 hier verstorbenen Dilet'anten der Naturwissenschaften J. N. Körner verehrte. Von diesem gingen sie in die Gerning'sche Sammlung und zuletzt in das herzogliche Museum zu Wiesbaden über, wo sie indessen jetzt nicht mehr aufzufinden sind. Es ist nicht unwahrscheinlich, daß eine unwissende Hand sie als veraltete Exemplare beseitigt und durch neuere ersetzt hat. Eine Abbildung jener Originalexemplare findet man auf Tafel 8 und 31 des Merianischen Werks und in Kleemanns Beiträgen zu Rösel v. Rosenhofs „Insektenbelustigung" Tafel VII, VIII und X. Fig. 1, 2, wozu Körner sie hergeliehen hatte.

Die von der Künstlerin hinterlassenen, unvergleichlich schön auf Pergament gemalten Originalzeichnungen zu dem Hauptwerke besaß früher Daniel Marsbach in Amsterdam, nach dessen Tod sie 1775 für 775 Gulden versteigert wurden. Ihre übrigen Gemälde in Wasserfarben auf weißem Pergament findet man in öffentlichen und Privatsammlungen. In dem jetzt zerstreuten Ettling'schen Kabinet sollen sich mehrere befunden haben. Das Städel'sche Kunstinstitut hat deren zehn aufzuweisen. In dem 1534 beginnenden Stamm- und Meisterbuche der hiesigen Gold- und Silberarbeiter wird ein von ihr im Jahr 1685 auf Pergament gemalter Blumenkranz mit verschiedenen Insekten, in dessen Mitte sich das Wappen des Silberarbeiters Nik. Küffeler befindet, aufbewahrt. Nach Meusels „Miscellaneen" 11, S. 260 sollen in der Akademie der Wissenschaften zu St. Petersburg sehr viele Arbeiten unserer Künstlerin gezeigt werden, und in dem brittischen Museum befinden sich, wie Hüsgen berichtet, gleichfalls zwei Foliobände, wovon jeder 500 Guineen gekostet haben soll.

Seltener, aber von geringerem Belange sind Sibyllens Oelgemälde. Die Oelmalerei konnte ihr für ihre wissenschaftlichen Zwecke weniger dienen, weßhalb sie darin geringere Uebung erlangt haben mag. In dem Katalog der kaiserl. Gallerie im Belvedere von 1853 ist S. 175 ein von ihr auf Holz gemalter Blumenstrauß in einem auf dem Tische stehenden Strohkörbchen verzeichnet, und in dem hiesigen Prehn'schen Kabinet werden ihr sieben kleine, theils auf Kupfer, theils auf Holz gemalte Oelbilder zugeschrieben. Der Decan Veith zu Schaffhausen, dessen Sammlung 1835 versteigert wurde, besaß gleichfalls zwei kleine auf Kupfer gemalte Insektenstücke.

Das von Sibyllens Bruder, dem jüngeren M. Merian, in Oel gemalte Portrait derselben befindet sich in der öffentlichen Kunstsammlung der Stadt Basel. Sie erscheint hier als schöne, anmuthige junge Frau, sitzend in halber Figur, Pinsel und Palette in der Hand haltend, während die von und nach Heubracken nach Gsells Gemälde gestochenen Bildnisse sie im vorgerückten Lebensalter mit entstellendem Kopfputze darstellen. Auch Joachim v. Sandrart hatte ihr Portrait gemalt. Ihre ältere Tochter

Johanna Helene Herold, geb. Graff [1])

war im Januar 1668 in Frankfurt geboren, mit ihrer Mutter nach Holland gezogen und deren Begleiterin und Mitarbeiterin auf der Reise nach Surinam, das sie, wie schon erwähnt, in Gesellschaft ihres Gatten 1702 zum zweitenmale besuchte, um zur Vervollständigung des Werks ihrer Mutter mitzuwirken. Der letzteren an Geschicklichkeit im Insekten- und Blumenmalen fast gleich, setzte sie diese Beschäftigung nach deren Tod eifrig fort. Die Professoren Peter Burmann, Vater und Sohn, besaßen siebenzig Pflanzenmalereien von ihrer Hand, wofür sie der Künstlerin 400 Gulden bezahlt hatten. Johanna Helene Herold soll, ungewiß wann, in Amsterdam gestorben sein. Ihre jüngere Schwester

Maria Dorothea Henrica Gsell, geb. Graff

war 1678 in Nürnberg geboren. Auch sie hat nach der Mutter und Schwester Vorbild die Kunst in Darstellung von Blumen und Insekten fleißig geübt, war sehr unterrichtet, indem sie sogar das Hebräische verstand, und gab, wie schon erwähnt, in Amsterdam den dritten Theil des mütterlichen Insektenwerks in 4°. heraus, dem zugleich die von ihrer Schwester in Surinam gesammelten Nachträge angehängt wurden. In Holland lernte sie den aus St. Gallen gebürtigen Portrait- und Still-Lebenmaler G. Gsell (oder Xsell) kennen, heirathete denselben und folgte ihm 1717 auf Peter des Großen Ruf nach St. Petersburg, wo beide für die kaiserl. Akademie der

---

[1]) Nicht sie, sondern ihre jüngere Schwester, führte den Namen Maria.

Wiſſenſchaften reichlich Beſchäftigung fanden. Die Akademie bewahrt von ihrer und ihrer Mutter Hand eine werthvolle Sammlung von Abbildungen naturhiſtoriſcher Gegenſtände. Noch in Holland hatte ihr Gatte ihrer Mutter Portrait gemalt, das Houbracken in Kupfer ſtach und nach dieſem in verſchiedenen Copien vervielfältigt worden iſt. Sie ſtarb 1745 in St. Petersburg. Ihre Tochter Salome Abi-gail heirathete den großen Aſtronomen Leonhard Euler.

Hier dürfte der geeignete Ort ſein, über den Vater der beiden vorgenannten Künſtlerinnen einige Worte nachzutragen:

Johann Andreas Graff

war am 1. Mai 1637 in Nürnberg geboren, hatte anfangs die Ab-ſicht, eine wiſſenſchaftliche Laufbahn zu betreten, wandte ſich aber bald der Kunſt zu. Nachdem er bei L. Häberlin den erſten Unter-richt genoſſen hatte, trat er bei dem Blumenmaler Jac. Marrel zu Frankfurt in die Lehre, die er während fünf Jahren zwar fleißig be-nutzte, aber dennoch, wie es ſcheint, mehr Neigung und Geſchmack für architektoniſche Darſtellungen zeigte. Von hier ging Graff nach kurzem Beſuche ſeiner Vaterſtadt über Augsburg nach Venedig, ver-weilte dort zwei Jahre, ſtudirte dann während eines vierjährigen Auf-enthalts in Rom die antiken und neueren Prachtgebäude der ewigen Stadt, zeichnete dieſe mit der Peterskirche und vielen anderen be-rühmten Werken der Baukunſt, und kehrte 1664 nach Nürnberg zurück. Schon in dem folgenden Jahr kam er wieder nach Frankfurt, ver-band ſich mit der kaum achtzehnjährigen Maria Sibylle Merian und nahm hier ſeinen Wohnſitz. Im Jahr 1670 aber zog er mit ſeiner Familie nach Nürnberg, wo er nicht nur ſelbſtthätig in ſeinem Fache arbeitete, ſondern auch ſeiner Frau bei der Herausgabe des in ſeinem Verlag erſchienenen erſten Inſektenwerks behülflich war. Beide Ehe-gatten waren aber, wie es ſcheint, von unſteter Natur. Schon 1684 kehrte die Familie nochmals nach Frankfurt zurück, jedoch nur um ſich, wie ſchon erzählt, bald für immer zu trennen. Nach vergeb-lichem Verſuche Graffs im Amſterdam, ſeine Frau zur Rückkehr in die Heimath zu bewegen, durchreiſte er ohne ſie Holland und kehrte nach ſeiner Vaterſtadt zurück. Hier arbeitete er in ſeinem Fache als Ar-chitektur- und Perſpectivmaler, Zeichner und Stecher fleißig fort und fand die ſeiner nicht gewöhnlichen Geſchicklichkeit entſprechende Aner-kennung. Unter den vielen von Graff geätzten Proſpecten, wovon Hüßgen einige verzeichnet hat, iſt neben dem Inneren der St. Lorenz-

und der St. Sebald-Kirche zu Nürnberg, besonders die von dem Künstler sehr vorzüglich und malerisch radirte Ansicht des hiesigen Römerbergs unter einem von Jac. Marrel entworfenen, gleichfalls von Graff ge= stochenen Doppeladler mit dem Brustbilde des Kaisers Leopold I., um= geben von den sieben Kurfürsten, mit Auszeichnung zu erwähnen. Das Blatt ist bezeichnet JGrav F. Jacobus Marrel Inv. excudit. Die Platte wurde später quer durchschnitten und der untere Theil, nachdem der Schweif des Adlers und die gedachte Inschrift herauspolirt, auch die leere Stelle mit einigen neuen Figuren ergänzt war, mit der verän= derten Adresse Joh. And. Graff del. sc. et excudit wieder abgedruckt. Querfolio.

Andere Meister, namentlich J. U. Kraus, haben eine nicht ge= ringe Anzahl Blätter nach Graffs Zeichnungen gestochen.[1]) Der Tod setzte dem bewegten Leben dieses Künstlers 1701 in Nürnberg, nicht in Amsterdam, wie Andere berichten, sein Ziel.

Der Vollständigkeit wegen habe ich jetzt noch einige andere Glie= der der Familie Merian kurz zu erwähnen:

Der dritte Sohn des älteren Matthäus,

Joachim Merian,

hier geboren im Nov. 1635, hatte sich den Wissenschaften gewidmet und als Doctor der Philosophie und Medicin die Stelle eines Stadt= physikus erlangt. Er war zweimal verheirathet gewesen und hinter= ließ bei seinem im December 1701 erfolgten Tode drei Kinder, von denen eine Tochter Maria Philippine 1733 als Ehefrau des Juweliers Burgk verstarb, während der 1672 geborene Sohn

Daniel Merian

am 17. Oct. 1743 als Ingenieur, Hauptmann und Zeugwart bei dem hiesigen Stadtmilitär sein Lebensziel erreichte. In den Stadt= rechnungen des Jahrs 1734 heißt es: „Herrn Daniel Merian pr. ein Abriß der Stadt Frankfurt für Herrn General Graf v. Wallis, Commandant von Mainz, 3 Gulden." Hiernach scheint der Verlag

---

[1]) J. U. Kraus hatte Johanna Sibylle Küssel, die Enkelin des älteren Matth. Merian geheirathet, welche gleichfalls den Grabstichel und die Radir= nadel mit Gewandtheit zu führen verstand.

des Merianischen Stadtplans damals in Daniels Besitz gewesen zu
sein. Von seiner zahlreichen Nachkommenschaft war der älteste Sohn

Karl Matthäus Merian,

geboren im October 1705, zwar der Kunstbahn seiner Vorfahren als
Maler gefolgt, scheint es aber darin nicht weit gebracht zu haben.
Nach den städtischen Rechnungsbüchern von 1734 und 1735 empfing
er verschiedene kleine Zahlungen für Arbeiten für das Feueramt. Ich
vermuthe, daß er die Adler an den Feuerspritzen oder Aehnliches gemalt hat. Er endigte seine dunkle Bahn am 15. Jan. 1770. Ein
zweiter Sohn Daniels, Gerhard, geboren 1708, war Feuerwerker.
Ueber die Lebensverhältnisse der sechs übrigen Kinder konnte ich nichts
ermitteln.

Karl Matthäus ist der letzte Merian, welcher sich unter
den Verstorbenen in den hiesigen Kirchenbüchern verzeichnet findet; mit
ihm scheint diese Familie in Frankfurt erloschen zu sein, während sie
in ihrer ursprünglichen Heimath zu Basel noch jetzt blühet. Ich habe
aus den von mir gesammelten Notizen den hier beigefügten, sonst nicht
zu findenden Stammbaum des hiesigen Zweiges aufgestellt. Darin ist
auch ein

Haus Jacob Merian

eingetragen. Dieser, ein Kupferstecher von Basel, trat am 29. Juni
1619 zu Frankfurt mit Anna Helena Pischen in die Ehe. Eine weitere Nachricht findet sich über ihn nicht. Der Zeit nach könnte er
ein Bruder oder Vetter des älteren Matthäus gewesen sein. Ich
vermuthe, daß er auf dessen Veranlassung nach Frankfurt gezogen
und bei dessen Verlagsarbeiten als Gehülfe thätig gewesen ist.

Mit der Merianischen Familie verschwägert war

Melchior Küssel,

auch Küsel, der Schüler des älteren Matthäus Merian, dessen Tochter
Maria Magdalena er am 1. Mai 1649 heimführte. Hüsgens Angabe (S. 169), Küssel sei der Schwiegersohn des jüngeren M. Merian gewesen, beruht auf einer Verwechselung. Dieser eben so geschickte, wie fleißige Zeichner, Kupferstecher und Aetzer hat längere
Zeit bis nach seines Schwiegervaters Tod in Frankfurt gearbeitet

und hier, wie später in Augsburg eine große Anzahl Blätter geliefert, die fast alle mit leichter Hand, zum Theil geistreich gestochen
oder radirt sind. Zu dem von Nagler gegebenen Verzeichniß seiner
Arbeiten füge ich das 1681 zu Augsburg in quer 4°. erschienene,
vierzig Blätter umfassende Werkchen: Johann Wilhelm Bauren Un-
derschidliche Prospecten, welche Er in dennen Landen Italiae
und dan auf seiner Heimreis Friaul, Karnten, Steyr etc. nach dem
Leben gezeichnet. In das Kupfer gebracht durch Melchioren Küsell
zu Augsburg. Alle Blätter dieses Werkchens machen in der That
dem Stecher gleiche Ehre wie dem geistreichen Zeichner. Auch verschiedene Portraite, worunter das der Schöffen Anton Christian v.
Mohrenhelm und Achilles v. Uffenbach, hat Küssel nach den Gemäl-
ben seines Schwagers, des jüngern M. Merian, gestochen. Er vollendete seine Laufbahn in Augsburg, wo er 1622 geboren ward und
1683 starb.

Jacob Marrel.

1614
-1681.

Dieser interessante Künstler gehört nach allgemeiner Annahme
zu den in Frankfurt eingewanderten, und durch seine Heirath mit
der Wittwe des älteren Merian gewissermaßen zu dessen Familie.
Er war 1614 und nicht, wie Sandrart angiebt, 1628 geboren. Daß
Utrecht der Ort seiner Geburt gewesen, dürfte noch einigem Zweifel
unterliegen. Nach dem Stamm= und Meisterbuche der hiesigen Gold=
und Silberarbeiter ist ein Elias Marrel schon 1613 in die Innung
aufgenommen worden und 1623 mit Hinterlassung „großer Mittel"
in Batavia gestorben; ferner wurde 1626 Daniel Marrel und
zu nicht angegebener Zeit Johann Marrel in derselben Innung
als Goldarbeiter zugelassen. Ließe sich nicht hieraus schließen, daß die
Familie eine eingeborene gewesen und Jacob Marrel hier oder
doch nur während eines zeitweiligen Aufenthalts seiner Aeltern in
Holland zu Utrecht geboren sei? Viele Schriftsteller nennen ihn
Moreel, andere Morelli und Murel. Der Künstler schrieb
sich aber Marrel; auf allen seinen mir zu Gesicht gekommenen
Oelgemälden und Handzeichnungen ist der Name stets so und nicht
anders geschrieben.

Marrel hatte seinen Lehrer Flegel besonders in der Anordnung
seiner Compositionen und in der Färbung, worin der letztere bekanntlich
kein großer Meister war, bald übertroffen. Er ging in die Niederlande, um sich an den großen Mustern dieses Landes weiter auszu-

bilden, was ihm mit so gutem Erfolge gelungen ist, daß seine besseren Arbeiten mit denen der berühmten Niederländer wetteifern, während freilich viele andere flüchtiger und nicht immer streng nach der Natur behandelt sind. Marrel wandte sich nach einigen Jahren wieder nach Deutschland und nahm, nachdem er sich verheirathet hatte, wie es scheint in Frankenthal seinen Wohnsitz, siedelte aber später von da nach Frankfurt über, wenigstens besagt das hiesige Kirchenbuch bei des Künstlers Trauung mit der Wittwe Merian[1]) am 5. August 1651: „Jacob Marrel von Frankenthal, Wittwer." Von da an bis zu seinem Tode gehörte er ausschließlich unserer Stadt an.

Jacob Marrel hat, mit wenig Ausnahmen nur Blumen, Früchte und andere leblose Gegenstände gemalt, die er wohl zu ordnen und hier und da mit Insekten zu beleben verstand. Ein Doppeladler mit dem Portrait des Kaisers Leopold I. als Brustbild, umgeben von den sieben Kurfürsten, ist von Marrel nur gezeichnet. Die Ehre des Stichs ge- bührt, gleich wie die der Aufnahme und Radirung der darunter be- findlichen Ansicht des Römerbergs, dem Joh. Andreas Graff. Eins der besten Gemälde des Künstlers befindet sich in dem Audienzzim- mer des älteren Bürgermeisters. In der Mitte eines vorzüglich ge- malten Kranzes der schönsten Blumen zeigt sich die Ansicht der Stadt Frankfurt. Jac. Marrel pinx. 1651. Das Bild ist etwas über 3' hoch und 2' breit, auf Holz gemalt. Es soll von dem Dichter J. Ger- ning der Stadt verehrt worden sein. Ein anderes vortreffliches auf Holz gemaltes Früchtestück mit einem Glas Wein, worin sich des Meisters eigenes Portrait abspiegelt, befand sich ehemals in Chan- delle's, nachher in Dr. Goldschmidts Sammlung. In der großher- zoglichen Gallerie zu Darmstadt sieht man noch zwei Gemälde des Meisters, von denen eines eine reich mit Blumen umkränzte Land- schaft zeigt. Jac. Marrell pinx. 1655. In der vormals Mergenbaum'- schen Sammlung zu Niltheim befanden sich mehrere dergleichen, die nun in alle Welt zerstreut sind. Ein wohlgelungenes kleines Früchte- stück auf Leinwand, bez. J. Marrel f. vermag ich selbst aufzuweisen. Auch in Wasserfarben und mit Kreide ausgeführte Zeichnungen findet man hier und da. Endlich hat sich dieser wackere Mann auch als Schriftsteller versucht. In dem Werkchen: „Artliches und Kunst- reichs Reißbüchlein für die ankommende Jugend zu lehren, insonderheit für Mahler, Goldschmidt und Bild-

---

[1]) Johanna Sibylla Heiny, nicht, wie Hüsgen irrig angiebt, Maria Magda- lena de Bry.

hauern zusammengetragen und verlegt durch Jacob Mar=
rel, Burger und Mahler in Frankfurt A° 1661", findet
man zugleich das von ihm selbst radirte Portrait, welches J. M. Zell
1780 für die „Frankfurter Beiträge" nachgestochen hat. Der
Künstler hat sich an der Staffelei einen Blumenstrauß malend dar=
gestellt. Das Blatt in Quartformat ist bezeichnet: I. M. Æ. Suæ 21.
1635.

Höher als alle unserem Marrel wegen seiner eigenen Arbeiten
gebührende Anerkennung, ist das Verdienst anzuschlagen, das er sich
dadurch erworben hat, daß er in Abraham Mignon einen so vortreff=
lichen, ihn selbst überragenden Künstler gebildet, und daß er seiner
Stieftochter Maria Sibylla Merian gegen den widerstrebenden Ein=
fluß der Mutter schützend zur Seite gestanden und ihr durch seinen
eben gedachten talentvollen Schüler die Bahn des Ruhmes eröffnet hat.

Jacob Marrel beschloß sein thätiges Leben nicht, wie Sandrart
angiebt, 1683, auch nicht, wie Hüsgen sagt 1685, sondern ausweis=
lich der öffentlichen Sterberegister am 11. November 1681.

In dem Katalog der 1782 zur Versteigerung gekommenen Ge=
mäldesammlung des Dr. Kißner, befand sich ein Gemälde mit der
deutlichen Bezeichnung: „J. Marrel jun. fec. 1661." Es zeigt ein
Zimmer, worin eine Dame ihre Toilette macht; ein Mann in türki=
scher Tracht steht in ihrer Nähe, durch die offene Thüre sieht man
in den Garten. (1' 7" h., 2', 11" br.) Hüsgen hat das Bild ge=
sehen, bezeugt die Richtigkeit gedachter Inschrift und vermuthet, daß
der Maler ein Sohn des älteren Jacob Marrel gewesen sei. In die=
sem Falle müßte er Marrels erster Ehe entsprossen sein. Das er=
wähnte Genrebild war übrigens kein besonderes Kunstwerk; es wurde
für drei Gulden verkauft und weicht in dem Gegenstande von des
älteren Marrels Gattung gänzlich ab, so daß Naglers Vermuthung,
beide Künstler seien nur eine Person gewesen, keine Wahrscheinlich=
keit für sich hat.

Es schien mir angemessen, die Familie Merian im Zusammen=
hange zu besprechen, was mich nöthigte, mehrere ältere oder gleichzei=
tige Künstler zu überspringen. Ich wende mich jetzt zu diesen zurück,
zunächst aber zu einer Künstlerfamilie, die zwar in Frankfurt nicht
in dem Umfange thätig gewesen ist, wie die Merianische, aber doch
unserer Stadt durch Geburt angehört, zeitweise hier gewirkt und auf
andere hiesige Künstler einen erheblichen Einfluß geübt hat. Ich meine

die Familie von Sandrart.

Lorenz von Sandrart, ein vermögender Kaufherr von edler Abstammung, hatte sich im Jahr 1597 in der vormals flandrischen Stadt Valenciennes mit Antonette v. Bodeau vermählt, jedoch später, um den Kriegsunruhen in dem Heimathlande zu entgehen, mit seiner Familie Frankfurt zum bleibenden Wohnsitz gewählt. Hier wurde

Joachim von Sandrart

als das fünfte Kind seiner Aeltern am 12. Mai 1606 geboren. [1]) $\frac{1606}{1688.}$
Der Knabe zeigte frühe bedeutende Anlagen, an deren Ausbildung der begüterte Vater nichts fehlen ließ. Sein Unterricht erstreckte sich auf alle einem jungen Manne von Stand damals unentbehrlichen Fächer. Mit Leichtigkeit erfaßte er mehrere Sprachen; vorzugsweise aber gab er die Neigung und zugleich ein entschiedenes Talent für die Zeichenkunst zu erkennen. Verschiedene Kupferstiche und Holzschnitte, die der Knabe mit der Feder nachgeahmt hatte, waren so correkt und täuschend gelungen, daß selbst gewiegte Kunstkenner, wie Theodor de Bry und Matthäus Merian, dieselben anfangs für wirkliche Kupferstiche und Holzschnitte, oder für Originalzeichnungen hielten. Den ersten Unterricht im Zeichnen empfing er theilweise in Hanau, wahrscheinlich bei Daniel Soriau. (Teutsche Akademie II, 279.) Nachdem er auch im Kupferstechen und Radiren einige Uebung erlangt und später unter Peter Isselburgs Leitung in Nürnberg weitere Fortschritte gemacht hatte, wanderte der jetzt fünfzehnjährige Jüngling, im Drange nach höherer Vollkommenheit, zu Fuß nach Prag, um sich dem damals als Kupferstecher hochberühmten Egidius Sadeler als Schüler anzutragen. Dieser eben so redliche, wie erfahrene und urtheilsfähige Mann nahm ihn zwar liebevoll auf, sah mit Befriedigung seine Arbeiten, rieth ihm aber offen, den mühsamen Beruf des Kupferstechers, der sich für seinen lebendigen

---

[1]) Bei Erzählung seines Lebens habe ich mich zunächst an die der ersten Ausgabe seiner Teutschen Akademie vorgedruckten biographischen Nachrichten halten zu müssen geglaubt, da sie, ungeachtet der häufigen Abschweifungen und stark panegyrischen Färbung, doch in thatsächlicher Hinsicht als die sicherste Quelle betrachtet werden können.

Nach Joachim wurden seinen Aeltern, außer zwei Töchtern, noch zwei Söhne: Emanuel 1611 und Jonas 1616 hier geboren. Vier Kinder hatten sie mitgebracht.

Geist weniger zu eignen scheine, zu verlassen und sich zu der freieren
Malerei zu wenden, die ihn bei seiner Befähigung sicher auf den
Gipfel des Ruhmes führen werde. Er selbst, fügte Sadler hinzu,
würde, wenn er nicht zu alt wäre, keinen Augenblick zögern, den=
selben Weg zu betreten.

Reich beschenkt mit Kunstblättern von Sadlers Hand, kehrte
Sandrart vorerst zu seinen Aeltern zurück, begab sich aber mit deren
Genehmigung, dem erhaltenen Rathe folgend, bald darauf nach Utrecht,
wo er bei Gerhard Honthorst, der eine bedeutende Malerschule
unterhielt, in die Lehre trat. Hier machte der neue Schüler so
rasche Fortschritte, daß Honthorst ihn bald vor allen andern auszeich=
nete und ihn auf einer Reise an den Hof des Königs Karl I. von
England zum Begleiter und Gehülfen wählte. Auch hier fand des
jungen Mannes Geschicklichkeit Beifall. Als Honthorst nach been=
digter Arbeit heimkehrte, durfte Sandrart am englischen Hofe zurück
bleiben. Er benutzte diese günstige Gelegenheit, die vortrefflichen
Gemälde= und Antikensammlungen des Königs, des Herzogs von
Buckingham und des Grafen Arundel fleißig zu studiren und seine
Kenntnisse zu vermehren. Die Sehnsucht nach Italien, besonders
die Gefahr drohenden politischen Verhältnisse Englands, ließen jedoch
den eifrigen Kunstjünger seine Entlassung wünschen, die ihm von
dem Könige, wiewohl ungern, bewilligt wurde. Er reiste 1627 über
Holland in die Heimath, um nach kurzem Besuch bei den über die
Entwickelung des hoffnungsvollen Sohnes hocherfreuten Aeltern dem
Ziele seiner Sehnsucht entgegen zu eilen. Zunächst ging er über
Augsburg durch Tyrol nach Venedig, wo er den deutschen Maler
Johann Lys, genannt Pan, und Nikolaus Regnier von
Maubeuge kennen lernte, beide wackere Künstler, die sich des Jüng=
lings freundlichst annahmen und ihm in allen Kirchen, Palästen
und Kunstsammlungen als Führer dienten. Hier sah er die Werke
Titians, Paul Veronese's und der anderen großen Meister,
an deren Gebilde sich sein Geist erhob und sein Kunstgeschmack rasch
entwickelte. Besonders erregten Titians Gemälde seine Bewunde=
rung. Er copirte sie fleißig und zog in dieser Weise aus dem Auf=
enthalte in Venedig sowohl für sein Kunsturtheil, als für seine tech=
nische Ausbildung, namentlich was Anordnung und Colorit betrifft,
reichen Nutzen; denn der männliche Ernst, womit der junge Mann
seine Studien betrieb, war seinem Alter vorangeeilt.

Zu Venedig war Sandrarts Vetter, der Frankfurter Kupfer=
stecher Le Blon, mit ihm zusammengetroffen; in dessen Begleitung

setzte er jetzt seine Kunstwanderung fort, besuchte in Bologna Guido Reni und Francesco Albano, sah deren Werke und die anderer Koryphäen der Kunst, namentlich Raphaels und der beiden Carracci, die er theilweise copirte. Nach kurzer Umschau in Florenz, in dessen Nähe unsere Reisenden bei einem ländlichen Tanze ein kleines Abenteuer zu bestehen hatten, das für Sandrart leicht hätte gefährlich werden können, eilten sie nach Rom. Hier trat er mit den ausgezeichnetsten Malern und Bildhauern, sowohl fremden als einheimischen, in ein freundschaftliches Verhältniß, wobei ihm seine Sprachkenntniß sehr zu Statten kam. In der Schilder=Bent wurde ihm und seinem Reisegefährten ein ehrenvoller Empfang bereitet. Man beeilte sich allerseits, sie mit den Sitten Roms vertraut zu machen und ihnen in ihren Kunststudien förderlich zu sein. Diese waren in der That für Sandrart so erfolgreich, daß nachdem kaum einige seiner Arbeiten zur öffentlichen Ausstellung gelangt waren, ihm die Ehre zu Theil wurde, in die Zahl der zwölf besten Maler Italiens gewählt zu werden, denen der König von Spanien die Ausführung eben so vieler Gemälde in gleicher Größe nach dem Leben aufgetragen hatte. Unter seinen Ruhmesgenossen glänzten die Namen Guido Reni, Francesco Barbieri (Guercino), Peter von Cortona, Andrea Sacchi, Domenico Zampieri und Nicolas Poussin. Es war keine kleine Aufgabe für den jungen deutschen Künstler, mit solchen Meistern zu wetteifern; aber sein Gemälde, den Tod Seneca's bei nächtlicher Beleuchtung vorstellend, fand großen Beifall und veranlaßte sogar den Marchese Giustiniani, den Künstler in seinen Palast aufzunehmen. Es scheint, daß dieses Bild entweder nicht nach Spanien abgeliefert, oder daß es von Sandrart für den Marchese wiederholt worden ist; denn es gelangte 1815 mit der ganzen Giustinianischen Sammlung in die königliche Gallerie zu Berlin. Von jetzt an war sein Ruf begründet. Er erhielt von allen Seiten Aufträge sowohl zu größeren historischen Compositionen für Kirchen und Paläste, als zu Portraiten. Er wurde dem Pabste Urban VIII. empfohlen, malte dessen Bild und wurde von demselben sonst beschäftigt. Ein großes Altarblatt, Maria mit dem Christuskinde, welches er für den Cavaliere Massimo gemalt, dieser aber, weil ihm der Preis von 100 Kronen zu hoch schien, nicht angenommen hatte, kaufte ein niederländischer Kunstfreund für 225 Kronen und überließ es später um 400 Kronen für des Cardinals Richelieu Kapelle, wo es dem Könige so wohl gefiel, daß der Meister einen Ruf nach Paris erhielt, dem er aber nicht folgte.

Neben diesen anstrengenden Arbeiten setzte der strebsame Künstler seine Studien der Antiken und der Kunstgeschichte eifrigst fort. Hierbei kam ihm die Absicht Giustiniani's, seine herrliche Statuensammlung im Kupferstich zu veröffentlichen, vortrefflich zu Statten. Nach Sandrarts Zeichnungen erschien die Galeria Giustiniani 1631 in 2 Foliobänden. Die namhaftesten Kupferstecher Italiens und der Niederlande hatten dazu mitgewirkt. Besonders förderlich für die geistige und wissenschaftliche Ausbildung unseres Künstlers war auch sein Umgang mit dem großen Galilei, dessen Verfolgung ihn höchst schmerzlich berührte.

Während eines kurzen Ausflugs nach Neapel, Sicilien und Malta füllte er sein Studienbuch mit vielen Zeichnungen, worunter namentlich die Ansichten des Aetna und der Scylla und Charybbis, die später Matthäus Merian für das Itinerarium Italiae gestochen, auch für Gottfrieds Archontologie verwendet hat.

Nach Rom zurückgekehrt, fand er zu Tivoli in dem später so berühmt gewordenen Landschaftmaler Claude Gelée (Lorrain) einen lieben Freund, dem er zuerst das richtige Verständniß, nach der Natur zu malen, durch sein eigenes Beispiel eröffnete. Aber es war jetzt nach einem beinahe achtjährigen Aufenthalt in Italien, wovon bei Weitem der größte Theil auf Rom fällt, an der Zeit, an die Heimkehr zu denken. Sandrart hatte seine Wanderjahre gewissenhaft verwendet, mit deutschem Ernst sein Ziel vor Augen gehabt; er kehrte als vollendeter Künstler und noch größerer Kunstgelehrter im Jahr 1635 nach Deutschland zurück. Dieses war damals der Schauplatz des höchsten menschlichen Elends; Krieg, Hunger und Pest wütheten vereint in der von den Schweden besetzten Vaterstadt, während der kaiserliche General Gallas die Umgegend aussog und verheerte. Mit Lebensgefahr mußte sich der Künstler auf Umwegen bei nächtlicher Weile durch das Lager der Croaten schleichen, gelangte jedoch glücklich in die Stadt, wo ihn die Freunde auf's Ehrenvollste empfingen. Diese frohe Heimkehr wurde ihm aber dadurch gar sehr getrübt, daß er den geliebten Vater nicht mehr am Leben fand. Dennoch eröffneten sich dem jungen Manne bald die schönsten Aussichten für ein heiteres Familien- und Künstlerleben. In die Familie de Neufville eingeführt, lernte er eine Verwandte derselben, Johanna von Milkau auf Stockau, kennen und vermählte sich mit ihr am 21. Februar 1637. Aber die Bedrängnisse und Gefahren des Kriegs nöthigten ihn nur zu bald, auf eine gemüthliche Wirksamkeit in der Vaterstadt zu verzichten. Noch in demselben Jahre wanderte er mit seiner jungen Frau und seinem

hoffnungsvollen Schüler M. Merian nach Amsterdam, um wenig=
stens für einige Zeit Ruhe und Muße zu gewinnen. Hier erwarb er
sich nicht allein durch seine Geschicklichkeit, sondern auch durch sittlichen
Ernst und ein anständiges, von den Gewohnheiten seiner holländischen
Kunstgenossen sehr abweichendes Betragen viele Freunde und Verehrer.
Sein Pinsel wurde vielfach in Anspruch genommen. Unter anderen
größeren Compositionen aus jener Zeit verdienen vorzugsweise Er=
wähnung: die im Auftrag des Kurfürsten Maximilian I. von Bayern
gemalten, jetzt in der Pinakothek zu München befindlichen allegorischen
Darstellungen des Tages und der Nacht, sowie die in Halb=
figuren vorgestellten 12 Monate, und endlich die Einholung der
Maria v. Medicis durch die Bürger Amsterdams. Auf einem der
gedachten Monatsbilder war ein Haase so natürlich gemalt, daß des
Kurfürsten Windspiele darnach sprangen.

Allein auch Holland sollte den Künstler nicht dauernd fesseln.
Nachdem seiner Frau das stattliche Gut Stockau in der Nähe von
Ingolstadt durch Erbschaft zugefallen war, verkaufte Sandrart alle
seine Kunstwerke größtentheils in öffentlicher Versteigerung, für die in
damaliger Zeit bedeutende Summe von 22621 Gulden. Descamps
giebt sogar den erzielten Kaufpreis auf 48621 Gulden an; allein
die erstere Summe muß nach Inhalt der der Teutschen Aka=
demie vorgedruckten Biographie für die richtige angesehen werden.
Wahrscheinlich hat Descamps anstatt Gulden Livres im Sinne ge=
habt. Sandrart nahm jetzt seinen Wohnsitz in Stockau, das er durch
den Krieg arg verwüstet fand. Mit großen Kosten ließ er das Gut
wieder aufbauen und half den verarmten hörigen Bauern durch baare
Geldunterstützungen auf.

In Stockau empfing der Künstler öfter den Besuch des Pfalz=
grafen Wilhelm Philipp von Neuburg, der ihm den Rathstitel ver=
liehen und dessen jetzt in der Pinakothek zu München befindliches Por=
trait er gemalt hatte. Auch für den Kurfürsten Ferdinand Maria
von Bayern war er in jener Zeit mehrfach beschäftigt. Im Jahr
1646 erhielt er für ein Gemälde: Christus und die Jünger
in Emaus, 225 Thaler. In demselben Jahr beehrte den Meister
der kunstliebende Erzherzog Leopold Wilhelm zu Stockau mit einem
längeren Besuche.

Allein noch hatte der dreißigjährige Krieg nicht ausgetobt, noch
einmal wurde im Jahr 1647 das schöne Besitzthum des friedlichen
Künstlers durch die Brandfackel der nach welscher Kriegssitte die Neu=
tralität des Pfalzneuburger Gebiets nicht achtenden Franzosen zerstört.

Das Schloß sammt der ganzen dazu gehörigen, aus 37 Gebäuden, Mühlen ꝛc. bestandenen Hofmark wurde niedergebrannt und Sand-rart hatte das Herzeleid, seinen Ruin von dem Thurme zu Ingol-stadt, wohin er seine Familie und Fahrniß geflüchtet hatte, mit an-sehen zu müssen. Er ließ jedoch das Gut noch schöner aus der Asche erstehen, was auf seinen bedeutenden Wohlstand schließen läßt.

Neben seiner künstlerischen Thätigkeit, die ihm reiche Früchte brachte, unterzog er sich mit Gewissenhaftigkeit der öconomischen Ver-waltung seines Gutes, ja er führte sogar persönlich und mit glück-lichem Erfolge verschiedene Rechtsstreite, in die er verwickelt worden war. Zeitweise scheint er damals schon in Augsburg verweilt zu haben. Von hi r aus wurde er nach Nürnberg berufen, wo wir ihn 1649 beschäftigt finden, die Portraite der dort zum Friedens-Vollzugscongresse versammelt gewesenen Gesandten zu malen, deren er mit seinem gewandten Pinsel in der Regel zwei an einem Tage vollendete und dafür je 50 Thaler bezog. Hierher gehören insbeson-dere die Bildnisse des schwedischen Feldmarschalls Wrangel und des kaiserl. Generals Octavio Piccolomini. Sandrarts Haus wurde von besuchenden Cavalieren aller Nationen nicht leer. Mit jedem unterhielt er sich geläufig in dessen Muttersprache. Das be-deutendste Werk des Künstlers aus jener bewegten Zeit ist aber die Darstellung des großen Friedensmahles, welches am 25. September 1649 der Pfalzgraf Carl Gustav den kaiserlichen und schwedi-schen Commissarien und den Reichsständen auf dem Rathhause be-reitet hatte. Das 12′ hohe und 9′ breite Gemälde zeigt die nach dem Leben gemalten Portraite von fünfzig an der Tafel sitzenden Personen. Waagen, der sonst eben nicht allzugünstig über unseren Meister urtheilt, muß zugestehen, „daß das Bild mit vielem Geschick angeordnet ist, so daß die Tafel sich in ihrer ganzen Länge nach der Tiefe verkürzt und durch die lebendigen Portraitköpfe, welche in einem warmen Ton meisterlich und breit gemalt sind, sehr anspricht. Vor allen ist das Portrait des zeichnenden Künstlers zur Rechten im Vorder-grunde gelungen. Bedenkt man, welchem langen und unsäglichen Jam-mer für Deutschland und insbesondere für Nürnberg dieser Friede ein Ende machte, so darf man wohl glauben, daß jenes Fest von ganzem Herzen gefeiert worden ist, und gewinnt an der künstlerischen Ver-gegenwärtigung desselben ein erhöhtes Interesse. Aber auch für die Costüme und die noch aus dem Mittelalter stammende Sitte jener Zeit, Truthähne, Pfauen, Schwäne in den Federn auf die Tafel zu setzen, ist das Bild merkwürdig. Durch die vielen schwarzen Kleider und durch das Nachdunkeln von Hintergrund und Fußboden wird indeß die Haltung sehr gestört und ist der Gesammteindruck sehr dunkel. Es ist bezeichnet: Joachim Sandrart von Stockau malte dieses im Jahr 1650. Auch die Namen sämmtlicher Gesandten sind darauf geschrieben." Der Pfalzgraf gab dem Künstler für dieses Gemälde 2000 Gulden nebst einer goldenen Gnadenkette im Werthe von 200 Ducaten, und verehrte dasselbe im Namen der Krone Schweden der Stadt Nürnberg, welche es bis zum Jahr 1809 in dem kleinen Saal des Rathhauses hatte aufstellen lassen. Gegenwärtig sieht man dasselbe in der städtischen Gemäldegallerie.

Zu derselben Zeit malte Sandrart auch den Pfalzgrafen, nachher König von Schweden, Karl Gustav, in Lebensgröße zu Pferd, das letztere so natürlich, daß Karls lebendes Pferd bei dem Anblick des gemalten zu wiehern begann, was dem Pfalzgrafen Gelegenheit gab, seinem mit dem Bilde nicht ganz zufriedenen Gefolge zu bemerken: „Man sieht wohl, daß mein Pferd die Kunst besser versteht, als ihr."

Es konnte nicht fehlen, daß durch alle diese Arbeiten und viele andere, deren Aufzählung unmöglich ist, Sandrarts Ruhm sich mehr und mehr verbreitete. Nach beeudigtem Friedenscongreß wurde er nach Wien berufen, um den Kaiser Ferdinand III., dessen Gemahlin, den römischen König Ferdinand IV. und den Erzherzog, später Kaiser Leopold in Lebensgröße zu malen. Reich beschenkt und unter Bestätigung seines Adels und seines mit einer königlichen Krone vermehrten Wappens [1]) entließ der Kaiser unseren Meister, der sich zunächst wieder nach Stockau begab. Da er indessen keine Leibeserben zu hoffen, vielleicht auch an dem ländlichen Aufenthalt den Geschmack verloren hatte, so benutzte er die Gelegenheit das Gut an befreundete Hand zu veräußern und verlegte jetzt seinen Wohnsitz nach Augsburg, wo er seine künstlerische Thätigkeit unermüdlich fortsetzte. Hier traf ihn 1672 das Mißgeschick, seine treue Lebensgefährtin nach harter Krankheit zu verlieren, schloß aber in dem folgenden Jahre mit Esther Barbara Bloemart, der Tochter eines nürnbergischen Großrathes, ein neues Ehebündniß und siedelte 1674 mit ihr für immer in deren Vaterstadt über. Auch diese Ehe war eine glückliche, blieb aber, wie die erste, kinderlos. Zu Nürnberg erreichte der ausgezeichnete Meister nach einer langen und ehrenvollen Laufbahn im Jahr

---

[1]) Dasselbe zeigt drei Weintrauben mit einer diese trennenden, bis gegen die Mitte des Schildes aufsteigenden Spitze. In der den Helm zierenden Krone steht ein Pelikan mit drei Jungen.

1688 das Ziel seines irdischen Lebens. Auf dem dortigen Johannis=
kirchhofe in der Nähe so mancher Koryphäen der deutschen Kunst fand
er seine Ruhestätte, die seine Wittwe mit einer ausführlichen Grab=
schrift bezeichnen ließ. Das Sandrart'sche Familien=Epitaphium zu
Frankfurt befand sich auf dem ersten St. Peterskirchhof unter Nr. 77.
Es trug folgende, nicht mehr vorhandene, Inschrift:

> D. O. Joachimus à Sandrart, Laurentii Sandrartii Filius. Nobiliss. et
> chariss. Patri suo Monumentum hoc magis ad Memoriam Posteritatis, quam
> ad praesentis temporis gratiam comparavit, Dulcedine quodam gloriae ac
> pietatis commotus pariter ac contentus, Joachimum Laurentium progeniem
> appellari. Obiit is Francofurti A. C. MDCXXIX. Die XIX Jan. I. Dies.
> Illic exspectans resurrectionem.

Wenige Künstler haben im Leben eine gleiche Anerkennung ge=
funden, wie Joachim von Sandrart. Könige und Fürsten überboten
sich in Ehrenbezeugungen aller Art. Kaiser Ferdinand III. correspon=
dirte eigenhändig mit demselben; der Doge von Venedig ernannte ihn
zum Ritter von St. Markus; der Pfalzgraf von Neuburg verlieh ihm
den Titel eines fürstlichen Rathes; die fruchtbringende Gesellschaft des
Palmordens erwählte ihn unter dem Namen des Gemeinnützigen
zu ihrem Mitgliede ¹) und die Akademie in Nürnberg zu ihrem Di=

---

¹) Ein glücklicher Zufall hat mich in den Besitz des Originalschreibens gesetzt,
worin Sandrart sich bei dem Herzog August von Sachsen, Administrator von
Magdeburg, als Protektor des Palmordens um die Aufnahme in diesen bewirkt.
Es ist in dem schwülstigen Styl der Zeit abgefaßt und schließt: »Solch hohe
Gnade ich nicht allein mit gesellschaftmäßiger treu=emsiger Verhältniß, sondern
auch mit eifrigem Anwunsche Ihro Hochwürd. Durchlaucht langlebig=Höchstbe=
glückter Regierung gehorsamst zu verdienen und zu beschulden gesonnen sterben will
Hochwürdigst Durchlt.
Unterthänigst gehorsamster Diener

Datum Nürnberg den 26.
Martii Anno 1676.

rector. Seine Gemälde wurden von gleichzeitigen Dichtern besungen, und selbst seine Kunstgenossen betrachteten ihn gewissermaßen als ihren Hohenpriester. Sandrarts Werke fanden in den ersten Gallerien einen Ehrenplatz und wurden zu theueren Preisen bezahlt.

Daß dieser Künstler viele seiner deutschen Zeitgenossen in der Erkenntniß und in der Technik der Kunst bedeutend überragte, daß er mit einem gebildeten Geist das glückliche Talent verband, sich das Gute seiner großen italienischen und niederländischen Vorbilder mit Leichtigkeit anzueignen, läßt sich sicher nicht bezweifeln; aber dennoch ist die Höhe, worauf ihn seine Zeitgenossen erhoben haben, schwindelnd übertrieben, sowie ihn andererseits die Nachwelt in nicht gerechtfertigter Weise unbeachtet gelassen hat. Allerdings zeigen Sandrarts Gemälde mehr akademisches Studium und technische Fertigkeit, als wahrhaft schöpferisches Genie; dennoch bleibt sein Verdienst um die Förderung der Kunst, namentlich der deutschen Kunst, ein unbestreitbares. Noch weit höher aber ist dasjenige anzuschlagen, welches sich dieser Mann als Forscher und Kunstgelehrter um die Geschichte der Kunst und der Künstler erworben hat. Seine 1675 zu Nürnberg bei Jacob Sandrart und gleichzeitig zu Frankfurt bei Matthäus Merian in zwei Foliobänden erschienene „Teutsche Akademie der edlen Bau-, Bild- und Mahlereikünste", mit vielen Künstler-Portraiten und anderen Kupfern, wovon J. J. Volkmann 1765—1771 eine veränderte, aber keineswegs verbesserte Auflage besorgt hat, wurde nicht nur damals schon mit vollem Rechte als eine hochwichtige literarische Erscheinung freudig begrüßt, sondern kann auch heute noch als eine unentbehrliche Quelle für die deutsche Künstlergeschichte betrachtet werden, woraus die meisten Nachfolger mit undankbarer Hand geschöpft haben. Freilich hat auch dieses Werk, wie alle menschlichen Dinge seine Mängel; es trägt den Stempel seiner Zeit und deren Geschmacksrichtung, wovon sich auch Sandrart nicht losmachen konnte. Seine Kunsturtheile können nicht mehr als maaßgebend betrachtet werden. Deßhalb darf man sich nicht wundern, wenn unsere großartige mittelalterliche Baukunst, der Stolz ihres Zeitalters, dem so hochgebildeten Meister ein völlig unverstandenes Gebiet geblieben ist, ja wenn man an betreffender Stelle der Teutschen Akademie von „der Unform der Gothen, die von den Alten, nach Verlust der Baukunst, an Geschicklichkeit und Verstand sehr weit abweichen und diese schnöde Art zu bauen eingeführt haben", und dergleichen mehr zu lesen bekommt. Eine Beurtheilung des gothischen Baustyls vom Standpunkte des antiken

190

ist durchaus unzuläffig. Jener erfordert eine ganz andere, dem letzteren völlig fremde subjective Stimmung. Könnte man einen alten Griechen vor den Cölner Dom führen, er würde wahrscheinlich mit Sandrart ausrufen: barbarisch! Nichts desto weniger wird die Teutsche Aka= demie in vielen Beziehungen einen bleibenden Werth behalten.

Von der außerordentlichen Thätigkeit dieses gelehrten Künstlers zeugen seine übrigen, meistentheils mit vielen Kupfern gezierten, ob= gleich weniger erheblichen Werke:

1. Ovidii Nasonis Metamorphosis. Folio 1679.
2. Proportion des menschlichen Leibes. Folio 1679. [1]
3. Iconologia Deorum. Abbildung der Götter. Folio 1680
4. Admiranda sculpturae seu Statuariae veteris. Folio 1680.
5. Academia picturae eruditae. Folio 1683.
6. Roma antiqua et nova. Des alten und des neuen Roms großer Schau= platz. Folio 1685.
7. Römischen Fontainen. Jo. Bartholi. Folio 1685.
8. Römischen Antiquitäten. Jo. Bartholi. Folio 1692.
9. Römische Paläste, 3 Thle. Folio 1692.
10. Giardi di Roma. Römische Gärten. Folio 1692.
11. Insignium Romae Templorum prospectus exteriores et interiores. gr. Fo= lio s. a.
12. De Altaris et Fatellis. Folio s. a.
13. Testalini. Tabeln oder Zeichenkunst. Folio s. a.
14. Salvatoris Rosae Zeichenkunst. Folio s. a.

Von den wenigen Sandrart zugeschriebenen eigenhändigen Radi= rungen können kaum mehr als die folgenden für ächt gelten:

1. Cleopatra, mit der Schlange an der Brust, Halbfigur mit Händen; rechts das Monogramm $. Unterschrift: Cosi Si Conobbe l'Amour Con- stante de Cleopatra. Kl. 4. Selten.
Man hat eine gelungene Copie von der Gegenseite.
2. Flora. Halbfigur. Titiano pinx. Joach. Sandrart incid. et exc. Amst. 4.
3. Eine Alte bei einem pissenden Kinde. 4.
4. Ein bei einer großen Vase sitzender Satyr, vor welchem eine Nymphe das Tambouret spielt. Kl. 4.

Von Sandrarts Oelgemälden sind schon manche früher erwähnt worden; ein vollständiges Verzeichniß läßt sich nicht beschaffen. Es

[1] Georgi schreibt dieses Werkchen dem Joachim, Nagler dagegen dem Joh. Jacob v. Sandrart zu. Es ist mir noch nicht zu Gesicht gekommen.

mögen daher nur die hauptsächlichsten in Kirchen und öffentlichen Gallerien jetzt noch vorhandenen hier genannt werden:

1. **In der kaiserlichen Gallerie des Belvedere zu Wien:**
   a) Heil. Familie in einer Landschaft unter Bäumen sitzend. St. Catharina steckt dem Christuskinde den Verlobungsring an den Finger. Rechts und links der h. Leopold und der h. Wilhelm. J. Sandrart F. 1647.
   b) Allegorie. Pallas und Saturn beschützen die schönen Künste gegen den Neid in Gestalt verfolgender Furien und eines wüthenden Hundes. Lebensgroßes Kniestück. Joachim v. Sandrart fec. 1644.
   c) Archimedes. Lebensgroßes Kniestück. J. Sandrart de Stockau f. 1651.

2. **In dem königlichen Museum zu Berlin:**
   Der sterbende Seneca, umgeben von den Seinigen, deren Einer des Weisen letzte Lehren aufzeichnet. (S. 182.)

3. **In dem herzoglichen Museum zu Braunschweig:**
   a) Eine alte Fischhändlerin. Vor ihr liegen Fische und Seekrebse; sie ist im Begriff, einen Fisch mit einem Hackmesser zu zertheilen. Fernsicht in eine Landschaft. Halbfigur in Lebensgröße.
   b) Die Fülle des Sommers. Ein Mädchen, mit Kornähren bekränzt, schüttet Früchte aus einem Füllhorn. In der Linken hält sie eine Weintraube. Halbfigur in Lebensgröße.

4. **In der Pinakothek zu München:**
   Sechszehn Stücke, worunter die schon erwähnten 12 Monate und die beiden Allegorien Tag und Nacht; ferner das Portrait des Pfalzgrafen Phil. Wilhelm von Neuburg in Lebensgröße. Sie befanden sich zum größeren Theil ehedem in Schleißheim.

5. **In der städtischen Gemäldegallerie zu Nürnberg:**
   Das große Friedensgastmahl von 1649. (S. 185.)

6. **Im Dome zu Würzburg:** Die Kreuzabnahme, Altarblatt. Es gehört nach Waagens Urtheil in Anordnung und Beleuchtung zu den besten, in Ausdruck und Färbung zu den besseren Gemälden des Meisters.

7. **In Pommersfelden:**
   a) Jacob empfängt den Segen Isaaks. Nach Waagens Urtheil in der Composition gelungen und dabei von warmer und klarer Färbung.
   b) Abraham verstößt Agar und Ismael.

8. **Im Dom zu Bamberg:**
   a) Altarblatt, die Enthauptung des Johannes. Richtige Zeichnung, gutes Colorit und schöne Beleuchtung zeichnen dieses Gemälde aus.
   b) Altarblatt, Maria beschützt den weltlichen wie den geistlichen Stand.

9. **In Augsburg:**
   a) in der königlichen Gemäldegallerie:
   Petri Fischzug. Nach Waagen ein in der Composition und den Charakteren geschmackloses Bild; doch deßhalb bemerkenswerth, weil es im Colorit und in den Köpfen den Einfluß der Werke des Rubens auf Sandrart beweist.
   b) in der Barfüßerkirche:
   Jacob, der im Traume die Himmelsleiter sieht. Eins der besten Werke des Meisters.

10 Zu Aschaffenburg im königlichen Schloß:
Isaak ertheilt Jacob den Segen.
11. In der Gallerie Esterhazy zu Wien:
Ein männlicher Kopf.
12. In der großherzoglichen Gallerie zu Mannheim:
Ein Vulkan, Halbfigur, und ein männlicher Kopf.
13. In Frankfurt am Main:
a) Christus am Oelberg mit den schlafenden Jüngern, 54" h., 43" br.
b) Portrait eines Knaben,
beide unbedeutende Bilder, von den Prehn'schen Erben in die städtische
Sammlung geschenkt.
c) Moses mit den Gesetzestafeln, in Lebensgröße, auf der Stadtbibliothek.

In der 1778 hier zur Versteigerung gekommenen berühmten Bögner'-
schen Sammlung befand sich unter Nr. 490 das von Sandrart gemalte
Portrait der Sibylla Merian von Schmetterlingen umgeben; 3' 1" h.,
2' 8" br. Es wurde von dem Kaufmann Gogel für 90 Gulden erstanden.
Sein weiteres Schicksal ist mir unbekannt.

Nach Joachim v. Sandrart haben u. A. gestochen:

M. Natalis: das Portrait des Kurfürsten Maximilian Emanuel von Bayern.
1643, gr. Folio.
Th. Matham: Eine heil. Familie gr. Folio und das Portrait des Kaspar
Barläus, Folio. u. A.
W. Kilian: Das große Friedensgastmahl zu Nürnberg, in 2 Platten, später
von M. Merian in verkleinertem Maaßstab copirt.
J. Supperhoef: Allegorische Figur des Tags. u. A.
Jeremias Falk: Allegorische Figur der Nacht. u. A.
C. van Dalen, ⎫ Einzelne Blätter der 12 Monate in der Pinakothek zu
R. Persyn, ⎬ München. Hiervon findet man Copien ohne die Namen
A. Halwegh, ⎭ der Stecher.
Bloemärt: Seneca sterbend, von den Seinigen umgeben.
Jacob v. Sandrart: mehrere historische und allegorische Blätter.
Math. Merian: Scylla und Charybdis und andere italienische Ansichten.

Sandrart's Portrait wurde von verschiedenen namhaften Künstlern im Kupferstich verewigt:

1. Jacobus a Sandrart, Calcolgr. Noric. sc. Halbfigur, Folio, nach Joachims
eigenem Gemälde. Vorzüglich.
2. J. U. Mayr pinx. Phil. Kilian sc. gr. Folio. Zur Teutschen Akademie.
3. Idem pinx. R. Collin sc.
4. Regner à Persyn sc.
5. Doppelmayer Tab. 14. 15.
6. Lochner. T. 4 p. 361 und 369.
7. D. C. K. fec. et sc.

Außerdem wurden vier Medaillen zu Ehren des Künstlers geschlagen. Man findet sie, durch E. Rüppell beschrieben, mit Abbildungen in dem „Archiv", Heft 7 S. 19 und Heft 8 S. 65. Theilweise sind sie auch in der Teutschen Akademie, 2. Auflage,

abgebildet. Das Portrait seiner zweiten Frau, Esther Barbara geb.
Bloemärt, Halbfigur, wurde 1727 von G. D. Heumann nach Georg
de Maret vorzüglich gestochen. Folio.

Auf einem anderen Felde wirkte Joachims Neffe

Jacob von Sandrart.

Dieser war am 31. Mai 1630 in Frankfurt geboren, mußte aber
schon in frühester Kindheit aus derselben traurigen Veranlassung, wie
sein Oheim, mit seinen Aeltern der Vaterstadt den Rücken kehren. Die
Familie hatte sich zunächst nach Hamburg, dann aber, nach des Vaters
schnellem Tode, nach dem Haag gewendet. Um das Jahr 1640 kam der
zehnjährige Knabe nach Amsterdam zu seinem Oheim, der ihn bewog,
die anfangs beabsichtigte wissenschaftliche Laufbahn mit der Zeichen-
und Radirkunst zu vertauschen. Den ersten Unterricht nahm er bei
C. Danckert. Nachdem er sich später bei Wilhelm Hondius, nach
Einigen im Haag, nach Andern in Danzig, weiter ausgebildet hatte,
lebte Jacob v. Sandrart einige Zeit verheirathet zu Regensburg, wo
ihm 1655 sein Sohn Johann Jacob geboren wurde. Von 1656 an
nahm er aber seinen bleibenden Wohnsitz in Nürnberg, gründete dort
einen Kunsthandel, übernahm 1662 mit Görler die Aufsicht über die neu
errichtete Akademie und entwickelte als Kupferstecher eine außerordentliche Thätigkeit. Außer nahe an 400 Portraiten, hat dieser Meister
eine große Anzahl historischer und allegorischer Blätter, auch verschie-
bene Landkarten gestochen. In Naglers Künstlerlexicon findet man viele
seiner Arbeiten verzeichnet. Manche darunter sind mit großer Gewandtheit und zierlich behandelt; im Ganzen aber blieben sie für die Geschichte
des Kupferstichs ohne Bedeutung. Wenn in dem Verzeichniß der Gemälbegallerie zu Salzdahlen diesem Jacob v. Sandrart, der nur als
Kupferstecher bekannt ist, zwei Oelgemälde: Ein gelbzählender Alter
und eine Frau als Pilgerin, zugeschrieben werden, so vermuthe ich,
daß hier ein Irrthum obwaltet, und diese Bilder entweder einem
seiner Söhne oder dem Johann v. Sandrart angehören.

Des Meisters Portrait, zugleich mit dem seines Weibes, hat
B. Vogel nach J. L. Hirschmann recht gut und malerisch gestochen.
Er starb in Nürnberg 1708. Seine beiden Söhne Johann Jacob
und Joachim, der erstere Maler und Kupferstecher, der letztere talentvoller Maler, beide von ihrem Vater überlebt, haben Frankfurt
niemals angehört, weßhalb sie hier nicht in Betracht kommen.

Ein anderes Glied dieser Familie:

Johann von Sandrart,

gleichfalls in Frankfurt geboren, ist der Vaterstadt treu geblieben. Hüsgen nennt ihn einen Neffen des älteren Joachim; allein dieses Verwandtschaftsverhältniß ermangelt des Nachweises. In dem hiesigen Kirchenbuche findet sich die Geburt eines Johann Sandrart nicht eingetragen, wohl aber wurde ein solcher am 15. Juni 1613 mit Rachel Würtz getraut und demselben am 15. Januar 1615 ein Sohn Philipp getauft. Dieser Johann, der doch mindestens um 1588 geboren sein mußte, kann kein Neffe Joachims gewesen sein. War er dessen älterer Bruder, so muß er aus einer früheren Ehe des Laurenzins stammen, wovon sich in den Frankfurter Kirchenbüchern kein Nachweis findet.

Anfangs für die Studien bestimmt, wandte sich Johann später unter der Leitung Joachims zur Malerei, besuchte Italien, arbeitete lange in Rom und eignete sich durch fleißiges Studium der italienischen Meister eine große Manier an, wodurch er sich später mit seinen Arbeiten in Deutschland und den Niederlanden einen ausgebreiteten Ruf erwarb. Nach seiner Heimkehr malte er ein großes Familienbild für die ihm verwandte Familie de Neufville, die sich gegenwärtig noch in dessen Besitz befindet. Ebenso verfertigte der Künstler für die schöne Kirche zu Idstein drei Tafeln mit lebensgroßen Figuren: den Einzug Christi in Jerusalem, das Wunder mit den Gerstenbroden und den englischen Gruß. Schon früher hatte er einige Altarblätter für Kirchen in Oesterreich gemalt, die aber, gleich seinen Portraiten, häufig mit den Arbeiten des älteren Joachim verwechselt oder diesem zugeschrieben worden sind, was mit der Grund sein mag, daß von den Gemälden Johann's, obgleich er ein ziemlich hohes Alter erreicht zu haben scheint, so wenige nachgewiesen werden können. Ein männliches Portrait von seiner Hand befand sich ehedem in der Mannheimer Gallerie. Nach seiner Zeichnung hat M. Küssel das schöne Portrait des Syndikus Lucas Kupferschmidt gestochen. 4°.

Daß Johann von Sandrart sich auch mit der Radirnadel beschäftigt, habe ich bis jetzt nirgends erwähnt gefunden. In neuester Zeit ist mir aber ein kleines radirtes Blättchen mit Goldschmiedeverzierungen — Arabesken, Blumen und Vögel — zu Gesicht gekommen, mit der Bezeichnung: Jean Sandr... 16 + 48 AFfort. Es kam 1858 als eine Seltenheit in einer Cölner Versteigerung zum Verkaufe. Das Blättchen ist nach Art eines Frieses nur 1 Zoll hoch, in der Breite aber defect gewesen, weßhalb diese nicht genau bestimmt werden kann.

Johann v. Sandrarts Todesjahr war nicht zu ermitteln; doch soll er noch 1670 fleißig gearbeitet haben.

Philipp von Sandrart,

der Sohn des Johannes, wurde am 15. Januar 1615 hier geboren. Er war Maler; aber seine Leistungen sind so wenig als seine sonstigen Lebensverhältnisse bekannt. Nur seine am 5. September 1643 stattgehabte Verehelichung findet sich in dem Kirchenbuche eingetragen.

Mit ihm schließt sich die Reihe der hiesigen Künstler dieser Familie, die bis in die neueste Zeit ihrem schönen Berufe treu geblieben zu sein scheint. Eine Auguste von Sandrart zu Berlin hatte im Jahr 1858 zwei Oelgemälde: „Die Aehrenleserin" und „Ein alter Mann", zum Preise von 10 und 8 Friedrichsd'or zur Hamburger Kunstausstellung geliefert. [1]

Frankfurt hat das Schicksal gehabt, daß gerade seine begabtesten und berühmtesten Söhne der Vaterstadt den Rücken gekehrt und durch die Wahl eines auswärtigen Wirkungskreises den ihr gebührenden Ruhmesantheil geschmälert haben. Goethe, Klinger, Feuerbach, Elsheimer, Sandrart, haben den kleinsten Theil ihres Lebens der Geburtsstadt gewidmet. Sowenig schmeichelhaft dies für Frankfurt sein mag, so dürfen wir uns doch mit dem gleichen Schicksal anderer Städte und mit dem Gedanken trösten, daß eben nur durch den Austausch der geistigen Kräfte und deren Entwickelung in der günstigen Atmosphäre Großes erzeugt wird. Auch

---

[1] Ein Peter v. Sandrart wurde am 23. October 1623 hier getraut, ein Hans Jacob Sandrart 1675 als Silberarbeiter in das Meisterbuch eingetragen und ein David Sandrart 1740 als Goldarbeiter aufgenommen. Dieser war 1711 geboren und starb 1782. Bei seinem Namen befindet sich in dem Innungsbuche das wunderbar sein auf Pergament gemalte Sandrart'sche Wappen.

Johann Lingelbach

1622
1687. gehört zu diesen abtrünnigen Söhnen unserer Stadt. Er war nicht, wie alle Biographen angeben, 1625, sondern laut Kirchenbuch im October 1622 hier geboren und am 10. dieses Monats getauft werden. Sein Vater, David Lingelbach, ist ein Schneider gewesen. Nachdem er im Zeichnen und Malen bereits eine ziemliche Fertigkeit erlangt hatte, wanderte er in seinem fünfzehnten Jahr nach Holland, um dort seine weitere Ausbildung zu suchen. Weder sein hiesiger, noch sein holländischer Lehrmeister ist bekannt; aber gewiß ist, daß sie einen höchst begabten Schüler gefunden haben. Das bedeutende Talent des jungen Mannes war schon in seinen damaligen Arbeiten unverkennbar. Seine in frischem Colorit gemalten, mit kleinen Figuren gezierten Landschaften waren allgemein beliebt. Lingelbach ging 1642 nach Paris. Die Erfolge der dortigen Künstler und das Bewußtsein eigener Befähigung bestimmten ihn nach einem zweijährigen Aufenthalt in Frankreich, nach Italien zu ziehen, das ja von jeher als die hohe Schule der Kunst gegolten, auf welcher allein man den Grad eines wahren Künstlers erlangen zu können wähnt. In der That war unserem Lingelbach sein sechsjähriger Aufenthalt in Italien von entschiedenem Nutzen. Für die Darstellung des Volkslebens, die er sich hauptsächlich zur Aufgabe gemacht hatte, konnte sein lebhafter, empfänglicher Geist nirgends mehr Stoff und Anregung finden, als in Rom und dessen Umgebung. Das heitere, sorglose Leben des italienischen Volkes auf öffentlichen Plätzen und Märkten, Straßenprediger neben Marktschreiern, abwechselnd mit Mummenschanz und andern Spielen, das bewegte Treiben der Hafenplätze, und was den Künstler sonst interessiren mochte, alles bot sich hier täglich seiner Beobachtung dar. Der Stoff seiner Schilderungen trat ihm stets in neuer, veränderter Gestalt lebendig entgegen, woher es kommen mag, daß man in des Meisters Werken so selten Wiederholungen findet.

Lingelbach war in sichtbarem Fortschritt begriffen; seine Gemälde gewannen immer mehr an äußerem Interesse und innerer Vollkommenheit. Da trat ihm plötzlich die Liebe in den Weg. Die schönen Augen einer gegenüberwohnenden jungen Römerin, der Tochter eines Architekten, bezauberten den Künstler dergestalt, daß er, Pinsel und Palette vergessend, sich in Amors Fesseln verstricken ließ; zuerst Blicke, dann Briefe wechselte und endlich dahin gelangte, heimlichen Zutritt im Hause der Geliebten zu finden. Aber die beiden Brüder des Mädchens hatten das Einverständniß ihrer Schwester mit dem deutschen Maler entdeckt, überfielen diesen bei einem seiner nächtlichen Besuche und drangen so heftig auf ihn ein, daß er sich nur durch die tapferste Gegenwehr, wobei er beide Angreifer verwundete, zu retten vermochte. Nur leicht beschädigt, entging er für diesmal der augenscheinlichen Lebensgefahr, zugleich aber mit dem Gewinne, daß er, von seinem Liebesfieber geheilt, sich jetzt wieder mit verdoppeltem Eifer ausschließlich seiner Kunst zuwandte, die ihn den Verlust der Geliebten bald vergessen ließ. Seine Arbeiten brachten ihm Ehre und reichen Lohn.

Im Jahr 1650 kehrte Lingelbach durch Deutschland, wo er nicht lange verweilt zu haben scheint, nach Amsterdam zurück. Hier fand seine erlangte Meisterschaft die allgemeinste Anerkennung; denn ob- wohl sein Pinsel zuweilen etwas schwer ist und seine Färbung oft der zu wünschenden Wärme entbehrt, was um so fühlbarer wird, da er meistentheils italienische Seehäfen und Volksscenen darstellt, so sind doch seine Compositionen so reich, so abwechselnd und interes- sant, seine Figuren und Thiere so ausdrucksvoll und wohlgezeichnet, so schön gruppirt, daß seine Bilder niemals einen heiteren, ange- nehmen Eindruck verfehlen. Zuweilen schmückte er auch die Land- schaften anderer Maler, eines Wynants, Verboom ꝛc. mit vor- trefflichen Figuren.

Lingelbach war ein Mann von gediegenem, ehrenhaftem Cha- rakter; mit ganzer Seele Künstler, achtete er die Anerkennung seiner Leistungen höher als den daraus zu erzielenden materiellen Gewinn. Wie so Manches in dieses Meisters Leben dunkel geblieben, so läßt sich auch nicht einmal Ort und Zeit seines Todes mit Sicherheit be- stimmen. Einige lassen ihn schon 1670 sterben, während er nach Andern erst im Jahr 1687 zu Amsterdam sein Leben beschlossen haben soll. Eben so unbekannt ist, ob er Familie und Schüler hin- terlassen hat. Es scheint beinahe als ob der deutsche Künstler im Auslande ein Fremder geblieben wäre, dessen Werke man kannte und schätzte, ohne den Mann, der sie schuf, zu beachten.

Dank dem außerordentlichen Fleiße des Meisters, rühmen sich fast alle größeren Gemäldegallerien und selbst viele Privatsammlungen, ein oder mehrere Werke von seiner Hand zu besitzen:

1. In Frankfurt a. M. das Städel'sche Institut:

a) Des Künstlers eigenes Bildniß, im Hintergrunde eine Stadt an einem Flusse. Leinw. 22" h., 16½" br.

b) Bauernfamilie unter einem Baume; ein auf einem Esel sitzender Knabe bläst die Flöte. Leinw. 12" h., 9½" br.

c) Italienischer Seehafen mit Menschengruppen verschiedener Nationen. Bez. J. Lingelbach. Leinw. 23" 6''' h., 32" 6''' br.

2. In Hannover die Hausmann'sche, jetzt königliche Sammlung: Landschaft mit einem ruhenden Jäger ꝛc. erstere von Wynants, letztere von Lingelbach. Vormals in der Lausberg'schen Sammlung.

3. In Braunschweig das herzogliche Museum: Ein großes Seegefecht zwischen Christen und türkischen Seeräubern. Bez. J. Lingelbach. Leinw. 4' h., 5¹/₂' br.
Zn Salzdahlen befanden sich ehemals noch zwei andere Gemälde des Meisters. Ich fürchte, daß sie ein Raub der Franzosen geworden sind.

4. In Dresden die königliche Gallerie: Ein sehr belebter Hafen mit Menschen und Schiffen. Leinw. 3' 10" h, 3' 2" br.

5. In Wien die kaiserliche Gallerie:
a) Bauer und Bäuerin unterreden sich in einer Landschaft. Holz, 14" h., 10" br.
b) Seehafen mit vielen Figuren verschiedener Nationen, Schiffen ꝛc. Bez. J. Lingelbach. Leinw. 2' 10" h., 4' 5" br.

6. Zu Berlin das königliche Museum:
Vor einem Bauernhause tanzt ein Bettler nach der Musik eines Dudelsackpfeifers. In und vor dem Hause sehen Erwachsene und Kinder der Scene zu. Bez. Lingelbach f. Leinw. 16³/₄ h., 14" br.

7. In München die königliche Pinakothek:
Eine durch die Heuernte belebte Landschaft. Leinw. 19" h., 17" br.
Dieses Bild befand sich ehemals nebst andern Werken desselben Meisters zu Schleißheim.

8. In Aschaffenburg das königliche Schloß:
Am Fuße eines Hügels ruhende Wanderer; in der Nähe pflügt ein Bauer.

9. In Carlsruhe die großherzogliche Gallerie:
Ein öffentlicher Platz mit vielen Figuren, links die Boutique eines Marktschreiers. Holz, 13" h., 17" br.
Hat viele Aehnlichkeit mit Bega.

10. Zu Pommersfelde die gräflich Schönborn'sche Gallerie:
a) Der Hafen zu Livorno mit der Bildsäule des Lorenz von Medicis und reicher Staffage.
b) Victualienmarkt vor den beiden Colossen des Quirinals zu Rom.
c) Römischer Markt auf dem Campo vaccino, mit zahlreichen Figuren im buntesten Costüme.
d) Südlicher Seehafen mit einem Leuchtthurm.
e) Flußgegend mit reicher Staffage.
f) Garten mit schönen Gebäuden, Statuen und Fontainen, worin Herrn und Damen lustwandeln.

11. In Söder die gräflich v. Brabek'sche Sammlung:
Ein die Violine spielender Maler. J. Lingelbach fec. 1650. Wurde im Nov. 1859 für 173 Thlr. verkauft.

12. In Amsterdam das öffentliche Museum:
a) Ein italienischer Seehafen, reich mit Figuren und Schiffen ausgestattet.

b) Landschaft in der Manier Wouwermans und Wynants, mit vielen
Menschen und Pferden.

c) Eine Reitbahn im Freien; zwei Schimmel sind vor einen Wagen ge-
spannt, der auf die Herrschaft wartet, um zur Jagd zu fahren; ein
Apfelschimmel wird am Zaum gehalten; ein Cavalier und eine Dame,
Pferde und Hunde nehmen den übrigen Raum ein.

d) Ein italienischer Seehafen, durch Menschen und Schiffe belebt.

13. In Paris das Louvre:
Ein römischer Gemüsemarkt; ein Seehafen; Bauernscene und eine Landschaft.

14. In St. Petersburg die Leuchtenberg'sche Gallerie:
Ein Seehafen mit vielen Prachtgebäuden und Menschen, die sich mit
Aus- und Einladen der Schiffe beschäftigen. Leinw. 3′ 4″ h., 3′ 9″
9‴ br.

Das vormals in der kurfürstlichen Gallerie zu Cassel befindlich gewesene vorzügliche Gemälde Lingelbachs, eine Landschaft, worin
Landleute um einen bespannten Heuwagen beschäftigt sind, wurde im
Jahr 1806 mit 47 andern Perlen der Kunst, worunter namentlich die
vier weltberühmten Tageszeiten von Claude Gelée, fünf Bilder von
Rembrandt, die pissende Kuh von Paul Potter und fünf Meisterwerke von Gerhard Dow sich befanden, durch den französischen General Lagrange geraubt und nach Paris gebracht, woher keines der
ebengenannten im Jahr 1814—1815 zurückerlangt werden konnte. Die
meisten waren durch Kauf aus Malmaison in die kaiserliche Gallerie
zu St. Petersburg gewandert.

Lingelbachs Gemälde und Zeichnungen wurden von jeher gut
bezahlt. Aus dem Nachlasse des Kunstsammlers Hermann Zwol in
Amsterdam wurde 1699 ein Schlachtstück für 375 Gulden und ein
italienischer Seehafen für 400 Gulden verkauft. Ein italienischer
Markt mit vielen Figuren wurde 1727 ebendaselbst in öffentlicher
Auction mit 610 Gulden und 1733 ein anderer ähnlicher Marktplatz
mit 560 Gulden bezahlt. Bei der Versteigerung der Nienhoff'schen
Sammlung wurden 1777 für zwei Landschaften 500 und 525 Gulden
und für eine Tuschzeichnung 100 Gulden erlöst. De Bürtin stellt
in seinem 1808 erschienenen »Traité des connaissances« etc. den
höchsten bis dahin erzielten Auctionspreis eines guten Bildes unseres
Meisters auf 4800 Livres. Daß seitdem die Preise aller guten
Oelgemälde um das Doppelte und Dreifache gestiegen sind, ist bekannt. Die obigen Angaben sind deßhalb jetzt nicht mehr maaßgebend.

Die wenigen, sehr geistreich behandelten und seltenen Radirungen
des Meisters werden hochgeschätzt. Mit einiger Sicherheit können ihm
nur die folgenden zugeschrieben werden:

1. Eine Strandgegend mit Thurm und Fernsicht auf das Meer, im

Vorgrund find zwei Männer beschäftigt, einen Frachtwagen zu beladen, während zwei andere Waarenballen von einer Schleife heben. 7" 3''' h., 4" 10''' br.

2. Hafen mit Booten und vielem Pfahlwerk am Meeresgestade; rechts bei einigen Fässern sitzt ein Mann an der Tafel, neben ihm links steht ein anderer mit Hut und Mantel, in beiden Händen einen Stock haltend; in der Ferne sieht man Segelschiffe und mehrere Figuren. 7" 3''' h., 7" 3''' br. (Nagler, Künstlerlexicon; Heller, prakt. Handb. für Kupferstichsammler Br. III.)

Levasseur, Groensvelbt, Hendelet, W. Kobell, Zolvelt und Lebas haben vorzügliche Blätter nach Lingelbachs Gemälden und Zeichnungen gestochen.

Lingelbachs Portrait ist vielfältig gestochen worden. Das vorzüglichste hat Bernhard Vaillant nach einem Gemälde des Ritters Schwartz in Schwarzkunst geliefert. Kl. Folio. Außerdem findet man dasselbe bei Weyermann, Descamps, b'Argenville, Houbraken und in den Frankfurter Beiträgen, von Houbraken, Ficquet, Aubert, Zell und andern Stechern. Eine ganz schlechte Lithographie hat in neuerer Zeit ein gewisser Frank zu Tag gefördert. Das von dem Künstler selbst gemalte Portrait in dem Städel'schen Kunstinstitut wurde schon oben erwähnt.

An die zuletzt besprochenen Künstler reiht sich

Abraham Mignon

$\frac{1640}{1679}$ würdig an. Dieser, im Juni 1640 zu Frankfurt geboren und am 21. b. M. getauft, hat auf einem anderen Felde der Kunst sich und seiner Vaterstadt Ehre erworben. Unglückliche Verhältnisse hatten den Wohlstand seines dem Handelsstande angehörenden Vaters zerstört. Die Aussichten für die Zukunft des Kindes waren trübe. Da nahm sich der wackere Marrel des siebenjährigen Knaben hülfreich an, nahm ihn zu sich, unterrichtete ihn in seiner Kunst und führte ihn später, als er dessen bedeutende Fähigkeiten wahrnahm, nach Utrecht zu dem berühmten Blumen- und Früchtenmaler David de Heem. Unter dieses geschickten Meisters weiterer Leitung brachte es Mignon in seiner Kunst zu einem so hohen Grad von Vollkommenheit, daß er nicht nur seinen früheren Lehrer Marrel übertraf, sondern in mancher Beziehung selbst de Heem erreichte und nur dem berühmten Jan van Huysum nachstehen mußte. Mignon malte alle seine Gegenstände treu nach der Natur; er wählte sich hiezu stets

die vollkommensten Früchte, Blumen in ihrer herrlichsten Blüthen-
Entfaltung und das schönste Geflügel. Seine Bilder sind geschmackvoll geordnet, von lebendiger natürlicher Färbung und Beleuchtung,
mit dem sorgfältigsten Fleiße vollendet. Sie wurden selbst von den
anspruchsvollen Holländern von jeher hochgeschätzt und theuer bezahlt.

De Bürtin stellt im Jahr 1808 den höchsten bis dahin erzielten
Auctionspreis eines vorzüglichen Bildes von Mignon auf 6000 Livres.
In der Auction Nicahoff zu Amsterdam wurden 1777 für ein Blumenstück 525 Gulden, bei der Versteigerung der Mergenbaum'schen Sammlung zu Nilkheim 1846 für einen hängenden todten Hahn mit verschiedenen kleineren Vögeln 350, und für ein vorzügliches Früchtestück
400 Gulden bezahlt. Ganz kleine und einfache Compositionen werden für 100 Gulden verkauft. Diese älteren Verkaufspreise haben,
wie schon anderswärts bemerkt wurde, nur ein historisches Interesse.

Mignon hat seine Bilder in der Regel mit seinem vollen Namen
bezeichnet; zuweilen bediente er sich auch des Monogramms $\mathcal{M}$.

Nach seiner Rückkehr aus Holland lebte er in Wetzlar, wohin
sich seine Mutter, eine geborene Le Blon, als Wittwe zurückgezogen
hatte. Nach deren Ableben kam er wieder nach Frankfurt, wo er
am 8. August 1665 in die Ehe trat und ihm am 17. December 1676
das sechste Kind getauft wurde. Obgleich sein im Jahr 1679 erfolgter
Tod in den hiesigen Kirchenbüchern sich nicht eingetragen findet, so
zweifle ich doch keineswegs, daß er in der Vaterstadt sein Lebensziel
erreicht hat. Die Kirchenbücher wurden zu jener Zeit sehr unvoll-
kommen geführt. Andere lassen ihn, ohne Nachweis in Wetzlar sterben.
So viel bekannt ist, hatte Mignon außer der Maria Sibylla Merian,
keine Schüler. Das Schicksal seiner sechs Kinder, worunter nur ein
Sohn, Abraham, geboren 1666, ist unbekannt. Seine Gemälde
findet man in den bedeutendsten öffentlichen Sammlungen:

1. Zu Frankfurt a. M. in dem Städel'schen Kunstinstitut:
   a) Ein hängender todter Hahn und einige kleine Vögel. Bez. A. Mignon
      fec. Leinw. 22" h., 18½" br. Bekanntlich hat der Künstler diesen
      Hahn einigemal wiederholt.
   b) Ein Früchtestück. Bez. A. Mignon. Holz, 13" h, 16½" br.

Ferner in der städtischen, vormals Daems'schen Sammlung: Ein Früchtestück mit Insecten. Holz, 12" 7''' h., 9" 11''' br.

2. Zu Dresden in der königlichen Gallerie:
   Ein Kranz mit Blumen und Früchten.
   Ein Korb mit Früchten.
   Ein hängender todter Hahn, eine wilde Ente und einige andere Vögel.
   Ein Blumenstrauß in einer Vase.

Ein todter Hase hängt nebst einem Hahn über einem Tische mit Trauben und Pfirsichen.

Ein Korb mit einer todten Ente.

Ein Blumenstrauß und Früchte auf dem Tische.

Blumen und Früchte als Kranz gebunden.

Ein Korb mit einem Vogelnest, auf dem Henkel sitzt ein Stieglitz.

Blumenguirlande mit blauen Bändern.

Weintrauben und Pfirsiche auf einem Tische geschmackvoll gruppirt.

3. Zu Wien im Belvedere: Blumen und Früchte.

4. Zu Aschaffenburg im Schlosse: Ein Früchtestück.

5. Zu Carlsruhe in der großherzoglichen Gallerie: Fünf Bilder des Meisters.

6. Zu Braunschweig in dem herzoglichen Museum: Zwei größere Blumenstücke.

7 Zu München in der Pinakothek: Vier Bilder des Meisters. Als das vorzüglichste davon wird ein Korb mit Früchten bei einem Eichenstamme, mit Fischen, Raupen und einem Vogelnest gerühmt

8. Zu Cassel in der kurfürstlichen Gallerie; Zwei Stücke

9. Zu Pommersfelden in der gräflich Schönborn'schen Gallerie:

   a) Ein Korb mit verschiedenen Früchten, daneben ein goldener Pokal und verschiedene Gläser; auf der Fensterbrüstung ein Stieglitz mit Beeren in dem Schnabel, Schmetterlinge und andere Insekten auf dem Obst.

   b) Ein todter Hahn mit andern todten Vögeln.

   c-f) Vier Früchte- und Blumenstücke.

10. Zu Mannheim in der großherzoglichen Gallerie: Ein Blumenstück.

11. Zu Hannover in der Hausmann'schen, jetzt königlichen Sammlung: Ein todter Hahn.

12. Zu Amsterdam in dem öffentlichen Museum:

   a) Eine junge Katze, die eine in der Falle befindliche Maus erhaschen will, hat eine Blumenvase umgeworfen.

   Es scheint das kostbare Gemälde zu sein, welches Weyermann s. Z. zu Leyden in dem Kabinet des Kunstsammlers de la Court van der Voort gesehen hat.

   b) Auf einem mit grünem, goldbefranzten Teppiche bedeckten Marmortische sind verschiedene Früchte, ein Hummer und ein antikes Glas aufgestellt.

13. Zu Paris im Louvre: Sechs verschiedene Blumen-, Früchte- und Insektenstücke.

Ein Portrait von Mignon ist mir noch niemals zu Gesicht gekommen.

Die Familie Heß.

c. 1620
1718. Wenn wir sahen, wie viele eingeborene Künstler sich der Vaterstadt entfremdet haben, so ist es andererseits erfreulich, daß Frank-

furt durch die Einwanderung tüchtiger Meister, die sich hier einbür-
gerten und einen schönen Wirkungskreis schufen, wieder reichen Ersatz
gefunden hat. Zu diesen Einwanderern gehört zunächst als Merians
und Sandrarts Zeitgenosse

Johannes Heß,

der hiesige Ahnherr einer Familie, welche sich durch vier Generationen
in dem bescheidenen Wirkungskreise als Glas= und Edelsteinschneider
einen achtbaren Namen erworben hat. Durch die Religionsbedrückungen
während des dreißigjährigen Kriegs aus seinem Heimathlande Böhmen
vertrieben, suchte dieser fleißige Künstler mit seiner Familie in Frankfurt Schutz und Gewissensfreiheit, die ihm auch so bereitwillig zu Theil
wurden, daß man ihm, um ihn hier zu fesseln, das Bürgerrecht nebst
der Bierbrauerei= und der Färbereigerechtigkeit in seinem Hause zum
Hirschchen aus freien Stücken bewilligte. Die Glasschneiderei hielt
man wohl damals noch für eine brodlose Kunst. Allein diese Be-
günstigungen konnten dem Manne wenig nützen, der nur die erlernte
Kunst verstand und zu betreiben gedachte. Dieses that er denn auch
mit dem besten Erfolge. In Cassel besaß ehemals sein Urenkel noch
ein von ihm meisterhaft mit Landschaften und Schaafen verziertes
Glas, das allgemein bewundert wurde. Hüsgen hält Johann Heß
für einen der ältesten Glasschneider Europa's, weil er ein Zeitgenosse
Kaspar Lehmanns gewesen, der unter Kaiser Rudolf II. 1609
diese Kunst wieder erfunden habe. Allein mit dieser Erfindung Lehmanns dürfte es doch bedenklich stehen, da die Glasschleiferei schon
im 13. Jahrhundert, wenn nicht früher, getrieben worden ist.

Johann Heß beschloß in dem hohen Alter von 84 Jahren zu
Frankfurt sein Leben. Von seinen fünf Kindern hatte

Johann Benedict Heß, der ältere,

das väterliche Gewerbe erwählt und sich zugleich mit Erfolg auf das
Steinschneiden verlegt. Seine Arbeiten wurden ihm gut bezahlt, wie
ein bei Hüsgen abgedruckter Auszug aus des Meisters Geschäftsbüchern
von den Jahren 1669 bis 1674 nachweist. Unter andern erhielt er
1672 für einen gläsernen Krug, worauf er die Geschichte des Jonas,
die Auferstehung Christi und das jüngste Gericht geschnitten hatte,
56 Rthlr., und in dem folgenden Jahre für einen in einen Sardonix
erhaben geschnittenen St. Georg 38 Rthlr. — für jene Zeit immerhin ein anständiges Honorar.

Kaum 38 Jahre alt, wurde er seiner Familie durch den Tod
entrissen. Er hinterließ zwei Söhne, welche beide in die väterlichen
Fußtapfen traten:

Sebastian Heß,

ein geschickter Glas= und Steinschneider arbeitete bis an seinen den
2. Mai 1731 erfolgten Tod gemeinschaftlich mit seinem Bruder

Johann Benedict Heß, der jüngere.

Dieser war am 26. März 1672 hier geboren und starb am
16. September 1736. Er besaß in seiner Kunst eine ganz besondere
Geschicklichkeit, die er, nachdem der Geschmack an geschliffenen Gläsern
abgenommen hatte, von 1718 an ausschließlich auf das Steinschneiden
verwendete. Johann Benedict schnitt Cameen, Intaglien und ganz
freistehende Figuren, die ihm von Liebhabern und Händlern theuer be=
zahlt wurden, um als ächte Antiken noch theurer an die fürstlichen
Höfe verkauft zu werden. Auch aus dieses Künstlers Büchern hat
Hüsgen einen kleinen von 1699 bis 1721 reichenden Auszug geliefert.
Daraus ersieht man, daß derselbe 1712 für das auf einem Adler
von schwarzem Achat ruhende Brustbild Alexanders des Großen mit
den Ammons-Hörnern, aus Sardonix geschnitten und mit Gold und
Edelsteinen verziert, 9" hoch, 600 Rthlr. und 1716 für eine Reiter=
statue des Julius Cäsar aus einem Stücke orientalischem Achat,
Zügel und Commandostab von Gold, mit dem Postament 9½" hoch,
800 Rthlr. erhalten hatte. Weiter liest man in diesem Auszuge:
„Beer Moses Hamburger und Compagnie, Juden allhier, verfertigte
denselben 1714, 6. Mai accordirt: Sechs Kayserköpfe von Jaspis
in Profil geschnitten, wozu sie den Stein geben, alle Monat ein Stück
zu liefern, das Stück à 50 Rthlr., und: Nov. 4. ferner accordirt,
von den zwei orientalischen Achaten, so sie dazu gegeben, zwei Brust=
bilder von heidnischen Kaysern zu schneiden à 150 Rthlr." u. s. w.

Als am 21. September 1730 die neuerbaute Hauptwache zum er=
stenmal bezogen wurde und dem Magistrat daselbst ein glänzendes
Mahl bereitet war, sollte ein früher von J. B. Heß für den Rath ge=
schnittener großer Pokal mit dem Prospecte der Stadt gebraucht wer=
den; aber der Bediente des Herrn v. Klettenberg, welcher den Pokal
holen sollte, nahm denselben unterwegs aus dem Futteral, um ihn
einem neugierigen Cameraden zu zeigen, wobei sie den Fuß abbrachen.
Der erschrockene Diener trug den Pokal in die Wohnung seines Herrn

zurück und entwich aus der Stadt. Heß war nicht zu bewegen, einen neuen Pokal zu verfertigen. Sein Sohn

Peter Heß,

hier geboren im December 1709, hatte seinen Vater bis zu dessen Tod in allen seinen Kunstarbeiten unterstützt, dann aber in gleicher Weise und mit gleicher Geschicklichkeit selbständig fortgearbeitet. Im Jahr 1746 wurde er als Edelsteinschneider nach Cassel berufen, wohin er von jetzt an seinen Wohnsitz verlegte, um zunächst einen kostbaren Tisch mit Mosaikarbeit zu vollenden, woran schon vor ihm drei Künstler gearbeitet hatten. Auf diesem Prachtstücke sollte die Stadt St. Goar mit der Feste Rheinfels und der gegenüber liegenden „Katz" auf einer 6 Fuß langen und 4 Fuß breiten Marmortafel mit farbigen Edel= steinen, als Jaspis, Onix, Lapis-Lazuli, Calcedon, Agath zc. in einem Oval, umgeben von einer viereckigen, halb erhaben gearbeiteten Ein= fassung mit Trophäen, Waffen, Cartouchen und Brustbildern hessischer Fürsten in den Ecken dargestellt werden. Der kunstliebende Landgraf Karl hatte im Jahr 1693 nach der Entsetzung von Rheinfels während seiner Reise in Italien die Idee zu diesem Werke gefaßt und zu dessen Ausführung einen der ersten Mosaikkünstler von Florenz mit= gebracht. Die Nachfolger der Landgrafen interessirten sich gleichfalls für dieses Kunstwerk, aber es nahm nur einen langsamen Fortgang. Auch unserem Peter Heß war so wenig, wie nach ihm seinem Schüler Laphard von Offenbach die Ehre der Vollendung beschieden. Die Platte steht noch unvollendet in dem dem Publikum verschlossenen Casseler Museum. Peter Heß starb im Herbste 1782.

Wichtiger als diese achtbaren Glas= und Steinschneider ist in der Kunstgeschichte Frankfurts

die Familie Roos,

als deren Stammvater und Gründer ihres ausgebreiteten Ruhmes

Johann Heinrich Roos

zu betrachten ist. Dieser ausgezeichnete Portait=, Thier= und Land= c. 1645/1657. schaftmaler war am 27. October 1631 zu Ottersberg[1]) in der Pfalz

---

[1]) Nicht Otterdorf, wie viele Biographen schreiben.

unweit Kaiserslautern von armen Aeltern geboren. Sein Vater, ein Leinweber und der reformirten Confession zugethan, war durch die Drangsale des dreißigjährigen Kriegs in dem grauenvollen Jahr 1635 genöthigt gewesen, mit seiner Familie nach Holland zu flüchten, um Leben und Gewissensfreiheit zu retten. In Amsterdam war unserem Heinrich Roos 1647 das Glück beschieden, in dem Maler Julian du Jarbin[1]) einen Lehrer zu finden, der seine bedeutenden Anlagen für die Malerei erkannte und während einer mehrjährigen Lehrzeit mit dem glücklichsten Erfolge auszubilden wußte. Heinrichs Kunsteifer mochte sich aber mit einer einseitigen Lehrmethode nicht begnügen. Im Jahr 1651 begab er sich zu dem Historien= und Portraitmaler Adrian de Bye, um sich auch mit dessen Manier vertraut zu machen. Wie sehr dem eifrigen Schüler dieses Bestreben, in seiner Kunst den möglichsten Grad von Vollkommenheit zu erreichen, gelungen ist, haben seine späteren Leistungen genügend bewährt. Eine mehrjährige Wanderung nach beendigter Lehrzeit in Deutschland und höchst wahrscheinlich auch in Italien bildete ihn zum vollendeten Meister, der jetzt auf eigenen Füßen stehend, schon 1656 in seinem 25. Lebensjahr daran denken konnte, mit Anna Emmerich von Straßburg ein Eheband zu schließen. Beide nahmen bald darauf[2]) hier in Frankfurt ihren bleibenden Wohnsitz, und von jetzt beginnt eigentlich die selbstständige ruhmvolle Laufbahn des Meisters, dessen ganze Wirksamkeit demnach unserer Stadt angehört.

Im Anfange malte Roos Jahrmärkte mit zahlreichen kleinen Figuren, Zigeunerlager und andere sinnreich erfundene Scenen. Seine hauptsächlichste Beschäftigung fand er aber zu jener Zeit im Portraitmalen. Er wurde an die Höfe von Mainz und Cassel berufen, wo er während eines längeren Aufenthalts in Gemeinschaft mit seinem jüngeren Bruder Theodor[3]) die meisten fürstlichen und viele andere

---

[1]) Dieser darf nicht mit Karl du Jarbin verwechselt werden, wie es mitunter geschieht.

[2]) Daß er auch in England gewesen, wie Descamps behauptet, ist mehr als zweifelhaft. Bartsch verlegt die Ansiedelung des Künstlers in Frankfurt irrig in das Jahr 1671. Die hier erfolgte Geburt seines ältesten Sohnes und die auf vielen seiner hier gemalten Portaite befindlichen Jahrzahlen beweisen seine frühere Anwesenheit.

[3]) Theodor Roos war 1638 in Wesel geboren; er hatte gleichfalls den Unterricht des de Bye, obwohl nur kurze Zeit, genossen. An verschiedenen Höfen Deutschlands hat er eine große Anzahl Portraite gemalt. Auch hier in Frankfurt scheint er sich einige Zeit aufgehalten zu haben, wie aus dem von ihm gemalten und von Peter Schenk in Schwarzkunst gestochenen Bilde des Schöffen

angesehene Personen malte. Sein saftiger Pinsel und die Wahrheit seiner Darstellung fand den allgemeinsten Beifall. Sein Ruf als ausgezeichneter Portraitmaler war nun auch in Frankfurt gegründet. In den Häusern der angesehensten Familien fand man Bildnisse von seiner Hand. Manche haben sich bis zu unseren Tagen hier erhalten, die meisten wurden durch geschickte Künstler im Kupferstich verewigt. Eine der besten Arbeiten des Meisters in diesem Fache soll das Portrait des Schöffen Joh. Phil. Fleischbein v. Kleeberg gewesen sein, welches 1671 von Bartholomäus Kilian vortrefflich gestochen worden ist. Gleiche Erwähnung verdienen die Bildnisse:

des Schöffen Johann Phil. Kellner, gestochen von Vogel;

des Schöffen Zacharias Lorenz v. Uffenbach, gestochen von Schenk;

des Schöffen Phil. Christian Uffstapner, gemalt 1669, gestochen von Thelott;

des Syndicus Zacharias Stenglin, gestochen von Phil. Kilian;

des fürstl. braunschweig. Residenten Franz von Barthaus, gestochen von L. Heckenauer, 1682;

des Pfarrers Christoph Holzhausen, gestochen von Elias Nesseltbaler;

des Pfarrers Joh. Balthasar Ritter jun. gestochen von E. Heinzelmann;

des Pfarrers Joh. Conrad Sondershausen, gestochen von B. Kilian;

des Pfarrers Joh. Martin Michael, gestochen von E. E. Heiß;

des Pfarrers Joh. Conrad Mohr, gestochen von Phil. Kilian,[1] und

des Künstlers eigenes Bild, welches aus dem de Neufville'schen Kabinet in die Sammlung des Städel'schen Kunstinstituts gelangte und im Jahr 1804 von Joh. Friedr. Morgenstern in gleicher Größe radirt worden ist. Von diesem Bilde kommen auch verschiedene ältere Copien vor.

So Tüchtiges indessen Heinrich Roos als Portraitmaler geleistet hat, so steht er doch weit höher als Thiermaler. In diesem seiner Neigung offenbar mehr entsprechenden Fache ist unser Künstler nur von einigen Niederländern übertroffen worden. Seine gemüthlichen Hirtenstücke, deren sinnreiche Erfindung, geschmackvolle Anordnung und, je nach dem Umfange des Bildes, bald kühne Pinselstriche bald zarte, sorgfältige Ausführung stets eine poetische Stimmung verrathen, verfehlen selten den erfreulichsten Eindruck. Sie sind oft wahrhaft idyllische Dichtungen. Alles athmet ländliche Ruhe und Zufriedenheit. Die Landschaften sind meist mit zerfallenen antiken Gebäuden und

---

Zach. Conrad v. Uffenbach geschlossen werden darf. Nagler scheint über diesen Künstler nicht im Klaren zu sein. Er nennt ihn einen Bruder des Joseph Heinrich (?) und verwechselt diesen wieder mit Phillpp Roos. In dem Prehn'schen Kabinet sind zwei kleine Stücke Nr. 486 und 500 dem Theodor Roos zugeschrieben.

[1] Dieses Blatt hat Ph. Kilian in Frankfurt selbst gestochen, woraus zu schließen sein dürfte, daß dieser geschickte Künstler, von dem wir eine so große Zahl Frankfurter Bildnisse besitzen, längere Zeit hier gearbeitet habe.

reizenden Hintergründen romantisch ausgeschmückt, die Thiere in den verschiedensten Stellungen schön gruppirt und immer mit klassischer Correktheit gezeichnet. Licht und Schatten wußte er verständig zu vertheilen. Leider verlieren aber seine Gemälde bei allen diesen wesentlichen Vorzügen sehr häufig durch den, besonders in den Lüften bemerkbaren, unglücklich gewählten allzu gelbrothen allgemeinen Ton des Colorits, wodurch der Eindruck oft bedeutend gestört wird. Es ist mir nicht ganz erklärbar, wie der sonst so richtig fühlende Künstler auf diesen Abweg gerathen konnte. Vielleicht ließ ihn die Absicht, die frühere, etwas zu dunkele Haltung seiner Bilder zu vermeiden, in dieses Extrem fallen. Eine andere Schattenseite vieler seiner Werke ist der verderbliche Polusgrund, dessen er sich häufig bediente. Dieser Umstand trägt hauptsächlich die Schuld, daß seine Gemälde von den Kunstfreunden jetzt nicht mehr mit der Wärme gesucht und aufgenommen werden, als es früher der Fall gewesen ist. [1]) Nichts desto weniger wird dieser Meister stets unter den vorzüglichsten seines Fachs genannt werden müssen. Nur wenige Künstler haben so viele Copisten und Nachahmer gefunden. Der geschickteste darunter war sein Schüler Joh. Phil. Jurich, ohne den Meister erreichen zu können. [2]) Die zahllosen im Kunsthandel umlaufenden Copien und Nachbildungen Roos'scher Compositionen vermögen indessen den Kenner nicht zu täuschen; ihnen sämmtlich mangelt die klassische Correktheit der Zeichnung und die Delicatesse des Pinsels, die beide dem geübten Auge einen besseren Anhalt gewähren, als das trügliche Merkmal, daß Roos fast alle seine Bilder mit seinem Namen, meistens auch mit der Jahrzahl bezeichnet hat. Immerhin wird aber der Mangel des Namenszeichens auf einem für des Meisters Werk ausgegebenen Bilde zum Verdachte berechtigen.

Seine Hirtenscenen fanden so großen Beifall, daß andere geschickte Maler, wie Franz Ermels und Wilhelm van Bemmel, es sich zur Ehre rechneten, wenn er sich herbei ließ, den Werth ihrer Landschaften durch seinen idyllischen Pinsel zu erhöhen. Solche Bilder, namentlich die des Ermels, wurden dann häufig für des Roos

---

[1]) De Burtin: Traité des connaissances etc. giebt als den höchsten bis zum Jahr 1808 für ein Gemälde von Heinrich Roos bezahlten Auctionspreis 6000 Livres an. In der Lauaberg'schen Versteigerung (1815) wurden einige Hirtenstücke für 400, 460 und 670 Gulden verkauft.

[2]) Der vortreffliche Dietrich, welcher auch da, wo er vermöge seiner Vielseitigkeit die Manier anderer Meister sich angeeignet hat, doch stets seine künstlerische Selbstständigkeit bewahrt, kann hier nicht in Betracht kommen.

alleinige Arbeit ausgegeben. Michael Carré, ein sehr verdienstvoller Thier- und Landschaftmaler, ist zuweilen unserem Meister so nahe gekommen, daß selbst Kenner getäuscht werden könnten, wenn nicht Carré alle seine Gemälde mit seinem vollständigen Namen bezeichnet hätte.

Es giebt wohl keine öffentliche Gemäldesammlung, die nicht ein Bild von Heinrich Roos, oft mehrere aufzuweisen hätte; ja beinahe jedes Privatkabinet legt Werth darauf, irgend etwas von seiner Hand zu besitzen. Leider müssen häufig verdächtige Nachahmungen die Stelle der Originale vertreten.

Zu Frankfurt a. M. sieht man

1. in dem Städel'schen Kunstinstitut:

   a) Des Meisters eigenes Portrait, als Brustbild. Holz. 10″5‴ h., 7″ 9″ br.

   b) Zigeuner halten mit einem alten weißen Pferd und mit Gepäck bei einer dem Nymphäum der Sibylla Eugeria zu Rom ähnlich sehenden Ruine. Holz. 12″ h., 14″ 9″ br.
   Ein zart behandeltes Bildchen von angenehmer Färbung.

   c) Italienischer Stall mit Pferden. Leinw. 17″ 8‴ h., 20″ br.

   d) Ein Stier und anderes Rindvieh wird neben einer Felswand durchs Wasser getrieben. *Moos* 1670. Leinw. 12″ h., 15″ br.

   e) Eine in italienischer Landschaft bei drei halb verschütteten Säulen ruhende Heerde. Der Hirt hält ein Lamm, nach dem ein Kind greift. Bez. *Moos.* f. 1678. Leinw. 20″ h., 22″ 6‴ br.

   f) Allegorie auf das alte und neue Testament. Hinter einem herzförmigen Felsblock kniet der Maler selbst mit seiner Frau. Im Vorgrund einige Schaafe. Leinw. 25″ 6‴ h., 29″ 6‴ br.

   g) Eine Hirtenfamilie ruht bei einer antiken Ruine; in der Nähe weidendes Vieh. Bez. J. H. *Roos* fec. 1680. Leinw. 31″ 9‴ h., 27″ 8‴ br.

2. In dem Prehn'schen Kabinet auf der Stadtbibliothek:

   a) b) Zwei kleine Portraite: ein Mann mit Allongeperrücke, und seine Frau. Kupfer. Oval. 5″ h., 4″ br.

   c) Portrait eines Mannes mit Allongeperrücke. Kupfer. Oval. 2¼″ h., 2″ br.

   d) Portrait eines jungen Mannes. Kupfer. Oval. 2⅜″ h., 2¼″ br.

3. In der städtischen, vormals Daems'schen Gemäldesammlung:

   a) Eine Landschaft mit Ruinen und weidendem Vieh. Leinw. 19¼″ h., 21″ 2‴ br.
   Geschenk der Frau Wittwe Sänger, geb. Prehn.

   b) Hirtenstück. Leinw. 14″ 5‴ h., 21″ 3‴ br.

   c) Desgleichen. Leinw. 9″ 9‴ h., 12″ 8‴ br.

4. In dem Römer:
   Der Engel des Herrn verkündigt den Hirten die Geburt Christi. Reiche Composition; ein Hauptwerk des Meisters. Bez. J.*Roos* fec. 1668. Leinw. 5′ 8‴ h., 6′ 8″ br.
   Es wurde im Auftrag des Fürsten Primas von E. Wendelstadt für das Museum gut copirt.

5. Im Besitze der Familie Franz Brentano:
Weidendes Hornvieh zwischen römischen Ruinen. Eine Mutter ist mit ihrem Kinde beschäftigt. Dieses vorzügliche Bild, von besonders schöner Färbung, stammt aus der berühmten Birkenstock'schen Sammlung.

6. Im Besitze der Frau v. Oetinger, geb. v. Günderrode:
Zwei landschaftliche Thierstücke, wovon eine Hirtenfamilie mit verschiedenem Vieh bei einem Brunnen, bezeichnet: J. H. Roos fec. (Leinw. 23³/₄" h., 26" br.) vorzugsweise Erwähnung verdient. Das Bild ist eins der besten des Meisters, eine wahre Perle von reizender Wirkung, gänzlich frei von den schwachen Seiten vieler seiner Arbeiten.

7. In der Dr. Goldschmidt'schen Sammlung:
Hirtenfamilie mit verschiedenem Vieh bei römischen Ruinen. Besonders schöne Composition und Färbung.

8. Die Familie Manskopf besaß:
Das ausgezeichnet schöne Portrait eines hiesigen Patriciers, Kniestück in Lebensgröße. Theilungshalber wanderte dasselbe im Jahr 1859 nach Verviers.

9. Herr Major v. Lutacsich bewahrt gleichfalls mehrere interessante Gemälde des Meisters.

Die vormals in den reichen Bögner'schen, Ettlingischen, Lausbergischen, Kißner'schen, Mad-Wiegel'schen und andern hiesigen Kabineten befindlich gewesenen vorzüglichen Bilder von J. H. Roos sind in Folge des Schicksals der Privatsammlungen in alle Welt zerstreut.

Zu Wien im Belvedere:
Zwei Thierstücke aus dem Jahr 1682.

Daselbst in der Gallerie des Fürsten Esterhazy:
Zwei Thierstücke und ein Portrait.

Zu Dresden in der königlichen Gallerie:
Drei verschiedene Stücke.

Zu Berlin in dem königlichen Museum:
Drei Bilder aus den Jahren 1672 und 1683.

Zu Braunschweig in dem herzoglichen Museum:
Fünf vorzügliche Stücke, worunter des Künstlers eigenes Portrait im Schlafrocke, mit einer Kette über der entblößten Brust, 1682.

Zu München in der Pinalothek:
Nicht weniger, als vierzehn Werke des Meisters; darunter dessen eigenes Bild. Sie stammen größtentheils aus Schleißheim.

Zu Aschaffenburg in dem königlichen Schloß:
Zwei Portraite und ein Thierstück.

Zu Darmstadt in der großherzoglichen Gallerie:
Zwei Thierstücke, davon eins aus dem Jahr 1668, und des Meisters eigenes Portrait.

Zu Cassel in der kurfürstlichen Gallerie:
Vier Hirtenstücke.

Zu Carlsruhe in der großherzoglichen Gemäldegallerie:
werden nicht weniger, als zehn Stücke unserem Meister zugeschrieben, wovon indessen mehrere sehr zweifelhaft sind.

Zu Mannheim in dem großherzoglichen Schlosse:
Vier Hirtenstücke und ein männliches Portrait.

Zu Pommersfelde in der gräflich Schönborn'schen Gallerie:
Sieben Landschaften mit Hirten und Thieren, worunter einige vorzügliche.

Zu Hannover in der Hausmann'schen, jetzt königlichen Sammlung:
Eine italienische Landschaft mit Vieh, 1660.

Ob nicht bei dieser großen, leicht zu vermehrenden Zahl von Werken des Johann Heinrich Roos hier und da ein Irrthum untergelaufen und eine Nachahmung für das Original genommen worden ist, vermag ich freilich nicht zu verbürgen. Es ist mir nicht vergönnt gewesen alle zu sehen. Indessen haben doch die von Sachverständigen angefertigten öffentlichen Kataloge einigen Anspruch auf Vertrauen.

Seine Zeichnungen pflegte der Künstler meistens in rother oder schwarzer Kreide, auch in Tusch leicht und geistreich hinzuwerfen. Selten sind sie vollständig ausgeführt; doch findet man auch seine Federzeichnungen, die ihm als Vorbilder für seine herrlichen Radirungen dienten. Sicher ist es keine Täuschung, wenn man den Radirungen des Heinrich Roos vor seinen Oelgemälden verhältnißmäßig den Vorzug einräumt. Jene vereinigen fast alle Vorzüge der letzteren, ohne an deren Mängel in der Färbung zu leiden; sie sind so sinnreich erfunden, die Thiere mit so viel Ausdruck und so meisterlich gezeichnet, so abwechselnd und geschmackvoll in reizender landschaftlicher Umgebung gruppirt, die Natur ist in allen Theilen so wahr wiedergegeben und das Ganze mit so leichter, geistreicher Nadel behandelt, daß diese Blätter wahrhafte Gemälde bilden, die den Arbeiten der besten Niederländer in diesem Fache unbedenklich an die Seite gestellt werden können und von Keinem übertroffen werden. Deßhalb sind sie auch von jeher von den Kunstfreunden eifrigst gesucht und je nach der Vortrefflichkeit und Seltenheit des Abdrucks theuer bezahlt worden. Eine detaillirte Aufzählung dieser Perlen der Radirkunst kann hier unterbleiben, da sie durch Bartsch und Weigel, deren Werke wohl keinem Sammler in diesem Felde fehlen, bereits ausführlich beschrieben sind. Bartsch hat in seinem Peintre-Graveur neun und dreißig, zum Theil aus einzelnen Folgen bestehende Radirungen des Meisters verzeichnet und beschrieben, und R. Weigel in seinem Suppléments au Peintre-Graveur die verschiedenen Abdrucksgattungen noch genauer angegeben und fünf weitere hinzugefügt, so daß jetzt 44 radirte Blätter von H. Roos bekannt sind. [1] Es ist aber nicht zu bezweifeln, daß

---

[1] Man siehe auch Naglers Künstlerlexicon. Das Städel'sche Kunstinstitut besitzt alle von Bartsch beschriebenen Blätter mit Ausnahme der No. 32 und 39, sodann das von Weigel unter No. 40 erwähnte Blatt, wogegen No. 41—44 fehlen.

ihre Zahl größer ist; denn unter den bekannten Radirungen des Mei=
sters finden sich einige, welche nur die Titelblätter einer Folge bilden.
Dahin gehört namentlich das von Weigel unter Nr. 43 erwähnte
Titelblatt aus dem Jahr 1670. Hüsgen (Artist. Magazin S. 249)
hatte die ganze dazu gehörige Folge von acht Blättern gekannt, die
äußerst selten sein müssen, da sie weder von Bartsch, noch von Weigel
erwähnt werden. Demnach dürfen sich eifrige Sammler der Hoff=
nung hingeben, daß ihnen das Glück früher oder später noch ein oder
das andere ungekannte Blatt zuführe. Ein solcher Schatz wird dann
sehr theuer bezahlt werden müssen.

Es läßt sich denken, daß die Roos'schen Radirungen vielfältig
copirt worden sind. Der Sammler hat sich daher bei seinen Erwer=
bungen wohl vorzusehen. Dies gilt besonders von den Blättern B.
31 und 39, welche A. Bartsch so vortrefflich wiedergegeben hat, daß
man leicht getäuscht werden könnte, wenn der gewissenhafte Nachbildner
nicht seinen Namen beigefügt hätte.

Die Gemälde und Zeichnungen des Heinrich Roos sind von ver=
schiedenen Künstlern durch den Grabstichel vervielfältigt worden; na=
mentlich von Dunker, Ridinger, Philipp Kilian, C. Echard, Hertzin=
ger, Huet, Klein, W. Kobell, Prestel, Reinermann, H. Tischbein,
Schweyer und Bartsch, deren Arbeiten Hüsgen und Nagler ver=
zeichnet haben. Joh. Fried. Morgenstern begann zu Anfang dieses
Jahrhunderts eine Folge von Radirungen in Folio nach Roos'schen
Originalgemälden aus Frankfurter Sammlungen, wovon er das erste
und einzige Heft von sechs Blättern 1804 erscheinen ließ, nachdem er
schon im Jahr 1800 eine große Hirtenlandschaft des Meisters radirt
hatte. Portraite sind nach ihm, außer den schon genannten, auch von
Barthomäus Kilian, Heinzelmann, J. Schweitzer, Schellenberger und
J. Chr. Hauch gestochen worden.

Dem ruhmvollen Wirken dieses Künstlers, über dessen Häusliches
und bürgerliches Leben wenig bekannt ist, war leider ein kurzes und
tragisches Ziel gesetzt. Er hatte seine Wohnung an der Zeil, dem
römischen Kaiser gegenüber. Am 2. October 1685 entstand daselbst
eine große, so rasch um sich greifende Feuersbrunst, daß Roos, wel=
cher verschiedene werthvolle Gegenstände, darunter einen Krug mit
vergoldetem Deckel, aus den Flammen retten wollte, von diesen er=
griffen und so schwer verletzt wurde, daß er am folgenden Tage
verschied.

Sein eigenes Portrait hat er selbst mehrmals gemalt. Es ist,
wie schon erwähnt, von J. F. Morgenstern 1804 radirt, auch von

Philipp Kilian 1684 mit Dedication an den Meister, sodann von Houbraken, Joh. Schweitzer und J. P. Schweyer gestochen worden. Ebenso findet man es bei Sandrart, Descamps und Wehermann.

Johann Heinrich Roos hatte in seiner Ehe vier Söhne und vier Töchter erzeugt. Die Söhne hatten sich alle unter des Vaters Leitung der Kunst gewidmet; aber mit sehr verschiedenem Erfolge. Der älteste [1])

Philipp Peter Roos,

war 1651 in Frankfurt geboren. Die guten Anlagen des jungen $\frac{1651}{1705}$ Mannes bewegen den mit dem Vater befreundeten Landgrafen Karl von Hessen-Cassel, denselben zur weiteren Ausbildung auf seine Kosten 1677 nach Italien zu senden, wofür aber dem wohlwollenden Fürsten von dem leichtsinnigen Schützlinge mit dem größten Undank gelohnt wurde. Nicht nur ließ er dem Fürsten niemals eine Nachricht über sein Thun und Treiben zukommen, sondern war auch, als dieser ihn später in Italien persönlich aufsuchte, kaum zu bewegen, sich demselben vorzustellen, und als ihn der Landgraf mit aller Milde empfangen und ihm bedeutende Aufträge zu hohen Preisen ertheilt hatte, ließ er sie unerfüllt.

In Bologna hatte er den Frankfurter Maler Franz Gogel aufgesucht, der ihn mit den dortigen Kunstschätzen, insbesondere mit den Werken Annibal Caracci's, Guido Reni's ꝛc. bekannt machte. In Rom lag er anfangs seiner Kunst mit dem größten Eifer ob. Stets war er der erste und der letzte bei der Arbeit und konnte den Fleißigsten zum Muster dienen. Die Leichtigkeit und Gewandtheit, womit er den Pinsel führte, waren gleichsam sprüchwörtlich geworden, und gaben einst zwischen dem kaiserlichen Gesandten Graf Martinez und einem schwedischen General zu der Wette Anlaß, daß Roos, während sie beide ein Kartenspiel machten, ein vollständiges Gemälde verfertigen werde; und der Gesandte gewann die Wette; der Künstler hatte in einer halben Stunde, ehe das Spiel beendigt war, ein schönes kleines Hirtenstück geliefert, wofür ihm Martinez die Hälfte seines Gewinnstes überließ.

Unterdessen hatte Philipp Roos durch seine Arbeiten die Aufmerksamkeit des damals zu Rom in großem Ansehen gestandenen Historien-

---

[1]) Descamps nennt ihn irrig den zweiten.

malers Hyacinth Brandi auf sich gezogen. Der junge Künstler folgte der Einladung des älteren und lernte in dessen Haus dessen Tochter kennen, ein Mädchen von so ausgezeichneter Schönheit, daß Roos sich leidenschaftlich in sie verliebte, ihre Gegenliebe zu erringen wußte und ihr zu Gefallen 1679 katholisch wurde. Jetzt hatte er die Priesterschaft auf seiner Seite, die dem Vater des Mädchens so lange zusetzte, bis er widerstrebend seine Einwilligung zur Verbindung seiner schönen und reichen Erbin mit dem „verächtlichen Thiermaler" ertheilte. Tags nach der Hochzeit in aller Frühe packte aber Roos die ganze Ausstattung seiner jungen Frau mit allen ihren Kleidern und Schmucksachen zusammen und übersandte sie dem Schwiegervater mit der Eröffnung: „der Thiermaler bedürfe dergleichen Dinge nicht, er habe nur die Tochter gewollt und könne seine Frau selbst ernähren." Dieser extravagante Uebermuth verletzte den Vater dermaßen, daß er in Schwermuth verfiel und vor seinem Tode seine Tochter enterbte. Descamps weiß von dieser Lebensepisode unseres Künstlers einen kleinen Roman zu erzählen.

Philipp Roos zog sich sogleich nach der Heirath nach Tivoli zurück und begann von jetzt an ein so leichtsinniges und schwelgerisches Leben, daß die unglückliche junge Frau ihren unüberlegten Schritt schwer zu bereuen hatte. In einer geräumigen Wohnung unterhielt er für seine Studien eine Menge der verschiedenartigsten Thiere. Diese waren oft die einzige Gesellschaft des verlassenen Weibes; denn Roos trieb sich wochenlang auf der Jagd in den Gebirgen umher, meistens zu Pferd in Begleitung eines Dieners, aber ohne Geld. In dem ersten besten Wirthshause schlug er sein Atelier auf und der Diener trug die gemalten Bilder noch naß zum Verkaufe auf die Straße, um von dem geringen Erlöse seines Herrn Zeche zu berichtigen. Roos verließ die Schenke nur, wenn ihm nicht mehr geborgt wurde, und arbeitete nur, um zu schwelgen. So trieb es der Unglückliche bis an sein 1705 erfolgtes Ende, ohne es in seinen Gemälden auf diejenige Stufe gebracht zu haben, zu welcher seine künstlerische Begabung ihn berechtigt haben würde. Seine Landschaften und Thierstücke fanden, ungeachtet ihrer Flüchtigkeit und der Düsterheit des Colorits, vielen Beifall, da er seinen Pinsel kühn und sicher zu führen verstand. Seine Zeichnung ist correct, sein Farbenauftrag breit und weich, seine Gruppen sind verständig geordnet und Alles zeigt von sorgfältiger Beobachtung der Natur. Um so bedauerlicher ist es, daß ein so schönes Talent so schmählich verkommen mußte.

Von seinem beständigen Aufenthalte in Tivoli ward er Rosa

bi Tivoli genannt, und von der Schilverbent hatte er den Bei-
namen Mercurius erhalten.

Philipp Roos soll auch sehr zart und geistreich in Kupfer
geäzt haben; ich konnte aber über diese Arbeiten keine näheren Angaben finden. Gemälde von ihm sieht man:

Zu Wien im Belvedere:
Drei Landschaften mit Hirten und Vieh, und zwei Reitergefechte.

Zu Dresden in der königlichen Gallerie:
Acht Landschaften mit Hirten und Vieh. In einer derselben empfängt
Noah die Befehle Jehova's.

Zu Berlin im königlichen Museum:
Orpheus musicirt vor einer großen Versammlung von Thieren.

Zu Hannover in der Hausmann'schen, jetzt königlichen Sammlung:
Drei Hirtenstücke.

Zu Braunschweig im herzoglichen Museum:
Zwei Landschaften: a) Maulthiertreiber mit ihren Thieren und allerlei
todtem Geflügel und Wildpret; b) Hirte bei seinen Schaafen und Ziegen.

Zu Cassel in der kurfürstlichen Gallerie:
21 Gemälde des Meisters von den mannichfaltigsten Compositionen.

Zu Darmstadt in der großherzoglichen Gallerie:
Zwei Hirtenstücke.

Zu Paris im Louvre:
Ein Wolf zerreißt ein Schaaf.

Nach seinen Gemälden und Zeichnungen haben Canet, Tischbein,
Woollett, Bernard, Elliot, letzterer die Ansichten von Tivoli, in Kupfer
gestochen. Das Portrait des Künstlers, von Ficquet gestochen, findet
man bei Descamps. Hiernach ist er ein schöner Mann gewesen, wohl
geeignet, das Herz eines jungen Mädchens zu berücken. Wicker hat
davon eine Copie geliefert.

Philipp Roos hinterließ zwei, nach Anderen drei Söhne, die,
obwohl geschickte Künstler, den Vater nicht erreicht haben. Cajetan
malte Landschaften mit Vieh und Schlachten, ließ sich in Wien nieder
und starb 1735. In der hiesigen städtischen Sammlung wird ein
Stück mit zwei Auerochsen, ein Geschenk der Frau Wittwe Sänger,
geb. Prehn, diesem Cajetan zugeschrieben. Sein Sohn Joseph, 1728
oder 1732 in Wien geboren, folgte dem Kunstgeschmacke seines Vaters
und starb 1805 als kaiserl. Rath und Galleriedirector des Belvedere.
Der zweite Sohn Philipps, Jacob, soll die Kunst bei seinem Großvater H. Brandi erlernt haben, was ich bezweifle. Er lebte später
in Neapel, weßhalb er Rosa di Napoli genannt wird. Endlich
wird noch von einem dritten Sohne Philipps mit Namen Joseph
gesprochen, der gleichfalls in Neapel gelebt haben soll. Dieser scheint

aber mit Jacob eine Person zu sein. Alle diese Künstler der dritten und vierten Generation kommen, da sie Frankfurt nicht angehört haben, hier nicht weiter in Betracht.

Johann Heinrichs zweiter Sohn

Johann Melchior Roos

$\frac{1659}{1731}$: hat seiner Vaterstadt Frankfurt, wo er im Jahr 1659 geboren ward, zwar größere Treue bewahrt, als sein Bruder, ist aber diesem in der leichtsinnigen Lebensführung ziemlich ähnlich gewesen. Der Vater scheint in seiner künstlerischen Thätigkeit zur Erziehung seiner Kinder wenig Zeit gefunden zu haben. Dennoch hat er auch den zweiten Sohn zu einem recht tüchtigen Thiermaler heran gebildet, der zwar die Poesie der väterlichen Kunst und die Weichheit seines Pinsels nicht erreicht, aber dennoch in seinen Arbeiten viel Genie bewiesen und recht Anerkennenswerthes geleistet hat. Ohne den verderblichen Hang zur Schwelgerei würde er es sicher sehr weit gebracht haben.

Nach seines Vaters Tod, im Jahr 1686, trat Melchior Roos die hergebrachte Wanderschaft nach Italien an und verweilte daselbst bis 1690. Nach längerem Aufenthalt in Nürnberg, wo er die Tochter des Dr. Langhans heirathete, arbeitete er einige Zeit in Heidelberg und ließ sich zuletzt mit seiner Frau in Frankfurt nieder. Von 1696 bis 1710 wurden dem Künstler hier sieben Kinder geboren, worunter drei Söhne: Abraham, getauft 5. Mai 1698; Peter Wilhelm, getauft 18. April 1700, und Wilhelm Matthäus, getauft 2. November 1706. Wittwer geworden, heirathete er 1713 während eines zeitweiligen Aufenthalts in der Schweiz die Wittwe des 1710 verstorbenen Malers Joseph Werner, mit welcher er noch zwei Töchter erzeugte.

Melchior Roos malte nur ausnahmsweise Portraite, u. a. das des reformirten Pfarrers Theodor Eberhard Alstein, gestochen von Lorenz Beger, und des Schöffen Joh. Phil. Kellner, gestochen von B. Vogel. Das Leben der Thiere war sein Hauptstudium; vorzugsweise aber liebte er es, wilde Thiere, Löwen, Tieger, Bären, Hirsche und Rehe, in ihren Beschäftigungen und Kämpfen, oft in den schwierigsten Stellungen mit lebendiger Naturtreue dem Auge vorzuführen. Eine seiner größten Compositionen, worauf er zwei Jahre verwendet haben soll, stellt die gesammte Menagerie des Landgrafen Karl von Hessen-Cassel nach dem Leben dar. Dieses Gemälde soll wegen der Mannigfaltigkeit der Thiere, der guten Anordnung und des Fleißes der Ausführung die Bewunderung aller Kenner erregt haben. Sein Schicksal ist mir unbekannt; in den neueren Katalogen der kurfürstlichen Gemäldegallerie ist es nicht verzeichnet. Eben so ein von den gewöhnlichen Darstellungen des Meisters ganz abweichendes Stück, worin ein Mädchen bei nächtlicher Beleuchtung in einer Gesellschaft singt.

Ungeachtet seines Hanges zur Schwelgerei hat Melchior Roos doch sehr viel gearbeitet, freilich oft mit kolossaler Flüchtigkeit, worin aber dennoch stets viel Geist und Geschick zu erkennen ist. Solche Stücke malte er zur Zeit der Noth und ließ sie von der Staffelei weg hausiren tragen. Da dies gewöhnlich an Samstagen geschah, wenn seine Frau Marktgeld bedurfte, so erhielt er den Namen Samstags-Roos. Campo Weyermann, der ihn im Jahr 1709 persönlich hier gesehen hat, spricht von einer schloßartigen, reichmeublirten Wohnung unseres von Gläubigern stets bedrängten Künstlers, in so romanhafter, dem Style dieses Schriftstellers entsprechenden Weise, daß er auf unbedingten Glauben wenig Anspruch haben dürfte. Hüsgen erzählt die Anekdote, daß der geniale Künstler einst zur Zeit der sogenannten Bürgerschlacht einen ganzen Ochsen kaufte, ihn schlachtete und den von der Haut entblößten Kopf alsbald so kühn und naturgetreu malte, daß ihm der Kurfürst von Mainz dafür einen Preis bewilligte, womit er den ganzen Ochsen bezahlen konnte. Uebrigens geschieht diesem Meister sicher Unrecht, wenn man ihn nach solchen Producten der Noth oder der Laune beurtheilt, wodurch er sich allerdings die allgemeine Anerkennung verscherzt hat, die er wegen seiner besseren, mit Fleiß und Liebe ausgeführten Compositionen vollkommen verdient. Melchior Roos hat Werke geschaffen, in denen er seinem Vater Heinrich nahe gekommen ist und diesen selbst, ich darf es, unbeirrt von dem Kopfschütteln mancher Kenner, kühn behaupten, in gewisser Beziehung übertroffen hat. Einen Beweis für dieses Urtheil liefert allein schon das in dem Audienzzimmer des jüngeren Bürgermeisters im Römer befindliche umfangreiche Hirtenstück. In einer ausgedehnten italienischen Gebirgslandschaft mit fernen Ruinen lagert eine Hirtenfamilie bei ihrer zahlreichen Heerde von Rindern, Ziegen und Schaafen. Während der Hirt sich mit dem Hunde unterhält, ist die Hirtin in malerischer Stellung eingeschlafen, drei Kinder verschiedenen Alters spielen in der Nähe. Die großartige Conception, die schöne Anordnung, die richtige Zeichnung, der kühne, markige Pinselstrich und die kräftige geistvolle Färbung bei fleißiger Vollendung sichern diesem Gemälde vor der oben erwähnten „Verkündigung" des Heinrich Roos unbedingt den Vorzug. Es zeigt, was Melchior zu leisten vermocht haben würde, wenn ihm nicht seine unseligen Leidenschaften den Weg zum höchsten Ruhme versperrt hätten.

Zuweilen staffirte er auch die Landschaften anderer Meister, namentlich die des Conrad Meyer, mit zahmem Vieh. Seine eigenen Gemälde pflegte er, wiewohl nicht immer, mit dem Zeichen *Moos* und der Jahrzahl zu versehen. Auf seinen Zeichnungen die er mit Rethstift und Kreide, oft auf ölgetränktem Papier, sehr flüchtig hinwarf, findet man selten seinen Namen.

Gemälde des Meisters sieht man

Zu Frankfurt a. M.

1. In dem Städel'schen Kunstinstitut:
   Zwei Landschaften mit Bären,
   Eine Landschaft mit wilden Schweinen. *Moos* 1716.
2. In dem Römer:
   Die schon erwähnte großartige Hirtenlandschaft.
3. In dem Prehn'schen Kabinet:
   Fünf kleine Stücke: Adler, Ziegen ꝛc.
4. Auf dem Forsthaus:
   Eine Scheibe der Urschützengesellschaft: Liegende Dogge als Sinnbild der Treue. Bez. *Moos* 1709.
5. Bei Frau v. Oetinger:
   Ein von erlegtem Wild umgebener Centaur wird von einem Adler zerfleischt. Ein ungemein fleißig und zart ausgeführtes Bild.

Zu Darmstadt im großherzoglichen Museum:
Vier Thierstücke.

Zu Würzburg im löniglichen Schloß:
Zwei vorzügliche Thierstücke: a) der wilde Eber von einem Panther angefallen; b) Tigerin mit ihren Jungen.

Zu Aschaffenburg im löniglichen Schloß:
Hirsche und Rehe.

Zu Dresden in der löniglichen Gemäldegallerie:
Hirsche unter einer Eiche im Walde.

Zu Braunschweig, vormals Salzdahlen, in der herzoglichen Gemäldegallerie:
1. Ein liegender Ochs sieht aus einem Bretterverschlag hervor.
2. Eine fressende Ziege sieht über einem Bretterverschlag hervor.
3. Ein weißer Rehbock liegt fressend auf einem von Bäumen umschlossenen Grasplatze; entfernter eine weiße Hindin, Laub fressend. Bez. *M.* 1730.
4. Das Reich der Thiere. Sie stehen und liegen in großer Anzahl umher, Vögel sitzen auf den Bäumen, andere umfliegen sie. Im Hintergrund Felsen und Baumgruppen.
5. Ein Bär von Hunden angefallen, deren einer bereits getödtet ist: in Hintergrund Berge Bez. *M.* 1722.

6. Landschaft worin drei Löwen und zwei Tiger im Kampfe begriffen sind. Bez. *M.* 1722.

Zu Pommersfelde in der gräflich Schönborn'schen Gallerie:

1. Landschaft mit Hirten und Heerden.

2. Zwei große Janghunde in einer Landschaft.

3. 4. Zwei kleine Landschaften mit Gruppen von Rindvieh, Schaafen und Ziegen mit ihren Hirten, besonders geistreich behandelt. Oval.

Wie gewandt Melchior Roos auch die Radirnadel zu führen verstand, läßt sich zwar nur an einem einzigen von ihm bekannten Blatte erkennen; allein dieses Blatt berechtigt ganz gewiß nicht, den Meister mit Nagler des Mangels an Uebung im Radiren zu beschuldigen; im Gegentheil läßt diese vortreffliche Radirung kaum bezweifeln, daß Melchior Roos hier die Nadel nicht aus zufälliger Laune ergriffen hatte, seine Hand vielmehr an deren Führung längst gewöhnt gewesen sein mußte. Unbekannte Umstände mögen den sehr zu bedauernden Verlust seiner sonstigen Arbeiten veranlaßt haben. Dieses einzige und äußerst seltene Blatt, welches jeder Sammlung zur Zierde gereicht, stellt einen in einer Landschaft stehenden, mit dem Kopfe nach dem Beschauer gewendeten Ochsen en face vor — eine Aufgabe, die nur ein geübter Zeichner und Radirer so meisterhaft lösen konnte. Das Blatt in Kleinfolio ist unten rechts *Mloos,* 1685 bezeichnet. Adam Bartsch hat der Seltenheit wegen davon eine sehr gelungene Copie verfertigt. Das Original ist in R. Weigels Kunstkatalog zu 36 Thlr. angeschlagen und 1838 wurde dasselbe nebst der Copie in der Sternbergischen Auction zu Dresden mit 68 Thlr. 8 ggr. bezahlt.

Nach den Gemälden und Zeichnungen des Melchior Roos haben verschiedene Künstler gestochen und radirt, u. a. J. Winter, B. S. Setleczky, A. Bartsch und J. F. Morgenstern. Sein Portrait befand sich vormals, von ihm selbst als Brustbild mit Pelzgewand in Lebensgröße gemalt, zu Salzdahlen. In dem neueren braunschweigischen Katalog ist es nicht mehr verzeichnet. J. G. Seiler hat ein anderes nach des Meisters eigenem Gemälde 1689 in Schwarzkunst gestochen und J. M. Zell für die „Frankfurter Beiträge" einen Nachstich geliefert.

Johann Melchior Roos starb im Jahr 1731. Seine Wittwe endete zu Cassel in üblen Umständen. Die Söhne haben als Künstler nur eine untergeordnete Stufe erreicht. Ein Schüler Namens Schuckmann soll ihm mehr Ehre gemacht haben. Es ist mir nie eine Arbeit desselben zu Gesicht gekommen.

Nach dem Tode seiner Aeltern hatte sich Melchior Roos seiner

220

beiden jüngeren Brüder mit Liebe angenommen und sie in der Malerei unterrichtet. Der ältere von ihnen,

Franz Roos,

am 22. December 1672 hier getauft, malte Bauernstücke und hatte
sich in Stralsund niedergelassen. Der jüngere

Peter Roos,

getauft am 29. August 1675, wanderte als Portrait- und Stillleben-
Maler nach London, wo er in der Blüthe seiner Jahre 1627 den
Tod fand.

Das 17. Jahrhundert hat eine große Zahl bedeutender Künstler
erzeugt, wovon, wie wir gesehen haben, auch Frankfurt mehrere zu
den Seinigen zählen darf. Es kann nicht auffallen, daß sich bei diesem allgemeinen Aufschwunge auch manches minder begabte Talent
auf diesem Felde versucht hat. Wir finden in der Mitte des Jahrhunderts in unserer Stadt eine Reihe von Künstlern und selbst Kunst-
dilettanten, die ungeachtet ihres untergeordneten Ranges nicht unerwähnt bleiben dürfen, da sie immerhin ein fleißiges Streben bekunden.
Dahin gehören:

Johann Wilhelm

¹⁶²¹ aus Betzenau im Bregenzerwald am Bodensee. Er hatte im Juli
c. 1670. 1621 durch Verheirathung mit einer Bürgerstochter das hiesige Bürgerrecht als Zimmermann erlangt, war aber ein geschickter Architekt.
Im Jahr 1649 gab er ein Werk heraus unter dem Titel: Architectura civilis. Beschreib- und Vorreissung der für-
nembsten Dachwerk, nemlich hoher Helmen, Creutztächer,
Wiederkehrungen, welscher Hauben, sodann Keltern,
Pressen, Schnecken- oder Windelstiegen und andere dergleichen Mechanischen Fabriken, bishero noch niemalen
in dem Druck gesehen. Frankfurt a. M. in Verlegung
des Authoris. Folio. Es enthält 41 Kupfertafeln mit Erläuterungen. Auf dem Titel sieht man des Verfassers Portrait und einen

geflügelten Greif. Das Werk ist dem Landgrafen Ludwig von Hessen zugeeignet und hat 1668 eine zweite Auflage erlebt. In der Vorrede nennt er den Joh. Phil. Waldmann seinen Lehrer. (Vergl. S. 134.) Am 15. Mai 1630 schloß Wilhelm die zweite und am 28. December 1669 die dritte Ehe. Die Zeit seiner Geburt und seines Todes konnte ich nicht ermitteln.

Wilhelm Traudt

von Nürnberg war im Juni 1647, nachdem er schon längere Zeit $\frac{1647}{1664}$ vorher hier gelebt hatte, bei seiner Verheirathung mit der nachgelassenen Tochter des Buchhändlers Joh. Stöcklin als „Formschneider und Patronist", was so viel wie Briefmaler bedeutet, zum hiesigen Bürgerrecht gelangt. Sein ursprünglicher Beruf, die Briefmalerei, mag dem Manne in den Bedrängnissen des dreißigjährigen Kriegs kein genügendes Auskommen gewährt haben. Er sann schon vor seiner hiesigen Niederlassung auf andere Mittel des Erwerbes und begann um 1636 in Holz zu schneiden, anfangs nur große Buchstaben und Frakturschriften, dann Wappen und endlich historische Compositionen. In einem um 1780 hier aufgefundenen dicken Foliobande, dessen Pergamentdecke mit W. T. 1636 bezeichnet war, hatte dieser Autodidakt eine große Anzahl seiner Holzschnitte nach der Zeitfolge ihrer Entstehung eingeklebt und diesem seinem Sammelwerke folgende eigenhändige Nachricht vorausgeschickt:

„Ich Wilhelm Traudt haw angefangen zu
schneiden In dissen Jaren Ao. 1636.
    Wann alles stät in begester not
    so komt und hielst der lietwe Gott.
    Wilhelm Traudt ist mein nam,
    da ich das schneidt dat ich wenig verstan,
    Gott helf, daß ich es besser lern,
    daß ich schneidt mer in Eren."

Der Wunsch des ehrlichen und bescheidenen Künstlers ist in Erfüllung gegangen. Seine Arbeiten zeigen im Verlaufe der Jahre einen befriedigenden Fortschritt, seine späteren Blätter machen ihm Ehre. Dahin gehören namentlich acht kleine Holzschnitte nach v. d. Borcht mit der Jahrzahl 1649, und 27 ähnliche zu einem 1653 in 12° erschienenen Spruchbüchlein. W. Traudt und nicht, wie Hüsgen sagt, J. G. Walther, gab auch im Jahr 1656 den ersten Raths-Wappenkalender mit einer von ihm selbst etwas plump geschnittenen Ansicht der Stadt heraus. Sein Monogramm ╫ befindet sich darauf. Die

Platte dieſes Proſpektes wurde noch lange nach des Meiſters Tod
bis in das Jahr 1740 von ſeinen Nachfolgern für den Wappenka-
lender verwendet. Eine vollſtändige Sammlung dieſer Kalender befindet ſich auf der Stadtbibliothek.

Nagler hat einige andere Arbeiten Traudts verzeichnet, worunter
er die Geißelung Chriſti als ein meiſterhaft geſchnittenes und ſehr
vollendetes Blatt, das von des Meiſters Kunſt einen hohen Begriff
gäbe, beſonders hervorhebt. Chriſtus ſitzt auf dem Boden, an einen
großen Stein gebunden, hinter ihm ſteht der Henker, ſeine Rechte
auf des Heilands Haupt legend. Im Rande ſteht: Ecce Homo;
rechts unten W. T. mit dem Meſſerchen, links L. K. f. (?) Auf
einem andern, den gekreuzigten Heiland darſtellenden Blatte hat der
Künſtler ſeine Adreſſe in folgender Weiſe angegeben: F r a n k f u r t
a m M a y n , b e i W i l h e l m T r a u d t , F o r m ſ c h n e i d e r u n d
B r i e f m a h l e r , d e r L a d e n a u f d e m P f a r r e i ſ e n . Dieſes
Blatt ſcheint ſehr ſelten zu ſein. Ueberhaupt iſt mir bis jetzt nicht
gelungen, einen der Holzſchnitte dieſes Künſtlers, den gedachten Proſpekt der Stadt ausgenommen, ſelbſt zu ſehen.

Hüsgen erwähnt noch, daß in dem Meiſterbuche der hieſigen
Diamant- und Rubinſchleifer, einer jetzt zu Frankfurt erloſchenen
Zunft, unter der Rubrik: „Namen derer, ſo das Schneiden allein
gelernt, Bürger und Meiſter geweſen, als die Ordnung angefangen",
auch ein J o h a n n und ein J a c o b T r a u d t genannt ſeien.

W i l h e l m T r a u d t ſtarb am 2. December 1662. Seine
Wittwe ſchritt im Jahr 1665 mit

Johann Georg Walther

$\frac{1665}{1697.}$ zur zweiten Ehe. Auch dieſer war Formſchneider und Kupferſtecher,
von Nürnberg gebürtig. In dem folgenden Jahr 1666 erſchien zum
erſtenmal in ſeinem Verlag der von Traudt gegründete Rathskalender
mit dem ſchon erwähnten Proſpekt der Stadt und außergewöhnlich
mit 15 anſtatt 14 Wappen der Schöffen. Außerdem iſt von ihm
eine Folge von 12 Blättern in 8°. mit Trachten von 1670 bekannt.
In ſeinem Verlag erſchien auch R. Montecuculi zu Pferd, wahrſcheinlich von ihm ſelbſt radirt. Folio.

Im Jahr 1696 ſchritt er zur zweiten Ehe und am 26. September 1697 wurde er zur Erde beſtattet.

Johann Baillant.

Er war um 1630 zu Lille geboren und hatte sich, gleich seinen
vier älteren Brüdern Wallerant, Bernhard, Jacob und
Andreas unter des ersteren Anleitung der Malerei gewidmet, auch
bereits anerkennenswerthe Fortschritte gemacht, als er 1660 in einer
vermögenden Frankfurterin seine Lebensgefährtin fand, die ihn der
älteren Geliebten, der Kunst, untreu werden ließ. Er vertauschte den
Pinsel und die Radirnadel mit dem Stabe des Merkur und wurde
in Frankfurt Kaufmann. Das Portrait des Arztes Chr. Ozanne ist
mit Jean Vaillant del. bezeichnet, und sechs seltene baumreiche Landschaften mit Hütten und Wasserfällen in de Vliegers Weise tragen
die Unterschrift: Jean Vaillant fec. Paulus Fürst exc. qu. 8°. In
einem aus dem Nachlasse des hiesigen Malers Franz Gogel stammenden handschriftlichen Gemäldekatalog fand ich nicht weniger als
30 größere und kleinere Landschaften von Jean Vaillant verzeichnet.

Es scheint nicht, daß er nach seinem Berufswechsel hier in Frank-
urt noch etwas Erhebliches geleistet habe. Um dieselbe Zeit ist auch

Georg Andreas Böckler

als geschickter Kriegs- und Civilbaumeister in Nürnberg und Frankfurt
thätig gewesen. Es ist nicht klar gestellt, ob er vorzugsweise dorthin
oder hierher gehört. Hier in Frankfurt dürfte er der Nachfolger Wilhelm Dilichs gewesen sein. Nagler nennt ihn einen Frankfurter Baumeister, Pierer einen Nürnberger, Jöcher (Allgem. Gelehrtenlexicon)
läßt ihn von Straßburg stammen. Alle drei können Recht haben.
Ich vermochte den wahren Sachverhalt nicht zu ermitteln. Böckler
hat verschiedene in sein Fach einschlagende Werke herausgegeben, von
denen »Architectura nova et curiosa« in vier Theilen, »Theatrum
machinarum«, Köln 1661, „Handbüchlein von der Militär-
Baukunst", „Straßburgisches Kaufbuch", „Säulenbuch",
„Radirbüchlein", mit vielen Kupfern, Nürnberg 1689, „Anleitung zur Wappenkunst", „Oeconomieschule für Haus
und Feld", Frankfurt a. M. 1666, 1683 und 1699 mit Kupfern,
und noch andere zu nennen sind.

Zu einem dieser Werke gehört wohl auch ein gut gezeichneter
und radirter Plan der Stadt Jerusalem in Folio, mit der Bezeichnung G. A. Böckler del. Ueber die Lebensverhältnisse und das Ende
dieses Meisters ist mir nichts bekannt geworden.

In nicht geringem Ansehen stand bei seinen Zeitgenossen der Portraitmaler

Johann Valentin Grambs.

1630
c. 1690.

Er war um 1630 hier geboren und gelangte im November 1658 in das Bürgerrecht. Er hatte sich van Dyk's Manier mit glücklichem Erfolge zum Vorbilde genommen. Seine vorzüglichen Portraite, an denen man mit Recht die schönen Hände rühmt, fanden den allgemeinsten Beifall. Nächst der Kaiserin Eleonora Magdalena, der dritten Gemahlin des Kaisers Leopold I., deren Bild durch den vortrefflichen Kupferstich Phil. Kilians bekannt geworden ist, malte Grambs eine große Zahl hiesiger Persönlichkeiten aus den höheren Kreisen, deren lebensgroße Brustbilder nach ihm von Thelott, Heckenauer, Häublin, Phil. und Barth. Kilian in Kupfer gestochen wurden. Zu den vorzüglichsten gehören die Portraite des Stadtschultheißen Hieronymus Peter v. Stetten und der Schöffen Joh. Hektor Bromm, Heinrich Wilhelm Kellner und Johann Phil. Fleischbein v. Kleeberg. Auf der Stadtbibliothek sieht man noch das des Syndicus Anton Glock. Das Bild des Domdechanten Matthias Stark, auf dem Paradebett liegend, ist nach Grambs Gemälde durch einen Kupferstich von Ignaz Striebeck bekannt.

Auch bei der Ausschmückung der Decke und der Lettner der neuen St. Catharinenkirche mit biblischen Darstellungen ist dieser Künstler thätig gewesen. Auffallend ist es, daß man beinahe auf allen nach seinen Gemälden gestochenen Blättern seinen Namen Grams, zuweilen sogar Gram und Crams geschrieben findet, — offenbar nur eine so häufig bemerkbare Unachtsamkeit der Kupferstecher.

Es ist zwar meine Absicht nicht, jeden Dilettanten, der mit mehr oder weniger Geschick sich mit dem Pinsel oder der Kreide versucht hat, hier unter die Künstler einzuführen; aber dennoch glaube ich eine Ausnahme machen zu dürfen, wenn Kunstfreunde die Erzeugnisse ihres Talents durch den Grabstichel oder die Radirnadel vervielfältigt haben und dadurch gewissermaßen in die Oeffentlichkeit getreten sind. Dies gilt von den dem Handelsstande angehörenden Brüdern

Johann Martin und Johann Noe Gogel,

welche um die Mitte des 17. Jahrhunderts nicht nur kleine Land- ¹⁶⁴⁵⁄₁₇₁₅. schaften recht sauber in Tusch auf Pergament gezeichnet, sondern auch mehrere Blätter auf Kupfer radirt haben, namentlich zwei innere Dorfansichten mit Kirchweihbelustigungen und Trinkgelagen, in klein quer Folio nach M. Merian, wovon die eine unten rechts Joh. Martin Gogel und die andere Joh. Noe Gogel 1661 bezeichnet ist. Die gleiche Jahrzahl liest man auf der Kehrseite der andern, noch im Besitze der Familie befindlichen Kupferplatte. Das Original, von der entgegen= gesetzten Seite, ist das vierte Blatt der 1620 bei P. Aubry erschie= nenen Merian'schen Ansichten der Umgegend von Schwalbach. Es wird behauptet, daß beide Brüder auch einige Blätter nach Albrecht Dürer gestochen haben; mir sind aber dergleichen noch nicht zu Ge= sicht gekommen.

Die Familie Gogel stammt aus Antwerpen, von wo sie um die Mitte des 16. Jahrhunderts hier einwanderte und später die Neustadt Hanau gründen half. Ueber Geburt und Tod der beiden Dilettanten findet sich in den Kirchenbüchern kein Nachweis. Nach den unter ihren in der Familie aufbewahrten Portraiten befindlichen Legenden aber und inhaltlich eines alten Familienstammbaums ist Johann Martin Gogel am 13. Juni 1645 geboren und am 27. März 1715 gestorben, Johann Noe dagegen am 14. September 1647 geboren und am 26. October 1689 gestorben. Die Richtig- keit dieser Angaben vorausgesetzt, würden die beiden obenerwähnten Blätter als Jugendarbeiten doppelte Anerkennung verdienen. Sie machen keineswegs den Eindruck jugendlicher Versuche. Ein dritter jüngerer Bruder

Franz Gogel,

geboren am 5. August 1649, hatte die Kunst zu seinem Lebensberuf gewählt. Von wem er den ersten Unterricht in der Malerei erhalten, konnte ich nicht ermitteln. Er scheint ihr mit vielem Eifer obgelegen und zeitweise auch einen Kunsthandel betrieben zu haben; wenigstens ergiebt die noch vorhandene Correspondenz einen häufigen An - und Verkauf von Gemälden und Antiquitäten, die er zeitweise bei seinen Brüdern niederlegte.

Im Herbst 1674 trat er eine längere Kunstreise an. Sein Weg führte ihn über Straßburg, Ulm, Augsburg und Wien nach

Italien, wo er mindestens bis 1680, meist in Bologna und zeitweise in Venedig verweilte. Am 24. November 1678 schreibt er aus Bologna seinem Bruder Johann Roe, dieser möge an dem Erfolge seiner Kunst nicht zweifeln; er werde nichts unternehmen, was er nicht prästiren könne; Herrn Sandrarts Rath „wegen des Contrefaitens" sei zwar gut, allein mit diesem Studium habe es Zeit bis nichts Besseres zu thun sei; er gedenke sich zu befleißigen, jeder Anforderung genügen zu können und ganze wie halbe Figuren zu liefern „auf sein Antigue", und sei stets bereit, etwas von seinen Arbeiten klein oder groß, einzusenden. Worin diese Arbeiten bestanden, geht zwar aus der mir vorgelegenen Correspondenz nicht bestimmt hervor, doch scheinen sie der Historien- und Portraitmalerei angehört zu haben, obgleich er auch Landschaften gemalt hat. Aus einem früheren Briefe womit er seinem Bruder sein Portrait sendet, erhellet, daß Annibal Carracci sein Vorbild gewesen. Es finden sich auch Andeutungen, welche vermuthen lassen, daß er sich mitunter mit Steinschneiden beschäftigt habe.

Im Jahr 1681 finden wir den Künstler wieder in Frankfurt, von wo aus er verschiedene Kunstreisen, insbesondere nach Augsburg unternahm. Mit dem Thiermaler Joh. Heinrich Roos stand er in sehr freundschaftlichem Verhältnisse. Am 27. September 1683 schreibt er demselben aus Frankenthal, daß er seine Reise nach Augsburg vollendet und ihm den schönen Kupferstich, welcher zu den sechsen von Poussin gehöre, mitgebracht habe; nun hoffe er auch etwas Schönes von Roos zu erhalten, „damit sie weiter einander dienen könnten." Zugleich theilt er dem Freunde mit, daß er in Frankenthal bei Herrn Vaillant sich einlogirt habe und dort zu bleiben gedenke, „um etwas in Ruhe zu malen;" Roos möge ihm seine Gemälde, Zeichnungen, Kupferstiche und Skizzen, die er bei seinem Bruder in Frankfurt liegen habe, nach Frankenthal senden.

Mit italienischen Kunstfreunden und Händlern stand Franz Gegel auch während seines Aufenthalts in Frankenthal in häufigem Verkehr. In den Familienpapieren finden sich Rechnungen über Ankäufe von Gemmen u. dgl. aus dem Jahr 1685. Spätere Briefe von 1696 bis 1702 beurkunden seinen Aufenthalt in Düsseldorf, wo er sich im Jahr 1697 um eine Lehrstelle in der Geometrie und Perspektive, so wie im Zeichnen und „Crayoniren" bei der Akademie bewirbt; aber, wie es scheint, ohne Erfolg; denn im Herbste 1702 verließ er Düsseldorf in sehr mißlichen Umständen und starb im Sommer 1703 in Frankenthal oder Heidelberg.

Johann Friedrich Trescher

war Portraitmaler, über dessen Herkunft und Lebensverhältnisse nichts c. $\frac{1660}{1680}$.
bekannt ist. Er hat nach der Mitte des 17. Jahrhunderts die Bildnisse
verschiedener hiesigen hochgestellten Personen, namentlich des Schöffen
Joh. Adolph Kellner 1664, des Schultheißen Joh. Peter v. Stetten
1666, des Schöffen Joh. Hector v. Holzhausen 1668, sodann der
Pfarrer Conrad Schurt und Joh. Grambs gezeichnet, auch einige
andere gemalt, die von Phil. Kilian und Thelott gestochen wurden.
Hiernach ist auf des Künstlers längeren Aufenthalt in Frankfurt zu
schließen. Im Jahr 1682 stach auch J. Böner das von Trescher
gemalte Portrait des Dr. Sebastian Scheffer.

Hermann Boß,

ein sehr geschickter Portrait- und Historienmaler von Marburg, war $\frac{1479}{1701}$.
bei seiner Verheirathung mit der Wittwe des Canzlei-Substituten Hirt
am 24. April 1678 in das hiesige Bürgerrecht aufgenommen worden.
Er hatte sich nach van Dyk gebildet und besonders durch das schöne
Colorit seiner Portraite einen großen Ruf erlangt. Für das ehemalige Kloster Engelthal hat er mehrere vortreffliche Altarblätter
gemalt, die nun verschwunden sein werden. Die Kirche der Prämon-
stratenser-Abtei Ilbenstadt besaß deren nicht weniger, als neun. Eine
seiner bedeutendsten Arbeiten ist wohl das Altarblatt in der St. Catharinenkirche, Christus am Oelberg betend. Verschiedene Frescomalereien in dieser Kirche sind gleichfalls von seiner Hand, jetzt aber
theils überweißt, theils stark übermalt. Auch in den Sälen mehrerer
Privathäuser fand man ehemals von ihm schöne geschichtliche Decken-
gemälde, die aber wohl größtentheils der Zerstörung heimgefallen sind.
Im Jahr 1677 hatte Hermann Boß die Frescogemälde an dem diesseitigen Brückenthurm erneuert, was Hüsgen (S. 223) in den Irrthum verfallen ließ, unserem Künstler, weil Lersner II, 19 dessen
Namen unrichtig geschrieben, unter dem Namen N. N. Baß einen
Doppelgänger zu geben. Der Meister schrieb sich aber nicht Baß
und nicht Boos, sondern Boss, wie sein Bürgerrechtsgesuch und
alle von ihm gemalten, noch vorhandenen Portraite beweisen. Das
Senkenbergische Stift besitzt deren einige, die recht gelungen genannt werden können, namentlich das Portrait des Conrektors Anton
Itter vom Jahr 1685, wonach E. Nesselthaler einen Kupferstich
in Folio geliefert hat, und das einer unbekannten Dame von 1691,

15*

beide lebensgroße Bruſtbilder. Auf der Stadtbibliothek werden noch aufbewahrt das Portrait des Pfarrers Chriſtoph Mitternacht, gleichfalls von E. Neſſelthaler in Kupfer geſtochen, und ein zweites Portrait des Anton Itter.[1]

Hermann Boß wurde am 29. October 1701 zu Ilbenſtadt, als er gerade Chriſtus am Oelberg für die dortige Kloſterkirche malte, plötzlich vom Tode überraſcht. Der Prälat ließ aus Achtung für den Künſtler deſſen Namen auf das unvollendete Bild ſetzen und daſſelbe an dem Altar, wofür es beſtimmt geweſen, aufſtellen. Wann dieſer Meiſter geboren ward, vermochte ich nicht zu ermitteln.

Daniel Thülens,

1623/1711. in Frankfurt geboren am 16. Juli 1623 und geſtorben am 21. Juli 1711, wird von Hüsgen als einer der beſten hieſigen Portraitmaler genannt, welcher ſich Rembrandt zum Muſter genommen, mit einem kecken Pinſel ein ſchönes Licht und warmes Colorit verbunden habe und ſeinem Vorbilde ſehr nahe gekommen ſei. Dieſer Meiſter iſt, gleich den beiden vorhergenannten, mit den Malereien in der St. Catharinenkirche beſchäftigt geweſen, und hat auch mit Beifall Früchteſtücke und Vögel gemalt. Das Portrait des Seniors Phil. Jac. Spener von Thülens' Hand befindet ſich noch auf der Stadtbibliothek. Nach dieſem Künſtler haben Philipp Kilian, Elias Neſſelthaler, Andr. Reinhardt und L. Heckenauer geſtochen, der letztere namentlich 1684 das Portrait des Schöffen Georg Thilmann Grambs. Folio.

Als in den Jahren 1678 bis 1680 die St. Catharinenkirche neuerbaut wurde, haben noch einige andere, weniger bekannte Maler bei der inneren Ausſchmückung Beſchäftigung gefunden. Deßhalb verdanken die an den äußeren Brüſtungen der Emporkirchen angebrachten bibliſchen Hiſtorien ſehr ungleichen Händen ihre Entſtehung. Wenn auch dieſen Malereien kein erheblicher Kunſtwerth beigelegt werden kann, ſo machen ſie dennoch einen recht gemüthlichen und erfreulichen Eindruck, und dem eingeborenen Frankfurter bleibt es immerhin von Werth, die Namen der Urheber dieſer Bilder, welche ſchon im Knabenalter unſer Intereſſe erregt haben, nicht in Vergeſſenheit kommen zu laſſen. Es waren, außer den drei ſchon erwähnten Boß, Grambs und Thülens, die Maler Martin Schlöder, Johann Mel-

---

[1] Auf einem in Kupfer geſtochenen Portrait deſſelben Predigers in 8°. lieſt man „H. Boos jun. 1688;" ſollte dieſer ein Sohn des obigen ſein?

chior Benckert, Heinrich Furck[1]), Joh. Franz Willmer[1]) und Simon Häuslin.

Martin Schlöder hatte auch die Wappen und Inschriften an dem alten Barfüßer Thurm gemalt.

Die hiesigen Kirchenbücher geben noch von zwei andern Malern dieses Namens Kunde: Johann Friedrich und Joh. Gottfried Schlöder. Sie waren beide um 1700 oder 1701 hier geboren. Der erstere wurde am 10. März 1754, der andere am 21. November 1754 beerdigt. Wahrscheinlich waren sie die Söhne des Vorerwähnten. Ueber ihre Leistungen, die unerheblich sein dürften, vermag ich nichts zu berichten.

Von größerer Bedeutung ist ein anderer Künstler, welcher durch seinen Meisel sich selbst ein Denkmal in der St. Catharinenkirche gesetzt hat:

Johann Wolfgang Frölicher.

Es ist zu bedauern, daß dieser geschickte Mann von seinen Zeitgenossen sowohl, wie von den nachfolgenden Künstlerbiographen so gänzlich vergessen worden ist, daß es nicht möglich war, über seinen Lebensgang eine genügende Nachricht zu finden. Hüsgen gedenkt seiner zuerst, ohne nähere Auskunft zu geben. Ich vermag daher nicht zu bestimmen, wem er den ersten Unterricht zu verdanken und wo er seine weitere Ausbildung erlangt hat. Seine Einwanderung in Frankfurt fällt in das letzte Viertel des 17. Jahrhunderts. Am 27. April 1683 leistete er bei seiner Verheirathung mit einer Bürgerstochter den Bürgereid. Die Statuen am vormals v. Reineck'schen Hause in der Haasengasse und in verschiedenen Gärten vor der Stadt sind von seiner Hand. Sie zeugen von größerer Geschicklichkeit, als sonst von dergleichen Arbeiten erwartet wird. Auch für den alten Friedhof war sein Meisel thätig, wovon noch jetzt das v. Barkhaus'sche Marmor-Epitaphium links am Eingange einen Beleg liefert. Für die Deutschordens-Kirche zu Sachsenhausen schnitzte Frölicher in Holz einen Christus am Kreuze. In der Catharinenkirche sieht man viele Wappen und Epitaphien mit erhabenen bildlichen Darstellungen von seiner Hand. Sein Hauptwerk aber, dessen schon eingangs gedacht worden, die Engelgestalten und übrigen Figuren und Verzierungen in Marmor an Altar und Kanzel der Catharinenkirche, werden ihm,

c. 1680/1700.

---

[1]) Nicht Funck, wie Hüsgen angiebt, und auch nicht Willmar.

so wenig er sich auch von dem barocken Geschmack seiner Zeit frei=
zumachen wußte, stets zur Ehre gereichen.¹) Sein Ruf hatte sich auch
in die Ferne verbreitet; er wurde häufig zur Ausführung größerer
Bildhauerwerke nach außen berufen. So hat er das Modell zu dem
Hauptaltar im Dome zu Würzburg verfertigt; so finden wir ihn
gegen das Ende des Jahrhunderts zu Trier, wo er die Bildhauer=
arbeit am Hochaltar des Domes vollendet, aber auch sein thätiges
Leben beschlossen und in dem Kreuzgange der Kirche seine Ruhestätte
gefunden hat. Aus der lateinischen Grabschrift erfahren wir, daß
der Künstler am 24. Juni 1652 zu Solothurn in der Schweiz ge=
boren war und am 26. Juni 1700 in Trier gestorben ist. Sie
lautet im Geschmacke jener Zeit:

„Steh' Wanderer, und lies, wer unter diesem Grabstein verstorben, im
Himmel ewig lebend: Johann Wolfgang Frölicher, edler Bürger
aus Frankfurt a. M., mehrerer Durchlauchtigster Kurfürsten bewunderungs=
werther Bildner, ein anderer Praxiteles, merkwürdiger Dinge Erfinder, in
Deutschland hochberühmter Baukünstler, der das Göttliche in so sprechenden
Zügen aus dem Marmor hervortreten ließ, daß er dem todten Steine Leben
eingehaucht zu haben schien; aber noch künstlicher bildete er sein Gemüth
nach dem Muster der Tugenden und des katholischen Glaubens dieser wahr=
haft rechtgläubige, wahrhaft vollendete, zu Solothurn in der Schweiz am
24. Juni 1652 geborene Bildner. Allein er ward vom höchsten Baumeister
der Welten am 26. Juni 1700 in des Himmels Pallast abgerufen, die
Palmenkrone der vollendeten Meisterschaft zu empfangen." (Triers Ver=
gangenheit und Gegenwart von Th. v. Haupt, Trier 1822 S. 24.)

Hüsgen erzählt, daß ein niederländischer Bildhauer, Michael
van Fuhrt, welcher lange in Italien gewesen, später bei Wolf=
gang Frölicher gearbeitet und diesem über hundert Modelle in Thon
und Lindenholz angefertigt habe. Ihr Werth sei auf 500 Gulden
geschätzt gewesen; nach des Meisters Tod seien sie aber nach Mainz
gekommen und in öffentlicher Versteigerung zerstreut worden. Hüsgen
nennt unsern Meister: Frölich; ich glaubte aber den Namen so
wie er in dem Bürgerbuche und in der Grabschrift lautet, beizubehalten
zu müssen.²)

---

¹) An den Beiwerken der Bildhauerarbeiten in der Catharinenkirche sind
dem Meister die Bildhauer Albinus Gerber und Andreas Schmidtleith
behülflich gewesen.

²) Ein Andreas Frölich hat das Portrait des Stadtschultheißen Hieronymus Stalburger, welcher 1662 starb, sehr mittelmäßig, und das des Schöffen
Joh. Adolph Steffan v. Cronstetten etwas besser in Kupfer gestochen. Eben so
die Bildnisse der Königin Christine von Schweden im Lehnstuhl und des Je-
suiten Athanasius Kircher. Ob derselbe zu den hiesigen Künstlern gehört,
konnte ich nicht ermitteln.

Abraham Aubry,

ein Kupferstecher, von Oppenheim gebürtig, war zwar den größten Theil seines Lebens im Verein mit seinem Bruder Peter zu Straßburg für die Unternehmungen der Buchhändler thätig, hat aber auch zu Anfang der zweiten Hälfte des 17. Jahrhunderts einige Zeit hier in Frankfurt gewohnt und gearbeitet, wie verschiedene von Hüsgen angeführte Blätter besagen, auf denen Aubry sich selbst Kupferstecher zu Frankfurt nennt. Uebrigens hat sich dieser Meister durch sein Künstlertalent nicht besonders hervorgethan. Das Gleiche gilt von seinem Vetter

Johann Philipp Aubry,

der, ebenfalls in Oppenheim geboren, um die Mitte des 17. Jahrhunderts in Frankfurt für buchhändlerische Unternehmungen thätig gewesen, auch einen eigenen Kunstverlag unterhalten hat, aus dem u. a. die Portraite des Kurfürsten Johann Heinrich von Mainz und des Frankfurtischen Gesandten zum Westphälischen und Nürnberger Friedenscongreß, Zacharias Stenglin, hervorgegangen sind.

Ein anderer hiesiger Kupferstecher jener Zeit, von unverkennbarem Talent, das aber durch die Nothwendigkeit des täglichen Broderwerbs nicht zur Entwickelung gekommen, war

Christoph Metzger.

Er stach Portraite, hauptsächlich aber Darstellungen der Tagesereignisse, welche gerade das allgemeine Interesse erregten und am schnellsten Geld einbrachten, ebendeßhalb aber auch nicht auf künstlerische Inspiration und sorgfältige Ausarbeitung Anspruch machen konnten. Die Ungleichheit seiner Arbeiten rechtfertigen die Vermuthung, daß sein Grabstichel nur als Werkzeug fremder Speculation gedient habe. Er ist meistens rauh und plump; doch findet man auch bessere Arbeiten. Am gelungensten sind die architektonischen Partieen. Hüsgen verzeichnet die folgenden:

1. Sieben Blätter mit Kindern (Amoretten) in verschiedenen Stellungen, von 1650—1660. C. M. Fecit. Quer 8°.
2 42 Kupfer zur Fechtkunst von Jean Dan. l'Ange. Heidelberg 1664. 4°.
3. 6 Blätter zur Beschreibung des Leichenbegängnisses der Landgräfin Maria Elisabetha von Hessen-Darmstadt. 1665. Quer Folio.

4. Verschiedene das im Jahr 1671 hier stattgehabte Freischießen darstellende
Blätter. Folio.

5. Vorstellung der Freiheit der hiesigen Mainbrücke durch einen lebensgroßen
Arm, hinter dessen Hand ein Beil eingehauen ist, mit der warnenden In=
schrift: „Wer dieser Brücke Freyheit bricht, Dem wird sein
freveld Hand gericht." 1672.

6. Die große Leichenprocession des am 11. August 1677 in Frankfurt ver=
storbenen Landgrafen Georg Christian von Hessen=Homburg. Folio.

7. Die große Platte mit Wappen und Inschriften, welche 1678 in den Grund=
stein der St. Catharinenkirche gelegt wurde und wovon auch Abdrücke ge=
nommen worden sind. Gr. Folio.

8. Das Brustbild des großen Kurfürsten Friedrich Wilhelm von Branden=
burg nach Leygebe. Folio.

9. Das Brustbild des Stadtschultheißen Peter von Stetten.

10. Desgleichen des Pfarrers Michael Wiegand.

11. Desgleichen des Rechtsgelehrten Joh. Theodor Sprenger, bez. C. Metzger
del. et sec. 8°.

Ich wiederhole dieses Verzeichniß deßhalb, weil die Blätter zum
Theil ein gewisses historisches Interesse haben und ihrer, außer von
Hüsgen, nirgends gedacht wird. Einige davon findet man auf der
Stadtbibliothek in der Sammlung Frankfurter Ansichten.

Auf der oben unter 7 erwähnten Platte führt sich Metzger auch
unter den Malern auf, welche bei dem Baue der St. Catharinen=
kirche thätig gewesen sind; aber seine Thätigkeit hat sich wohl nur
auf jene Platte beschränkt. Ort und Zeit der Geburt und des Todes
dieses treuen Arbeiters konnte ich nicht ermitteln.

Johann Philipp Furich [1])

war der Sohn eines Kaufmanns aus Straßburg und muthmaßlich
dort um 1655 geboren. Am 25. August 1685 verheirathete er sich
in Frankfurt mit Johanna Franziska Heldevier aus Worms, vielleicht
einer Schwester der Frau des Joh. Matthäus v. Merian, ward aber
am 2. Mai 1735 Wittwer. Sein Tod findet sich in dem hiesigen
Kirchenbuche nicht eingetragen. Furich war, wie schon früher erwähnt
wurde, der seinem Meister am nächsten gekommene und deßhalb acht=
bare Schüler des Joh. Heinrich Roos. Gleich diesem malte er Por=
traite und Viehstücke, letztere oft so täuschend in der Manier seines
Meisters, daß sie für des letzteren Arbeiten ausgegeben wurden, ob=
wohl die Delicatesse dessen Pinsels von Furich niemals erreicht wor=
den ist. Es darf daher nicht auffallen, daß Bilder von Furich so

---

[1]) Nicht Fürich.

selten vorkommen. In der städtischen Sammlung befindet sich eine ihm zugeschriebene, aus Prehns Nachlaß stammende Felsengegend mit Wasser, Hirtin und Vieh. Das von ihm gemalte Portrait des Syndikus Glock wurde von C. C. Heiß in Kupfer gestochen. Das in Pastell gemalte Bildniß des de Spina, Commandanten von Dillenburg, in dem Senkenbergischen Stift, bez. Jurich 1721, und von Hüsgen dem älteren Jurich zugeschrieben, möchte ich eher für eine Arbeit des Sohnes halten. Dieser

Remigius Jurich

war am 2. December 1688 hier getauft worden, verheirathete sich am 17. September 1715 mit Elisabetha Begereissen und starb am 8. Februar 1724. Remigius war, wie sein Vater und dessen Lehrmeister, der reformirten Confession zugethan und hatte nur den hiesigen Beisassenschutz erlangt. Auch er hatte die Malerei zu seinem Lebensberuf erwählt; aber über seine Leistungen ist nichts bekannt.

Johann Nikolaus Goßner

blühte um 1670 zu Frankfurt als Landschaftmaler, dessen Pinsel die Natur in den verschiedenen Jahreszeiten und Effecten sehr treu und fleißig in Wasserfarben darzustellen wußte. Schon Sandrart erwähnt seiner mit vielem Lobe. Goßner malte seine Bilder meistens auf Pergament. Er war an verschiedenen Höfen, namentlich in Wien, Dresden, Cassel und Anspach beschäftigt, wo man seine Arbeiten sehr schätzte. Zugleich soll er ein wissenschaftlich gebildeter Mann gewesen sein.

Johann Philipp Thelott, der ältere,

Goldschmied und Kupferstecher von Augsburg, hat in der zweiten Hälfte des 17. Jahrhunderts so viele Frankfurter Portraite nach Frankfurter Malern gestochen, daß mit einigem Grunde anzunehmen ist, derselbe habe, gleich wie in anderen Städten, so auch in Frankfurt zeitweise gearbeitet. Ich erwähne nur die von J. P. Thelott gestochenen Portraite des Vincenz Steinmayer, Achil Sigismund v. Glauburg, Joh. Philipp und Joh. Adolph v. Kellner, Phil. Christoph Ulfstaymer, Hieronymus Peter v. Stetten, Ogier Christoph Völker, Conrad Stein, Melchior Balth. Kupferschmied, der Pfarrer Joh. Georg Büttner,

Bernhard Walbschmibt, Christian Gerlach und der Maria Elisabetha Moscherosch[1]), nach Johann Heinrich Roos, Johann Valentin Grambs, F. Trescher u. A.

Sigmund Leonhard Hirschmann

1671. arbeitete in der zweiten Hälfte des 17. Jahrhunderts hier in Frankfurt als Kupferstecher. Unter andern stach er das Portrait des Med. Dr. Straus mit der Unterschrift: Hirschmann sc. 1671. Er gehört höchst wahrscheinlich zu der zahlreichen Nürnberger Künstlerfamilie dieses Namens und hat sich wohl nur vorübergehend in Frankfurt aufgehalten.

Peter Soriau,

c. 1675. der Sohn des Architekten und Malers Daniel Soriau zu Hanau, des ersten Zeichenlehrers Joachims v. Sandrart, hatte sich in Frankfurt häuslich niedergelassen. Er malte um 1675 Portraite, Blumen und Früchte, besonders aber soll er das todte Geflügel sehr naturgetreu nachgebildet haben. In dem Verzeichniß der im Jahr 1827 ausgestellt gewesenen Gemälde Frankfurter Künstler wird unter No. 81 ein Korb mit Früchten auf Holz gemalt, 8¼" h., 10¾" br., dem Peter Soriau zugeschrieben. Dieses Stück gehörte damals zur Prehn'schen Sammlung, worin ich es jetzt nicht mehr finde.

Martin Hailler

arbeitete gleichzeitig mit Soriau als Kupferstecher für buchhändlerische Unternehmungen in Frankfurt. Unter andern stach er die Titelblätter zu Philothei Symbola Christiana und zu Jac. Maseny S. I. Concionatoris Antiquo-Novi; auch ein Werkchen in gr. 4°. und ein anderes in II. 8°. mit allerlei Trachten, das erstere mit französischen Reimen; ferner die Portraite des im Jahr 1678 verstorbenen Daniel zum Jungen und des Arztes M. Tilingius. Der Künstler pflegte seine Blätter M. Hailler sc. Francofurti oder à Frfort. zu bezeichnen. Ueber dessen Geburt und Tod fehlen die Nachrichten.

---

[1]) Nagler schreibt dieses nach Pfannstil gestochene Portrait des Vincenz Steinmayer irrthümlich dem jüngsten Johann Philipp Thelott zu.

Anna Margaretha Martinengo

war die Tochter eines hier eingebürgert gewesenen italienischen Gold- c. $\frac{1630}{1721.}$
brahtziehers, etwa um 1630 hier geboren. Da sie der Confession
ihrer lutherischen Mutter gefolgt war, so wurde sie am 10. October
1698 in das evangelische Frauenkloster zu St. Catharinen aufgenom=
men, worin sie bis an ihren um 1721 erfolgten Tod gelebt hat.
Anna Martinengo malte Blumen mit Insekten in Wasserfarben auf
Pergament. Ihre Blumenstücke sind gut geordnet, die Blätter zart,
durchsichtig, von natürlicher Färbung und überhaupt meisterlich behandelt. Sie pflegte ihre Gemälde oft mit den Anfangsbuchstaben
ihres Namens A. M. M. und der Jahrzahl zu bezeichnen. Hüsgen
sah dergleichen von 1684.

Conrad Unsin [1]

galt für einen nicht ungeschickten Frescomaler, dessen Pinsel die äuße- c. $\frac{1660}{1717.}$
ren Façaden der Häuser mit allerlei Verzierungen und auch im
Innern die Zimmer mit historischen Malereien ausschmückte, wovon
freilich jetzt kaum mehr eine Spur zu finden ist. Während der neuesten baulichen Veränderungen in dem Hause zum Braunfels (1859)
kamen in einem der unteren Räume rechts vom Portal nach dem
Liebfrauenberg hin noch verschiedene wenig erkennbare Fragmente
solcher Malereien zum Vorschein, die der Hand des Meisters Unsin
im Jahr 1695 ihre Entstehung verdankten. Die größere Wand war
von zwei Segmentbogen eingenommen, deren vertiefte Flächen die
Bilder trugen. Das erste, der Straße zunächst liegende, stellte die
heil. drei Könige vor, mit ihren Geschenken einen Fluß durchschreitend, während ein Krokodil gegen sie auffährt, das sich aber respekt-
voll vor einem Engel, der es mit dem Räucherfasse empfängt, zurück-
zieht. Auffallend waren die in der Landschaft angebrachten Pappel-
alleen. Das zweite Bild stellt mehrere Reiter dar, worunter einer
auf einem Schimmel; allein das Motiv war nicht mehr vollständig
zu erkennen. Auf den Pfeilern zwischen den Bogen sah man kolossale
Kaiserbilder in Rüstungen. Ueber dem zunächst am Fenster stehenden
hielten zwei schwebende Genien eine goldene Krone. Die Ausführung

---

[1] So ist der Name in dem Kirchenbuche geschrieben. Lersner nennt ihn
Using, und Passavant in einer Mittheilung über den Kaisersaal in der Ober-
postamtszeitung von 1839: Unsing.

dieſer Fresken war ſorgfältig mit ſehr entwickelter Technik in brillian-
ten gutgewählten Farben. Nachdem jetzt alle dieſe Malereien übertüncht ſind, mag die vorſtehende auf der Mittheilung des Herrn
Reiffenſtein und auf eigener Anſchauung beruhende Beſchreibung immerhin einiges hiſtoriſche Intereſſe behalten.

Unſin wurde nach Lersners Zeugniß im Jahr 1709 mit der
Reſtauration der Malereien am Brückenthurm betraut, und wie ſich
aus den ſtädtiſchen Rechnungsbüchern ergiebt, 1711 zur Ausſchmückung
der Niſchen des Kaiſerſaales mit den Büſten der Kaiſer verwendet.
An dieſen iſt freilich keine große Kunſt verſchwendet, auch haben ſie
durch Fuetſchers und Schulze's Reſtauration (1827) an Kunſtwerth
nichts gewonnen, ſo daß ihre Verdeckung durch die neuen, lebensgroßen Kaiſerbilder nicht zu beklagen iſt; aber man bedenke auf der
andern Seite, daß der ganze Koſtenaufwand, einſchließlich der Weißbenderarbeit, im Jahr 1711 nicht mehr als 500 Gulden betragen hatte.

Conrad Unſin war hier um 1660 geboren und ſtarb am
8. September 1717.

Johann Wolfgang Roſchach,

c. 1690/1730. um 1664 am Bodenſee geboren, war frühe nach Frankfurt gekommen,
wo er ſich nach den Werken des Abraham Mignon in der Malerei
auszubilden ſuchte. Seine Blumen- und Früchteſtücke ſind mit vieler
Freiheit behandelt, aber meiſtens überladen und nicht ſo geſchmackvoll
angeordnet wie es Mignon verſtanden hat. In der St. Leonhardskirche ſah man vormals eine Kreuzigung Chriſti, um welche Roſchach
1727 einen Blumenkranz gemalt hatte. Das Bild iſt in der Zeit
von 1794 bis 1808, während welcher die Kirche als Magazin und
als Caſerne für die preußiſchen Kriegsgefangenen dienen mußte, ver-
ſchwunden. In gleicher Weiſe ſchmückte der Meiſter die lebensgroßen
Bruſtbilder von Chriſtus und Maria auf beiden Seiten der Orgel
in der Liebfrauenkirche mit Blumenkränzen. Sie ſind bezeichnet: J. W.
Roschach p. 1709. Henr. Haberkorn-Schol posuit in memoriam
Matris-Sororis. Der Meiſter ſtarb 1730 und fand am 22. Auguſt
ſeine Grabſtätte in der St. Leonhardskirche. Sein Sohn

Johann Sebaſtian Roſchach,

im Jahr 1697 geboren, arbeitete im Fache ſeines Vaters, doch nicht
mit der gleichen Geſchicklichkeit. Am 6. Juli 1734 wurde auch er

in der St. Leonhardskirche in der Nähe seines Vaters zur Erde
bestattet.

Jacob Christoph Le Blon,

höchst wahrscheinlich ein Verwandter des Michael Le Blon, wurde im 1667 1741.
Mai 1667 in Frankfurt geboren und am 23. desselben Monats getauft.[1]) Nach dieser auf das Kirchenbuch gegründeten Angabe ist die
bisherige, auch noch in des Grafen Leon de Laborde Geschichte der
Schwarzkunst wiederholte Annahme, daß Le Blon 1670 geboren sei,
zu berichtigen. Sein Vater war der Buchhändler Christoph Le Blon.
Den ersten Unterricht genoß er bei C. Meyer in Zürich. Nagler
giebt ihm, gestützt auf Fueßli, auch den Abr. Bosse zum Lehrer;
allein dieser ist schon 1678 gestorben. Wir finden ihn 1696 und
1697 in Rom, wo er nach C. Maratti studirte und, wie Descamps
berichtet, für den Grafen Martinez gemalt haben soll. Wenn dieser
Schriftsteller des Künstlers Aufenthalt zu Rom in die Jahre 1716
und 1717 verlegt, so muß in dieser Beziehung, wie schon Hüsgen
bemerkt, irgend ein Irrthum, vielleicht ein Druckfehler, obwalten; denn
Le Blon hatte Rom schon viel früher verlassen; v. Uffenbach besuchte
denselben 1711 in Amsterdam (vergl. dessen Reisen Th. 3 S. 534).
Hüsgen vermuthet, daß Descamps vielleicht die Jahre 1706 und
1707 im Sinne gehabt habe; jedenfalls dürfte sich des Künstlers
Aufenthalt in Italien bis in den Anfang des 18. Jahrhunderts er-
streckt haben. De Laborde läßt ihn schon 1704 in Amsterdam arbeiten.

In Rom lag Le Blon der Miniaturmalerei, mehr aber noch
den gesellschaftlichen Zerstreuungen ob. Um ihn diesen, seinem Fortschritte nachtheiligen Verhältnissen zu entziehen, beredete ihn sein Freund
Bonaventura Overbeck, ihm nach Holland zu folgen, indem er sich zugleich zur Bestreitung der Reisekosten erbot. In Amsterdam malte
er sehr feine Miniaturen für Armbänder und Dosen, so kräftig in
der Farbe, wie Oelgemälde. Allein diese seine Augen allzusehr an-
greifende Beschäftigung, wobei er sich der Lupe bediente, nöthigte ihn
später, zur Oelmalerei überzugehen, was ihm nicht minder gelang.
Aus dieser Zeit stammen zwei Kabinetstücke des Meisters: die schlafende, von einem Satyr belauschte Nymphe und: Diana mit dem
Bogen, beide 1′ 2″ hoch und 11″ breit. Man sah sie ehemals in

---

[1]) Manche Schriftsteller machen aus unserem Künstler einen Franzosen,
Walpole-Vertue einen Flamänder und Gandellini einen Engländer.

der kurfürstlichen Gallerie zu Cassel, findet sie aber in den neueren Katalogen nicht mehr verzeichnet. Ferner ein gekreuzigter Christus und andere Oelbilder, deren v. Uffenbach in seinem Reisewerk gedenkt. Le Blon war eine sehr unruhige, wandelbare Künstlernatur von geringer Ausdauer. Sein lebhafter Geist suchte stets nach neuer Be= schäftigung. Um auf raschere Art Gemälde zu erzielen, ersann er die Kunst des Farbendrucks d. h. Kupferstiche in Schabmanier mittelst dreier gleicher Platten mit drei Farben (blau, gelb und roth) so zu drucken, daß sie gewissermaßen Gemälde darstellen. Zuweilen wurde dabei noch eine vierte Platte mit braun verwendet. Schon in Amsterdam und später im Haag hatte er damit Versuche gemacht, die zwar großes Aufsehen erregten und mit 300—400 Gulden das Blatt bezahlt wurden, aber den Künstler im Ganzen doch wenig för= derten, da die Arbeit zu langsam von Statten ging und ihm über= dies die Betriebsmittel fehlten. Der Verlust seiner Frau und seines Kindes im Jahr 1715, beschleunigte, nachdem er auch in Paris die gehoffte Unterstützung nicht gefunden hatte, um 1720 seine Uebersie= delung nach London. Hier erst gelang es ihm durch seine ihm zu Gebot stehende Ueberredungsgabe, für seine schöne Erfindung mehrere Kunstfreunde zu interessiren, die sich unter der Leitung des Obersten G h zu einer Art Actiengesellschaft vereinigten, um das Unternehmen fruchtbringend zu machen. Le Blon veröffentlichte selbst im Jahr 1722 eine kleine Schrift in englischer und französischer Sprache über den Farbendruck, die er dem Lord Robert Walpole widmete. Sie führt den Titel: Il colorito, ou l'harmonie du colorit dans la peinture, reduite à des principes infaillibles et à pratique mécanique, avec figures pour en faciliter l'intelligence. Par J. C. Le Blon. Nach seinem Tode veranstaltete sein Schüler Gautier de Mont d'Orge in Paris eine neue Ausgabe unter dem Titel: l'Art d'imprimer les tableaux, 1756.

Anfangs ging das Unternehmen vortrefflich; die Actien stiegen von 10 auf 25 Pf. Sterlinge. Le Blon, hoch geehrt, empfing die Besuche der höchsten Herrschaften. Die von der Gesellschaft veröffent= lichten Portraite in Lebensgröße nach Gemälden der ersten Meister fanden allgemeinen Beifall; aber dennoch vermochte sie nicht, die großen Kosten der Herstellung und gleichzeitig die Bedürfnisse des regellosen Lebens, dem sich der Künstler leichtsinnig ergeben hatte, zu erschwingen. Man nahm zum fabrikmäßigen Betrieb seine Zu= flucht, gab sich zu allerlei, der Kunst ferne liegenden Publicationen her, z. B. der Geschlechtstheile des Menschen, die Drucke wurden schwächer und zuletzt unverkäuflich; das Unternehmen gerieth in's Stocken und mußte seine Insolvenz erklären.

Le Blon wandte sich wieder zur Oelmalerei, entwarf aber daneben in seinem unruhigen Geiste allerlei neue Projecte, zu deren Ausbeutung seine Mundfertigkeit wieder eine Gesellschaft vereinigt hatte; aber auch sie mußte sich banquerot erklären und Le Blon war 1732 genöthigt, London als Flüchtling zu verlassen. Er kehrte für einige Zeit nach dem Haag, dann nach Paris zurück. Hier fand er jetzt mehr Nachfrage nach den unterdessen bekannter gewordenen, in der That vortrefflichen, Erzeugnissen der neuen Erfindung. Er sah sich veranlaßt, sein Druckgeschäft nochmals einzurichten, wozu ihm sogar am 12. November 1737 und 1. April 1738 ein förmliches Privilegium auf zwanzig Jahre ertheilt wurde.

Seine Arbeiten wurden hochgeschätzt. In Dresden, wohin der Künstler durch seinen Freund Heinelen die schönsten Abdrücke hatte gelangen lassen, wurden sie als Merkwürdigkeiten in der kurfürstlichen Gallerie unter Glas und Rahmen gezeigt. Das ganze höchst seltene Werk[1] Le Blons besteht, abgesehen von verschiedenen anatomischen Illustrationen, aus 33 oder 34 Kunstblättern, die man in Heinelens Dictionnaire des Artistes und in Hüßgens Magazin verzeichnet findet. Der letztere scheint das meisterlich in Lebensgröße ausgeführte Gürtelbild van Dyks, nach diesem selbst, nicht gekannt zu haben. Dasselbe wurde 1859 in der Weigel'schen Kunstauction zu Leipzig mit 55 Thlrn., die heil. Catharina mit 49 Thlrn. und die heil. Magdalena mit 24 Thlrn. bezahlt.

Während des Ringens nach Erfolg war der Künstler alt geworden, ohne die gehofften Früchte seiner lebenslänglichen Mühen geerntet zu haben. Er starb 1741 zu Paris in Armuth, angeblich im Hospital, was wohl nur figürlich zu verstehen ist.

Einige interessante Einzelheiten aus dem Leben dieses merkwürdigen Mannes giebt Sylvan Bailly in seinen »Oeuvres posthumes.« Er soll mehrere Schüler hinterlassen haben, die jedoch in der neuen Kunst nicht den Fortschritt erzielten, der dem 19. Jahrhundert mit zweifelhaftem Erfolge vorbehalten war. Die Technik des Farbendrucks, worin namentlich hier in Frankfurt von der C. Naumann'schen Druckerei und von Herrn Karl Kruthoffer Ausgezeich-

---

[1] Die meisten Blätter findet man in der Dresdener Gallerie. Das Städel'sche Kunstinstitut besitzt mehrere, das Kupferstichkabinet der kaiserlichen Bibliothek in Paris nur ein einziges Blatt.

netes geleistet wird, hat sich offenbar vervollkommnet, aber Le Blons Kunst ist noch nicht überholt.

Michael Petschmann

c. 1680. war um 1680 ein geschickter hiesiger Goldarbeiter und Emailmaler. Hüsgen sah von ihm schöne kleine Portraite in Email, die vielen Beifall fanden. Auch Petschmanns beide Söhne sollen ähnliche vorzügliche Emailverzierungen auf Kannen und Tassen von Porcellan mit mythologischen Vorstellungen verfertigt haben. Diese würden demnach zu den ältesten Proben der Porcellanmalerei gehören. Es ist zu bedauern, daß die Künstler dieses Faches höchst selten ihre Werke mit dem Namen bezeichnet und dadurch sich selbst der Vergessenheit überliefert haben. Um dieselbe Zeit hat

Nikolaus Häublin

in Frankfurt und Leipzig den Grabstichel geführt, wie namentlich verschiedene Portraite nach Grambs und G. Strauch, und ein großer Prospekt der Stadt Hanau bekunden. Häublin ahmte zuweilen nicht sehr glücklich die Manier des Claude Mellan nach. Er war überhaupt ein höchst mittelmäßiger Stecher. Ein Maler

Carolus von Bremen

1681. aus Brabant beschloß am 20. November 1681 in Frankfurt sein Leben. Hüsgen vermuthet nicht mit Unrecht, daß dieser Künstler einer der vielen reisenden Portraitmaler gewesen, deren Erwerb durch ein unstätes Leben bedingt ist.

Am Schlusse dieses Jahrhunderts bis in den Anfang des folgenden machten sich noch einige geschickte Wappen- und Steinschneider bemerkbar. Der älteste derselben

Johann Georg Bidel,

wurde 1680 in die Innung der hiesigen Gold- und Silberarbeiter, zu welcher damals die Wappenschneider gehörten, aufgenommen. Seine Kunst hatte ihm einen ehrenvollen Ruf erworben. Im Januar 1704 wurde er Wittwer und schritt schon im April desselben Jahres zur zweiten Ehe. Er war 1651 zu Heilbronn geboren und ist am 2. August 1725 gestorben.

Gleichzeitig mit ihm und den folgenden arbeitete der von Cassel gebürtige Medailleur

Johann Helfrich Riese.

Am 19. October 1683 trat er in die Innung der hiesigen Gold-arbeiter. Bei seinem eigenhändigen Namens-Eintrag in dem Meister-buche befindet sich eine kleine, später beigefügte, äußerst feine Feder-zeichnung, einen geharnischten Ritter mit seinem Wappenschild dar-stellend, bez. J. H. Riese 1711. Seine Arbeiten in Metall und edlen Steinen waren so geschätzt, daß er von allen deutschen Höfen Aufträge erhielt und selbst der Pabst sein Wappen von dessen Hand verfertigen ließ. Wer in Frankfurt zur vornehmen Welt zählte, mußte einen Ring von Riese am Finger tragen. Sein und seiner Frau Doppelportrait, von Anna Maria Braun 1705 kunstreich in Wachs bossirt, wird noch in dem Senkenbergischen Stift aufbewahrt. Sein Sohn und Schüler

Matthias Riese,

im Juni 1685 hier geboren, hatte in Gesellschaft des jüngeren Peter Boy Rom besucht, daselbst fleißig nach Antiken gezeichnet und nach seiner Heimkehr hier seinen Wohnsitz genommen. Er schnitt nicht nur, wie sein Vater Wappen, sondern auch vertiefte Köpfe und Fi-guren so vortrefflich in Stein, daß ihm in dieser Kunst kaum ein Zeitgenosse gleichkam. Hüsgen erwähnt eines besonders schönen, sehr tief in Carneol geschnittenen Bachuskopfes en Face von der Hand unseres Meisters, dessen größtes und vorzüglichstes Werk aber das in einen Carneol von der Größe eines Thalers geschnittene sehr ähn-liche Doppelbild des Kurfürsten Johann Wilhelm von der Pfalz und dessen Gemahlin gewesen sein soll, womit er zu Düsseldorf große Ehre und Belohnung erwarb.

Die Abdrücke der Arbeiten dieser beiden Künstler wurden von andern Steinschneidern begierig gesucht, aber von jenen zurückgehalten. Erst nach dem im October 1743, nicht wie Hüsgen angiebt 1738, plötzlich erfolgten Tode des jüngeren Riese wurden seine Abdrücke durch öffentliche Versteigerung zerstreut. Er war unvermählt ge-blieben.

Johann Bernhard Schwarzeburger

war am 4. Juni 1672 hier in Armuth geboren. Ursprünglich hatte er die Bildhauerkunst erlernt und betrieben, später aber, veranlaßt durch den Umgang mit Joh. Benedict und Sebastian Heß, und unter deren Anleitung sich als Edelsteinschneider ausgebildet. Er schnitt sehr geschickt nach antiken Vorbildern Köpfe und kleine Figuren halb und ganz erhaben, wobei er von seinen drei Söhnen:

Franz, geboren um 1699, gest. im November 1735,
Valentin, geboren um 1704, gest. im April 1732,
Adolph, geboren um 1714, gest. im März 1738,

kräftig unterstützt wurde. Sie schnitten nur Cameen, keine Intaglien, aber auch ganz freistehende Figuren, namentlich eine kleine Reiter= statue des Kurfürsten August des Starken, welcher sie, nachdem das Pferd nach einer von dem Fürsten selbst entworfenen Zeichnung ab= geändert war, im Jahr 1713 für das grüne Gewölbe erwarb. Der frühe Tod seiner drei Söhne, den der Vater dem unvorsichtigen Einathmen des Diamantstaubes und Smirgels zuschrieb, war ihm in dem Betrieb seiner Kunst sehr hinderlich, da gerade die Söhne die bedeutenderen Arbeiten auszuführen pflegten.

Aus des älteren Schwarzeburgers früherer Zeit, als er noch der Bildhauerei oblag, stammten die von dem Fürsten von Thurn und Taxis gestifteten, aber bei der jüngsten Restauration beseitigten Fi= guren in den mittleren Nischen der Altäre zu beiden Seiten des Chors im Dome; ferner die Figuren und übrigen Schnitzarbeiten an dem 1725 erbauten Hochaltar der vormaligen, jetzt zu profanen Zwecken verwendeten Dominikanerkirche und endlich das noch sicht= bare Marienbild am äußeren Eck des Deutschen Hauses nach der Brücke hin.

Johann Bernhard Schwarzeburger beschloß sein Leben im Juli 1741 und wurde neben seinen vorangegangenen Söhnen bei den Do= minikanern beerdigt.

Sein Bruder galt für einen geschickten Portraitmaler.

Zeit= und Kunstgenosse der Familie Schwarzeburger und mit ihr befreundet war

Johann Georg Schutz,

von dem jedoch nur bekannt ist, daß er um 1731 als Steinschneider in Frankfurt gearbeitet hat.

Das achtzehnte und neunzehnte Jahrhundert.

Der in dem letzten Viertel des 17. Jahrhunderts bemerkbar gewesene allgemeine Rückschritt der Kunst setzte sich während des folgenden achtzehnten in progressivem Verhältnisse fort. Die zunehmende Dunkelheit wurde, wie in ganz Deutschland, so auch in Frankfurt nur sparsam durch wenige bescheidene Lichter erhellt. In dieser betrübten Zeit vermittelt

die Familie Boy,

theilweise noch dem 17. Jahrhundert angehörend, einen erfreulichen Uebergang in das achtzehnte. Sie stammt von Lübeck, wo der Vater des Ahnherrn unseres hiesigen Zweiges, Joachim Boy, Schiffs=capitain, f. Z. eine gewisse Sorte Thee zuerst nach Europa gebracht haben soll, die nach ihm Thee=Boy genannt wurde. Sein Sohn

Peter Boy, der ältere,

ein sehr geschickter Goldarbeiter und ausgezeichneter Miniatur= und Emailmaler, war um 1645 bis 1648 zu Lübeck geboren. Nachdem er vorher schon längere Zeit hier gearbeitet hatte, gelangte er bei seiner Verheirathung mit der Tochter des Juweliers Wilhelm von den Popelieren im August 1675 in das hiesige Bürgerrecht. Obgleich auch ein geübter Portraitmaler in Oel und Pastell, gab er doch der Schmelzmalerei den Vorzug. Hierin lieferte er auf kleinen Gold= und Kupferplättchen die vorzüglichsten Emailportraite, woran die feste Zeichnung, der markige und doch delicate Pinsel, die genaue Kenntniß und Berechnung der Wirkung der Farben, der außerordentliche Fleiß und die große Aehnlichkeit Bewunderung verdienen. Herr Rath Finger besitzt in seinem mit eben so viel Kenntniß, als Geschmack gesammelten Gemäldekabinet die Portraite der beiden hiesigen Pfarrer Johann Balthasar Ritter, Vater und Sohn, beide nach der auf der Kehrseite eingebrannten Inschriften im Jahr 1673 gemalt. Diese

margin: $\frac{1675}{1727.}$

16*

vortrefflichen Emaillen in der Größe eines 24 Kreuzerstücks werden dem älteren Peter Boy zugeschrieben. Sein bedeutendstes Werk war aber jedenfalls eine Monstranz für die Domkirche zu Trier. Hüsgen beschreibt dieses Meisterstück der Goldschmied- und Emaillirkunst nach der ihm vorgelegenen Originalzeichnung und den Patronen, wie folgt: „Das Ganze ist 2½' hoch und von massivem Golde. Auf der hohlen Kumpe oder dem unteren Fußgestell sieht man die vier Evangelisten in schön getriebener Arbeit und dazwischen jedesmal eine runde emaillirte Platte, worauf das Leben der Maria vorgestellt ist. In der Mitte derselben steht aufrecht die schöne neun Zoll hohe Figur des Erzvaters Abraham, der mit seinen Armen einen Stamm umwindet, welcher aufsteigend bis nach der Mitte, die Monstranz mit seinen Aesten umschlingt, und auf dem in vierzig ovalen emaillirten Plätt-chen das ganze Geschlechtsregister von Abraham bis auf Joseph und darunter, anstatt des Boas, des Künstlers eigenes Bild zu sehen ist. Unter dem Cristall oder der Durchsicht bemerkt man die getriebenen Brustbilder von Joseph und Maria, über deren Häuptern ein halber Mond steht, worauf die Hostie ruht; darüber in erhabener Arbeit die heilige Dreifaltigkeit in den Wolken schwebend. Wo es der Geschmack erlaubt hat, sind viele kostbare Juwelen angebracht, die aber, un-geachtet ihres großen Werthes und Glanzes, das Kennerauge von der Bewunderung des Kunstwerks selbst nicht abzuziehen vermögen."

Der vortreffliche Meister erwarb sich durch seine Kunstarbeiten so allgemeine Achtung, daß ihn der Kurfürst Johann Wilhelm von der Pfalz als Kabinets-Emailmaler und Inspektor der berühmten Gemälbegallerie nach Düsseldorf berief. Unter Beibehaltung seines hiesigen Bürgerrechts folgte Peter Boy diesem ehrenvollen Ruf, um neben seiner künstlerischen Thätigkeit auch dem neuen amtlichen Wir-kungskreise bis zu seinem am 20. März 1727 zu Düsseldorf erfolgten Tode gewissenhaft obzuliegen. Der Kurfürst ließ dem Künstler in der lutherischen Kirche eine Grabstätte mit einem Denkmal in Mar-mor errichten.[1]

---

[1] In den Nachrichten von Frankfurter Künstlern gab Hüsgen das Jahr 1727 als das Sterbejahr des älteren P. Boy an, änderte es aber nach einem in den Frankfurter Beiträgen von 1781 S. 197 erhobenen einfachen Widerspruch, im Artist. Magazin ohne Angabe des Grundes in 1717 ab. Indessen finde ich in dem Stamm- und Meisterbuche der hiesigen Gold- und Silberarbeiter von der Hand des jüngeren P. Boy dennoch 1727 als Todesjahr seines Vaters angegeben, glaube deßhalb dem Zeugniß des Sohnes folgen zu müssen.

Nach dem Tode seiner ersten Frau war Peter Boy am 12. Ja=
nuar 1699 zur zweiten Ehe geschritten. Aus der ersten Ehe sind
sieben und aus der zweiten vier Kinder hervorgegangen.

Sein Portrait in Oel und in Miniatur besaß die Familie noch
in den achtziger Jahren des vorigen Jahrhunderts. Nach dem Mi=
niaturbilde hat J. M. Zell dasselbe für die „Frankfurter Bei=
träge" recht schön radirt.

Hüsgen verzeichnet die folgenden nach Peter Boy sen. gestochene
Portraite:

1. Obrist Moß, 1684, von C. Heinßelmann.
2. Pfarrer Joh. Daniel Arcularius, von Philipp Kilian.
3. Pfarrer Joh. von den Popelieren, von Bartholomäus Kilian.
4. Ein Unbekannter, mit historischem Beiwerk und der Unterschrift: Peter de
Boy effigiem pinx. 1689, J. Bothschild caetera. L. Heckenauer sc.

Peter Boy, der jüngere,

des Vorgenannten Sohn erster Ehe, hier geboren am 13. Novem= $\frac{1681}{1742}$
ber 1681,[1] und gestorben am 28. Mai 1742, wurde von dem Va=
ter unterrichtet, machte hierauf in Gesellschaft des Edelsteinschneiders
M. Riese eine Reise nach Rom, wo beide in die Schilderbent aufgenom=
men wurden, und ließ sich dann 1709 in der Vaterstadt als Goldar=
beiter und Emailmaler häuslich nieder. Obgleich geschickt, ist er dennoch
seinem Vater nicht gleich gekommen. In dem Meisterbuche der hie=
sigen Gold= und Silberarbeiter, welches 1534 beginnt und manches
Interessante enthält, sieht man S. 365 von diesem jüngeren Peter
Boy ein sehr fleißig auf Pergament gemaltes Miniaturportrait mit
seinem Namen und der Jahrzahl 1738. Man findet auch Feder=
zeichnungen von demselben, die jedoch Jugendarbeiten zu sein scheinen.
Eine solche Landschaft in rundem Format, nach de la Bella, worin
zwei Reiter gegen den Sturmwind kämpfen, ist bez. Peter Boy 1696,
3. Januar.

Heinrich Boy,

vielleicht ein Bruder des Vorgenannten, wurde im April 1728 als
Goldarbeiter in die Innung aufgenommen. Ein Weiteres ist über
ihn nicht bekannt.

---

[1] Nagler hat das Geburtsjahr des jüngeren Peter Boy, sowie die Geburts=
und Todesjahre mancher andern hiesigen Künstler unrichtig angegeben, weil er sich
nach Hüsgens ersten Nachrichten von Frankfurter Künstlern richtete, die
in der zweiten Auflage (Artist. Magazin) viele Verbesserungen erfahren haben.

Agathe Boy,

höchst wahrscheinlich eine Tochter des älteren Peter Boy, war Blumen-
und Portraitmalerin. Hülsgen sah ein lebensgroßes Frauen-Brustbild,
grau in Grau gemalt, von einem farbigen Blumenkranz umgeben,
unter dem eine todte Ente neben einer Flinte liegt. „Das Ganze ist
gut in Licht und Schatten gehalten, meisterhaft und fleißig gemalt;
besonders weich und natürlich sind die Blumen." Das Bild war
„Agathe Boy 1733" bezeichnet.

Aus der zweiten Ehe des älteren Peter Boy entsprossen ist

Gottfried Boy,

ein geschickter Portraitmaler, geb. 20. Mai 1701. Er starb als
königlicher Hofmaler in Hannover. Nagler nennt ihn irrig den älteren Sohn des Peter Boy sen.

Karl Gottfried Boy,

der Sohn des jüngeren Peter Boy, im März 1717 hier geboren,
und im Juni 1780 gestorben, war gleichfalls Goldarbeiter und Emailmaler, hat aber seine Vorgänger bei Weitem nicht erreicht. Zuweilen
malte er auch in Aquarell; u. a. sah ich in dieser Weise mehrere
junge Küchlein, mit seinem Namen bezeichnet. Man findet sein Portrait in Kupfer geätzt, mit dem Zeichen C. D. B. 1774.

Sein Sohn Anton, der letzte hiesige männliche Sprosse dieser
Künstlerfamilie, getauft am 24. October 1751 und gestorben am
22. Februar 1834, hatte den künstlerischen Geist seines Stammes
nicht ererbt; denn obgleich er, dem Beispiel seiner Vorfahren folgend,
ebenfalls den Beruf des Goldarbeiters und Emailleurs erwählt gehabt
hatte, wurde er demselben später untreu und verlegte sich auf den Handel mit Antiquitäten, wofür ihm allerdings ein richtiges Verständniß
geblieben war. Aeltere Leute werden sich noch des alten Boy in dem
kleinen Lädchen am Pfarreisen, später im Köppler-Höfchen, erinnern,
in Mitten seines chaotisch geordneten Antiquitäten-Trödels, den er nur
zur Meßzeit in der Braunfels-Gallerie etwas sauberer aufzuputzen sich
bemühte. Der Mann war das Muster eines einfachen, geraden, aber
derben Reichsbürgers des vorigen Jahrhunderts, dabei eigensinnig,
wortkarg und widerwärtig knauserig. In seinen Gesichtszügen hatte
er mit dem von Zell radirten Bilde seines Urahnen Peter Boy sen.

eine so auffallende Aehnlichkeit, daß man dieses für das seinige halten könnte, wenn nicht das Gegentheil unzweifelhaft wäre.

Ein Zeitgenosse des jüngeren Peter Boy war der Bildhauer

Johann Georg Schön.

In seiner Jugend war er lange in Wien beschäftigt, wo er $\frac{1680}{1740.}$ hauptsächlich seine Ausbildung erlangt zu haben scheint. Seine Kunst hat er besonders in kleinen und mittelgroßen Figuren in Stein gezeigt, deren man an verschiedenen Häusern jetzt noch sehen kann. Von seiner Hand ist die kleine mit Schild und Speer bewaffnete Figur am Eck der Schnur= und Kornblumengasse, und der geharnischte Mann als Tragstein am Eckhause der Fahr= und Töngesgasse (1719). Beide Arbeiten zeugen von der Geschicklichkeit dieses Meisters, dem eine bessere Gelegenheit zur Anwendung seiner Kunst zu wünschen gewesen wäre. Joh. Georg Schön ward hier getauft am 19. August 1680 und beerdigt am 27. April 1740.

In gleichem Kunstfache, wenn auch in anderem Material arbeitete

Anna Maria Braun, geb. Pfründt,

die Tochter des deutschen Bildhauers und Stahlschneiders Georg Pfründt. $\frac{c.\ 1700}{1713.}$ Sie war im Jahr 1642 während eines zeitweisen Aufenthalts ihrer Aeltern in Lyon geboren, jedoch mit denselben nach Deutschland zurückgekehrt. In Durlach heirathete sie 1659 den markgräflichen Geheimsecretair Bartholomäus Braun.[1]) Schon durch ihren Vater hatte sie Anleitung im Wachsbossiren erhalten, sich aber in der Folge nach dem Vorbilde Alexanders Abondio, des berühmten Schülers Michel Angelo's, einen besseren Styl angeeignet und in dieser damals sehr beliebten Kunst eine solche Uebung erlangt, daß sie sich nach dem 1684 in Nürnberg erfolgten Tode ihres Mannes durch eigene Hand eine selbständige und ehrenvolle Existenz zu gründen vermochte. Sie bossirte in gefärbtem Wachs halb erhabene Brustbilder, auch freistehende und nackte, liegende weibliche Figuren, die sie in antiken Kästchen zweckmäßig unter Glas zu fassen wußte. Die Kleidungen ihrer Portraite pflegte sie aus seinen wollenen und seidenen Stoffen zu machen,

---

[1]) Doppelmayers Angaben, denen auch Nagler gefolgt ist, wonach die Künstlerin 1622 geboren sein und 1684 geheirathet haben soll, sind offenbar irrig.

dieselben auch zuweilen mit Perlen und Steinen geschmackvoll zu verzieren. Besondere Uebung besaß sie in Darstellung der Harnische.

Anna Braun ward ihrer Kunst wegen zweimal an den kaiserlichen Hof nach Wien berufen, um Leopold I. und dessen Gemahlin,
später auch die ganze kaiserliche Familie in Wachs zu schildern. Auch
in Holland fand sie großen Beifall; König Wilhelm III. von England
ließ sein Portrait von ihr bossiren. Nach Deutschland zurückgekehrt,
fand sie an fast allen fürstlichen Höfen volle Beschäftigung. König
Karl XII. von Schweden, Prinz Eugen von Savoyen, der Kurfürst
Lothar Franz von Mainz aus dem Hause Schönborn und viele andere hohe Personen wurden von ihrer geschickten Hand in Wachs
dargestellt, der Kurfürst Johann Wilhelm von der Pfalz auch in
Gyps modellirt. In der herzoglichen Kunstkammer zu Gotha befanden sich ehemals, vielleicht noch jetzt, viele ihrer Arbeiten, die sie anfangs mit A. M. P. und später mit A. M. B. zu bezeichnen pflegte.

Erst im hohen Alter, wahrscheinlich des unstäten Lebens müde,
nahm die Künstlerin ihren festen Wohnsitz in Frankfurt, wo sie namentlich noch 1711 während der Krönung den Kaiser Karl VI. und
viele andere hohe Personen portraitirte. Als interessant schildert von
Murr vier Schiefertafeln, worauf die Künstlerin die Veränderung
des weiblichen Körpers vom zwanzigsten bis zum fünfzigsten Lebensjahr in farbigem Wachs veranschaulicht hatte. Sie befanden sich in
dem Silbermannischen Kabinet zu Straßburg. In dem Senkenbergischen Stift sieht man, wie schon früher erwähnt wurde, das Doppelportrait des Wappenschneiders Helfrich Riese und seiner Frau vom
Jahr 1705, so wie das Portrait eines hiesigen Arztes. Man erkennt
an diesen Arbeiten, daß Anna Maria Braun keine gewöhnliche Wachs-
boßlerin, wie man sie häufig findet, sondern eine wahre Künstlerin
gewesen ist. Zu beklagen bleibt nur, daß sie nicht ein dauerhafteres
Material für ihre Arbeiten gewählt hat. Diese sind gewiß größtentheils der Zerstörung verfallen, würden aber auch heute schwerlich
mehr den Beifall ernten, der ihnen nach dem Geschmacke jener Zeit
zu Theil geworden ist. Sie starb 1713 zu Frankfurt a. M.

David Le Clerc

16??
1738. war 1680 in Bern geboren, wo er von Joseph Werner in der
Malerei unterrichtet wurde. Schon 1698 kam er nach Frankfurt und
erregte durch die Vielseitigkeit seines Talents Aufsehen, indem er die
Oel-, Miniatur- und Schmelzfarben mit gleicher Geschicklichkeit zu

behandeln verstand. An den Hof nach Darmstadt berufen, malte er den Landgrafen Ernst Ludwig zu Pferd und erhielt für dieses Miniaturgemälde von 2' Höhe und 1½' Breite hundert Doublonen. Hierauf fand Le Clerc während drei Jahren (nicht dreißig, wie Nagler sagt,) Beschäftigung bei dem Landgrafen Carl zu Hessen-Cassel, der dem Künstler eine Reise nach Paris gestattete, wo dieser sich Rigauds Manier anzueignen suchte. Nach seiner Heimkehr arbeitete er wieder mehrere Jahre in hiesiger Stadt, ging 1715 nach England, kehrte aber nach einem kaum zweijährigen Aufenthalte nach dem ihm liebgewordenen Frankfurt zurück, um von jetzt an hier seinen bleibenden Wohnsitz zu nehmen.

Die bedeutendsten Werke Le Clercs sind Portraite in Oelfarbe und in Miniatur. Sie sind wohlgezeichnet, sagt Hüsgen, natürlich und in einer großen Manier ausgeführt. Der Künstler malte aber auch historische Stücke, Landschaften und Blumen mit gutem Erfolge. Nach ihm haben E. C. Heiß das Portrait des Schöffen L. A. v. Syvertes 1712, und J. J. Haid das des Schöffen J. G. Schweitzer v. Wiederholt 1737 in Schwarzkunst gestochen. Der Künstler starb 1738. Sein Sohn

Johann Friedrich Le Clerc,

1717 in London geboren und in Frankfurt unter der Leitung seines Vaters zur Kunst erzogen, zeichnete 1741 und 1742 zwei große, die kurpfälzische Wahl- und Krönungsilluminationen darstellende Blätter und 1745 das Titelblatt zum Krönungsdiarium Franz I. Die beiden ersteren wurden von Ebersbach in Augsburg, das letztere von M. Rößler gestochen. Er malte auch in Miniatur und war 1768 am Hofe des Herzogs von Zweibrücken beschäftigt. Später ging er nach Wien, wo er starb.

Cornelius Andreas Donett,

seiner Zeit ein geschätzter Bildhauer, 1682 in Frankfurt geboren, 1682/1748. hatte den ersten Unterricht von Wolfgang Fröhlicher empfangen, aber nach dessen Tod in dem Hof-Bildhauer Hörle zu Mainz einen zweiten tüchtigen Lehrer gefunden und sich dann durch eigene Studien an den früher erwähnten Modellen des Michael van Fuhrt auszubilden gesucht. Als eine Merkwürdigkeit erwähnt Hüsgen, daß Donett nicht eigentlich zeichnen konnte, vielmehr seine ersten Gedanken nur mit einigen Kohlenstrichen auf dem Holz= oder Steinblock anzudeuten und dann frisch mit dem Meisel zu beginnen pflegte, so daß dieser ihm zugleich die Reißfeder ersetzen mußte. Dennoch, sagt Hüßgen, war „seine Zeichnung meistens correkt und seine Gewandung in gutem Styl geworfen." Seine größte Stärke hat Donett in seinen kleineren und größeren Crucifixen, so wie in seinen lieblichen Genre=Gruppen gezeigt. Hüßgen erwähnt u. a. eine Gruppe von grauem Alabaster, wie ein Satyr eine Nymphe umarmt, deren Zeichnung und Ausdruck von großer Kenntniß des Nackten zeuge. Auch die Kinder sind dem Künstler wohl gelungen. Aber oft auch hat er der Mode seiner Zeit: die Gärten mit allerlei geschmacklosen mythologischen und allegorischen Figuren und Vasen auszuschmücken, bereitwillig seinen Meisel geliehen und es dann mit der sorgfältigen Behandlung und dem Ausdrucke in den Gesichtszügen nicht sehr genau genommen. Die Statuen, welche man ehemals in den Gärten reicher Familien: von Malapert, Peerse, Belli u. a. sah, waren großen Theils von Donett's Hand gemeiselt; eben so die Figuren des Herkules und Antheus auf dem Springbrunnen des Roßmarkts, welche das an ihre Stelle getretene große Buchdrucker=Monument wenigstens an Bescheidenheit übertrafen. Bedeutender als jene Garten= und Brunnenzierrathe sind die noch sichtbaren Statuen des Königs von England in der Fahrgasse und des römischen Kaisers Karl VII. auf der Zeil. In der vormaligen Kapuziner=Kirche hatte Donett auf Bestellung des Grafen von Schönborn das Crucifix und alle andern lebensgroßen Figuren des Hochaltars, desgleichen St. Florian verfertigt. In dem Garten der Dominikaner sah man von seiner Hand Christus als Gärtner. Die steinerne Stiege in dem Deutsch=Ordenshaus zu Sachsenhausen hat er mit Statuen geschmückt, auch für die Ordenskirche die kolossalen Standbilder des heil. Georg und der heil. Elisabeth, und für die Domkirche einen Christus am Kreuze verfertigt.

Donett's sterbliche Reste wurden am 13. (nicht 12.) August 1748 neben denen seines ihm vorangegangenen Bruders bei den Carmelitern zur Erde bestattet. Dieser Bruder,

Peter Donett,

Portraitmaler und zugleich Gastwirth zum Reiffenberg, ist am 20. April 1720 gestorben. In der Liebfrauenkirche hat er zu beiden Seiten der Orgel die lebensgroßen Brustbilder von Christus und Maria gemalt, welche Joh. Wolfgang Roschach 1709 mit Blumen umkränzte.

Wahrscheinlich ein Sohn von Cornelius Andreas war

Georg Friedrich Donett,

gleichfalls Bildhauer, über dessen Leistungen nichts bekannt ist. Derselbe ward 1724 hier geboren und starb im Mai 1774.

Johann Striebbeck der mittlere

war um 1665 zu Augsburg geboren, der Sohn eines dortigen Kauf-$\frac{1705}{1710}$.
manns gleichen Namens, der aus Liebe zum Planzeichnen sein Geschäft vernachlässigt und zuletzt sich ausschließlich der Kunst gewidmet
hatte. Den Sohn hielt er gleichfalls dazu an und ließ durch ihn
seine Stadtpläne und andere Zeichnungen in Kupfer stechen. Zur
Unterscheidung nannte sich der Sohn Johann Striebbeck der
jüngere; da aber der Enkel wieder denselben Vornamen führte, so
dürfte jener richtiger als der zweite oder mittlere zu bezeichnen
sein. Dieser hat viele Prospecte in Deutschland, England und Schwe-
ben gestochen, sich auch von 1705 bis 1710 in Frankfurt aufgehalten.
Hier stach er: „Eigentliche Abbildung der Huldigung zu Frankfurt
a. M." 1705, und einen kleinen Grundriß der Stadt, allem Anschein
nach eine verkleinerte Copie; sodann verschiedene Portraite hiesiger
Einwohner mit der Jahrzahl 1707, namentlich das des kaiserlichen
Geheimeraths Joh. Simon Franc v. Lichtenstein und des Pfarrers
Anton Christian Mohr, ferner die Illustrationen zu der von ihm herausgegebenen Beschreibung des in demselben Jahr hier stattgehabten
Scheibenschießens in 4°.; endlich ließ er ein Trachtenbuch der Orden
der röm. katholischen Kirche und eine Folge verschiedener Weibertrach-
ten in Holzschnitt erscheinen und stach 1710 eine Karte der Wetterau.
In demselben Jahr scheint Striebbeck Frankfurt wieder verlassen zu
haben. Unter den Darstellungen der Krönungsfeierlichkeiten von 1711
findet sich nichts von seiner Hand. In seine Vaterstadt zurückgekehrt,
starb er daselbst 1714. Sein Sohn

Johann Striebbeck III.

gleichfalls Kupferstecher, hat sich durch verschiedene Portraite, so wie
durch die Kupfer zu Schnellers Heldengedicht auf den Marschall
Moritz von Sachsen bei dessen Begräbniß, Straßburg 1751, 4°. bekannt gemacht. Er soll auch hier in Frankfurt in Holz geschnitten,

namentlich ein Werkchen unter dem Titel: „Entwurf einiger blinden Wappen", mit seinem Monogramm II. S. herausgegeben haben.

Christian Wermuth,

¹⁶⁹⁶⁄_{1718.} Stempelschneider, 1666 zu Altenburg geboren, hat im Verlaufe der Jahre 1698 bis 1718 verschiedene auf Frankfurt sich beziehende, mit seinen Namens = Juitialen bezeichnete Schaumünzen verfertigt, unter welchen die von ihm im Jahr 1698 den Pflegern des Waisenhauses gewidmete, bei Lersner I., Taf. 7, XVII. abgebildete Medaille, in Silber und Metallcomposition, besondere Erwähnung verdient. (Hüsgen S. 275. Rüppell im Archiv, Heft 8 S. 14. 66.)

Nikolaus Weinla,

¹⁷⁰⁵⁄_{1729.} geboren zu Böseneck im Herzogthum Gotha am 28. September 1675, erlangte am 5. October 1705 bei seiner Verheirathung mit Anna Rosina Siegler das hiesige Bürgerrecht als Kunstmaler. In welchem Fache der Malerei derselbe thätig gewesen, konnte ich nicht ermitteln, da mir keine nachweisbare Arbeit seiner Hand zu Gesicht gekommen ist. Er wurde am 18. November 1729 hier beerdigt.

Johann Friedrich Eggelhoff

¹⁷¹²⁄_{1731.} war 1680 in Augsburg geboren, hatte bei dem geschätzten Kupferstecher Joh. Ulrich Kraus sechs Jahre in der Lehre gestanden und sich dann während weiterer sechs Jahren auf einer Wanderung durch Deutschland in seiner Kunst zu vervollkommnen gesucht. Diese Wanderung führte ihn im Herbste 1712 nach Frankfurt, wo er im Januar 1713, nachdem er sich verheirathet hatte, seinen festen Wohnsitz nahm und bis an seinen im September 1731 erfolgten Tod als Kupferstecher thätig gewesen ist.

Peter Fehr,

¹⁶⁸¹⁄_{1740.} ein hiesiger Kupferstecher, dessen Fleiß größer gewesen ist, als sein Talent, scheint beinahe ausschließlich für die Unternehmungen der Verleger thätig gewesen zu sein. Von seiner Hand sind verschiedene

Kupfer des Krönungsdiariums Karls VI. von 1711, die Darstellungen des 1716 hier abgehaltenen sogenannten Stückschießens, ferner zum zweiten Theil von Lersners Chronik, worunter namentlich die verkleinerte Copie des Faber'schen Stadtplanes, sodann die großen Prospecte des Schlosses Philippsruhe bei Hanau, viele Kupfer zum Frankfurter Privilegienbuche, eine Ansicht der Stadt nach dem großen Judenbrande von 1711, die innere Ansicht der alten Barfüßer-Kirche, mit einem Trauergerüste, umgeben von vielen Wappenschilden, eine Ansicht der 1729—1730 neu erbauten Hauptwache mit dem umliegenden Stadt-theil, und die Kupferplatte mit Inschriften und Verzierungen, welche in einem der Eckpfeiler dieses Baues niedergelegt wurde. Außer dem Portrait des Predigers der niederländischen Gemeinde Cassiodorus Reinius in gr. 4°. hat Fehr noch einige andere, namentlich 1714 das des Syndicus Johann Brandes und des evangelischen Predigers Johann Philipp Willemer, in Folio gestochen. Dieses letztere kann eine wohlgelungene Arbeit genannt werden.

Peter Fehr ward zu Frankfurt im August 1681 geboren und ist im September 1740 gestorben.

Johann Hugo Schlegel,

ein nicht ungeschickter, 1684 hier geborener Frescomaler, dessen Pin- **1684 1737.** sel die äußeren Façaden der Häuser nach alter Sitte mit Figuren und Arabesken verzierte, verdient hauptsächlich deßhalb Erwähnung, weil zwei hervorragendere Maler, der ältere Christian Georg Schütz und Justus Junker, von ihm den ersten Unterricht empfingen. Der Meister fand am 26. September 1737 in der Dominikanerkirche seine Ruhestätte. Wahrscheinlich Hugo's Bruder war der Maler: Johann Caspar Schlegel, hier geboren um 1689 und gestorben im Januar 1777. Ueber dessen wahrscheinlich geringe Leistungen ist mir eben so wenig bekannt geworden, wie über das Fach und die Erfolge eines dritten Gliedes dieser Familie: Joh. Theobald Schlegel, hier geboren um 1726 und beerdigt am 21. April 1801. Er war gleichfalls Maler und wahrscheinlich der Sohn eines der Vorgenannten.

Friedrich Christoph Hirt,

Portrait- und Landschaftmaler, wurde am 26. November 1685 in **1717 1763.** Durlach geboren. Sein Vater, der Hofmaler Michael Conrad Hirt zu Berlin, unterrichtete den Sohn in seiner Kunst, worauf dieser eine längere Wanderung durch Deutschland und Frankreich antrat. Diese führte ihn zuletzt nach Frankfurt, wo er sich 1717 häuslich niederließ. Hirt war zwar ein geschickter Portraitmaler in Largilliers Manier; aber dennoch neigte er vorzugsweise zur Landschaft, der er sich auch später ausschließlich zuwandte. Anfangs waren seine Arbeiten bei guter Anordnung flüchtig, in einem harten, kalten Tone gemalt, Fehler, die er indessen nicht ohne Erfolg abzulegen sich bestrebte. Des Meisters spätere Landschaften zeugen von richtiger Beobachtung der Natur; sie bieten große Abwechselung, bald durch steile Gebirge, bald durch angenehme Fernen, Waldungen und Gewässer. Seine Vorgründe sind sorgsam ausgearbeitet, seine Bäume verständig individualisirt. Nur von dem etwas frostigen Colorit konnte er sich nicht ganz losmachen und seine Figuren sind zuweilen mangelhaft gezeichnet. Man findet von ihm Landschaften mit hohen Thürmen oder andern größeren Gebäuden, in welche er wirkliche Uhrwerke einsetzen ließ, um das Nützliche mit dem Schönen zu verbinden, eine Idee, die noch in neuerer Zeit fabrikmäßig ausgebeutet wurde, aber die Hauptsache zur Nebensache gemacht und die Kunst zum Handwerk herabgewürdigt hat. Solche Bilder sind es freilich nicht, wonach man die Leistungen des älteren Hirt beurtheilen muß. Nagler, welcher dem Künstler allen Ruhm abspricht, scheint dessen bessere Arbeiten nicht gesehen zu haben. Diese sind allerdings selten geworden. In dem Prehn'schen Katalog ist unter No. 495 eine Waldlandschaft an einem Flusse verzeichnet. Ich selbst besitze einen aus dem Ettling'schen Kabinet stammenden kleinen Fichtenwald mit anmuthiger Durchsicht in die Ferne, ein recht delicat behandeltes Bildchen.

Der Meister hat sein eigenes Brustbild im Schlafrock mit einer hohen Mütze in Lebensgröße gemalt. Nach ihm hat Lichtenberger einige Blätter gestochen.

Hüsgen setzt Hirts Tod irrthümlich in das Jahr 1749. Derselbe wurde, nachdem er bereits im Jahr 1759 Wittwer geworden war, laut Kirchenbuch am 15. November 1763 zur Erde bestattet. Er hinterließ zwei Söhne. Der ältere,

Friedrich Wilhelm Hirt,

₁₇₂₁/₁₇₇₂ am 11. Februar 1721 in Frankfurt geboren und Schüler seines Vaters, hat diesen als Landschaftmaler in mancher Beziehung übertroffen. Wenn jedoch Hüsgen zu den Vorzügen des Sohnes vor dem Vater

des ersteren besseres Colorit zählt, so irrt er, da auch dieser dem Vorwurf der allzuhartgrünen Färbung seiner Landschaften selten entgehen kann; aber seine Compositionen sind anmuthiger, seine Vorgründe sorgfältiger und mit größerer Liebe behandelt, wie die seines Vaters. Seine Baumstämme verrathen fleißiges Studium der Natur, aber seine Blätterung ist etwas schwer und einförmig, nicht frei von einer gewissen steifen Manier, woran man ihn stets erkennt. Den Glanzpunkt bildet unbedingt die vorzügliche Staffage, womit W. F. Hirt seine idyllischen Landschaften auszuschmücken wußte. In der That kommen seine Hirten und schön gruppirten Heerden mit Rindvieh, Pferden, Schaafen und Ziegen in der richtigen Zeichnung und vortrefflichen Färbung den Arbeiten des Heinrich Roos, dem er offenbar nachgestrebt hat, oft sehr nahe und geben seinen Landschaften einen eigenen Reiz. Aber dies Alles gilt nur von des Meisters späteren Arbeiten. Der Herzog Anton Ulrich von Sachsen-Meiningen, welcher lange in Frankfurt gelebt hat und an Hirts Geschicklichkeit großen Gefallen fand, ernannte ihn zu seinem Hofmaler, nöthigte ihn aber auch, ganz nach seinen Launen zu malen und ein absonderlich kaltgraues Colorit zu wählen. Erst nach des Herzogs im Jahr 1763 erfolgtem Tode konnte der Künstler mit voller Freiheit seiner eigenen Eingebung folgen. Eine zweijährige Wanderung durch die Alpenwelt der Schweiz war ihm von entschiedenem Nutzen. Hier sammelte er in hundert und mehr Bleistift-Zeichnungen so reichen Stoff, daß zu dessen Verarbeitung sein kurzes Leben nicht mehr ausreichte. Diese Zeichnungen hat später ein Engländer für 50 Louisd'or angekauft. Man findet von ihm auch getuschte Zeichnungen mit wunderschönem Vieh in der Manier des Heinrich Roos, wovon Prestel in dem sogenannten Schmidtischen Kabinet zwei große Blätter nachgeahmt hat. Hirts beste Oelgemälde sind in der Schweiz entstanden, auch zum großen Theil dort geblieben. Sein ausgezeichnetes Talent im Thiermalen wurde zuweilen von dem älteren Schütz zur Ausschmückung seiner Landschaften benutzt; manchmal kam auch noch Seekatz von Darmstadt hinzu, um die Figuren zu malen, die nicht gerade Schütz's stärkste Seite gewesen sind.

Gemälde von W. F. Hirt befinden sich:

1. in dem Städel'schen Institut:
    a) Zwei Waldlandschaften mit Jägern, bez. W. F. Hirt 1750. Holz.
    b) Zwei Hirtenstücke, bez. W. F. Hirt 1768. Leinwand.
2. in dem Prehn'schen Kabinet:
    Fünf kleine Waldlandschaften mit Staffagen.

3. in der Sammlung der Familie **Manskopf-Leers:**

Zwei große Hirtenstücke auf Leinwand; zwar mit einem breiten decora-
tivem Pinsel gemalt, aber in Erfindung, Anordnung und Zeichnung des
Hornviehes vorzüglich. „W. F. Hirt 1755."

Die kurfürstliche Gallerie in Cassel und die großherzoglich Ba-
dische zu Mannheim besitzen gleichfalls verschiedene Landschaften mit
Hirten und Heerden.

Unter den vielen Bleistift- und Kreidezeichnungen, welche das
Städel'sche Institut von dem Meister besitzt, befindet sich ein interessantes Panorama von Sachsenhausen, von der Leonhardskirche gesehen.
W. F. Hirt hatte sich auch als Restaurateur alter verdorbener
Gemälde große Geschicklichkeit erworben, wovon hiesige und auswärtige Kunstfreunde Nutzen zogen. Wegen seines harmlosen, freundlichen
Charakters war er allgemein beliebt. Durch einen unvorsichtigen Trunk
bei starker Erhitzung zog er sich eine Brustkrankheit zu, welcher er
am 19. Januar 1772 erlag. Sein jüngerer Bruder

Heinrich Hirt,

Portraitmaler, am 12. September 1727 hier geboren, hatte sich nach
seinem Vater gebildet. Wie die meisten Künstler seines Faches, führte
er ein sehr unstätes Leben, das am 3. September 1796 endigte.
Im späten Alter versuchte er sich auch noch im Landschaftmalen.
Er war unverheirathet geblieben.

Joseph von Montalegre

1710. arbeitete zu Anfang des 18. Jahrhunderts als Kupferstecher in Frankfurt. Unter Anderem stach er 1710 einen inneren Prospekt der Stadt
mit dem Römerberge, Jos. a Montalegre fec. Kl. quer Folio, und
eine Ansicht von Herrnhut, 4°; sodann die Portraite des Seniors Phil.
Jac. Spener, des Pfarrers Joh. Stark, des Joh. Daniel Arcularius,
des Kaisers Karl VII. in Folio, und der Königin Ulrike Eleonore von
Schweden. 8°. Seine Arbeiten sind mittelmäßig. Montalegre starb
als Zeichenlehrer am Gymnasium zu Zittau. (Brulliot II., 1313ᵃ.)

Lorenz Beger,

1713. war ein Neffe des königlich preußischen Bibliothekars und antiquari-
schen Schriftstellers gleichen Namens, der ihn in der Aetzkunst unterrichten ließ, um ihn bei Herausgabe seiner verschiedenen Werke zu

verwenden. In der That sind auch die Kupfer zu: Regum et Imperatorum romanorum numismata, zum Thesaurus Brandenburgicus und zu der 1706 in Berlin erschienenen deutschen Ausgabe von Tortebats Anatomie durch den jüngeren Beger gestochen. Im Jahr 1708 erschienen von seiner Hand vier Blätter, welche das bei der Vermählung des Königs in Berlin abgebrannte Feuerwerk darstellen. Der Künstler ging 1711 nach England, kehrte aber bald nach Deutschland zurück. Wir finden ihn in Heidelberg und Frankfurt beschäftigt, wo er 1711 das Portrait des reformirten Predigers zu Bockenheim, Joh. August Biermann, 1713 das Portrait des reformirten Predigers Theodor Eberhard Alstein nach J. M. Roos, und später ein allegorisches Blatt zu Ehren des 1727 verstorbenen Schöffen Fleckammer v. Eichstett gestochen hat. In dieselbe Zeit dürfte der Stich der Portraite der Kurfürsten Dietrich und Adolph II. von Mainz, des hiesigen Pfarrers Conrad Stumpius und eine Folge von sechs Jagdstücken fallen.

Nagler nennt Beger einen mittelmäßigen Künstler, während Hüsgen das allegorische Blatt zu Ehren Fleckammers „in großem Geschmack und vortrefflich" findet. Das weitere Schicksal des Künstlers ist unbekannt.

Noch immer unaufgeklärt ist die Beziehung, worin der Maler

Balthasar Denner

aus Hamburg, welcher nach Hüsgens Angabe laut Kirchenbuch des 1723. St. Bartholomäusstifts am 29. October 1723 hier beerdigt wurde, zu dem berühmten Portraitmaler gleichen Namens gestanden haben mag. Dieser berühmte Denner war gleichfalls ein Hamburger, beschloß aber sein Leben erst 1747 oder 1749 in seiner Vaterstadt oder nach Andern in Rostock. Sein Vater war Prediger. Der in Frankfurt verstorbene mag demnach ein Bruder oder Vetter des berühmten Künstlers gewesen sein, hinter dem er wohl weit zurück geblieben ist, da seiner in der Künstlergeschichte nirgends gedacht wird.

Der berühmte Portraitmaler Balthasar Denner hat sich nur vorübergehend in dem Hause des Kaufmanns Vienne hier aufgehalten, während dieser Zeit aber Vieles und Vorzügliches für diesen Kunstfreund gemalt. Aus dem Vienne'schen Nachlasse wurden später durch einen Herrn Gogel zwei Köpfe von Balthasar Denner für 1000 Ducaten an den Kurfürsten von der Pfalz, und 1788 durch Vienne's Tochtermann Johannot zwei andere für die gleiche Summe an einen reichen Neapolitaner verkauft.

258

Georg Anton Koch

1685
1757.
war nach Hüsgen ein geschickter Portraitmaler, der bei einem kräftigen Colorit seine Gewänder gut zu werfen verstand und in der
Zeichnung der Hände in den schwersten Lagen besonders glücklich gewesen ist. Er war ein eben so geübter Miniaturmaler; auch zeichnete er Vieles für den Verlag des Buchhändlers Franz Varrentrapp,
u. a. 1741 die Vignetten zu der schönen Ausgabe von Pope's „Versuch über den Menschen."

Nach Kochs Gemälde hat B. Vogel das Portrait des Pfarrers
Johann Wilhelm Claudi gestochen.

Koch war um 1685 geboren und starb ledigen Standes am
25. Juli 1757. Sein Zeitgenosse

Anton Sturm,

1720
1752.
im Jahr 1686 zu Augsburg geboren, hatte lange als Historien-
und Portraitmaler in Rom gelebt, wo er in der Peterskirche die
schönsten Statuen mit schwarzer Kreide auf blaues Papier weißge-
höht zeichnete. Hüsgen erzählt, der Künstler habe über 200 solcher
Blätter aufzuweisen gehabt, welche den Beifall der Kenner erhielten.
Im Jahr 1720 nahm er seinen Wohnsitz in Frankfurt, wo er neben
seiner Malerei zugleich als bürgerliche Nahrung einen ergiebigen Haar-
handel betrieb, der ihn häufig nach Italien führte. Er wurde am
16. April 1752 beerdigt.

Franz Lippold

1720
1768.
war 1688 in Hamburg geboren, wo er von dem berühmten, nur
drei Jahre älteren, Balthasar Denner im Malen unterrichtet
wurde. Wie der Schüler seines Lehrers, so durfte sich dieser auch
seines Schülers rühmen; denn Lippold brachte es in seiner Kunst auf
eine Stufe, die ihn zu den ausgezeichnetsten Portraitmalern seiner
Zeit gesellt, wenigstens hat Frankfurt, dem der Künstler den größten
Theil seines Lebens angehörte, in dem 18. Jahrhundert keinen besseren aufzuweisen.

Nachdem er an verschiedenen deutschen Höfen Beschäftigung und
Beifall gefunden, erblühte ihm in Frankfurt eine neue Heimath mit
reichem Wirkungskreise. Nach einem mehrjährigen Aufenthalt wurde
er 1720 bei seiner Verheirathung mit einer Bürgerstochter als Bei-

faß aufgenommen und im August 1723 auf sein wiederholtes Bitten zum Bürgereide zugelassen. Lippolds Portraite, die er fast ohne Ausnahme mit seinem Namen zu bezeichnen pflegte, sprachen nicht nur durch große Aehnlichkeit, sondern auch durch ihre lebensfrische Färbung, den markigen Pinsel, die besonders schönen Hände und die sorgfältige, geschmackvolle Behandlung der Stoffe und Beiwerke so allgemein an, daß wer nur irgend sein Bild zu verewigen wünschte, einen besonderen Werth darauf legte, daß es durch Lippolds Hand geschehe. In der That machen alle seine Arbeiten einen so angenehmen Eindruck, daß sie auch heute noch neben unsern nüchternen modernen Portraitmalereien, selbst in den Fällen, wo die letzteren etwa einen höheren Kunstrang einnehmen ihren ehrenvollen Platz behaupten.

Die Zahl der von Franz Lippold gemalten Portraite ist so außerordentlich groß, daß hier nur die wenigsten genannt werden können. Er hat in Lebensgröße gemalt die Brustbilder:

des Pfarrers Ludwig Heinrich Schlosser, 1717, gestochen von E. C. Heiß. Folio, und nochmals gestochen von J. J. Eberspach. Folio;

des Senior Ministerii Dr. Münden, 1733, gestochen von G. D. Heumann, 1742. Folio;

des Seniors des Bürgerausschusses J. C. Rhost v. Eysenhart, 1738, gestochen von J. C. Said, 1777. Folio;

des Handelsmanns Joh. Jacob Brun, gestochen von Bernigeroth jun. 1738. Folio;

des Arztes und Dichters Daniel Wilh. Triller, gestochen von Fritzsche 1789. 4°;

dessen Gattin Maria Henriette geb. Thomae, 1734, gestochen von J. C. Sysang, 1764. 4°;

des Pfarrers G. Thomas Zeitmann, 1740, radirt von J J. Beer, 1774. 4°;

des Kaisers Karl VII., dessen Gemahlin und Kinder, 1742;

des Kaisers Franz I., und dessen Gemahlin Maria Theresia, 1745;

des Kurfürsten Clemens August von Cöln;

des Kurfürsten von Mainz;

des Senators Joh. Matth. Bansa, 1745, gestochen von Ph. A. Kilian. Folio;

des Schöffen Conrad Hieronymus Eberhard Schwind, gestochen von E. C. Heiß und B. Vogel. Gr. Folio;

des Med. Dr. und Stadtphysicus Joh. Martin Stark 1746. Befindet sich noch in dem Senkenberg'schen Stift;

des Reichshofraths H. v. Barkhaus, 1747, (auf der Stadtbibliothek), gestochen von Bernigeroth jun. Folio;

dessen Gemahlin, (ebendaselbst);

des Seniors Ministerii Joh. Philipp Fresenius, gestochen von A. Reinhardt, 1749. Folio, und nochmals gestochen von Fritzsche, 1755. Kl. Folio;

des Med. Dr. Lausberg, (im Senkenberg'schen Stift);

eines ungenannten hiesigen Arztes (ebendaselbst);

des Med. Dr. Joh. Philipp Burggrav, gestochen von J. J. Said. Folio;

des Seniors Ministerii Dr. Pritius, Kniestück (auf der Stadtbibliothek),
gestochen von B. Vogel. Folio;
des Stadtschultheißen Joh. Christoph v. Ochsenstein, gestochen von Preißler.
Gr. Folio;
des Pfarrers Joh. Balthasar Stark, gestochen von B. Vogel. Folio;
des Pfarrers, Theol. Dr. Joh. Jac. Plitt, 1765, gestochen von C. Haid
1774. Folio;
des Schöffen Seiffart v. Klettenberg (auf der Stadtbibliothek);
des Schöffen Hupka (ebendaselbst);
des Malers Tiepolo und vieler anderen angesehenen Personen jener Zeit.
Außer den schon genannten Stechern, haben noch G. J. Cönt=
gen, J. J. Kleinschmid, Knorr u. A. Bildnisse nach Lippold gestochen.

Irrthümlich hat man diesem Meister gegen Hüsgens Zeugniß
die Decken= und Oelmalereien in dem vormaligen Wahl= jetzt Raths=
zimmer zugeschrieben, verleitet durch das an einer Stelle des Pla=
fonds befindliche Zeichen C. L. Pinxit 1733. Allein ich wüßte nicht,
wie dieses auf Lippold gedeutet werden könnte, dessen einziger Tauf=
name Franz gewesen ist, abgesehen davon, daß die fünf allegorischen
Malereien über den Thüren keine Spur von dessen Pinsel zeigen und
auch sonst nirgends vorliegt, daß derselbe in Fresco gemalt habe.
Ueberdies gehören diese Malereien augenscheinlich derselben Hand an,
von welcher der Plafond des Rondels herrührt, und dieser letztere
wurde dem Colomba niemals bestritten. Nicht wohl erklärlich
bleiben immerhin die Buchstaben C. L., wenn man sie nicht etwas
willkürlich Co. Lomba deuten will; auch ist es auffallend, daß weder
in den Büchern des Recheneiamtes, noch in den Acten des Bauamtes
ein Nachweis über die Kosten jener Malereien und deren Meister zu
finden ist, obgleich unzweifelhaft die ganze Einrichtung des Wahlzim=
mers von dem Bauamte geleitet wurde.

Franz Lippold endete sein Leben, nachdem er seit April 1756
Wittwer geworden war, am 27. Juli 1768 in dem hohen Alter von
achtzig Jahren, bis wohin er unausgesetzt thätig gewesen war. Sein
Tod wurde allgemein beklagt. Als eine Probe des damaligen Ge=
schmacks möge hier zum Schlusse der Nachruf stehen, welchen ein poe=
tischer „Born" in dem Wochenblatte zu ergießen sich gedrungen fühlte:

Senex
Aetate et labore
Gravis
Franciscus Lippold
excellens
Pictura artifex
orbe
Valedixis.

Du großer Künstler stirbst,
Die Nachwelt rühmet Dich,
Doch stirbet Deine Kunst
In Deinem Freunde nicht.
Dein Penßel war mit Kraft
Und Wahrheit stets umgeben,
Dein Geist führt ihn behend,
Zu treffen stets das Leben.
Geh' hin, empfang den Lohn
In jener Ewigkeit
Vor deine Lieb und Kunst
Die du mir hast bereitet.

P. Born.

Servatius Hochecker,

ein um 1689 hier geborener, ziemlich geschickter Bildhauer, beschäftigte sich zwar meistens nur mit Verzierungen der Werke Anderer, doch hat er auch sechs Zoll hohe Figuren in Elfenbein und Holz verfertigt. Hüßgen erwähnt eines h. Sebastians nach italienischem Geschmack in Elfenbein, und einer Venus mit Adonis auf einem Felsen sitzend, von Holz, letztere mit des Künstlers Namen bezeichnet. Die Figuren der Dreifaltigkeit an dem ersten Altare im Dome nach dem Pfarreisen hin sind ebenfalls von seiner Hand. Er starb im September 1735. Sein Sohn

Franz Hochecker,

war im October 1730 geboren und hatte sich unter der Leitung seines Schwagers, des älteren Schütz, der Landschaftmalerei gewidmet, worin er auch, so lange er dem Vorbilde seines Meisters treu geblieben, einige gute Proben seines Talents geliefert hat. Dahin gehört insbesondere eine Ansicht der Stadt Frankfurt von der Brücke aus mainabwärts gesehen, 7½' breit und 4' hoch, auf Leinwand, bez. F. Hochecker fec. 1660, offenbar sein Meisterstück. Das Bild hängt gegenwärtig in dem Sitzungszimmer des Rechenciamtes. In der Casseler Gallerie werden ihm unter Nc. 1000 und 1001 zwei Landschaften und in der Gemäldesammlung des königlichen Schlosses zu Aschaffenburg gleichfalls zwei Landschaften zugeschrieben. Die beiden letzteren sind so schön, daß ich Bedenken trage, diesem Meister die Autorschaft zuzugestehen. In dem Prehn'schen Kabinet befinden sich drei kleine Landschaften mit Ruinen, weidenden Kühen und Schaafen am Wasser und einem brennenden Dorfe; endlich in der vormals Daems'schen Sammlung ein Kriegszug. Einige andere gute, in dem Geschmack des älteren Schütz gemalte Landschaften Hocheders können von Nicht- kennern leicht für des ersteren Arbeiten angesehen werden, wofür sie im Kunsthandel auch häufig figuriren. Aber seine manirirte krause Blätterung verräth ihn selbst in seinen besseren Arbeiten. In der Mehrzahl sind sie zwar nicht übel erfunden, aber allzu nachlässig und flüchtig mit hartem Pinsel in einem kalt gelben Tone gemalt und deßhalb von den Liebhabern wenig geschätzt. Franz Hocheder starb am 25. März 1782.

Mit mehr künstlerischer Begabung war seine Tochter

Maria Eleonore Hocheder

von der Natur ausgestattet worden. Ihre Landschaften und Seestücke in Del- und Gouachefarben verrathen ein richtiges Gefühl und nicht gewöhnliches Talent, das nur größere Muße und Freiheit bedurft hätte, um zur schönsten Entwickelung zu gelangen. Aber das Leben machte seine Rechte geltend; Eleonore war genöthigt, auf Erwerb zu denken. Sie unterzog sich dem Auftrage, die europäischen Schmetter- linge des überaus reichen Kabinets des Entomologen Gerning nach der Natur in Wasserfarben zu malen, wonach sodann das bekannte Werk: »Papillons d'Europe par J. J. Ernst et R. P. Engramelle« von 1779 bis 1792 in Paris erschienen ist. Nur im Anfange ver- weilte der Maler Ernst hier in dem Gerning'schen Hause, um nach den Originalen zu malen; die meisten der in dem genannten Werke befindlichen Schmetterlinge sind von Eleonorens Hand. Nach ihren Vorbildern wurden die einzelnen Exemplare zu Paris gestochen und in Frankfurt colorirt. Den Text hat Engramelle geliefert.

Diese langjährige einförmige Beschäftigung für buchhändlerische Zwecke scheint die künstlerische Fortbildung Eleonorens beeinträchtigt zu haben; wenigstens sind mir aus späteren Jahren keine nennens- werthen selbstständigen Arbeiten von ihr zu Gesicht gekommen.

Das Bild der Künstlerin ist in dem gedachten Werke zweimal enthalten. In Tom. V, gemalt von Georgi und gestochen von Zell; in Tom. VI, gemalt und gestochen von Göpffert. Hüsgen, welcher die Künstlerin persönlich gekannt hat, findet beide Portraite unähnlich.

Maria Eleonore Hocheder war geboren am 7. October 1761 und starb unvermählt am 8. Januar 1834. Ihr jüngerer Bruder,

Chriſtian Georg Hochecker,

geboren am 28. April 1766 und ledigen Standes geſtorben am
6. October 1835, hatte zwar gleichfalls die Malerei als Beruf er=
griffen, darin aber niemals etwas Erhebliches geleiſtet. Man ſieht
von ihm ſehr mittelmäßig in Aquarell gearbeitete innere Anſichten
aus hieſiger Stadt.

Johann Friedrich Hochecker,

ein Bruder des Vorgenannten, malte ebenfalls in der Manier und
mit der Leichtfertigkeit ſeines Vaters in der zweiten Hälfte des 18.
Jahrhunderts in Del= und Gouachefarben. Er ſtarb 1782 in ju=
gendlichem Alter. Ich erwähne die beiden zuletzt Genannten nur
deßhalb, weil in der Regel alle in der Schütziſchen Manier, aber
hart und flüchtig hingeworfene Landſchaften, deren Urheber man nicht
kennt, dem alten Hochecker aufgebürdet werden, der doch an den
eigenen Sünden ſchwer genug zu tragen hat.

G. Friedrich Hochecker

»de Natura del. ſc. et pinx. 1795« iſt eine Anzahl ſehr ſchlecht ra=
dirter Anſichten aus der Gegend von Correy und Hildesheim in ver=
ſchiedenem Format, bezeichnet. Die Blätter fordern nicht zu weiterer
Nachforſchung über die Perſon dieſes Brodarbeiters auf.

Die Brüder Zacharias Conrad und Johann Friedrich Hermann von Uffenbach

haben den Ruhm ihres Namens als Gelehrte und Mäcene der Wiſſen=
ſchaft ſo weit über das Weichbild ihrer Vaterſtadt hinaus verbreitet,
der eine zugleich als Förderer, der andere als ausübender Dilettant der
Kunſt ſich ſo bemerkbar gemacht, daß beiden hier eine Stelle gebührt,
wenn auch eine ausführliche Biographie nicht gegeben werden kann.

Der ältere Bruder Zacharias Conrad war am 22. Februar $\frac{1683}{1751.}$
1683 in Frankfurt geboren und hatte von früheſter Jugend mit Liebe
und Eifer den Wiſſenſchaften obgelegen. Den höheren Schulunterricht
empfing er ſeit ſeinem zwölften Jahre auf dem Gymnaſium zu Rudol=
ſtadt, bezog ſchon im Herbſte 1698 die Univerſität Straßburg, mußte

aber im Frühjahr 1700 an das Sterbebett beider Aeltern zurück=
eilen. Noch in demselben Jahre begab er sich nach Halle, um jetzt
seine juristischen Studien zu beginnen. Nachdem er 1703 eine Disser=
tation de Quasi-Emancipatione Germanorum geschrieben und unter
dem Vorsitze des berühmten Thomasius den Doctorgrad erlangt
hatte, verweilte er wieder mehrere Jahre in Frankfurt, ausschließ=
lich seinen wissenschaftlichen Bestrebungen lebend. Die Vermehrung
seiner Bibliothek war als eifriger Bibliophile sein beständiges Augen=
merk, wobei ihm häufige Ausflüge in die Nachbarschaft und selbst
nach Holland wesentlich zu Statten kamen. Sie waren zugleich eine
treffliche Vorbereitung zu der von Uffenbach längst beabsichtigten grö=
ßeren Reise, die er in den Jahren 1709 bis 1711 in Gesellschaft
seines Bruders durch Deutschland, Holland und England unternahm.
Diese und alle seine späteren Reisen, wovon insbesondere die von
1718 nach den Niederlanden zu erwähnen ist, dienten dem jungen Ge=
lehrten nicht zur Befriedigung müßiger Neugierde oder zur Tödtung
langer Weile, sondern ausschließlich zur Erweiterung seiner Kennt=
nisse und Erfahrungen, zur Bereicherung seines Bücherschatzes, seiner
Sammlungen von Münzen, Statuetten, geschnittenen Steinen und
anderen Kunstgegenständen, so wie zur Anknüpfung persönlicher Be=
kanntschaften und Correspondenzen mit den berühmtesten Männern
seiner Zeit in Kunst und Wissenschaft. Eine Sammlung von 20,000
eigenhändigen Briefen der geachtetsten Gelehrten, die sich jetzt in der
öffentlichen Bibliothek der freien Stadt Hamburg befinden soll, ist
Zeuge der ungemeinen Thätigkeit des Mannes. Dieser hatte, damit
ihm in der Unterhaltung mit bedeutenden Männern von deren Aeuße=
rungen nichts entgehe, sich die absonderliche Kunst und Gewohnheit
angeeignet, während des Gesprächs den wesentlichen Inhalt heimlich
in der Tasche mit Bleistift nachzuschreiben, um zu Hause die kurzen
Notizen zu ordnen und zu ergänzen.

Zacharias von Uffenbach war kein egoistischer Sammler
und Verwahrer seiner Schätze; diese standen allen Freunden der Wis=
senschaft und Kunst jeder Zeit zum Gebrauche offen. Kein bedeutender
Gelehrter kam nach Frankfurt, ohne den Herrn von Uffenbach und
seine in acht größeren Zimmern des ihm eigenthümlich gewesenen
Hauses D. 26 an der Zeil aufgestellte Bibliothek — damals gewiß
die größte Privatsammlung Deutschlands — zu besuchen. Das von
Uffenbachische Stammbuch, worin alle Besuchenden ihren Namen ein=
zuschreiben pflegten, befindet sich jetzt in drei Quartbänden in der
Stadtbibliothek zu Hamburg.

Ungeachtet aller Liebe zu seinen wissenschaftlichen Schätzen, entschloß sich Uffenbach in redlicher Berücksichtigung der Pflichten des Familienvaters in den letzten Jahren seines Lebens mit schwerem Herzen zu deren Veräußerung. Im Jahr 1729 veröffentlichte er zu diesem Zwecke einen ausführlichen Katalog seiner Manuscripte und Druckwerke in vier starken Octavbänden. Die Schriften über Frankfurter Angelegenheiten und über Literatur = und Bücherkunde waren nicht inbegriffen; jene hat er der hiesigen Stadtbibliothek vermacht, diese nebst allen übrigen zu seinen Lebzeiten nicht verkauften Werken wurden nach seinem Tode öffentlich versteigert. Der neue Katalog umfaßte abermals vier Octavbände.

Zacharias von Uffenbach hatte sich im Jahr 1711 mit der Wittwe seines liebsten Freundes, des Med. Dr. Schneider, vermählt, und mit dieser vortrefflichen Frau bis an seinen Tod in der glücklichsten Ehe gelebt. Im Jahr 1721 war er in den Rath und 1730 auf die Schöffenbank gewählt worden und hatte 1727 und 1729 das jüngere Bürgermeisteramt verwaltet. Er starb am 6. Januar 1734, nachdem ein hoffnungsvoller Sohn und eine liebe Tochter ihm in den Tod vorangegangen waren, eine ältere Tochter aber durch ihre Entführung großen Kummer bereitet hatte. In der St. Catharinenkirche wurde ihm seine Ruhestätte bereitet und in dem östlichen Vorhofe neben Hiob Ludolf durch die Wittwe ein einfaches Denkmal errichtet.

Der jüngere Bruder Johann Friedrich Hermann von ¹⁶⁸⁷⁄_{1769.} Uffenbach, am 6. Mai 1687 geboren, von derselben Liebe für Kunst und Wissenschaft beseelt und Theilnehmer an den schon erwähnten Reisen, die er persönlich auch nach Frankreich und Italien erstreckte, war im Sammeln seltener Bücher, mathematischer und physikalischer Instrumente, von Gemälden, Handzeichnungen, plastischer Kunstarbeiten ꝛc. hinter dem älteren Bruder nicht zurück geblieben. Seine Kupferstichsammlung soll sich auf 30,000 Blätter belaufen haben. Leider ist der größte und vorzüglichste Theil dieser Schätze für Frankfurt verloren gegangen, da Uffenbach in einer Anwandlung momentaner Mißstimmung Alles der Universitätsbibliothek zu Göttingen vermacht hat. Ein Theil der Kunstsachen wurde nach seinem Tode öffentlich versteigert. Der gedruckte Katalog umfaßt 63 Octavseiten. Von den noch vorhanden gewesenen Handzeichnungen kamen 232 für 445 Gulden nach Amsterdam.

Johann Friedrich von Uffenbach war selbst ein geübter Zeichner. Von seiner Hand entworfen sind alle Illustrationen zu dem 1753 erschienenen Reisewerk seines Bruders. Eben so sind alle Vignetten zu seiner „Nachfolge Christi" (Frankfurt 1726. 8°.) von ihm selbst erfunden, gezeichnet und gestochen. Sein Bruder vertheilte eine von J. U. Kraus gestochene Karte mit vier allegorischen Medaillons und der Aufschrift: Z. C. ab Uffenbach hanc amicis Bibliothecam suam invisentibus tesseram esse voluit, ipse invenit. J. F. ab Uffenbach, Frater Germanus delineavit. Das von Fehr gestochene Titelblatt zu J. F. v. Uffenbachs „Nebenstunden" 1733, 8°. ist von diesem selbst gezeichnet; eben so der Plan zu seinem Hause und zwei verschiedene innere Ansichten der Bibliothek seines Bruders, 1717. 4°. Endlich hat er zwei Ansichten des Fleckens Flörsheim am Main von der Morgen- und Abendseite gestochen, wovon das letztere I. F. ab U. Fecit bezeichnet ist. Beide sind nur schwache Versuche.

Auch im Kunstdrechseln und Glasschleifen war er gewandt; er wußte geschickt in Perlmutter zu ätzen und Schildkrot zu pressen. Alle seine Nebenstunden verwendete der unermüdliche Mann zu Kunst- und literarischen Arbeiten, zuweilen auch zu poetischen Versuchen.

Johann Friedrich von Uffenbach war seit 1744 Mitglied des Rathes, 1751 auf die Schöffenbank vorgerückt, hatte 1749 das jüngere und 1762 das ältere Bürgermeisteramt verwaltet. Er starb im April 1769.

Lucas Anton Colomba,

e 1730 1735. der Schüler seines Vaters Johann Baptist, war 1661 zu Arogno in der italienischen Schweiz geboren. Wie sein Vater malte er in Oel und Fresco, aber mit weit überlegenem Genie. Nach beendigter Lehrzeit begann er seine selbständige künstlerische Laufbahn mit einer Reise nach Prag, Pesth und Wien. Hier fand er bei dem Prinzen Eugen die freundlichste Aufnahme und Unterstützung. Diese erstreckte sich so weit, daß der Prinz, sein eigenes Interesse außer Auge lassend, den Künstler dem Herzog Eberhard Ludwig von Württemberg empfahl, der ihn sogleich als Hofmaler in seine Dienste nahm und ihn während vier und zwanzig Jahren ununterbrochen mit fürstlicher Liberalität behandelte. Der Herzog gestattete ihm sogar, unter Belassung seines Gehalts, dem Rufe auswärtiger Höfe und Privaten zur Ausführung bedeutender Aufträge Folge zu leisten. Hierdurch ward es ihm möglich, sich mit einer beträchtlichen Anzahl größerer Werke einen ausgezeichneten Ruf zu erwerben. Im Laufe dieser Zeit wurden von ihm der große Saal und zwei Gallerien des Schlosses zu Biebrich, der große Saal des ehemaligen kurfürstlichen Lustschlosses **Favorit** zu Mainz, die Kirche des deutschen Hauses zu Heilbronn, die Kirche des Klosters Schönthal, der große Saal des markgräflichen Schlosses zu Ettlingen, der Saal und die Kapelle des Thurn und Taxis'schen Palastes, das Wahlzimmer und die Kuppel des Rondels im Römer zu Frankfurt kunstreich in Fresco und theilweise in Oel gemalt. Seine biblischen und mythologisch-allegorischen Darstellungen sind überall von großartiger Conception, richtig gezeichnet und in warmem Colorit ausgeführt. In seinen jüngeren Jahren ließ er wohl zuweilen seiner Phantasie und dem jugendlichen Feuer etwas zu viel die Zügel schießen, wodurch er in Uebertreibungen verfiel, was besonders in seinen zu Prag, Wien und Ludwigsburg ausgeführten Werken bemerkbar wird. Später wußte er das natürliche Maaß wahrer Schönheit sorgfältiger einzuhalten. In seinen letzten Arbeiten erscheint das Colorit etwas kälter und überhaupt im Rückgange begriffen. Zu Frankfurt arbeitete Colomba in den Jahren 1730 bis 1733. An dem Plafond des Wahlzimmers, jetzt Rathszimmers, liest man die Inschrift: C. L. Pinxit 1733, welche irrigerweise auf Lippold gedeutet werden wollte, der niemals Fresco gemalt hat, und dessen einziger Taufname Franz gewesen ist.¹) Die Allegorien des Plafonds im Wahlzimmer sind der Mythologie entnommen. Minerva, umgeben von Merkur, der Themis und verschiedenen Musen und Genien, hält in der Mitte das kaiserliche Wappen; die Wappen der neun Kurfürsten umschließen das Ganze. Im Rondel sind nur noch die etwas kräftiger in Oel gemalten Darstellungen des Plafonds übrig. Der Geschmack am Schlusse des 18. Jahrhunderts fand, daß Colomba's damals noch wohlerhaltene Gemälde die Wände verdunkeln; man ließ sie deßhalb im Rondel durch den Weißbender schön weiß übertünchen, wie sie jetzt noch zu sehen sind. Das gleiche Schicksal hatten später auch die Wände an der Kaiserstiege!

Zu meinem Befremden konnte ich weder in den städtischen Rechnungsbüchern, noch sonst im Archive irgend einen Nachweis über die Belohnung des Künstlers auffinden. Arbeitsmüde, aber sehr reich, kehrte dieser im Jahr 1735, nachdem er in Ludwigsburg seinen Abschied genommen hatte, nach seinem Heimathlande zurück. Hier verlebte er den Rest seiner Tage in fürstlicher Pracht und Bequemlichkeit, woraus er jedoch schon nach zwei Jahren, 1737, zum ewigen Frieden abgerufen wurde.

¹) Vergl. den Artikel „Lippold".

Colomba war nach den Zeugnisse seiner Zeitgenossen gemüthlich und liebenswürdig im Umgange, ein Feind alles Stolzes, Philosoph im Leben und Sterben. Sein Portrait ist für Fueßli's „Geschichte der besten Künstler der Schweiz" von R. Schellenberg in Kupfer gestochen. 8°.

Später ist ein Neffe desselben,

Johann Baptist Innocenz Colomba,

¹⁷⁴²⁄_{1745.} gleichfalls ein geschickter Oel- und Frescomaler, der sich jedoch mehr noch als Theatermaler bekannt gemacht hat, in Frankfurt kurze Zeit thätig gewesen, indem er 1742 die Decke und Wände an der Kaiserstiege und die Illuminations-Transparente zur Krönungsfeier Karls VII. mit Historien und architektonischen Ornamenten malte. Der jüngere Colomba war 1717 zu Arceguo in der italienischen Schweiz geboren, hatte den ersten Unterricht bei seinem Oheim erhalten, nach dessen Tod aber sich durch eigene Kraft fortgeholfen. Dem Beispiel des Oheims folgend, durchreiste er den größten Theil Deutschlands und fand gleichfalls zu Stuttgart als Hof- und Theaterdecorations-Maler eine bleibende Stätte, worin er achtzehn Jahre ausharrte. Obgleich die Theatermalerei sein Hauptfach war, hat er doch auch bedeutende Frescomalereien, namentlich im Opernhause zu Ludwigsburg, ausgeführt und selbst kleine waldreiche Landschaften mit artiger Staffage in Oelfarben geliefert, die viel Genie bei geringem Fleiße in der Ausführung verrathen, selten aber ihre gute Wirkung verfehlen.

Nachdem Colomba sich ein bedeutendes Vermögen erworben hatte, lehrte er nach seinem Vaterlande zurück, nahm aber nochmals einen Ruf nach Turin an, um das dortige Theater zu decoriren und auch anderwärts verschiedene Oel- und Frescomalereien auszuführen. Im Jahr 1774 lebte er noch in seiner Heimath. Sein Portrait hat ebenfalls R. Schellenberg für Fueßli's „Geschichte der besten Künstler der Schweiz" in Kupfer gestochen. 8°.

Johann Philipp Kuntze

¹⁶⁹⁰⁄_{1759.} war nicht zu Frankfurt, wie Nagler angiebt, sondern zu Straßburg am 8. September 1691 geboren, wo sein Vater, ein Sachse von Geburt, seit 1676 als Kunstdrechsler ansässig gewesen. Um den religiösen Bedrängnissen Ludwigs XIV. in der durch Verrath in dessen Hände gefallenen Reichsstadt zu entgehen, siedelte der Vater im

Jahr 1698 mit seiner ganzen Familie nach Frankfurt über. Nicht ohne Widerspruch der Dreherzunft wurde er in das hiesige Bürger- und Meisterrecht aufgenommen. Der Sohn Johann Philipp trat 1721 in die Genossenschaft der Gold- und Silberarbeiter. Neben diesem Berufe betrieb er, wie dies zu jener Zeit häufig der Fall war, auch die Miniatur- und Emailmalerei. Mit dieser Kunst scheint er während der Krönung des Kaisers Karl VII. so guten Erfolg gehabt zu haben, daß er sich ihr seitdem ausschließlich widmete. Er malte Portraite des genannten Monarchen und dessen Nachfolgers Franz I. für Ringe und Armbänder. Seine Arbeiten wurden auch von andern hohen Herren vielfach verlangt. Hüsgen rühmt das eigene Bild des Künstlers, von diesem selbst gemalt, als vorzüglich gelungen. Er starb am 8. November 1759. Sein Sohn und Schüler

Johann Andreas Kuntze

übertraf den Vater in der gleichen Kunst an Erfindungsgabe und Geschicklichkeit. Es war ihm gelungen, in Bereitung der Schmelz-farben, besonders der rothen, gewisse Vortheile zu entdecken, woraus er selbst seinem Vater gegenüber ein Geheimniß machte, was ihn mit diesem entzweite. Er verließ deßhalb Frankfurt und wandte sich zunächst nach Augsburg, wo er in einer Porcellanfabrik seine Kunst als einer der ersten in Deutschland zur Anwendung brachte, auch darin bedeutende Fortschritte machte. Hierauf ging er nach Durlach und von da nach Vegesak bei Bremen, um an beiden Orten Fabriken von gemaltem Porcellan einzurichten. Seine Schmelzmalereien — Figuren und Landschaften — machten ihn dem Frankfurter Kaufmann Gölz, Besitzer einer Porcellanfabrik in Höchst a. M., bekannt. Dieser berief den Künstler dahin, wo er siebenzehn Jahre lang mit großem Beifall beschäftigt war. Nach einer abermaligen Wanderung nach Bonn und dem Elsaß gedachte er nach Frankfurt zurück zu kehren, starb aber auf der Durchreise in Höchst am 2. April 1770 am Schlage. Johann Andreas war nicht bloß Künstler, sondern auch ein tüchtiger Kunstkenner gewesen, was, wie bekannt, nicht immer vereinigt ist.

c. 1732
1770.

Johann Philipps zweiter Sohn,

Christian Gottlieb Kuntze,

am 24. April 1736 in Frankfurt geboren und ebenfalls Schüler seines Vaters, stand seinem Bruder in der Schmelzmalerei und in

1736
c. 1799.

der Behandlung der Mineralfarben nicht nach. Er arbeitete zuerst in den Porcellanfabriken zu Hanau und Höchst, wurde dann 1756 von dem Kurfürsten von Cöln in die Fabrik zu Bonn berufen, wo er vier Jahre beschäftigt war, auch nach einem achtjährigen Aufenthalt in Holland dorthin zurückkehrte und daselbst gegen das Ende des 18. Jahrhunderts sein Leben beschloß. Christian Gottlieb malte Bildnisse und Figuren auf Tassen und andere Gefäße und besaß — wenigstens für die damalige Zeit — bedeutende Kenntnisse in der Bereitung der rothen und blauen Schmelzfarben.

Johann Kilian Glaß,

1731. auch Glasse, war zu Domsied oder Dornsied in der Grafschaft Hanau-Lichtenberg im Juni 1701 geboren. Er erwarb durch seine Verheirathung mit der Bürgerswittwe Maria Catharina v. Carben, geb. Wirwatz im Mai 1731 das hiesige Bürgerrecht. Der Mann vereinigte die ziemlich auseinandergehenden Künste der Fresco und Miniaturmalerei. Sein Pinsel bemalte die äußeren Façaden der Häuser und schmückte Dosen und Armbänder mit Portraiten und Genrestücken in Miniatur, die letzteren oft mit etwas freier Erfindung, was den Künstler mit dem berüchtigten Juden Süß in Berührung brachte, dessen Gelüste auch auf diesem Felde Befriedigung suchte. Er folgte dem Abenteurer nach Stuttgart und blieb daselbst bis an dessen schimpfliches Ende.

Während des Sommers 1742 war Glaß zu Lausanne für den damals dort weilenden Markgrafen von Baden und verschiedene Engländer beschäftigt. Seine Portraite wurden ihm mit zwanzig und dreißig Ducaten bezahlt. Absonderlich war die Art, wie er jene aufnahm. Er faßte die Züge der zu malenden Person lange und scharf ins Auge, wobei er oft halbe Tage verweilte, ging dann nach Haus, um das Portrait zu entwerfen, worauf er sich das Original nochmals genau ansah und dann das Bild vollendete, dessen Aehnlichkeit gewöhnlich allgemeine Befriedigung hervorrief. „Ein Jeder hat seine besondere Gabe", sagt Coopers Pfadfinder.

Glaß war ein vielbeschäftigter Künstler, der die ihm reichlich zuströmenden Früchte seines Fleißes auch zu genießen wußte, ohne jemals das Maaß zu überschreiten. Die Chemie betrieb er mit Vorliebe als Nebenbeschäftigung. Gegen ungerechtes oder ihm so scheinendes Urtheil war er, wie die meisten Künstler, äußerst empfindlich. Im Unmuthe über eine ihm wirklich oder vermeintlich widerfahrene

Unbill verließ er Lausanne, um sich nach Paris zu begeben. Von da an ist seine Spur verschwunden, sein weiteres Schicksal und Ende in Dunkel gehüllt.

Nagler schreibt den Namen dieses Künstlers Klaß, ohne einen Grund zu dieser Abweichung anzugeben. Nach den hiesigen Archival-acten hieß er Glaß. Ein Zeitgenosse von ihm,

Johann Christoph Hammer,

zu Arnstadt in Thüringen 1701 geboren, hatte sich, nachdem er bereits $\frac{1725}{1755}$ seit 1725 bei dem hiesigen Tapetenmaler Ulrich als Gehülfe beschäf-tigt gewesen, 1730 zu Frankfurt häuslich niedergelassen. Durch seine Portraite, Bataillen, Jagden und Still=Leben wußte er sich Beifall zu erwerben. Er starb zu Mosbach bei Biebrich 1755, nicht wie Hüsgen irrig angiebt 1748. Seine Leiche wurde am 31. März zu Frankfurt beerdigt.

Ein späterer Maler von ganz gleichem Namen, welcher am 4. October 1768 mit Anna Elisabetha Franziska Hammer hier ge-traut wurde, dürfte der Sohn oder Neffe des erstgenannten gewesen sein. Er starb im August 1785.

Salomon Kleiner,

ein namhafter Baumeister, Zeichner und Kupferstecher von Augsburg, 1737. Professor der Baukunst am Theresianum und kurfürstlich Mainzischer Hofingenieur, zeichnete und stach mit außerordentlichem Fleiß äußere und innere Ansichten von Städten und architektonisch merkwürdigen Bauwerken, welche theilweise von Johann Andreas Pfeffel in Augs=burg veröffentlicht wurden. Dahin gehören die Kirchen und Klöster Wiens, sowie die kaiserliche Burg und Lustschlösser, gestochen von Heumann, Corvinus und Sperling, die Plane und Aufrisse der kai=serlichen Bibliothek mit den Gemälden von Gran, gestochen von J. Sedelmeyer; ferner das Rathhaus zu Augsburg in siebenzehn Blättern, gestochen von J. G. Pinz. Er selbst stach die Ansich-ten der Stephans= und anderer Kirchen zu Wien, des Belvedere und des Invalidenhauses daselbst rc. Seine Aufnahme unter die in Frankfurt beschäftigt gewesenen Künstler rechtfertigt sich durch seine vortrefflichen Zeichnungen für das von J. D. Heumann gestochene, im Jahr 1738 unter dem Titel: »Francofurtum ad Moenum flori-dum« etc. oder „das florirende Frankfurt a. M." rc. bei Pfeffel in

Augsburg erschienene, höchst interessante sehr seltene Werkchen in acht Blättern, worin neben dem Grundriß der Stadt, die Mainbrücke von Osten gesehen, die Bartholomäuskirche mit dem Pfarrthurm, der Römerberg mit der Nikolaikirche, der Liebfrauenberg mit einer Schlittenfahrt, die Hauptwache mit den sie umgebenden Stadttheilen, der Roßmarkt mit der Stadtallee und der Hühnermarkt in einer zwar etwas trockenen, den Architekten kennzeichnenden Weise, aber außerordentlich präcis und klar dargestellt sind. Diese schönen Blätter geben eine recht deutliche Anschauung der inneren Stadt mit zeitgemäßer Staffage, sind deßhalb auch topographisch von Interesse. Sechs von den sehr correkt mit Feder und Tusch ausgeführten Originalzeichnungen fanden sich in des Regierungsraths Martinengo Nachlaß zu Würzburg, aus welchem sie an die Völker'sche Buchhandlung dahier übergegangen sind. Diese beabsichtigt, die Blätter photographisch .zu vervielfältigen, um ihre größere Verbreitung zu ermöglichen, was, geschickte und sorgfältige Ausführung vorausgesetzt, nur dankenswerth ist, da die Zeichnungen mindestens zehn Jahre vor dem Stiche aufgenommen worden sind und von diesem in mehreren Punkten abweichen.

Mit noch größerem Fleiße gearbeitet fanden sich in demselben Nachlasse auch die von Kleiner gezeichneten Ansichten der Stadt und Festung Würzburg, alle in Großfolio. Die Frankfurter Ansichten wurden von J. M. Eben für J. B. Müllers „Beschreibung der Reichsstadt Frankfurt" copirt, und G. B. Probst in Augsburg hat dieselben gleichfalls für seine fabrikmäßigen Nachstiche vielfältig ausgebeutet.

Kleiner war um 1703 geboren und starb 1759 in Wien.

Johann Hermann Querfurt,

1737. Maler, geboren zu Wolfenbüttel um 1700, wurde nach Inhalt des Kirchenbuchs des vormaligen St. Bartholomäusstifts am 3. December 1737 hier beerdigt. Allem Vermuthen nach war er der jüngere Bruder des 1697 ebendaselbst geborenen berühmten Pferdemalers August Querfurt und hatte, gleich diesem, den ersten Unterricht im Zeichnen von seinem Vater Tobias erhalten. Wie lange sein Aufenthalt in Frankfurt gewährt hatte, vermag ich nicht zu sagen. Schon Hüsgen hat als historische Notiz des hier erfolgten Todes dieses Künstlers Erwähnung gethan, denselben jedoch irrig August Hermann genannt.

Johann Georg Funt,

ein Architekt, dessen Geburtsort ich nicht finden konnte, scheint hier $\frac{1742}{1745}$ einheimisch gewesen zu sein, jedenfalls längere Zeit hier gearbeitet zu haben. Er zeichnete zu den Krönungsdiarien der Kaiser Karl VII. und Franz I. 1742 und 1745 den architektonischen Theil der Darstellungen der im Dom sowohl als in und außerhalb des Römers stattgehabten Aufzüge und Feierlichkeiten. Diese von M. Rößler, A. Reinhardt, F. M. Regenfus und M. C. Mayer gestochenen Blätter sind bezeichnet: J. G. Funk, Archit. oder Stud. Archit. del. Seine weiteren Leistungen und Lebensverhältnisse sind mir unbekannt.

Johann Nikolaus Lentzner,

Landschaft= und Thiermaler, geboren zu Schleiz am 10. Juli 1711, $\frac{1736}{1749}$ wurde zuerst durch Joh. Georg Dietrich in Weimar, einen sehr mittel= mäßigen Künstler, im Zeichnen und Malen unterrichtet, bildete sich aber nachher bei Hamilton in Wien weiter aus und kam von da auf seiner Kunstwanderung nach Frankfurt, wo er bei dem geschickten Tapetenmaler Kiesewetter Beschäftigung fand, mit dessen Tochter er sich am 21. August 1736 vermählte. Seine mit Ruinen und schönem Vieh staffirten, bald in Wouwermanns, bald in des Heinrich Roos, bald in seines Lehrers Hamilton Geschmack ausgeführten Landschaften fanden Beifall, doch giebt sich in dieser stäten Nachahmung der Mangel selbständiger Erfindungsgabe zu erkennen; auch konnte sich Lentzner von der Manier seines ersten Lehrers Dietrich nie ganz frei machen. Man findet gute Zeichnungen von ihm mit Rothstift oder Tusch und weiß gehöht auf blauem Papier, in der Weise wie Heinrich Roos die seinigen verfertigte. In dem Prehn'schen Kabinet sieht man zwei kleine Reitergefechte, auf Holz gemalt, J. N. L. bezeichnet.

Durch die Krönungsfeierlichkeiten Karls VII. und Franz I. fand Lentzner mancherlei Beschäftigung, wodurch er indessen mehr seiner Kasse als seinem Künstlerruhm genützt hat. Unter Anderem zeichnete er 1741 den Einzug des spanischen Gesandten, Grafen von Montijo, des französischen Gesandten, Grafen von Belle Isle und des Kur= fürsten von Cöln, alle drei gestochen von Michael Rößler; sodann den Einzug des Kurfürsten von Mainz, gestochen von A. Reinhardt, und 1745 eine Reihe Blätter zur Darstellung der Krönung, der Hul= digung, der verschiedenen Gastmähler, und als das mühsamste Werk, den pomphaften Einzug des Kaisers Franz. Der architektonische Theil dieser Blätter wurde von dem Architekten Junk, die Figuren von Lentzner gezeichnet und das Ganze von W. C. Mayr gestochen. Alle diese Arbeiten waren sehr lästig, weil jedem Gesandten die Zeichnung zur Genehmigung vorgelegt werden mußte und bei keiner die geringste Person fehlen durfte. Auch für verschiedene Verleger geschichtlicher Werke ist er vielfach beschäftigt gewesen, wozu dann Martin Tyroff und Andere als Stecher verwendet wurden.

Am 9. (nicht 10.) Juli 1749 endigte Lentzner gerade im vollendeten acht und dreißigsten Jahr sein thätiges Leben. Seine Wittwe trat 1750 mit Joh. Andreas Benjamin Nothnagel in die zweite Ehe. Sein Sohn

Johann Gabriel Lentzner

war im August 1737 hier geboren, mithin erst zwölf Jahre alt, als er den Vater verlor. Sein Stiefvater Nothnagel nahm sich jedoch des Knaben an, und unter seines Oheims, des älteren Trautmann Leitung bildete sich Gabriel zum achtbaren Historienmaler heran, wie sein im Römer an der Kaiserstiege hängendes Gemälde: Joseph legt die Träume aus, hinreichend beweist. Dasselbe ist ganz in der Weise seines Lehrers behandelt und besonders in der Färbung gelungen. Es verdient einen würdigeren Platz, dem jedoch sein Umfang, 3½' hoch und 4½' breit, hinderlich ist. Das Bild ist bezeichnet: J. G. Lentzner 1765.

Des Meisters Frau war eine geborene Nothnagel, vermuthlich die Tochter von Christian Benjamin. Er starb am 4. Januar 1800 mit Hinterlassung eines Sohnes

Johann Heinrich Lentzner.

Dieser, geboren am 20. August 1778, war ein geschickter Genre- und Thiermaler. Seine kleinen in Oel gemalten Gesellschaftsstücke waren zur Zeit beliebt. Seine Zeichnung ist correct und die ganze Behandlung zeigt von verständiger Sorgfalt. Aber der Mann scheint nicht sehr productiv gewesen zu sein, was seiner fortwährenden Kränklichkeit — er litt an epileptischen Zufällen — zuzuschreiben sein dürfte. Man findet von ihm auch einige leicht radirte Blättchen, unter andern den Kopf einer Kuh, nach rechts gewendet, H. 1797 bez., und den Kopf eines Esels, nach links gewendet, 12°. Im Jahr 1798 stach er die Domkirche zu Wetzlar im Umrisse. Er starb ledigen Standes am 12. October 1836.

Franz Degeler [1])

warb um 1711 in ber oberen Klaufe in Tyrol geboren. Sein Cheim, 1711/1748. ein geschickter Künstler zu München, bildete aus ihm einen tüchtigen Historien= und Portraitmaler. Als solcher wurde er 1741 bei seiner Verheirathung in den hiesigen Beisassenschutz aufgenommen; wahr= scheinlich aber hatte er schon lange vorher hier gearbeitet. Sein „Meisterstück" stellte Danae mit bem goldenen Regen vor. Es ist, soviel ich erforschen konnte, nicht mehr vorhanden; wahrscheinlich wurde es, als zur Aufstellung im Römer nicht geeignet, beseitigt. Zur Zeit der Krönung Karls VII. malte er den Kaiser, dessen Gemahlin, und andere angesehene Personen. Die Kirche des vormaligen Kapuziner= klosters enthielt von seiner Hand zehn große Passionsgemälde, die „in sehr gutem Geschmack" ausgeführt gewesen sein sollen. Auch sie sind verschwunden. Hüsgen läßt diesen Künstler am 29. November 1746 im dreißigsten Lebensjahr sterben, während derselbe nach In= halt des Kirchenbuchs zwar allerdings an dem genannten Tage, aber im Alter von fünfunddreißig Jahren gestorben ist. Auch Nagler, dem nur Hüsgens „Nachrichten", aber nicht dessen „Artist. Ma= gazin" bekannt gewesen zu sein scheint, macht bezüglich Degelers und anderer hiesiger Künstler ganz irrige Zeitangaben.

Johann Matthias Steublin

war ein unbedeutender Kupferstecher in der ersten Hälfte des 18. 1736. Jahrhunderts. Er arbeitete um 1736 für die hiesigen Buchhändler und zog später nach Augsburg, wo er noch 1750 thätig war. Eine Copie nach Jouvenets Kreuzerhöhung und die allegorische Figur der Gerechtigkeit nach Dominichino gehören zu seinen besten Arbeiten.

Christian Lebrecht Schild,

ein geschickter Stempelschneider in Metall und Stein, 1711 zu Harburg 1710/1751. in Schwaben von jüdischen Aeltern geboren, ließ sich am 13. April 1731 zu Dietz an der Lahn, wo er längere Zeit verweilte, von einem reformirten Geistlichen taufen und nahm, nachdem er sich im Januar 1733 in Frankfurt verheirathet hatte, hier seinen Wohnsitz. Hüsgen erwähnt einen von Schild geschnittenen Herkules und verschiedene

---

[1]) So und nicht Degele hat er selbst seinen Namen geschrieben.

fürstliche Wappen aus den Jahren 1742 und 1745, die sich durch
Tiefe und Feinheit des Schnitts auszeichneten. Des Meisters Geschicklichkeit scheint in der That keine gewöhnliche gewesen zu sein;
denn das Handsiegel des Königs von Spanien wurde ihm mit hundert Ducaten bezahlt. Eduard Rüppell gedenkt in dem 8. Hefte des
Archivs S. 67 auch zweier von Schild geschnittenen Frankfurter Ge-
dächtniß-Medaillen. Die eine bezieht sich auf die Wahl Karls VII.
wovon jedoch nur die Kehrseite von ihm, die Hauptseite aber von
Engelhard Krull verfertigt ist; die andere ohne Jahrzahl giebt im
Avers eine sehr ungenaue Ansicht der Stadt mit der Ueberschrift
»Republica Froncofurtana«, und auf der Kehrseite drei emblema-
tische weibliche Figuren. Beide Schaumünzen haben die Initialen
C. S. Andere Arbeiten des Meisters sind mit C. L. S. oder auch
mit dem vollständigen Namen bezeichnet. Schild starb, ohne das
Bürgerrecht erlangt zu haben, am 3. October 1751 in Sachsenhausen.
Seine Tochter Charlotte Rebecca, 1734 hier geboren, hatte gleich-
falls die väterliche Kunst erlernt, sich im Jahr 1756 mit dem Siegel-
stecher Hieronymus Damiset von Hanau verheirathet, später aber
Paris zum Wohnsitz gewählt, wo sie auch starb.

Jn dem Stammbuche der Gold- und Silberarbeiter findet sich
1713 ein Daniel Schild, 1739 ein Heinrich Schild und 1748
wieder ein Daniel Schild als Goldarbeiter eingetragen. Der erstere
hat seinem Namen eine feine Bleistiftzeichnung, die Himmelfahrt des
Elias, und der dritte eine ähnliche, Daniel in der Löwengrube vorstellend, beigefügt. Ich glaube nicht, daß diese Goldarbeiter mit Christian Lebrecht Schild verwandt waren. Höchst wahrscheinlich gehörten
sie zu den eingewanderten Niederländern.

Andreas Reinhardt,

1740/1752.

der Sohn des Hofkupferstechers A. Reinhardt zu Kopenhagen, geboren
1715, zog, noch nicht vierzehn Jahre alt, mit seinem Vater nach
Augsburg, wo ihn dieser in seiner Kunst unterrichtete. Auf den Ruf
des Buchhändlers Hutter kam der junge Künstler 1740 nach Frankfurt, um für dessen Verlag Landkarten und Vignetten zu stechen.
Von seiner Hand ist u. a. das fleißig gearbeitete Titelkupfer mit der
Ansicht der Stadt Mainz zu des Dechanten Johann Amos katholi-
scher Bilderbibel; sodann in dem Krönungsdiarium Karls VII. der
äußere Prospekt der Stiege im Römer nach der Zeichnung von J. G.
Funk; der Einzug des Kurfürsten von Mainz nach J. N. Lentzner;

der Versammlungsplatz auf der Bornheimer Heide und der Grundriß der Domkirche, beide letztere nach W. D. Schäffer.¹) Ferner stach Reinhardt eine Ansicht des Fleckens Beudorf bei Coblenz in zwei verschiedenen Platten, und 1743 die beiden schönen und interessanten Karten zu der 1744 von Buri in Offenbach herausgegebenen Deduction über den Forst und Wildbann zu Dreieich; endlich die folgende Portraite:

1. Der beiden Buchdrucker Christian Egenolph und Conrad Berner, des Buchhändlers Johann Berner und des Licentiaten Samuel Hildebrandt, alle vier 1741 zu Mündens Dankpredigt auf das Buchdruckerjubiläum. 8⁰.
2. Conrad Hieronymus Eberhard Schwind, kaiserlicher Rath und Schöffe. A. Reinhardt del. et sc. 1745. 8⁰.
3. Johann Michael von Loen. A. Reinhardt del. et sc. Frft. 1749. 8⁰.
4. Johann Taylor, berühmter englischer Augenarzt. Cheval. Rich. Roma pinx. A. Reinhardt sc. Francofurti 1750. 8⁰.
5. Johann Philipp Fresenius, Ministerii Senior. F. Lippolt pinx. A. Reinhardt sc. 1749. Folio.
6. Philipp Jacob Spener, Ministerii Senior. A. Reinhardt sc. 1750. 8⁰.

Der Künstler zeichnete gewöhnlich seine Blätter A. R. oder auch den Namen mit dem Zusatze: filius, womit er sich von seinem Vater unterschied. Er starb im blühenden Mannesalter zu Frankfurt am 25. Januar 1752, nicht wie Nagler berichtet 1755.

Franz Joseph Eichhorn,

Historien- und Portraitmaler, war 1712 in Düsseldorf geboren. Seine 1740
1752.
Bildnisse zeichneten sich durch große Aehnlichkeit aus. Anfangs führte er ein sehr unstätes Leben, arbeitete zwischen 1740 und 1750 geraume Zeit in Frankfurt bei Franz Lippold und später bis zum Jahr 1752 selbstständig, ging dann nach Mainz und ließ sich zuletzt in Neuwied häuslich nieder. Hüsgen traf ihn 1774 zu Amsterdam; von da kehrte er nach Neuwied zurück und führte in dem dortigen Schlosse verschiedene historische Gemälde aus, womit er sich Beifall erwarb. Nach ihm haben J. J. Haid, A. Reinhardt und J. M. Berningrod, der letztere am besten, das Portrait des hiesigen Patriciers J. M. von Loen gestochen. Eichhorn soll um 1785 zu Neuwied in Armuth gestorben sein.

---

¹) Dieser nennt sich Ingenieur und Architekt. Ob er hier einheimisch gewesen, ist mir unbekannt.

Johann Ludwig Pfeiff,

^{c. 1710}/_{1754.} Canonicus an dem St. Bartholomäus= und St. Leonhardsstift, der Sohn des kurmainzischen Residenten, dessen Kunstsammlung später gedacht wird, verdient hier als genialer Kunstdilettant eine Stelle. Die vom Vater ererbte und gepflegte Liebe zur Malerei hatte sich bei dem Sohne zum wahren Enthusiasmus gesteigert. Er malte in Oel und Pastel, zeichnete in Röthel und Bleistift Historien, Portraite und vorzugsweise Thiere. Mit bemerkenswerther Fertigkeit und Sicherheit zeichnete er Pferde, Ochsen, Hunde, Katzen ꝛc., wie sie ihm auf der Straße begegneten in den schwierigsten Stellungen, wobei es ihm einerlei war, ob er seine Zeichnung an der Zehe oder am Schweife begann, sie war immer gelungen. Sein Interesse war so groß, daß er oft in das erste beste Atelier eines Malers stürzte, um ein Thier, das auf der Straße aus irgend einem Grunde seine Aufmerksamkeit erregt hatte, mit Rothstift, oder was ihm sonst in die Hände fiel, auf's Blatt hinzuwerfen; dieses überließ er dann dem Künstler und setzte seinen Weg fort.

Wegen allzufreier Lebensweise verlor er im Jahr 1754 seine geistlichen Stellen, worauf er nach Braunschweig ging und daselbst 1776 als Director der herzoglichen Porcellanfabrik starb.

Johann Philipp Behr,

^{c. 1740}/_{1756.} ein Maler von Augsburg, hatte sich in der ersten Hälfte des 18. Jahr= hunderts hier niedergelassen. Er soll um 1748 verdienstliche Por= traite, auch Genre= und Früchtestücke gemalt haben, die von dem Künstler selbst, „weil sie so gar glatt gemalt" seien, sehr hoch ge= halten wurden, aber wegen des übertriebenen Preises keinen Absatz fanden und zuletzt selbst im Pfandhause zurückgewiesen wurden, was sich der gute Mann so sehr zu Gemüth zog, daß er in eine schleichende Krankheit verfiel, die ihm 1756 den Tod brachte.

J. J. Haid hat das Portrait des Dr. Wilhelm Bernhard Nebel nach ihm gestochen.

Heinrich Adam Elias Borny,

¹⁷⁴²/_{1757.} war in Sachsen geboren, aber schon in früher Kindheit mit seinem Vater nach Stuttgart gezogen, wo dieser sich als Maler niederge= lassen und den Sohn in seiner Kunst unterrichtet hatte. Zur Zeit

der Krönung Karls VII. wanderte der junge Mann, gleich so vielen seiner Standesgenossen, nach Frankfurt, um das Glück zu erhaschen. Er fand bei dem Maler Föhrlein durch sinnreiche Ausschmückung der Staatscarossen, womit damals großer Luxus getrieben wurde, während zehn Jahren reichliche Beschäftigung, die er zur weiteren Ausbildung seines angeborenen Talents gut benutzte. Um 1752 ver= heirathete sich Borny und arbeitete von jetzt an selbständig. Seine kleinen Kabinetstücke von eigener Erfindung wurden ihm theuer be= zahlt. Später fanden auch seine Architektur= und Küchenstücke vielen Beifall. Im Jahr 1757 wurde der Künstler nach Braunschweig be= rufen, wo er auch sein Leben beschloß; seine Wittwe aber, die ihn lange überlebt zu haben scheint, wurde am 28. December 1791 hier in Frankfurt beerdigt.

Johann Michael Eben,

geboren zu Biebrich im Mai 1716, war nur ein mittelmäßiger $\frac{1742}{1761}$ Kupferstecher. Er wurde 1742 als Beisaß hier aufgenommen; aber am 1. Juni 1746 verheirathete er sich mit Maria Margaretha Feuer= bach und gelangte dadurch in das Bürgerrecht. Er stach die miß= lungenen Portraite des Kaisers Karl VII. und des Pfarrers Georg An= dreas Lachemwitz, sodann einige Blätter der Krönungs=Illuminationen mit Joh. Ebersbach von Augsburg, den fürstlich Thurn und Taxis= schen Palast, daß große Rhinoceros, welches 1747 hier zu sehen ge= wesen, Gr. quer Folio, und die sechs Kupfer zu Müllers „Be= schreibung der freien Reichs=, Wahl= und Handelsstadt Frankfurt a. M. 1747." Diese letzteren sind nur Copien in verjüngtem Maaßstab nach den 1738 zu Augsburg unter dem Titel: das florirende Frankfurt" erschienenen vorzüglichen Ansichten von Salomon Kleiner, und ebendeßhalb wohl das Beste, was Eben geliefert hat. Er führte auch einen Kunsthandel. Am 29. December 1761 wurde er beerdigt.

Friedrich Wilhelm Dilcrée

am 21. December 1719 von nicht verbürgerten Aeltern hier geboren, $\frac{1719}{1760}$ erlernte die Malerei bei Justus Junker, ohne jedoch diesem in den von ihm gewählten Fächern zu folgen. Er malte kleine Genrebilder, noch öfter landschaftliche Gegenstände, wobei ihm Jagden, militärische Lager ꝛc. als Staffage dienten. Zuweilen auch ahmte er Nikolaus

Berghem und Heinrich Roos in ihren Hirtenstücken nach. In dem Prehn'schen Kabinet befinden sich vier kleine Stücke des Meisters. Dieser hatte 1749 die Tochter des Malers Weinla geheirathet und starb am 22. April 1760.

Johann Martin Benjamin Keßler

1760. war nach Meusels Künstlerlexicon, 2. Auflage I., 455, am 17. April 1760 zu Frankfurt geboren, hatte die Kunst bei seinem Vater erlernt und wurde Universitätsmaler zu Marburg. Er zeichnete Landschaften nach der Natur und malte Portraite in Oel und Pastell. In den hiesigen Kirchenbüchern ist er nicht zu finden.

Johann Karl Keßler,

1763. der Sohn eines Dosenstaffirers, ward am 25. März 1763 dahier getauft, wurde ebenfalls Maler und überreichte im Jahr 1790 sein „Meisterstück": einen bärtigen Mannskopf in Trautmanns Manier, von geringem Verdienste. Es befindet sich gegenwärtig in dem Amts= zimmer des Forstamtes und ist bezeichnet: J. C. Kessler jun.

Peter Keßler,

Bruder des Vorgenannten, im December 1771 in Frankfurt geboren, war Landschaft= und Genremaler. In der Landschaft scheint der äl= tere Schütz, im Genre Nothnagel sein Lehrer gewesen zu sein, wenig= stens hat er beiden nachgestrebt, sie aber nicht erreicht, obwohl die Figuren, womit Keßler seine zuweilen auch an Sebastian Brand erinnernden Landschaften staffirte, oft besser gelungen sind als die des älteren Schütz, der hierin gerade keine besondere Meisterschaft zeigte. Er gelangte 1802 zum Bürgerrecht. Sein bei diesem An= laß geliefertes Probestück, eine recht fleißig ausgeführte Landschaft von guter Wirkung, befindet sich in dem Sitzungszimmer des Appel= lationsgerichts. Keßlers frühere Arbeiten sind seinen späteren weit vorzuziehen. In seinen Landschaften herrscht ein angenehmer, warmer Ton, mit duftigen Fernen; sie übertreffen die des Franz Hochecker, mit welchen sie oft verwechselt werden. Der Mann hatte aber viel mit äußeren Widerwärtigkeiten zu kämpfen, in denen ihm die Familie Nothnagel stets eine freundliche Zuflucht gewährte. Die Noth ließ seine Fähigkeiten nicht zur Entwickelung kommen. Eine Unzahl kleiner bärtiger Köpfe, auch Conversationsstücke aus dem gemeinen Leben, nach Nothnagels Vorbild in Oel, aber hart und fabrikmäßig gemalt, wurde durch Keßler förmlich vertrödelt. Noch jetzt findet man sie zum Ueberdruß aller Kunstfreunde hier in Menge, obwohl in neuester Zeit viele nach außen gewandert und von Nichtkennern zuweilen gut bezahlt worden sind. Am 9. August 1845 endete er sein mühseliges Leben.

A. Scheppem

arbeitete einige Zeit in Frankfurt als Portraitmaler. Ein recht gelun- 1763. genes, lebensgroßes Brustbild des Stadtschultheißen Johann Wolf-gang Textor, Goethe's Großvater, in seiner Amtstracht mit goldener Gnadenkette, bezeichnet: A. Scheppem fec. 1763, ist noch im Besitze der Familie. Die sonstigen Leistungen dieses Künstlers, so wie Ort und Zeit seiner Geburt und seines Todes sind unbekannt.

Um die Mitte des 18. Jahrhunderts leuchtete an dem trüben Himmel der Frankfurter Kunst als ein bescheidenes Gestirn der Por-trait-, Genre-, Blumen- und Früchtemaler

Justus Juncker.

Dieser Künstler war nach Hüßgens Angabe 1703 zu Mainz ge- c. 1716 1767. boren. Die hiesigen Sterberegister besagen aber, daß er am 15. Juni 1767 im Alter von 66 Jahren gestorben sei. Demnach würde seine Geburt in das Jahr 1701 fallen; allein die Altersangaben in den Sterberegistern jener Zeit sind nicht immer zuverlässig, weil sie häufig nur auf den Erklärungen der Verwandten beruhen. Den ersten Un-terricht im Zeichnen und Malen empfing Juncker bei dem hiesigen Maler Joh. Hugo Schlegel, der ihn Vieles nach David le Clerc copiren ließ, was den jungen Mann wenig förderte. Sein besseres Gefühl führte ihn auf den richtigen Weg. In dem Kabinet des als eifriger Kunstfreund bekannten Baron Hedel sah er die vortrefflichen Arbeiten des Thomas Wyk, welche solchen Eindruck auf ihn machten, daß er sich diesen Meister zum Vorbilde wählte. In seinen Dar-stellungen häuslicher Scenen, Gelehrter in ihren Studirzimmern, Al-chymisten im Laboratorium, Küchen und ähnlichen, stets mit vielem Fleiße ausgeführten Arbeiten wußte er eine so natürliche und har-monische Wirkung von Licht und Schatten zu erzielen, daß er zu-weilen dem berühmten Niederländer nahe kam, ja diesen in der mannichfaltigsten Ausschmückung seiner Bilder mit Beiwerken, metallenen Geräthschaften, Victualien u. dgl. manchmal übertraf. Später suchte Juncker in seinen gutgeordneten Blumen- und Früchtestücken mit Schmetterlingen und andern Insekten den David de Heem und van Huysum zu erreichen. Wenn ihm diese schwere Aufgabe auch nicht, wie er sich vorgesetzt hatte, gelungen ist und sein eigener Schüler, Daniel Bager, ihn übertroffen hat, so verdienen doch seine Arbeiten auch in diesem Fache alle Anerkennung. Sie hinterlassen stets einen erfreulichen Eindruck. Die Zeichnung ist richtig, der Pinsel leicht und die Färbung lebhaft und naturgetreu. Beauvarlet stach nach ihm ein großes Blatt: La cuisine allemande, und verschiedene von Juncker gemalte Portraite wurden von J. M. Stock, C. H. Müller u. A. in Kupfer gestochen. Ein von ihm selbst nach Thomas Wyk radirtes Blatt in 4°: ein lesender Gelehrter an seinem Pult, bez. »Justus Juncker sculp. Fſti. ad M. 1749«, kann nur als ein mißlungener Versuch in der Aetzkunst betrachtet werden.

Bevor sich dieser Künstler um 1726 zu Frankfurt als Beisasse häuslich niederließ, hatte er einige Zeit zu London gearbeitet. Seine Gemälde nehmen in öffentlichen und Privatsammlungen einen ehrenvollen Platz ein:

Zu Frankfurt:
1. in dem Städel'schen Kunstinstitut: Ein Gelehrter in seinem Studirzimmer. Bez. Juncker fec. 1754. Vorzüglich;
2. in dem Prehn'schen Kabinet: Vier kleine Gemälde.

Zu Darmstadt in der großherzoglichen Gallerie: Drei Obst- und Blumenstücke;

Zu Cassel in der kurfürstlichen Gallerie: sehr vorzügliche Genrebilder, worunter das Portrait des Meisters, an der Staffelei sitzend, neben ihm sein Schüler, den er im Zeichnen unterrichtet.

Isaak Juncker,

der Sohn des Vorgenannten, war 1727 zu Frankfurt geboren. Er hatte sich unter des Vaters Anleitung der Portraitmalerei gewidmet, jedoch nichts Besonderes darin geleistet. Im Jahr 1779 arbeitete er einige Zeit zu Basel. Nach ihm hat J. M. Stock ein Portrait gestochen. Als guter Tenorsänger begleitete er oft in öffentlichen Concerten seine Tochter mit Beifall. Er starb am 20. December 1789 an der Auszehrung.

J. C. Back

nahm zwar als Kupferstecher nur eine untergeordnete Stelle ein, in-¹⁷⁶⁵ dessen geschieht dem Manne doch Unrecht, wenn ihn Hüsgen unter die „jämmerlichen Kunstklepper" zählt. Ein solcher Ausspruch kann nur aus irgend einer persönlichen Animosität hervorgegangen sein. Die von Back gestochenen Portraite des Königs Friedrich I. von Preußen und des Buchhändlers van Düren, unter dem Namen Petrus Hollandus sind allerdings geringe Arbeiten; dagegen besitze ich den von Cheval. Berny de Nogent 1761 in französischer Sprache herausgegebenen »Atlas de Portraits et Figures, de Traits et Entrelacs à la Plume, ouvrage unique en ce genre«, dessen Kupfertafeln nach Berny's Zeichnungen von Back mit einem gewandten und reinen Grabstichel gestochen sind. Dieses Werkchen ist ein aus zwölf Folioblättern bestehendes Curiosum und äußerst selten. Die Portraite und Figuren sind jedesmal in einem einzigen Federzug ausgeführt. Das Heftchen enthält außer dem Titel und Vorwort die Bildnisse des Prinzen Karl Alexander von Lothringen zu Pferd, der Kaiserin Elisabeth von Rußland, des Peter Paul Rubens und seiner Frau, „eine Flammänderin", „eine schöne Deutsche", Pantalon, Joueur de Guitare, tanzende Bauern, Combat d'animaux, und ein Windspiel. Auf dem Titel liest man: Gravé par J. C. Back à Francfort.

Außerdem fand ich zwei, wie es scheint zu einer größeren Folge gehörige, in Augsburg erschienene Blätter:

1. Mars und Irene, auf einer Wolke schwebend. Boucher pinx. J. C. Back sculpt. Kl. quer Folio.
2. Tres Furiae Alecto, Megaera et Tisiphone, mit ihren Attributen. J. C. Back sculp. Ebenso.

In beiden ist der kräftige Grabstichel und die correkte, ausdrucksvolle Zeichnung anzuerkennen.

Ueber die Geburt und den Tod des Künstlers, welcher viel in Offenbach geweilt haben soll, fehlen die Nachrichten; jedenfalls lebte er noch 1765, da in diesem Jahre das schon erwähnte Portrait des van Düren von ihm gestochen wurde. Dieser Buchhändler war, wie Hüsgen erzählt, ein Sonderling, der alle seine Geschäftsreisen von hier nach Leipzig und von da durch Sachsen, Hessen und Westphalen nach Amsterdam, durch Holland, Brabant nach Paris zu Fuß zurücklegte, zuletzt aber, als er, ein guter Katholik, in Rom dem Pabst den Pantoffel küssen wollte, im Kirchenstaate ermordet wurde. Im Jahr 1753 war ihm die Fatalität begegnet, von dem auf Friedrichs des Großen Requisition hier verhaftet gewesenen Dichter Voltaire, den er kurz vorher beleidigt hatte, eine Ohrfeige zu erhalten. Voltaires Begleiter, Collini, tröstete ihn damit, daß es von einem großen Manne komme.

Johann Georg Ziesenis,

c. 1742⁄1750. ein sehr beliebter Portraitmaler von Kopenhagen, wo er 1716 geboren ward, muß sich längere Zeit hier aufgehalten haben; denn am 4. November 1742 wurde er hier mit Maria Salome Umpfenbach kirchlich aufgeboten, ob auch getraut, ergeben die Kirchenbücher nicht. Verschiedene um jene Zeit oder später gemalte Portraite hiesiger Personen sind mit seinem Namen bezeichnet. Dahin gehört namentlich das Bild des 1765 verstorbenen braunschweig-lüneburgischen, pfälzischen und hessischen Geheimeraths und Kreisgesandten Friedrich Philipp v. Atzenheim, welches später J. J. Haid vortrefflich in Schwarzkunst ausgeführt hat.

Ziesenis hat außerordentlich viele fürstliche Personen seiner Zeit, namentlich Friedrich den Großen, den Kurfürsten Karl Theodor und dessen Gemahlin, die Herzoge Ferdinand und Karl Wilhelm von Braunschweig ꝛc. gemalt, wobei er sich Rigaud zum Vorbild nahm. Seine Portraite zeichnen sich durch frische Färbung und große Aehnlichkeit aus. Sie wurden durch die vorzüglichsten Künstler: J. G. Wille, J. J. und J. E. Haid, E. Verhelst, Houbracken u. A. in Kupfer gestochen. Er starb 1777 in Hannover.

Johann Benjamin Ehrenreich

1739⁄c. 1767. war der Sohn des Herzoglich Sachsen-Gotha'schen Rathes und Wundarztes Johann Ehrenreich, welcher früher als Arzt in Stuttgart gewohnt hatte, von da aber 1736 mit seiner Familie nach Frankfurt gezogen war. In einer 1762 von diesem Johann Ehrenreich an den hiesigen Magistrat gerichteten Bittschrift um Ertheilung des Bürgerrechts sagt er selbst, daß er seit sechs und zwanzig Jahren in dem hiesigen Beisassenschutze stehe, hier seinem ärztlichen Berufe lebe und fünf Kinder habe. Die Behauptung Hüßgens, daß diese Familie erst 1743 in Frankfurt eingewandert sei, beruht daher auf einem Irrthum, wodurch auch seine weitere Angabe: der Sohn Johann Benjamin sei 1739 in Ludwigsburg geboren, mindestens zweifelhaft wird. Jedenfalls ist es unrichtig, wenn Nagler Ludwigslust für den Geburtsort des Künstlers hält. Ueberhaupt herrscht über die

Lebensverhältniſſe des letzteren eine auffallende Ungewißheit. Während derſelbe nach Hüsgen Frankfurt im Jahr 1767 verlaſſen und in Hamburg ſeinen bleibenden Wohnſitz genommen haben ſoll, laſſen ihn Meuſel und Nagler nach Frankfurt zurückkehren und hier ſterben. Da weder das hieſige Bürgerbuch, noch die Sterberegiſter ſeiner er= wähnen, ſo halte ich Hüsgens Meinung für die richtigere. J. B. Ehrenreich war Maler und Kupferſtecher von entſchieden guten Anlagen. Schon in ſeinem eilften Jahre hatte er ein Köpfchen in Rembrandts Manier und bald darauf mehrere andere geſchickt geätzt.

Seine Gemälde ſollen nach Hüsgen es bedauern laſſen, daß er nur Weniges gemalt hat. Seine gleichfalls ſeltenen geätzten Blätter findet man bei Meuſel und Nagler verzeichnet. Es ſind deren kaum mehr als zehn bekannt. Ort und Zeit ſeines Todes ſind unermittelt.

Johann Georg Trautmann,

der Sohn eines Sattlers, ward 1713 zu Zweibrücken geboren. Sein $\frac{1713}{1769}$ Vater hatte ihn für ſein eigenes Handwerk beſtimmt; allein die ent= ſchiedene Neigung des Knaben für die zeichnenden Künſte bewogen ihn endlich, denſelben dem Hofmaler F. F. Bellon in die Lehre zu geben. Der noch vorhandene Lehrbrief beurkundet, daß Trautmann vom 1. Januar 1729 bis zum 31. December 1732, alſo vier Jahre, Bellons Unterricht mit gutem Erfolge genoß. In der That übertraf er ſeinen Lehrer, als er dieſen verließ, um ſich zu dem hieſigen Maler Johann Hugo Schlegel zu begeben, bei dem er mehrere Jahre be= ſchäftigt war. Hierauf trat er bei dem Tapetenmaler Johann Ga= briel Kieſewetter als Gehülfe ein und einige Jahre ſpäter, 1740, mit deſſen Tochter Magdalena Urſula in die Ehe. Erſt nach zwei vorausgegangenen abſchlägigen Beſcheiden erlangte er 1741 das Bür= gerrecht. Indeſſen konnte dem Künſtler die niedere Beſchäftigung des Tapetenmalens für die Dauer nicht zuſagen; er fühlte ſich zu Beſſerem berufen. Nach einigen Jahren gab er den handwerksmäßigen Beruf auf, um fortan ganz ſeiner künſtleriſchen Eingebung folgen zu können. Mit Vorliebe malte Trautmann in Oel nächtliche Feuersbrünſte nach dem Vorbilde des Daniel van Heyl, in denen er die verſchiedenen Lichteffecte in treuer Beobachtung der Natur mit markigem Pinſel darzuſtellen verſtand. Von ihm erlebte Ereigniſſe der Art gaben ihm den Stoff, aber auch häufig ſchöpfte er ſolche tragiſche Scenen aus der eigenen Phantaſie. Der von ihm in dieſer Weiſe mehrmals ge=

malte Brand von Troja wurde mit Beifall aufgenommen. Außerdem hat man von ihm bärtige Köpfe in orientalischer Tracht in Rembrandts Weise, Portraite, worunter sein eigenes von 1752 als vortrefflich bezeichnet wird, Bauernscenen in Teniers, Ostade's und Bromwers Manier, und endlich auch größere Compositionen aus der weltlichen und biblischen Geschichte, in denen er sich gleichfalls Rembrandt zum Vorbilde nahm. Dergleichen Arbeiten des Meisters findet man in den öffentlichen Gallerien zu Cassel und Darmstadt, dahier in dem Prehn'schen Kabinet und in der Städel'schen Sammlung. Trautmanns Gemälde würden bei den Kunstfreunden in höherem Ansehen stehen, als es der Fall ist, wenn ihm nicht so viele Pfuschereien seiner Nachahmer untergeschoben worden wären. Dies geschieht heute noch rücksichtlich seiner Feuersbrünste und orientalischen Köpfe; jedes Machwerk in diesem Genre von Hochecker oder Keßler wird für Trautmann ausgegeben. Dieser hat indessen fast alle seine Arbeiten mit dem Monogramme ℳ bezeichnet. Seine Handzeichnungen sind mit Tusch oder Sepia angelegt und mit der Feder schraffirt. Nach ihm haben u. a. J. C. Haid eine Geburt Christi in Schwarzkunst und J. G. Prestel dessen Portrait 1790 in Kreidemanier gestochen. Er selbst führte auch die Radirnadel mit Geschick. Folgende Blätter sind von ihm bekannt:

1. Die Erweckung des Lazarus in Rembrandts Manier flüchtig und breit radirt. Mit dem schon erwähnten Monogramm. Kl. Folio. Nagler hat dieses Blatt irrthümlich dem Rothnagel zugeschrieben.

2. Der Brand von Troja. Eben so. 4°.

3. Der Charlatan mit dem Medicinlasten; neben ihm ein Weib und ein Kind, in Ostade's Manier. Ein vortreffliches und seltenes Blatt. 4°.

4. Das Innere eines Hauses. Im Vorgrunde zwei Kinder am Schemel, weiterhin am Faße eine Frau, welcher ein Knabe das Licht hält. Schön. 8°.

5. Büste eines Alten im Profil, mit orientalischem Kopfputz und einer Feder darauf. Mit dem Monogramm, in Rembrandts Manier. Sehr klein 4°. Auch dieses Blatt wurde irrthümlich dem Rothnagel zugeschrieben.

6. Ein Jude, Halbfigur, lehnt sich an einen Tisch, worauf Münzen liegen. Mit dem Monogramm. Schönes Blatt in Rembrandts Manier. 12°.

Trautmann wurde 1761 zum kurpfälzischen Hofmaler ernannt. Im Jahr 1759 war er Wittwer geworden und im Februar 1769 ereilte ihn der Tod. Sein Sohn

Johann Peter Trautmann,

1745
1793.

dahier geboren am 29. November 1745, hatte sich dem gleichen Kunstfache gewidmet. Auch er malte Köpfe, Historien und Bauernstücke in seines Vaters und Lehrmeisters Manier. Nach einer Kunst-

wanderung durch Deutschland und die Schweiz nahm er in der Va=
terstadt seinen Wohnsitz. Als Probe seiner erlangten Kunststufe lieferte
er damals ein größeres Oelgemälde, eine Familienscene: die Mutter
mit ihren spielenden Kindern darstellend. Es ist bezeichnet:
Joh. Peter Trautmann jun. 1767, und hängt gegenwärtig an der
Kaiserstiege.

Peter Trautmann war ein tüchtiger Kenner und geschickter
Restaurateur aller Oelgemälde, und stand deßhalb, wie überhaupt
wegen seiner freundlichen Bereitwilligkeit zu Rath und That, bei den
hiesigen Kunstfreunden in großer Gunst.

Nach ihm stach J. Vissel zwei Bauernscenen in Aquatinta:
„Abendzeitvertreib" und „Die fröhliche Gesellschaft." Querfolie.

Daß er selbst radirt habe, wie Nagler vermuthet, ist sehr zu
bezweifeln. Hüsgen, sein Zeitgenosse und mit ihm nahe befreundet,
würde davon Kenntniß gehabt und es nicht unerwähnt gelassen haben.
Er starb am 30. December 1792. Nagler irrt also, wenn er des
Künstlers Tod in das Jahr 1811 setzt. Trautmanns Bildniß hat
J. F. Beer 1774 nach Daniel Bager radirt.

Johann Christoph Klang, [1]

im Februar 1727 hier geboren, war ein geschickter Ebenist oder Kunst=
schreiner, der in Wien und Berlin gelernt hatte. Er machte sich in
der Mitte des 18. Jahrhunderts durch seine schönen eingelegten Ar=
beiten von farbig gebeiztem Holz bekannt. Im Jahr 1755 gelangte
er unter feierlichem Verzicht auf „die gemeine Schreinerarbeit", zum
Meisterrechte „in der erlernten Kunst als Ebenist". Seitdem lieferte
er in dieser Art geschmackvoll und äußerst fleißig gearbeitete Figuren,
Genrestücke und Landschaften, wobei er ein harmonisches Colorit mit
genauer Beobachtung von Licht und Schatten anzuwenden verstand.
Hüsgen erinnert sich, eine Tabaksdose mit kleinen eingelegten Figuren
gesehen zu haben, wofür Klang zwanzig Ducaten erhielt. Für eine
Chatoulle mit historischen Vorstellungen zahlte ihm der König von
Spanien hundert Ducaten. Es ist zu bedauern, daß man auf diesen
interessanten, in der Neuzeit wieder zu Ehren gekommenen Arbeiten
der Kunstschreinerei niemals den Namen der bescheidenen Verfertiger
angegeben findet.

[1] So und nicht Klank ist der Name in den Receptionsacten und in den
Kirchenbüchern geschrieben.

Allzu angestrengter Fleiß und die Nergeleien seiner unverträg=
lichen Frau zogen unserm Meister eine Gemüthskrankheit zu, in wel=
cher er am 14. April 1770 sein Lebensziel erreichte. Hüsgen setzt
dessen Tod irrthümlich in das Jahr 1762.

Johann Georg Ambrosius Moevius, [1])

$\frac{1734}{1770}$ geboren zu Augsburg um 1700, hatte in seiner Jugend den gewöhn=
lichen Schulunterricht im Zeichnen und Malen erhalten, ohne für die
Künstlerlaufbahn bestimmt gewesen zu sein. Da ihn aber sein Vater,
ein mittelloser Gelehrter, auch für keinen anderen Lebensberuf vorbe=
reitet hatte, so sah er sich nach dessen Tod genöthigt, mit dem Pinsel
seinen Unterhalt zu suchen. Seine Kunstwanderung führte ihn nach
Worms, wo er sich 1727 verheirathete und mehrere Jahre verweilte.
Indessen scheint er schon 1734, wenn nicht früher, seinen Wohnsitz
in Frankfurt genommen zu haben. Aus den Stadtrechnungen ergiebt
sich, daß ihm in diesem Jahr für die Darstellung der Schlacht bei
Belgrad vom 16. August 1717, im Vordergrunde mit dem Prinzen
Eugen und der gesammten österreichischen Generalität in 9" hohen
ganzen Figuren, von dem Magistrate fünfzig Gulden bezahlt wurde.
Dieses Gemälde ist in neuerer Zeit an die Kaiserstiege verwiesen
worden.

Moevius malte nach der Natur Landschaften und Portraite,
wobei er sich oft wiederholte. So sah man vormals von ihm häufig
die Bildnisse des Fürsten von Thurn und Taxis und dessen Gemahlin.
In gleicher Weise hat er die Ansicht von Frankfurt, namentlich den
großen Brand von 1719 zur Nachtzeit vom Mühlberg gesehen, mehr=
mals gemalt. Hüsgen tadelt die Mangelhaftigkeit seines Colorits,
wovon ich keine eigene Ueberzeugung gewinnen konnte, da mir, außer
dem gedachten Schlachtgemälde, keine Bilder des Meisters zu Gesicht
gekommen sind.

Im Jahr 1749 schritt er, hier im Beisassenschutze stehend, zur
zweiten und 1752 zur dritten Ehe. Hüsgens Angaben sind hier=
nach zu berichtigen. Im vorgerückten Lebensalter verlegte er sei=
nen Wohnsitz nach Amsterdam, wo er 1770 starb. Sein Sohn
erster Ehe

---

[1]) So und nicht Mevius schrieb sich diese Künstlerfamilie.

Georg Friedrich Moevius

war 1727 in Worms geboren, mit seinem Vater nach Frankfurt ge= <u>1754</u>
kommen und von demselben unterrichtet worden. Er hatte das land= <u>1799.</u>
schaftliche Fach erwählt, worin er Anerkennung fand, jedoch, wie es
scheint, nicht in dem Grade, um zu weiterer Entwickelung angeregt
zu werden. Der Gemäldehandel im Verkehr mit den damals zahl=
reichen hiesigen Kunstfreunden schien ihm weit einträglicher, als das
Malen. Aber auch jener wollte zuletzt nicht mehr ausreichen; der
unglückliche Mann beschloß am 24. Januar 1799 in dem Bürger=
hospital sein Leben.

Johann Jacob Moevius,

des Vorgenannten Sohn, war 1767 hier geboren und dem Beispiel
seiner Vorfahren gefolgt. Früh mit Nothnagel befreundet, blieb er
lebenslänglich ein Genosse dessen Hauses. Er hatte sich den älteren
Schütz zum Vorbilde genommen, ohne diesen zu erreichen. Seine
Landschaften machen indessen durch natürliche Anordnung, durch hei=
tere Lüfte und Fernsichten und einen lobenswerthen Baumschlag immer
einen erfreulichen Eindruck, wiewohl der zu sehr in das Gelbe fallen=
den Färbung mehr Kraft und Haltung zu wünschen wäre. Ueber=
haupt ist auch diesem Künstler, wie so vielen Andern, die Sorge für
das tägliche Brod hindernd in den Weg getreten. Häufig werden
seine Arbeiten mit denen Hoeckers verwechselt. Jacob Moevius war
ein äußerst braver und bescheidener Mann, dem es, ungeachtet des
gewissenhaftesten Fleißes nicht gelingen wollte, sich aus dem Elende
herauszuarbeiten, wovon er am 7. Juni 1836, wie sein Vater, in
dem Bürgerhospital durch den Tod erlöst wurde. Seine Probe=Land=
schaft vom Jahr 1802 hängt gegenwärtig in dem Sitzungszimmer
des Appellationsgerichts.

Johann Heinrich Schepp

von Nassau=Dietz, war ein Schüler Schilds. Nachdem er das Stempel= <u>1730</u>
schneiden hier erlernt hatte, trat er 1750 als Siegelstecher und Münz= <u>1773.</u>
graveur in die Dienste des Landgrafen Wilhelm von Hessen=Cassel,
nahm aber nach dem Tode dieses Fürsten, weil ihm der Gehalt ge=
schmälert werden sollte, seinen Abschied und zog nach Frankfurt, wo
er bis an seinen 1773 erfolgten Tod im Siegel=, Münz= und Wappen=

schneiden, sowohl in Metall als in edlen Steinen, Beschäftigung fand. Seine Kunst ist aber nach dem Abdrucke einer kleinen, sehr schlecht und leichtfertig gestochenen Kupferplatte zu urtheilen, höchst unbedeutend gewesen. Das Blättchen giebt in Form einer Medaille das Brustbild des hiesigen Kunstliebhabers Johann Ehrenreich, 7½ Millimeter im Durchmesser mit der Umschrift: Joannes Ehrenreich Artium et Scientiarum amator aetatis LV. Schepp F. 1756. Im oberen Rande der viereckigen Platte außerhalb des Medaillons liest man (offenbar später eingestochen): ob. Francf. ad moen. d. 16. Nbris 1785 aet. 85 añ. und unten: ex Museo Gerningano. Es ergiebt sich hieraus, daß der Mann seinen Namen Schepp und nicht Schöpp oder Schapp geschrieben hat. (Vergl. Rüppell im Archiv, Heft 8, S. 67, Note.)

Johann Andreas Herrlein,

e. 1775. in der zweiten Hälfte des 18. Jahrhunderts Hofmaler der Fürstbischöfe von Fulda, Heinrich von Bibra und Adalbert von Harstall, war ein sehr geschickter Künstler, welcher Laubschaften, Jagden, hauptsächlich aber Genrebilder, ländliche Tanzbelustigungen, Jahrmärkte, Bauerngesellschaften und Architekturstücke in Oel malte, ganz im Geschmacke der guten Niederländer, die er in sinnreicher Erfindung, richtiger Zeichnung und fleißiger Ausführung seiner vorzüglich schönen Figuren vollkommen erreichte, während er im Colorit hinter denselben zurück blieb. Seine Landschaften sind zu blaugrün und seine Kabinetstück meistens in einem zu hellen, röthlichen Tone gehalten. Doch findet man ausnahmsweise Arbeiten dieses sehr achtbaren Meisters, worin er den eben gerügten Fehler zu vermeiden gewußt hat, die dann nichts zu wünschen lassen. Aber nur zu oft mißbrauchte der Fürstbischof die Geschicklichkeit seines Hofmalers zur Befriedigung seiner Grillen. Dieser mußte die fürstlichen Schlösser mit Tapeten ausschmücken, Abnormitäten jagdbarer Thiere, nackte badende Nymphen und was dem geistlichen Herrn sonst einfiel, malen. Hierdurch erklärt es sich, daß seine Arbeiten so außerordentlich verschieden sind, und man oft kaum glauben sollte, daß sie von einem und demselben Meister herrühren. Nach solchen befohlenen Malereien darf man den Künstler, den man darin kaum wieder erkennt, um so weniger beurtheilen, als er sich bei diesen häufig der Beihülfe seiner Söhne bediente.

Herrlein hat seine Gemälde nicht immer, doch oft mit seinem

Namen, zuweilen nur mit den Anfangsbuchstaben **J. A. H.** oder auch mit dem Menogramm ⟨M⟩ bezeichnet, welches Nagler („Die Monogrammisten") irrig für das des Andreas Benjamin Rothnagel hält. Der Künstler hat sich häufig und dauernd in Frankfurt aufgehalten, wo er für seine beliebten Arbeiten den meisten Absatz fand. Dies möge seine Aufnahme an dieser Stelle rechtfertigen.

Das Städel'sche Kunstinstitut besitzt zwei vorzügliche, auf Holz gemalte Bauernstücke des Meisters, die nur in der Färbung etwas kräftiger sein könnten. In der städtischen Sammlung sieht man eine gleich vortreffliche Bauernconversation und zwei Landschaften aus der Umgegend von Fulda; ferner in dem Prehn'schen Kabinet zwei kleine innere Ansichten gothischer Kirchen, auf Kupfer, eine Waldgegend mit Auerhahn-Balz und eine ähnliche in morgendlicher Beleuchtung, endlich eine alte Frau, welche Wein einschenkt. Die Dr. Goldschmidt'sche Sammlung enthält zwei Jahrmärkte mit zahlreichen, lieblichen Figuren, und ich selbst besitze außer einer mit ihren Nymphen badenden Diana, von Acteon überrascht, auch eine Bauerngesellschaft im Wirthshause, welche neben den Vorzügen aller Arbeiten des Künstlers zugleich den einer feinen und natürlichen Färbung nicht entbehrt, so daß dieses Bild den guten Niederländern dieses Faches unbedenklich an die Seite gestellt werden kann. In der Großherzoglichen Gallerie zu Darmstadt befanden sich früher zwei vorzügliche Stücke des Meisters: ein Taschenspieler, der mehrere Zuschauer belustigt, und ein operirender Zahnarzt. Nur das letztere ist noch vorhanden.

Andreas Herrlein war im Jahr 1720 zu Würzburg geboren und starb 1796 in Fulda. Seine Frau war eine geborene Martinengo. Sein Bildniß besitze ich, von ihm selbst in Oel gemalt. Es ist bezeichnet *AH.* Pictor, 1792; man erkennt darin schon die alternde Hand. Es ist auch in Kupfer gestochen und von A. Heider lithographirt.

Johann Volkmar Paderborn

war um 1726 zu Gelnhausen geboren. Wo und von wem er den ⁱ⁷⁵⁸⁄₁₇₇₈ ersten Unterricht genossen hatte, ist unbekannt. Auf seiner Kunstwanderung arbeitete er an verschiedenen Orten, namentlich auf der Akademie zu Paris; im Jahr 1758 trat er als Gehülfe in das Atelier von Franz Lippold, an dessen Bildnissen er mit besonderem Geschicke die Kleidung und die sonstigen Beiwerke, oft aber auch die ganze

19*

292

Figur malte. Manchmal begleitete er seinen Meister an auswärtige Höfe, namentlich nach Würzburg und Trier, zur gemeinsamen Arbeit. Nach achtjähriger Ausdauer in diesem Verhältnisse gab ihm Lippold 1766 seine Nichte und Adoptivtochter zur Ehe, wodurch er das hiesige Bürgerrecht erlangte. Bei diesem Anlasse überreichte er als „Probestück" das Portrait des Kaisers Joseph II. in ganzer Figur, 3' hoch und 2' breit, bezeichnet J. Paderborn fec. 1766. Dieses schöne Bild läßt sogleich den glücklichen Nachahmer Lippolds erkennen. Es befindet sich jetzt in nicht sehr erfreulicher Erhaltung in dem Sitzungszimmer des Polizeiamtes.

Nach ihm hat Joh. Heinrich Heß das Portrait des Bürgercapitains J. C. Reiffenstein recht gut gestochen. Folio. Er starb am 8. März 1776.

Johann Daniel Hofmann,

c. 1760 1777. um 1734 zu Wiesbaden geboren, wurde daselbst in der Malerei unterrichtet, kam dann nach Frankfurt zu dem Maler Föhrlein, dessen Wittwe, eine geborene Kloß, er 1761 heirathete. Sein „Probestück" stellt die Geschichte des Mucius Scävola vor und ist D. Hofmann 1760 bezeichnet. Es ist nicht ohne Verdienst. In neuerer Zeit ist ihm an der Kaiserstiege sein Platz angewiesen. Außerdem malte Hofmann auch Portraite; sein siecher Körper war ihm aber in der Ausübung seiner Kunst sehr hinderlich. Nach längerem Leiden beschloß er 1777 sein mühseliges Leben, hatte also nur ein Alter von drei und vierzig Jahren erreicht, wonach Hüsgens Angabe zu berichtigen ist.

Johann Jacob Koller,

1774 1777. ein talentvoller Zeichner und Radirer, ward 1746 in Zürich geboren. Er kam auf seiner Kunstwanderung 1774 nach Frankfurt, wo er in dem Hause des bekannten Kunstfreundes Peter Florus Gerning gastliche Aufnahme fand. Während seines dreijährigen hiesigen Aufenthaltes zeichnete und malte er viele Ansichten in Gouache, Aquarell und Tusch, die alle von künstlerischer Begabung zeugen. Auch die Radirnadel verstand er geschickt zu handhaben. Sechs von verschiedenen Seiten aufgenommene äußere Ansichten der Stadt Frankfurt, in quer Folio widmete er 1777 dem Magistrat. Außer diesen sind von seinen hiesigen Arbeiten noch folgende radirte Blätter bekannt:

1. Sein eigenes Portrait. Se ipse fecit 1777. 8°.
2. Sebastian Heinrich Hüsgen. 8°. Von diesem äußerst seltenen Blatte sah ich nur ein Exemplar vor der Schrift.
3. Johann Stephan Rasch, civis Francof. Calligraphus, Arithmeticus et Musicus. J. J. Koller, Tigurinus ad nat. del. et aqua forti incid. Ffurti. 1775. 8°.
4. Michael Paul Baumbauer, JCt. J. J. Koller fec. Francof. 1776. 4°.
5. Johann Carl Sattler, kaiserlicher Postofficial zu Frankfurt. 1777. 8°.
6. Johann Heinrich Tim, Musterschreiber ꝛc. Koller del. et fec. 12°.
7. Anton Glaser, Diamantschleifer. Koller del. et aqua forti inc. 1777. 12°.
8. Stadtschultheiß Johann Isaak Moors. Folio. 1777.
9. Handelsmann Peter Florus Gerning. J. J. Koller inc. 1777. Folio.
10 Johann Anton Dell, Agyrta Francofurt. celeberrim. J. J. Koller ad naturam del. et inc. 1777. 8°.
11. Ansicht von Frankfurt. Kl. quer Folio.
12. Zwölf Schweizer-Ansichten, in zwei Heften. 1775. 8°.

Im Jahr 1777 wanderte der Künstler von hier nach Holland, verheirathete sich in Amsterdam und starb daselbst um 1805.

„S. E. Bethmann"

»grav. 1778 Frfurt am Mayn« bezeichnet findet sich eine radirte An- 1778. sicht von Bonn mit dem Siebengebirg, ein wahrscheinlich von Frauenhand herrührender, die Schule von I. F. Beer, aber keine bedeutende Uebung verrathender Versuch. Kl. 4°. Das Blättchen ist übrigens von äußerster Seltenheit.

Johann Michael Datzerat [1])

ward im September 1705 zu Winden im jetzigen preußischen Regie- 1729 – rungsbezirk Düren geboren. Er hatte die Bildhauerkunst erlernt und 1765. bereits einen Theil Deutschlands durchwandert, auch drei Jahre bei Donett dahier gearbeitet, als er am 1. August 1729 bei seiner Verheirathung mit der Tochter des Blumenmalers Roschach in den Beisassenschutz aufgenommen wurde und hier seinen Wohnsitz nahm. Datzerat verfertigte in Marmor, Alabaster und Sandstein eine große Anzahl Grabdenkmale und andere Bildhauerarbeiten. Die Figuren und Verzierungen an dem Brunnen auf dem Liebfrauenberg, die Statuen auf den Pumpensäulen verschiedener jetzt beseitigter Brunnen, namentlich des schönen Kugelbrunnens auf dem Kornmarkt, waren von seiner Hand. Man findet aber auch von ihm kleine, feinere Arbeiten von

---

[1]) So und auch Datzerab, nicht Tatzerab, ist der Name in den Receptionsacten und im Kirchenbuche geschrieben.

Elfenbein und Speckstein, erhaben und freistehend, in ganzen und
Halbfiguren, zuweilen in humoristischer Darstellung; ferner in Wachs
bossirte Genrestücke und Landschaften mit Vieh und anderer Staffage.
Der Mann war erfinderisch, und sein Fleiß wurde durch den Bei=
fall der Liebhaber belohnt. Bei der Erneuerung der inneren Aus=
schmückung der Catharinenkirche im Jahr 1778 wurde er gleichfalls
verwendet. Er starb gegen Ende des Jahres 1782.

Sein Sohn Johann Servatius, hier geboren 1733, hatte
sich hauptsächlich auf das Wachsbossiren verlegt, worin er seinem
Vater nachstrebte. Er starb am 1. Februar 1803, nachdem er wie=
derum seinen Sohn Christian Georg in die gleiche Kunst ein=
geführt hatte. Dieser wußte besonders militairische Scenen aus dem
Befreiungskriege, Kosaken mit gefangenen Franzosen, auch Jagdscenen
in gefärbtem Wachs u. dgl. sehr lebendig und naturgetreu darzustel=
len; auch bossirte er kleine biblische Gegenstände, oft aber auch las=
cive Scenen aus weißem Wachs in Wallnüsse. Er war am 17. Sep=
tember 1778 geboren und starb am 21. Februar 1837. Damit die
Modellirkunst in dieser Familie nicht aussterbe, hat sich sein am
28. November 1818 geborener Sohn Johann Friedrich, der
Urenkel von Johann Michael, gleichfalls derselben gewidmet.

Anselm Franz Hofmann,

g. 1740
1783. am 20. April 1708 zu Mainz geboren, war viele Jahre in Frank=
furt als Frescomaler beschäftigt. Er befaßte sich hauptsächlich mit
architektonischen Darstellungen. Hüsgen rühmt die sinnreichen Ein=
fälle, womit der Mann seine Gemälde verziert habe, und erzählt
von ihm als Merkwürdigkeit, daß er eine besondere Geschicklichkeit
im Brechen der Servietten besessen, denen er erfinderisch wohl über
hundert verschiedene Gestalten zu geben gewußt. So habe er öfter
den Reichsadler und überhaupt die Wappen großer Herren für die
kaiserliche Tafel Karls VII. gebildet, dem diese Spielerei so wohl
gefallen, daß er den Mann in seine Dienste habe nehmen wollen.
Dieser sei damals der einzige in seiner Art gewesen und habe mit
seiner Fertigkeit viel Geld verdient. Seine Kunst ging nach Brod!
Er starb 1782.

Johann Daniel Schnorr,

1718
1764. geboren 1718, war ein nicht ungeschickter Bildhauer, von dessen Hand
u. a. die Darstellung eines den Meisel führenden Steinmetzen an

dem Hause auf dem Markt dicht neben dem Dome herrührt. Im Jahr 1779 verfertigte er ein großes geschmackvolles Grabdenkmal in Marmor in die Kirche zu Rödelheim für den damals verstorbenen Grafen von Solms. Er starb 1784. Sein Sohn Johann Georg Friedrich, geboren 1755, gleichfalls Bildhauer, beschäftigte sich hauptsächlich mit architektonischen Verzierungen und starb 1811.

Jacob Homburg,

Zeichner und Radirer, um die Mitte des 18. Jahrhunderts im Elsaß $\frac{1770}{1781}$ geboren, hat längere Zeit, mindestens von 1770 bis 1781, zu Frankfurt fleißig gearbeitet. Seine Zeichnungen in Rothstift findet man in den Mappen der Liebhaber. Sie stellen gewöhnlich Scenen aus dem gemeinen Leben dar: Juden, Zigeuner, Bettler u. d. gl., die stets correct, höchst charakteristisch und ausdrucksvoll gezeichnet, auch sorgfältig ausgeführt sind. Hätte der Künstler eben so in Oel gemalt, so würde er den guten Meistern in diesem Fache beizuzählen sein.

Die drei folgenden Zeichnungen befinden sich in meinem Besitze:

1. Ein hinkender Bettler mit seinem Sohne, letzterer einen Rosenkranz haltend, mit landschaftlicher Umgebung. Jac. Homburg inv. et del. 1772. 4°.
2. Eine jüdische Bettlerfamilie auf der Wanderschaft. Jac. Homburg fec. 1776. 4°.
3. Ein alter Jude, mit der Brille auf der Nase, sitzt in seinem Sessel, in einem Buche lesend. Jac. Homburg fec. 1778. Darunter die Verse:

„Ich alter ehrlicher Schmul
Sitze hier auf meinem Stuhl,
Ohr' in meinem Buch,
Daß mir glücke der Betrug."

Dieses Blatt hat Homburg später auch radirt. Kl. Folio.

In den Jahren 1779 bis 1781 zeichnete und radirte derselbe mit Geschick verschiedene Portraite hiesiger Personen; u. a. das der Hofräthin Rühl, geb. Wicker und das einer Jungfer Rollin aus dem alten Schwaben. Nach seiner Zeichnung sind die Bildnisse des Malers Christian Stöcklin von J. M. Zell, des Dichters Isaak Gerning als Knabe 1779, gleichfalls von Zell, und der Frau Susanna Maria Heller, geb. Hoffmann, von J. F. Gout 1781 radirt worden.

Nach Naglers Angabe hatte der Künstler 1784 das Unglück zu erblinden. Seitdem ist über sein weiteres Schicksal nichts mehr kund geworden, wahrscheinlich hat er sein Leben in seiner Heimath beschlossen.

Jean François Honnête,

1763
1763. geschickter Miniatur- und Pastellmaler, 1735 zu Blamont in Lothringen geboren, ließ sich 1763 in Frankfurt häuslich nieder. Er war
ein Autodidakt, dessen Portraite wegen ihrer Aehnlichkeit und zarten,
leichten Behandlung großen Beifall fanden, weßhalb er auch sehr oft
auswärts, namentlich an den Höfen von Mainz und Wien, beschäftigt wurde. Noch in größerem Umfange war dies hier an seinem
Wohnorte der Fall. Seine Arbeiten kamen daher ehedem häufig
vor. Aber der Einfluß der Zeit ist den Miniaturen und Pastellge-
mälden nicht günstig, auch sind sie selten mit des Künstlers Namen
bezeichnet, weßhalb die Autorschaft nicht immer festgestellt werden kann.

Honnête rühmte sich der Erfindung der sogenannten Pastel en
cire, einer Art Enkaustik. Um das Jahr 1782 zog er mit seiner
Familie nach Brüssel und von da später nach Holland. Ob er, wie
Hüsgen erwartete, nach 1790 hierher zurückgekehrt ist, konnte ich nicht
in Erfahrung bringen. In den hiesigen Kirchenbüchern ist sein Tod
nicht eingetragen. Nach Nagler ist er 1793 gestorben.

Johann Wilhelm Becker,

c. 1744
1782. im Jahr 1744 zu Wetzlar geboren, hatte sich nach C. W. E. Dietrich gebildet, dessen Manier er in seinen Gebirgs- und Felsenland-
schaften mit frischen Wasserfällen, schönen Fernen und gewählter Staffage recht wacker nachzuahmen verstand, ohne daß er ein bloßer Copist
genannt werden dürfte. Sein Pinsel ist keck, sein Colorit in der Regel
sonnig und warm. Zuweilen erinnern seine Arbeiten an den älteren
Brand. Aber seine ausschweifende Lebensweise nöthigte ihn auch oft,
um dem augenblicklichen Bedürfniß zu genügen, nach Kupferstichen
zu malen, wozu er Vernet'sche See-Prospekte zu wählen pflegte. Auch
diese Arbeiten zeichnen sich immer noch durch freie Behandlung, besonders im Colorit, vortheilhaft aus.

Becker hatte frühe und bis zu seinem Tode in Frankfurt seinen
Wohnsitz gehabt. Am 26. Januar 1782 erlag er der Auszehrung.

In älteren hiesigen Gemäldekatalogen findet man zwei Künstler
desselben Namens je mit dem Zusatze Vater oder Sohn. Es ist
mir nicht möglich gewesen, zu ermitteln, ob beide hier gelebt haben.
Ich bezweifle es, da Hüsgen, ihr Zeitgenosse, nur des einen oben
besprochenen gedenkt, welcher der Sohn gewesen sein muß. Der Vater
scheint als Genre- und Thiermaler thätig gewesen zu sein. In dem

Prehn'schen Kabinet sind beide durch kleine Arbeiten vertreten. Die folgenden, mit ziemlich leichter Nadel radirten und meist seltenen Blätter schreibe ich unbedenklich dem Sohne zu:

1. Eine nach rechts gewendete Kuh, in einer Landschaft stehend. Becker fec. 1771. 8°.
2. Ein Hirtenjunge bei einer der in No. 1 dargestellten ähnlichen Kuh mit zwei ruhenden Schaafen auf der Weide. Ohne Namen. 4°. Vielleicht Copie.
3. Zwei ruhende Schaafe. Ohne Namen. 16°.
4. Landschaft, in deren Mitte ein hölzerner Steeg über eine Schlucht führt. Becker fec. 4°.
5. Bettelweib mit ihrem Kinde auf dem Schooß. Ohne Namen. 8°.
6. Kleiner männlicher Kopf mit langer, einer Schreibfeder ähnlichen Feder auf der Mütze. B. fec. 1771. 16°. Dieses Blättchen wurde irrthümlich dem Nothnagel zugeschrieben.
7-10. Folge von vier Landschaften in nicht ganz gleichem Format, wovon die eine im Vorgrund einen Wasserfall zeigt und den Namen des Künstlers trägt, während die andern nicht bezeichnet sind.
11-14. Folge von vier Landschaften: „Paysages d'après de Tableaux originale (sic) à Francfort chez Nothnagel l'ainé. Ao. 1771." Quer 4°.

Das eine der ebengenannten Blätter trägt oben die Bezeichnung: Schinnagel à Vienne pinx., unten: J. W. Becker. Zwei andere zeigen: Brandt à Vienne fec., das vierte ist ohne Zeichen. Sie sind alle von Becker radirt.

Johann Franz Gout, [1]

war ein sehr geschickter Landschafts- und Architekturmaler von Berlin, 1775
1785. wo er gegen die Mitte des 18. Jahrhunderts geboren wurde. Dieser Künstler hat ein unstätes Leben geführt. Am längsten verweilte er in der Schweiz, sodann als hessischer Theatermaler zu Darmstadt, in Frankfurt und Wiesbaden. Meusel behauptet in den Miscellaneen, Heft 15 S. 184, Gout habe halb Europa durchreist, er sei ein wahres Genie, das Deutschland Ehre mache. Derselbe habe meistens Schweizer-Landschaften meisterlich in Fresco gemalt, auch im Herbste 1782 etwa sechszig Blätter Ruinen aus der Gegend von Speier für den Kriegsrath Merk in Darmstadt gezeichnet; Schöneres könne man sich nicht denken! Seine Arbeiten sind allerdings geschmackvoll und sehr correkt gezeichnet, die Perspektive ist vortrefflich; aber sein Colorit ist in der Regel matt, kalt ins Graugelbe fallend, wonach Meusels übertriebenes Lob beschränkt werden muß.

Seine Kirchen im gothischen und Renaissance-Styl, dergleichen ich in Oel- und Aquarellfarben und in Sepia gesehen habe, würden

---

[1] So und nicht Goudt hat der Künstler selbst seinen Namen geschrieben.

ohne die gerügte fehlerhafte Färbung vortrefflich genannt werden kön-
nen. Nach ihm stach Zentner eine Anzahl Blätter, namentlich die
Ruinen des Domes und einiger Klöster zu Speier. Gout selbst ra-
birte hier in Frankfurt zwei Portraite:
1. Johann Jacob Heller, Drehermeister zu Frft. F. de Georgi del.
   J. F. Gout sc. 1779. 4°.
2. Sufanna Maria Hellerin geb. Hoffmannin. Homburg del. J. F.
   Gout sc. 1781. 8°.
Beide Blätter können nur als sehr unbedeutende Versuche im
Rabiren betrachtet werden. Das erste ist das bessere; es ist mit
No. II., und das andere No. III. bezeichnet, woraus zu schließen ist,
daß Gout noch mehrere rabirt hat. In der jetzt zerstreuten gräflich
Brabek'schen Sammlung zu Söder befanden sich zwei schöne in Oel
gemalte gothische Kirchen dieses Meisters, beide, wie alle seine Arbeiten, mit dem Namen bezeichnet. Sie kamen nach Berlin. In
dem Prehn'schen Kabinet sieht man von ihm zwei kleine Landschaften mit antiken Gebäuden und Ruinen. Ueber seine weitere Schicksale konnte ich nichts ermitteln. Nach Meusels Künstlerlexicon hat
er noch im Jahr 1808 zu Wiesbaden, und nach Nagler noch 1812
gelebt.

Johann Heinrich Wicker,

1723
1794. der Sohn eines kunstreichen hiesigen Uhrmachers, Johann Daniel
Wicker, war am 12. April 1723 geboren. Der Vater hatte ihn
zwar für sein eigenes Geschäft bestimmt, gab aber der auffallenden
Neigung des Knaben zum Zeichnen in so weit nach, daß er denselben
vorerst gewähren ließ. Dieser zeichnete schon im Alter von neun
Jahren ohne Lehrer nach Kupferstichen, im vierzehnten nach eigener
Erfindung Köpfe und Historien in Kreide und Tusch, auch mit der
Feder eine große Feldschlacht mit zahlreichen Figuren, und begann
im sechzehnten sich im Kupferstechen zu üben. Dabei mußte er noch
immer die Uhrmacherei fortsetzen, bis er nach des Vaters frühem
Tode ausschließlich seiner Neigung folgen konnte — ob zu seinem
Glücke mag dahin gestellt sein. Anfangs arbeitete er allerlei durchbrochene und erhaben geschnittene Verzierungen in Gold, Silber und
andern Metallen; später stach er Petschafte in Stahl, und zuletzt
ging er zum Kupferstechen über, wobei er ohne alle Beihülfe von
Aetzgrund und Scheidewasser die Zeichnung mit der trockenen Nadel
auf die Stahlplatte trug und sich dann mit freier Hand des Grab-

stichels bediente. Er folgte auch hierin ohne andere Anweisung nur seinem natürlichen Geschick. Er stach Wappen und Vignetten für verschiedene Verleger; besonders wohl gelangen ihm alle Arten von Schriften. Seine ersten Portraite sind sehr mangelhaft, dahin gehören Heinrich Sebastian Hüsgen in einem kleinen unregelmäßigen Oval, und der Pfarrer Fr. N. Weiß nach Hauck. Später erlangte er in diesem Fache eine recht achtbare Stufe, wie namentlich die schönen Bildnisse des Entomologen J. Chr. Gerning nach J. de Georgi 1778 in 4°, des Malers Philipp Peter Roos in einem kleinen Medaillon, und des Sprachlehrers Colomb genügend beweisen. Von andern gestochenen Blättern mögen hier erwähnt werden: der Grundriß des Senkenbergischen Spitalgebäudes und des anatomischen Theaters, beide nach J. H. Bäumerth, 1770. Kl. Folio. Nicht minder hat Wicker auch Blumen sehr fleißig und wahr in Wasserfarben nach der Natur gemalt. Er starb im Monat Mai 1786 mit Hinterlassung seiner Wittwe

Anna Rosina Wicker, geb. Weiß,

welche, durch den Fleiß und Eifer ihres Mannes angeregt, sich gleichfalls in der Kupferstecherkunst mit Erfolg versuchte. Nach seiner Weise stach sie Portraite, Historien, Blumen, Insekten, Wappen und Vignetten. Das Gerning'sche Wappen ist bezeichnet: Anna Rosina Wicker sc. 1779; ferner: David und Michael umarmen sich. Punktirt. A. R. W. sc. Kl. 4°. Sie war im October 1728 geboren und starb im Mai 1806. Gegen Ende ihres Lebens hatte sie das Unglück, gänzlich zu erblinden.

Georg Adam Schraid

war 1729 zu Darmstadt geboren, ein Schüler von Joh. Christian Fiedler. Er scheint schon lange in Frankfurt beschäftigt gewesen zu sein, als er 1771 bei seiner Verheirathung mit Sara Henriette Ermanius Aufnahme in das hiesige Bürgerrecht fand. Schraid malte Portraite und Genrebilder in Oel und Pastell. In dem Römer an der Kaiserstiege sieht man von ihm den Frühling durch ein junges, sich mit Blumen schmückendes, Mädchen allegorisch dargestellt. Das Bild ist gut in der Zeichnung, mit breitem Pinsel gemalt. Bez. G. A. Schraid 1776, auf Leinwand, 4' hoch, 3' breit, wahrscheinlich des Künstlers „Probestück", das ihm bei seiner Annahme, obgleich er erklärt hatte, nicht in die Malerzunft treten zu wollen, auferlegt und von ihm auch geliefert wurde. Er starb im September 1786, nicht wie Nagler angiebt im Jahr 1800.

Johann Daniel Donndäuser

1752—1789. soll, wie Hüsgen sagt, ein geschickter hiesiger Holzschnitzer gewesen sein, welcher die schwierigsten geschichtlichen Compositionen lieferte und dafür gute Bezahlung erhielt. Aber oft zwang ihn die Noth auch zu geringeren Arbeiten. Ein mit geübter Hand gearbeitetes Holzschnittblatt, zwei hier zu sehen gewesene Elephanten darstellend, ist Donnhäuser sec. bezeichnet. Er war um 1752 geboren und starb am 29. October 1789. Sein jüngerer Bruder ist in dem gleichen Fache, aber mit geringerem Erfolge thätig gewesen.

Architekten und Geometer.

Aus dem 17. Jahrhundert konnten nur zwei namhafte Ingenieure und Baumeister im städtischen Dienste bezeichnet werden; es scheint, daß in älterer Zeit die Stelle nicht regelmäßig besetzt gewesen ist. Im 18. Jahrhundert finden sich schon mehrere in ununterbrochener Reihe, theilweise noch in das neunzehnte hineinreichend. Ich gedenke ihrer am Besten im Zusammenhange.

Johann Jacob Samhaimer,

1727. Ingenieur und Architekt, wurde im November 1727 als Stadtbaumeister verpflichtet. Er war der Erbauer der neuen Hauptwache. Auf acht, die Grund- und Aufrisse dieses Gebäudes in kräftigem Kupferstiche darstellenden, von J. A. Pfeffel in Augsburg verlegten Querfolioblättern liest man: Joan Jacob Samhaimer, Archit. Francfort invenit et fecit. Demnach verstand er auch den Grabstichel zu führen. Wie lange er seinem Amte vorgestanden und was er sonst geleistet hat, vermag ich nicht zu sagen. Sei es, daß seine Kenntnisse für den Wasserbau nicht genügten, oder daß er in den Jahren zwischen 1740 und 1750, als die Mainbrücke theilweise eingestürzt war, nicht mehr im Amte gestanden, gewiß ist, daß damals der königlich schwedische

Hof= und Bergrath Pauli

von Caffel berufen wurde, um die Brücke wieder herzustellen. Dieser ausgezeichnete Ingenieur führte während seines zweijährigen hiesigen Aufenthalts die drei mittleren Hauptbogen in massiven Quadersteinen wieder auf, nachdem er, um den Verkehr nicht zu stören, eine solide interimistische Holzbrücke über die drei eingestürzten Bogen gebaut hatte, wovon das schöne Modell lange in dem v. Uffenbach'schen Kabinet zu sehen war. Nach beendigtem Werke trat Pauli in die Dienste des Herzogs von Zweibrücken, wo er 1756 starb. (Meusels Misc. 13. S. 37.)

Ungewiß bleibt, ob Samhaimer der unmittelbare Vorgänger ist von

Lorenz Friedrich Müller.

Dieser wurde am 5. Februar 1750 verpflichtet. Sein Vater $\frac{1749}{1753}$. war hessischer Oberstlieutenant der Artillerie und Oberbaudirector zu Gießen. Lorenz Friedrich Müller hatte seine Studien in Straßburg und Paris gemacht und sich zum tüchtigen Ingenieur und Mechaniker ausgebildet, auch nach einigen Reisen bereits zu Cleve als königlicher Baumeister Verwendung gefunden, als er im September 1749 in gleicher Eigenschaft nach Frankfurt berufen wurde. Damals war er sechs und dreißig Jahre alt. Sein „etatmäßiger" Dienstgehalt war auf 500 Gulden nebst freier Wohnung am Holzgraben bestimmt. Ueber die kurze Wirksamkeit dieses Mannes vermag ich nichts beizubringen. Schon im März 1753 bat er um seinen Abschied, der ihm, nicht ohne seitens des Bürger=Ausschusses erhobene Schwierigkeiten, bewilligt wurde, worauf er Frankfurt verließ. Sein Nachfolger

Damian Scharff

wurde am 19. Juli 1753 verpflichtet. Auch seine Thätigkeit liegt im $\frac{1753}{1759}$. Dunkeln. Es dürfte wohl nicht der Mühe lohnen, deßhalb das bau=amtliche Archiv zu studiren; die Antecedenzien des Mannes — er war vorher Hospital=Ausreiter gewesen — lassen keine besondere Qualification vermuthen; auch war seine Wirksamkeit von kurzer Dauer.

Johann Andreas Liebhardt,

um 1725 in Frankfurt geboren, ward am 16. October 1759 zum $\frac{1759}{1769}$. Stadtbaumeister ernannt. Mit seiner Amtsführung scheint man nicht

ganz zufrieden gewesen zu sein; denn in einem in Meusels Museum,
No. 4 S. 106, abgedruckten kurzen Nekrolog heißt es: „Liebhardt
war ein geborener Frankfurter und vielleicht ebendeßwegen nicht ganz
so geschätzt, wie es seine Talente und auf Reisen durch Italien,
Frankreich, England, Holland, Deutschland und Ungarn erworbenen
Kenntnisse erforderten. Er starb am 19. Januar 1788, nachdem er
nicht lange zuvor aus Verdruß über die noch obwaltende Kirchenbau=
geschichte seinen Dienst quittirt hatte." Den eigentlichen Grund der
Beschwerde konnte ich nicht erfahren, diese scheint sich auf den Neu=
bau der Barfüßer= jetzt Paulskirche bezogen zu haben.

Auf verschiedenen von Cöntgen gestochenen Bauplänen liest man:
J. A. Liebhardt inv. et del. Sein Amtsnachfolger war

Johann Georg Christian Heß,

¹⁷⁸⁵/₁₈₁₆ Sohn des Hofbüchsenmachers Johann Daniel Heß zu Zweibrücken,
daselbst geboren am 27. Februar 1756. Nachdem er zwei Jahre in
Paris den Bauwissenschaften obgelegen, fand er in seiner Vater=
stadt eine Anstellung als Bauamts=Accessist. Im Jahr 1780 er=
nannte ihn der Fürst Karl von Nassau zum Bauinspektor in Kirch=
heim, 1784 trat er als Baudirector in die Dienste des zu Kirburg
residirenden Fürsten von Salm=Kirburg, erhielt jedoch schon in dem
folgenden Jahr den Ruf als Stadtbaumeister ad interim nach Frank=
furt mit einem Dienstgehalt von 1000 Gulden und freier Woh=
nung an dem Holzgraben. Die Besoldung des Baumeisters hatte
sich demnach seit den letzten zehn Jahren verdoppelt. Heß folgte
diesem Rufe und stand seinem Amte während des langen Zeitraums
von ein und dreißig Jahren bis zu seinem am 26. Januar 1816
erfolgten Tode gewissenhaft vor. Von ihm ist der Generalplan zur
Bebauung des Brückhofes und Wollgrabens entworfen worden, wel=
chen J. M. Zell in gr. Folio durch den Stich veröffentlichte. Wäh=
rend seiner Amtsführung wurden auch in der primatischen Periode
die neuen Stadtthore erbaut. Unter der großherzoglichen Regierung
wurde ihm in Anerkennung seiner Verdienste der Titel eines Bau=
raths ertheilt. Sein Sohn und Amtsnachfolger

Johann Friedrich Christian Heß

¹⁷⁸⁵/₁₈₄₅ war am 6. März 1785 zu Kirn geboren, aber noch in demselben
Jahre mit seinen Aeltern nach Frankfurt gekommen, das er durch

Erziehung und Wirken als seine eigentliche Heimath betrachten konnte. Schon im sechszehnten Jahr bezog Heß die polytechnische Schule zu Paris, um sich der Baukunst zu widmen. Nach einem mehrjährigen Aufenthalt daselbst kehrte er nach Frankfurt zurück, bereiste dann zu seiner weiteren Ausbildung Italien, hielt sich zwei Jahre in Rom auf, wo er neben dem Studium der alten Bauwerke auch der Landschaftmalerei oblag. Seine damaligen Studiengenossen waren namentlich der nachherige königlich bayerische Oberbaudirector v. Gärtner und der großherzoglich weimarische Baurath Coudray. Nach seiner Rückkehr in die Heimath hatte zwar der junge Architekt, besonders auf Empfehlung Simon Moritz v. Bethmanns, verschiedene Aufträge für Privatbauten erhalten; allein es zog ihn noch einmal nach Italien, wo er wieder mehrere Jahre verweilte, bis ihn die zunehmende Kränklichkeit seines Vaters zur Heimkehr nöthigte, um denselben als Adjunct in dem Amte zu unterstützen, das ihm nach des Vaters Tod 1816 im ein und dreißigsten Lebensjahr definitiv übertragen wurde.

Außer vielen Privathäusern, worunter ein großer Theil der in der neuen Mainzerstraße und auf den andern Wällen gelegenen gehört, hat der jüngere Heß namentlich die folgenden Bauten ausgeführt: Das Bibliothekgebäude am Obermainthor; das naturhistorische Museum; die äußere Wiederherstellung der Nikolaikirche [1]); den Thurm der Paulskirche, welcher nach dem ursprünglichen Plane ein Stockwerk höher werden sollte, was aber aus übel angewendeter Sparsamkeit unterblieb, und die innere Vollendung der Kirche selbst; das Stadtgerichtshaus; das Zollgebäude und mehrere Pfarr- und Schulhäuser.

Johann Friedrich Heß war ein sehr gebildeter Mann. Sein wohlwollender und liebenswürdiger Charakter und seine gesellschaftlichen Talente hatten ihm viele Freunde erworben. Am 21. August 1845 beschloß er sein Leben.

Als Zeitgenosse des älteren Heß und der beiden Münzmeister Philipp Christian und Johann Georg Bunsen, die von 1765 bis 1790 beziehungsweise von da bis 1833 zugleich als Stadtgeometer functionirten, übte die mathematischen Wissenschaften auch der Ingenieur

---

[1]) Die innere Einrichtung leitete sein Nachfolger, Stadtbaumeister Henrich.

Christian Ludwig Thomas.

1783
—
1817. Dieser in seinem Fache wohlerfahrene Mann war am 30. December 1757 zu Dornburg bei Großgerau geboren. Frühe hatten ihn
Neigung und günstige Gelegenheit diesem Studium zugeführt. Nachdem er sechs Jahre lang als landgräflicher Feldmesser in darm-
städtischen Diensten Beschäftigung gefunden, wandte er sich mit Aufgebung dieser Stelle zur Erlangung eines besseren Wirkungskreises
nach Frankfurt, wo ihm im December 1783 das Bürgerrecht ex
gratia ertheilt wurde, nachdem er schon einige Zeit zuvor von
der Brönner'schen Verlagshandlung als Landkartenzeichner verwendet
worden war. Thomas erwies sich in allen von ihm gelieferten Arbeiten als tüchtiger Ingenieur und Planzeichner. Vorzugsweise mögen hier einige seiner Frankfurt speciell betreffenden Blätter genannt
werden:

1. Neuer Plan der Römisch Kayserlichen freyen Reichs, Wahl und Handel-
stadt Frankfurth am Mayn, verfertigt durch Christian Ludwig Thomas,
Fürstlich Hessen-Darmstädtischen Landmesser. 1781 gr. Folio.

Dieser Titel befindet sich oben links in der Ecke, darüber der Frankfurter
Adler. Unten rechts und links sieht man zwei Prospekte der Stadt nach
Zehender und zwischen beiden auf einem Sockel die Dedication des Blattes
an den Magistrat, welche erst bei des Künstlers Bewerbung um das Bürgerrecht nachträglich beigefügt worden zu sein scheint. Die Originalzeichnung
besitzt Herr R. Th. Reiffenstein.

2. Geometrischer Plan von der Gegend der freyen Reichs, Wahl und Han-
delstadt Frankfurt am Mayn, herausgegeben durch C. L. Thomas zu Frankfurth am Mayn. 1790. II. Cöntgen sculps. Mog. Gr. quer Folio.

In dem städtischen Archiv wird auch der im Jahr 1796 von
Thomas gezeichnete Grundriß der Festung Königstein, in drei Blättern aufbewahrt. Auch die hiesigen Festungswerke hatte er aufgenommen. Er starb am 28. Juni 1817 als bürgerlicher Gegen-
schreiber des Forstamtes.

Amtsgenosse der beiden Heß war

Philipp Jacob Hoffmann.

1778
—
1751. Er wurde am 9. December 1778 hier geboren. Sein Vater,
ein Tischlermeister, suchte, obgleich er in sehr beschränkten Vermögens-
verhältnissen lebte, doch so viel in seinen Kräften stand, für die Ausbildung des Sohnes zu thun. Nachdem dieser das Gymnasium bis
in die mittleren Klassen besucht hatte, genoß er den mathematischen

Unterricht des Ingenieurs Thomas. Im Jahr 1798 ging er nach Wien, um seine Weiterbildung an der kaiserlichen Bauakademie zu suchen. Wohl mag es damals in seiner Absicht gelegen haben, als Ingenieur-Officier in Kriegsdienste zu treten, doch gab er diesen Gedanken wieder auf. In dem darauf folgenden Jahr vertauschte er Wien mit Dresden und wurde Schüler der dortigen Akademie der Künste. Daß ihm der Aufenthalt in diesen Hauptstädten bei sehr beschränkten Geldmitteln nicht leicht wurde, beweist, daß er sich öfter durch Colorirung von Landkarten das tägliche Brod erwerben mußte. Im Jahr 1800 kehrte er in die Vaterstadt zurück und erhielt hier zuerst die Erlaubniß, mathematischen Privatunterricht zu ertheilen und als Baumeister zu prakticiren. Unter der großherzoglichen Regierung wurde Hoffmann mit der Aufnahme verschiedener Landgemarkungen beauftragt, hatte dann 1808 die Restauration der St. Leonhardskirche zu leiten und wurde später zum Lehrer der neu errichteten architektonischen Schule ernannt, bis ihm 1811 die nach französischem Vorbilde errichtete Stelle eines Wasser-Weg- und Brückenbau-Inspectors übertragen wurde, welchem Amte er während drei und zwanzig Jahren gewissenhaft vorstand. Als Civilbaumeister rühren außer andern Privatgebäuden namentlich folgende von ihm her: das v. Groote'sche Gartenhaus auf dem Mühlberg, 1810; das vormals Meyer'sche Haus in der Töngesgasse, nachher Loge Sokrates; das Haus der Jäger'schen Buchhandlung; das Geschäftshaus der Gebr. von Rothschil; der große Saal des Gasthauses zum Weidenbusch, 1817.

Als städtischer Beamter hat Hoffmann namentlich den neuen Brückenkai, die erste Erweiterung des Mainufers und die Wasserleitung von der Friedberger Höhe nach der Stadt ausgeführt. Wenn das letztere Werk nicht vollständig den Erfolg gehabt hat, welcher davon erwartet wurde, so wird Hoffmanns Verdienst hierdurch nicht geschmälert, da er unter den gegebenen Verhältnissen geleistet hat, was geleistet werden konnte. Er beschloß sein Leben am 8. October 1834.

Sein Sohn Med. Dr. Heinrich Hoffmann, ist der humoristische Verfasser und Zeichner des weltberühmten, beinahe in alle europäische Sprachen übersetzten „Struwwelpeter" — das Ergötzen aller kleinen und mancher großen Kinder.

Gleichzeitig mit dem Vorgenannten, wenn auch nicht in amtlicher Stellung sind zwei andere Architekten hier thätig gewesen, deren sich noch manche Zeitgenossen beifällig erinnern. Der eine:

306

Chriſtian Friedrich Ulrich[1])

1797
1828 war am 21. December 1765 zu Budiſſin in Sachſen geboren. Nachdem er in Wien und Berlin dem Studium der mathematiſchen, ar-
chitektoniſchen und phyſikaliſchen Wiſſenſchaften mit Erfolg obgelegen
hatte, kam er 1797 nach Frankfurt, wo er in den gedachten Fächern
mit allgemeiner Anerkennung ſowohl an öffentlichen Lehranſtalten,
namentlich dem Zeichnungs-Inſtitut, als auch in Privatſtunden Unterricht ertheilte und tüchtige Schüler bildete, gleichzeitig aber auch
durch die Leitung verſchiedener nicht unbedeutender Bauwerke als
Architekt praktiſch thätig geweſen iſt. Größeres Verdienſt erwarb
er ſich durch die Herausgabe ſeines großen, von C. Felſing geſtochenen geometriſchen Grundriſſes von Frankfurt im Jahr 1811.
In einer Eingabe an den Senat ſagt er ſelbſt, daß er den vierten
Theil ſeiner kräftigſten Lebensperiode auf dieſes Werk verwendet habe.
Dieſer Plan wurde damals als ein ſchönes und vorzügliches, alle
früheren ähnlichen Arbeiten übertreffendes und längſt gefühltem Bedürfniſſe abhelfendes Werk mit allgemeinem Beifall aufgenommen
und hat ſich bis zum Erſcheinen des auf ſeiner Grundlage fort-
geſetzten und berichtigten Grundriſſes von Foltz-Eberle (1854)
in verſchiedenen Auflagen in Geltung erhalten. Wenn Ulrichs
Stadtplan zwar den ſtrengen Anforderungen der Baubehörden und
Bautechniker heute nicht mehr entſpricht, ſo hat er doch lange Zeit
dem allgemeinen Bedürfniſſe genügt und giebt dem Urheber Anſpruch auf ehrende Anerkennung, den er ſich noch weiter durch ſeine
Situationskarte der Rhein-, Main- und Lahngegend
erwarb. Beide Arbeiten würde der Künſtler ohne Zweifel ihrer dem
Fortſchritte der Zeit entſprechenden Vollkommenheit zugeführt haben,
wenn ihm ein längeres Leben beſchieden geweſen wäre.

Von minder bedeutenden Arbeiten iſt noch ſeine von Seelmann
geſtochene intereſſante Zeichnung der inneren Anſicht des Johann Valentin Albert'ſchen Waarenlagers zu erwähnen.

Nach zwanzigjähriger Wirkſamkeit in hieſiger Stadt wurde dem
verdienten Manne 1817 auf ſein Anſuchen das Bürgerrecht ex gratia
ertheilt. Der Landgraf von Heſſen-Homburg verlieh ihm den Titel
eines Bauraths. Am 3. Januar 1828 ſtarb er, mit Hinterlaſſung
einer in der Zeichnung faſt vollendeten neuen topographiſchen Karte

---

[1]) Nicht Carl Friedrich, wie Nagler angiebt.

und eines bedeutenden geometrischen und topographischen Materials, welches leider unbenutzt verloren gegangen ist.

Der andere:

Nikolaus Alexander von Salins,

geboren zu Versailles, war vor dem Ausbruche der ersten französischen Revolution Genie-Officier in königlichen Diensten gewesen, hatte sich aber der Emigration angeschlossen und lebte seitdem zu Frankfurt von dem Ertrage seiner gediegenen Kenntnisse und seines guten Geschmacks in der bürgerlichen Baukunst, wozu er sich in früher Jugend durch gründliche Erlernung des Schreinerhandwerks auch praktisch vorbereitet hatte. Wenn man die wenigen im Laufe des 18. Jahrhunderts von fremden Baumeistern hier aufgeführten Privathäuser, wie das v. Schweizerische auf der Zeil, und das Sarasin'sche am Kornmarkt, ausnimmt, so zeigen alle von Salins erbauten Häuser entschieden einen besseren Styl, als man vor ihm und noch in den ersten Decennien des gegenwärtigen Jahrhunderts an den hiesigen Privatwohnungen zu sehen gewohnt war. Es ist in der That kaum zu begreifen, daß, obschon die Werke dieses geschickten Mannes mit Beifall aufgenommen wurden, dennoch sein Beispiel in Frankfurt so lange unbeachtet geblieben ist.

Im Jahr 1807 war Salins von dem damaligen Großherzog von Würzburg mit dem Grade eines Oberstlieutenants zum Hofbaudirector ernannt worden, trat nach Auflösung dieses ephemeren Großherzogthums in gleicher Stellung in königlich bayerische Dienste, wurde aber bald darauf mit einem Ruhegehalt von 3000 Gulden pensionirt, worauf er 1818 Frankfurt abermals zu seinem Wohnsitz wählte und hier seine frühere Thätigkeit bis zum Jahr 1823 fortsetzte. Durch ihn sind hier erbaut worden: das vormals Mühlens'sche Haus, jetzt Bürgerverein; das Lutteroth'sche Haus am Roßmarkt; das Haus des Herrn von Saint-George in der neuen Mainzerstraße; das Rittershausen'sche Haus am Domplatze; das Gogel'sche Landhaus am Gutleuthof; das Gontard'sche Gartenhaus an der Bockenheimer Landstraße; das vormals von Leonhardi'sche, jetzt von Rothschild'sche Haus auf der Zeil; das vormals von Leonhardi'sche, jetzt Erlanger'sche Gartenhaus und mehrere andere.

Im Jahr 1821 war dem Permissionisten von Salins die eigenthümliche Erwerbung eines von ihm für die Wittwe Moreaux erbauten Gartenhauses am Gailsweg vergünstigungsweise verstattet worden.

Als er 1823 Frankfurt für immer verließ scheint er nach Würzburg zurückgekehrt zu sein, wo er auch 1838 sein Leben beschloß. (v. Scharold: „Würzburg und seine Umgebungen", 1856 S. 170.)

Rudolph Burnitz,

1816
1849. geboren am 6. December 1788 zu Stuttgart, besuchte als Knabe die damals von dem Dichter Conz geleitete Schule zu Ludwigsburg, wo sein Vater als herzoglicher Schloßkastellan eine Anstellung gefun= den hatte. Einer seiner Mitschüler war Justinus Kerner, mit dem er bis an sein Lebensende engbefreundet geblieben ist. Seine Nei= gung zu den mathematischen und technischen Wissenschaften führte ihn zunächst in die Schule Weinbrenners in Carlsruhe und dann in das Geniecorps des königlich würtembergischen Militairs, in welchem er Gelegenheit fand, sich in den gedachten Fächern vollständig auszu= bilden. Bereits hatte er den Grad eines Lieutenants erlangt, als er 1816 seinen Abschied nahm, um sich fortan der bürgerlichen Baukunst zu widmen. Er kam nach Frankfurt, wo sein Bruder sich schon früher als Kaufmann niedergelassen hatte, und erlangte 1822 im Wege der Gnade das Bürgerrecht als Architekt. Zeuge seiner Wirksamkeit in diesem Fache sind die von ihm herrührenden öffentlichen und Privat= bauten, namentlich: das Kurhaus zu Kronthal, das hiesige Waisen= haus, das Versorgungshaus, das israelitische Krankenhaus, das neue Haus im Saalhof, das Manskopf'sche Gartenhaus an der Wind= mühle, das Gartenhaus der Gräfin Westphalen u. a. m.

Rudolph Burnitz war von dem Fürsten von Hohenzollern=Sig= maringen mit dem Titel eines Bauraths beehrt worden. Er starb am 28. Januar 1849.

Wenn von einem eigentlichen Kunstleben in Frankfurt in den drei ersten Vierteln des 18. Jahrhunderts kaum die Rede sein kann, jenes vielmehr, nicht getragen vom Genie, oder gestützt auf höhere Begabung, oder gepflegt und angeregt durch äußeren Einfluß, sich nur handwerksmäßig fortgeschleppt, und je geringer daher die Zahl der Künstler war, welche zu jener Zeit sich außer dem Weichbilde der Stadt bekannt gemacht haben, desto erfreulicher ist die Erscheinung, daß dennoch eine ganze Familie tüchtiger Maler, durch zwei Genera=

tionen ihren Namen bewährend, eben jener düsteren Zeit ihren Ursprung verdankt. Ich meine

Die Familie Schütz,

deren Gründer und hervorragendstes Glied der Architektur- und Landschaftmaler

Christian Georg Schütz, der ältere,

am 27. September 1718 zu Flörsheim am Main geboren ward.[1718/1721]
Schon als Knabe von dreizehn Jahren kam er zu dem hiesigen
Frescomaler Hugo Schlegel in die Lehre, worin er die übliche Zeit
von vier Jahren ausharrte. Auf der hierauf angetretenen Kunstwanderung fand er an den fürstlichen Höfen von Hohenzollern und
Nassau-Saarbrücken längere Zeit Beschäftigung und war so glücklich,
an dem letzteren die Bekanntschaft des Geschichtsmalers Appiani
zu machen, welcher damals die Decke der Jesuitenkirche in Mainz
malte, und dessen Unterricht auf seine Fortbildung den wesentlichsten
Einfluß übte.

Schon am 7. Januar 1744[1]) verheirathete er sich mit Anna
Maria Hochecker, der Tochter des Bildhauers Servatius Hochecker,
und folgte, nachdem er nicht ohne Schwierigkeiten in den Beisaffen-
schutz aufgenommen war, anfangs dem Berufe seines Lehrers Schlegel, das Aeußere und Innere der Häuser mit Frescomalereien verzie-
rend, wandte sich jedoch bald, seiner Neigung nachgebend, ausschließlich
zur Landschaftsmalerei, worin er besonders von einem reichen und
wohlwollenden Kunstfreunde, dem Baron von Heckel, eifrigst unterstützt wurde. In dessen Gemäldekabinet sah Schütz mit besonderem
Vergnügen die ausgezeichneten Rheinlandschaften von Hermann
Sachtleven, die er sich zum Vorbilde nahm und seine eigene,
durch Naturstudien in den nahen Rhein- und Maingegenden geläu-
terte Manier ohne fremde Unterweisung, kraft angeborenen Talents
mit dem glücklichsten Erfolge danach bildete.

In Frankfurt gehörte es bald in den höheren Kreisen zum guten
Geschmack, die Säle und Prunkzimmer mit Landschaften und Archi-

---

[1]) Hüsgen sagt irrthümlich 1749. Nagler verwirrt die Daten noch mehr
und versetzt überdies des Künstlers Tod in das Jahr 1792. Meine Angaben
sind den Archivalacten und Kirchenbüchern entnommen.

tekturstücken von Schütz und nur von Schütz auf Leinwand in Oelfarben auszuschmücken zu lassen. Diese mit Talent und einem leichten freien Pinsel in warmem Colorit gemalten anmuthigen Land= schaften sind häufig von W. F. Hirt mit Thieren staffirt; in spä= terer Zeit liehen ihm Trautmann, selbst J. L. E. Morgenstern und zuweilen auch Pforr ihre Pinsel, um seine Architekturstücke mit schö= nen Figuren auszustatten. Er bezeichnete anfangs seine Bilder mit dem Monogramm S, später mit seinem Namen und der Jahrzahl.

Noch jetzt findet man in manchen hiesigen Häusern Zimmer mit Schützischen Landschaften, die jedoch allmählig, wenn nicht einem besseren, doch einem heitereren Geschmacke, oft auch dem Princip der Nützlichkeit weichen müssen. Aus dem vormals v. Guaita'schen Gar= tenhaus, später Mainlust genannt, sind nicht weniger als 25 solcher Malereien in den Besitz der Stadt übergegangen, auch der Kunst= händler Anton Baer hat aus dem v. Leröner'schen Hause an der Zeil und aus dem Städel'schen Hause am Roßmarkt eine beträcht= liche Anzahl an sich gebracht. Mit den v. Leröner'schen hat Herr Dr. von Guaita ein Zimmer in seinem Hause an der neuen Mainzer= straße geschmackvoll ausgestattet.

Seinen eigentlichen Künstlerruf gründete Schütz indessen nicht durch diese immerhin mehr decorativen Arbeiten, sondern durch seine Staffeleibilder, in denen er dem Hermann Sachtleven nachstrebte und diesen, wenn auch nicht im verweilenden Fleiße und in der Feinheit der Ausführung erreichte, doch oft durch größere Freiheit, Kraft und Wärme des Pinsels übertraf. Seine besten Arbeiten fallen in die Zeit nach seiner Rückkehr aus der Schweiz von 1762 bis 1775. Diese verdienen auch heute noch den ihnen seiner Zeit hier und aus= wärts gezollten Beifall, der ihnen einen ehrenvollen Platz in den ersten Gallerien verschaffte.

Schon im Jahr 1749 war Schütz nach Salzdahlen berufen worden, um mit Nicolini in dem dortigen Theater zu malen. Zwei seiner Landschaften in Oel fanden Aufnahme in der herzoglichen Gal= lerie. In dem folgenden Jahr nach Frankfurt zurückgekehrt, ver= weilte er bald darauf mehrere Monate in Cassel, um das Schloß Amelienthal mit Architekturstücken zu schmücken. Von einer Reise an den Rhein bis Coblenz brachte er viele Entwürfe und reiche Eindrücke mit, die ihn 1762 zu einem größeren Ausfluge nach der Schweiz auf= munterten. Hier verwendete er seine Zeit gewissenhaft durch fleißiges Studiren der herrlichen Natur, besonders der großartigen Felsenpar=

thien und Wasserfälle, wodurch er entschiedene Fortschritte in der Behandlung des Colorits erzielte. Aber sein harmloser Beruf war zuweilen mit Gefahr verknüpft. Einst als er in einem Alpenthal eine
malerisch gelegene Mühle in gemüthlicher Ruhe zu zeichnen gedachte,
wurde er von dem argwöhnischen Müller mit rothglühenden Eisen-
stangen verjagt — eine Erfahrung, die indessen vor ihm und nach
ihm schon mancher andere Künstler nicht nur in der Schweiz, sondern
auch in unserem guten Deutschland zu machen Gelegenheit hatte.

Schütz arbeitete mit außerordentlicher Leichtigkeit und Schnellig-
keit, was die große Anzahl seiner Gemälde erklärt. Diese erhält
übrigens noch einen bedeutenden Zuwachs durch solche, die ihm fälsch-
lich zugeschrieben werden. Hierzu haben namentlich die Arbeiten der
ihm verwandten Familie der Hocheder, unterstützt von der Unkennt-
niß der Liebhaber und der Unredlichkeit der Händler Anlaß, freilich aber auch die allzuflüchtige Behandlung mancher seiner Bilder
einige Berechtigung gegeben. Es darf an seine Arbeiten nicht immer
der gleiche Maaßstab gelegt werden. Talent leuchtet aus allen hervor; aber vorzüglich ist nur eine mäßige Zahl. Sie zeichnen sich
durch künstlerische Auffassung und Darstellung der schönen Natur,
durch anmuthige Thalgründe mit klaren fließenden oder herabstür-
zenden Wassern, grünbewachsene Bergeshöhen, leichte Lüfte, duftige
Fernen, warmes Colorit und einen flüchtigen, saftigen Pinsel aus.
Diese werden ihren Platz auch in den größeren Gallerien behaupten
und noch lange nicht von der neueren Effectmalerei oder der Unzahl
moderner farb- und kraftloser, unklarer und verschwommener Nebel-
bilder verdrängt werden.

In der Perspektiv- und Architekturmalerei war Schütz nicht
weniger glücklich als in der Landschaft, wenngleich er diese als sein
eigentliches Fach betrachtet zu haben scheint. Die von ihm mehrmals
gemalten inneren Ansichten der hiesigen Dom- und Liebfrauenkirche
sollen besonders in der Perspektive ausgezeichnet gewesen sein. Zwei
solche in den Jahren 1757 und 1758 gemalte Kirchen wurden 1781
in der Gogel'schen Auction für 481, bald darauf weiter für 661
und 1815 in der Laufberg'schen Versteigerung für 516 Gulden verkauft, während zwei ganz kleine Rheinlandschaften mit 266 Gulden
bezahlt wurden. Zwei ausgezeichnet schöne Landschaften mit großartigen Architekturen und vielen vortrefflich gezeichneten Figuren, welche
Schütz der Sage nach zum Zwecke seiner Bewerbung um die Gallerie-
Inspektorstelle zu Cassel auf Kupfer gemalt hat, wurden in neuester
Zeit zu Darmstadt für 350 Gulden verkauft.

Ganz besonderes Interesse gewähren mehrere perspektivische Ansichten innerer Stadttheile, wie die des Römerbergs vom Fahrthor
aus, des Liebfrauenbergs mit dem Hause zum Grimmvogel, und der
Hauptwache mit ihrer nächsten Umgebung. Die Darstellung des
Liebfrauenbergs, um 1755 bis 1760 gemalt, giebt eine sehr interef-
sante Anschauung von der äußeren Gestalt jenes Stadttheils und von
dem Straßenleben damaliger Zeit. Unter den zahlreichen Figuren
erblickt man den Künstler selbst in der Nähe eines Buchkrams.

Handzeichnungen, mit schwarzer Kreide oder der Feder entworfen
und mit Tusch oder Sepia schattirt, findet man noch häufig. Sie
sind alle sehr leicht und scizzenhaft behandelt. Seine Aquarellzeichnun=
gen sind dagegen vollständig ausgeführt. Dergleichen hat er viele aus
der Rhein-, Main- und Werragegend hinterlassen.

Im Radiren hat Schütz nur einige unbedeutende Versuche gemacht, die ihm nach seinem eigenen Geständnisse nicht besonders gelangen. Es sind:

1.2. Zwei Landschaften, bezeichnet: Huysmann von Mecheln p. C. G. Schütz
    Frft. 1749. Kl. quer 4°.[1]
3.4. Zwei Rheinlandschaften. C. G. Schütz pinx. et fec. Quer Folio.
5. Eine Landschaft, im Vorgrund Wasser, auf einer Landzunge ist eine Sig-
   nal- oder Warnungstafel aufgesteckt, worauf ein Mann und ein Knabe
   hindeuten. Jenseits des Wassers links auf der Höhe eine Schloßruine,
   rechts in der Ferne ein Dorf. Bez. „Schütz." Klein Folio. Aeußerst
   flüchtig radirt.

Die vier zuerst genannten Blätter, wovon 1 und 2 sehr selten sind,
befinden sich in der Sammlung des Städel'schen Kunst=Instituts.

Oelgemälde des Meisters werden bewahrt:

Zu Frankfurt:
1. Im Römer in dem Audienzzimmer des älteren Bürgermeisters:
   Eine große Landschaft, mit Staffage von W. Fr. Hirt. 1780.
2. In der Städel'schen Sammlung:
   a) Landschaft in Morgenbeleuchtung mit Staffage von J. L. E. Mor-
      genstern. 1760.
   b) Waldparthie am Strahlenbergerhof bei Oberrad.
   c) Reiche Flußgegend, bez. Schütz fec. 1750.
   d) Ansicht des Römerbergs am Markttage. 1754.
   e)f) Zwei Landschaften mit Wasser.
   g) Ansicht von Aschaffenburg.

---

[1] Nagler, welcher mit Fueßli die Erfindung dieser beiden Blätter einem
„Huysmann" zuschreibt, vermuthet mit Unrecht, daß die Radirung dem jüngeren
C. G. Schütz angehöre. Dieser ward erst 1754 geboren.

3. In der städtischen Sammlung: 12 Landschaften und Architekturstücke.

4. In dem Prehn'schen Kabinet: 15 verschiedene kleine, meist landschaftliche Bilder, worunter zwei Alpengegenden nach den Zeichnungen seines Sohnes Franz.

5. Zwei der schönsten, aus der Mergenbaum'schen Sammlung stammenden Landschaften mit vorzüglicher Staffage, besitzt Herr Constantin Fellner.

Zu Cassel in der kurfürstlichen Gallerie: 11 Rhein= und andere Landschaften.

Zu Darmstadt in der großherzoglichen Gallerie: 12 Rhein= und Neckargegenden und 1 Kirche im Inneren.

Zu Mannheim im großherzoglichen Schlosse: 3 Rheingegenden.

In Aschaffenburg im königlichen Schlosse: 16 Rhein= und andere Landschaften, 4 dergleichen mit Architektur und 2 Landschaften nach Waterloo.

Nach Gemälden des älteren Schütz ist eine ziemliche Anzahl, meist mittelmäßiger Blätter von Zingg, Byrer, Deuker, Schwarz und M. C. Prestel in Aquatinta gestochen worden.

Sein Bildniß wurde nach E. Handsmanns Gemälde von J. F. Beer gut radirt.

Am 7. Januar 1757, dem Jahrestag seiner Hochzeit, hatte er das Unglück seine erste Frau zu verlieren. Im November 1759 trat er in die zweite Ehe und starb in demselben Monat des Jahres 1791.

In Meusels Museum, Heft 16 S. 290, widmet ihm sein „Busenfreund W. H. F." einen kurzen Nachruf, worin der 3. December als Todestag angegeben ist, während er schon am 6. November beerdigt worden war.

Schütz besaß einen sanften, menschenfreundlichen Charakter, mit lebhaftem Sinn für geselligen Umgang, was ihm, verbunden mit einem stattlichen Aeußern, allerwärts günstige Aufnahme erwarb. Es herrschte in dieser Familie ein Geist heiteren Frohsinns, Gastlichkeit und Kunstliebe. Man malte, las, musicirte, führte Possen auf, wobei Franz und Vetter Christian Georg die Hauptrollen spielten. Hiesige und fremde Künstler und Kunstfreunde, namentlich Nikolaus Vogt, Hüsgen, Chandelle, Donnet, waren die täglichen Hausfreunde. Nicht zu verwundern ist es, daß Kinder und Neffe mit so viel Liebe auf der heiteren Bahn der Kunst dem Beispiel des Vaters gefolgt sind. Dem ältesten Sohne

Franz Schütz

würde ohne Zweifel die erste Stelle unter allen Gliedern dieser Fa- 1751
milie gebühren, wenn Genialität und angeborenes Talent allein den 1781.

Künstler machten. Aber sein Geist war zu ungeordnet, sein Charakter zu haltlos, als daß aus dem Kunstgenie ein harmonisch gebildeter Künstler hätte werden können.

Franz Schütz war am 15. December 1751 [1]) in Frankfurt geboren. Er hatte in der katholischen Schule bei damals dürftigem Unterricht noch dürftigere Kenntnisse erlangt, so daß es ihm noch im erwachsenen Alter an dem allergewöhnlichsten Wissen und selbst an klaren Begriffen in der Religion fehlte, deren äußerlichen Cultus er strenge beobachtete, ohne jemals davon innerlich erwärmt zu werden. Dagegen verrieth er schon frühe nicht nur außerordentliche Anlagen, sondern auch einen leidenschaftlichen Trieb zur Musik und zum Zeichnen. Oft warf er mit wenigen kecken Strichen eine gesehene Gegend in großartigen Umrissen aus dem Gedächtnisse hin. Die schwierigste Aufgabe des unterrichtenden Vaters war offenbar, das Genie des Knaben in die rechte Bahn zu lenken. Sie ist ihm nicht gelungen. Franz blieb lebenslang in der Kunst ein edles, aber ungebändigtes Roß. Er zeichnete und componirte mit außerordentlicher Leichtigkeit, und war fast unerschöpflich in Ideen. Von den reizenden Ufern des Obermains und des Rheins hatte er längst die vortrefflichsten Zeichnungen und Gemälde geliefert; aber diese lieblichen, ruhigen Gegenden genügten seinem Geiste zuletzt nicht mehr. Schon 26 Jahre alt geworden, sah er sich noch unbefriedigt und ohne bestimmtes Ziel. Da machte er im Jahr 1777 die Bekanntschaft eines wackeren Kunstfreundes, G. Burkhard von Basel, dem seine Arbeiten so wohl gefielen, daß er ihn mit sich nach der Schweiz nahm, ihm freie Wohnung und Tafel gewährte und sich mit väterlicher Sorgfalt seiner annahm.

Die großartige Natur der Schweiz war freilich für einen solchen Geist geeigneter als die heimischen Fluren. Sorgfältige und fleißige Naturstudien zu machen, gestattete ihm sein unstätes Wesen nicht; er faßte seine Prospekte stets im Großen und Ganzen auf, wobei ihm viele feine Nüancen und Detailschönheiten entgingen. Die Phantasie siegte oft über die Wahrheit. Die größte Meisterschaft bewährte er in der Darstellung des Wassers; seine Schiffe und Schweizerhäuser sind äußerst malerisch, die Bäume aber, anfangs schwer und klumpig, besonders die Tannen mager und steif, erlangten — wenngleich später etwas besser — niemals eine mit den übrigen Theilen harmonirende

---

[1]) Nicht 1753, wie es bei Hüsgen und anderwärts heißt.

Vollkommenheit. Figuren wollten ihm selten gelingen, weßhalb er sie entweder vermied oder von andern Künstlern seine Landschaften staffiren ließ.

Im Sommer 1778 nahm ihn sein Gönner mit sich auf einer Reise über den Vierwaldstätter See, durch Uri über den St. Gotthard, den Luzerner See nach Mailand und zurück über den Lago maggiore durch Oberwallis, über die Grimsel in das Haslithal, nach Meiringen, Grindelwald, das Lauterbrunnthal, über den Thuner See nach Basel. Diese Reise, für ihn die wichtigste seines Lebens, mußte nicht nur durch die großartigen Naturanschauungen, sondern auch durch den ihm noch ganz fremd gewesenen Genuß der zahlreichen Gemälbesammlungen Mailands seinem Geiste den tiefsten Eindruck hinterlassen. Zwar konnte er sich seiner Manier nie ganz entschlagen, aber diese nahm doch seit jener Reise eine neue Wendung; sie ward männlicher, stark, groß und leicht; allein im Aufbrausen des Genies ließ er seinem wilden Feuer rückhaltlos den Lauf, wodurch seine Gebilde nicht selten Ruhe und Harmonie einbüßten.

Von der mailänder Reise brachte er viele vortreffliche, in ganz neuer Weise aufgefaßte Zeichnungen zurück: Die Kapelle Maria Zell bei Surfee, Sempach, Pilatus, Rigi mit den fernen Eisbergen, die herrlichen Wasserfälle im Canton Uri, die Straße am Platifer, die Barromäischen Inseln vom piemontesischen Ufer, mit wunderbaren Wasserreflexen, den Gletscher auf der Furka, das Thal von Meiringen, eine Ansicht auf Scheideck mit dem Rosenlauigletscher und der fernen Spitze des Wetterhorns, Grindelwald, Lauterbrunnthal, Thun und Unterseen, und verschiedene interessante Wasserfälle — alle in schwarzer Kreide auf blauem oder grauem Papier, weiß gehöht. In gleicher Weise entstanden auch viele Ansichten aus anderen Theilen der Schweiz, namentlich aus den Cantonen Zürich und Basel mit dem Bisthum, Gegenden, die er meist mit Burkhard bereiste.

Ungeachtet der großen Zahl umfangreicher Zeichnungen, läßt sich doch nicht sagen, daß Schütz fleißig gewesen, daß er häufig und gern nach der Natur studirt habe. Dazu war er zu unstät und laß, auch in Folge eines unordentlichen, seine Gesundheit zerstörenden Lebens zu erschöpft. Er zeichnete meistens aus dem Gedächtniß, das ihn wunderbar unterstützte, und die Leichtigkeit, womit er arbeitete, ersetzte den Fleiß. Auch war ihm die Gewohnheit, fast nur mit Kreide zu zeichnen, besonders förderlich.

Ausgeführte Zeichnungen von ihm sind selten. Sein Gönner Burkhard bekam die meisten; alle Scizzen sandte er seinem Vater nach Frankfurt, welcher mehrere davon vortrefflich in Oel ausführte, was freilich wegen allzuleichtfertiger Behandlung bei den wenigsten möglich gewesen ist. Sie befinden sich zum großen Theil noch in der hiesigen Stadtbibliothek.

In Oel hat Franz Schütz in früherer Zeit sehr vorzügliche, den Rhein- und Maingegenden entnommene Landschaftsgemälde geliefert, welche von Kennern den Arbeiten seines Vaters in Ansehung der malerischen und geistreichen Behandlung unbedenklich vorgezogen werden, wogegen aus der Zeit seines vierjährigen Aufenthalts in der Schweiz nur sehr wenige und sehr verschieden behandelte Gemälde bekannt sind. Einige seltene Stücke, wovon mir vor nicht langer Zeit der Rheinfall bei Schaffhausen und der Reußfall im Canton Glarus, beide auf Kupfer gemalt, durch die Hände gegangen sind, stehen in der Behandlung des Wassers den besten Arbeiten Everdingens nicht nach. Sie wurden mit vier Hundert Gulden, nicht ihrem Werthe entsprechend, bezahlt. Gewöhnlich aber befaßte sich Franz nur mit sogenannten Thürstücken (dessus de porte) weil er hier seinem Pinsel den freiesten Lauf lassen konnte. Seine Bilder sind oft nur einfach: Schütz oder Schütz filius pinx. bezeichnet, während sein Vater die Taufnamen C. G. hinzuzufügen pflegte.

Den größten Theil seiner Zeit opferte dieses Originalgenie seiner ungemessenen Liebe zur Musik, zum Wein, zu endlosen Mahlzeiten und lustigen Gesellschaften, wobei er in Possen aller Art unerschöpflich und seinen Freunden unentbehrlich war. Oft wurde es zweifelhaft: ob er nicht mehr Musiker als Maler sei. Er spielte die Violine meisterlich vom Blatte, spielte stundenlang ohne sichtbar zu ermüden. Kenner sagten, sein Bogenstrich sei hart und kraftvoll wie sein Pinsel. Was er auf der Violine spielte, besonders seine eigenen Phantasien, begleitete er mit dem Munde in einem dem Hautbois und Waldhorn nicht unähnlichen Tone. Sein Mund war so geschmeidig wie seine Violine. Eine Menge Dinge ahmte er bis zur Täuschung nach. Sein ganzer Körper folgte dabei der nämlichen Regung, und seine Glieder hatten sich nach und nach maschinenmäßig dem Wollen der Seele unterworfen. Oft ließ er sich von seiner Phantasie so fortreißen, daß er auf der Straße stehen blieb, mit Händen und Füßen arbeitete und mit dem Munde ein auffallendes Geräusch machte. Nie handelte er nach Grundsätzen, wie andere Menschen, sondern folgte stets nur seinem Instinkt. Für die angenommenen gesellschaftlichen Formen, wie überhaupt für alles, was sich nicht auf Kunst und Musik bezog, hatte er keinen Sinn, für den Werth des Geldes keinen Begriff. Er besaß das beste Herz, ohne Arg und Falsch, mit Liebe und innigem Wohlwollen, ja mit wahrhaft kindlichem Vertrauen Alle umfassend, die ihm nahten. Rache war ihm fremd, ein Wort konnte ihn versöhnen. Nur der Gegenwart lebend, waren ihm Vergangenheit und Zukunft werthlose Begriffe. Stets heiter und glücklich, ohne sich des kläglichen Zustandes seiner zerrütteten Gesundheit bewußt zu werden, ereilte ihn im noch nicht vollendeten dreißigsten Lebensjahr die Schwindsucht, welcher er am 14. Mai 1781 in Genf erlag. Seine längst gewohnte Blässe und Magerkeit hatte selbst seine Freunde über die Gefahr seines Zustandes getäuscht. Burkhard, sein ihm bis zum Tode treu gebliebener väterlicher Freund, ließ ihn in der katholischen Gemeinde Sacconai auf französischem Gebiete beerdigen und ihm auf dem Grabe ein Denkmal von Marmor errichten.

Ausführlicher als der bei Hüsgen abgedruckte Genfer Brief schildert ein größerer Aufsatz in Meusels Miscellaneen artist. Inhalts, Heft 14 S. 80 ff. diesen psychologisch merkwürdigen Menschen, der im Leben wie in der Kunst keine Regel kennend, nur von einem unmotivirten Instinkt geleitet, sich gleichsam willenlos und doch eigenwillig dem Wellenschlag des Augenblicks überließ und dadurch das hohe Ziel verlor, zu dessen Erreichung er mit so großen Mitteln ausgestattet war. Es lohnt der Mühe, diesen Aufsatz zu lesen, dessen Verfasser während der drei letzten und wichtigsten Lebensjahre des Künstlers an dessen Seite lebte und durch sein ruhiges, partheiloses Urtheil volles Vertrauen erweckt.

Oelgemälde von Franz Schütz werden bewahrt:
Zu Frankfurt:
a) in der städtischen Sammlung: zwei Landschaften aus seiner frühesten Zeit. Eine dritte ihm gleichfalls zugeschriebene, No. 196 des Katalogs, ist von Schütz dem Vetter;
b) in dem Prehn'schen Kabinet: mehrere kleine Landschaften;
c) in dem Städel'schen Institut: Ansicht der Teufelsbrücke auf dem St. Bernhard, auf Kupfer. Dieses Gemälde wurde früher für eine Arbeit des Vaters nach einer Zeichnung des Sohnes gehalten und diese Ansicht scheint mir noch immer die richtigere zu sein;
d) im Privatbesitze der Herren Finger des Rathes, und Rüder befinden sich gleichfalls einige vorzügliche Landschaften des Künstlers.
Zu Aschaffenburg im königlichen Schlosse sieht man mehrere.

Nach ihm hat C. M. Ernst eine Zeichnung des Rheinfalls von Schaffhausen geätzt und mit der kalten Nadel vollendet, eine sehr geringe Arbeit. Besser gelang ihm eine Ansicht von Stalvedro. Von Lienard geätzt und mit der kalten Nadel behandelt ist eine andere

von Schütz in Oel gemalte Ansicht des Rheinfalls in dem Kupferwerke: Recueil d'estampes gravés d'après les tableaux du cabinet
de Monseigneur le duc de Choiseul. E. Guttenberg stach zwei große
Ansichten am Thuner und Brienzer See, irrig mit dem Namen
C. G. Schütz bezeichnet. Zwei Mainansichten wurden von P. W.
Schwarz und eine andere von Felix gestochen. Auch in dem Prestel'-
schen Verlag erschienen einige Ansichten in Kreidemanier.

Franz Schütz selbst hat eine kleine Landschaft mit einer Mühle
und weiter Fernsicht sehr zart radirt, 32°. Das seltene Blättchen
ist »Schütz jun.« bezeichnet.

Der zweite Sohn des älteren Schütz,

Johann Georg Schütz,

1655
1813. geboren am 16. Mai 1755, hatte, nachdem er den ersten Unterricht
bei seinem Vater genossen, das Fach der Historien- und Portraitmalerei erwählt. In seinem 21. Jahr begab er sich nach Düsseldorf, um an der dortigen Akademie und im Studium der herrlichen
Gemäldegallerie seine weitere Ausbildung zu suchen. Wenngleich nicht
in dem Grade begabt, wie sein älterer Bruder, machte er doch bei
geregelterem Fleiße rasche Fortschritte. Nach Verlauf eines Jahres
sandte er seinem Vater zwei gute Copien nach Rubens: Castor und
Pollux, und den Sturz des Sanheribs vorstellend. Im zweiten
Jahre 1779 erhielt er für die Darstellung der Psyche, welche vom
Volke für die Venus gehalten und angebetet wird, den zweiten Preis.
Nach seiner Rückkehr verweilte er noch einige Jahre bei seinem Vater
und malte u. a. 1783 mit diesem den neuen Vorhang für das hiesige Theater, wozu er den ersten Entwurf verfertigt hatte. Im Mai
1784 ging er nach Rom, wo er bis zum Frühjahr 1790 verweilte,
eifrig nach den Antiken, nach Raphaels Werken und nach lebenden
Acten studirend. Er brachte viele Zeichnungen und zwei Oelgemälde
mit sich zurück. Hüsgen rühmt besonders eine allegorische Darstellung des bekannten: Auch ich bin in Arkadien gewesen. Namentlich soll man an diesem Bilde in den edlen Formen der Frauen
das Studium der Antike erkannt, den Faltenwurf der Gewänder in
gutem Styl und die Bäume natürlich gefunden haben.

Johann Georg Schütz wohnte in Rom auf dem spanischen
Platze mit mehreren deutschen Malern im trauten Verkehr zusammen.
Ihnen gesellte sich auch Goethe bei, dessen anregender Umgang auf
alle und insbesondere auf seinen Landsmann einen mächtigen Einfluß

übte. Der Dichter führte den jungen Künstler in den Kreis der
Herzogin Amalie ein, wo er seitdem täglich Zutritt hatte und an
allen Ausflügen in die Umgegend Theil nahm, was ihm einst Gelegenheit bot, die Fürstin mit ihrem kleinen Gefolge in der reizenden
Umgebung Tivoli's zu zeichnen. Ein damals von ihm vollendetes
Gemälde: Luna und Endymion, nennt Goethe in: Winkelmann und sein Jahrhundert „ein anmuthig erfundenes und
fleißig behandeltes Bild.

Einen andern Gönner fand er nach der Abreise der Herzogin
in dem Sohne der Dichterin Sophie la Roche, dem Oheim Bet-
tinens von Arnim. Dieser war dem Künstler mit warmer Freundschaft zugethan, nahm ihn mit sich in die Heimath zurück, räumte ihm
in seinem Hause zu Offenbach mehrere Zimmer ein und förderte durch
Gewährung einer gesicherten Lage die unbeengte Ausübung seiner Kunst.

Johann Georg Schütz malte vorzugsweise historische Gegenstände, Genrestücke und Portraite. Auf der Stadtbibliothek befindet sich, vom Museum stammend, der sterbende Sokrates,
30″ hoch, 41″ breit auf Leinwand, eine schwache Arbeit. Wegen
seines längeren Aufenthalts in Rom und zur Unterscheidung von
seinem Vetter Christian Georg wurde er gewöhnlich der Römer-
Schütz genannt. Nachdem er seinen Wohnsitz wieder in Frankfurt
genommen hatte, trat er am 21. October 1798 mit Maria Thekla
Würtwein aus Walldüren in die Ehe.

Die Hoffnungen, welche Schütz als junger Künstler erregt hatte,
wurden in seinem gereifteren Alter nicht gerechtfertigt. Er wurde nachlässig und widmete seine Zeit zum größeren Theil dem Unterricht im
Zeichnen und Malen, den Rest aber seinen Vergnügungen. Er starb
anfangs Mai 1813.

Seine Versuche im Radiren sind nicht bedeutend. Man hat
von ihm:

1. Ein Savoyardenmädchen mit der Leyer, nach einem rechts hängenden Vo-
gelkäfig sehend. „Erster Versuch von J. G. Schütz junior sculps. Francfort 1773.“ Klein 4°.
2. Das Bild des geistlichen Raths Amos, nach seiner eigenen Zeichnung.
1776. 4°.
3. Desgleichen des lutherischen Pfarrers Schmidt. 4°.
4. Desgleichen eines Kirchenvaters.

Eine ziemliche Anzahl seiner Entwürfe wird, aus dem Nachlasse
seines Vetters C. G. Schütz stammend, auf der Stadtbibliothek aufbewahrt. Sie sind zum größeren Theil in Rom nach Antiken in
Bleistift und Kreide gezeichnet.

Heinrich Joseph Schütz,

1760 1822. der Sohn zweiter Ehe des älteren Christian Georg, war 1760 in Frankfurt geboren. Er hatte die Handlung erlernt, sich jedoch später der Kunst zugewendet. Ein guter Zeichner, versuchte er sich unter J. G. Prestels Leitung in der Aquatinta-Manier und arbeitete darin von 1792 bis 1798 zu London bei Stadler und Ackermann, nach seiner Rückkehr aber wieder bei Prestel. Hier lieferte er verschiedene Platten nach Jacob Ruisdael, Moucheron, Molitor, Heinrich Roos, G. Pforr, Schütz dem Vetter, Manskirsch u. A., ferner mehrere gut radirte Ansichten aus hiesiger Gegend, besonders von der Bergstraße, nach eigener Aufnahme, wie auch in Tusch und Sepia ausgeführte Landschaften. Er blieb unverheirathet und starb am 2. Juli 1822 am Lungenschlag.

Meusel und Nagler nennen ihn irrigerweise Johann Heinrich. Nagler läßt ihn 1762 geboren werden und kennt sogar noch einen Doppelgänger dieses Künstlers, den er zur Abwechselung Heinrich Johann nennt und nach Wien versetzt! Aber alle die Stich- und Aquatintablätter, welche er diesem angeblichen Heinrich Johann zuschreibt, gehören unserem Heinrich Joseph Schütz an, der sie in London und hier verfertigt hat.

Auch das weibliche Geschlecht ist dem Künstlerberufe dieser Familie treu geblieben:

Philippine Schütz,

1767 1797. die Tochter zweiter Ehe, geboren im Jahr 1767, war eine eifrige und geschickte Landschaftmalerin. Nachdem sie den ersten Unterricht von ihrem Vater erhalten hatte, studirte sie hauptsächlich nach Jacob Ruisdael und Anton Waterloo. Des letzteren radirte Blätter hat sie beinahe sämmtlich in Kreide und Bleistift mit leichter Hand copirt. Ihre in Oel gemalten Landschaften sind Zeugen ihres Talents und ernsten Strebens. Sie lassen die Tochter des alten Schütz nicht verkennen. Leider erlag sie, gleich ihrem Bruder Franz, im dreißigsten Lebensjahr, am 25. September 1797, der Auszehrung. Sie wurde im Dominikanerkloster beerdigt.

Christian Georg Schütz, der Vetter,

c. 1758 1823. war im Jahr 1758 zu Flörsheim geboren und sehr frühe zu seinem Oheime und Taufpathen, dem älteren C. G. Schütz, nach Frankfurt

in die Lehre gekommen. Auch er hat zu dem Künstlerruf seiner Fa=
milie und besonders zu dessen größerer Verbreitung nicht wenig bei=
getragen. Nachdem er im Zeichnen und Malen einige Fortschritte
gemacht hatte, copirte er zuerst verschiedene niederländische Thierstücke,
gab aber diese ihm langweilige Arbeit bald wieder auf, um dem
Beispiele des Oheims folgend, an den Ufern des Rheins die herrliche
Natur und zu Düsseldorf die Werke der großen Meister zu studiren.
Diese im Sommer 1779 unternommene Reise erschloß dem jungen
Manne eine neue Welt und erhob ihn schnell auf die Stufe eines
anerkannten Künstlers. Seine Arbeiten fanden bald gleichen Beifall,
wie die seines Oheims, ganz besonders seine Zeichnungen. In den
Aquarellfarben übertraf er seinen Meister. Seine Zeichnung ist schär=
fer, seine Fernen sind bestimmter und klarer, überhaupt ist seine Fär=
bung heller. Mit vollem Recht sagt Goethe (Kunst und Alterthum
am Rhein rc.) von ihm: Seine Zeichnungen sind von bewunderns=
würdiger Reinheit und Sorgfalt der Ausführung, die Klarheit des
Wassers und Himmels ist unübertrefflich, die Darstellung der Ufer
an beiden Seiten der Auen, der Felsen und des Stromes selbst treu
und anmuthig. In dieser Weise lieferte er eine große Anzahl der
reizendsten landschaftlichen Bilder der von ihm wiederholt bereisten
Ufer des Rheins und des Mains, so wie der im Jahr 1789 besuch=
ten Schweiz. Besonders gelang ihm die Behandlung der Aquarell=
farben in größerem Format.

Eine Kunstreise nach dem Harze, nach Sachsen und Holstein im
Sommer 1799 lieferte ihm neuen reichhaltigen Stoff für die interes=
santesten Aufnahmen, unter denen sich besonders die romantischen
Ansichten von Plön und den umgebenden Seen auszeichnen. Diese
Reise wird im Teutschen Merkur von 1800 irrig dem älteren
Schütz zugeschrieben. In dem folgenden Jahr malte er zum wieder=
holten Male Mainz von verschiedenen Seiten, Bingen, Lurlei mit
St. Goarshausen, Rheinfels, Coblenz mit Ehrenbreitstein rc. und
1803, gleichfalls in Aquarell, ein Panorama hiesiger Stadt und
Gegend mit dem Taunus im Hintergrunde, vom Sachsenhäuser Berg
gesehen, für die Gerning'sche Sammlung. In den Mappen des Stä=
del'schen Kunstinstituts befinden sich viele seiner Arbeiten, wo sie sich
besser erhalten haben, als die unter Glas und Rahmen der Einwir=
kung des Lichtes ausgesetzten.

Nach den Schützischen Aquarell= und Sepiazeichnungen haben
Prestel, R. E. Quarry (Schönberger), H. J. Schütz u. A. gestochen.
Günther stach 38 malerische Ansichten des Rheins von Mainz bis

Düsseldorf, welche 1804 mit Text von Nikolaus Vogt in gr. 8°. erschienen. Eine andere Folge von Rheinansichten ward von Rab'l in Aquatinta in großem Format gestochen, und eine dritte erschien seit 1819 bei Ackermann in Loudou, mit deutschem und englischem Text von J. Gerning, 24 Blätter in gr. 4°. Er selbst hat nur wenige Blätter radirt:

1. Die Ruine Ehrenfels am Rhein, „gezeichnet und geätzt von Schütz dem Vetter". Quer Folio.
2. Schloß Bautzberg, auch Vautsberg a. R. „Schütz le neven". Quer Folio.
3. Ein Aquatintablatt: „Im Münsterthal, C. G. Schütz" bezeichnet, gehört wohl gleichfalls diesem Künstler an. 4°.

Die beiden andern von Nagler verzeichneten Blätter sind, wie schon S. 312 erwähnt wurde, nicht von dem Neffen, sondern von dem Oheim.

Schütz, der Neffe, hat als Künstler von seinen Lehrjahren bis zu seinem Tode in Frankfurt gewohnt und gewirkt, ohne das Bürgerrecht oder den Beisassenschutz zu erwerben. Er lebte, eingeschrieben als Gehülfe seines Vetters Johann Georg Schütz, später dessen Wittwe, auf Permission. Dies hinderte nicht, daß er ganz als Angehöriger der Stadt betrachtet und behandelt, auch bei manchen auf die Kunst bezüglichen Angelegenheiten zu Rath gezogen wurde. Als Carl v. Dalberg das Museum unter seinen Schutz nahm, wurde Schütz Vorsteher der zweiten Klasse und von dem Fürsten mit der Ordnung und Herstellung der von den aufgehobenen Klöstern der Stadt zugefallenen Gemälde, so wie mit deren Ablieferung an das Museum betraut. Wenn in dem Neuen Nekrolog der Deutschen (Jahrg. I. S. 816) neben der nicht zu bestreitenden bedeutenden Kunstbegabung des jüngeren C. G. Schütz, auch dessen „harmlose Biederkeit und redliches Gemüth" gerühmt wird, so kann ich in diesem Punkte mich nur auf die Thatsachen zurückbeziehen, deren Erwähnung bei dem Artikel „Holbein" S. 33 die unerbittliche Wahrheit gebot.

Vetter Schütz blieb, nachdem er von einer talentvollen Schülerin, die anfangs seine Neigung erwiedert hatte, hintergangen worden war, unvermählt. Diese schmerzliche Erfahrung mochte eine gewisse Bitterkeit in seinem Herzen zurückgelassen haben, die sich zuweilen in nicht unberechtigten Klagen ergoß. Nur die Beschäftigung mit seiner Kunst, das Studium der rheinischen Sagen, wofür er bei dem Malen der romantischen Ritterburgen Interesse gewonnen hatte, und häufige Besuche seines lieben Rheines in heiterer Gesellschaft konnten die trübe Stimmung zeitweise verscheuchen. Er starb am 10. April 1823. In seinem Nachlasse fand sich noch eine bedeutende Anzahl größerer Aquarellgemälbe vom Rhein vorräthig, welche im Wege ber Bersteigerung mit wenig Ausnahmen an Friedrich Wilmans gelangten.

Eine Sammlung Handzeichnungen — etwa 100 Kreibe= unb Bleistiftscizzen von F r a n z, eben so viele von J o h a n n Georg unb einige von H e i n r i ch J o f e p h S ch ü tz, zum größten Theil unbe= beutenbe, werthlose Entwürfe — wurbe nach ber Bestimmung bes Berstorbenen an bie Statbibliothek abgegeben. Sollte biefes groß= müthige Legat vielleicht ein Erfatz sein für jene acht Gemälbe H o l= b e i n s unb für bie Brönner'schen Kupferstiche?

Oelgemälbe bes jüngeren Christian Georg Schütz vermag ich nur wenige nachzuweisen:
Die hiesige städtische Sammlung besitzt:
1. eine Ausssicht vom Felbberg über bas Gebirg nach bem Städtchen Usingen, im Vorgrunbe mit bem Brunhilbenstein, bei Sonnenaufgang;
2. eine Ansicht von Frankfurt unterhalb Sachsenhausen. Die steifen mit ber vorzüglich gemalten Landschaft nicht harmonirenben mythologischen Figuren im Vorgrunbe finb von J o h. Georg Schütz, bie Beiwerle: Früchte ꝛc. von J. D. B a g e r.
3. Lurelei bei Sonnenuntergang.
4. Lurelei im Morgennebel.
5. Balbuinstein an ber Lahn.
6. Gegend am Meißner in Kurhessen.
In bem Prehn'schen Kabinet befinden sich:
7. eine Flußgegenb,
8. eine Landschaft mit Bauernhaus,
9. 10. ein Garten unb ein Weinberg, Frühling unb Herbst barstellenb,
11. eine Parthie aus Wilhelmsbad, ein Steeg führt über ben Bach.
In ber großherzoglichen Gallerie zu Darmstadt sieht man:
12. 13. zwei Neckargegenben unb
14. eine anbere kleine Landschaft.

Johann Melchior Kraus,

Zeichner, Maler unb Rabirer, war am 26. Juli 1737 in Frank= furt geboren. Nachbem er unter ber Leitung bes berühmten J o= h a n n H e i n r i ch Tischbein bereits tüchtige Fortschritte gemacht hatte, stubirte er von 1761—1767 in Paris mit bem glücklichsten Erfolge nach G r e u z e unb B o u ch e r, während er sich bes anre= genben Umgangs ber bort weilenben Künstler Philipp Hackert, Wei= rotter, Schmuzzer, Zingg u. a. erfreuen burfte. Später lebte er ge= raume Zeit wieber in Frankfurt. Hier versuchte er im Vereine mit bem älteren Schütz eine Malerschule zu grünben, bie jeboch wegen ungenügenber Unterstützung keinen Bestanb hatte. Kraus zeichnete und malte zu jener Zeit viele Ansichten aus hiesiger Stadt und der Umgegend, u. a. die Bergschlösser des Taunus in Aquarell. Dem strebsamen Künstler konnte aber die beschränkte Thätigkeit in der Vaterstadt für die Dauer nicht genügen. Er ergriff den Wanderstab und zog 1772 in die Schweiz, deren Berge, Seen, Sitten und Trachten ihm reichen Stoff für sein Scizzenbuch und spätere Ausarbeitungen darboten. Nach einer weiteren Kunstreise in dem nördlichen Deutschland finden wir ihn 1774 mit Goethe und Lavater in Ems, dessen freundliche Umgebungen er in verschiedenen Ansichten aufnahm. Seitdem trat er in der Vaterstadt mit dem ersteren in den freundschaftlichsten Verkehr. Goethe schildert den Künstler als einen heiteren Lebemann und guten Gesellschafter, und rühmt dessen Geschick in angenehmer Gruppirung häuslicher und geselliger Scenen. Mit der Familie von Stein in Nassau befreundet, begleitete Kraus die Tochter des Hauses und deren Gemahl, den Grafen von Werther, nach Thüringen, wo er bald auch dem kunstliebenden Herzog Karl August bekannt wurde. Dieser zog den Künstler im Jahr 1776 nach Weimar und ernannte ihn, unter Verleihung des Rathstitels, zum Director der neuerrichteten Zeichenschule. Hierdurch war ihm ein seinen Wünschen entsprechender Wirkungskreis eröffnet, der ihn aber keineswegs hinderte, vielmehr weiter anregte und ihm Gelegenheit bot, sich auf die mannigfachste Weise als schaffender Künstler zu bewähren und auf Geschmacks- und Kunstbildung seiner neuen Heimath den erheblichsten Einfluß zu üben. Dies wurde ihm um so leichter, da seine Bildung und sein liebenswürdiger Charakter ihm in den gewähltesten Kreisen Zutritt verschaffte. Im Vereine mit Bertuch gab er das Journal für Mode und Kunst, das A B C des Zeichners, die deutschen und andern Nationaltrachten in sechs Heften, Ansichten von allen Theilen Europa's u. a. m. heraus. Daneben zeichnete er sehr viele Portraite für Wielands Teutschen Merkur und eine auch von ihm selbst radirte Folge von Ansichten der Umgegend von Weimar, namentlich Jena, Ilmenau, Oberweimar, Ettersburg, Allstedt u. a. Ueberhaupt studirte er mit großer Vorliebe nach der Natur, wozu ihm seine häufigen Ausflüge nach den romantischsten Gegenden Deutschlands und Oberitaliens die erwünschte Gelegenheit boten. Sein Fleiß war unermüdlich. Er malte in Oel- und in Wasserfarben Landschaften, Conversationsstücke und Portraite, unter den letzteren das Bild Goethe's, welches Chodowiecki in Kupfer stach. Besonders interessant sind seine schweizerischen Bauernstuben und seine Darstellungen zu Wielands Oberon (1788). Nach ihm

haben Ch. Levassour: »la gaité sans embarras« und »la chauf-
ferette«; A. de Buigne: »le chaudronnier« und »la raccommo-
deuse de fayence«; F. Hubert: »le cordonnier«, und Voyez j.:
»la marchande de carpes« und »la marchande de plaisirs« etc.
in Kupfer gestochen.

Kraus selbst radirte und ätzte, außer den schon gedachten Ansichten, noch verschiedene andere Blätter:

1. Der Schuhflicker, welcher ein Mädchen liebkoset, nach seinem eigenen Gemälde.
2. Ein Bachanal in Poussins Geschmack. Sehr seltenes Schwarzkunstblatt. 4°.
3. Ansicht des Schlosses zu Weimar mit Umgebung. Aquatinta. Folio.
4. Desgleichen des Jagdschlosses zu Eisenach. Folio.
5.6. Zwei Ansichten von Mainz während und nach der Belagerung 1797.
Quer Folio.
7. Eine schlafende Venus, von zwei Satyrn belauscht.
8. Verschiedene ländliche Darstellungen, Kinderköpfe u. s. w.

Kraus, seit 1768 Mitglied der kaiserlichen Akademie der Künste
in Wien, ward später auch von der Akademie der Wissenschaften in
Berlin und von der Akademie der Künste in Hanau zum Mitgliede
ernannt. Nächst Meyer hat er auf Goethe bezüglich dessen Bestrebungen in der zeichnenden Kunst gewiß den bedeutendsten Einfluß
geübt.

Nach der unglücklichen, auch für Weimar so verhängnißvollen
Schlacht von Jena wurde der friedliche Künstler von den stürmenden
Franzosen rein ausgeplündert und kurz darauf, am 5. November 1806,
in Folge der erlittenen Schrecknisse, denen der siebenzigjährige Greis
nicht mehr gewachsen war, ein Opfer des Todes. Er war unverheirathet.

Von seinen Oelgemälden sieht man in dem Städel'schen Institut, als Geschenk unseres in Mailand verstorbenen patriotischen Mit-
bürgers Heinrich Mylius, das Bild eines Knaben, in dessen
Behandlung der Schüler Grenze's nicht zu verkennen ist.

Das Portrait des Künstlers mit dessen Biographie hat J. B.
Bertuch geliefert.

Gottlieb Welte,

der Sohn des Landschafts- und Thiermalers Anton Welte, geboren zu
Mainz um 1745, empfing den ersten Unterricht im Zeichnen und
Malen bei seinem Vater, den er aber an Reichthum der Erfindung
und in geistreicher Behandlung seiner Conversationsstücke und komi-

schen Genrebilder weit übertraf. Alle seine Zeichnungen sind origi-
nell und lassen auch in den unbedeutendsten Scizzen den genialen
Künstler erkennen. Die Wellenlinien scheint er absichtlich vermieden
und eine absonderliche Liebhaberei an eckigen Umrissen gehabt zu
haben. Diese kennzeichnen alle seine Arbeiten, die zwar dadurch im
Allgemeinen in ihrer Wirkung nichts verlieren, aber dennoch zuweilen
an das Groteske streifen. Obgleich persönlich mehr zum Trübsinn gestimmt, zieht doch durch die meisten seiner Bilder ein heiterer Humor.
Besonders graziös sind seine Mädchengestalten; aber seine Figuren,
zumal die Männer, sind oft etwas zu lang und schlank gerathen.
Sein Colorit ist manchmal vernachlässigt und auf das Nothbürftigste
beschränkt; aber keineswegs aus Mangel an richtigem Verständniß und
an Geschick, sondern nur aus launenhafter Gleichgültigkeit. Man
findet Bilder, in denen er zur Genüge gezeigt hat, wie gut er die
Farben zu behandeln verstand. Er hat in Oel, Aquarell und Sepia
gemalt und auch vortrefflich radirt.

Durch den älteren Schütz veranlaßt, mit dessen Familie er sehr
befreundet war, verlegte er frühzeitig seinen Wohnsitz nach Frankfurt,
wo er seines Freundes Landschaften mit Figuren staffirte, auch Vieles
nach eigener Laune zeichnete, malte und radirte, ohne daß er sich und
die Kunst besonders gefördert hätte. Von der eigenthümlichen Weise
dieses Künstlers mag der folgende, an den ihm geistverwandten Franz
Schütz gerichtete Brief einen Beleg geben. Welte antwortet auf
die Anfrage seines jüngeren Freundes wegen Bereitung eines Aetzgrundes:

„Zum höllischen Teufel! — Da wollte ich sagen — doch gezwungener Eid
ist Gott leid. Ich weiß nicht, aus was für Absichten Sie einen schriftlichen
Aufsatz des Aetzgrunds von mir verlangen; ich dächte, vernünftige Leute
könnten leichter begreifen, wenn man ihnen einmal etwas zeigt, als wenn
man 1000 mal etwas aufschreibt. Doch steht es bei Ihnen, ob Sie kein
Bedenken tragen, mich mit Dero Person in meiner Clausur zu beehren,
wo wir bessere Gelegenheit hätten, etwas zu unternehmen; denn ich kann
es Ihnen ohne viele Umstände besser sagen, als aufschreiben. Wissen Sie
es einmal, so können Sie es hernach selbsten aufschreiben. Verzeihen Sie
meine Aufrichtigkeit, mit welcher ich Ihnen sage, wie sehr ich bin Dero
aufrichtiger Knecht und Freund GW.“

Auf der Kehrseite dieses Briefes hat Welte sich selbst an der
Staffelei sitzend, mit Feder und Tusch gezeichnet, mit der Unterschrift:
„Welte, wie er Mme Scheul mahlt“.

Später ging er nach Rußland. Hier bot ihm Potemkin eine
Anstellung an, die er jedoch, wahrscheinlich um seine Unabhängigkeit

zu bewahren, ablehnte. Er lebte seitdem in der Nähe von Reval, wo er um 1790 sein Leben beschloß. In dem Prehn'schen Kabinet befinden sich mehrere kleine Bilder des Meisters, die nicht zu seinen bedeutenderen gehören. Nagler verzeichnet siebenzehn seiner geistreich radirten Blätter, deren Zahl leicht vermehrt werden könnte.

M. Siegwart, jun.,

ein aus Rothnagels Schule hervorgegangener Künstler, malte in Gouache und wahrscheinlich auch in Oel, ganz in der Weise seiner Zeitgenossen Karl Franz Kraul und J. A. F. Rauscher, der ebenfalls einige Zeit bei Rothnagel gearbeitet zu haben scheint. Seine Landschaften sind wie angegeben bezeichnet. Ort und Zeit seiner Geburt und seines Todes konnte ich nicht erfahren. Jedenfalls ist er zwischen 1780 und 1790 in Frankfurt thätig gewesen. c. 1780 1790.

Johann Abraham Schöll,

ein sehr geschickter Goldschmied und Miniaturmaler, war am 29. Mai 1733 zu Frankfurt geboren und wurde 1769 in die Innung der Gold- und Silberarbeiter aufgenommen. In deren Stamm- und Meisterbuche findet sich bei dem Eintrage seines Namens eine recht gute Federzeichnung: Diogenes mit der Laterne, als Medaillon, mit der Unterschrift: J. A. Schöll fec. 1770. Ich selbst besitze ein vorzügliches, das Denkmal des Dichters Rabener darstellendes Miniaturgemälde des Künstlers. An einer abgebrochenen Säule ist die Büste des Dichters aufgestellt, sie wird von einem zur Seite stehenden Satyr gehalten, während zur andern Seite die allegorische Figur der Wahrheit, auf Wolken ruhend, nach dem Dichter hindeutet, unter ihm ein anderer Satyr mit abgezogener Maske. Den Sockel schmückt ein Basrelief. Bez. »J. Abraham Schöll, 14. Merz 1773«. Kl. Folio. Der Meister starb am 24. August 1791. 1733. 1791.

Christian Benjamin Rauschner,

Medailleur, Stuccateur und Bossirer, war 1725 in Naumburg geboren. Nach längeren Reisen im Norden und Süden Europa's fand er 1747 in Frankfurt eine bleibende Heimath, die ihm 1752 auch das Bürgerrecht gewährte. Die schönen Stuccaturarbeiten, womit er die neuen Häuser von innen und außen im Geschmacke seiner Zeit 1747. 1793.

zu verzieren verstand, brachten ihm ausgebreiteten Ruf, verwickelten ihn aber 1752 mit dem Weißbenderhandwerk in einen Rechtsstreit, der bis zum Reichskammergericht gedieh und erst 1760 durch Vergleich geschlichtet wurde. Was ihn zunächst als Künstler qualificirt, ist seine Geschicklichkeit im Wachsbossiren. Er lieferte Genrebilder, Portraite und Landschaften in weißem und farbigem Wachs, und verstand nicht nur die in Italien zum Abformen der Antiken gebräuchliche rothe Corallenmasse sehr gut anzufertigen, sondern lieferte auch hierin vortreffliche Abdrücke antiker und moderner Münzen und Medaillen, namentlich die aller russischen Monarchen bis auf die Kaiserin Catharina II. Das von Rauschner 1772 in Wachs bossirte, mit seinem Namen bezeichnete, lebensgroße Portrait des Med. Dr. Senkenberg wird noch in dem Stifte aufbewahrt. Er starb am 2. August 1793.

Sein Sohn Johann Christoph soll sich in der gleichen Kunst bekannt gemacht haben. Er war 1760 geboren. Sein Tod ist in den Sterberegistern nicht zu finden.

Johann Friedrich Voitsburg,

¹⁷⁶⁴ geboren am 25. December 1733 zu Ichtershausen im Herzogthum Gotha, war ein Schüler des Hofmalers Johann Heinrich Ritter. Im October 1764 hatte er bei seiner Verheirathung das hiesige Bürgerrecht erlangt. Voitsburg malte gute Blumenstücke in brillanten Farben. Ein solches, 3' hoch, 4½' breit, bezeichnet mit seinem Namen und der Jahrzahl 1764, hängt im Römer an der Kaiserstiege. Er starb am 11. December 1793.

Georg Heinrich Hergenröder,

¹⁷³⁶
c. 1794. Genre- und Landschaftmaler, auch Radirer, war im Jahr 1736 zu Darmstadt geboren, wo er den ersten Unterricht empfing. Später nahm er seinen Wohnsitz in Offenbach und gründete dort, unterstützt von dem Fürsten von Jsenburg, eine Zeichenschule. Die Nähe seines Wohnorts führte ihn häufig nach Frankfurt und brachte ihn in beständigen Verkehr mit hiesigen Künstlern und Kunstfreunden, so daß er selbst gleichsam als hierher gehörig angesehen wurde, was seine Erwähnung an dieser Stelle entschuldigen mag. Hergenröder malte vorzugsweise Ansichten unterirdischer Höhlen, Katakomben und andere Gewölbe in Cuylenburgs Geschmack, worin er zerfallene, mit Bas-

reliefs und Statuen verzierte Springbrunnen und antike Grabmäler
anbrachte, auch das Ganze durch Zigeuner und Räuberscenen, ba=
bende Nymphen und ähnliche Darstellungen in schöner Beleuchtung
sinnreich zu beleben wußte. In der Perspektive war er nicht stark.
Seine Figuren sind gut gezeichnet, seine Hauptlichter von richtiger
Wirkung; aber das allgemeine Colorit seiner Bilder entfernt sich von
der Natur, es fällt zu sehr in das schmutzig Rothe und macht in
der Regel keine angenehme Wirkung. Demungeachtet wurden diese
Darstellungen mit Beifall aufgenommen. Man findet auch freund=
liche, nach der Natur gemalte Landschaften von seiner Hand; sie
sind meistens der Umgegend von Frankfurt entnommen und, wie alle
seine Arbeiten, mit Fleiß behandelt, machen aber, dem rothgelben
Tone seiner Katakomben gegenüber, einen etwas frostigen Eindruck.
Auch in seinen mit leichter Nadel rabirten kleinen Landschaften im
Geschmacke des Schütz brachte er in der Regel Ansichten aus der
hiesigen Gegend. Sie sind gewöhnlich: »G. H. Hergenröder fecit,«
mit der Jahrzahl bezeichnet. Bei geringeren Arbeiten fehlt der Na=
men. In der kurfürstlichen Gallerie zu Cassel sieht man von ihm
in Oel gemalt eine Räuberhöhle und eine Landschaft mit Ruinen.
Auch das hiesige Prehn'sche Kabinet besitzt einige kleine Bilder. Er
starb um 1794. Wahrscheinlich ein Sohn von ihm ist J. M. Her=
genröder, welcher Landschaften im Geschmacke von Schütz rabirte,
von dem ich aber keine nähere Kunde geben kann.

Christian Stöcklin, [1])

Architektur= und Fresconaler, war am 14. Juli 1741 in Genf ge= 1761 1765.
boren, wo sein im Canton Basel heimathberechtigter Vater temporair
seinen Wohnsitz genommen hatte. Daselbst trat er bei dem mittel=
mäßigen Portraitmaler Steublin in die Lehre, verließ ihn aber sehr
bald wieder, da er an dessen Unterricht keinen Geschmack gewinnen
konnte, und ging 1757 nach Italien. In Bologna widmete er sich
unter der Leitung des Malers und Architekten Antonio Galli
da Bibiena ausschließlich der Architekturmalerei. Nachdem er in
den folgenden Jahren auch in Rom gearbeitet hatte, wandte er sich
1761 nach Deutschland, fand bei der Ausschmückung der Theater zu
Stuttgart und Ludwigsburg unter Johann Baptist Innocenz Colomba

---

[1]) So wird er in dem Genfer Tanzzeugnisse genannt. Er selbst schrieb seinen
Namen bald Stöckli, bald Stöcklin und Stöcklein.

und dem älteren Servantoni während drei Jahren Beschäftigung und kam 1764 zur Zeit der Krönung Josephs II. nach Frankfurt. Hier arbeitete er unter Nothnagels Direction an den Transparentmalereien für die Illumination. Im Jahr 1766 bewarb er sich bei seiner Verheirathung mit Anna Elisabetha Bracht um das hiesige Bürgerrecht, welches ihm nur nach großen Weiterungen seitens des Magistrats und der Maler-Innung zwei Jahre später bewilligt wurde. Bezüglich des bei diesem Anlaß von ihm verlangten Lehrbriefes entgegnete er in einer Erklärung an den Rath, daß anderwärts dergleichen nicht erfordert würden; Maler, welche durch die ganze Welt als Künstler passirten, pflegten den Lehrbrief im Pinsel und in der Hand zu haben, und der Schluß, daß weil er, ohne Ruhm zu melden, seine Kunst verstehe, solche nothwendig gelernt haben müsse, werde hoffentlich diesen Abgang ersetzen.

Stöcklins Arbeiten, in denen er vorzugsweise das Innere gothischer Kirchen, namentlich der hiesigen, aber auch landschaftliche Prospekte mit Ruinen und schönen Fernsichten, darzustellen pflegte, zeigen viele Kenntniß in der Architektur, richtiges Gefühl für die Farben, und sind, ohne mechanische Hülfsmittel, deren sich J. L. E. Morgenstern bediente, mit freiem, sicherem Pinsel gemalt. Die Figuren wollten ihm nie gelingen, weßhalb er seine besseren Stücke von dem eben genannten Meister staffiren ließ. Diese nähern sich zuweilen den Werken eines Heinrich Steenwyk, während dagegen sehr viele seiner frühesten, sowie die meisten seiner späteren Arbeiten nachlässig, mit allzuflüchtigem Pinsel hingeworfen sind, was gerade die Architekturmalerei am wenigsten verträgt. Die besten fallen in seine mittlere Lebensperiode.

Unerschöpflich war seine Erfindungsgabe; aber der Mann hatte sich zuletzt einem unfleißigen und liederlichen Leben ergeben, wobei er sammt seiner Kunst, trotz den entschiedensten Anlagen, bedauerlich verkommen mußte. Außer seinen Oelgemälden, die fast sämmtlich mit seinem vollen Namen bezeichnet sind, findet man von ihm auch gute Aquarell- und Tuschzeichnungen, so wie einige mit sicherer und kräftiger Nadel radirte antike Architekturstücke, quer 4°. Endlich hat er vier von verschiedenen Seiten aufgenommene Ansichten von Frankfurt gezeichnet, die von Jacob Samuel Walwerth in Querfolio gestochen wurden.

Eine seiner besten Arbeiten, das Innere einer mit Gemälden ausgeschmückten Bibliothek, befindet sich nebst einigen andern in dem Prehn'schen Kabinet und die Wiederholung in der Gallerie zu Darm-

ftadt. Die ftädtifche, vormals Daems'fche Sammlung befitzt gleich=
falls zwei fchöne Architekturftücke.

Er ftarb anfangs Juni 1795, nicht 1800, wie Nagler angiebt.
Sein von Jacob Homburg gezeichnetes Portrait hat J. M. Zell
1780 fehr fchlecht in Kupfer geftochen.

Sein Sohn Friedrich Stöclin, hier geboren 1770 und ge=
ftorben 1828, war von dem leichtfertigen Vater wahrfcheinlich ebenfo
leichtfertig in der Architekturmalerei unterwiefen worden. Er ift fein
Leben lang ein Stümper geblieben. Oft trug er feine Kirchen für
zwei Thaler das Stück feil. Auch deffen Sohn Chriftian Fried=
rich, geboren 1809, geftorben 1852, war als Maler ohne alle Be=
deutung.

J. de Georgi,

Zeichner und Maler, ift, wenn er nicht, wie ich vermuthe, in Frank= $\frac{1770}{c.\ 1795.}$
furt geboren fein follte, jedenfalls in dem letzten Viertel des 18. Jahr=
hunderts längere Zeit hier thätig gewefen. Die beträchtliche Zahl der
von ihm gemalten oder gezeichneten Portraite hiefiger Perfonen läßt
daran nicht zweifeln. Es mögen die folgenden erwähnt werden:
1. Senator H. W. Lehnemann. J. de Georgi del. J. C. Berndt sc. Gr. 8°.
   Oval.
2. Johann Jacob Heller, Drehermeifter zu Frankfurt. J. de Georgi del. J.
   F. Gout sc. 1779. 4°.
3. Maria Eleonore Hocheder. J. de Georgi del. J. M. Zell sc. 8°.
4. Johann Chriftian Gerning. J. de Georgi ad nat. del. Wicker sc. Gr. 4°.
5. Maria Elifabetha Aumann, J. de Georgi del. Zell sc. Kl. 8°.
6. Maria Elifabetha Lindenfels. J. de Georgi ad nat. del. J. M. Zell fec.
   1772. Folio.
7. Joannes Jacob Romagnolo, natus Maroltae Vallis Bleny. 1733. J. de Georgi
   del. J. M. Zell sc. Francof. 1778. 8°.

Zeit und Ort der Geburt und des Todes diefes Künftlers find
mir unbekannt geblieben.

Johann Samuel Mund,

Landfchaft= Architektur= und Frescomaler von fehr untergeordneter $\frac{1724}{1794.}$
Befähigung, war 1724 hier geboren. Unter andern fah ich von ihm
die vier Jahreszeiten, mit feinem Namen und 1777 bezeichnet, und
ferner einen großen in Oel gemalten Profpekt der Stadt Frankfurt
vom Mühlberge, zwar ziemlich gut aufgenommen und gezeichnet, aber
in der Malerei wahrhafte Schülerarbeit. Eine andere Anficht der

Stadt mit einer Schiffbrücke unterhalb der Windmühle, welche in dem Katalog der städtischen Sammlung unter No. 220 einem unbekannten Maler zugeschrieben wird, scheint mir ebenfalls dem Meister Mund anzugehören. Er hat auch Zimmerdecorationen in Oel gemalt. Der Mann ertheilte Unterricht im Zeichnen, wozu er mehr Beruf gehabt haben mag, als zum Malen. Er starb im September 1794. Seine Tochter

Elisabetha Mund,

geboren 1752, [1]) hatte sich frühe im Zeichnen und Blumenmalen geübt, auch darin eine ziemliche Fertigkeit erlangt, ist aber in der Anordnung ihrer Blumenstücke nicht sehr glücklich gewesen. Ihr Unterricht wurde von den jungen Damen sehr gesucht. Nachdem sie sich 1776 mit dem Kupferstecher Cöntgen ehelich verbunden hatte, setzte sie ihre Versuche im Aetzen fort. Man hat von ihr zwei kleine Blätter in Punktirmanier. Das nicht übel gelungene Portrait einer jungen Dame, wahrscheinlich ihr eigenes, ist bezeichnet: Elisabetha Mundin sc. Franckfort, mit dem handschriftlichen Zusatze: „Erster Versuch Ao. 1772." 8°. Ihr frühzeitiger Tod — sie starb am 16. Juni 1783 — war nicht ohne nachtheilige Folgen für das von ihrem Gatten gegründete „Zeichnungsinstitut", dessen öffentlicher Jahresfeier durch die Theilnahme ihrer, den höheren Ständen angehörigen Schülerinnen dadurch ein besonderer Reiz verliehen worden war, daß diese bei der Preisvertheilung als Mitbewerberinnen auftraten und nicht selten den Sieg errangen.

Georg Joseph Cöntgen,

1776
1799. Maler und Kupferstecher, war am 17. Mai 1752 zu Mainz geboren, wo er von seinem Vater, dem Kupferstecher Heinrich Hugo Cöntgen, den ersten Unterricht erhalten hatte. Nach seiner Verheirathung mit der Tochter des Malers Mund im Jahr 1776 nahm er in Frankfurt als Kupferstecher seinen Wohnsitz. Er lieferte Portraite und andere Gegenstände, namentlich mehrere auf die Localgeschichte Bezug habende Blätter, jene meistens in geschlagener Arbeit, oder radirt. Kurze Zeit arbeitete er gemeinschaftlich mit seinem jüngeren

---

[1]) Nicht 1751, wie Hüsgen und nach ihm Nagler berichten.

Freunde Goepffert[1]). Dahin gehören namentlich die Portraite des
Med. Dr. Reichard und des Consistorialassessors Ehrenreich Reichard,
beide kl. Folio, Oval. Von Cöntgens eigenen Blättern mögen hier
erwähnt werden:

1. Das Portrait des Dr. C. G. Mosche.
2. Philipp Witt, Anführer der bewaffneten Bauern im Spessart, in ganzer
   Figur. 1796. 4°.
3. Die Luftfahrt Blanchards, 1796.
4. Die Brandstätte der Judengasse vom 16. Juli 1796. Quer 8°.
5. Krieg und Frieden vor Frankfurts Mauern, die am 22. April 1797 von
   den Franzosen versuchte Ueberrumpelung darstellend. Kl Folio

Die Vermuthung Rüppells im Archiv, Heft 8 S. 69, daß der
schlechte Stempel eines 1758 hier geschlagenen geringhaltigen Sechs=
albusstücks, welches mit den Buchstaben G. C. F. bezeichnet ist, von
Cöntgen verfertigt sei, ist irrig, da dieser damals kaum sechs Jahre
alt war.

Nach dem frühen Tode seiner Frau war er 1784 zur zweiten
Ehe geschritten; der Tod ereilte ihn aber schon 1799 im noch nicht
vollendeten siebenundvierzigsten Lebensjahr.

Cöntgen war ein sehr gebildeter, vielgereister und strebsamer
Mann. Es entging ihm nicht, daß, wenn gleich Frankfurt in dem
letzten Viertel des vorigen Jahrhunderts eine Anzahl wackerer Künstler und eifriger Kunstfreunde besaß, doch nur die dauernde Anregung eines den Geschmack an den schönen Künsten und diese selbst
allgemein fördernden Kunstlebens den Bedürfnissen und Mitteln dieser
Stadt entspreche. Er faßte den ersten Gedanken der Gründung eines

Zeichnungs=Instituts,

das er, unterstützt von einigen gleichgesinnten Freunden, im Jahr 1779
wirklich ins Leben zu rufen die Freude hatte. Wenn auch der klang-

---

[1]) Goepffert, ein geschickter Schüler Rylands, war 1760 in Schlettstadt
geboren. Während seines hiesigen Aufenthalts 1783 stach er sein eigenes Portrait, welches aber Hülsen nicht ähnlich fand; sodann nach Hauck das Portrait
des Mathematikers J. W. A. Jäger, den Gründers der noch seinen Namen
führenden Buch- und Landkartenhandlung. Kl. Folio, und nach Kohlhaas das
Bild des Gemäldehändlers J. B. Pfeiffer. Oval, 8°. Er starb am 2. September 1788 zu Darmstadt, wo er außer dem Bilde des berühmten Rechtsgelehrten L. Julius Friedrich Höpfner und mehreren andern, als letzte Arbeit:
Johannes mit dem Jesuskinde nach Rubens eben so meisterhaft gezeichnet, als
gestochen hatte. (Meusels Museum VI, 102.)

volle Name einer „öffentlichen Zeichen-, Maler- und Kupfer-
stecher-Akademie," den man der Anstalt anfangs beizulegen den
Muth hatte, niemals zur Wahrheit geworden ist, so bleibt doch den
Gründern das unbestreitbare Verdienst: der bis dahin nur in bescheidener Stille und in engen Kreisen gepflegten Kunst zum erstenmal
die öffentliche Theilnahme erweckt, die Zahl ihrer Verehrer vermehrt
und, wie angenommen werden darf, den Keim gelegt zu haben, welcher später durch Städels großartige Stiftung eine Zierde unserer
Stadt geworden ist.

Durch Beschluß vom 10. October 1779 nahm der Senat die
junge Anstalt unter seinen Schutz. Die Gründer hatten sich „die
bessere Förderung der bildenden Künste und die Verbreitung des Geschmacks und Kunstgefühls unter denen der Zeichenkunst bedürftigen
Professionisten" zur Aufgabe gestellt, und zu diesem Zwecke regelmäßige, den Unterricht einer bestimmten Anzahl unbemittelter Jüng-
linge deckende Beiträge unterzeichnet. Die Leitung der ganzen Anstalt
und den Unterricht der Schüler übernahm Cöntgen, unter Mitwirkung seines Schwiegervaters S. Mund, während seine Frau den
Lehrstunden der fast ausschließlich den höheren Ständen angehörigen
Schülerinnen vorstand. Man zeichnete nach der Natur, nach Gyps-
modellen und guten Originalzeichnungen. Die erste öffentliche Preisvertheilung fand 1781 und die zweite am 31. Januar 1782 statt,
worüber ein ausführlicher Bericht veröffentlicht wurde. Die Zuer-
kennung der in goldenen und silbernen Medaillen und in Lorbeer-
kränzen bestehenden Preise war, unter anonymer Einsendung der Arbeiten, der kurfürstlichen Akademie in Mannheim überlassen worden.
Talente, nicht Personen, sollten belohnt werden. Die Vertheilung
wurde, nachdem die Sitzung im Saale neben dem Rahmhofe in Anwesenheit des Stadtschultheißen, beider Bürgermeister, eines zahlreichen
Publikums und sämmtlicher Schüler mit einer Symphonie eröffnet
war und Cöntgen eine pathetische Rede über die hohe Bedeutung
der bildenden Künste gehalten hatte, mit vieler Feierlichkeit vollzogen.
Ein junger Brentano und Fräulein Grunelius wurden mit der goldenen, die Herrn Johannot und Bunsen und Fräulein Guaita und
Bernus mit der silbernen Medaille, jedesmal mit einer besonderen
Anrede, unter Pauken- und Trompetenschall decorirt. Zum Schlusse
sprach einer der Schüler in einer längeren Rede den anwesenden
Gönnern des Instituts den Dank der Lehrer und Lernenden aus.
Die nächste feierliche Preisvertheilung wurde am 28. Januar 1783
in dem Theatergebäude des Junghofes in Gegenwart von mehr als

taufend Zuſchauern, die folgenden theils in dem Sargiſchen Saale, theils in dem jeßigen Theater abgehalten. Gewöhnlich ſchloß ſich an dieſe Feſte ein Ball im goldenen Roß. Das Jahr 1813 machte dieſem nicht mehr von der allgemeinen Theilnahme getragenen Pfleg= ling des Friedens ein Ende. Zwar wurde noch im Jahr 1815 eine öffentliche Preisvertheilung veranſtaltet; allein Frankfurts Bewohner wurden von wichtigeren Intereſſen in Anſpruch genommen. Das Zeichnungsinſtitut wirkt ſeitdem durch Gewährung unentgeltlichen Un= terrichts an unbemittelte, für den Gewerbſtand beſtimmte Knaben in beſcheidener Stille fort. Ein Legat des verewigten Phil. Heinrich Fleck von 2200 Gulden gewährt ſeit 1812 die Mittel für ſechs Freiſchüler, deren Zahl gegenwärtig zwölf beträgt. Nach Cöntgens Tod war im Februar 1800 eine neue, aus ſechs Mitgliedern be= ſtehende Direction organiſirt und ein 17 Paragraphen umfaſſendes Statut beſchloſſen worden, welches ein Jahr ſpäter die Beſtätigung des Senats erhielt. Die Zahl der beitragenden Mitglieder war im Jahr 1803 auf 366 geſtiegen.

Seit 1799 leitete Reges bis zum Jahr 1832 und von da an Deuder mit großer Uneigennüßigkeit den Unterricht an dem Inſtitut. Seit 1852 fand es die Adminiſtration für angemeſſen, den Schülern in Folge beſonderer Vereinbarung den Unterricht in der Gewerbeſchule ertheilen zu laſſen. Die Stufe, welche dieſer An= ſtalt von ihrem wackeren Stifter zugedacht war, konnte ſie niemals erreichen; dennoch bleibt dieſem der Ruhm, Schönes erſtrebt und manches Gute gewirkt zu haben. Städels Mittel haben ihm nicht zu Gebot geſtanden.

Johannes Knieb,

Blumen= und Decorationsmaler, der Sohn eines zur reformirten Ge= meinde gehörigen Beiſaſſen, 1735 hier geboren, hat fünf Jahre bei dem älteren Nothnagel in der Lehre geſtanden, dann weitere zehn Jahre demſelben als Gehülfe gedient und gelangte, nach mehreren vorausgegangenen abſchlägigen Beſcheiden, 1769 als Kunſtmaler zum Bürgerrecht. Sein Probeſtück: eine Vaſe mit Blumen, bez. J. Knieb fec. 1769, 3′ h., 2′ 3″ br., hängt gegenwärtig in der Stadtkanzlei. Es iſt nicht von Belang. Der Meiſter ſtarb am 9. März 1796.

1735—
1796.

Johann Peter Neef,

**1753
1796.** im August 1753 dahier geboren, hatte sich mit zweifelhaftem Erfolge der Malerei gewidmet. Er war ein besserer Zeichner, als Maler. Seine Fernen und Lüfte, auch das Wasser sind ihm zwar öfter gelungen; allein der Baumschlag scheint ihm große Schwierigkeiten bereitet zu haben. Eine in Oel ausgeführte Ansicht des Gutleuthofs vor seiner Zerstörung durch den großen Brand von 1801 giebt den Beleg seiner Kunststufe. Bei der hiesigen Gemäldeausstellung von 1827 sah man verschiedene andere Arbeiten dieses Künstlers, von dem auch auf der Stadtbibliothek in der Gerning'schen Sammlung hiesiger Ansichten einige Aquarelle aufbewahrt werden. In dem Prehn'schen Kabinet befinden sich zwei kleine Landschaften und in dem Katalog des Nothnagel'schen Nachlasses von 1818 sind verschiedene kleine Conversationsstücke, sowie biblische und mythologische Gegenstände von ihm verzeichnet. Er starb am 3. April 1796.

Karl Franz Kraul [1])

**1754
1796.** ein tüchtiger Zeichner und Landschaftmaler, war 1754 hier geboren. Es ist ungewiß, von wem er den ersten Unterricht empfangen hatte, sicher aber, daß er längere Zeit unter des älteren Nothnagels Leitung gearbeitet, großen Fleiß auf das Studium der Werke Jacob Ruisdaels verwendet und diesen Meister häufig copirt hat, was die in seinen Arbeiten bemerkbaren Anklänge seines großen Vorbildes erklärlich macht. Dieses achtbare Bestreben erkennt man vorzugsweise in der Wahl und Anordnung seiner landschaftlichen Compositionen und in der Form seiner Blätterung. Wenn auch Kraul den berühmten niederländischen Meister nicht zu erreichen vermochte und besonders in dem weichen Schmelz des breiten, lecken Farbenauftrags, wie im Colorit mit ihm keinen Vergleich zuläßt, so zeichnen sich doch unbestreitbar seine eigenen Erfindungen durch sehr natürliche und geschmackvolle Anordnung, einen schönen, wenn auch etwas ängstlich behandelten Baumschlag, in welchem sich besonders die vortrefflichen Eichstämme bemerkbar machen, klare Wasser, heitere Lüfte, angenehme Fernen und anmuthige Staffage mit wohlgezeichneten Figuren und weidendem Vieh vortheilhaft aus. Hätte Kraul in seinem Laubwerke

---

[1]) So und nicht Grauel, wie Hüsgen und ihm nach Meusel und Nagler schreiben, nannte sich der Künstler.

eine häufig bemerkbare hartgrüne Färbung vermieden, so würden seine Landschaften wenig zu wünschen lassen. Man findet indessen doch einige seiner Arbeiten, die auch hierin befriedigen. Dahin kann seine in dem Sitzungszimmer des Appellationsgerichts befindliche Probe= landschaft vom Jahr 1784 gerechnet werden, obwohl mir noch vor= züglichere vorgekommen sind.

Gouache=, Aquarell= und Tuschzeichnungen des Meisters von großer Schönheit findet man häufiger, wie Oelgemälde. Der Kunstfreund Dr. Grambs besaß deren viele, die jetzt an das Städel'sche Kunst= institut gelangt sind. In Holland wurden seine Arbeiten sehr ge= sucht und theuer bezahlt.

Kraul scheint schon frühe an einer melancholischen Gemüths= stimmung gelitten zu haben, die seinen Studien in der freien Natur hinderlich gewesen sein mag. Schon Hüsgen deutet darauf hin. Diese Verstimmung entwickelte sich in seinem sechsunddreißigsten Lebensjahr zur vollständigen Geisteskrankheit. Er mußte 1791 in das Irren= haus aufgenommen werden, worin er am 16. März 1796 sein unglückliches Leben beschloß.

Johann Georg Pforr,

zu Ulfen in Niederhessen am 4. Januar 1745 geboren [1]), war eines $\frac{1781}{1796}$ Pachters Sohn und selbstverständlich für den Beruf seines Vaters bestimmt. Er hatte darin schon ziemliche Kenntnisse erlangt, als die Stürme des siebenjährigen Kriegs die gänzliche Verarmung der Fa= milie herbeiführten und ihn nöthigten, eine andere Unterkunft zu suchen. Er fand diese bei dem Bergwerke zu Richelsdorf, wo er viele Jahre lebte und zum Theil sehr mühselige, seine Gesundheit untergrabende Arbeiten verrichten mußte, aber dennoch Gelegenheit fand, sich im Zeichnen, wofür er schon als Knabe entschiedene Nei= gung gezeigt hatte, zu üben. Ueberhaupt war er von strebsamem Geiste und wußte sich durch Fleiß mancherlei Kenntnisse, namentlich auch im mathematischen Zeichnen zu erwerben, was später seinen Gemälden die charakteristische Bestimmtheit und Correktheit verliehen haben mag. Von jeher war das Pferd der Lieblingsgegenstand seiner Beobachtungen und Nachbildungen gewesen. Der hessische Minister v. Waitz wurde auf den jungen Mann aufmerksam und verschaffte ihm eine Stelle als Porcellanmaler in der landgräflichen Fabrik.

---

[1]) Nagler läßt ihn irrigerweise zu Ulfen in Sachsen geboren werden.

Diese Beschäftigung konnte ihm aber für die Dauer nicht zusagen. Ohne Aussicht auf eine erfreulichere Zukunft, legte er seine Stelle nach einigen Jahren nieder und wurde, nachdem er zuvor in das Aelternhaus zurückgekehrt war, für einige Zeit Verwalter auf einem großen herrschaftlichen Gute. Aber seine unerschütterliche Redlichkeit gestattete ihm nicht, hier lange zu verweilen. Schon ein Mann von 32 Jahren, sah er sich trotz allem guten Willen und ernsten Streben noch ohne Versorgung und festen Lebensplan, als im Jahr 1777 zu Cassel die Maleralademie errichtet wurde. Seiner Neigung folgend, begab er sich dahin, trat als Schüler ein und machte alsbald die auffallendsten Fortschritte. Er malte meistens nach der Natur und erhielt bei der ersten Ausstellung 1778 den Preis für ein Oelgemälde, welches todte Rebhühner vorstellte. Bei der zweiten Ausstellung im folgenden Jahr wurde er nicht mehr als Schüler, sondern als Künstler betrachtet und zum Mitgliede der Alademie aufgenommen. Seine leidenschaftliche Vorliebe für die Pferde, deren Zucht und Behandlung er schon auf dem väterlichen Pachtgute kennen zu lernen Gelegenheit gehabt hatte, ließ ihn bei der Wahl seiner künstlerischen Laufbahn nicht lange schwanken. Die Thier= und besonders die Pferdemalerei ward sein Beruf. In der Reitschule, die er seines Eifers und seiner auffallenden Befähigung wegen unentgeltlich besuchen durfte, hatte er sich Alles, was sich auf die Natur, den Bau und die Behandlung seiner Lieblinge bezog, so vollständig angeeignet, daß er bald nicht nur als tüchtiger Maler, sondern auch als ausgezeichneter Kenner und Bereiter der Pferde anerkannt war. Aber er mußte endlich daran denken, die materiellen Früchte seines Fleißes zu ernten. Frankfurt schien ihm der Ort, wo er hoffen konnte, dieses Ziel zu erreichen. Er begab sich im Jahr 1781 dahin; aber Wochen verflossen, ohne daß es dem bescheidenen Manne gelang, irgend eine erhebliche Bekanntschaft zu machen. Muthlos, war er schon entschlossen, mit dem wenigen übrig gebliebenen Reisegeld seinen Wanderstab weiter zu setzen, als der Zufall oder vielmehr seine lebhaft geäußerte Freude an den schönen Pferden, welche er an einem Sonntagnachmittag auf dem Forsthause sah, die Aufmerksamkeit eines der Besitzer auf ihn zog. Es war Heinrich Lausberg, damals einer der eifrigsten Kunstfreunde und Gemäldesammler unserer Stadt. Die Bekanntschaft war bald gemacht. Lausberg gab ihm die ersten Aufträge und führte ihn in die Kreise der zahlreichen, den angesehensten hiesigen Familien angehörenden Kunst= und Pferdeliebhaber ein, denen der verständige und unterrichtete Mann fast unentbehrlich wurde. Seine Zukunft war jetzt gesichert. Schon 1784 sah er sich in der Lage, Johanna Tischbein, die Schwester seines Freundes, des Gallerie-Inspektors zu Cassel, als Gattin heimführen zu können. Mit ihr lebte er in der glücklichsten Ehe. Sie gab ihm zwei Söhne, von denen der jüngste zu den schönsten Hoffnungen berechtigte, die leider durch dessen frühzeitigen Tod unerfüllt bleiben sollten.

Pforrs einziges Vorbild war die Natur. Da er sich in der ersten Zeit nur aus eigener Kraft gebildet hatte, so blieben seine Gemälde frei von aller Manier, sein Pinsel aber ist dennoch stets erkennbar. Ueberall zeigen seine Bilder die genaue Kenntniß des Baues, der Bewegung und Eigenthümlichkeiten seiner Lieblingsthiere, die er mit einer Sicherheit in der Zeichnung und einer Zartheit und Reinlichkeit des Pinsels nach ihren verschiedenen Racen und Situationen darzustellen wußte, wie vor ihm und nach ihm kaum ein anderer deutscher Meister, weßhalb er auch der deutsche Wouwermans genannt wurde. Die Thiere bilden zwar stets den Hauptgegenstand seiner Gemälde, aber er wußte sie immer in heiterer landschaftlicher Umgebung mit Waldpartien, klaren Wassern und schönen Fernsichten in warmer angenehmer Färbung dem Beschauer darzustellen, ohne jene zu auffallend und störend hervortreten zu lassen. Seine Oelbilder sind nur leicht untermalt und dann sogleich mit äußerstem Fleiße vollendet. Weniger gelangen dem Künstler die menschlichen Figuren; man vermißt in ihnen die Leichtigkeit der Bewegung, und die bunte Ausstaffirung seiner Reitknechte und Lakaien schadet häufig der Harmonie und guten Wirkung. Dieser Tadel trifft zumeist seine sogenannten eleganten Reiterstücke, die selten ganz befriedigen. Deßhalb werden Pferdestücke, in welchen solche Figuren fehlen, von den meisten Kennern vorgezogen. Zu seinen idyllischen, die heiterste ländliche Ruhe athmenden Hirtenstücken, verschwindet der gerügte Fehler, weil sie ihrer Natur nach dazu weniger Anlaß bieten, auch dem einfachen Wesen des Meisters entsprechen.

Wenn schon das Pferd sein Lieblingsthier war, das er am häufigsten und in den verschiedensten Situationen zum Gegenstand seiner Gemälde gemacht hat, so war er doch nicht weniger sicher in der Darstellung des Hornviehes, der Ziegen und Schaafe, sowie aller jagdbaren Thiere, deren Leben und Wesen er durch eigene Naturstudien zu erforschen unablässig bemüht war.

Pforr malte in Oel- und in Wasserfarben. Auch seine Sepia- und Tuschzeichnungen sind vortrefflich. Für den ihm befreundeten Dr. Grambs verfertigte er eine Anzahl Gouachebilder von vorzüglicher Schönheit. Es wurden manche Blätter nach ihm von Heinrich Schütz, J. G. Reinheimer, H. J. Schulz, Eusemihl, Bartsch und Schweyer gestochen. Er selbst radirte:

1. **Abbildungen zu Hünersdorfs Anleitung Campagnepferde abzurichten.** Es sind sechszehn auch unter dem Namen: **die Reit-schule** bekannte Blätter. J. G Pforr del. et sc. (1792) quer Folio. Fein ausgemalte Exemplare der Abbildungen allein kosteten ursprünglich drei und dreißig Gulden.

Eine eingehende Besprechung dieses Werks im Einzeln findet man in Meusels neuen Miscellaneen St. VI. S. 802 ff.

2. **Die vorzüglichsten Pferderacen,** eine Folge von zwölf Blättern, wovon Pforr selbst bei seinem Tode nur 11 vollendet hatte. Diese vor-züglichen Blätter sind in alten Abdrücken selten. Man hat schwarze, in Sepia übergangene und colorirte Exemplare. Die letzteren kosteten ur-sprünglich zwölf Louisd'or.

3. **Die Stute** bei dem auf dem Rücken liegenden Esel. J. G. Pforr fec. Gr. quer 8°.

4. **Halt eines Reiters** in militärischem Costüme des 17. Jahrhunderts vor einem ländlichen Wirthshause. Die Bäuerin bedient ihn, während der Bauer bei seinen Pferden im Hofe neugierig zuschaut. J. G. Pforr 1789. Folio.

5. **Der Pferdemarkt.** Im Vorgrund wird ein Isabell-Hengst vorgeführt, um welchen ein reich gelleideter Herr mit dem Juden handelt. Folio.

Die beiden ebengenannten Blätter hat der Künstler auch mehr-mals mit besonderer Sorgfalt in Gouache gemalt.

Oelgemälde des Meisters sieht man:

Zu Frankfurt:

1. Im **Städel'schen Institut:**
   a) Pferdemarkt. 1786.
   b) Falkenjagd. 1786.
   c) Landschaft mit Jägern.
   d) Reiter vor einer Schmiede.
   e) Zwei englische Pferde, vorn ein Hund im Wasser. 1797.
2. In der **städtischen Sammlung:**
   Pferde, worunter ein Schimmel, in einer Landschaft.
3. In dem **Brehm'schen Kabinet:**
   a) Ein Hühnerhund auf ein Rebhuhn anstehend.
   b) Ein Saufänger bei einem erlegten Eber.
   c) Ein schlafendes Windspiel.
   d) Ein Kürassier an der Schmiede.
4. Im **Privatbesitze** der Familie Manskopf befinden sich mehrere vortreffliche Bilder des Meisters. Ich selbst bewahre einen Tigerschimmel mit andern Pferden auf der Gestütsweide im Walde.

Sein letztes, dem Fürsten von Schwarzburg-Rudolstadt zum Geschenke bestimmt gewesenes Gemälde: Ein von der Tränke kommender türkischer Hengst, war von dem Fürsten der Wittwe des Künstlers überlassen wor-den. Der Sohn Franz hinterließ es als Vermächtniß seinem Freunde J. D. Passavant und dieser dem Städel'schen Institut.

Zu Darmstadt im großherzoglichen Museum:
Ein Reiter vor dem Wirthshause.
Zu Mannheim in der großherzoglichen Gallerie:
a) Eine Fuchshetze zu Pferd.
b) Pferde werden zur Schwemme geritten.

Größer und allgemeiner noch als Pforrs Anerkennung als tüch=
tiger Künstler war die hohe Achtung und Liebe, welche ihm sein vor=
trefflicher Charakter bei seinen Zeitgenossen erworben hatte. Felsen=
feste Redlichkeit, Wahrheit, Sittenreinheit und natürliches, wohlwol=
lendes Benehmen gegen Jedermann, verbunden mit einer angenehmen
äußeren Persönlichkeit, verschafften ihm in allen Kreisen der Gesell=
schaft zahlreiche Freunde. Sehr einfach in seiner Lebensweise, liebte
er den engeren häuslichen Kreis und ging nie zu Gast. „Sein Leben
und seine Kunst", sagt Dr. Engelmann in einer im Museum auf
Pforr gehaltenen Gedächtnißrede, „waren unter männlichem Kampfe
mit dem Schicksal herangereift zur reinsten Harmonie, welche sich
gleich schön darstellte in seinen Bildern und in seinem Antlitz, dessen
hohe, verklärte Einfalt in seinen sonst ähnlichen Portraiten nicht aus=
gedrückt werden konnte".[1]

Kein Wunder, daß die Nachricht von Pforrs plötzlich erfolgtem
Tode am 9. Juni 1798 allgemeine Trauer hervorrief. Sein Verlust
wurde nicht allein von seiner schwerbetroffenen Familie, sondern auch
im weiten Kreise seiner Freunde schmerzlich empfunden. Für die
mittellose Wittwe und für die Erziehung der beiden Söhne wurde
mit warmem Freundeseifer durch regelmäßige Beiträge gesorgt und
deren Zukunft auf eine Reihe von Jahren im Voraus sichergestellt.
Vorzugsweise gebührt dem verstorbenen Schöffen Sarasin der Ruhm,
sich des verwaisten jüngeren Sohnes mit väterlicher Liebe werkthätig
angenommen zu haben. Der Abschied, welchen die Wittwe bei ihrem
Scheiden aus Frankfurt in dem Wochenblatte veröffentlichte, möge hier,
sie und ihre Freunde ehrend, eine Stelle finden:

„Ich muß mein schon zum Uebermaaße gedrücktes Herz schonen, wenn
es nicht unterliegen soll, und darf also von den vielen edlen und guten
Menschen, die ich in Frankfurt kenne und nun zurücklassen muß, nicht
mündlich Abschied nehmen. Empfangen Sie also hier mit meinem Lebe=
wohl den herzlichsten Dank für alle mir und meinem seeligen Manne be=
wiesene Theilnahme und Freundschaft. Das Denkmal, welches Sie dadurch

[1] Er wurde mehrmals gemalt. Ein recht gelungenes Miniaturbild von
N. Peroux besitzt Herr Hildebrand. Ein Kupferstich zeigt den Künstler in
seinen jüngeren Jahren im Umrisse. Klein Folio. Der Autor ist mir nicht
bekannt.

in meinem Herzen errichtet haben, kann nur mit diesem Herzen vergehen.
Vergessen Sie mich und meine Kinder nicht. Frankfurt den Tag vor meiner
Abreise nach Gießen, den 23. Oct. 1798.

Wittwe Pforr, geb. Tischbein."

Franz Pforr,

am 7. April 1788 hier in Frankfurt geboren und demnach bei des
Vaters Tod ein Knabe von 10 Jahren, hatte schon unter dessen
Leitung im Zeichnen einige Fortschritte gemacht; doch bezweifle ich,
daß die Bemerkung des Professors Karl Morgenstern zu Halle im
deutschen Merkur von 1799: „Bei Herrn Pforr sah ich einige aus
freier Hand gemachte Versuche seines 12jährigen Sohnes, die Blätter
zu Flaxmanns Divina Comoedia von Dante nachzuzeichnen. Der Knabe
hatte meist so bestimmt aufgefaßt und so richtig getroffen, daß er mich
zu der Hoffnung berechtigte, er würde in einigen Jahren unter seines
vortrefflichen Vaters Anleitung wohl der Mann werden können, jenes
Meisterwerk nicht unglücklich nachzustechen", sich auf den jüngeren Sohn
Franz beziehet. Wahrscheinlich ist dessen älterer Bruder Heinrich
gemeint, welcher nach des Vaters Tod zu dem berühmten Ebenisten
Röntgen zu Neuwied in die Lehre kam, wo er bald darauf starb.

Schon als Knabe zeigte Franz Geist, künstlerische Originalität
und keine gemeinen Anlagen zum Dichter; dabei offenbarte er stets
ein reines kindliches Gemüth. Die folgenden Nachrichten, über dessen
künstlerische Entwickelung und frühes Ende sind einem von seinem
Jugendfreunde, dem verstorbenen Inspektor Passavant, s. Z. in einer
der Generalversammlungen des älteren Kunstvereins vorgetragenen
und mir zum Gebrauche mitgetheilten Aufsatze entnommen.

Im Jahr 1801 kam der Knabe zu seinem Oheime, dem Gal-
lerie-Inspektor Tischbein nach Cassel und im Spätjahr 1805 nach
Wien unter die Leitung des Akademiedirectors Füger. Was die
damaligen akademischen Studien geben konnten, waren sie ihm. Er
zeichnete nach Gypsabgüssen und Modellen und studirte die Anatomie.
In seinen Compositionen jener Zeit bis zum Jahr 1808 ist die
Nachahmung seines Lehrers in Wien auffallend bemerkbar, obgleich
ein tieferer Sinn und eine größere Wahrheit in der Auffassung schon
überall durchleuchtet. Dieses zeigt z. B. eine Zeichnung von Macbeth
mit den Hexen und der Erscheinung des blutenden Kindes, worin das
Effectvolle des Füger doch mit Wahrheit und Poesie nachgeahmt ist.

Sein erstes von ihm selbst componirtes Oelgemälde: Wallenstein

in der Schlacht bei Lützen, nach dem sechsten Auftritte in
Wallensteins Lager, war im Jahr 1808 als Engelmann seine Gedächtnißrede auf den Vater vortrug in dem hiesigen Museum zur Ausstellung gebracht worden. Der junge Künstler konnte sich die Mängel
dieses ersten Versuchs nicht verhehlen und äußerte sich darüber in dem
Briefe, womit er ihn seinem väterlichen Freunde eingesandt hatte,
mit bescheidener Offenheit.

Weit wichtiger, als der Unterricht in der Akademie war für eine
gegenseitige Entwickelung das Freundschaftsbündniß zwischen ihm und
Overbeck, welches bis an des ersteren Tod ungestört fortbestand.
In diesem trauten Vereine leuchtete Pforr mehr durch männlichen
Ernst und durch Entschiedenheit, Overbeck durch jungfräuliche Anmuth
und Schönheit. Eine Zeichnung Pforrs aus jener Zeit ist die der
Freundschaft unter dem Bilde von zwei sitzenden Jungfrauen, die sich
die Rechte drücken. Sie sind von mancherlei Allegorien umgeben.
Oben in der Wand ist, als Symbol der höchsten Vereinigung, das
Abendmal in Basrelief angebracht. Diese Composition gab späterhin
Overbeck die Idee zu dem schönen Gemälde, welches durch Wenner
in den Besitz des Königs Ludwig von Bayern gelangte und unter
der Benennung: „Italia und Germania" von Nikolaus Hoff
lithographirt, bekannt ist. [1])

---

[1]) Es dürfte nicht ohne Interesse sein, hier eine Stelle aus dem in meinem
Besitze befindlichen Briefe zu lesen, womit Overbeck die Absendung dieses Bildes an Wenner begleitete:

„Rom den 31. Januar 1829."

2c. „Erlauben Sie mir, bei dieser Gelegenheit noch Einiges über das Gemälde selbst anzumerken. Vor Allem gestehe ich Ihnen, daß ich es nicht
ohne große Bangigkeit absende, wenn ich bedenke, wie sehr durch die lange
Verzögerung Ihre Erwartung mag gespannt worden sein. Bin ich mir gleich
bewußt, redlich gethan zu haben, was ich vermochte, so fühle ich doch nur
allzusehr die Schwachheit meiner Arbeit und erkenne, wie wenig Ursache ich
habe, zu hoffen Sie zu befriedigen. Möchten Sie denn was meiner Arbeit
abgeht, auf Rechnung meiner geringen Fähigkeit schreiben, aber nicht auf
Mangel an aufrichtiger Bemühung, Ihren Erwartungen möglichst zu entsprechen. Was nun die weitere Ausbildung der dem Bilde zu Grund liegenden Idee anlangt, so wird es Sie wohl überhaupt nicht wundern, daß
nach so vielen Jahren aus den beiden Bräuten ein Paar ehrbare Frauen
geworden sind, die Frauen Germania und Italia. Es trat nämlich in
späterer Zeit der Ausarbeitung natürlich das Bedürfniß ein, der jugendlich
unklaren Vorstellung eine bestimmtere Bedeutung unterzulegen, wozu schon
die häufige Frage: was denn das Bild eigentlich vorstelle? veranlaßte. Daß
ich nun aber gerade die Idee einer Germania und Italia wählte, darüber

344

Ein äußerer Umstand gab dem vereinten Streben beider Freunde
bald ein neues gemeinschaftliches Ziel, nach dem sie mit allen Kräften
hinstrebten. Im Frühjahr 1808 wurde nämlich nach langer Unter=
brechung wieder die herrliche Bildergallerie des Belvedere eröffnet,
wohin auch unsere Künstler erwartungsvoll wanderten. Kaum hatten
sie die Werke des Albrecht Dürer und der alten Italiener betrachtet,
so wurde es ihnen klar vor dem inneren Auge; das Ziel der Kunst
und die Art der Darstellungsweise erschien ihnen in einem ganz neuen
Lichte und eben so verschieden vom akademischen Unterricht, als ihrem
eigenen Wesen zusagend. Von dieser Zeit an konnte ihnen der bis
jetzt befolgte Studiengang nicht mehr genügen; sie suchten daher auf
eigenen Wegen sich Bahn zu brechen und fanden anfänglich an dem
ausgezeichneten Maler Wächter eine große Stütze. Nicht lange blieb
ihnen diese Gunst, indem dieser Künstler bald darauf Wien verließ.

Ihrem ernsten Streben schlossen sich nach und nach einige sinn=
verwandte junge Künstler an, wie Wintergast, Sutter aus Wien,
Vogel aus Zürich und ein anderer Schweizer namens Hottinger. Zu
ihrer Ausbildung als theoretische und praktische Künstler hielten sie
regelmäßige Zusammenkünfte, worin sie sich über Gegenstände der
Kunstbildung besprachen und Entwürfe oder Gemälde, die sie in Ar=

beit hatten, vorzeigten und sich durch deren Besprechung belehrten und aufmunterten. Eine Folge kleiner Aufsätze entstand auf diese Weise, wovon vier noch in Abschrift vorhanden sind. Sie geben Zeugniß, wie ernstlich sich die jungen Männer mit ihren Studien beschäftigten. Der von Pforr behandelt die Frage: ob es noth= wendig sei, das Gefühl des Künstlers durch die Ver= nunft (d. i. die Erkenntniß) zu befestigen. Sie wird affir= mativ beantwortet.

Pforr war in seinem Kreise Derjenige, welcher besonders Schlachten und die historischen Begebenheiten des Mittelalters dar= stellte. Der Einzug Rudolphs von Habsburg in Basel ist ein un= vollendetes Bild geblieben, in welchem die noch durchscheinende Auf= zeichnung sehr schön und lebendig ist. Namentlich sind die Köpfe alle sehr charakteristisch. Aus dem Nachlasse des Schöffen Sarasin ist es mittelbar in den Besitz des Herrn Dr. Böhmer übergegangen, welcher es für die städtische Sammlung bestimmt hat. Die Composi= tionen aus Goethe's Götz von Berlichingen geben einen schönen Beleg, mit welcher Lebendigkeit in der Auffassung, mit welchem Studium des damals noch wenig bekannten mittelalterlichen Costümes, mit welcher Schärfe der Charakteristik er solche Gegenstände behandelte. Ist auch die Zeichnung durchgehends nicht so schön und correkt, als man jetzt von einem in unserer Zeit gebildeten Künstler zu verlan= gen berechtigt ist, so kann doch nicht geleugnet werden, daß es bei= nahe unbegreiflich erscheint, wie Pforr unter der Leitung Fügers sich so völlig von schulmäßiger Manier hat befreien können und so in seiner Kunst als Beispiel in einer Zeit geleuchtet hat, in welcher in Deutschland mit einzelnen Ausnahmen noch der größte Verfall der akademischen Regeln herrschte.

Von der großen Gemeinschaft zwischen Pforr und Overbeck geben zwei Zeichnungen des letzteren, im Besitze der Frau Rath Schlosser, die ganz dieselbe Behandlungsweise wie Pforrs Götz von Berlichingen zeigen, einen sprechenden Beleg. Auch ist zu beachten, daß um die= selbe Zeit Cornelius in Frankfurt durch seine Zeichnungen zum Faust, einen ähnlichen Weg, wie Pforr zu betreten begann.

Im Mai 1810 ging sein sehnlichster Wunsch in Erfüllung, in= dem er mit drei seiner Freunde: Overbeck, Vogel und Hottinger, die Reise nach Rom antrat. Mit welcher Lebendigkeit er dort alle merk= würdigen Gegenstände und die mancherlei erlebten Begebenheiten auf= faßte, bezeugt sein Reisetagebuch, später im Besitze des Schöffen Sa= rasin, der ihm mehr noch ein wahrer väterlicher Freund, als Vor=

munb war. Die Beschreibung eines Ausflugs nach Urbino ist daraus im Morgenblatt No. 141 von 1811 abgedruckt worden.

In Rom trafen Overbeck und Pforr mit Cornelius zusammen, der gleichzeitig mit ihnen, aber ohne ihr Wissen, dasselbe Ziel ver- folgt hatte. Ueber den belebenden Einfluß, den Pforr auch hier auf die jungen Künstler ausübte, geben mehrere Briefe von Cornelius und Overbeck das vollgültigste Zeugniß. Sie enthalten zugleich nä- here Berichte über die letzten Lebensmomente unseres Künsteers, deren Veröffentlichung, wenn sie gestattet wäre, gewiß von Interesse sein würde.

Daß Pforr, wie fast allgemein die Künstler, in Italien eine zweite Heimath fand, bedarf keiner besonderen Versicherung. Er hatte das Glück, in einer der schönsten und gesundesten Gegenden Roms, in der Villa Malta, zu wohnen. Von seinem Zimmer aus hatte er eine bezaubernde Aussicht über einen lieblichen Orangen- und Weingarten nach der weithin ausgebreiteten ewigen Roma mit der St. Peterskirche und deren mächtigen Kuppel nebst dem Vatican. „Beim Anblick dieser durch die größten Meister der neuen Kunst ver- herrlichten Bauwerke schienen dem jungen Künstler besonders drei Maler wie höhere Geister, die Rom durch ihre Werke verherrlichten, über dieser heiligen Stadt zu thronen: Fra Angelico da Fie- sole, der in frommer Erhebung schon in dieser Zeitlichkeit scheint Zeuge der himmlischen Freuden gewesen zu sein; Michel Angelo, dessen große Individualität uns zurückführt in das kräftige Geschlecht der ersten Menschen; und endlich Raphael, dessen harmonisch ge- bildete und reichbegabte Seele das Leben in seinen schönsten Verhält- nissen und mit nie erreichter Anmuth darzustellen verstand." Diese Erscheinung stellte Pforr in einer schönen Bleistiftzeichnung dar, welche dem verstorbenen Passavant als ein theueres Vermächtniß zugefallen und jetzt, soviel mir bekannt, in das Eigenthum des Städel'schen Instituts übergegangen ist.

Leider konnte Pforrs Talent nicht zur völligen Reife gedeihen oder auch nur sich mit ganzer Kraft entfalten; denn schon in Deutsch- land öfter leidend, wurde in Italien, besonders nach einer Reise nach Neapel, sein Brustübel immer bedenklicher, so daß er im Frühjahr 1812 genöthigt war, Rom zu verlassen und zu Albano im Latiner Gebirg eine Eselsmilchkur zu gebrauchen. Trotz der treuen Pflege seines Freundes Wintergast nahm die Krankheit bald sosehr zu, daß ihm der Arzt seinen nahe bevorstehenden Tod ankündigte. Er ver- nahm es nicht nur mit Ergebung, sondern es sprach selbst Heiterkeit, so berichtet Overbeck, aus seinen Mienen. Während ihm dieser Freund die Leidensgeschichte aus dem Evangelium Lucä vorlas, hing Pforr mit seinen schönen, klaren Augen an Overbecks Mund und schien so ruhig und heiter, daß alle — auch Cornelius hatte ihn besucht — sein Hinscheiden noch ferne glaubten. Doch bald nachdem sie ihn mit Wintergast allein gelassen, verschied er ruhig Abends den 16. Juni 1812 in dessen Armen.

Ohne Zweifel würde Franz Pforr jetzt neben Cornelius, Overbeck und andern ihm mit seltener Anhänglichkeit zugethanenen Freunden eine bedeutende Stelle als Künstler einnehmen, wenn nicht seinem Leben inmitten der vollsten Entwickelung seines schönen Talents eine Grenze gesetzt gewesen wäre. Wie hoch sein Verdienst im Ver-hältniß der damaligen Zeit anzuschlagen sei, was die Kunst an ihm verloren habe, zeigen die Nachbildungen von Compositionen und Hand-zeichnungen aus seinem Nachlasse, welche der ältere hiesige Kunstver-ein seinen Mitgliedern s. Z. im Stiche mitgetheilt hat.

Das erste Heft enthält:

1. Eine allegorische Composition, wodurch der Künstler andeuten wollte, was er für die Aufgabe der neueren Kunst hielt, nämlich: Verschmel-zung der altdeutschen und altitalienischen. Albrecht Dürer und Raphael knieen vor dem Throne der Kunst, welche ihre Namen und Ver-dienste für die Nachwelt verzeichnet. Im Hintergrund Nürnberg und Rom. Das Blatt ist von Hoff jun. gestochen. Die Originalzeichnung befand sich damals im Besitze der Frau Schöff Thomas.

2. 3. 4. Darstellungen aus Goethe's Götz von Berlichingen, nämlich:
   a) Götz und Bruder Martin, Herberge im Walde, gestochen von C. Müller.
   b) Der Knappe Georg, dem Götz und Selbitz die Nachricht von dem Abfalle Weißlingens überbringend. Im Spessart. Gestochen von Amsler.
   c) Die Nürnberger Kaufleute vor dem Kaiser Maximilian, in dem Garten zu Augsburg. Gestochen von H. Merz.

5. Darstellung aus der Reformationsgeschichte der Schweiz: Der Schultheiß Wengi schützt die Protestanten in ihrem Versammlungshause zu Solo-thurn gegen den Angriff der Katholiken. Lithogr. von Dielmann.

6. Composition über Kap. 2. V. 3. 4. 5. des Briefs Pauli an Titus. Ra-dirt von H. Merz.
   Die Originalzeichnungen der Blätter No. 5. 6. sind das Eigenthum von F. Overbeck in Rom.

Das zweite Heft enthält:

1. Die weiblichen Tugenden Reinheit, Frömmigkeit, Treue. Gegenstück zu No. 6. des ersten Hefts. Radirt von H. Merz.
   Auf dieser und der vorgenannten Zeichnung bediente sich Pforr des

Monogramms ⊞. 1810.

2. Die Freundschaft, zwei sitzende, sich die Rechte drückende Frauen. Gestochen von Kramp.
Die Originalzeichnungen besitzt F. Overbeck in Rom.

3. Der heil. Sebastian. Gestochen von C. Müller.

4 Die Bauernhochzeit aus Goethe's Göz von Berlichingen. Folge von
No. 2. 3. 4. des ersten Hefts. Gestochen von C. Schäffer.
Die vier schön ausgeführten Originalzeichnungen aus Göz von Berlichingen besaß Schöff Sarasin als Vermächtniß des Künstlers. Später
wurden sie von des ersteren Erben an unbekannte Hände veräußert.

5. Die Legende von dem Ritter, welcher seine fromme Hausfrau dem
Teufel verschrieben hat. Als er sie an denselben abliefern will, kehrt sie
unterwegs in einer Kapelle ein und fleht die heil. Jungfrau um Hülfe
an; diese versenkt sie in Schlaf und folgt unter deren angenommenen Gestalt dem Ritter. Der Augenblick, wo sich der Böse ihrer bemächtigen
will, aber — die heil. Jungfrau erkennend — zurückschreckt, hat der
Künstler zu seiner Darstellung gewählt.
Auch die Originalzeichnung dieses Blattes besaß Schöff Sarasin. Sie
ist mit den andern in unbekannte Hände gekommen.

Außer den Zeichnungen und einigen Versuchen, in Oel zu malen,
sind noch viele Briefe, mehrere Gedichte und Aufsätze von F. Pforr,
darunter seine Lebensbeschreibung, in Freundes Hand aufbewahrt. In
seiner frühesten Zeit hatte er sich auch im Radiren versucht. Von
solchen Blättern besitzt das Städel'sche Institut:

1. Das Opfer des Abel. Gerhard Lairesse inv. F. Pforr fec. 1803. Quer 4°.

2 Scene aus Göz von Berlichingen nach einer Originalzeichnung von W.
Tischbein auf Stein gezeichnet von Franz Pforr 1805. Vom Stein gedruckt bei Johannot in Offenbach, quer Folio.

3. Die Tellskapelle am Vierwaldstädter See. Gezeichnet von C. Mieg, auf
Marmor gestochen von Pforr, gedr. bei T. Johannot in Offenbach. Groß 4°.

4. Pferde und einige Ziegen auf der Weide, im Hintergrund der Hirte,
nach Nikolaus Berghem. Quer 4°.

5. Mehrere belastete Maulthiere mit dem Treiber, nach Karl Dujardin 4°.

Friedrich Wilhelm Hoynk,

c. 1730
1799. viele Jahre fürstlich Münster'scher Agent dahier, war ein sehr eifriger
Kunstfreund und Dilettant. Er hinterließ bei seinem 1799 im Alter
von 61 Jahren erfolgten Tode eine kleine, aber sehr gewählte Sammlung von Oelgemälden und Handzeichnungen, so wie eine Anzahl von
ihm selbst aus Kork kunstvoll verfertigter römischer Ruinen, Berg-
festen, gothischer Kapellen u. a. Sein Nachlaß kam um Ostern 1801
hier zum öffentlichen Verkaufe.

Johann Kaspar Zehender,

Maler und Zeichner, dessen Heimath bis jetzt unermittelt ist, war $\frac{1770}{c.\,1800}$. muthmaßlich gegen die Mitte des 18. Jahrhunderts geboren und scheint das Ende desselben erlebt zu haben. Alle seine, mir in großer Anzahl vorgelegenen Zeichnungen stammen aus den Jahren 1770 bis 1784, und alle geben Ansichten der Stadt Frankfurt und deren Umgebung längs des Mains aufwärts bis Hanau und abwärts bis Mainz mit Einschluß von Bieberich. Aus entfernteren Gegenden habe ich keine gesehen, woraus ich schließe, daß der Künstler, wenn nicht in Frankfurt selbst, doch in hiesiger Gegend einheimisch war, jedenfalls den größten Theil seines Lebens hier thätig gewesen ist. Er könnte auch ein Verwandter des 1751 im Kanton Bern geborenen Malers Karl Ludwig Zehender gewesen sein.

Er war ein fleißiger Zeichner, der uns seine Prospekte mit aller Gewissenhaftigkeit in sorgfältiger Ausführung vor Augen stellt. Von künstlerischer oder gar genialer Auffassung ist keine Rede; seine Arbeiten sind treue, aber trockene landschaftliche Portraite, die jedoch auch als solche, da sie das Bild der Stadt und deren Umgebung aus jener Zeit ansprechend vergegenwärtigen, jedenfalls ihren eigenen Werth haben. An Christian Gerning hatte der Künstler einen besonderen Gönner. Für diesen ist sein Pinsel und seine Bleifeder vielfach thätig gewesen, wie die große Zahl seiner Prospekte in der Gerning'schen Sammlung auf der Stadtbibliothek beweist. Von den 155 in einem Royal-Foliobande enthaltenen Zeichnungen sind bei Weitem die meisten von Zehenders Hand in den Jahren 1770 bis 1773 theils in Kreide, theils in Bleistift mit Sepia getuscht, theils auch in Aquarell- und Gouachefarben ausgeführt. Mit zu den schönsten gehört die Ansicht des Strahlenbergerhofes; sie ist künstlerischer behandelt, als die meisten andern, namentlich ist der Baumschlag gut gelungen. Auch der Gutleuthof, in Gouache, giebt ein angenehmes Bild; eben so die Schneidwallmühle. Die Mehrzahl dieser Blätter ist 1773 entstanden. Auch das Städel'sche Kunstinstitut bewahrt eine Anzahl solcher Zeichnungen.

Zehenders landschaftliche Oelgemälde sind zart, in einem warmen duftigen Ton gehalten, in der Zeichnung jedoch zu unbestimmt. Er scheint aber wenig in Oel gemalt zu haben; denn seine Arbeiten dieser Art sind sehr selten. Daß er auch die Radirnadel zu führen verstanden, beweist ein Blatt in gr. Folio mit der Aufschrift: Ueberschwemmung des Mayns zwischen dem Dorfe Oberrad und der Stadt

Frankfurt am 1. März 1784, nach der Natur gezeichnet und geätzt von J. E. Zehender."

Ein mir vorliegendes in Kreidemanier oder mit der Punze fleißig gearbeitetes kleines Portrait mit der handschriftlichen Bezeichnung: »Madame de Streegen née Aul, par Zehnter à Frt. 1799« läßt vermuthen, daß der Künstler sich auch in diesem Fache versucht hat und noch am Schlusse des vorigen Jahrhunderts thätig gewesen ist. Weder sein Geburts- noch sein Sterbejahr ist mir bekannt geworden.

Johann Baptist Reiser

zeichnete und malte mit der Feder und mit Tusch, auch in Aquarell verschiedene Prospekte von Frankfurt und der Umgegend nach der Natur. In dem letzten Bande der mehr erwähnten Gerning'schen Sammlung Frankfurter Ansichten finden sich auch einige mit der Bezeichnung: Joh. Baptist Reiser in loco ad naturam delineavit 1771. Sie übertreffen alle andern in dieser Sammlung befindlichen Arbeiten an malerischer Auffassung, Richtigkeit der Zeichnung und Sorgfalt der Ausführung, was mir die Ueberzeugung aufbringt, daß Reiser, über dessen Lebensverhältnisse ich durchaus nichts erfahren konnte, kein bloßer Dilettant, sondern ein geübter Künstler gewesen ist. Franz Kraul hat 1773 nach dessen Aufnahme verschiedene Blätter gezeichnet.

Johann Adam Kern,

1750 g. 18 v. geboren zu Frankfurt am 10. April 1750, wahrscheinlich ein Schüler des älteren Nothnagel oder des J. F. Beer, gelangte 1781 durch Heirath als Kunstmaler in das hiesige Bürgerrecht. Sein Probestück: eine große Landschaft mit Staffage, bezeichnet J. A. Kern 1781, 4' 6" breit, 3' 2" hoch, hängt an der Kaiserstiege. Die Arbeit ist nicht von Bedeutung. Kern hat auch Einiges radirt, u. a. „Gegend auf dem Wege von Frankfurt nach Bornheim, J. A. Kern, K. Mahler fec." Kl. quer Folio. Das Blatt stammt aus dem Ende des 18. Jahrhunderts und hat Aehnlichkeit mit den Arbeiten von J. F. Beer. Die Zeit seines Todes ist mir nicht bekannt geworden.

Friedrich Ludwig Hauck,

1744 1801. geboren zu Homburg v. d. H. am 10. August 1718, hatte den ersten Unterricht im Malen bei seinem Vater, dem Hofmaler J. J. Hauck.

erhalten und nach längeren Reisen in Deutschland und England 1744 in Frankfurt als Portrait= und Miniaturmaler seinen Wohnsitz genommen. In späteren Jahren hielt er sich einige Zeit in Holland auf. Sein Talent war im Ganzen ein mittelmäßiges; der Werth seiner Portraite besteht nur in der Aehnlichkeit, die seinem Pinsel mehr Beifall erworben hat, als er im Grunde verdiente.

Nach ihm gestochen haben u. a. Berningrode: das Portrait des Pfarrers Johann Jacob Stark 1762. 4°. Haid: das Portrait des J. B. Firnhaber v. Eberstein, Folio, und des J. G. Schweitzer v. Wiederhold. Gr. Folio. Geyser: das Portrait des Med. Dr. G. W. Müller. Kl. Folio. Göpffert: das Portrait des Mathematikers J. W. A. Jäger 1783. 8°. Koller: das Portrait des Peter Florus Gerning, 1777. Folio. J. M. Zell: das Portrait des Senators H. B. von Barkhaus, 4°. und Liebe: das Portrait des Dr. G. C. B. Mosche. Hauck selbst hat außer einigen geätzten Blättern, auch das Portrait des Syndicus F. R. Hofmann gemalt und gestochen. 1779. 4°. Das Senkenbergische Stift besitzt verschiedene von Hauck gemalte Bildnisse hiesiger Aerzte, durch welche mein obiges Urtheil Bestätigung findet. Hiervon macht indessen eine erfreuliche Ausnahme das im Besitze der Frau Rath Schlosser befindliche kleine Portraitbild der beiden im Jahr 1757 im Amte gestandenen Bürgermeister Erasmus Karl Schlosser und Nikolaus Conrad Hupla, beide in ganzer Figur und in der würdevollen Amtstracht jener Zeit, im Hintergrunde als Gefolge die bürgermeisterliche Bedienung in rothen Gewändern. Das interessante Bild ist miniaturartig fein auf Kupfer in Oel gemalt.

Hauck starb am 4. October 1801 zu Offenbach. Sein Sohn, gleichfalls Portraitmaler, ist völlig unbekannt geblieben.

Karl Friedrich Oehme

war am 29. März 1751, nicht wie Hüsgen sagt, 1758, in Berlin ¹⁷⁷⁹⁄₁₈₀₁. geboren, wo ihm sein Vater, der Bildhauer Karl David Oehme, den ersten Unterricht ertheilte. Schon in seinem dreizehnten Jahre wurde er bei dem Bildhauer Gottfried Jenner in Potsdam auf 6½ Jahre in die Lehre gegeben, gerade zu der günstigen Zeit, als dieser in dem neuen Schlosse stark beschäftigt war, was dem Schüler sehr zu statten kam. Nach beendigter Lehrzeit setzte er seine Studien während zwei Jahren auf der Akademie zu Dresden fort und arbeitete dann in verschiedenen deutschen Städten, namentlich in Leipzig, Halle, Merse=

352

burg, Caffel, war einige Zeit in der Porcellanfabrik zu Höchst als Boffirer, wie auch an dem großen Bolongaro'schen Baue beschäftigt und trat endlich 1779 in das Atelier des Frankfurter Bildhauers Leonhard Aufmuth, um hier seine neue Heimath zu finden. Nachdem Oehme neun Jahre als Gehülfe des gedachten, nicht sehr bedeutenden Meisters gearbeitet hatte, bewarb er sich 1788 um das Bürgerrecht, wobei er sich auf seine Studien in Dresden, auf seine vollständige Kenntniß der antiken Ornamentik und seine hier bereits ausgeführten Arbeiten, namentlich die über dem Eingange des Irrenhauses befindliche Statue des Welttheilandes, berief. Sein Gesuch wurde ohne Anstand bewilligt. Oehme arbeitete mit Beifall in Stein und in Holz. Von ihm sind, außer dem v. Bethmannischen Marmormonument im Senkenbergischen Stifte, die schönen Säulen-Capitäle an den beiden reformirten Kirchen. Er starb am 8. März 1801.

Unter den zahlreichen Dilettantinnen, welche Frankfurt gegen das Ende des 18. Jahrhunderts vorzugsweise in den höheren Ständen zählte, verdient ganz besonders die im Jahr 1802 im Alter von drei und dreißig Jahren verstorbene Frau

Margaretha Sömmering geb. Grunelius

^{1768 1802} ehrende Erwähnung. Angeborenes Talent und fleißige Uebung hatten sie auf die Stufe einer wirklichen Künstlerin geführt. Schon bei der zweiten Preisvertheilung des Zeichnungs-Instituts im Jahr 1782 wurde ihr der erste Preis mit einer goldenen Medaille zu Theil. Bei dem Sohne, Herrn Hofrath Dr. Sömmering, sah ich Miniaturmalereien von ihrer Hand, welche mit einer Freiheit des Pinsels und einem so richtigen Verständniß behandelt sind, daß sie jedem namhaften Künstler zur Ehre gereichen würden. Vorzugsweise gebührt diese Anerkennung einem im Jahr 1800 gemalten Miniaturportrait ihres Gatten, des berühmten Anatomen und Augenarztes Samuel Thomas von Sömmering, und einer Copie nach Raphaels Madonna »la belle jardinière« aus dem Jahr 1794. Herr Grunelius besitzt eine gleichvortreffliche Miniatur-Nachbildung der Raphaelischen Madonna della Sedia, und eine büßende Magdalena nach Correggio. Auch in Aquarell hat sie Proben ihrer Geschicklichkeit hinterlassen und sich in der Oelmalerei versucht. Eine andere Dame, Frau

Helene Elisabethe Charlotte von Barkhaus=Wiesenhütten, geb. von Veltheim,

die Gattin des Geheimeraths von Barkhaus=Wiesenhütten, geboren $\frac{1736}{1804}$ am 12. Februar 1736, gestorben am 29. März 1804, wußte gleich= falls ihre Mußestunden so geschickt mit Zeichnen, Malen und Radiren auszufüllen, daß ihr eine Stelle unter den ausgezeichneten Kunstdilet= tanten Frankfurts gebührt. Außer sechs kleinen Köpfen von ihrer Hand, welche sich in dem Nothnagel'schen Kunstnachlasse verzeichnet finden, verdienen insbesondere zwei radirte Blättchen erwähnt zu werden:

1. Brustbild eines singenden Knaben, das aufgeschlagene Notenbuch mit der Aufschrift: „Alzeit lustig, nimmer traurig" in der Hand haltend. Char- lotte de Barkhaus née do Veltheim fec. 1773. 8⁰.

2. Brustbild eines Mädchens, ebenfalls mit dem Namen, und der Jahrzahl 1774 bezeichnet. 16⁰.

Das erste ist in Rembrandts Manier gearbeitet; das zweite mit sehr delicater Nadel behandelt. Beide äußerst seltene Blätter ver= rathen viel Talent und lassen vermuthen, daß Nothnagel oder Jo= hann Friedrich Beer die Kunstübungen der Dame geleitet habe.

Zwei radirte landschaftliche Ansichten: Bingen mit dem Mäuse= thurm, bez. C. de Wiesenhütten grav. und Drachenfels mit Rolandseck, bez. C. de W. grav., beide quer 8⁰., dürften ihr gleichfalls angehören.

Noch mehr Anerkennung verdienen ihre Leistungen in der Oel= malerei. Das von ihr im Jahr 1767 gemalte Portrait einer Fräu= lein von Glauburg, nachherigen Frau von Stalburg, ein allerliebstes, ganz in Tischbeins Weise behandeltes Bildchen, befindet sich im Besitze der Familie von Oetinger.

Sicher ist der Kunsteifer der Frau von Barkhaus nicht ohne wesentlichen Einfluß auf ihre Tochter geblieben:

Louise Friederike Auguste van Panhuys, geb. von Barkhaus= Wiesenhütten,

eine Dame, die unter dem bescheidenen Namen einer Dilettantin sich $\frac{1763}{1844}$ durch angeborene Anlagen, richtiges Kunstgefühl und unermüdlichen Fleiß zur wahren Künstlerin erhoben hat und deßhalb da, wo von Frankfurts Kunst und Künstlern die Rede ist, nicht übergangen wer= den darf. Schon Hüsgen hat dies erkannt und der „Fräulein Louise von Barkhaus" ein Blatt seines Werks gewidmet. Ihre späteren

* 23

354

Leiftungen find ihm unbekannt geblieben. Sie war am 10. October 1763 in Frankfurt geboren und hatte eine ihrer hervortretenden geiſtigen Befähigung und ihrer geſellſchaftlichen Stellung entſprechende Bildung genoſſen, die ihr ſpäter den Ruf einer eben ſo unterrichteten als geiſtreichen Dame erwarb. Vorzugsweiſe war ihre Neigung, als mütterliches Erbe, von früher Jugend an dem Zeichnen und Malen zugewendet. Wem ſie hierin den erſten Unterricht verdankte, iſt ungewiß; aber Georg Chriſtian Schüß, dem Vetter, wurde zuletzt die Ehre, die junge Künſtlerin ſeine Schülerin nennen zu dürfen. Nicht, wie ſo viele Dilettantinnen, dabei ſtehen bleibend, ihren Pinſel an Blumen und kleinen Landſchaften in Aquarellfarben zu üben, fühlte ſie ſich bald ſtark genug, größere Arbeiten in Oel zu unternehmen, und als Vorbilder wählte ſie eben nicht die einfachſten und leichteſten Meiſter. Waterloo, Moucheron und andere bedeutende Landſchaftmaler waren es, denen ſie nachſtrebte; aber nicht als bloße Copiſtin, wie ihre eigenen Aufnahmen nach der Natur beweiſen, von denen Hügen namentlich einer Anſicht des Eſchersheimer Thurmes in Gouache als vorzüglich gelungen gedenkt. Ich ſelbſt ſah viele von ihr während eines längeren Aufenthaltes in England aufgenommene, theils in Aquarell, theils in Sepia ausgeführte landſchaftliche Anſichten. Am 26. November 1805 vermählte ſie ſich mit dem verwittweten kurheſſiſchen Obriſtlieutenant, ſpäter königlich niederländiſchen Generalmajor, auch Generalgouverneur von Surinam Benjamin van Panhuys, dem ſie im Jahr 1810 oder 1811 nach Paramaribo folgte. Hier war der natur- und kunſtliebenden Frau ein neues Feld eröffnet. Die üppige Natur des Tropenlandes bot ihrem Pinſel reichen Stoff der Nachbildung. Sie wußte denſelben mit dem regſten Eifer auszubeuten. Frau van Panhuys blieb bis zu dem um 1816 erfolgten Tode ihres Gemahls in Paramaribo, kehrte dann in ihre Vaterſtadt zurück, wo ſie nach einer zweiten, aber kurzen Reiſe nach Surinam, bleibend ihren Wohnſitz nahm. Größten Theils in Indien ſelbſt, theilweiſe auch während der Rückreiſe, in den Jahren 1811 bis 1816 verfertigte ſie die vortrefflichen Aquarellzeichnungen aus der Tropenwelt, womit ſie ſpäter der Senkenberg'ſchen naturforſchenden Geſellſchaft ein werthvolles Geſchenk machte. Dieſe höchſt intereſſante Sammlung enthält:

25 landſchaftliche und See-Anſichten;
40 Blätter: Pflanzen, Blüthen und Früchte;
35 Blätter: Schmetterlinge und andere Inſekten;
24 Blätter mit verſchiedenen Gegenſtänden: Pflanzen, Kolibri, Krokodill-Ei nebſt Embryo, Negertrachten ꝛc.

Sämmtliche Zeichnungen sind auf Groß- und Imperialfoliobogen, die Pflanzen und Insekten meistens in natürlicher Größe correkt gezeichnet und mit guten dauerhaften Saftfarben sorgfältig ausgemalt. Unter den landschaftlichen Ansichten sind viele wahrhaft künstlerisch, alle mit Geschmack behandelt, besonders die tropischen Bäume und Gesträuche gut gelungen. Die Schmetterlinge kommen den Arbeiten der berühmten Maria Sibylla Merian nahe. Frau van Panhuys hat die meisten Blätter mit ihrem Namen und der Jahrzahl der Entstehung bezeichnet.

Auch die Radirnadel soll sie mit Gewandtheit geführt haben. Eine Ansicht des Eschersheimer Thores mit dem Thurm und einem Theil des ehemaligen Walles, ein sehr leicht und gut radirtes Quartblättchen, wird ihrer Hand zugeschrieben.

Frau van Panhuys beschloß ihr reiches Leben am 18. October 1844.

Johann Gerlach Lambert,

am 25. September 1740 in Frankfurt geboren, war ein Schüler 1740–1804 von Justus Junker, dessen Blumen- und Früchtestücke er geschickt nachzuahmen verstand, ohne jedoch die Weichheit des Pinsels seines Lehrers zu erreichen. Sein Unterricht im Zeichnen und Malen wurde von zahlreichen Schülern besucht. Indessen scheint er für diese Kunst von der Natur nicht bestimmt gewesen zu sein. Neigung und Anlagen zogen ihn mehr zu den mathematischen, physikalischen und mechanischen Wissenschaften, deren Studium und Ausübung ihn zuletzt der Malerei, ohne Nachtheil für diese, untreu werden ließ. Seitdem beschäftigte er sich fast ausschließlich mit Anfertigung von Elektrisirmaschinen, optischen Gläsern, Blitzableitern und Wettergläsern nach allen bekannten Systemen mit so entschieden gutem Erfolg und allgemeinem Beifall, daß er im Jahr 1787 zum Lehrer der Zeichenkunst und Mathematik am Gymnasium ernannt wurde. Er starb am 26. Februar 1804.[1] J. D. Bager, Lamberts Schwager, hat dessen Portrait radirt, 1777. Kl. Folio.

---

[1] Nagler läßt ihn, gleich Hüsgen, 1741 geboren werden und 1805 sterben. Beides ist unrichtig.

Johann Andreas Benjamin Rothnagel,

Maler und Radirer, der Sohn des lutherischen Predigers Johann Philipp Rothnagel zu Buch im Herzogthum Sachsen-Coburg, wo er im März 1729 geboren ward, scheint zu Nürnberg seine erste Kunstbildung erhalten zu haben. Diese Vermuthung beruht indessen auf nicht sehr zuverlässigen Angaben. Es ist zu bedauern, daß Hüsgen, sein Zeitgenosse, dem es ein Leichtes gewesen sein mußte, etwas Näheres über die früheren Lebensverhältnisse dieses wackeren Mannes zu erfahren, gänzlich schweigt. Soviel ist gewiß, daß Rothnagel die Kunst zu seinem Lebensberuf gewählt hatte und seine Arbeiten im Wege des Kunsthandels verwerthet hat, mithin nicht ein bloßer Dilettant gewesen ist, wofür er unbegreiflicherweise von Vielen angesehen wird. Seine Gemälde und zahlreichen Radirungen berechtigen in der That nicht, in ihm den Künstler zu verkennen, den er in höherem Grade bewährt hat, als hundert Andere, welche die Ehre dieses Namens beanspruchen.

Im Jahr 1747 kam er nach Frankfurt und trat als Malergehülfe in das Atelier des Johann Nikolaus Lenzner, welcher die schon von seinem Schwiegervater Kiesewetter begonnene Tapetenmalerei betrieb. Nach Lenzners Tod heirathete Rothnagel am 11. Mai 1750[1]) dessen Wittwe. Ein unternehmender und praktischer Mann, gab er der Fabrik gemalter Papier- und Leinwandtapeten eine bis dahin in Frankfurt nicht gekannte Ausdehnung. Sein guter Geschmack und Reichthum an abwechselnden Erfindungen genossen so allgemeinen Beifall, daß seine Fabrikate nach allen Theilen Europa's versendet wurden. Aus Goethe's Leben ist bekannt, daß auch der französische Graf Thoranne, als Frankfurt im siebenjährigen Krieg durch die Franzosen besetzt war, unsern Künstler vielfach in Anspruch nahm. Kaiser Leopold II. begnadigte das Geschäft des betriebsamen Mannes mit dem Titel Kaiserliche privilegirte Rothnagel'sche Fabrik. Es waren darin mehr als fünfzig Menschen in vielen neben einander gelegenen Zimmern beschäftigt. Unter seinen zahlreichen Schülern und Gehülfen, denen er stets als einsichtsvoller Rathgeber zur Seite stand, bildeten sich viele tüchtige Künstler, die sich später als Landschaft- und Genremaler einen geachteten Namen erwarben. Der Meister selbst, dem als Beweis der Achtung seiner Mitbürger schon frühzeitig die ehrenvolle Stelle eines Bürgercapi-

---

[1]) Nicht 1756, wie anderwärts behauptet wird.

tains zu Theil geworden war, vernachlässigte bei seinen ausgedehnten
Geschäften keineswegs seinen eigentlichen Künstlerberuf. Er zeichnete
Portraite und Charakterköpfe in Tusch und Sepia, malte in Oel
kleine Landschaften und gut erfundene Kabinetstücke in Teniers Geschmack, denen nur eine angenehmere, weniger ins Röthliche fallende
Färbung zu wünschen wäre. In der von Mergenbaum'schen Sammlung zu Nilkheim befanden sich ehemals viele seiner Arbeiten; in dem
Prehn'schen Kabinet sieht man u. a. die Darstellung der Sage von
dem Rabbi Naphtali Cohen, durch dessen kabbalistische Experi-
mente der große Brand entstanden sein soll, welcher am 14. Januar
1711 den größten Theil der Judengasse in Asche legte. Dieses Bild
ist in gleicher Größe von Regina Catharina Quarry in aqua
tinta geätzt worden. In dem Catalog des Prehn'schen Kabinets wird
diese Darstellung von Passavant irrthümlich auf den großen Juden-
brand von 1346 bezogen.[1]

Weit mehr Beifall erlangte der Künstler durch seine eigenen
Radirungen, in denen er Rembrandts geistreicher, wirkungsvoller
Nadel mit vielem Glücke nachstrebte. Wenn er freilich sein großes
Vorbild nicht zu erreichen vermochte, so hat er doch eine bedeutende
Zahl guter Blätter geliefert, wovon manche, namentlich einzelne Köpfe,
vorzüglich genannt werden können. In magnis voluisse, wird ihm
immer zur Ehre gereichen. Nothnagels Radirungen fanden nicht
allein in Deutschland, sondern auch bei den verwöhnten Holländern
in öffentlichen und Privatsammlungen entschiedenen Beifall.

In dem nachfolgenden vielfältig berichtigten und möglichst vollständigen Verzeichnisse der Nothnagel'schen Radirungen wurde die zuerst von Hüsgen angenommene Reihenfolge, obwohl sie allerdings
zweckmäßiger geordnet sein könnte, beibehalten; denn die von Nagler
beliebte Abänderung kann nur dazu dienen, die obwaltenden Unsicher-
heiten und Zweifel zu vermehren:

1. Ein alter Kopf en face mit großem Barte und breitem Hute. Nothnagel
   fec. 1764. Klein 4°.
2. Bildniß eines jungen Mannes mit Federn auf dem Barret, ein Viertel
   nach links gewendet. N. fec. 1771. 12°.
3. Bildniß eines Künstlers mit breitem Hute en face, eine Zeichnung in
   der Hand haltend. Nothnagel fec. 20. Xber. 1771. Klein 4°.
4. Der Bauernkrämer mit dem Korbe. Ohne Namen. 16°.
5. Die Taufe des Kämmerers nach Maulpertsch. N. fec. Klein Folio.
6. Ein alter Türkenkopf mit dem Turban, halb nach rechts gewendet. Ohne
   Namen. Klein 8°.

---

[1] Vergl. Schudts jüdische Merkwürdigkeiten. Th. II. 70 ff.

7. Ein kleiner zart geäßter Kopf en face mit Knebelbart und Federhut. N. fec. 1773. 16°.

8. Ein männlicher Kopf mit struppigem Barte und getheiltem Hute, worauf zwei Federn, halb nach links gewendet. Nothnagel fec. Klein 8°.

9. Das Bauernweib mit dem Korbe auf dem Rücken und dem Henkelkorbe am Arme, nach rechts schreitend. Nothnagel fec. 1772. 16°.

10. Drei wachthabende Bauern kochen am Feuer. Nachtstück, ohne Namen. 8°.

11. Der Bettler mit Stelzfuß und Krücke nebst einem Knaben am Bauernhause, aus dem eine Frau mit dem Lichte tritt. Nachtstück, ohne Namen. 16°.

12. Bildniß eines polnischen Prinzen mit Pelzmantel und Ordensband, en face, ein wenig nach links gewendet. Kl. 4°.

13. Portrait des Frankfurter Schutzjuden Beer Dann, mit hebräischer und deutscher Unterschrift. N. fec. 1774. 8°.

14. Portrait des Frankfurter Malers Adam Grimmer. Ohne Namen. Kl. 4°.

15. Ein kleiner Türkenkopf mit Turban, nach links gewendet. N. fec. 1771, 8. November 16°.

16. Belisar mit seinem Knaben auf der Wanderung. N. fec. 1771. Kl. 4°.

17. Ein Bauernköpfchen ohne Mütze, nach rechts gewendet. N. fec. 1771. 16°.

18. Ein Bauernweib giebt ihrem Kinde zu essen. Nothnagel fec. 1772 (nicht 1771) à Francfort. 12°.

19. Alter bärtiger Kopf mit Barret, nach rechts gewendet. N. 1771. 12°.

20. Der sitzende Bauer mit der Bierkanne in der rechten und der Pfeife in der linken Hand, halb nach links gewendet. Nothnagel fec. 1772. Kl. 4°. Nicht mit No. 84. zu verwechseln.

Von diesem Blatte findet sich eine etwas vergrößerte Copie von der Gegenseite. „Wilhelm Hofmann. Erster Versuch.“

21. Bauernköpfchen nach rechts gewendet, mit hoher Mütze und kurzem Barte. N. fec. 1771. 16°.

22. Ein alter Mann mit langem Barte und kleiner Mütze, nach links gewendet, im Buche lesend. N. fec. 1776. Kl. 4°.

23. Kleiner Türkenkopf im Profil nach links gewendet, mit Glasfedern auf dem Turban. Ohne Namen. Kl. 4°.

24. Ein alter Mann mit kurzem Haar und Hut, mit beiden Händen sich auf einen Stock stützend, nach links gewendet. N. fec. 1773 (nicht 1776) Kl. 4°.

25. Bildniß eines zeichnenden Künstlers. Ohne Namen. Kl. 4°.

26 Türkenkopf im Profil, nach links gewendet, mit Turban und Feder. N. 16°.

27. Zart geätztes Köpfchen eines Alten ohne Mütze im Profil, nach rechts gewendet. Nothnagel fec. 1771. 16°.

28. Der Engel führt Petrus aus dem Gefängniß. N. fec. 1772. 4°.

29. Kleiner Kopf im Profil, mit Glasfedern auf der Pelzmütze. Ohne Namen.

30. Der Schuhflicker mit seiner Frau in der Werkstätte. Im Hintergrunde zwei Bauern. Ohne Namen. 16°.

31. Das Bildniß des Med. Dr. Senkenberg, Stifters des Bürgerhospitals, mit lateinischer Unterschrift. Kl. 4°.

32. Der auf dem umgestürzten Zuber sitzende und trinkende Bauer mit seinem Weibe, welches einen Krug hält. N. fec. 1773. 16°.

33. Der Eremit in der Höhle in einem Buche lesend, nach rechts gewendet. Ohne Namen 8°.

34. Der fitzende Bauer im Profil nach links gewendet, mit der hohen Mütze, in der linken Hand den Bierkrug, in der rechten die Pfeife haltend. Nothnagel fec. 1772. 12°. Nicht mit No. 20. zu verwechseln.

35. Der in ein Buch schreibende, nach links gewendete Eremit. Ohne Namen. 8°.

36. Ein bärtiger alter Mann mit einem Buche in der Hand, nach links ge: wendet. Ohne Namen. 12°.

37. Das Bildniß Ali Bey's, Vicekönigs von Aegypten, nach links gewendet, mit französischer Unterschrift. 1773. Kl. 4°.

38. Die in einem Buche lesende Alte, halb nach links gewendet. Nothnagel fec. 25. Jan. 1772. 12°.

39. Ein junger Mann mit Federn auf dem Barret. Ohne Namen.

40. Der Alte im Profil, nach rechts gewendet, mit der Brille in der Hand, an einem Tische mit Geldsäcken sitzend. „Dem Herrn I. F. Ettling in Frankfurt 1772 den 2. Jan." 4°. Hauptblatt.

41. Ein alter bärtiger Mannskopf en face, mit Federn auf dem Barret. N. fec. 1776. 4°.

42. Drei Bettler in einer Landschaft. Ohne Namen. 8°. Zweifelhaftes Blatt.

43. Razivil, Prince de Pologne. Angeblich ohne Namen. Kl. Folio. Dieses Blatt ist auf dem in der Sammlung des Städel'schen Instituts befind: lichen Exemplar bezeichnet: J. B. Nothnagel son. del. Francf. G. J. Göntgen junior sc. Mog. Ein anderes habe ich nicht gesehen, vermuthe daher, daß das Blatt überhaupt von Nothnagel nur gezeichnet, nicht radirt ist, Hüsgen aber nur ein Exemplar vor der Schrift vor Augen gehabt hat.

44. Gruppe von zwei Bettlern am Feuer, wo sie kochen. Ohne Namen. 12°.

45. Der Bauer im Profil nach rechts gewendet, mit hoher Mütze, die Tabaks: pfeife in der Hand haltend. Nothnagel fec. 12°.

46. Landschaft mit der hölzernen Brücke. Ohne Namen. Quer 8°.

47. Ein großer Türkenkopf mit langem Barte, zwei Federn auf dem Turban, mit einer Hand an den Tisch lehnend. A. B. Nothnagel fec. 1764. 4°.

48. Ein junger Mann en face, ein wenig rechts gewendet, mit Federn auf dem Hute. Nothnagel fec. 1764. 8°.

49. Ein junger Mann, der sich mit der einen Hand auf einen Stock stützet, mit der andern einen Affen hält, nach Rembrandt. „A Monsieur le Conseiller Ehrenreich à Francfort. 1772." 4°. Hauptblatt.

50. Drei römische Soldaten in Callots Manier. Ohne Namen. 16°. Zweifel: haftes Blatt.

51. Türkenkopf mit schönem Bart und dem Turban, en face, ein wenig nach links gewendet. N. fec. 1774 8°.

52. Der Engel erscheint dem Hauptmann Cornelius. J. A. B. Nothnagel sculpsit. 4°. „Erster Versuch."

53. Das Bildniß des Dr. Orth en face, ein wenig nach links gewendet. N. fec. 1774. Kl. 4°.

54. Das Innere einer Bauernstube. Nachtstück. Ohne Namen. 4°.

55. Ein alter Gelehrter mit Barret, welcher einen Jüngling unterrichtet. N. fec. 1776. 4°.

56. In einer kleinen Landschaft unterhält sich ein Bauer mit dem Stocke in der Hand mit einer Bäuerin, links zur Seite sitzen zwei Kinder. Ohne Namen. Quer 8°.

57. Landschaft, in der Mitte des Vorgrundes hält ein Reiter, dessen Pferd stallet. Links unten auf einem Steine N. mit dem Nagel. Quer 8°.

58. Landschaft, in der Mitte ein Brunnen, worauf man liest: „Etliche Land= schaften 1771." Rechts zwei stehende Männer und ein sitzender. Quer 8°.

59. Landschaft, links hinter einem Zaune Buschwerk mit einem hohen Baume, ein Bauer sitzt auf dem Raine, ein anderer spricht mit ihm, neben ihm ein Hund, im Hintergrunde rechts einige Häuser. Ohne Namen. Quer 8°.
Die vorgenannten vier Blätter scheinen die von Hüsgen unter No. 57—60 und von Nagler unter No. 60—63 erwähnten kleinen Landschaften zu sein. Die beiden letzteren sind indessen rücksichtlich der Autorschaft höchst zwei= felhaft.

60. Hugo Francis. Carol. Comes ab Elz Kempenich, mit Bischofsstab und Mütze. Nothnagel sen fec. 8°.

61. Ein junger Mann mit Barret en face. N. fec. 1771. 12°.

62. Alte Frau mit Haube im Profil nach rechts gewendet. N. fec. Kl 4°.

63. Bäuerin nach rechts schreitend, mit einem Henkelkorbe. Ohne Namen. 16°.

64. Christus in den Wolken schwebend, von einer Glorie umgeben. Nothnagel fec. 1771. Quer 12°. Sehr geringe Arbeit.

65. Schäferin mit Stab und Hund. Ohne Namen. 16°.

66. Ein Orientale mit Pelzmütze und kurzem Federbusch. N. 1791. 12°.

67. Der Elephant, welcher den 15. Juli 1773 in Frankfurt zu sehen war. Nothnagel fec. Gr. 4°.

68. „Abbildung des sehr schön und zahmen Tiegers, welcher nebst einem Rahren Bock ¦mit vier Hörnern und einem Fallen in der Herbstmesse 1773 zu Frankfurt a. M. zu sehen waren." N. fec. Quer Folio.

69. Kleine Landschaft mit Wasser und Schiffen, links ein durchbrochener Felsen rechts zwei hohe Bäume. Ohne Namen. Quer 12°.

70. Landschaft mit Wasser, rechts ein Bauernhaus und verschiedene Figuren, wovon zwei im Nachen fahren, andere fischen. Ohne Namen. Kl 4°.

71. Landschaft, rechts mehrere Bauernhäuser, in der Mitte ein Weidenbaum. Ohne Namen. Quer 8°.
Die No. 69. 70. und 71. sind zweifelhaft.

Die Sammlung des Städel'schen Kunstinstituts enthält, mit Ausnahme der No. 29 und 39, das ganze Nothnagel'sche Werk, dabei viele Blätter in verschiedenen Abdrucksgattungen und manche welche dem Meister irrthümlich zugeschrieben werden. Das Blatt, welches Nagler unter No. 4 unserem Meister zuschreibt: die Erweckung des Lazarus, ist nicht von ihm, sondern von Trautmann radirt. Das Gleiche gilt in Ansehung des von Hüsgen und Nagler unter No. 47 erwähnten, im Profil halb nach links gewendeten Türken= kopfs mit Turban und Feder. Beide Blätter sind mit Trautmanns Monogramm ℳ und dem entscheidenden Zusatze »fecit« bezeichnet. Auch die von Nagler unter No. 7. 9. 64 und 65 genannten Blätter halte ich für apokryph.

Nothnagel starb am 22. December 1804. Sein Portrait

wurde in der Uniform eines Bürgercapitains nach einem Miniaturge=
mälde von Oechs in Punktirmanier von Felsing gestochen. Oval Kl.
Folio. Außerdem existirt noch ein größeres Portrait im vorgerückten
Alter. Oval Folio. Der Stecher ist mir unbekannt.

Johann Christian Benjamin Rothnagel,

ein geschickter Blumenmaler, geboren zu Buch am 4. October 1734,
hatte seine Ausbildung in dem Atelier seines Bruders erhalten, bei
dem er viele Jahre beschäftigt war, bis er sich 1762 selbständig als
Kunstmaler hier etablirte. Die bei diesem Anlasse von ihm gelieferte
Probearbeit, ein vorzügliches Blumenstück von brillanter Färbung,
hängt gegenwärtig an der Kaiserstiege. Es ist bezeichnet: J. C. B.
Nothnagel 1762 und stehet dem Pinsel Marrels wenig nach. Sein
Tod ist in dem hiesigen Kirchenbuche nicht eingetragen. Nach einer
unverbürgten Nachricht starb er in Holland.

Johann Friedrich Beer,

Miniaturmaler von Eisfeld, wo er 1741 geboren war, arbeitete seit $\frac{1760}{1804}$.
1760 in dem Atelier des älteren Nothnagel und ließ sich 1767 in
Frankfurt häuslich nieder. Damals überreichte er dem Rathe das
recht fleißig gemalte Miniatur=Portrait des Kaisers Joseph II. in
ganzer, stehender Figur im Krönungsornat. Dasselbe ist noch jetzt
in dem Rathszimmer aufgestellt. Neben der Miniaturmalerei und
dem Unterricht im Zeichnen beschäftigte er sich auch fleißig mit der
Radirnadel, deren Führung er bei Nothnagel erlernt hatte. Von
seinen geätzten Blättern mögen die folgenden genannt werden:

1. Johann Friedrich Metz, med. Dr. Francof. J. F. Beer peint et gravé, pre-
   mier essay. Francof. 1773. 4°.
2. Sein eigenes Portrait auf einem von einem Manne und zwei Kindern
   gehaltenen Blatte. Ipse fec. F. Beer. Gr. 8°.
3. Matthias Ritter, Eccles. Moeno-Francof. Pastor. Gr. 8°.
4. Margaretha Bolzin, M. Ritteri I conjux. 1774. Gr. 8°.
5. Johann Friedrich Armand von Uffenbach J. F. Beer del. 1768, geätzt
   1774. 8°.
6. G. Chr. Schütz sen. E. Handmann p. 1762. J. F. Beer Francof. 1774.
   sc. 8°.
7. Johann Peter Trautmann. Bager p. J. F. Beer grav. Frft. 1774. 8°.
8. Johann Amos, Decan zu St. Bartholomai. Zavelli p. 1771. J. F. Berr
   del. et sc. 1774. Gr. 8°.
9. Gottfried Thomas Zeitmann, Pfarrer. F. Lippold p. 1740. J. F. Berr
   sc. 1774. 4°.

362

10. Johann Christian Gerning. Entomolog. J. F. Beer ad nat. 1774. Kl. Folio.
11. Die drei geistlichen Jubilare: Matthieu, Amos und Schmidt. J.F. Berr, Kunstmaler in Frankfurt a. M. inventirt, gezeichnet und gestochen 1775. Folio.
12. Johann Lind, Maurerbandlanger zu Frankfurt, mit Bierkrug und Pfeife. J. F. Berr del. et sc. 1777. 4°.
13. Albert Liepold, Bürger zu Frankfurt, J. F. Beer gez. und radirt. 1779. Gr. 8°.
14. Joseph II., als Graf von Falkenstein in Frankfurt 1781. 8°.
15. Bernhard Memminger, Vicarius zu St. Bartholomai in Frankfurt. J. F. Beer sc. 1782. 4°.
16. M. Blanchard, Wahre Abbildung des Herrn ꝛc. 1785.
17. M. Johann Jacob Stark, Pastor zu St. Catharinen. J. F. Beer fec. 1787. Gr. 8°.
18. G. L. B. Mosche, Theol. Dr. Ministerii Senior. J. F. Beer gez. und gest. 1788. Kl. 4°.
19. Johann Georg Hausknecht ref. Prediger. J. F. Beer gez. und rad. 1788. Kl. 4°.
20. Johann Heinrich Bechtold, evang. Prediger zu Frankfurt. J. F. Beer gez. und rad. 1788. Kl. 4°.
21. P. Chr. Kraft, Pfarrer. Die ersten Abdrücke sind ohne Einfassung und Schrift, die zweiten ohne die letztere. Gr. 8°. oval.
22. Friedrich Georg Schlicht, Harpsonettenspieler zu Frankfurt a. M. J. F. Beer del. et sc. 8°.
23. Maria Jacobina Fuchs geb. Thurneyssen. Kl. 4°.

Außerdem radirte er zwei Landschaften: Vues d'Angleterre. Quer 8°., und: Prospekt und Plan des von löbl. Bürgerschaft neu aufgetragenen Gallenwalles und der darauf angelegten geschmackvollen Linden- und Pappelallee. 1794. Kl. Folie, ein schlecht gearbeitetes, aber für die städtische Topographie interessantes Blatt.

Alle diese Radirungen, welche der Künstler theils J. F. Beer, theils J. F. Berr bezeichnet hat, sind nicht ohne Geschick, aber ziemlich rauh behandelt. Jedenfalls verdienen seine Miniaturarbeiten in Ansehung des künstlerischen Werthes den Vorzug. Nach seinen Gemälden haben gestochen: Maria Cath. Prestel: das sehr ähnliche Bild des Barons von Gleichen-Rußwurm, 1777; J. F. Schwarz: das Portrait des Fürsten Franz Wilhelm von Dettingen-Baldern, 1792; Halle in Berlin: das Portrait des Oberpfarrers Christ zu Cronenberg, 1795; und L. F. Stölzel: das Portrait des Naturdichters Jsaak Maus.

Johann Friedrich Beer war dreimal vermählt und starb anfangs November 1804. Seine beiden Söhne: Christian Jacob, geb. 1772, gest. 1824, und Johann Peter, geb. 1782, gest. 1851, waren beide gleichfalls geschickte Zeichner und Miniaturmaler.

Heinrich Jacob Tischbein,

der jüngere Bruder des Gallerie-Inspectors Johann Heinrich Tisch- 1792/1804.
bein und Schwager des Pferdemalers Pforr, war 1760 zu Hayna
geboren, hatte auf der Akademie zu Dresden studirt und, nachdem er
sich einige Zeit in Hamburg aufgehalten, 1792, wahrscheinlich durch
Pforr veranlaßt, in Frankfurt seinen Wohnsitz genommen. Tischbein
malte gut colorirte Landschaften mit Figuren und Thieren. Er war
Mitglied der Akademie zu Cassel. Hier in Frankfurt, wo er wegen
seiner Redlichkeit und Herzensgüte allgemein beliebt war, beschäftigte
er sich hauptsächlich mit Unterricht im Zeichnen. Im Januar 1804,
nicht 1803, wie Nagler angiebt, endigte der Tod sein bescheidenes
Wirken.

Georg Fuentes,

im Jahr 1756 in Mailand geboren, wo er auch seine künstlerische 1796/1805.
Ausbildung erhalten hatte, war ein gründlicher Architekt, ein vollendeter Zeichner und Colorist und ein vorzüglicher Architektur-, Per-
spektiv- und Landschaftmaler. Außer seinem Lehrer Gonzaga hatte
er sich Galliani zum Vorbilde genommen. Seinen Ruf als einer
der geschicktesten Künstler seines Faches gründete er zunächst durch
seine Arbeiten für das große Theater seiner Vaterstadt. Im Jahr
1796 wurde er als Theatermaler nach Frankfurt berufen, wo er bis
1805 mit allgemeinem Beifall beschäftigt war. „Ihm verdankte die
frankfurter Bühne in ihren goldenen Tagen die täuschendsten Darstellungen. Hob sich der Vorhang, so staunte das trunkene Auge auf
Palmyrens Tempel oder den Circus der alten Roma hin. Ein Gegenstand, den Fuentes aus der Nähe nahm, die Zeit, ward sein
Triumph. Als sie zum erstenmal ausgestellt wurde, wollten die Zuschauer nur sehen, nicht hören. Man nannte seinen Namen und
vergaß Bühne und Schauspiel. Aber der blöde, anspruchlose Mann
ließ die Menge umsonst rufen und blieb verlegen hinter seiner Leinwand." [1]) Diese ihrer Natur nach vergänglichen Kunstwerke, namentlich die vortrefflichen Decorationen zu Titus, Palmyra und dem Corsar, hat uns Nabl durch seine schöne Nachbildung im Farbendruck
theilweise erhalten.

Goethe, auf seiner Schweizerreise begriffen, schreibt von hier

---

[1]) A. Kirchner: Ansichten von Frankfurt I. S. 311.

aus am 18. August 1797: „Ich besuchte gestern den Theatermaler, dessen Werke mich so sehr entzückt hatten, und fand einen kleinen, wohlgebildeten, stillen, verständigen, bescheidenen Mann. Er heißt Fuentes, und als ich seine Arbeiten lobte, sagte er mir: er sei aus der Schule des Gonzaga, dem er, was er zu machen verstehe, zu danken habe. Seine Zeichnungen sind sehr sicher und charakteristisch, mit wenigen Federzügen gemacht, auf denen die Massen mit Tusch leicht angegeben sind. Es ist eine Freude, einen Künstler zu sehen, der seiner Sache so gewiß ist, seine Kunst so genau kennt."

Sein Atelier befand sich an der großen Galleugasse im Kolligs'schen Hause. Von hier ging er nach Paris, um mehrere Decorationen für die große Oper zu malen, kehrte aber später nach Mailand zurück, wo er 1821 sein Leben beschloß.

Nach Fuentes sind der Reihe nach der jüngere Domenico Quaglio[1]), Bille, Meck, Meiler und dessen Schüler Schnepf als geschickte Theatermaler längere oder kürzere Zeit hier beschäftigt gewesen.

Michael Schlier

1744/1807. war Schultheiß zu Königstein im Taunus, seinem Geburtsorte. In seiner Jugend hatte er hier in Frankfurt bei Christian Stöcklin Unterricht im Malen genommen und es so weit gebracht, daß seine Architekturstücke, namentlich gothische Kirchen, häufig mit denen seines Lehrmeisters verwechselt werden. Oft hat er diesen erreicht, manchmal auch übertroffen. Seine Färbung ist im Allgemeinen etwas braun gehalten, die Zeichnung correct und seine Staffage besser, als die seines Lehrmeisters. Er malte in Oel und Gouache und pflegte fast alle seine Gemälde M. S. zu bezeichnen. Seine hiesigen Lehrjahre und sein späterer häufiger Verkehr mit den hiesigen Liebhabern, die seine jetzt ziemlich selten gewordenen Arbeiten gerne kauften, mögen veranlaßt haben, daß er von jeher als ein frankfurter Maler angesehen wurde. In dem Prehn'schen Kabinet findet man unter No. 554 und 796 zwei kleine Architekturstücke des Meisters: der Marktplatz in Antwerpen und antike Ruinen, beide auf Holz gemalt. Ich selbst besitze eine recht verdienstvoll gearbeitete gothische Kirche.

Schlier war 1744 geboren und ist am 23. Juli 1807 gestorben.

---

[1]) Dieser bedeutende Künstler widmete sich seit 1819 ausschließlich der Architekturmalerei in Oel. Seine ausgezeichneten Erfolge hierin sind bekannt. Die von ihm gemalte Ansicht der hiesigen St. Leonhardskirche befindet sich jetzt in dem königl. Kabinet zu Berlin. Er war 1787 zu München geboren und starb daselbst 1837.

Friedrich Wilhelm Schäfer,

ein tüchtiger Geschichts-, Genre- und Portraitmaler, war um 1763 $\frac{1763}{1807}$ zu Frankfurt von unvermögenden Aeltern geboren. Den ersten Unterricht im Zeichnen und Malen hatte er bei Nothnagel erhalten, sich aber in der Folge, von hiesigen Kunstfreunden unterstützt, auf der Akademie zu Wien durch eigenes Genie eine freiere Auffassung und einen großartigeren Styl, als Nothnagels Schule erwarten ließ, angeeignet. Seine Zeichnung ist gut, seine Anordnung verständig, seine Färbung natürlich und kräftig. Am besten gelangen ihm Figuren in Lebensgröße. Der Künstler wurde vom Schicksale nicht begünstigt. Durch ein unüberlegtes, im zwanzigsten Jahr zu Wien geschlossenes Ehebündniß hatte er sich die fernere Unterstützung seiner Gönner verscherzt. Den hereinbrechenden Nahrungssorgen wußte er aber mit männlichem Muthe entgegen zu treten; sein Talent machte sich auch unter dem Drucke äußerer Verhältnisse geltend. Der junge Künstler wurde der Kaiserin Katharina II. bekannt, von ihr nach Rußland berufen und zum Vorsteher einer Gemäldegallerie ernannt, welche auf Potemkins Antrieb zu Ekatarinoslaw errichtet werden sollte. Aber der Fürst starb im October 1791 ehe der Plan zur Ausführung kam. Schäfer lebte seitdem in Petersburg, wo ihn später unter Pauls Regierung sein Freisinn in Gefahr brachte. Er mußte Rußland verlassen und kehrte über Wien ohne Familie in die Heimath zurück. Seine Ehe scheint durch freiwillige Trennung oder durch den Tod gelöst gewesen zu sein. Während der wenigen Jahre seines Verweilens in Frankfurt erwarb er sich durch seine Leistungen bei den Kunstkennern verdienten Beifall. Unter andern entwarf er damals die Skizze zu einem Altarblatte für die Deutschordenskirche, dessen Ausführung aber unterblieb. Bald zog es ihn neuerdings in die Fremde. Er verließ 1807 Frankfurt zum zweitenmale in der Absicht, sich nach Paris zu begeben, erlag aber auf der Reise dahin in der Pfalz einem hitzigen Fieber. Todtkrank wurde er hierher zurück gebracht und starb nach einigen Tagen. In ihm verlor Frankfurt einen begabten eingeborenen Künstler. Wegen seines langen Aufenthaltes im fernen Auslande ist er in der Heimath nicht so bekannt geworden, wie es sein Talent verdiente. Auch bei Nagler findet man über ihn keine genügende Auskunft.

Von Schäfers Arbeiten vermag ich, da die meisten und besten in Wien und Petersburg entstanden und geblieben sind, nur einige nachzuweisen. Im Römer an der Kaiserstiege befindet sich ein größeres

allegorisches Gemälde, bezeichnet F. W. Schaefer 1799. Herr Senator Usener besitzt von ihm den Täufer Johannes, sehr vorzüglich
in Oel gemalt; in der Sammlung des Directors Spengler befand
sich ehedem die Aquarellzeichnung einer Wiener Tröblerbude vom Jahr
1803. Auch im Radiren hatte er Versuche gemacht, wie verschiedene
kleine Köpfe in Nothnagels Manier aus dem Jahr 1784 beweisen.
Es sind dies unvollkommene Jugendarbeiten.

Die Einwanderung der

Familie Prestel

brachte vom Jahr 1783 an in gewisser Richtung eine neue, auch
nach außen hin wirkende Frische in das hiesige Kunstleben und bot
manchem jungen Talent Anregung und Gelegenheit zur Ausbildung.

Johann Gottlieb Prestel,

1783
1808.
ein in vielen Beziehungen merkwürdiger Mann, dessen Leben und
Wirken, außer Hüsgen, von Professor Karl Ritter in einer 1808
im hiesigen Museum gehaltenen Gedächtnißrede, und von Professor
Braun in dem Anhange zu des Leonardo da Vinci Leben
und Kunst, am besten geschildert worden ist, war am 18. November 1739 in Grünebach an der Iller geboren. Von seinem Vater,
einem Schreiner, hatte er dessen Handwerk gründlich erlernt. Dieser
Beruf nöthigte ihn häufig, Särge zu machen, die er sauber zu bemalen verstand — die ersten Anfänge seiner Kunst. Seine Wanderschaft als Geselle führte ihn nach Prag, wo er 1757 die Belagerung
durch die Preußen mitbestand; dann aber voll Unlust über die Roh-
heit des Zunftwesens und die handwerksmäßige Beschäftigung zu seinem
Vater zurückkehrte. Diesem war er zwar ferner behülflich, allein weit
mehr nahmen ihn seine Lieblingsneigungen in Anspruch. Zunächst
waren diese auf Anfertigung hölzerner Uhren gerichtet und er wollte
wirklich Uhrmacher, dann aber Maler werden. Die Eröffnung dieses
Entschlusses zog ihm die bittersten Vorwürfe seiner Angehörigen zu;
man erklärte ihn geradezu für einen Taugenichts, der nicht arbeiten
möge. In der benachbarten Abtei Ottobeuern, welche damals im
Innern restaurirt wurde, hatte er zwei Frescomaler, die Gebrüder
Zeiler aus Reut in Tirol, kennen gelernt, deren kunstreiche Arbeit
die eigenen in ihm schlummernden Anlagen weckte und ihn dergestalt
begeisterte, daß er, der sich zuvor in dergleichen nie versucht hatte,

die Kohle ergriff und die Gestalten des Gemäldes im Kuppelgewölbe mit solcher Genialität auf den Boden hinzeichnete, daß er die Verwunderung der Maler erregte und diese veranlaßte, sich des ganz rohen jungen Menschen durch Rath und Unterweisung freundlichst anzunehmen. Sie gaben ihm Kupferstiche und Zeichnungen zum Copiren, woran er sich während des Winters üben sollte. Dies that er mit einem Eifer, daß die beiden Maler, als sie im nächsten Frühjahr zu ihrer Arbeit zurückkehrten, ihre Erwartung weit übertroffen fanden, ihn als Gehülfen in ihre Werkstätte aufnahmen und ihn den älteren Gehülfen als Muster vorstellten.

Die Künstlerbahn war ihm aufgethan und er zögerte nicht, sie rasch zu verfolgen. Die Genossenschaft in der Abtei sagte ihm bald nicht mehr zu. Viel hatte er von den Künstlern und Kunstschulen Italiens gehört. Schnell entschlossen, wanderte der Bauernbursche in seiner Landestracht mit langen Reihen von Knöpfen auf Rock und Weste, ohne ein Wort italienisch zu verstehen, frohen Muthes nach Venedig. Seine Ungeduld ließ ihn kaum rasten, jeden Tag legte er neun bis zehn Meilen zurück und kam zu Fuß oft gleichzeitig mit Denen, die mit ihm ausgefahren waren, bei der Station an.

In Venedig machte er auf sonderbare, von Hüßgen ausführlich erzählte Weise die Bekanntschaft des Malers Giuseppe Nogari, der ihn als Schüler zu sich in sein Haus nahm, mit ihm alle Kunstschätze Venedigs besuchte und den jungen Mann so lieb gewann, daß er demselben, zugleich mit der Aussicht auf seine Erbschaft, seine Nichte zur Frau antrug. Prestel aber konnte sich nicht entschließen, seine Freiheit und seine kaum begonnene Künstlerbahn jetzt schon in Fesseln zu legen. Nogari, im höchsten Grad aufgebracht, stieß ihn von sich mit dem Ausruf: Ingrato Tedesco! Aber Joseph Wagner, der ausgezeichnete deutsche Kupferstecher, ward ihm ein zweiter Freund und Lehrer. Auf dessen Rath ging er in Begleitung eines Domherrn aus Mainz nach Rom und von hier, das großmüthige Anerbieten seines Gönners, ihn mitzunehmen, ausschlagend, allein zu Fuß nach Neapel. Der Domherr forderte ihn dort abermals auf, mit ihm und auf seine Kosten Italien zu durchreisen und für ihn zu zeichnen; aber Prestel kehrte nach wenigen Tagen zu Fuß nach Rom zurück.

Hier trat er in eine neue Welt. Die Kunstschätze Roms machten auf ihn, nachdem er sie näher kennen gelernt hatte, einen so gewaltigen Eindruck, daß er muthlos von seinen Wanderungen heimkehrend in Tiefsinn verfiel, sich für unfähig hielt, jemals ein Maler zu werden, seine eigenen Versuche sammt der Palette bei Seite warf und seinen

Unterhalt durch Anfertigung von Farben und Pinsel zu erwerben suchte. Aber wenn ihm dieses auch ausreichend gelang, so konnte doch sein Geist in solcher Beschäftigung keine Befriedigung finden. Menschenfeindlich zog er sich in die Einsamkeit zurück. Der Beharrlichkeit eines verständigen Landsmannes gelang es endlich, den Trübsinn des jungen Mannes zu verscheuchen und ihn seinem wahren Beruf wieder zuzuwenden. Er studirte jetzt eifrig die Antike und die großen Meister der römischen Schule, copirte ihre Werke und arbeitete vorzugsweise mit glücklichem Erfolge nach Pompejo Battoni. Bei den Geistlichen der reichen römischen Klöster fand er häufig gastfreie Aufnahme und Absatz seiner kleinen Compositionen. Noch im späten Alter zeigte er große Anhänglichkeit an die geistlichen Genossenschaften.

Außer seiner Kunst wußte sich Prestel während seines vierjährigen Aufenthalts in Rom auch manche andere praktische Fertigkeiten anzueignen. Er erfand ein Mittel, Frescogemälde gegen die Feuchtigkeit der Wände zu schützen; er verstand alte Oelgemälde von der verdorbenen Leinwand abzulösen und auf neue zu übertragen — eine damals noch unbekannte Kunst, und wußte durch eigenes Nachsinnen manche Schwierigkeiten beim Gießen der Ghypsfiguren zu überwinden. Allein alle diese Fertigkeiten trieb er nur um ihrer selbst willen; die Ausbeutung solcher Entdeckung zu seinem unmittelbaren Vortheil hat er niemals verstanden, Andere zogen den Gewinn.

Im Jahr 1766 verließ er Rom und begab sich nach Florenz. Hier wurde der Künstler mit Auszeichnung behandelt; man bot ihm, um ihn festzuhalten, sogar eine ansehnliche Pension; aber auch diesmal folgte er seinem eigenen Kopfe und kehrte 1769 über Bologna und Venedig in die Heimath zurück. Von Denen, welche ihn früher einen Taugenichts genannt hatten, wurde er jetzt als ein Wunder angestaunt und hoch geachtet. Aber sein Beruf führte ihn nach kurzer Rast nach Augsburg und von da nach Nürnberg, wo er als Portraitmaler und Lehrer im Zeichnen und Malen vorerst eine neue Heimath fand. Eine seiner Schülerinnen, die talentvolle Maria Catharina Höll, wurde seine Gattin und treue Kunstgenossin. Prestel malte damals in Oel und Pastell. Er copirte 1772 nach Johann Creuzfelder das große Gemälde: Kaiser Matthias ertheilt dem Magistrat von Nürnberg in Gegenwart vieler Fürsten und Bischöfe die böhmische Belehnung; und eben so das berühmte Friedengastmal nach Sandrart.

Sechs glückliche Monate, vielleicht die glücklichsten seines Lebens, brachte der Künstler 1775 in der Schweiz zu, größtentheils in dem

Haufe Lavaters, der ihn wie ein Glied seiner Familie aufgenommen hatte und ihm die väterlichste Zuneigung auch noch in späteren Jahren erwies. Im Kreise ausgezeichneter Männer und Frauen wurde sein Werth erkannt und sein Selbstgefühl gehoben. Zu jenen zählte auch Goethe, dessen Bild Preftel im Haufe Lavaters malte.

Des letzteren Empfehlung brachte ihm viele Beschäftigung und reichen Verdienst durch Portraitmalen, was er später, durch andere Arbeiten abgezogen, faft gänzlich vernachläffigte. Mit Rührung gedachte er stets dieser schönsten Zeit seines Lebens.

Nach Nürnberg zurückgekehrt, versuchte sich Preftel mit dem Grabstichel und im Aetzen, anfangs nur in Umriffen, dann in Rothftift- und Tuschmanier. Hierdurch kam er ganz selbstständig und ohne fremde Unterweisung auf die Handzeichnungsmanier, durch deren kunstvolle und umfangreiche Anwendung er bald seinen Namen in weitefter Ferne bekannt machte und mit vielen Männern der Kunst und Wissenschaft in briefliche Verbindung kam. Von jetzt an arbeitete er selten mehr mit dem Pinsel, er war nur Zeichner und Aetzer.

Während einer kurzen Reihe von Jahren veröffentlichte Preftel, außer vielen Einzelblättern, drei Sammlungen treuer Nachbildungen von Handzeichnungen berühmter Meister, welche er in verschiedenen Privatkabineten Nürnbergs und anderwärts gefunden hatte. Im Jahr 1779 erschien das sogenannte Schmidtische Kabinet, zum größten Theil nach Handzeichnungen des Kunstfreundes G. J. Schmidt in Hamburg, 30 Blätter in Royalfolio. Ihm folgte 1780 das Prann'sche Kabinet, beftehend in 48 Blättern, Royalfolio, und 1782 das sogenannte Kleine Kabinet, in 36 Blättern von der halben Größe der vorhergehenden.

Diese Sammlungen machten in der damaligen Kunstwelt das größte Auffehen. Viele Blätter waren in der That so täuschend nachgeahmt, daß selbst Kenner irregeführt wurden und sie für Originale kauften. Die Preftel'schen Arbeiten wurden, ungeachtet ihres ziemlich hohen Preises, mit Begierde gesucht und in keiner bedeutenden Sammlung vermißt. Aber auch die Auslagen des Künstlers für Platten und Preffen waren bedeutend, ihm fehlte es an praktischer Geschäftsgewandtheit und an einem biegfamen, die Verhältniffe richtig erkennenden und würdigenden Sinn. Seine häusliche Lage wurde bedenklich, seine Stellung in Nürnberg für die Dauer unhaltbar. Er entschloß sich, seinen Wohnsitz nach Frankfurt zu verlegen, was nicht ohne mancherlei vorausgegangene Unliebsamkeiten im Jahr 1783 ausgeführt wurde. Hier fand er in dem Haufe des älteren Chr. G. Schütz die freundschaftlichste Aufnahme, und Hüsgen stand der Familie mit Rath und That zur Seite. Es wurde eine neue eiserne Presse angeschafft, um die Arbeit mit neuer Kraft zu beginnen. Allein Hüsgen fand sich in seinen Erwartungen getäuscht; er hatte das eigenthümliche Wesen dieses Künstlers nicht gehörig erwogen oder nicht begriffen. Prestel war nicht der Mann, der sich durch fremde, wenn auch noch so wohlgemeinte und wohlbegründete Rathschläge bestimmen ließ. Sein eigener Sinn artete oft in Eigensinn aus, den man wohl mit Recht auch Starrsinn nennen konnte. Es entstanden neue Schwierigkeiten und Zerwürfnisse, die dem Künstler überall hemmend in den Weg traten, ihm die Früchte seiner Mühen raubten und ihn niemals zur behaglichen Ruhe kommen ließen. Nichtsdestoweniger waren in seinem Atelier[1] neben seiner vortrefflichen Frau und einigen Gliedern seiner Familie stets mehrere tüchtige Künstler beschäftigt, von denen mancher später einen ehrenvollen Namen erwarb. Es wird genügen hier nur an W. Ostermeyer[2] und ganz besonders an Anton Rabl zu erinnern. Auch in Frankfurt ging aus Prestels Verlag eine bedeutende Anzahl größerer theils braun, theils in mehreren Farben gedruckter Blätter, sowohl einzeln, als in Collectionen hervor. Es befinden sich darunter viele gute Nachbildungen nach Gemälden der berühmtesten älteren Meister aus öffentlichen und Privatsammlungen, namentlich eine Anzahl Bilder aus der vormals von Brabeck'schen Gallerie zu Söder nach J. Ruysdael, Cuyp, van der Neer, Sneyers ꝛc., aber auch manche von tüchtigen hiesigen Künstlern zum Zwecke der Vervielfältigung aufgenommene Ansicht aus der hiesigen Gegend. Exemplare, welche in dem Atelier in Gouache oder Aquarell besonders colorirt wurden, kommen den Originalien am nächsten; ja manche der historischen Blätter würden ohne diese Nachhülfe des Pinsels ungenießbar sein, während landschaftliche Gegenstände, Wasserfälle, Baumschläge, sich für die Prestel'sche Manier weit besser eignen, deßhalb der Nachhülfe weniger bedurften. Der Mitwirkung Rabls verdanken indessen — das darf hier nicht verschwiegen werden — die schönsten und besten der Prestel'schen Blätter ihre harmonische Vollendung. Prestel dirigirte zwar die Arbeiten, aber Rabl legte die

---

[1] Dasselbe befand sich anfangs in der Schäfergasse, dann in dem von Frankenstein'schen Hof in Sachsenhausen und zuletzt in dem von Holzhausen'schen Haus an der Allerheiligengasse.

[2] Für eigene Rechnung ätzte dieser u. a. im Jahr 1795 eine Folge kleiner Landschaften nach Franz Kobell in Aquatinta, welche hier bei Wilhelm Fleischer erschien. Quer 4°.

letzte Hand an. Dies gilt ganz besonders in Ansehung der vorzüglichen nach Jacob Ruysdael aus der Brabeck'schen Sammlung. Es
verdient gerechten Tadel, daß jener seinen geschickten Gehülfen nicht
gestattete, ihren in seinem Verlag erschienenen Arbeiten ihren Namen
beizufügen. Ohne diese egoistische Unbilligkeit würde der Name seines Schülers und langjährigen Mitarbeiters Schmarr, der u. a.
den todten Heiland nach Correggio allein gestochen hat, nicht unbekannt geblieben sein.

Sicher würden die verdienstlichen Leistungen des Prestel'schen Ateliers noch mehr Beifall gefunden haben, wenn er bei der Wahl seiner Gegenstände mehr Geschmack bewährt hätte oder fremdem Rath
gefolgt wäre. Diesem Mangel an sorgfältiger Auswahl und dem
Uebermaaß der Production, wodurch der Künstler auf den Stand-
punkt des Geschäftsmannes herabstieg, mag es hauptsächlich zuzuschreiben sein, daß die Prestel'schen Blätter, ehedem so hoch geschätzt,
jetzt von den meisten Kunstfreunden bei Seite geschoben und nur noch
in größeren öffentlichen Sammlungen mehr aus kunsthistorischem Interesse aufbewahrt werden. Nichtsdestoweniger verdienen die Leistungen und noch mehr die Bestrebungen Prestels, zumal in Berücksichtigung seiner Zeit und seines Bildungsganges, hohe Anerkennung.
Diese ist ihm schon im Jahr 1779 durch seine Ernennung zum außerordentlichen Ehrenmitglied der Düsseldorfer Akademie geworden und
wird ihm auch von der Nachwelt nicht versagt werden. Für unser
Frankfurt war seine fünfundzwanzigjährige Wirksamkeit jedenfalls von
großer Bedeutung.

Ein vollständiges Verzeichniß aller seiner Arbeiten zu liefern, ist
fast unmöglich. Ihre Zahl soll sich über 600 belaufen. Hüsgen, Zeitgenosse und theilweise Verleger des Künstlers, hat sich auf die Angabe
der hauptsächlichsten bis zum Jahr 1790 erschienen gewesenen Blätter
beschränkt. Ein im Jahr 1796 gedrucktes Verlagsverzeichniß mag
vollständiger gewesen sein; es ist mir nie zu Gesicht gekommen. Der
1806 in französischer Sprache erschienene neue Katalog enthält nur
81, nicht einmal alle von Prestel selbst gestochene Blätter, und eben
so bezieht sich der zuletzt im Jahr 1816 von Prestels Sohn veröffentlichte »Nouveau catalogue d'Estampes du Fonds de C. E. G.
Prestel« nur auf den damaligen Vorrath. Auch der noch lebende
Enkel, Herr Ferdinand Prestel, würde nicht im Stande sein, ein
vollständiges Verzeichniß zu beschaffen. — Die Kupferplatten sind
sämmtlich vernichtet.

Die letzten Lebensjahre des Künstlers waren äußerst trübe. Kör-

perlich leidend, gedrückten Gemüths, lebte er einsam dahin. Ganz zu=
letzt schien noch einmal die feurige Liebe zur Kunst wie eine Flamme
in ihm anzulodern. Er faßte die Idee zu einem Altargemälde für
die neuhergestellte St. Leonhardskirche, seine Phantasie beschäftigte sich
damit in jugendlicher Lebhaftigkeit. Von dem Fürsten Primas hatte
er den Auftrag zu einem historischen Bilde angenommen und auf
K. Ritters Rath dazu den Traum des Perikles gewählt, auch eine
den Abschied Hektors von Andromache darstellende Zeichnung ent=
worfen; allein zur vollendeten Ausführung eines dieser Entwürfe scheint
es nicht gekommen zu sein. Durch einen Schlagfluß wurde Prestel
am 5. October 1808 vom Tode überrascht.

Sein Bildniß hat er selbst gemalt und gestochen:

1. Seine Büste. J. Th. Prestel pinx. et sculp. Norimbergae 1777. Punktirt,
oval, Folio. Für Lavaters Physiognomik. Das Originalgemälde besitzt
der Enkel Ferdinand.

2. In seinem Atelier vor der Staffelei sitzend. A. D. Prestel ad naturam.
Radirt. Folio. Die Buchstaben A. D. sollen vermuthlich Amadeus (Gott=
lieb) bedeuten.

Es bleibt mir noch übrig, über die Persönlichkeit und Sinnes=
weise dieses sonderbaren Mannes einige Bemerkungen hinzuzufügen.
Nach Brauns Beschreibung war dessen äußere Erscheinung keine an=
genehme, sein erster Anblick fast zurückstoßend. „Sein Gesicht verrieth
finsteren Ernst und eine stille verborgene Kraft. Er war von hohem,
starkem Körperwuchs, seine Stirne war sehr hoch und zeigte unbe=
zwingliche Festigkeit, die Nase scharfeckig, die untere Lippe stand der
oberen auffallend vor, das Kinn war tief geschnitten und hervor=
springend, sein Gang meist langsam, der Blick in sich versunken und
der äußeren Welt abgewendet. Sein Ernst wurde selten bis zur
Fröhlichkeit gestimmt, lachen sah man ihn nie." „Ueberwiegend," sagt
K. Ritter, „war im Leben sein Gemüth über die Erkenntniß, sein
Gefühl über den Gedanken, in der Kunst beherrschte seine Kraft die
Grazie, sein Ausdruck die Form, seine Wahrheit das Schöne." —
„Weltbildung kannte er gar nicht, selbst in seiner Muttersprache fehlte
ihm Richtigkeit und Gewandtheit, aber wenn er seine Ideen mit=
theilte, so sprachen zugleich der Mund und die Augen, die Stirn=
adern, alle Gesichtsmuskeln, Arm und Fuß." In des Künstlers von
ihm selbst gestochenen Portrait schreibt Lavater: „Er hat Gefühl für
Größe und Erhabenheit, ist aber unbiegsam, zu hartknochig, um die
zarten Umrisse nachzuahmen. Kaum einen Maler sah ich, der seinen
Charakter, sein Temparament, seine Leibesfarbe sogar in alle seine

Gestalten hineinphysiognomisirt wie dieser." Oft pflegte Lavater ihn „den Mann mit der eisernen Stirn" zu nennen.

Hüsgen, welcher mit Prestel in geschäftliche Zerwürfnisse gekommen war und ihm Undank vorwirft, darf nicht als ganz zuverlässiger Gewährsmann betrachtet werden, zumal da er sich auch andern Künstlern und Verhältnissen gegenüber oft auf einer gewissen leidenschaftlichen Gereiztheit betreffen läßt, welche dem Biographen nicht ziemt. Andere Zeitgenossen haben Prestel milder beurtheilt. Aber dennoch kann selbst Braun, während er ihn gegen Hüsgen warm in Schutz nimmt, nicht läugnen, daß sein unüberwindlicher Eigensinn keine Festigkeit war, sondern im Grund eine Schwäche, hervorgebracht durch das Uebergewicht maaßlosen Freiheitstriebs über die Vernunft, daß dieser ungezügelte Hang zur Freiheit in Egoismus ausartete, der von Andern zu viel begehrt und ihnen nur Weniges leisten und geben mag; daß er eine kalte, verschlossene Natur gewesen, eigentlich niemand als sich selbst geliebt, durch seine Launen sich die Menschen entfremdet und selbst seine vortreffliche Gattin, die brave Lebensgefährtin und Kunstgehülfin, von sich entfernt habe. Er vermochte selbst die Fesseln der Liebe nicht zu ertragen. Seine Ehe war eine unglückliche, unglücklich durch seine Schuld. Seine Frau hatte ihm drei Söhne und eine Tochter geboren, die alle, wenn auch in verschiedener Weise, der Kunst gedient haben. Die Mutter

Maria Catharina Prestel geb. Höll

war am 22. Juli 1747 in Nürnberg geboren. Als J. G. Prestel $\frac{1783}{1784}$. seit 1769 dort seinen Unterricht begann, ward sie eine seiner talentvollsten Schülerinnen, die er wegen ihrer Geschicklichkeit lieb gewann und heirathete. Noch in späteren Jahren, als beide längst getrennt lebten, gedachte er oft mit Rührung der nächsten Veranlassung seines Entschlusses. „Durch diese Zeichnung," sagte er, indem er einen Kopf nach van Dyk in schwarzer Kreide vorwies, „ward sie meine Frau, und ich kann mich noch nicht satt sehen an dieser Reliquie, so voll Geist und Seele ist jeder Zug."

Unter seiner Leitung ward sie eine gewandte Zeichnerin und Kupferätzerin, die ihn bei der Herausgabe seiner Werke kräftig unterstützte und daneben die Pflichten der Hausfrau und Mutter einer zahlreichen Familie gewissenhaft erfüllte. Diese musterhafte Frau arbeitete vom frühen Morgen bis zum sinkenden Abend und vermochte dennoch nicht die hereinbrechende Noth abzuwenden. Mit unaussprech-

licher Ausdauer und Geduld bekämpfte und ertrug sie alle Mißgeschicke nebst den Launen, Schroffheiten und Ausschweifungen ihres
Mannes, bis sie zuletzt keine andere Hülfe mehr sah, als die schmerzliche Trennung von ihrer Familie. Im September 1786 ging sie
allein und ohne hinreichende Kenntniß der englischen Sprache nach
London. Hier übte sie selbständig ihre Kunst mit solchem Erfolge,
daß sie schon nach einigen Jahren die beiden jüngsten Kinder Michael
und Ursula zu sich nehmen und treue Mutterpflicht an ihnen erfüllen
konnte.

Noch immer stand sie mit ihrem Manne im Briefwechsel. Einst
sandte sie ihm eine Zeichnung, die er hoch in Ehren hielt. Ihr von
ihm gezeichnetes Portrait hing stets vor seinen Augen. Wie glücklich
hätte diese Ehe, wie fördernd für die beiderseitige Wirksamkeit sein
können, ohne die beklagenswerthen Eigenheiten des Mannes!

Maria Catharina Prestel lieferte in London eine bedeutende Zahl der schönsten Aquatinta-Blätter, wovon Abdrücke mit drei
bis sechs Guineen bezahlt wurden. Nagler hat von ihr in Allem
73 Blätter verzeichnet.

Am 16. März 1794 vollendete die Künstlerin zu London ihr
schwergeprüftes Leben. Ihr Portrait ist nach ihres Mannes Zeichnung von F. C. Vogel in kl. Folio lithographirt worden. Der älteste
Sohn

Christian Erdmann Gottlieb Prestel,

am 12. August 1773 in Nürnberg geboren, wurde, wie es scheint,
von den Aeltern zur praktischen Uebung der Kunst nur wenig angehalten. Im Jahr 1793 ging er zur Mutter nach London, wo er
auch nach deren Tod bis 1800 verweilte, Einiges in Kupfer ätzte,
hauptsächlich aber durch Unterrichtsertheilung in der Musik sich er-
nährte. Das Wesen des Vaters gab ihm keine Aufforderung, lange
bei ihm auszuharren. Er suchte eine unabhängige Stellung und verband sich zu diesem Zwecke auf kurze Zeit mit seinem nachherigen
Schwager Reinheimer. Im Jahr 1805 gründete er einen eigenen
Kunsthandel. Die wenigen Aquatintablätter, welche ihm zugeschrieben
werden: Zwei Ansichten aus der Gegend von Genf nach J. A. Link,
und die Ansicht des Schlosses Epstein sollten nur dazu dienen, ihm
in der Eigenschaft eines Kupferstechers das hiesige Bürgerrecht zu
verschaffen. Radl hatte das Meiste dabei gethan. Dagegen galt Christian Prestel als Kenner alter Kupferstiche und Radirungen in der

Kunstwelt für eine der ersten Autoritäten. Sein Urtheil wurde all=
seitig in Anspruch genommen.

Durch des Vaters Einfluß war er in jüngeren Jahren zum
Katholicismus übergetreten. Nachdem er nur fünf Jahre verheirathet
gewesen, starb er am 1. April 1830. Sein Sohn ist der noch lebende,
als tüchtiger Kenner in seinem Fache bekannte Kupferätzer und Kunst=
händler Ferdinand Prestel.

Der zweite Sohn Johann Gottliebs,

Johann Adam Prestel,

am 25. Januar 1775 in Nürnberg geboren, ward Maler und Kupfer=
stecher. Er half an den Kupferplatten des Vaters, malte Portraite
in Pastell, und zeichnete sich besonders als geschickter Harfenspieler
aus. Im Zeichnen und in der Musik gab er Unterricht. Er war
der Vater des 1806 geborenen, gegenwärtig in Mainz lebenden aus=
gezeichneten Pferdemalers Joh. Erdmann Gottlieb Prestel,
und starb am 17. October 1818.

Der dritte Sohn Johann Gottliebs,

Michael Gottlieb Prestel,

am 12. Juli 1779 zu Nürnberg geboren, blieb nach der Aeltern
Trennung vorerst hier bei dem Vater, ging dann 1789 mit seiner
Schwester zur Mutter nach England und kehrte 1793 nach Frankfurt
zurück. In dem väterlichen Atelier leistete er wenig, etwas mehr im
Kunsthandel; er reiste zu diesem Zwecke namentlich 1798 mit dem
Kunsthändler Testolini auf kurze Zeit nach England, wo wir ihn
1803 abermals finden, ging dann nach Ostindien und studirte nach
seiner Rückkehr 1808 in Göttingen die Rechte, ohne es zu etwas zu
bringen. Aus dieser Zeit kennt man ein von ihm gezeichnetes und
geätztes Aquatintablatt in Quer Roy. Folio, ein Studentenduell dar=
stellend, wozu er den Stoff wahrscheinlich aus seiner kurzen akade=
mischen Laufbahn genommen hatte. Es hat keinen künstlerischen Werth.

Nach seiner Mutter Tod war er von dem Vater nach London
gesandt worden, um den Nachlaß zu erheben. Diesen Auftrag voll=
zog er zwar, blieb aber unterwegs in Hamburg sitzen und brachte
keinen Kreuzer nach Haus. Ueberhaupt führte er ein liederliches
Leben, dem der Tod am 13. März 1815 ein Ende machte.

Das Meiste und Beste hat von den Prestel'schen Kindern die Tochter geleistet.

Ursula Magdalena Reinheimer, geb. Prestel

war am 27. November 1777 in Nürnberg geboren und frühe zur Mutter nach London gekommen, was für ihre Ausbildung von den günstigsten Folgen gewesen ist. Nach der Mutter Tod 1794 kehrte sie nach Frankfurt zurück. Hier war sie bei dem Stiche vieler Platten des väterlichen Verlags betheiligt. Dahin gehören namentlich die Termen des Caracalla, das alte Schloß zu Rödelheim, die Sachsenhäuser Brücke ꝛc. Im Jahr 1798 begleitete sie nebst Radl ihren Vater nach Söder, wo sie bis in den Mai 1799 verblieb, auch in den folgenden Jahren öfter verweilte.

Im December 1805 heirathete sie den Kunsthändler J. G. Reinheimer. Sie war eine geschickte Portrait-, Landschaft- und Blumenmalerin. Das von ihr in Oel gemalte Portrait Anton Radls ist täuschend ähnlich. Während ihres Aufenthalts bei dem Grafen von Brabeck zeichnete sie nicht nur die meisten der in dem Atelier ihres Vaters erschienenen landschaftlichen Blätter aus des Grafen Sammlung, sondern malte auch für denselben 1805 und 1806 zwei Landschaften im Mondschein aus der Gegend von Goslar. Das hiesige Museum, jetzt die Stadt, besitzt gleichfalls zwei von ihr in Oel gemalte Ansichten aus dem cölnischen Sauerland. Der Wasserfall zu Laufen wird wegen seiner großen Wahrheit als eins ihrer besten Bilder gerühmt; eben so verdient eine nach der Natur gemalte Ansicht von Thun alles Lob.

Auch als Kupferstecherin zeigte sie Talent und Fleiß. Unter andern ätzte sie in Aquatinta eine Ansicht von Nizza nach der Zeichnung einer englischen Dame; dann die Ansicht einer alten Brücke, und das von Radl gezeichnete Gefecht zwischen den Oesterreichern und Franzosen am 22. April 1797 vor dem Bockenheimerthor. Gr. Roy. Folio.

Ursula Magdalena Reinheimer war eine fein gebildete, Achtung einflößende Frau. Mit Frau v. Bethmann-Holweg hatte sie Frankreich und die Schweiz bereist und sich überhaupt in besseren Kreisen bewegen gelernt. Sie starb im Jahr 1845 zu Brüssel bei ihrem dort wohnenden Sohne.

Nagler führt diese Künstlerin als Catharina Prestel verehelichte Steinheimer auf, was hier zur Beseitigung von Mißverständnissen berichtigend bemerkt wird.

Johann Georg Reinheimer

im Jahr 1776 dahier geboren und den 13. Juni 1820 gestorben, des alten Prestels Schüler und Schwiegersohn, gleichfalls Kupferstecher und Kunsthändler. Bei den Arbeiten des Prestel'schen Verlags war er mehrfach betheiligt. Im eigenen Verlage erschienen verschiedene von ihm radirte und geätzte Prospekte hiesiger Stadt und Umgegend, namentlich:

1. Frankfurt von der Sachsenhäuser Seite. Aquatintablatt nach J. F. Morgenstern. Folio.
2-7. Sechs Ansichten der Stadtthore, nach Demselben. Folio.
8. 9. Ansichten des Forsthauses und des Sandhofs nach Demselben.
10. 11. Zwei Ansichten von Wiesbaden, nach Demselben.
12. Ansicht der Stadt mit dem Schneidwall nach A. Radl. Quer Folio.
13. Die von Bethmann'sche „Louisa" mit der Aussicht nach der Stadt. Desiné et gravé d'après nature. Quer Folio.
14. 15. Hausen und Bornheim im Winter. Quer klein Folio.
16. Die Oelmühle zu Epstein. Quer 8°.
17. Ansicht von Mainz vor der Belagerung nach Schneider. Klein Folio.
18 Ansicht von Regensburg, nach Radl, Quer Folio.
19. Caub mit der Pfalz und Schloß Gutenfels, nach Schütz dem Vetter. Folio.
20. Wallmich am Rhein, nach Demselben. Folio.
21. Ein Pferdestück nach G. Pforr. Folio.
22. Der von den Neufranken gefangene und transportirte Oesterreicher, nach Radl. Klein 4°.
23. Der mit Beute beladene neufränkische Soldat, nach Demselben. Klein 4°.
24. Französische Husaren, nach Demselben. Kl. 4°.
25. Der Weinkeller, nach der Natur gezeichnet von A. Radl. Quer Folio.

Der von Nagler als ziemlich unbekannt erwähnte Kupferstecher Franz Prestel gehört, wenn hier nicht eine Verwechselung stattfindet, jedenfalls nicht zu der hiesigen Familie dieses Namens. Dagegen zählt zu deren Kunstgenossenschaft

Regina Catharina Quarry, geb. Schönecker.

Nagler läßt, gleich Huber und Rost, diese Künstlerin, ohne Angabe einer Quelle, um 1762 zu Frankfurt und an anderer Stelle, wo er sie nochmals unter dem Namen Schönecker aufführt, um 1760 in Nürnberg geboren werden. Das Richtige ist, daß sie in letzterer Stadt um 1762 geboren wurde und mit Prestel oder doch auf dessen Veranlassung um 1783 nach Frankfurt gekommen ist. In seinem Atelier zur Künstlerin gebildet, hat sie für seinen Verlag und in seiner Manier viel gearbeitet. Das sogenannte kleine Kabinet enthält sieben und das Schmidtische drei Blätter von ihrer Hand, was beweist, daß sie schon in Nürnberg unter Prestels Leitung gearbeitet hat. Außerdem wurden von ihr nicht wenige Einzelblätter, meist braun, in Aquatinta geätzt, wie namentlich Prospekte des Heidelberger Schlosses, ein Hirtenstück nach Dietrich, eine große Felsenlandschaft und die Bequemlichkeiten eines Schweizer-Bauernhauses nach Franz Schütz, zwei Landschaften nach Cats und eine nach dü Jardin, ein Seestück nach Vitringa, die Ansicht einer holländischen Stadt nach Rademacker, ein Hirtenstück nach J. H. Roos, zwei bergige Landschaften nach Klengel, eine Ansicht von Frankfurt mit dem Bombardement vom 13/14. Juli 1796, nach Schütz dem Vetter, und Rabbi Naphtali Cohen nach Nothnagel.

Einige ihrer Blätter sind Regina Carey sc. bezeichnet.

Am 24. Februar 1786 verheirathete sie sich hier mit dem englischen Sprachlehrer Jacob Carl Quarry. Nach Nagler soll sie um 1818 gestorben sein; das hiesige Kirchenbuch giebt keine Auskunft.

Johann Friedrich Heinrich Diehl,

1770 ε. 1810. um 1770 in dem nahen Bockenheim geboren, ein Schüler Nothnagels, gewandter Zeichner und Maler, arbeitete gegen das Ende des 18. und noch im Anfange des gegenwärtigen Jahrhunderts in Frankfurt Thierstücke und Genrebilder in Aquarell, Sepia und Tusch, oder auch bloß mit der Feder. Sie sind meistens mit seinem Namen bezeichnet. Oelgemälde habe ich von ihm keine gesehen, doch bezweifle ich nicht, daß er auch in Oel gemalt habe. Zuweilen hat er sich Ridinger zum Vorbild genommen, auch findet man von ihm Tuschzeichnungen nach Angelika Kaufmann.

Heinrich Wilhelm Ritter

1810. aus Cassel, machte seine Studien als Kupferstecher in Berlin und nahm um 1810 seinen Aufenthalt in Frankfurt, wo er theils für Silbergs Kunstverlag und für die Jäger'sche Landkartenhandlung, theils für eigene Rechnung beschäftigt war. Die folgenden Blätter sind von ihm gestochen:

1. Das Portrait des Pfarrers Deelen, nach J. N. Peroux. 1810. Folio.
2. Ossian mit der Harfe. Nicolaus Abildgaard pinx. H. Ritter sc. nach dem Stiche von Clemens Klein Folio. Schönes Blatt.
3. Die Jungfrau Maria mit dem Jesukinde auf dem Schooße, rechts Johannes, nach Raphael. Copie nach Tomlins Stich mit Dedication an Jérome Napoléon. 1811. Gr. Folio.

4. Der Evangelift Johannes, nach Dominichino. Quer Folio.
5. Die heilige Cäcilie, nach Demselben. Folio.
6. 26 pantomimische Stellungen der Henriette Hendel, nach J. N. Perour, mit Text von N. Vogt und dem Bildniß der Hendel. Gr. Folio.
7. Darstellungen aus den Niebelungen nach P. Cornelius, sieben Blätter, gestochen von Ritter, Amsler, Barth und Lips. Quer Royal-Folio.
8. Ansicht des Denkmals Kepplers in Regensburg. Gr. Royal Quer Folio.

Ritter hat Frankfurt nach längerem Aufenthalt wieder verlassen und soll noch vor einigen Jahren in Cassel gelebt haben.

Die Familie Urlaub

macht sich um die Mitte des achtzehnten bis in die erste Hälfte des ~ 1785 neunzehnten Jahrhunderts durch eine Reihe von Künstlern bekannt, 1810. welche alle einen gewissen Grad von Kunstfertigkeit, zum Theil auch unverkennbare Begabung an den Tag legten. Sie stammten sämmtlich aus Franken und widmeten ihre Kunst fast ausschließlich ihrem engeren Heimathlande — Ansbach, Bamberg, Würzburg 2c. Einige davon wagten sich auch in die Nachbarländer, und diese sind es, denen hier eine kurze Erwähnung gebührt:

Georg Anton Urlaub,

1744 in Bamberg geboren, Portraitmaler in Oel und Pastell, übte seine Kunst in den meisten Städten am Main und Mittelrhein, namentlich auch in Mainz und Frankfurt. Von ihm befinden sich in der städtischen Sammlung als Geschenk der Frau Sänger geb. Prehn unter No. 277 und 278 zwei Familienstücke. F. L. Neubauer stach nach ihm das Bild des Kurfürsten Friedrich Karl Joseph von Mainz. Daselbst starb er im Jahr 1788.

Georg Karl Urlaub,

geboren zu Ansbach am 3. October 1749, erhielt seine Ausbildung als Geschichts-, Portrait- und Genremaler in Oel und Pastell in seiner Vaterstadt, führte dann, obgleich von vieler Begabung, aber vom Glücke nicht begünstigt, ein unstätes und kümmerliches Leben, bald in Würzburg, bald in Schweinfurt, Hanau, Frankfurt und zuletzt in Marburg sich aufhaltend, wo er 1804 erblindete und 1809 starb. Seine kleinen Kabinetstücke schöpfte er theils aus der Mythologie, theils aus dem Leben des bürgerlichen Mittelstandes. Beliebt waren vorzugsweife feine gemüthlichen Familienfcenen, Frauen mit ihren Kindern am Kaffeetifche, in der Küche oder mit andern häus= lichen Dingen befchäftigt. Die Erfindung und Anordnung diefer kleinen Bilder ift in der Regel angenehm, die Färbung meifterhaft, aber der Künftler hielt fich in der Regel ftreng an die gefchmacklofen bürger= lichen Trachten feiner Zeit, was oft den guten Eindruck ftört; auch find feine Arbeiten fehr ungleich in der Ausführung. Die Inrafien der neufränkifchen Revolutionshorden in den Jahren 1792—1798 lieferten ihm reichen Stoff zur Darftellung kriegerifcher Scenen zwi= fchen den kaiferlichen, heffifchen, mainzifchen Truppen und dem Speff= farter Landfturm einerfeits und den Franzofen andererfeits. Diefe Ereigniffe, u. a. die Erftürmung Frankfurts durch die Heffen 1792, in der ftädtifchen Sammlung irrthümlich unter No. 119 dem Georg Anton zugefchrieben, das Bombardement der Feftung Königftein 1793, der Brand der Judengaffe und die Gefechte vor den Thoren hiefiger Stadt 1796 und bei Höchft, fowie die Kämpfe im Speffart, malte Urlaub in Oel und in Wafferfarben. Sie fanden wegen der richtigen Auffaffung und lebendigen Darftellung, obwohl meift fehr flüchtig und fabrikmäßig behandelt, vielen Abfatz. Auch die Feldherrn der dama= ligen Periode, namentlich Clairfait und Wurmfer in militairi= fcher Umgebung, und andere hervorragende Perfonen wurden von ihm, oft mehrmals, gemalt. Hätte diefer Künftler weniger mit den Bedürfniffen des Lebens zu kämpfen gehabt, hätte er mehr Fleiß auf feine Arbeiten verwenden können und den Zopf-Gefchmack feiner Zeit vermieden, fo würde fein Name einen ungleich höheren Rang in der Künftlergefchichte einnehmen. Sein Sohn

Anton Urlaub,

Maler und Kupferftecher, zeichnete und copirte im Anfange diefes Jahrhunderts längere Zeit bei Preftel dahier, für den er auch in Aquatinta arbeitete. Später lebte er in Darmftadt und zuletzt bis zu feinem 1820 erfolgten Tode in Afchaffenburg. Seine Oelmale= reien find meiftens nur mittelmäßige Copien.

Johann Willk,

Maler aus Schwerin, um 1793 Schüler von Cafanova, arbeitete in den Jahren 1809 bis 1811 in Frankfurt. Zwei für die hiefige Localgefchichte höchft intereffante Bilder, die Verbrennung der eng=

lischen Waaren auf Napoleons Befehl darstellend, sind bezeichnet: »**Willck pinx. Frankfurt a. M. 1810.**« Die bei diesem schmachvollen Gewaltstreiche handelnden Personen sind nicht übel gruppirt und ausdrucksvoll gemalt, das Ganze aber etwas flüchtig behandelt; am meisten läßt die Färbung zu wünschen.

Die Staffage des von J. F. Morgenstern in den Jahren 1808 bis 1810 aufgenommenen großen Panorama's von Frankfurt ist gleichfalls von Willcks Hand. Er soll um 1820 gestorben sein.

Johann Martin Kunst,

Landschaftmaler, warb am 10. Juli 1767 in Lämmerspiel geboren. $\frac{1793}{1811.}$ Den Unterricht in der Malerei erhielt er zu Frankfurt von einem unbekannten Meister. Im August 1798 erwarb er das hiesige Bürgerrecht als „Kunstmaler", nachdem er nach hergebrachter Vorschrift ein sogenanntes Meisterstück geliefert hatte. Dieses ist eine Landschaft mit Wasser, worüber eine Brücke führt, bez. J. M. Kunst 1798, 2' 2" br. 1' 8" h., auf Holz, gegenwärtig in dem Amtszimmer der jüngeren Bürgermeister-Audienz, und keines der schlechtesten der dort aufbewahrten Probestücke. Die sonstigen Leistungen des Meisters mögen nicht von Bedeutung sein, da sein Name wenig bekannt geworden ist. Er starb am 22. April 1811.

Johann Christoph Berndt,

Kupferstecher, am 15. April 1748 in Nürnberg geboren, erhielt den $\frac{1775}{1812.}$ ersten Unterricht im Zeichnen bei Preißler und im Kupferstechen bei seinem eigenen Vater. Nachdem er in seinem siebenzehnten Jahre in Würzburg verschiedene Stempel für das dort erschienene große Münzwerk gestochen und sich dann zu Leipzig unter Oesers und Stocks Leitung weiter ausgebildet hatte, begab er sich nach Wien zu dem Hofkupferstecher Winkler, kehrte aber nach einiger Zeit nach Würzburg zurück, um gemeinschaftlich mit seinem Bruder Oswald an Salvers „Proben des hohen deutschen Reichsadels" zu arbeiten. Im Jahr 1775 endlich wandte er sich nach Frankfurt. Hier stach er zunächst Landkarten für den Jäger'schen und den Brönner'schen Verlag, besonders das Titelkupfer zu dem großen Atlas, auch verschiedene historische Blätter und Portraite, u. a. das des Senators H. W. Lehnemann nach J. de Georgi. Durch seine eheliche Verbindung gelangte er 1780 in das Bürgerrecht und war bis an seinen am 26. Februar

1812 hier erfolgten Tod[1]), wenngleich ein sehr mittelmäßiger, doch ein fleißiger und vielbeschäftigter Arbeiter. Man verdankt ihm verschiedene nicht uninteressante Ansichten und Erinnerungsblätter aus Frankfurts Geschichte des letzten Viertels des vorigen und des ersten Jahrzehnts des gegenwärtigen Jahrhunderts. Von diesen mögen hier genannt werden:

1. Ansicht des Forsthauses.
2. Prospekt der Bergfestung und des Städtchens Königstein während der Belagerung der Franzosen durch die Preußen im November 1792. Quer Folio.
3. Die Einnahme Frankfurts durch die Hessen am 2. December 1792.
4. Vorstellung der letzten Feindseligkeiten zwischen den Franzosen und den Kaiserlichen am 22. April 1797 vor Frankfurts Mauern. Klein Folio.
5. Patriotismus der Frankfurter Bürger bei Demolirung der Festungswerke, angefangen 1805. „Der löbl. Bürgerschaft zum Andenken gewidmet." Quer Folio.
6. Die vier Wartthürme und der Eschersheimer Thurm. Gr. 4⁰. Das Blatt gehört zu einem Hefte Zeichnungsvorlagen.
7. 8. Die Schneidwallmühle und die Gerbermühle. Quer 8⁰.
9. Allegorisches Blatt mit den verborgenen Portraiten Ludwigs XVI. und seiner Gemahlin und des Königs und der Königin von England. Die Krone der ersteren ist zerbrochen, die der letzteren von strahlendem Glanze umgeben. Klein 4⁰.

Jeremias Paul Schweyer,

_{1783/1813.} Maler und Kupferstecher, war der Sohn eines Kaufmannes zu Nürnberg, wo er am 3. November 1754 geboren wurde. Seine früheren Lebensverhältnisse liegen völlig im Dunkeln. Unbekannt ist, wo und bei wem er sich in der Malerei und Kupferstecherkunst ausgebildet hat und wie ihn sein Lebensweg nach Zweibrücken geführt haben mag, wo wir ihn schon in seinem acht und zwanzigsten Jahr als herzoglichen Hof- und Kabinetsmaler finden. Dieses und weiter ergiebt sich aus den hiesigen Archivalacten, daß sich der Künstler in der ebengedachten Eigenschaft am Schlusse des Jahrs 1783 mit einer Frankfurterin verheirathet und das Bürgerrecht erworben, bei dieser Gelegenheit aber wegen des ihm seitens der Maler-Innung zugemutheten Eintritts in ihre Gesellschaft einen harten Kampf zu bestehen gehabt hat. Während Schweyer sich auf seinen Rang als herzoglicher Kabinetsmaler berief, der ihm nicht gestatte, ein „Handwerksgenosse" zu werden, machten

---

[1]) Irrig lassen ihn Hüsgen 1750 und Nagler 1755 geboren werden, der letztere setzt dessen Tod in das Jahr 1798. Meine Angaben beruhen auf Archivalurkunden und den Sterberegistern.

die Maler geltend, daß er sich ihrer Gesellschaft, welcher selbst ein
Merian und ein Heinrich Roos angehört hätten, nicht zu schä-
men habe. Ein Rathsschluß ließ ihn schließlich zum Bürgerrecht als
„Kunstmaler" zu, die Entscheidung wegen seiner Stellung zur Innung
aussetzend, bis er seinen Wohnsitz von Zweibrücken nach Frankfurt
verlegen werde. Dieses letztere scheint um das Jahr 1790 geschehen
zu sein, jedenfalls hat Schweyer schon 1793 mit seiner Familie hier
gelebt und gearbeitet. Er malte in Oel Bauernstücke im niederländischen Geschmack und in Urlaubs Manier, weßhalb seine, obgleich
geringeren Arbeiten zuweilen mit denen dieses Meisters verwechselt
wurden, was namentlich mit einem mir bekannt gewordenen, den Abschied eines Officiers von seiner Familie vorstellenden Genrebilde der
Fall gewesen ist. Indessen hat sich der Künstler — wenigstens während seines Wirkens in Frankfurt — mehr mit der Radirnadel als
mit dem Pinsel beschäftigt, wozu ihn, obwohl seine Frau einer vermögenden Familie angehörte, seine Verhältnisse und die Anregung speculativer Kunstverleger veranlaßt haben mögen. Seine Arbeiten in
diesem Fache sind ziemlich rauh und flüchtig, sie entbehren oft der
guten Wirkung. Nagler hat eine Anzahl seiner Radirungen und auch
solcher, die ihm nur muthmaßlich beigemessen werden, verzeichnet.
Sicher gehören ihm die folgenden an:

1. Portrait des Johann Heinrich Roos nach rechts gewendet. Se ipse pinx.
   J. P. Schweyer sc. Radirt. Gr. Folio. Nglr. 1. Gehört zu den besseren
   Arbeiten des Meisters.
2. Portrait des Generals Cüstine, J. P. Schweyer fec. (1793) Kreidemanier. 8°.
3. Vue de la Montagne de Bons-yeux. Dessiné par J. J. Boissieu 1793.
   Gravé par J. P. Schweyer 1799. Gr. Quer Folio. Ngl. 8.
   Die Originalzeichnung besitzt das Städel'sche Kunstinstitut.
4. Hirtenfamilie mit ihrer Heerde an einem Brunnen mit zwei zerbrochenen
   Säulen. J. H. Roos pinx. 1666 J. P. Schweyer sc. Francof. 1799. Royal
   Querfolio. Ngl. 10.
5. Landschaft mit drei Kühen, wovon die eine vor dem Bauernhause liegt, links
   zwei ruhende Schaafe. D. van Dongen pinx. J. P. Schweyer aqua forti
   fec. 1799. Gr. Quer Folio. Ngl. 11.
6. Landschaft mit Hütten rechts hinter einem alten Baume, links ein Mann
   mit dem Hunde bei einem sitzenden Weibe, nach J. Ruisdael. J. P. Schweyer
   fec. aqua forti. Quer Folio. Ngl. 12.
7. Eingang in ein Gehölz, im Vorgrund ein abgebrochener Baumstamm.
   J. Wynants pinx. J. P. Schweyer fec. aq. fort. Kl. Quer Folio. Ngl. 13.
   Eine der besten Arbeiten des Meisters.
8. 9. Zwei Landschaften mit Ruinen. Rauscher inv. Schweyer sc. Quer Folio.
   Ngl. 15.
10. Scharmützel bei Höchst am Main, nach Urlaub. Kl. Quer Folio. Ngl. 21.

11. 12. Zwei Landschaften: a) Halt vor einem ländlichen Wirthshause, b) Jagd=
gesellschaft bei einem zerfallenen Thurme. Pforr del. J. P. Schweyer rc.
„Du Cabinet de Mr. le Dr. Grambs à Francfort s/m. de la même grandeur."
Quer Folio.

13. 14. Zwei Landschaften nach J. Ruisdael: a) Dorf am Fluße mit einem
großen Thurm, im Vorgrund zwei Personen in einem Nachen; b) Dorf
am Wasser, mit hohen Mauern umgeben, links ein großer Baum, unter
dem ein Angler steht. Kl. Quer Folio.

15. Landschaft mit Kühen und Ziegen nach J. van Stry. Folio.

Schweyer starb am 16. December 1813.

✗ Johann Daniel Bager,

c. 1754
1815. der Sohn eines Bauinspectors in Wiesbaden, ward daselbst 1734
geboren. Den ersten Unterricht im Zeichnen und Malen hatte er von
seinem Vetter Bager empfangen, sich hierauf einige Zeit bei Johann
Christian Fiedler zu Darmstadt aufgehalten und zuletzt in Frankfurt
bei Justus Junker seine Ausbildung vollendet. Indessen dürften mehr
noch seine natürlichen Anlagen und sein Fleiß ihn zu der im reife=
ren Alter von ihm eingenommenen bedeutenden Stufe geführt haben.
Bagers Talent war ein vielseitiges; er war Portrait=, Genre=, Land=
schaft= und Früchtemaler. Ich weiß nicht, ob ich seinen Miniatur=
oder seinen Oelgemälden den Vorzug einräumen soll. Seine in Oel
ausgeführten Früchtestücke zeugen von einer entschiedenen Vorliebe des
Meisters für dieses Fach. Manche davon, in denen er einen gewissen
kalten Ton zu vermeiden wußte, was ihm nicht immer gelungen ist,
sind wahrhaft vorzüglich zu nennen. Als Beweis können die beiden
auf Holz gemalten Früchtestücke in dem Städel'schen Institut dienen,
und ein ähnliches in meinem Besitze, auf dessen sorgfältige Ausfüh=
rung in einem wärmeren Tone der Meister ganz besonderen Fleiß
verwendet hat. Es ist im Jahr 1782 auf Kupfer gemalt und stellt
in geschmackvoller Anordnung blaue und weiße Trauben, Johannis=
und Stachelbeeren, Quitten, Pflaumen, Erdbeeren, verschiedene Insek=
ten und ein Vogelnest mit Eiern dar. Die großherzogliche Gemälde=
gallerie in Darmstadt besitzt gleichfalls ein Früchtestück des Meisters.
Auch seine kleinen Familienportraite, wie die der Familien von Guaita,
Gogel, Geis und Bernard, die er in landschaftlicher Umgebung als
Genrebilder angenehm zu gruppiren verstand, fanden vielen Beifall.
In ähnlicher Weise behandelt sind die in dem Prehn'schen Kabinet
befindlichen Portraite des Malers Nothnagel und dessen Frau. Des
Künstlers eigenes Portrait und das seiner Frau, beide sehr ähnlich,

werden nebst den gleichfalls von ihm in Oel gemalten Bildnissen seiner Schwiegermutter und seines Schwagers, des Malers Lambert und dessen Frau, als Vermächtnisse des Sohnes Johann Conrad Bager in der städtischen Sammlung aufbewahrt. Sein sehr vorzügliches Miniaturportrait besitze ich selbst von seiner Hand. J. F. Beer und J. G. Saiter haben nach ihm gestochen. Aber Bager wußte die Radirnadel auch selbst zu führen. Unter anderen radirte er 1776 das Knabenportrait seines Sohnes Isaak, sitzend im Profil nach rechts gewendet. Ferner das Portrait des Malers Lambert, 4°. und das Bild einer jungen Frau mit ihrem Kinde an der Brust, in Halbfigur. Dieses Blatt war im Aetzen mißlungen, weßhalb der Künstler denselben Gegenstand auf einer andern Platte wiederholte. Die letztere soll in der Art des Boissieu recht zart geätzt sein. (Katal. der Dresdener Kunstversteigerung vom 20. November 1848.)

Im Jahr 1764 heirathete Bager die Tochter seines Lehrers Justus Junker, Johanna Elisabeth, die ihm jedoch schon im August 1768 durch den Tod entrissen wurde. Nach einem neunjährigen Wittwerstande schritt er im August 1777 mit Johannetta Catharina Hänelein zur zweiten Ehe. In dieser wie in der ersten ward ihm ein Sohn geboren. Er unterrichtete beide in seiner Kunst, hatte aber das Unglück, den älteren im kräftigsten Alter zu verlieren. Er selbst starb am 17. August 1815.

Isaak Bager,

1768 zu Frankfurt geboren, hatte sich der Geschichtsmalerei gewidmet und recht schöne Anlagen gezeigt, auch im Aetzen einige schwache Versuche gemacht, wie außer dem Portrait seines Vaters vom Jahr 1786 und dem des reformirten Predigers Jacob Max. Stirn, noch zwei mit seinem Namen bezeichnete Savoyardenknaben nach Seekaz beweisen. Der Tod ereilte ihn aber zu Mainz am 16. September 1797. Sein jüngerer Bruder

Johann Conrad Bager

war am 18. December 1780 hier geboren und durch seinen Vater zum geschickten Miniaturmaler gebildet worden. Er ertheilte Unterricht in dieser Kunst, beschäftigte sich aber mehr noch mit der Musik. Seine Stelle in dem Orchester des hiesigen Theaters hat er bis an seinen am 25. Januar 1855 erfolgten Tod ehrenvoll ausgefüllt.

Eine sehr geschickte Schülerin des älteren Bager war die Di=
lettantin

E. A. Spohrer,

deren in Oel gemalte Früchtestücke so gut gezeichnet und gruppirt
und mit so zartem Pinsel ausgeführt sind, daß sie häufig für Ar=
beiten ihres Lehrmeisters gehalten oder von betrügerischen Kunsthänd=
lern, nachdem der Name der Urheberin gelöscht war, dafür aus=
gegeben wurden. Alle sind jedoch an dem zu kalten Colorit erkennbar,
ein Fehler, welcher hier noch greller als in Bagers Arbeiten her=
vortritt. Die besten Bilder dieser Dilettantin sind in den Jahren
1790 bis 1810 entstanden. Um 1825 hat sie noch gelebt. Das
Jahr ihres Todes konnte ich nicht erfahren.

Johann Michael Zell,

$\frac{1767}{1815}$ ein sehr mittelmäßiger Kupferstecher von Nürnberg, wo er 1740 ge=
boren war, kam 1767 nach Frankfurt und trat, nachdem er sechs
Jahre auf Permission hier gelebt und für verschiedene Buchhand=
lungen gearbeitet hatte, zu Anfang des Jahrs 1778 in den Bei=
sassenschutz. Er lieferte theils nach eigener, theils nach fremder Zeich=
nung eine Anzahl Portraite hiesiger Personen, namentlich:

1. Senator Bernhard Heinrich von Barthausen nach Haud. 4°.
2. Friedrich Samuel Schmidt, Herr von Rossau, Kreisgesandter. Molling del. Klein Folio.
3. Johann Christian Gerning. Gr. 8°.
4. Isaak Gerning, als Knabe von 13 Jahren, nach J. de Georgi. 8°.
5. Maria Sibylla Merian nach Houbraden. 8°.
6. Jacob Marrel, nach diesem selbst, 1780. 8°.
7. Maria Eleonore Hocheder, nach J. de Georgi, 8°.
8. Johann Melchior Roos, nach diesem selbst, 1781. 8°.
9. Christian Stöcklin, nach Jacob Homburg. 8°.
10. Johann Lingelbach. 8°.
11. Peter Boy sen., nach diesem selbst, 8°.
12. Maria Elisabetha Aumann geb. Käuffel, nach J. de Georgi. 1779. Gr. 8°.
13. Maria Margaretha Lindenfels, nach J. de Georgi. 1772.
14. Rebecca Kneiselin, eine vormals hier renomirte Kaffeeschwester, J. C. G. del. 12°.
15. Joseph Leonhard Benkert, s. Z. berühmter Buchbinder in Frankfurt, nach J. Homburg. Gr. 8°.
16. Anna Margaretha Hoffmann. Silhouette. 8°.

17. Joannes Jacob Romagnolo, natus Marollac Vallis Bleny 1733, nach de Georgi 1778. 8°.

18. Sein eigenes Bildniß, se ipse ad naturam Francof. 1783. 12°. Schlechte Arbeit.

Für das bekannte Gerning'sche Schmetterlingswerk, welches von 1779 bis 1793 in Paris erschien, lieferte Zell mehrere in Wasser-farben ausgeführte Zeichnungen. Er starb am 21. Januar 1815.

Franz Karl Tielker, [1]

Portraitmaler und Kupferstecher, wurde um 1765 in Braunschweig $\frac{1812}{1817}$ geboren. Er malte in Oel, zeichnete aber noch öfter mit dem Silber-stifte in ganz eigener Manier. Diese Portraite sind schwarz gewischt und weiß gehöht, so daß sie Schwarzkunstblättern gleichen. Sie fan-den großen Beifall. Tielker ging, nachdem er sich einige Zeit in Ber-lin aufgehalten hatte, nach Cassel, wo er bis 1812 für den west-phälischen Hof beschäftigt war. Im Herbste dieses Jahres nahm er seinen Aufenthalt in Frankfurt. Hier arbeitete er unangefochten bis 1817; in Folge der Beschwerden der hiesigen Malerzunft wurde er aber plötzlich auf Grund eines einseitigen, seiner künstlerischen Bega-bung ungünstigen Berichts, in die Zahl der fremden Künstler einbe-griffen, denen man den ferneren Aufenthalt versagen zu müssen glaubte. Nicht ohne Grund vermuthe ich, daß Chr. G. Schütz, der Vetter, obgleich selbst Permissionist, diesem Treiben der Zunftmaler nicht ganz fremd gewesen ist. Am 3. März 1817 wurde dem Polizeiamte aufgetragen, den von der Acht betroffenen fremden Künstlern den ferneren Aufenthalt zu verweigern. Die Acten schweigen über den weiteren Verlauf.

Gewiß ist, daß Tielker als Kupferstecher, namentlich in der Schwarzkunst, ein entschiedenes Talent bewährt hat. Es sind nach-folgende Schwarzkunstblätter von ihm bekannt:

1. Arthur, Herzog von Wellington, Büste nach Beschey. Folio.
2. Jacobson, Consistorialpräsident und Mitglied der westphälischen Reichs-stände. Brustbild, oval. Schöner pinx. F. K. Tielker sc. Folio.
3. Professor Feßler, nach Darles. Folio.
4. Schauspieler Luz, Brustbild, Teichmüller del. Klein Folio.

Tielker soll um 1824 gestorben sein. In den hiesigen Sterbe-registern findet er sich nicht.

---

[1] So steht in den hiesigen Polizeiregistern. Nagler nennt ihn Friedrich Karl.

Johann Caspar Wüst,

¹⁷⁵¹⁄₁₈₁₈ Landschaft- und Blumenmaler, um 1751 in Frankfurt geboren, bildete sich bei Nothnagel. Er malte sowohl in Oel als in Gouache und Aquarell. In seinen Blumenstücken hat er die Barbara Regina Dietzsch nachzuahmen sich bestrebt, sein Vorbild aber nicht erreicht, wie denn überhaupt dieser Künstler einen untergeordneten Rang einnimmt. Seine Arbeiten sind mittelmäßig und haben auf das ihnen von Hüsgen allzu freigebig gespendete Lob keinen Anspruch. Häufig wird er mit dem ihn weit übertreffenden Züricher Landschaftmaler Johann Heinrich Wüst verwechselt. Beide sind Zeitgenossen gewesen. Johann Caspar starb in seiner Vaterstadt am 17. Februar 1818 im Alter von 66 Jahren und drei Monaten. Nagler läßt ihn irrthümlich 1758 geboren werden und schon 1812 sterben.

Andreas Joseph Chandelle,

¹⁷⁴³⁄₁₈₂₀ von mütterlicher Seite ein Enkel des Bildhauers C. A. Donett, gehört zu den Dilettanten, die sich auf die Stufe wahrer Künstler erhoben haben. Er war am 6. August 1743 hier geboren und begleitete die Stelle eines Oberpostamtssecretärs. Seine Mußestunden wußte er eben so gemüthlich als erfolgreich mit der gegen das Ende des vorigen Jahrhunderts so sehr beliebten Pastellmalerei auszufüllen, worin er es ohne andere Anleitung als durch das Studium guter Oelgemälde in dem Hause eines Oheims zu erstaunenswerther Vollkommenheit brachte. Der von ihm nach Abraham Mignon copirte todte Hahn, jetzt in der Dr. Goldschmidt'schen Sammlung, sodann ein todter Haase nach J. Weenix, ein Stillleben nach Jacob Marrel, und viele andere vortreffliche Nachahmungen der verschiedensten niederländischen und deutschen Meister kommen in richtiger Zeichnung, kräftigem Colorit und fleißiger Ausführung den Originalen nahe und zeigen, was bei geschickter Behandlung mit Pastellfarben geleistet werden kann. Seine Arbeiten sind in der Farbe heute noch so frisch und wohlerhalten, als wenn sie soeben aus der Hand des Meisters kämen. Er ist seitdem in diesem Fache unerreicht geblieben.

Seinen Kunstsinn und guten Geschmack bewährte Chandelle außerdem durch eine gewählte, noch lange nach seinem Tode im Besitze der Familie gebliebene Sammlung guter Oelgemälde, welche er größtentheils in Pastell copirt hatte. Er starb am 1. März 1820.

Seine Tochter Dorothea, geboren am 22. Juli 1784, hat

sich unter der Leitung ihres Vaters gleichfalls in der Pastellmalerei große Fertigkeit erworben. Auf der Stadtbibliothek befindet sich eine von ihr für das Museum gemalte kniende, die Hände ringende weibliche Figur, und bei der Ausstellung von Gemälden Frankfurter Künstler 1827 wurde eine heilige Familie gezeigt.

Die Familie Morgenstern,

jetzt in der vierten Generation der Kunst ergeben, stammt aus Rudolstadt in Thüringen. Hier lebte bis in die zweite Hälfte des 18. Jahrhunderts in bescheidener Wirksamkeit der herzogliche Kammerdiener und Portraitmaler Johann Christoph Morgenstern, (geb. 12. August 1697) nicht ahnend, daß sein Name dereinst durch seine Nachkommen rühmlichst bekannt werden würde. Sein Sohn:

Johann Ludwig Ernst Morgenstern

ward am 22. September 1738 in Rudolstadt geboren [1]). Seine erste, $\frac{1770}{1819}$. fast ausschließliche Neigung war dem Studium der Pferde zugewendet, wozu ihm die Kupferstiche des Rugendas die nächste Anregung gaben. Bei dem Vater in dieser Richtung nur wenig Unterstützung findend, zeichnete und malte der Knabe emsig die Schlachtenstücke seines Vorbildes in einem nach eigenem Gutdünken gewählten Colorit so gut es eben gehen wollte. Sein heißer Wunsch, daß ihn der Vater auf eine Akademie schicken möge, sollte erst 1766 nach langem Harren in Erfüllung gehen. Er fand Aufnahme zu Salzdahlen, um unter der Leitung des damaligen Gallerie-Inspectors Busch nicht nur Pferde, sondern alles, was ihm vorgelegt wurde nachzubilden. Als der Jüngling zum erstenmal die Gallerie betrat, überwältigte ihn bei dem Anblick der großen Meisterwerke, dergleichen er in seinem stillen Rudolstadt niemals gesehen hatte, das Gefühl seiner Schwäche. Thränen traten ihm in die Augen und er konnte sich kaum der Hoffnung hingeben, jemals auch ein Künstler zu werden. Indessen verwendete er den angestrengtesten Fleiß auf seine Studien. Seine ersten Arbeiten waren zwei große, auf die Belagerung von Augsburg bezügliche Ge-

---

[1]) In einigen Künstlerbiographien wird er unrichtig Johann Lucas genannt. Er war nicht am 24. October geboren, wie Hüsgen sagt. Sein jüngerer Bruder Friedrich Wilhelm Christoph, geb. 1739, folgte dem Vater als herzoglicher Kammerdiener und Hof- und Kabinetsmaler.

mälde nach Rugenbas, welche so gut gelangen, daß sie der Fürst von Rudolstadt für 150 Thaler ankaufte. Lange nachher erfuhr Morgenstern, daß diese Bilder nach des Fürsten Tod zu Leipzig in einer Vergantung als Originale des Rugenbas für 600 Thaler verkauft worden seien.

Allzu frühe sah er sich veranlaßt, Salzdahlen wieder zu verlassen. Schon 1768 begab er sich zu einem Gemäldehändler nach Hamburg, bei dem er nur ältere verdorbene Gemälde auszubessern hatte, eine Beschäftigung, die zwar sein eigentliches Studium nicht unmittelbar förderte, aber dennoch sein Kunstverständniß bedeutend erweiterte und seine Technik in sofern vervollkommnete, als ihm die Werke der verschiedenartigsten, mitunter der größten Meister unter die Hand kamen, in deren Geist und Malweise er sich einzustudiren hatte, um die restaurirten Stellen mit dem Ganzen in die erforderliche Harmonie zu bringen. In der That hat unser Künstler aus der hierdurch erlangten Uebung in der Folge den wesentlichsten Nutzen gezogen. Ein Kunsthändler Namens Dorelli wollte ihn mit sich nach Petersburg nehmen, und Morgenstern hatte bereits zugesagt; allein der Anblick des stürmischen Meeres bei einer sonntägigen Spazierfahrt nach Travemünde schreckte ihn dergestalt ab, daß er von der Reise abstand und sich bald darauf nach dem südlichen Deutschland wendete. Im Jahr 1770 wanderte er in Frankfurt ein, wo er bald bei dem älteren Chr. G. Schütz freundliche Aufnahme und Beschäftigung fand. Von 1771 bis 1772 arbeitete er zu Darmstadt bei der Wittwe Seekaz nach Gemälden ihres verstorbenen Mannes, an denen er damals besonderen Gefallen fand und deßhalb viele in Oel und Sepia copirte, auch einige radirte. In der Absicht, nach Utrecht zu wandern kehrte er nach Frankfurt zurück, zog es jedoch vor, in des älteren Nothnagels Atelier zu treten, worin er mehrere Jahre auf dem bis dahin betretenen Felde der Landschaft=, Genre= und Pferdemalerei fleißig fortarbeitete. Unterdessen hatte er durch den älteren Schütz die Bekanntschaft eines wandernden Zimmergesellen Namens Johann Vögelin aus Zürich [1]) gemacht, welcher so entschiedene Befähigung zur Architekturmalerei zeigte, daß Morgenstern, hieran lebhaftes In-

---

[1]) Vögelin wanderte von hier nach Düsseldorf, wo er das Zimmermanns-beil für immer bei Seite legte, um Professor an der dortigen Kunstschule zu werden, eine Stelle, die er bis zu seinem frühzeitigen Tode mit Auszeichnung begleitete. A. Kirchner und nach ihm Dr. Heyden (Gallerie berühmter Frankfurter) nennen diesen Künstler irrthümlich Köchlein.

tereffe nehmend, fich von ihm in den Regeln der Perfpektive und Architektur unterrichten ließ und fich fortan diefem Kunftzweige beinahe ausfchließlich und mit dem glücklichften Erfolge zuwandte. Am 17. September 1776 verheirathete er fich mit Anna Maria Alleinz, wodurch er das hiefige Bürgerrecht erwarb. Welchen Fortfchritt er bereits in der Architekturmalerei gemacht hatte, beweift fein damals vorgelegtes Probeftück, das Innere einer Kirche in gemifchtem Bauftyl, mit feinem Namen und der Jahrzahl 1776 bezeichnet. Seine fpäteren und befferen Arbeiten in diefem mit warmer Liebe gepflegten Fache find fehr zahlreich, und dennoch kann Frankfurt deren verhältnißmäßig nur wenige aufweifen. Sie wurden gleichfam von der Staffelei weggekauft und gingen meiftens nach auswärts, obwohl fich der Künftler ungern von feinen Lieblingen trennte. Einft als ihm ein Engländer eine eben vollendete Kirche ablaufen, er aber fie nicht laffen wollte, ging der Engländer weinend nach der Thür und — Morgenftern gab ihm das Bild um den gewöhnlichen Preis. Noch im Jahr 1857 entführte der fpanifche Gefandte, Marquis d'Estrada, drei fchöne Kirchen des Meifters aus unferer Stadt. Seine gelungenften Werke ftammen aus den Jahren 1780 bis 1810, die fpäteren — er arbeitete mit unausgefetztem Fleiße bis an fein Lebensende — tragen mehr oder weniger die Spuren des Alters, obwohl auch in feinen allerletzten, im zweiundachtzigften Lebensjahr ohne Brille gefertigten Arbeiten die ungemein fleißige Ausführung und die Schärfe der Linien immer noch Staunen erregen. Die vortreffliche Perfpektive, die oft magifche Beleuchtung und die vorzügliche Staffage feiner gothifchen Kirchen mit allerliebften kleinen Figuren fichern diefen Gemälden, von denen manche in der Technik den Werken eines Peter Neef und Heinrich van Steenwyk nicht nachftehen, einen bleibenden Werth. Sie wurden mit 200, 300, 500 ja bis zu 1000 Gulden, und felbft kleinere, Gefängnißhallen und Burggewölbe darftellende Bilder mit 100 Gulden bezahlt. Indeffen läßt fich dennoch nicht läugnen, daß Morgensterns Kirchen mehr durch die vollendete Technik, die Präcifion der Zeichnung und die äußerft glatte, faubere Ausführung, als durch künftlerifchen Geift beftechen. Um die allzugroße Nachfrage nach feinen Bildern zu befriedigen, fuchte er fich die Arbeit durch mechanifche Hülfsmittel zu erleichtern, wodurch es gekommen fein mag, daß fie zuweilen den Befchauer kalt laffen, ein Uebelftand, welcher den weit flüchtiger und weniger correkt, aber mit freiem Pinfel gemalten Kirchen Stöcklins, der diefe zuweilen von Morgenftern ftaffiren ließ, felten zur Laft gelegt werden kann.

Neben dem selbständigen Schaffen eigener Werke übte Morgenstern die Kunst des Retouchirens, wozu er schon in Hamburg den ersten Grund gelegt hatte. Unzählige Bilder der berühmtesten Meister wurden ihm zu diesem Zwecke im Verlaufe der Zeit anvertraut. Warmes Interesse für die Kunst, die Freude, welche ihm oft die Rettung eines dem Verderben nahe gewesenen vorzüglichen Gemäldes bereitete, und endlich das Beispiel seines Freundes Prehn ließ ihn den Gedanken fassen, bevor er sich von einem wiederhergestellten Bilde trennte, eine kleine Copie als Andenken zurück zu behalten. So entstand nach und nach ein kleines Gemäldekabinet nach den besten Meistern aller Schulen, sämmtlich ausgeführt im Geiste der Originale, zu deren sorgfältigem Studium ihn schon sein Beruf als Retoucheur von selbst führte. Diese Oelminiaturen, wozu der Künstler die Brettchen in verschiedenen Größen im Voraus zugerichtet hatte, sind in schmale, von ihm selbst gefertigte und vergoldete Rähmchen gefaßt und in drei gleichfalls von ihm selbst gemeiselte flache, mit Flügelthüren versehene Schränkchen symmetrisch zusammen gestellt gewesen. Jedes der letzteren bot eine Fläche von 4' 10'' Breite und 2' 10'' Höhe. Das mittlere faßte 75, jedes der beiden andern 65 Bilder. Bei Morgensterns Tode war eine Anzahl jener Holztäfelchen noch unbenutzt. Der Sohn Johann Friedrich, gleichfalls ein geschickter Retoucheur, ergänzte nach und nach die fehlenden, und dem Enkel Karl Morgenstern blieb zur Vollendung des Werkes seiner Väter nur noch die Einfügung der letzten Tafel, eine Landschaft nach Swanevelb, übrig.

Dieses höchst interessante, in seiner Art wohl einzige Kabinet, das Werk dreier Künstlergenerationen, dessen Erhaltung für Frankfurt schon Goethe anempfohlen hatte [1]), sollte dennoch entführt werden. Im Jahr 1857 erwarb dasselbe der Kunstantiquar Anton Baer um den verhältnißmäßig geringen Preis von beiläufig achtzehn Hundert Gulden und verkaufte es, da sich in Frankfurt zu dem geforderten mäßigen Aufgelde kein Käufer fand, einige Monate später nach England. Es bleibt mir neben der Klage über den Verlust dieser interessanten Erzeugnisse einheimischer Kunst, den abzuwenden mindestens das Städel'sche Kunstinstitut sich hätte berufen fühlen sollen, nichts übrig, als hierunten ein genaues Verzeichniß des Inhalts des Morgenstern'schen Kabinets als bleibenden Vorwurf aufzubewahren.

---

[1]) Kunst und Alterthum, erstes Heft, S. 67.

Das erste Schränkchen enthielt nach den Ordnungsnummern Gemälde nach:

1. Peter Trautmann.
*2. Anton Correggio.
3. Peter Trautmann.
4. Adrian Brouwer.
5. G. v. Eckhout.
*6. Peter de Hooghe.
7. W. J. Brasch.
8. Johann Weenix.
9. Hans Holbein.
10. Emanuel de Witte.
11. Hans Holbein.
12. C. E. Biset.
13. Lucas Cranach.
14. Jacob Ruisdael.
15. Jacob Ruisdael.
16. Michael Carré.
17. Simon Vouet.
*18. M. J. Mirevelt.
*19. Joh. v. Hugtenburgh.
20. Georg v. Schooten.
*21. Caspar Poussin.
22. C. W. E. Ditrici.

23. F. Zuccarelli.
24. M. Hemskerk.
25. Franz Solimena.
26. Pietro de Cortona.
27. Nikolaus Poussin.
28. Ferdinand Bol.
29. J. G. Lambert.
30. Franz Floris.
31. Thomas Wyk.
32. Nikolaus Maas.
33. J. van Aken.
34. Paul Rembrandt.
35. P. van Bloemen.
*36. Raphael Sanzio.
37. Joh. Heinr. Roos.
38. Benj. Nothnagel.
*39. Joseph Heinz.
*40. Tizian Vecellio.
41. Jacob Bassano.
42. Georg Fuentes.
43. Roland Savery.
44. G. Schalken

45. Anton Tischbein.
46. Bonavent. Peters.
47. J. B. Santerre.
48. Thomas Rombouts.
49. R. Zeemann.
*50. F. Francia.
51. Simon de Vlieger.
52. J. Horemans.
53. Simonini de Parma.
54. Th. van Thulden.
55. Johann de Wette.
56. Nikolaus Blekers.
*57. Johann Ribera.
58. H. van Vliet.
*59. Dom. Zampieri.
60. C. D. Baelleur.
61. A. Maulbertsch.
62. J. van Hudsum.
63. Jakob van Artois.
64. J. G. Bergmüller.
65. Johann Weenix.

Das zweite oder mittlere Schränkchen Nachbildungen nach:

1. Dav. Teniers sen.
2. J. van Goyen.
3. A. F. v. d. Meulen.
4. F. Moucheron.
5. Thomas Wynacker.
6. Thomas Rombouts.
7. C. H. Legel.
8. Quentin Messis.
9. B. da Luini.
10. Aug. Querfurt.
11. Heinr. Golzius.
12. Georg Penz.
13. G. Ferrara.
14. A. v. d. Velde.
15. Rosa di Tivoli.
16. D. Teniers jun.
17. Luc. v. Leyden.
18. P. P. Rubens.
19. Conrad Seelaz.
20. J. A. Schopf.
21. Adam Elsheimer.
22. Ary de Vois.
23. Raphael Mengs.
24. G. Honthorst.
25. Aug. Querfurt.

26. Tizian Vecellio.
27. Balthasar Beschey.
*28. Carlo Dolce.
*29. H. Carracci.
30. Joh. Bylert.
31. W. Schellings.
32. G. Honthorst.
33. C. du Jardin.
*34. H. v. Culmbach.
35. G. Honthorst.
36. Joh. Heinr. Roos.
37. Joh. Kupezky.
38. Franz Frank.
39. J. B. Piazetta.
40. Franz du Chatel.
41. Franz Hals.
42. A. van Dyk.
43. C. W. E. Ditrici.
44. Conrad Seelaz.
45. Joh. Heinr. Roos.
46. J. Luiken.
47. F. W Hirt.
48. C. W. E. Ditrici.
49. Conrad Seelaz.
50. Momper u. Breughel.

*51. Lucas van Uden.
52. Aug. Querfurt.
53. Alex. Thiele.
54. David Vinkeboom.
*55. Chr. Georg Schütz.
*56. Peter de Molyn.
57. W. v. Bemmel.
58. J. Wynants.
59. Wilhelm de Heusch.
60. Jacob Ruisdael.
61. Rudolph Manzoni.
62. H. Swaneveld.
63. J. B. Piazetta.
64. Jacob Vermeulen.
65. J. B. Piazetta.
66. Barthol. v. d. Helft.
67. Hans Memeling.
68. J. F. Ermels.
69. J. F. Ermels.
70. Barthol. Spranger.
71. Ludwig Buti.
72. C. v. Harlem.
73. Richter.
74. Ph. Jac. Loutherburg.
75. Joseph Vernet.

Das dritte Schränkchen Gemälde nach:

1. Dav. Teniers.	23. B. Cornelis.	45. Nikolaus Berghem.
*2. Peter Bloot.	24. Jan Molenaer.	46. C. Martinotti.
3. F. H. Mans.	*25. B. Breemberg.	*47. Anton Waterloo.
*4. Peter v. Slingeland.	26. J. M. Roos.	*48. R. Brackenburg.
*5. Ludolph Backhuysen.	27. A. v. d. Neer.	49. M. v. Plattenberg.
*6. O. Bretlinkamp.	*28. Jean Both.	*50. Wilh. v. d. Velde.
7. Antonio Canaletto.	*29. W. D. Porter.	51. Ferd. Kobell.
*8. K. Molenaer.	*30. Paul Potter.	*52. A. v. Everdingen.
*9. Phil. de Champagne.	*31. J. Asselyn.	53. Gonzales Coques.
10. Johann Victor.	*32. Ph. Wouwermans.	*54. H. Sachtleven.
11. Johann Jordaens.	33. W. v. Buytenweg.	*55. Sal. Ruisdael.
*12. Jan Steen.	34. K. Fabricius.	56. C. dü Bois.
*13. Caspar Netscher.	35. L. Bramer.	*57. J. Schoreel.
14. Jos. v. Craesbeck.	*36. Albr. Dürer.	58. P. Rembrandt.
*15. Anna be Frey.	37. Pet. Wouwermans.	59. Saffo Ferrato.
*16. A. v. Ostade.	38. Joh. Livens.	60. Jan Uchterfeld.
*17. Cornelius dü Sart.	39. Joach. v. Sandrart.	61. Gabriel Metsü.
*18. Cornelius Bega.	40. Joach. v. Sandrart.	62. A. M. del Bataille.
19. Cuylenburg.	41. Aegid. v. Tilburg.	63. Le Nain.
*20. Rachel Ruysch.	42. Franz. Post.	*64. M. Hobbema.
21. Salvator Rosa.	*43. Palamedes.	*65. Paul Potter.
22. Van Spaendonk.	*44. Isaak Ostade.	

Die mit * bezeichneten Nummern sind von J. F. Morgenstern und No. 62 des zweiten Schränkchens ist von Carl Morgenstern hinzugefügt.

Auch Morgensterns Handzeichnungen in Sepia, besonders die nach Gemälden von Seekaz, sind vorzüglich zu nennen. Er pflegte fast alle seine Arbeiten mit I. L. E. M. und der Jahreszahl oder auch nur M.* zu bezeichnen.

Von Oelgemälden des Meisters sieht man:

1. In dem Städel'schen Institut:

 a) Einen Bauernhof nach Seekaz.

 b) Das Innere einer römischen Kirche. 1792.

 c) Das Innere einer gothischen Kirche. 1793.

2. In der städtischen Sammlung:

 a) Der Römerberg im 18. Jahrhundert; der Kaiser fährt sechsspännig vor das Rathhaus.

 b, c) Zwei Schlachtstücke.

 d, e) Zwei Landschaften.

 f, g) Zwei innere Kirchenansichten.

 h, Die St. Bartholomäuskirche bei Kerzenbeleuchtung. Kpfr. 20" h., 23" br., um 1810 gemalt.

  Die unter a) bis g) verzeichneten Stücke stammen aus dem Legat des verewigten Daems, das unter h) gehört zu den Bildern des Museums.

3. In dem Römer, im Local des Forstamtes:

 Das Innere einer Kirche in gemischtem Baustyl. 1776.

4. In dem **Prehn'schen Kabinet:**
Zwölf verschiedene kleine Architekturstücke, Landschaften, Soldatenscenen und andere Darstellungen.

5. Im **Privatbesitze** des Herrn Senator Keßler, des Herrn Consulent Dr. Rumpf u. A. befinden sich gleichfalls einige vorzügliche Stücke des Meisters.

6. In der **großherzoglichen Gallerie** zu **Darmstadt** werden sechs theils auf Holz, theils auf Kupfer gemalte Kirchen, darunter eine bei Ker-zenlicht, aufbewahrt.

In den Mußestunden beschäftigte sich **Morgenstern** auch mit der Radirnadel. Seine Radirungen sind bis jetzt sehr unvollständig und ungenau verzeichnet. Nach sorgfältiger Prüfung gehören ihm die folgenden, von den Arbeiten des Sohnes zu unterscheidenden Blätter an:

1. Ländliche Scene: unter einem Baume versammelte Bauern, ein Geiger hebt das Glas empor. Nach Seelaz. M* fecit. C. A. Grosmann exc. Folio. Selten.
2. Landleute und Bettler an einem Brunnen. Gegenstück; ebenso.
3. Brustbild eines nach links schauenden Moscowiters, die linke Hand auf die Brust legend. 4°.
4 Brustbild eines Moscowiters en face. M* sen. fec. 1796. 16°.
5. Brustbild eines bärtigen Mannes mit reichem orientalischem Kopfputze. M. Senior 1809. Im oberen Rande liest man: „Original 1." 12°.
6. Ein Mädchen hält eine Katze im Arm. Nach Seelaz. Kl. 4°.
7. Ein Reitergefecht. 12°.
8. Ein barfüßiger Mann mit dreieckigem Hute, einen Bierkrug in der Hand haltend. Nach Seelaz. 8°.
9. Büste eines nach links schauenden jungen Mannes mit Federbarret. 12°. Hiervon giebt es Abdrücke ohne die Federn.
10. Büste eines alten Juden, en face. 12°.
11. Lesendes Kind bei Lampenlicht im Sessel sitzend. 32°.

Am 13. November 1819 beschloß Morgenstern nach überschrit-tenem einundachtzigsten Jahr sein thätiges Leben. In den letzten Jahren hatte er viel mit körperlichen Leiden zu kämpfen gehabt, die er, seinem ruhigen, gelassenen Charakter gemäß, mit Standhaftigkeit und Ergebung ertrug, ohne durch sein Siechthum der Familie lästig zu werden. Sein heiteres und zufriedenes Gemüth führte ihn auch über diese letzten Beschwerden des Lebens. Anton Kirchner widmete ihm in einer öffentlichen Sitzung des Museums einen warmen Nachruf.

Bildnisse des Künstlers existiren mehrere. Er selbst hat sich 1784 gemalt, mit Hut und gelbem Tuchmantel bekleidet, an einer mit schwarzem Marmor eingefaßten Fensteröffnung stehend, auf deren Brüstung ein kostbar gewirkter Teppich liegt. Das Bild mißt 10″

in der Höhe und 8″ in der Breite. Ein anderes, lebensgroßes Brust=
bild, im Besitze seiner Familie, malte Frau U. M. Reinheimer geb.
Preftel. Sein Sohn

Johann Friedrich Morgenstern,

zu Frankfurt geboren am 8. October 1777 [1]), erhielt den ersten Un=
terricht von dem Vater, der ihn soweit führte, daß ein späterer mehr=
jähriger Aufenthalt in Dresden genügte, um seine Ausbildung zu
vollenden. Bevor er sich dahin begab, hatte er sich nach des Vaters
Beispiel hauptsächlich mit Architekturmalerei beschäftigt und darin schon
eine bedeutende Stufe erreicht. Hiervon geben den Beweis: eine schon
1793 von ihm in Oel gemalte perspektivische Ansicht der Zeil vom
rothen Haus bis zum Weidenhof, mit Fernsicht über den Parade=
platz; eine Ansicht der ehemaligen Mainzerpforte von der inneren
Seite mit dem Schneidwall, und verschiedene innere Ansichten gothi=
scher Kirchen in seines Vaters Weise. In Dresden, wo er 1797
und 1798 unter Klengel studirte, fand er zugleich reichliche Gelegen=
heit, an den Meisterwerken der berühmten Gallerie seinen Geschmack
auszubilden. Seinem Lehrer in der Kunstrichtung folgend, waren be=
sonders Landschaften, Hirten= und Thierstücke das Feld seiner Thä=
tigkeit. Gleichzeitig eignete er sich die leichte Führung der Radirnadel
an, so daß er, nachdem er Dresden verlassen und noch öfter um
Thiere zu malen, in Darmstadt verweilt hatte, bei seiner bleibenden
Rückkehr in die Vaterstadt als vollendeter Künstler betrachtet werden
konnte. Seine Zeit war damals zwischen Zeichnen, Malen und Ra=
diren getheilt. Seine geätzten Arbeiten sind so zahlreich und theil=
weise so wenig bekannt, daß das von mir gegebene möglichst genaue
und vollständige Verzeichniß als das erste angesehen werden kann.
Morgensterns landschaftliche Oelgemälde sind meist aus der nächsten
Umgegend genommen. In der städtischen, vormals Daems'schen Samm=
lung sieht man die mit vielem Verständniß gemalte Ansicht des Wäld=
chens am Ausgange des Saubhofs, das Dorf Hausen im Winter,
eine Waldparthie bei Schwanheim, den Steinbruch bei Bockenheim
und das Innere einer gothischen Kirche; ferner in dem Brehn'schen
Kabinet: ein Schiff auf bewegter See, zwei Flußgegenden, mit Fi=
guren von seinem Vater staffirt, zwei Landschaften aus der Gegend
von Dresden, die Vorhallen eines Gefängnisses und eines Palastes,

---

[1]) Nicht 1778, wie Nagler angiebt.

ein Paar ruhende Ochsen am Pfluge, eine ibyllische Landschaft: ein Mann hilft einem Mädchen über den Walbbach, ferner die Ansicht vom Niederwalde am Rhein, die Erweckung des Lazarus und eine alte Frau mit der Pelzmütze auf dem Stuhle sitzend, in Horemans Geschmack.

Bei Erlangung des Bürgerrechts im Jahr 1806 übergab er, damaliger Vorschrift gemäß, eine größere Landschaft mit Staffage als Probestück. Bei Fr. Wilmans erschienen nach Morgensterns aqua-rellirten Aufnahmen 36 Ansichten in und um Frankfurt. Quer 8°. In den Jahren 1808 — 1810 malte er in Del ein höchst in-teressantes Rundgemälde der Stadt und Umgegend, vom Katharinen-thurm gesehen, auf mit Papier überzogener Leinwand. Dasselbe war 150' lang und 22' hoch und enthielt im Ganzen einen Flächenraum von 3300 Quadratfuß. Die nicht minder interessante Staffage hatte Johann Willck hinzugefügt. Das Panorama war damals in einer besonderen Bude im Rahmhofe längere Zeit zur Schau ausge-stellt. Im Jahr 1811 erschien davon eine Beschreibung von Hundes-hagen, mit einer verkleinerten, von Morgenstern selbst gezeichneten und geätzten Nachbildung. Die erste Original-Aufnahme besitzt jetzt der Kunst-Antiquar Anton Baer. Die oben beschriebene größere Ausführung ging vor Jahren in Ferchheim bei einem Brande zu Grund.

Im demselben Jahre nahm er in ähnlicher Weise ein halb-rundes Panorama des Niederwaldes auf, wovon Herr A. Pfeil eine schöne Zeichnung besitzt. In späteren Jahren widmete sich J. F. Morgenstern beinahe ausschließlich der Restauration älterer Gemälde. Er hatte sich in diesem schwierigen Fache die Geschicklichkeit und den ausgebreiteten Ruf seines Vaters erworben, wodurch er sich mit Zusendungen aus weiter Ferne oft so überhäuft sah, daß er nicht allen Ansprüchen genügen konnte. Nicht selten war er, sonst zum Empfange besuchender Freunde stets bereit, genöthigt, sich vor ihnen abzuschließen, um ein begonnenes Restaurationswerk zur ver-sprochenen Zeit vollenden zu können. An eigenes Schaffen war fortan kaum mehr zu denken. Doch gewährte ihm der Unterricht und der sichtbare Fortschritt seines zu großen Hoffnungen berech-tigenden Sohnes Karl [1]) manche heitere Stunde in dem sonst mühe-

---

[1]) Dieser hat sich seitdem als tüchtiger Landschaftmaler einen bedeutenden Namen erworben. Als solcher wird er s. Z. bei Besprechung der neueren hie-sigen Kunstperiode seine ehrenvolle Stelle finden.

vollen Berufe, der ihm aber Gelegenheit bot, das schon vom Vater begonnene Kabinet kleiner Copien in Oel um acht und vierzig Stücke zu vermehren.

Nach kurzem Krankenlager verschied er am 21. Januar 1844 im kaum vollendeten sechsundsechzigsten Jahr seines Lebens.

Seine radirten Blätter sind folgende:

1. Vorstellung des merkwürdigen freihängenden steinernen Gewölbes in der St. Leonhardskirche. J. F. Morgenstern fec. 1796. Folio. Fehlt bei Nagler.

2. Vorstellung der Nebenkapelle in der St. Leonhardskirche zu Frankfurt a. M. Folio. Fehlt bei Nagler.

3-8. Ein Heft mit dem Titel: Anfang einer Sammlung radirter Blätter nach Originalgemälden des Joh. Heinr. Roos von Joh. Friedrich Morgenstern zu Frankfurt a. M. (1805), enthält folgende in den Jahren 1803 und 1804 geätzte Blätter:

a) Das Portrait des J. H. Roos. Aus der Sammlung der Frau de Neufville (jetzt des Städel'schen Instituts). J. H. Roos se ipso pinx. Folio. Nagler 1.

b) Landschaft mit einer Heerde und dem auf einem Esel reitenden Hirten. J. H. Roos pinx. 1670. Aus dem Kabinet des Dr. Grambs. Quer Folio. Nagler 2

c) Landschaft mit einer Heerde, welche links auf einer Anhöhe von dem Hirten und der Hirtin überwacht wird; im fernen Hintergrunde die Ruinen eines römischen Amphitheaters. J. H. Roos pinx. 1673. Aus dem Kabinet des Dr. Siegler. Folio. Nagler 3.

d) Landschaft mit einer Heerde; der Hirt und die Hirtin lagern in der Mitte auf einer Anhöhe, rechts im Hintergrunde eine Burgruine. J. H. Roos pinx. 1678. Aus dem Kabinet von Quaita. Quer Folio. Nagler 4.

e) Der liegende Ochs in einer Landschaft mit römischen Ruinen. J. H. Roos pinx. Aus dem Kabinet von J. M. Andreä. Quer Folio. Fehlt bei Nagler.

f) Der Stier im Wasser. J. H. Roos pinx. Aus dem Kabinet von J. B. Prehn. Quer Folio. Nagler 6.

9. Landschaft mit einer Hirtin bei ihrer Heerde in der Nähe eines antiken Brunnens, rechts auf der Höhe die Trümmer des Tempels von Tivoli. J. H. Roos pinx. 1669. J. F. Morgenstern fec. 1800. Gr. Royal Folio. Fehlt bei Nagler.

10. Das Innere eines Stalles, rechts zwei angebundene Pferde, links im Vorgrunde eine alte Mähre, zwei Knaben spielen mit einem Ziegenbock. J. H. Roos pinx. 1675. 4°. Nagler 5.

11. Der Bauer bei dem weißen Pferde, knieend seine Schuhe bindend. Wouwermans pinx. J. F. Morgenstern fec. 1800. Kl. 4°. Nagler 7.

12. Waldige Landschaft, im Vorgrunde ein Mann mit einem Bündel. Ruisdael pinx. J. F. Morgenstern sc. 1800. Aus dem Kabinet des Dr. Grambs. 4°. Nagler 8.

13. Die vor einem Hause Brod backenden Bäuerinnen, links ein Kind. Peter Bloot pinx. J. F. Morgenstern sc. à Dresde 1799. Kl. 4°. Nagler 9.
14. Das Schaaf mit dem Lamme auf der Wiese. 1798. Kl. 4°. Nagler 10.
15. Der Dorfsänger und ein Musiker unter einem Baume. Kl. Folio. Nagler 11.
16. Eine kleine Marine, in der Art des van Goyen. M*. 1800 inv. et fec. Qu. 12°. Nagler 12.
17. Waldige Landschaft, im Vorgrunde unter einem großen Baume ruhet ein Wanderer, weiterhin sieht man einen Reiter auf einem weißen Pferde, dem ein Hirt mit seiner Heerde folgt; rechts und im Hintergrunde mehrere Hütten. v. d. Lahr pinx. J. F. Morgenstern aq. f. fec. Aus der Sammlung des Dr. Grambs. 4°. Nagler 13 (?).
18. Ansicht eines Canals. 8°. Nagler 14.
19. Der Regenschirm-Händler. M*. 1793. Zart radirte Studie. 12°. Nagler 15.
20. Der Leyermann. Ebenso. 12°. Nagler 16.
21. Der Bauer, welcher am Baumstamme die Strümpfe anzieht. M. Studie. 8°. Nagler 17.
22. Büste eines Bauern mit der Pfeife im Hute. M. f. 16°. Nagler 18.
23. Brustbild eines Mannes im Pelzrocke mit hoher Mütze, nach Dietrich. Klein Folio. Nagler 19.
24. Brustbild einer alten Frau mit dem Muffe, nach Demselben. Klein Folio. Nagler 20.
25. Büste eines bärtigen Mannes. 8°. Nagler 21.
26. Büste eines Mannes mit Mütze und Schnurbart. M*. 1796. 8°. Die beiden unteren Ecken abgerundet. Nagler 22 (?).
27. Büste eines Greises. 8°. Nagler 23.
28. 29. Zwei Büsten von Orientalen nach Dietrich. 12°. Nagler 24.
   Wenn Nagler nicht irrt und, wie ich vermuthe, diese beiden Blätter mit den von mir unter No. 3. und 4. dem J. L. E. Morgenstern zugeschriebenen verwechselt hat.
30. Kopf eines mit halbgeschlossenen Augen abwärts sehenden Alten, mit einer Mütze, wahrscheinlich nach D. Teniers. 32°. Geistreich radirtes Blättchen, wovon auch eine Copie existirt. Fehlt bei Nagler.
31. Kopf eines Hundes M. (nicht J. H.) Roos pinx. J. F. Morgenstern f. 1800. Aus dem Kabinet von Prehn. Klein Folio. Nagler 25.
32. Gruppe von vier liegenden Schaafen nach Ditrici. Morgenstern à Dresde 1798. Quer 8°. Nagler 26.
33. Ein Pferdekopf nach Bouwermans. M* à Dresde 1798. Quer 8°. Nagler 27.
34. Ein Widderkopf, Studie. M*. 1797. 16°. Nagler 28.
35. Ein Ziegenkopf, Studie. M*. 1797. 16°. Nagler 29.
36. Ein stehender Ochs. Gr. 4°. Nagler 30.
37. Ein ruhender Ochs. Gr. 4°. Nagler 31.
38-41. Vier ruhende Hämmel, nach Dietrich. Dresden 1798. Nagler 32—35.
42. Ein Hut. Studie. M. 1797. 16°. Nagler 36.
43. Carricatur einer lachenden Mannsbüste, nach einem Stück Rindfleisch. M*. sen. del. M*. jun. sc. 1797. 8°. Nagler 37.
44. Das Innere eines im gothischen Style gebauten Schlosses, anscheinend als Gefängniß dienend. J. F. Morgenstern sc. Kl. 4°.
   Dieses von dem Künstler nach einer Zeichnung seines Vaters radirte

Blatt ift baffelbe, welches Nagler irrig bem J. L. E. Morgenstern zuschreibt.

45. Die Aepfelschälerin. D. Teniers pinx. J. F. Morgenstern f. aq. f. Frankfurt 1802. Aus bem Kabinet von Huth. Quer Folio.

46. Büste eines nach rechts gewendeten lachenden Bauern mit bem Pfeifenstummel am Hute. D. T. pinx. M*. sclp. 12°.

47 - 50. Vier Landschaften mit ländlichen Wohnungen unb Staffagen, nach eigener Erfindung. J. F. Morgenstern fec. 1802. Quer 8°.

51. Eine ähnliche Landschaft, im Vorgrund rechts eine steinerne Brücke. M*. inv. et fec. 1801. Gr. 12°.

Es ist wahrscheinlich, baß dieses Blatt einer Folge angehört, bie mir jedoch nicht zu Gesicht gekommen ist.

52 - 55. Vier Darstellungen aus dem Frankfurter Volksleben: a) Ablaber, b) Klotzspalter unb Schieblärcher, c) Lampenfüller, d) Reffträger unb Holzbauer. Klein 4°.

56. Das ruhige Feldlager. Im Vorgrund mehrere Reiter vor einem Zelte P. v. Bloemen pinx. J. F. Morgenstern fec. 1812. Dedié à Mr. Lang. Quer 12°.

57. Ein nach links schreitender Bauer, der einen an einem Stabe hängenden Zuber auf ber Schulter trägt. Morgenstern 1804. 16°. Zeichnungsmanier.

58. Das große religiöse Dankfest am 18. October 1814 gefeiert am Grindbrunnen von bem Frankfurter Landsturm unb ber Besatzung ber Stadt als Jahrestag ber Errettungsschlacht bei Leipzig. Nach eigener Zeichnung radirt. Gr. Quer Folio.

59 - 87. Malerische Wanderung auf ben Altkönig unb einen Theil ber umliegenden Gegend im Sommer 1802, von Joh. Fr. Morgenstern. Frankfurt 1803. Gr. 8°.

Dieser Führer in ben Taunus, welcher später mehrere Auflagen erlebte, enthält 29 Radirungen nach eigener Aufnahme mit kurzem Texte, nämlich:

a) Die Bockenheimer Warte. Ohne ben Namen. Gr. 8°.

b, c) Zwei verschiedene Ansichten von Bockenheim auf einem Blatte Ohne ben Namen. Gr. 8°.

d) Andere Ansicht von Bockenheim. Vignette. M*. 12°.

e) Hausen, größere Ansicht. Ohne ben Namen. Gr. 8°.

f, g) Hausen, zwei kleinere Ansichten auf einem Blatte. Ohne ben Namen. Gr. 8°.

h) Ansicht von Eschborn. M*. Gr. 8°.

i) Eschborn im Inneren. Vignete. Ohne Namen. 12°.

k) Ansicht hinter Niederhöchstadt. M*. del et fec. Gr. 8°.

l) Ansicht von Kronberg. M*. del et fec. Gr. 8°.

m) Der vor bem Crucifix knieende Ritter von Kronberg. Vignette. Ohne ben Namen. 8°. Auf ber Kehrseite das Wappen berer von Kronberg. 1573.

n) Ansicht von Falkenstein. Ohne ben Namen. Gr. 8°.

o) Ansicht ber Schloßruine Falkenstein. Vignette. Ohne Namen. 12°.

p) Ansicht ber Stadt unb Feste Königstein. Ohne Namen. Gr. 8°.

q, r) Zwei kleinere Ansichten ber Festung auf einem Blatte. Ohne Namen. 12°.

s, t, u) Die drei in Stein gehauenen Basreliefs in der Schloßruine von Königstein: der Ritter mit dem Römerglas, die Frau mit der Gans. M*. 12° und die zerplatzte Bombe. Vignette. 12° Ohne Namen.

v) Die gewölbte, auf Säulen rubende Festungsküche. 8°.

w) Ansicht von Fischbach. Ohne Namen. Gr. 8°.

x) Ansicht von Epstein. Ohne Namen. Gr. 8°.

y, z) Zwei kleinere Ansichten bei Epstein auf einem Blatte. 8°.

aa) Eingang zu einer Felsenhöhle bei Epstein. Vignette, ohne Namen. 12°.

bb) Die ehemalige Saline bei Soden. Ohne Namen. Gr. 8°.

cc) Das Ginbacher Kapellchen. Vignette. Ohne Namen. 12°.

dd) Ansicht von Kleinschwalbach. Ohne Namen. Gr. 8°.

88. Planimetrische Nachbildung des von dem Künstler selbst aufgenommenen großen Rundgemäldes der Stadt Frankfurt und deren Umgegend. Von diesem interessanten Gemälde hat Bernhard Hundeshagen 1811 unter dem Titel: Panorama der Stadt Frankfurt a. M. 12° eine Beschreibung veröffentlicht, welcher die erwähnte, verkleinert in Kupfer gestochene und colorirte Nachbildung in Folio beigegeben ist.

89. Der am Plankenzaun sitzende gehörnte Haase, ein merkwürdiges Naturspiel. Quer 12°. Zweifelhaftes Blatt.

90. Der Frankfurter Dom mit dem Pfarrthurme und den Fleischschirnen, vom Leinwandhause gesehen. J. F. Morgenstern nach der Natur 1813. Folio. Später wurde die Platte von Reinermann in Aqua tinta gesetzt.

91. Der leidende Hiob, von seiner Frau mit Wasser begossen, nach dem in dem Städel'schen Kunstinstitut befindlichen Flügelbilde eines Hausaltars. Auf Stein gravirt. Klein Folio. Nagler 38.

Die vorstehend unter No. 14. 15. 18. 25. 27. 28. 29. 36—41 verzeichneten Blätter sind mir bis jetzt nicht zu Gesicht gekommen, weßhalb ich sie nur nach Naglers Angabe aufnehmen konnte, ohne für die Richtigkeit einzustehen.

Friedrich Christian Zschoche,

am 3. Juli 1751 zu Meißen in Sachsen geboren, trat im August 1797 als Kunstmaler in das hiesige Bürgerrecht. Sein „Meisterstück" befindet sich in dem Sitzungszimmer des Appellationsgerichts. Es ist eine Landschaft mit schöner Fernsicht und guter Staffage. Der Baumschlag ist ängstlich, die Luft kalt und das Colorit überhaupt zu blaßgrün. Zschoche malte häufig die Ansicht der hiesigen Stadt von Süden gesehen, wobei er seine schwache Seite, die Bäume, vermeiden konnte. Auch in der Historienmalerei und im Stillleben machte er Versuche. Alte verdorbene Gemälde wußte er mit Geschick zu restauriren.

Der Mann scheint vom Glücke nicht begünstigt gewesen zu sein; gegen das Ende seines Lebens, im Jahr 1813, finden wir ihn als

402

Pfründner der Brönnerischen Stiftung, in welcher er am 27. December 1820 starb.

Peter Joseph Lützenkirchen,

1810 / 1820 ein sehr talentvoller Portrait- und Genremaler in Oel und Miniatur, auch Kupferstecher, um 1775 in Cöln geboren, arbeitete seit 1810 in Frankfurt, wo er am 28. Juni 1820 starb. Als 1817 die hiesige Maler-Innung allen fremden Künstlern den Krieg erklärte, sollte auch Lützenkirchen von der beantragten Ausweisungsmaßregel betroffen werden; der Neid bezeichnete ihn als einen „mittelmäßigen Maler und Kupferstecher", kannte aber sein Ziel nicht erreichen; Lützenkirchen blieb mit Recht verschont. Für seinen Werth als Mensch und als Künstler spricht nicht nur sein freundschaftlicher Umgang mit dem kunstverständigen Wenner und mit Peter Cornelius während dessen Aufenthalts in Frankfurt, sondern auch Goethe's Zeugniß in „Kunst und Alterthum" (1 25). Lützenkirchens Zeichnung ist richtig, seine Färbung lebhaft. Das sehr ähnliche Portrait des Schreiblehrers J. Müller wurde nach seiner Zeichnung von Witthäuser gestochen. Er selbst übte die Schwarzkunst mit dem besten Erfolge, wie das von ihm gezeichnete und geschabte Portrait des Freiherrn Karl von Stein und das Brustbild eines alten Mannes in orientalischer Kleidung nach Art de Boys, dessen Original sich in dem Städel'schen Institut befindet, genugsam beweisen. Die Bildnisse seiner beiden ausgezeichneten Landsleute F. F. Wallraf und B. C. Hardy, nach Beckenkamp, scheint er in Cöln gestochen zu haben.

Johann Conrad Ulmer,

1818 / 1820 der Sohn eines Geistlichen zu Perelsheim, wurde 1783 daselbst geboren. Seine Neigung zur Kunst führte ihn, nachdem er in früher Jugend zu Anspach bei Professor Naumann im Zeichnen Unterricht erhalten und hierauf an der Akademie zu Augsburg sich der Kupferstecherkunst gewidmet hatte, in die Lehre von Johann Gotthard Müller zu Stuttgart, dessen berühmter Sohn Christian Friedrich sein Mitschüler und später zu Paris sein Kunstgenosse wurde. Während seines zwölfjährigen Aufenthalts in dieser Stadt verschaffte ihm sein entschiedenes Talent erhebliche Arbeiten für das Musée Napoléon, von denen „der Bürgermeister" oder „das Preisvertheilen beim Vogenschießen" nach van der Helst (bei Doelenstuk) zu den Hauptwerken der Kupferstecherkunst gehört, aber sehr selten geworden ist. Außerdem stach Ulmer zu jener Zeit für eigene Rechnung die Madonna della Sedia nach Raphael, die heil. Cäcilie nach Mignard, und das Portrait des Carlo Dolce nach diesem selbst, höchst vorzügliche Blätter, durch welche er seinen Ruhm hauptsächlich begründete. Im Jahr 1818 wurde er als Professor der Kupferstecherkunst an das Städel'sche Institut berufen, wo er in Eugen Eduard Schäfer einen ausgezeichneten Schüler fand. Leider ist seine Thätigkeit an dieser Anstalt nur von kurzer Dauer gewesen. Schon nach zwei Jahren, am 26. August 1820, gab sich der wackere Künstler in Mitten einer rühmlichen Laufbahn in einem Anfall von Melancholie — die Folge einer Leberverhärtung — freiwillig den Tod. Zwei Platten, durch welche er seinen Ruhm zu vermehren gedachte: „Der Triumph der Religion" nach Le Sueur und „Maria mit dem Kinde" nach Raphaels Madonna di S. Sisto, blieben unvollendet. Von dem letzteren Blatte, welches später C. Piotti unter Longhi's Leitung beendigte, hatte Ulmer wenige Tage vor seinem Tode Probeabdrücke verfertigen lassen, die nicht zu seiner vollen Zufriedenheit ausgefallen waren. So mußte er merkwürdigerweise, gleich seinem Freunde Christian Friedrich Müller[1]) während der Arbeit an dem gleichen Gegenstande einen unglücklichen Tod finden. Sein edler Charakter und sein liebenswürdiges Benehmen im geselligen Umgange hatten ihm in Frankfurt in kurzer Zeit viele Freunde erworben, die sein Schicksal aufrichtig beklagten.

Johann Georg Petsch,

hier geboren am 31. December 1774, Maler und Kupferstecher, über- ¹⁷⁷⁴⁄₁₈₃₇
reichte bei seiner Aufnahme in das Bürgerrecht als „Probestück" eine
in Oel gemalte feindliche Attaque an der Friedberger Warte, bez.
1798, gab auch ein Heft: „Prospekte der auf dem Territorio der
freyen Stadt Frankfurt a. M. gelegenen Ortschaften, Höfe und son-

---

¹) Dieser große Künstler hatte durch die Darstellung übersinnlicher Gegenstände, die er gleichsam zur Aufgabe seines Lebens gemacht hatte, besonders während der Arbeit an seinem Meisterwerke, der Madonna di S. Sisto, seine Phantasie dergestalt gesteigert, daß er in Schwermuth verfiel und zuletzt, um zu der ihm wundersam vorschwebenden vollendeten Entkörperung zu gelangen, hartnäckig den Genuß aller Nahrung verweigerte und buchstäblich den Hungertod starb. (Nagler.)

404

ftigen merkwürdigen Gegenden," unter feinem Namen heraus. Diefe Blätter find äußerft felten. Eine mir vorgelegene, das Innere der St. Catharinenkirche darftellende, wenngleich ziemlich rauh und flüchtig hingeworfene Federzeichnung des Künftlers, in Folio, bekundet auch in diefem Fache feine Befähigung. Er ftarb am 2. Januar 1824.

Mehr Dilettant, als Künftler war der Baron

Heinrich August von Watzdorf,

1813 1824. welcher wegen feines häufigen, durch die Nähe feines Wohnorts erleichterten Verkehrs mit hiefigen Kunftfreunden hier eine kurze Erwähnung findet. Er war als Sproffe einer altadeligen Familie im Jahr 1760 zu Greiz im Voigtlande geboren. Durch feinen Hofmeifter Dörnberg, eines Bildhauers Sohn, empfing er den erften Unterricht im Zeichnen, wozu er frühe fchon Anlagen zu erkennen gegeben hatte. Auch während feines dreijährigen Studiums auf der Univerfität Leipzig in den Jahren 1778 — 1780 wurde diefer Unterricht fortgefetzt. Nach beendigten Studien trat er in kurfächfifche Kriegsdienfte und machte die Feldzüge von 1793 und 1794 am Rhein mit, nahm aber 1796 feine Entlaffung. In Dresden, wo er lange in Garnifon geftanden, hatte er fich unter Klengels Leitung in der Malerei fo weit heran gebildet, daß er fpäter felbftändig fortarbeiten konnte. Schon in Dresden waren von ihm mehrere Bilder nach Oftade und Lingelbach zur Ausftellung gekommen. Nach mehrjährigem Aufenthalt in Meißen lebte er feit 1808 an verfchiedenen andern Orten Sachfens, deffen Verheerung aber durch die Kriegsereigniffe des Jahrs 1813 auch fein kleines Landgut traf, was den Verfall feines Vermögens nach fich zog. Dies bewog ihn, in demfelben Jahre im füdlichen Deutfchland eine Zuflucht zu fuchen; er nahm fie in Darmftadt, um von jetzt an ganz der Kunft und von der Kunft zu leben. Seinem Lehrer Klengel folgend, deffen Unterricht die Hauptgrundlage feiner nachherigen Leiftungen bildete, malte von Watzdorf Landfchaften und Viehftücke, befonders Pferde, im Gefchmacke der niederländifchen Meifter diefes Faches. In den meiften feiner gut gezeichneten, mit zartem Pinfel fleißig in Oelfarben ausgeführten Arbeiten findet man ganz deutliche Reminiscenzen diefer Vorbilder, insbefondere von Wouwermans, Lingelbach, Berghem, Potter und van der Velden, die er zwar nicht förmlich copirte, aber doch ftark benutzte; denn eigene Erfindungsgabe war ihm nicht befchieden. Bäume fcheint er abfichtlich vermieden zu haben. Indeffen fanden damals feine anfprechenden

Compofitionen auch hier in Frankfurt, wo er fich fleißig einfand, bei befcheidenen Kunftfreunden vielen Beifall. Ein etwas kräftigeres Colorit würde feinen Bildern wefentlich zu Statten gekommen fein. Ob Watzdorf fich auch im Radiren verfucht hat, wie behauptet wird, ift zweifelhaft. Alle feine Gemälde find mit dem Monogramm **W** und entfprechender Jahrzahl bezeichnet. Er ftarb zu Darmftadt am 18. Auguft 1824, nicht wie Nagler fagt, um 1815.

Georg Schlefinger,

Portrait=, Gefchichts= und Genremaler aus Grünftadt in der Pfalz, ¹⁸¹⁶ ⸺ c. 1834. Israelit, kam im Jahr 1816 hierher und erhielt förmliche Aufent= haltserlaubniß, die aber auf Anbringen der Zunftmaler fchon zu An= fang des folgenden Jahrs wieder eingezogen wurde, weil ihn der offi= cielle Bericht als einen „miferabelen Portraitmaler" bezeichnet hatte. Seine Arbeiten, deren ich manche gefehen habe, ftellen diefes ficher aus trüber Quelle gefchöpfte Urtheil als ein höchft ungerechtes dar. Schlefinger war ein correkter Zeichner und gefchickter Maler, deffen Pinfel Zartheit mit Kraft vereinigte, während fein natürliches, frifches Colorit alle Anerkennung verdient. In der 1827 ftattgehabten Aus= ftellung von Werken hiefiger Künftler fah man von ihm „die Ver= fpottung Hiobs". Der gegen ihn erlaffene Bannftrahl war nicht voll= zogen worden. Schlefinger gab erft in den zwanziger Jahren feinen hiefigen Aufenthalt freiwillig auf. Sein weiteres Schickfal ift mir eben fo unbekannt wie feine Verwandtfchaft, wenn nicht Identität, mit dem von Nagler erwähnten Jacob Schlefinger aus Grünftadt.

Franz Jofeph Manskirfch,

nicht Manskirch, wie er häufig genannt wird, der Sohn des kur= ¹⁸²³ ⸺ 1824. trierifchen Hofmalers Gottfried Manskirfch, war um 1778 zu Cob= lenz geboren und hatte die Anfangsgründe der Kunft bei feinem Vater erlernt. Als junger Mann arbeitete er einige Zeit in Cöln und zeichnete u. a. für die Kaiferin Jofephine die fchönften Gegen= den um Aachen und am Rhein; bald aber wandte er fich nach Lon= don, wo er lange Jahre reichliche Befchäftigung fand. Im Jahr 1822 oder 1823 erhielt er einen Ruf als akademifcher Zeichenlehrer nach Bonn; das Schiff aber, das ihn aus England herüber führen follte, wurde durch einen heftigen Sturm nach Memel verfchlagen,

400

was ihn — nach Künstlerart — zu einem längeren Aufenthalt daselbst veranlaßte und seine Ankunft in Bonn, wahrscheinlich ohne daß
er Nachricht von sich gab, verzögerte. Später fand er die ihm zugedacht gewesene Stelle besetzt. Rathlos wandte er sich nach Frankfurt. Hier fand er anfangs bei den Kunsthändlern Zügel und Prestel
Beschäftigung. Für den letzteren nahm er Ansichten vom Ober= und
Untermaintber auf und Heinrich Schütz stach nach ihm eine Land=
schaft mit gothischen Ruinen, »Night« betitelt. Manskirsch malte in
Oel und Aquarell, Landschaften und Portraite. Seine Zeichnung und
seine Perspektive sind vortrefflich, seine Färbung ist natürlich und
warm, aber seine Blätterung etwas steif und manirirt. Ungeachtet
alles Fleißes kam er gar bald in finanzielle Verlegenheiten, er vermochte seine Ausgaben nicht nach seiner Einnahme zu bemessen. Ein
Versuch, seinem Leben im Main ein Ende zu machen, wurde verhindert. Durch Unterstützung einiger Freunde ward es ihm möglich,
sein Heil auswärts zu versuchen. Er kam nach Berlin und Danzig.
Aber das Glück hatte ihn geflohen; in Danzig erstach sich der Ver-
zweifelnde um 1827 mit dem Malspatel.

Johann Anselm Feuerbach,

1755
1827. Doctor der Rechte und Advocat dahier, der Vater des berühmten
Criminalisten, war ein sehr gewandter und correkter Zeichner mit
der Feder. Eine in meinem Besitze befindliche getuschte Federzeichnung nach M. Merian sen., die Ansicht von Adolphseck bei Schwalbach, bezeichnet: »Joh. Anselm Feuerbach del. año 1772«, setzt die
technische Geschicklichkeit dieses Dilettanten außer Zweifel. Von eigener
Erfindungsgabe desselben ist mir nichts bekannt. Nach einer handschriftlichen Notiz Lehnemanns in der auf der Stadtbibliothek befindlichen ersten Ausgabe von Meusels Künstlerlexicon hat Feuerbach
auch einige landschaftliche Blätter radirt. Er war am 19. Februar
1755 hier geboren und starb am 1. März 1827.

Michael Anton Fuetscher,

1807
1827. ward am 21. Juli 1774 zu Ludesch in Vorarlberg geboren. Ueber
seine Heranbildung zur Kunst und sein früheres Leben fehlen die
Nachrichten. Im Jahr 1822 gelangte er durch Ehelichung der Tochter des Sprachlehrers Perault als Kunstmaler in das hiesige Bürgerrecht, nachdem er vorher schon von 1807 bis 1813 hier auf Per-

miſſion gewohnt und wahrſcheinlich bei J. G. Preſtel Beſchäftigung gefunden hatte. Juetſcher theilte das Schickſal ſo mancher ſtillen Talente, deren Beſcheidenheit es ihnen nicht geſtattet, aus der Verborgenheit, zu welcher ſie trotz aller Begabung verurtheilt zu ſein ſcheinen, herauszutreten und zur Geltung zu gelangen. Seine Landſchaften, in denen er ſchöne, wohlgezeichnete Rinder, Schaafe und Ziegen anzubringen wußte, ſind bezüglich der Perſpektive, des Baumſchlags und der natürlichen Färbung ohne Tadel. Man findet ſie, obwohl ſelten, in den Kabineten der Privaten, aber meiſtens unter fremden Namen. Auch im Aquarellmalen war er nicht ungeſchickt. Von geringer Uebung zeugen dagegen ſeine Verſuche mit der Radirnadel — u. a. vier kleine Anſichten aus dem Taunus für ein Taſchenbuch des Jahrs 1814. Der kränkliche Mann lebte in ſehr gedrückten häuslichen Verhältniſſen, die ihn nöthigten, ſeine Zeit auf die Wiederherſtellung alter Gemälde zu verwenden, worin er eben ſo viel Geſchick als gewiſſenhaften Fleiß zeigte, weßhalb er auch bei der im Jahr 1817 ſeitens der Malerinnung gegen die fremden Künſtler veranlaßten Ausweiſung verſchont geblieben war. Er hat namentlich in dem Kaiſerſaal die älteren, auf die Wände der Niſchen gemalten Kaiſerbilder, wie ſie noch jetzt hinter den neuen ſichtbar ſind, in der letzten Zeit ſeines Lebens theilweiſe reſtaurirt. Wenn jene Malereien nicht für Kunſtwerke gelten können, ſo iſt es ihrer Urheber und nicht Juetſchers Schuld, der aus ſchlechten Bildern keine Meiſterſtücke ſchaffen konnte, ja, wenn ihm dieſes auch möglich geweſen wäre, nicht einmal gedurft hätte, da ihm ſtreng anempfohlen war, die Bilder ſorgfältig nach ihrem urſprünglichen Zuſtande herzuſtellen und ſich jeder Aenderung zu enthalten. Er wurde während dieſer wenig lohnenden Arbeit vom Tode überraſcht. Schulze ward ſein Nachfolger.

Die Mühſeligkeiten des Lebens wußte Juetſcher mit Gleichmuth zu tragen und oft mit Humor zu bekämpfen. Er war ein gemüthlicher Erzähler und Virtuos auf der Maultrommel. Wäre dieſem Manne ein glücklicheres äußeres Loos und ein längeres Leben beſchieden geweſen — er ſtarb am 11. November 1827 — ſo würde ſein Name ſo wenig der Vergeſſenheit verfallen ſein als der mancher Anderen von weit geringerem Verdienſte.

Friedrich Ludwig Neubauer,

ein geſchickter Zeichner und Kupferſtecher, war 1767 zu Frankfurt $\frac{1767}{1828}$ geboren. Schon in ſeinem fünfzehnten Jahr hatte er bei der öffent-

Nagler giebt diesem Künstler einen Doppelgänger, den er, wahr=
scheinlich wegen der beiden unter 1. und 2. genannten Landschaften,
in die Schweiz versetzt. J. P. Neubauer starb am 30. Juni 1828.
Sein Sohn

Johann Kaspar Friedrich Neubauer,

hier geboren am 6. December 1795, bildete sich unter des Vaters
Leitung ebenfalls zu einem geschickten Kupferstecher. Die besten nie=
derländischen Radirer dienten ihm als Vorbilder. Schon 1810 lieferte
er recht gute Nachstiche nach Potter und van der Velden. Zu seinen
früheren Arbeiten gehört auch die Ansicht der Zeil vom Wolfseck bis
zur Schäfergasse in Querfolio. Später erschienen von ihm verschie=
dene, Anerkennung verdienende, Kunstblätter, wohin namentlich das
historisch und architektonisch höchst interessante Kaufhaus zu Mainz
und andere innere Ansichten dieser Stadt nach den Aufnahmen des
Grafen Franz von Kesselstadt gehören. Für die hiesige Localgeschichte
nicht ohne Interesse, wenn auch ohne Kunstwerth, ist die Darstellung
der mit Fackeln beleuchteten und mit Kränzen geschmückten Pyramide,
welche am 18. Oktober 1816 zum Gedächtniß der Leipziger Schlacht
in Frankfurt aufgestellt war, ein Aquatintablatt, J. C. F. Neubauer
fec. Kl. Querfolio.

Eine Kunstwanderung hatte ihn in jüngeren Jahren nach Nord=
hausen geführt. Hier legte er durch eine leichtsinnige Heirath den
ersten Grund zur Zerrüttung seiner bürgerlichen Verhältnisse. Nach
des Vaters Tod im Jahr 1828 kehrte er mit seiner Familie nach
Frankfurt zurück, um in Gemeinschaft mit seiner Schwester das
Modejournal fortzusetzen. Aber in Folge seines ungeregelten Lebens
und wegen Theilnahme an dem politischen Treiben der Jahre 1830
bis 1832 hatte er beständig mit Nahrungssorgen zu kämpfen, die ihn
zuletzt nöthigten, mancherlei mechanische Arbeiten für Verleger zu über=
nehmen, und nicht mehr dazu kommen ließen, Bedeutenderes in seiner
Kunst zu leisten. Er starb am 12. Februar 1851.

Sein Sohn, Fr. Neubauer, ein talentvoller, aber in seinem
Leben gleichfalls ungeordneter Kupferstecher, Schüler von Ed. Schäfer,
wird bei den lebenden Künstlern zu besprechen sein.

Auch die noch lebenden Töchter von Friedrich Ludwig Neubauer,
die verwittwete Frau Schöff Anna Helena Cöster und Frau

Meggenhofen, haben beide das künstlerische Talent von ihrem
Vater geerbt. Die erstere malte in jüngeren Jahren als geschickte
Dilettantin Blumen in Aquarell und Gouache, und die andere stach
alternirend mit ihrem Bruder die Blätter zum Modejournal.

Karl Thelott,

der Sohn des Kupferstechers Ernst Karl Thelott, geboren 1793 zu $\frac{1825}{1828}$
Düsseldorf, ging, durch seinen Vater vorbereitet, 1814 nach München, um unter Langer seinen eigentlichen Studien im Fache der
Historienmalerei obzuliegen. Später durchreiste er als Portraitmaler
einen großen Theil Deutschlands, kam 1825 nach Frankfurt, wo
er, viel beschäftigt, bis 1828 verweilte. Hier malte er u. a. 1827
die Büsten der Kaiser Leopold II. und Franz II., welche damals
in dem Kaisersaal noch gefehlt hatten, und 1828 das Bild des
Geheimeraths von Soemmerring. [1] Seine Portraite wurden wegen
ihrer Aehnlichkeit und delicaten Behandlung mit Beifall aufgenommen. Liebevoll nahm er sich im Vereine mit dem Pferdemaler Prestel
und anderen Freunden des unglücklichen Manskirsch an und sorgte
für dessen weiteres Fortkommen. Nach München zurückgekehrt, starb
Thelott 1830 während eines kurzen Aufenthalts in Augsburg. Von
ihm ist auch das Brustbild des Grafen Karl von Pappenheim mit
Tonplatten lithographirt. Gr. Folie.

Conrad Christian l'Allemand,

geschickter Wappen- und Stempelschneider in Metall, war 1752 in $\frac{1784}{1830}$
der französischen Gemeinde zu Neu-Hanau geboren. Frühzeitig Wittwer geworden, verheirathete er sich 1784 zum zweitenmal mit einer
Tochter des Buchhändlers Fleischer, wodurch er im August dieses
Jahrs in das hiesige Bürgerrecht gelangte. l'Allemand machte sich
bald weithin als tüchtiger Künstler bekannt. Seine Arbeiten waren
allgemein beliebt und lange galt er hier als der Geschickteste in
seinem Fache. Von ihm sind die Stempel zu den schönen Jubel-
medaillen des Consistorialraths Decken und des Senators Brönner
(1807 und 1809), sowie der Militairverdienstmedaille des Fürsten

---

[1] Seite 352 ist dieser Name unrichtig nur mit einem r gedruckt.

Primas. Er starb, nachdem ihn lange vorher sein Gesicht verlassen hatte, im Jahr 1830.

Christian Koeck.

Der hochbegabte Anatom und Physiolog Samuel Thomas von Soemmerring, [1] dessen sich Frankfurt als ihm angehörend rühmen darf, zwar selbst ein geübter und streng correkter anatomischer Zeichner, wie seine Abbildungen der Gehörorgane zu Wilhelm Heinse's „Hildegard von Hohenthal" und zu mehreren seiner eigenen Werke beweisen, war begreiflicherweise nicht im Stande, die erforderliche Zeit zu erübrigen, um alle zu seinen zahlreichen wissenschaftlichen Werken gelieferte Zeichnungen eigenhändig auszuarbeiten. Er mußte sich fremder Hülfe bedienen. Diese fand er seit 1784 an dem geschickten Modelleur Christian Koeck in Mainz. Derselbe hatte sich unter seiner speciellen Leitung zum vollendeten anatomischen Zeichner ausgebildet, begleitete ihn später nach Frankfurt und war hier bis zu Soemmerrings Uebersiedelung nach München für diesen, wie für die Anatomen Joseph und Karl Wenzel und Ackermann in Mainz, unausgesetzt beschäftigt. Auf Soemmerrings Empfehlung arbeitete er von da an zu Moskau in gleicher Weise für den Professor Fischer, kehrte aber 1807 nach München zu Soemmerring zurück, zeichnete dort noch einige Zeit für Dr. Spix und starb daselbst zwischen 1820 und 1830.

Da ich auch dem praktischen Dilettantismus, in soweit sich derselbe unter dem Einflusse der wandelbaren Richtung der Zeit öffentlich bemerkbar gemacht hat, in dem Frankfurter Kunst= und Künstlerleben eine Stelle eingeräumt habe, so darf ich unter allen Umständen den Dichter= Fürsten

---

[1] Herr Med. Dr. Wilhelm Stricker hat sich das nicht zu unterschätzende Verdienst erworben, durch die in dem Neujahrsblatte des Vereins für Geschichte und Alterthum in Frankfurt a. M. für 1862 gegebene Lebensschilderung Soemmerrings die Bedeutung dieses ausgezeichneten Mannes einem weiteren Kreise seiner gebildeten Mitbürger veranschaulicht zu haben, als dies durch größere, nur für Fachgelehrte berechnete wissenschaftliche Werke bisher geschehen konnte. Dem Neujahrsblatte ist zugleich eine sehr zart behandelte lithographische Nachbildung des von Thelott gemalten Portraits des Gefeierten beigegeben.

Johann Wolfgang von Goethe,

den Frankfurt mit Stolz den Seinigen nennt, nicht mit Stillschwei=
gen übergehen. Freilich sind es mehr seine Bestrebungen als seine
Leistungen in der bildenden Kunst, welche hierzu auffordern, wenn
gleich auch die letzteren durch den an sie sich knüpfenden Namen stets
ein lebhaftes Interesse in Anspruch nehmen werden.

Goethe's Einfluß auf Kunst und Künstler seiner Zeit durch
Leben und Dichtung ist bereits oft und besser besprochen worden als
ich es vermag, gehört auch zunächst nicht in den engen Rahmen dieser
Schrift. Es kann nicht auffallen, daß ein so universeller Geist einen
Reiz darin fand, sich auch auf dem Boden der bildenden Kunst prak=
tisch zu versuchen, sei es auch nur, um sich mit den Schwierigkeiten
bekannt zu machen und sein Urtheil zu schärfen. Schon als Knabe
fand er in dem väterlichen Hause die nächste Anregung. Des Vaters
häufiger Verkehr mit einheimischen und fremden Künstlern machten
ihn mit diesen und ihren Arbeiten frühe bekannt. Der im Hause
einquartirt gewesene französische Graf Thorane, ein eifriger Liebhaber
der Malerei, gestattete dem zehnjährigen Knaben, bei den Be-
sprechungen mit Seekaz, Schütz, Trautmann, Hirt und Junker über
auszuführende Gemälde gegenwärtig zu sein, ja die Künstler selbst
ließen sich seine Beurtheilung ihrer Entwürfe gefallen und führten
sogar, falls man seiner Erzählung in „Wahrheit und Dichtung" Glau=
ben schenken darf, seine in einem größeren Aufsatze niedergelegten
Ideen theilweise aus. Um dieselbe Zeit besuchte er auch schon die
Kunstauctionen und zeigte ein besonderes Verständniß historischer Darstellungen. Erst einige Jahre später scheint er seine eigenen Versuche
begonnen und den ersten Unterricht im Zeichnen genommen zu haben.
Der Vater hielt ihn dazu ernstlicher an als zur Musik, und ging
dem Knaben mit gutem Beispiel voran, indem er selbst Köpfe nach
Piazetta zart und fein in Bleistift zeichnete, denen jedoch eine kräftige
Haltung fehlte. Der Sohn mußte diesogenannten Affecte von Lebrün
copiren, was ihn wenig förderte. Wer der kluge Lehrer war, ist nicht
gesagt, wahrscheinlich der Legationsrath Moritz.

„Das Auge", heißt es in Wahrheit und Dichtung, „war von
allen andern das Organ, womit ich die Welt faßte. Ich hatte von
Kindheit auf zwischen Malern gelebt und mich gewöhnt, die Gegenstände wie sie in Bezug auf die Kunst anzusehen. Wo ich hinsah er-
blickte ich ein Bild und was mir auffiel wollte ich festhalten, und
fing an, auf die ungeschickteste Weise nach der Natur zu zeichnen.

Es fehlte mir hierzu nichts weniger als Alles; doch blieb ich hartnäckig daran, ohne ein technisches Mittel das Herrlichste nachbilden
zu wollen. Aber ich faßte die Gegenstände nur insofern sie Wirkung
thaten; und so wenig mich die Natur zu einem descriptiven Dichter
bestimmt hatte, eben so wenig wollte sie mir die Fähigkeit eines Zeichners für das Einzelne verleihen." — „Es war mir fast unmöglich,
bei meinen Zeichnungen ein gutes, weißes, völlig reines Papier zu
gebrauchen, graue, veraltete, ja schon auf einer Seite beschriebene
Blätter reizten mich am meisten." „So war keine Zeichnung ganz
ausgefüllt, und wie hätte ich denn ein Ganzes leisten sollen, das ich
wohl mit den Augen sah, aber nicht begriff, und wie ein Einzelnes,
das ich zwar kannte, aber dem zu folgen ich weder Fertigkeit noch
Geduld hatte."

Der Vater war mit diesen leichten Versuchen gar wohl zufrieden,
zumal da „Gevatter Seekaz" einst geäußert hatte, es wäre Schade,
daß der Knabe nicht zum Maler bestimmt sei. Er zog Linien um
jede unvollkommene Skizze des Sohnes und legte eine Sammlung
solcher Productionen an, um sich an den Fortschritten zu erfreuen.

Während seines Aufenthalts in Leipzig von 1765—1768 nahm
Goethe Privatunterricht im Zeichnen bei Oeser, ohne in der Technik
weiter zu kommen. Er zeichnete ohne Plan und Richtung Figuren,
Landschaften und Blumen. „Da der Fleiß ohnehin meine Sache nicht
war; denn es machte mir nichts Vergnügen, als was mich anflog,
so wurde ich nach und nach, wo nicht lässig, doch mißmuthig, und
weil die Kenntniß bequemer ist als das Thun, so ließ ich mir gefallen, wohin er (Oeser) mich zu führen gedachte."

Wichtiger als diese erfolglosen Bemühungen für seine Kenntniß
und Geschmacksbildung war der durch Oeser vermittelte Umgang mit
Leipzigs bedeutendsten Kunstfreunden: Winkler, Huber, Kreuchauf und
Richter, an deren vorzüglichen Sammlungen er sich häufig erfreuen
durfte. Ein ausschließlich der kurfürstlichen Gallerie gewidmeter Ausflug nach Dresden erschloß ihm zunächst die Einsicht für die niederländische Schule. „Was ich nicht als Natur ansehen, an die Stelle
der Natur setzen, mit einem bekannten Gegenstand vergleichen konnte,
war für mich nicht wirksam." Mit der italienischen Schule sollte er
erst später bekannt werden.

In dem Hause des Buchhändlers Breitkopf lernte Goethe den
Kupferstecher Stock von Nürnberg kennen. „Die reinliche Kunst des
Radirens" reizte ihn; seine Neigung hatte sich wieder mehr auf die
Landschaft gelenkt, die ihm „leichter erreichbar und faßlicher" erschien

als die menschliche Figur, die ihn abschreckte. Unter Stocks Leitung
radirte und ätzte er einige Landschaften nach A. Thiele und Andern,
„die einigen Effect machten und gut aufgenommen wurden." Diese
beiden Landschaften nach Thiele in überhöhtem Quartformat zeigen
beide im Vordergrund kleine Wasserfälle und einige Figuren, im Hintergrund hohe Berge. Sie sehen sich beide ziemlich ähnlich und sind,
vom Standpunkte der Kunst betrachtet, ohne Bedeutung. Das eine
dieser Blätter hat er seinem Vater, das andere seinem Freunde Dr.
Hermann in Leipzig gewidmet. Andere von dem Dichter mit der
Radirnadel ausgeführte Arbeiten sind mir nicht zu Gesicht gekommen.
In dem Kataleg des Nothnagel'schen Kunstnachlasses von 1818 werden unter No. 60 zwei radirte „Landschaften von H. G. A. v. Goethe"
aufgeführt, was wohl auf einem Schreibfehler in der Bezeichnung
beruht.

Damit alles versucht würde, schnitt er auch in Holz und verfertigte namentlich in Leipzig verschiedene kleine Druckerstöcke nach
französischem Muster, „woren Manches brauchbar gefunden wurde."
Angeregt durch Dr. Hermann, zeichnete er auf grau Papier mit
schwarzer und weißer Kreide „manches Weidicht an der Pleiße und
manchen lieblichen Winkel dieser stillen Wasser." Daneben wurden
Winkelmanns Werke und Lessings Laokoon studirt.

Auch nach der Rückkehr in die Vaterstadt 1768 fand manche
müßige Stunde ihre Ausfüllung mit Zeichnen von Portraiten, des
Inneren seines Zimmers und allerlei Stadtgeschichten „mit ziemlich
mißlungenen Figuren und nebulistischer Ausführung." Der alte Morgenstern mußte oft auf des Vaters Veranlassung die perspektivischen
Linien hineinzeichnen, die dann grell gegen das Uebrige abstachen.
Auch im Radiren wurden wieder Versuche gemacht — eine Landschaft
eigener Erfindung, in die sich aber weder Licht noch Schatten bringen
lassen wollte. In diese Zeit dürften auch das Portrait seines Jugend-
freundes, des Kastenschreibers Riese, in schwarzer Kreide, und eine
allegorische Tuschzeichnung fallen, welche beide im Jahr 1827 durch
den Besitzer hier zur Ausstellung gebracht wurden.

In Straßburg waren Goethe's Bemühungen mehr auf theoretische Studien in der Kunst gerichtet. Seiner ernsten Beschäftigung
mit dem gothischen Baustyl verdankte damals ein besonderer Aufsatz
seine Entstehung, dessen Abdruck von Herder vermittelt wurde.

Wenn G o e t h e in seinem späteren Leben auch weniger Zeit
fand, sich mit der bildenden Kunst praktisch zu beschäftigen, so wurde
diese Liebhaberei doch niemals ganz vernachlässigt, ja stets mit neuem

416

Eifer gepflegt, sobald sich Muße und Gelegenheit bot, wie namentlich während seiner italienischen Reise.

Aus Rom schreibt er im Juli 1787: „Ich bin fleißig auf alle Weise, wie es die Stimmung geben will. Im Zeichnen fahre ich fort, Geschmack und Hand zu bilden. Ich habe Architektur angefangen ernstlicher zu treiben; es wird mir alles erstaunend leicht, d. h. der Begriff; denn die Ausführung erfordert ein Leben." — „Uebrigens helfen mir alle Künstler, alt und jung, mein Talentchen zuzustutzen und zu erweitern. In der Perspektive und Baukunst bin ich vorgerückt, auch in der Composition der Landschaft. An den lebendigen Creaturen hängt's noch, da ist ein Abgrund, doch wäre mit Ernst und Application weiter zu kommen. Ueberhaupt geht es gut; ich treibe nur immer zu viel." [1]

Und im August: „Nun hat mich zuletzt das A und O aller uns bekannten Dinge, die menschliche Figur, angefaßt, und ich sage: Herr ich lasse dich nicht, du segnest mich denn, und sollt ich mich lahm ringen. Mit dem Zeichnen geht es gar nicht, ich habe mich zum Modelliren entschlossen, und das scheint rücken zu wollen. Ein Herkuleskopf ist angefangen."

Und im September: „Ich bin immer fleißig. Nun hab' ich ein Köpfchen nach Gyps gezeichnet. Man wollte nicht glauben, daß ich's gemacht habe. Ich mag gar Nichts mehr wissen als Etwas hervorzubringen; ich liege an dieser Krankheit von Jugend auf krank und gebe Gott, daß ich sie einmal anlöse." Und weiter: „Ich bin immer fleißig und halte mich jetzt an die menschliche Figur. Es fängt nun an zu gehen, wenn es nur recht ginge. Die Vollendung liegt nur zu weit, wenn man weit sieht."

Im Oktober: „Meine erste Angelegenheit ist und bleibt, daß ich es im Zeichnen zu einem gewissen Grad bringe." — „Nach meiner Anlage und meiner Kenntniß des Wegs bin überzeugt, daß ich es hier in einigen Jahren weit bringen müßte." — „Daß ich zeichne und die Kunst studire hilft dem Dichtungsvermögen auf, statt es zu hindern; denn schreiben muß man nur Wenig, zeichnen Viel." — „Wie viel ich einem stillen einsam fleißigen Schweizer Namens Meyer schuldig bin, kann ich nicht sagen. Er hat mir zuerst die Augen über das Detail aufgeschlossen, hat mich in das eigentliche Machen initiirt. Sein Unterricht giebt mir, was mir kein Mensch geben konnte. Alles,

---

[1] Zu vielerlei

was ich in Deutschland lernte, vornahm, dachte, verhält sich wie
Baumrinde zum Kern der Frucht."

Im December: „Diese Woche ist mit Zeichnen zugebracht worden, da es in der Dichtung nicht fortwollte; man muß sehen und
suchen, alle Epochen zu benutzen."

Im Januar 1788: „Das Studium des menschlichen Körpers hat
mich ganz. Es wird fleißig fortgezeichnet; Abends in der Perspektivstunde."

Im März: „Ich habe diese Woche einen Fuß modellirt, nach
vorgängigem Studio der Knochen und Muster, und werde von meinem
Meister gelobt. — Drei, vier Künstler kommen täglich auf mein
Zimmer, deren Rath und Anerkennung ich nutze, unter welchen jedoch, genau besehen, Heinrich Meyers Rath und Nachhülfe mich am
meisten fördert."

Nach des Dichters Heimkehr von dieser in seinem Leben einen
Wendepunkt bildenden Reise trat die zeichnende Kunst mehr in den
Hintergrund; aber niemals ist das Bedürfniß, sich damit zu beschäftigen ganz erloschen. Während seiner zeitweisen Zurückgezogenheit in
Dornburg und Jena, während seines öfteren Aufenthalts in Carls-
bad, selbst in den gemüthlichen Zirkeln bei Knebel wurde gezeichnet,
und in den kleinen geistreichen Abendgesellschaften der Hofräthin Schopenhauer zu Weimar liebte es der Dichter, während Andere vorlasen
an einem besonderen Tischchen den Griffel zu führen. Herr S. Hirzel
zu Leipzig besitzt noch ein aus Goethe's spätester Zeit stammendes, ihm
aus Knebels Nachlaß überkommenes Zeichenbrett mit verschiedenen
von des Dichters Hand, wahrscheinlich in Jena, entworfenen Skizzen.

Im Jahr 1821 gab Schwerdtgeburt sechs Blätter nach Goethe'-
schen Handzeichnungen (Skizzen) in Quer 4°. heraus. Sie sind von
Holdermann und Lieber radirt und der Dichter hat kleine Verse beigefügt, „damit der innere Sinn erregt und der Beschauer löblich getäuscht werde, als wenn er das mit Augen sähe, was er fühlt und
denkt, eine Annäherung nämlich an den Zustand, in welchem der
Zeichner sich befand als er die wenigen Striche dem Papier anvertraute."

Die Zahl der in Goethe's Nachlaß vorgefundenen Zeichnungen
von seiner Hand ist sehr bedeutend, da wenige in fremde Hände gelangt waren. Das Städel'sche Kunstinstitut besitzt deren mehrere —
freilich nur unbedeutende Skizzen. Ich selbst bewahre eine landschaftliche braungetuschte Federzeichnung des Dichters in Kl. 4°, deren
Echtheit von dem Custos des großherzoglichen Kupferstich-Kabinets in
Weimar, Chr. Schuchard, am 1. April 1832 unter Beibrückung
des öffentlichen Siegels auf der Kehrseite des Blattes attestirt worden ist.

Die Ansicht von Frankfurt, welche als angebliche Sepiazeichnung
Goethe's in dessen Geburtshaus eingerahmt unter Glas gezeigt wird,
ist weder von Goethe's Hand, noch überhaupt eine Handzeichnung.
Nur der darunter befindliche Vers ist von ihm eigenhändig geschrieben.[1]

So unerheblich der Kunstwerth der Goethe'schen Handzeichnungen
in technischer Beziehung sein mag, so deuten sie doch immer irgend
eine Idee, eine Stimmung an; sie sind der bildliche Ausdruck dessen,
was gerade seine Phantasie beschäftigte; man sieht hinter schwach an=
gedeuteten Vorgründen weite Fernen, Thäler, Felsen, Wasserstürze,
Tempel und großartiges Mauerwerk, leicht, oft nebelhaft hingeworfen.
Sie bleiben immer höchst interessante und werthvolle Reliquien des
großen Mannes. Aber alle diese dilettantischen Versuche treten gegen
sein Wirken im Interesse der Kunst durch Wort und Schriften weit
in den Hintergrund. Sein anregender Umgang mit den bedeutendsten
Künstlern und Kunstkennern seiner Zeit übte auf diese und in Wechsel=
wirkung auf ihn selbst einen folgereichen Einfluß. Seine Schriften:
„die Propyläen," „Benvenuto Cellini," „Winkelmann und sein Jahr=

---

[1] Frau Anna Rosina Magdalena Städel geb. Willemer, seit
1819 in zweiter Ehe mit dem Schöffen und Syndicus Dr. Thomas verhei=
rathet, zeichnete und malte als Dilettantin mit vielem Eifer nach guten Vor=
bildern und nach der Natur. Eine von ihr mit der Feder gezeichnete, radirte
und in Tuschmanier braun gedruckte Ansicht von Frankfurt, von Süd=Westen
gesehen, hatte sie, wahrscheinlich in mehreren Exemplaren, dem ihr befreundeten
Goethe verehrt, der einen solchen Abdruck dem Dichter Gerning als Gedenkblatt
überließ, mit der eigenhändigen poetischen Unterschrift:
»Fluth und Ufer, Sand und Höhen
Rühmen seit geraumer Zeit
So dein Kommen, so dein Gehen,
Zeugen deiner Thätigkeit.
Weimar, 5. Mai 1816.   Goethe."
Aus Gernings Nachlaß kam dieses Exemplar in den Besitz der damaligen Eigen=
thümer des Goethe'schen Geburtshauses und wurde von ihnen irrthümlich als
Originalzeichnung des Dichters in dessen Studierzimmer aufgehangen. Im Jahr
1844 hatte der Kupferstecher C. Müller das Blatt nachgestochen und als später
diese Müllerische Platte in den Besitz des Kunstantiquars A. Baer gekommen
war, löschte dieser, um die Abdrücke als Briefköpfe benutzen zu können, die fac=
similirte Goethe'sche Unterschrift aus und versetzte sie in die obere Ecke des
Blattes. Abdrücke dieser Gattung kommen häufig vor. Daß das im Goethe=
Hause befindliche Blatt keine Handzeichnung, sondern der Abdruck einer ge=
stochenen Platte ist, ergiebt der sachverständige Augenschein, und daß dieselbe
überhaupt nicht von Goethe, sondern von Frau Schöff Thomas gezeichnet und
radirt ist, habe ich aus deren eigenem Munde. Sie war geboren am 11. April
1782 und starb am 16. März 1845.

hundert" und „die italienischen Briefe" sind dessen Zeuge, weniger die Sammel-Schrift: Kunst und Alterthum am Rhein und Main, welche, unbeschadet des Ruhmes des Dichters, ungedruckt hätte bleiben können.

Auch durch seine **Farbenlehre** hat **Goethe**, wenigstens mittelbar, die Kunst gefördert. Schon findet sie bei denkenden Malern in Italien wie in Deutschland ihre praktische Anwendung und **Newtons** System wird als Irrthum erkannt.

Goethe, am 28. August 1749 in Frankfurt geboren, endete sein ruhmreiches, vom Glück begleitetes Leben zu Weimar am 22. März 1832.

Sein Bildniß ist in Aller Hände, was mich überhebt, ein Verzeichniß der zahllosen Vervielfältigungen durch Kupferstich und Lithographie hier zu liefern. Acht Medaillen wurden auf ihn geprägt, deren Beschreibung Eduard Rüppell im 7. Hefte des Archivs ausführlich gegeben hat.

In der Vaterstadt sind ihm zwei öffentliche Denkmale errichtet worden, zu deren kurzen Besprechung hier wohl der geeignete Ort sein dürfte.

Bei der am 28. August 1819 hier stattgehabten Feier seines siebenzigsten Geburtstags war die Idee zur Errichtung eines Denkmals für den Dichter zum erstenmal in Anregung gekommen. Zufällig war **Thorwaldsen** hier anwesend. Dieser veranlaßte **Sulpiz Boisserée**, eigens von Stuttgart hierher zu reisen, um den Plan fördern zu helfen. Ein größeres Comité hatte sich gebildet; in dessen Namen baten die Senatoren von Guaita und Dr. Thomas am 16. October 1819 den Senat um die Erlaubniß zur Errichtung eines Denkmals, welches in der von Danneder zu verfertigenden colossalen Büste des Dichters bestehen und in einem von Boisserée entworfenen Tempel auf der Main-Insel am vormaligen Schneidwall seinen Platz finden sollte. Die Genehmigung wurde durch Rathschluß vom 28. März 1820 ertheilt. Indessen traten der Ausführung des Planes manche Hindernisse, zunächst der entschiedene Wunsch **Goethe's**, daß ihm zu seinen Lebzeiten kein Denkmal errichtet werden möge, entgegen. An den erforderlichen Mitteln hatte es keineswegs gefehlt.

Erst fünf Jahre nach des Dichters Tod, im Jahr 1837, trat ein neues Comité zusammen, um zur endlichen Abtragung der Nationalschuld zu schreiten. Dasselbe forderte am 12. Mai **Frankfurts Bürger und Einwohner** in warmer Sprache zu Beiträgen für ein Standbild des Dichters auf. Unterzeichnet war dieser Aufruf von den Herren G. von St. George, Stadtbaumeister Heß, F. John, Senator Dr. Neuburg, Philipp Passavant, Maler J. D. Passavant und Med. Dr. Spieß.

Die Beiträge wurden so schnell und reichlich gezeichnet, daß das Gelingen des Unternehmens nicht mehr zweifelhaft war. Anknüpfend an die frühere Betheiligung Thorwaldsens, ersuchte man diesen um einen Entwurf zu dem jetzt großartiger beabsichtigten Denkmal in Erz. Der berühmte Meister nahm den Auftrag an, zögerte aber jahrelang mit der Vorlage des Entwurfs, und als dieser endlich angelangt und genehmigt war [1]), erlitt die Anfertigung des eigentlichen Modells neuen Verzug. Thorwaldsen ging zuletzt nach Copenhagen und erklärte, vor seiner Rückkehr nach Rom die Arbeit nicht beginnen zu können. Das Comité verlor nach allen diesen Aufzüglichkeiten die Geduld und wandte sich endlich im Frühjahr 1841 an den deutschen Meister Ludwig von Schwanthaler. Mit Freude nahm dieser den Auftrag an und mit Liebe und Begeisterung schritt er zur Ausführung.

Im October 1844 war das Werk vollendet. Die geschickten Erzgießer Johann Baptist Stiglmayer und Friedrich Miller in München hatten den Guß geleitet. Modell und Erzguß waren in einem jede billige Kritik befriedigenden Maaße gelungen. Man kann mit Arthur Schopenhauer [2]) der Ansicht sein, daß dem Dichter, wie dem Philosophen, Gelehrten und Künstler überhaupt keine Statue, sondern nur eine kolossale Büste gebühre, weil er nur mit dem Kopfe der Menschheit gedient habe; man kann auch Schopenhauer beipflichten, daß Goethe's Name in der Inschrift nicht zu nennen, vielmehr als allbekannt vorauszusetzen gewesen, und jene etwa hätte lauten können:

Dem Dichter der Deutschen seine Vaterstadt 1844,

so ist doch, wenn man einmal eine Statue haben wollte, was immer auch einzelne Stimmen, namentlich in anatomischer Beziehung, an Schwanthalers Werke auszusetzen finden mögen, sein Totaleindruck ein großartiger, die ganze Auffassung eine glückliche und der Ausdruck des Kopfes, also des wesentlichsten Theils, ohne Tadel. Sicherlich hat Schwanthalers Goethe die Vergleichung mit Thorwaldsens

---

[1]) Er hatte zwei kleine Modellskizzen in Gyps eingesendet, wovon die eine den Dichter stehend, die andere sitzend darstellt, ähnlich dem Werke Marchesi's. Obgleich die sitzende Figur in Auffassung und Modellirung den Vorzug verdiente, wurde dennoch die stehende zweckentsprechender befunden. Beide Modellskizzen sind jetzt in dem Frescosaale des Städel'schen Instituts aufgestellt. Aus diesem Verlaufe ergiebt sich, daß Herr Dr. Rüppell im Irrthum ist, wenn er im 7. Heft des Archivs behauptet, das Modell Thorwaldsens sei verworfen worden.

[2]) In einem an das Comité gesandten Gutachten über das zu errichtende Denkmal.

Entwurf im Städel'ſchen Inſtitut nicht zu ſcheuen. Dieſer läßt den Rücktritt des däniſchen Künſtlers nicht bedauern. Indeſſen darf ich das Todesurtheil, welches eine moderne Kunſtautorität, Franz Kugler in ſeinen kleinen Schriften, über das Standbild fällt, nicht verſchweigen: „Die eherne Goethe-Statue von Schwanthaler hat mich unendlich wider- wärtig berührt. Zunächſt iſt das Verhältniß der koloſſalen Figur zu dem breiten, kurzen Piedeſtal ſehr unſchön (?). An dem letzteren macht ſich die architektoniſche Doppelcurioſität bemerklich, daß über den Eden Antefixen angebracht ſind, die aber vor dem flachen Erdhügel, auf welchem die Statue ſteht, doch nur reliefartig vortreten. Der Heros trägt Ueberrock und Mantel, den letzteren nicht des rauhen nordiſchen Klimas wegen; denn alsdann hätte er auch Hut und Anderes nöthig gehabt, ſondern einfach als das heut zu Tage allgemein übliche Testimonium paupertatis in Betreff monumentaler Styliſtik. Der linke Arm hängt los herab; trotz des loſen Hängens hält er den Mantel ſo feſt, daß dieſer nothgedrungen ſich in eine Art klaſſiſcher Falten fügen muß. Die Geſtalt lehnt ſich an einen Baumſtamm, um wel- chen hinterwärts der Mantel herum hängt. Das Naturgefühl iſt äußerſt mangelhaft; die Bruſt und die linke Schulter ſind unendlich roh. Das Gefälte hängt in einer lappig wulſtigen Weiſe, ohne alle Ahnung von Styl und irgend welcher feineren Naturbeobachtung (?). Ich habe einen zu hohen Begriff von Goethe, von monumentaler Würde, von der Be- deutung der Kunſt überhaupt, als daß ich dies Denkmal nicht faſt als ein Nationalunglück (!) bezeichnen ſollte."

Ich muß geſtehen, um in der Sprache Kuglers zu reden, daß mich lange nichts ſo widerwärtig berührt hat, als dieſes animoſe, auf Bemäkelung unbedeutender Nebendinge und offenbaren Unwahrheiten beruhende Urtheil und daß ich es allerdings als ein Nationalunglück betrachten würde, wenn ſolche monumentale Kunſtanſchauungen in Deutſchland für die Dauer Geltung finden ſollten. Ich räume gerne ein, daß die ſogenannten Antefixen an den Ecken des Sockels beſſer weggeblieben wären; aber das iſt ein kaum redenswerther Neben- punkt. Das Testimonium paupertatis, welches in dem Mantel ge- funden werden will, kann nicht die moderne Styliſtik, ſondern nur die abgeſchmackte, zur monumentalen Darſtellung ſich nicht eignende Mode der Zeit treffen. Die claſſiſchen Falten des Mantels werden weniger durch den linken Arm, als durch die herausgebeugte Hüfte gebildet. Der Mantel hängt nicht „hinterwärts um den Baum- ſtamm herum", ſondern es fallen die Falten ganz naturgemäß zu beiden Seiten herab, mindeſtens drei Viertel des Stammes frei- laſſend. Die Durchführung im Einzelen, namentlich an Bruſt und Schulter, mag Manches zu wünſchen laſſen; aber „unendlich roh" — ich weiß nicht, wie ich dieſen Ausſpruch bezeichnen ſoll. Nach meiner Anſicht muß ein öffentliches Standbild zunächſt und vor allem An-

422

dern nach dem Gesammteindruck beurtheilt werden, nach dem bestimmten Ausdruck des Gedankens und der glücklichen Conception des
Ganzen, wobei die künstlerische Aus- und Durchführung des Details
außer Betracht bleibt. Und dieser Totaleindruck ist hier ein mäch-
tiger, den Dichterfürsten in seiner ganzen Eigenthümlichkeit und imposanten Größe zeichnender, ein Eindruck, der, wie er soll, auf das
Volk wirkt und selbst den Kunstkritiker im ersten Augenblick die un-
fertige Detailarbeit, den Mangel kunstreicher Eisselirung und sonstigen Schmuckwerks, die in der Entfernung, aus welcher eine Colossal-
statue gesehen werden muß, dem Auge ohnehin entschwinden, leicht
und gerne vergessen läßt. Das Denkmal eines großen Mannes soll
einen erhabenen Eindruck machen. Das Erhabene ist stets einfach.
Der Werth unseres Goethe-Denkmals besteht in seiner einfachen,
zweckentsprechenden Großartigkeit, welche ähnlichen Werken berühm-
terer Meister, obwohl artistisch weit durchgeführter, (ich erinnere nur
an Thorwaldsens klägliche Schiller-Figur in Stuttgart) gänzlich abgeht.

Leidenschaftsloser und mit mehr Würde beurtheilt ein anderer
Kunstschriftsteller, Wilhelm Fueßli,[1] das ihm nur im Entwurf
bekannt gewesene Modell und findet gerade in der breiten Massi-
rung und in der großartigen Ruhe, welche den gefeierten Dichter
charakterisirt, einen besonderen Vorzug.

Nachdem zur Aufstellung des Denkmals verschiedne andere Plätze,
namentlich die Main-Insel, die Promenade zwischen dem Becken-
heimer- und Gallusthor, der Paradeplatz, der Platz, wo die Hauptwache steht, der Roßmarkt, die Zeil da, wo vormals der Adlerbrunnen
gestanden, in Vorschlag gekommen und insbesondere gegen den von
Schwanthaler empfohlenen Theaterplatz polizeiliche, wie mir scheint
unbegründete, Bedenken zur Geltung gekommen waren, entschied sich
das Comité schließlich für die Stadtallee, welche fortan den Namen
Goetheplatz erhielt. Daß diese Wahl die glücklichste gewesen, will
ich nicht behaupten, jedenfalls war sie nicht die schlechteste. In solchen
Dingen ist es schwer, alle Ansichten zu vereinigen.

Am 16. October 1844 kam das Standbild von München hier
an, wurde mit festlichem Geleite eingeholt und am folgenden Tage
unter Millers Leitung aufgerichtet; den 22. aber fand die feierliche
Enthüllung des Denkmals statt, worauf dasselbe als Eigenthum der
Stadt dem Senat förmlich und urkundlich übergeben wurde.

[1] „Die wichtigsten Städte am Mittel- und Niederrhein mit Bezug auf alte
und neue Architektur, Sculptur und Malerei." Bd. 2 S. 123.

Das vierzehn Fuß hohe Standbild erhebt sich über wenigen Stufen aus Granit auf einem an den vier Seiten mit auf die Werke des Dichters bezüglichen Basreliefs verzierten Sockel. [1] Auch in Ansehung der Reliefs ist Kuglers Urtheil ein hartes, doch vielleicht weniger unbegründet als bezüglich des Hauptwerks.

Die über die Enthüllungsfeier erschienenen Erinnerungsblätter [2] haben eine so allgemeine Verbreitung gefunden, daß eine wiederholte Beschreibung hier unterbleiben kann.

Schwanthaler erhielt für die ganz unentgeltlich übernommene Verfertigung der Modelle ein Ehrengeschenk von 5000 Gulden, wovon er sogleich 2000 Gulden mit der Bitte zurücksandte, diesen Betrag den hiesigen Armen zuzuwenden. Das Comité übergab davon 1800 Gulden dem allgemeinen Almosenkasten unter der Bestimmung, daß diese Summe als Kapitalfond der Ludwig Schwanthaler'schen Stiftung besonders verwaltet und der Zinsenertrag jährlich am Enthüllungstage des Denkmals an die Armen der drei christlichen Confessionen vertheilt werde. Dem israelitischen Armenfond wurden zwei Hundert Gulden zugewendet.

Die Liebe und Uneigennützigkeit, womit der kunstvolle Meister das Denkmal des Dichters ausgeführt hatte, fand seitens der obersten Behörde im Namen der gesammten Bürgerschaft die wohlverdiente Anerkennung. In seiner Sitzung vom 31. October 1844 ernannte der Senat Ludwig von Schwanthaler zum Ehrenbürger der freien Stadt. Das in Schrift und Malerei sehr geschmackvoll von Johann Georg Brand auf Pergament ausgefertigte Diplom lautet:

Wir Bürgermeister und Rath der Freien Stadt Frankfurt urkunden und bekennen:

Nachdem Wir beschlossen haben, dem Herrn Professor

Ludwig von Schwanthaler

Ritter des Verdienstordens der bayerischen Krone, des königlich bayerischen Verdienstordens vom heiligen Michael, des königlich griechischen Erlöser-Ordens, des königlich preußischen Ordens pour le mérite, Friedensklasse, in München, einen öffentlichen Beweis Unserer Anerkennung der vollendeten Ausführung

---

[1] Das Nietenblatt des älteren hiesigen Kunstvereins vom Jahr 1844 giebt in einem Kupferstich von Amsler eine gute Abbildung des Denkmals.

[2] Das Goethe-Denkmal in Frankfurt a. M. Mit artistischen Beilagen. Frankfurt bei J. D. Sauerländer 1844. Lex. 8°.

J. W. Appell, das Haus mit den drei Lyren und das Goethe-Denkmal in Frankfurt a. M. Daselbst bei Jabusch. 1849. 8°.

424

des deutſcher Kunſt zur Ehre und hieſiger Stadt zur Zierde gereichenden
Standbildes und Denkmals

Johann Wolfgang Goethe's

und der bei dieſer Veranlaſſung bethätigten Uneigennützigkeit zu geben; als
ertheilen Wir obgedachtem kunſtbegabten edlen Meiſter

Schwanthaler

mittelſt dieſer Urkunde das Ehrenbürgerrecht hieſiger Freien Stadt und verordnen die Eintragung des gefeierten Namens in die Bürgerbücher.

Zur Urkunde haben Wir gegenwärtiges förmliches Diplom unter Unſerer
gewöhnlichen Unterſchrift ausfertigen und mit Unſerem großen Staatsſiegel
verſehen laſſen.

So geſchehen Frankfurt am Main den 31. October des Jahrs Ein Tauſend acht Hundert und vierundvierzig.

Bürgermeiſter und Rath
der Freien Stadt Frankfurt.

Dieſes Diplom konnte erſt am 20. December 1844 von hier
abgeſandt werden. Der Künſtler ſprach in ſeinem Antwortſchreiben
vom 6. Januar 1845 für die ihm gewordene Anerkennung und Auszeichnung ſeinen lebhaften Dank aus.

Schon im Jahr 1834, alſo noch ehe das zweite Comité zur
Errichtung des Goethe-Monuments zuſammen getreten war, hatten
zwei patriotiſche Bürger, der unvergeßliche Heinrich Mylius in
Mailand und der raſtloſe Reiſende Dr. Eduard Rüppell, denen
die Abtragung der Nationalſchuld zu lange währte, in allzuſchwachem
Vertrauen auf die Theilnahme ihrer Mitbürger den Entſchluß gefaßt,
auf ihre Koſten dem Dichter in ſeiner Vaterſtadt ein Denkmal
zu errichten. Ihnen ſchloß ſich ſpäter der verſtorbene Marquard
Scufferfeld, ſtets bereit zur Förderung alles Guten und Schönen,
freudig an, und ſo wurde im Spätjahr 1834 der Mailänder Bildhauer Pompeo Marcheſi mit der Anfertigung einer coloſſalen
ſitzenden Statue des Dichters in carrariſchem Marmor beauftragt.
Dieſe wurde im December 1838 hierher abgeliefert und iſt ſeit dem
13. April 1840 (nicht 1839, wie auf dem Poſtament zu leſen iſt)
in der Vorhalle der Stadtbibliothek als Geſchenk der Stifter aufgerichtet. Der Dichter ſitzt, in der Rechten den Griffel, in der Linken
die Schreibtafel haltend, das Haupt ſinnend emporgerichtet, in dem
auf einem Untergeſtell von deutſchem weißen Marmor ruhenden antiken Seſſel.

Eduard Rüppell, deſſen Mittheilungen in dem Archiv dieſe Nachrichten theilweise entnommen sind, ohne daß damit alle bei diesem Anlaß von ihm geäußerten Bitterkeiten, die besser unterdrückt worden wären, gebilligt und anerkannt werden sollen, übernimmt persönlich zu seinen Lasten jeden Tadel, welcher gegen Stellung, Bekleidung und Inschrift dieses Kunstwerks etwa vorgebracht werden könnte, da die ganze Anordnung von ihm ausgegangen. Diese Verantwortung ist gewiß leicht zu übernehmen, mehr eine Ehre als eine Last; denn Marchesi's Goethe ist anerkannt ein ausgezeichnetes Kunstwerk, das demjenigen Schwanthalers würdig zur Seite steht, ja dasselbe in vieler Beziehung übertrifft. Die Aehnlichkeit und der Ausdruck des Kopfes sind nach dem Ausspruche aller, welche den Dichter näher gekannt haben, überraschend gelungen. Ehre den patriotischen Stiftern dieser Zierde der Vaterstadt.

––––––––––

Die Zeitfolge führt uns nun wieder in eine bescheidenere Sphäre.

Heinrich Franz Schalk

war der Sohn des hiesigen Decorationsmalers Johann Peter Joseph $\frac{1791}{1832}$. Schalk, dessen Probearbeit, eine 1783 in Oel gemalte, gegenwärtig in dem Sitzungszimmer des Appellationsgerichts befindliche Ansicht der Stadt Frankfurt, geringe Befähigung bekundet.[1] Heinrich Franz, am 3. März 1791 während eines zeitweisen Aufenthalts seiner Aeltern in Mainz geboren, hatte sich zu einem geschickten Miniatur-Maler und Kupferstecher herangebildet, dessen Portraite besonderen Beifall fanden. Er starb zu Carlsruhe im besten Mannesalter am 15. October 1832, nicht wie Nagler angiebt 1834. Sein Sohn Adam Ernst, ein phantasiereicher Künstler, wird später unter den lebenden Malern zu besprechen sein.

Johann Daniel Scheel,

hatte sich ursprünglich auf der älteren Düsseldorfer Schule der Land-$\frac{1775}{1833}$ schaftmalerei gewidmet, aber später in Paris allzuviel Zeit auf die

––––––––––

[1] Johann Peter Joseph Schalk verheirathete sich im September 1785 mit Agnes Cöntgen von Mainz und starb am 8. September 1801.

sogenannte Mechanicographie verwendet und dadurch seinen eigent=
lichen Beruf vernachlässigt. Nach seiner Rückkehr in die Heimath
erwarb er sich jedoch als geschickter Decorations= und Zimmermaler
allgemeine Anerkennung. Das im Jahr 1803 bei seiner Aufnahme
in die Maler=Innung gelieferte Probestück — eine große in Oel
gemalte Landschaft mit gutem Baumschlag, wohlgezeichneten Figuren
und natürlicher Färbung — hängt gegenwärtig in einem der Zimmer
des Appellationsgerichts. Es zeugt von sehr guten Anlagen, deren
volle Entwickelung der leidige Broberwerb in den Weg getreten zu
sein scheint.

Jn dem Schlosse zu Aschaffenburg hat Scheel verschiedene Ma=
lereien ausgeführt. Auch eine Radirung: das Schloß La Trappe
bei Düsseldorf, in Querfolio, ist von ihm bekannt, und 1826 sah
man in einer Ausstellung einige Malereien auf Glas. Die von ihm
hinterlassene nicht unerhebliche Gemälde= und Kupferstichsammlung
zeugte von seinem geläuterten Kunstsinne. Er war im Jahr 1773
zu Frankfurt geboren und starb daselbst am 25. Januar 1833.

Friedrich Christian Reinermann,

a. 1783
1834. Maler und Kupferätzer, im Jahr 1764 zu Wetzlar geboren, empfing
den ersten, jedenfalls dürftigen Unterricht im Zeichnen bei einem Por=
traitmaler Cramer. Wir finden ihn einige Jahre später in Frankfurt
bei Nothnagel beschäftigt. Hier erst wurde er durch den Umgang mit
den zahlreichen Gehülfen des Meisters zu weiterem Streben angeregt.
Jndessen blieben ihm für seine Privatübungen nur die Sonntage
übrig, die er abwechselnd dem Gottesdienst und der Kunst widmete.
Nach mehrjähriger Vorbereitung, in welcher der junge Künstler rasche
Fortschritte gemacht haben mußte, gedachte er nach Holland zu wan=
dern, was aber die Kriegsunruhen verhinderten. Er kehrte deßhalb
vorerst nach Wetzlar zurück, arbeitete als Zimmermaler am Hofe zu
Weilburg und anderwärts, und ging 1789 nach Cassel, um in der
dortigen Gallerie die Landschaft zu studiren. Hier zogen ihn die herr=
lichen Werke Claude Lorrains, Paul Potters und Nikolaus Berghems,
deren er mehrere copirte, besonders an. Auf den Rath der Maler
Böttner und Strack begleitete er den letzteren im Herbste desselben
Jahrs ohne ausreichende Mittel zu besitzen, nach Rom. Freunde,
besonders der edle Biermann, erleichterten ihm den dortigen Aufent=
halt. Bei dem Landschaftmaler Ducros fand er Beschäftigung und
Unterricht im Aquarellmalen, da er vorher nur in Oel gemalt hatte.

Die eigennützige Denkart dieses Künstlers schreckte ihn aber zurück und da um jene Zeit seine Freunde Biermann und Nahl Rom verließen, ihm auch alle Unterstützung aus der Heimath fehlte, so entschloß er sich, mit ihnen durch die Schweiz nach Deutschland zurück zu kehren. Nach kurzem Verweilen in Zürich, dann in Frankfurt und Wetzlar folgte er mit Freude einem Ruf des Kupferstechers und Kunstverlegers von Mechel nach Basel. Von hier aus durchwanderte er den für den Maler klassischen Boden der Schweiz nach allen Richtungen, bald allein, bald in Gesellschaft seiner Freunde Wocher, Halbenwang und Benz. Dem ersteren besonders verdankte er manche Belehrung in der Kunst. Der letzte Ausflug ging durch das wundervolle Münsterthal. Sein Kunsteifer wurde so reichlich belohnt, daß er sich erst nach Jahren zur Heimkehr entschließen konnte. Die bedeutende Zahl der in jener Zeit von Reinermann gelieferten interessanten Ansichten aus der Schweiz, besonders aus dem Berner Oberland und dem Münsterthal in Aquarell und Aquatinta, und seiner verschiedenen Nachbildungen nach älteren Meistern ist Zeuge seines Talents und unermüdlichen Fleißes. Es würde sehr schwer sein, sie alle zu verzeichnen, deßhalb mögen hier nur die schönen Ansichten der Insel Meinau und aus dem Oberhaslithal, der Wandelbach bei Meiringen und das Schelmenloch bei Reicholtswyl, theils in Tuschmanier, theils in Farbendruck, ferner eine Folge von sechs radirten Landschaften vom Jahr 1798, kl. quer 4°, und endlich zwei in Aquatinta geätzte Viehstücke nach Berghem und Wouwerman erwähnt werden. Ein umfassenderes Verzeichniß seiner Arbeiten aus jener Zeit findet man in der: „Bibliothek der redenden und bildenden Künste". Bd. 3. St. 1. S. 29 ff.

Reinermann kehrte 1803 nach Frankfurt zurück, wo er sich, nachdem er in dem folgenden Jahr die Stieftochter seines Oheims geheirathet und kurze Zeit zu Cassel in der Hoffnung auf eine Anstellung an der kurfürstlichen Gallerie verweilt hatte, häuslich niederließ. Um den Drangsalen des Kriegs ferner zu sein, nahm er von 1811—1818 seinen Aufenthalt in Wetzlar, von da an aber bis an sein Lebensende wieder in Frankfurt, wo er das Bürgerrecht erworben hatte.

Im Laufe dieser Jahre lieferte er eine weitere Reihe vortrefflicher Blätter in Aquarell, Sepia und Aquatinta nach eigener Aufnahme aus der Schweiz, der Rhein-, Mosel- und Lahngegend, dem Taunus und der Pfalz. Ich nenne darunter namentlich:

1. 19 Ansichten der Lahn, von deren Ursprung bis zum Ausfluß in den Rhein, in Aquatinta, schwarz und colorirt. Quer Folio.

2. 24 Ansichten der Mosel von Coblenz bis Trier. Ebenso. Kl. quer Folio.

3. Eine Ansicht bei Roche an der Birs, radirt und colorirt. Gr. Folio.

4. Obswyl im Canton Unterwalden. Ebenso.

Diese Blätter sind aus des Künstlers bester Zeit, alle von ihm selbst nach der Natur aufgenommen, selbst geätzt und gedruckt. Außerdem ätzte er auch verschiedene Landschaften und Thierstücke nach Jacob Ruisdael, Sneyers und Johann Heinrich Roos. Von diesen findet man schön colorirte Exemplare. Der Charakter der Meister ist gut wiedergegeben. Seine landschaftlichen Ansichten sind alle mit Verstand und künstlerischem Gefühl aufgefaßt und behandelt, niemals bloße trockene Bedeutten. Jeder Gegend wußte er mit richtigem Takt die malerische Seite abzugewinnen. Viele seiner Aquarell- und besonders seiner Sepiazeichnungen sind vorzüglich zu nennen, manche freilich, zumal die aus seinen späteren Jahren, weniger correkt, obgleich auch hier des Künstlers ernstes Wollen nicht zu verkennen ist. Seine Landschaften erfreuen durch richtige Zeichnung, guten, wenn gleich von einer gewissen Manier nicht freien Baumschlag, schöne heitere Fernsichten und anmuthige Staffage. Das Colorit, an sich ohne Tadel, hat leider in den Aquarellzeichnungen beinahe ohne Ausnahme durch Verblassen so bedeutend gelitten, daß viel von der ursprünglichen Wirkung verloren geht. Aus diesem Grunde sind Reinermanns Sepiazeichnungen vorzuziehen. Auch hat er viel und gern in Oel gemalt. Schon in der Schweiz gab er ein kleines Werkchen mit Vorlagen zum Landschaftzeichnen und Malen in 18 Blättern heraus.

Der Großherzog von Frankfurt verlieh dem Künstler in Anerkennung seiner Verdienste im Jahr 1812 den Titel eines Professors, und von dem König von Preußen erhielt er 1818 eine werthvolle goldene Dose.

Reinermann war ein sehr freundlicher und gemüthlicher Mann, mit ganzer Seele seiner Kunst ergeben. Die letzten Jahre seines Lebens waren durch eine bedauerliche Gemüthsverstimmung getrübt, die ihm den Tod, als dieser ihn 1834 abrief, als willkommenen Boten erscheinen ließ.

Das hiesige Museum besitzt von ihm einen großen Prospekt der Stadt Wetzlar, und in der Stadtcanzlei sieht man die Ansicht von Meiringen im Oberhaslithal vom Jahr 1804, beide in Aquarell. Sein Sohn besitzt noch eine große Anzahl seiner Zeichnungen sowohl, als auch gedruckter und colorirter Aquatintablätter.

Anna Margaretha Reinermann, geb. Hollerbach,

die Frau des Vorgenannten, geboren zu Frankfurt 1781, hat .mit vielem Talent anmuthige Blumen- und Früchtestücke in Gouache und Aquarellfarben gemalt, sich auch im Oelmalen versucht. Ihre Bilder sind in warmer, lebendiger Färbung mit Gefühl und großer Zartheit ausgeführt. Besonders gut gelang ihr die Darstellung der Moose und wolligen Blätter. Sie starb im Jahr 1855.

Johann Philipp Ulbricht,

Landschaft- und Genremaler von unverkennbar guten Anlagen, die $\frac{1762}{1836}$ ihn befähigt haben würden, in der Kunst eine höhere Stufe einzunehmen, wenn nicht äußere Umstände ihn verhindert hätten, mehr Zeit und Fleiß auf seine Ausbildung zu verwenden. In seinen Landschaften findet man schöne duftige Fernsichten, gut individualisirte Baumstämme und wohlgezeichnete Figuren; aber seine Blätterung ist steif und deren Färbung zuweilen hart. Nothnagel war sein erster Lehrer, später arbeitete er auswärts, namentlich längere Zeit in Regensburg und Wien zum Nachtheil seiner Kunst als Decorationsmaler. Nach seiner Rückkehr in die Vaterstadt hat er Vieles nach niederländischen Vorbildern, in der Regel auf Kupfer gemalt. Unter den Gemälden des Museums, jetzt in der städtischen Sammlung, befinden sich drei größere Landschaften von seiner Hand, die ihm alle Ehre machen. Auch in dem Prehn'schen Kabinet sieht man zwei kleine Landschaften und zwei Pferdestücke des Meisters.

Ulbricht ertheilte Unterricht im Zeichnen und Malen. Eine seiner eifrigsten Schülerinnen ist Maria Dorothea Cuntz, früher verehelichte Hofmann geb. Lindheimer, gewesen. Sie hat als Dilettantin ihres Lehrmeisters Landschaften und Prospekte nachgeahmt, weßhalb darauf zu achten ist, ihre Arbeiten nicht mit den seinigen zu verwechseln. Diese sind indessen beinahe ohne Ausnahme mit seinem Namen bezeichnet. In der Ausstellung Frankfurter Künstler von 1827 befanden sich drei Landschaften von M. D. Cuntz.

Ulbricht war 1762 hier geboren und ist 1836 gestorben.

Johann Daniel Schulze,

ein geschickter Fresco- und Blumenmaler, der Sohn eines Berliner $\frac{1815}{1836}$ Schiffers, war am 1. October 1786 geboren. In seiner Vaterstadt hatte er von 1801 bis 1805 bei Friedrich Wilhelm Clevicus die Malerei erlernt, dann in Berlin, Wien und mindestens seit 1815 in Frankfurt seinem Berufe gelebt, bis er 1823 als „Kunstmaler" zum hiesigen Bürgerrecht gelangte. Das bei diesem Anlasse als „Probe" gelieferte Blumenstück befindet sich in dem Audienzzimmer des jüngeren Bürgermeisters. Seine Arbeiten zeichnen sich durch geschmackvolle Anordnung und brillante, naturgetreue Färbung aus. Nach Fuetschers Tod vollendete er 1828 die Wiederherstellung der alten Kaiserbüsten im Kaisersaale, eine höchst undankbare, seines Pinsels nicht würdige Arbeit. Schulze war ein liebenswürdiger und geachteter Künstler, dessen früher Tod, er starb am 18. Januar 1836, allgemein beklagt wurde.

Philipp Jacob Bauer

1792 1836. war am 16. September 1792 in Frankfurt geboren und von dem Landschaftmaler Ulbricht unterrichtet worden. Er hatte sich der Malerei mit ganzer Liebe ergeben, als ihn in seinem achtzehnten Jahre das Loos traf, zum Militärdienste gezogen zu werden. Mit den primatischen Truppen sollte er nach Spanien ziehen. Indessen gelang es, durch ein von ihm gemaltes, dem Fürsten überreichtes Bild seine Dispensation zu erhalten. Mit Eifer lebte er seinem Berufe bis die Stunde der Befreiung von fremdem Joche schlug. Jetzt hielt ihn nichts mehr zurück, mit Begeisterung folgte er dem Rufe der Vaterstadt und nahm in der „Schaar der Freiwilligen" an den beiden Feldzügen von 1814 und 1815, das erste Mal bei den reitenden Jägern, Theil. Sein offenes, ehrliches Gemüth, sein unerschöpflicher Humor und sein musikalisches Talent — er sang vortrefflich zur Guitarre — machten ihn bald zum Lieblinge aller seiner Kameraden. Nach beendigten Feldzügen griff Bauer mit neuer Liebe zum Pinsel und beendigte seine Studien während zweier Jahre auf der Malerakademie zu Wien. Vorzugsweise hatte er sich als Architektur- und Theatermaler auszubilden gesucht, auch hierin eine achtungswerthe Stufe erlangt, wie seine Oelgemälde, namentlich sein auf dem jüngeren Bürgermeisteramt beim Antritt des Bürgerrechts 1819 übergebenes Probestück, noch mehr seine Aquarell- und Sepiazeichnungen, worunter sich besonders die innere Ansicht der Stephanskirche in Wien auszeichnet, genügend darthun. Eine von Bauer schon 1812 nach einem älteren Vorbilde in Oel gemalte, sehr interessante Ansicht der Brandstätte der Judengasse vom Jahr 1796 bewahrt der hiesige Verein für Geschichte und Alterthumskunde. Weniger künstlerischen Werth hat die 1836 für die Urschützengesellschaft gemalte Scheibe mit der Ansicht der Catharinenkirche und der Hauptwache; aber für die Zeitgenossen interessant sind verschiedene als Staffage angebrachte Figuren, besonders die charakteristische Gestalt des bekannten Malers Schmidt, des sogenannten „Raphael."

Durch seinen liebenswürdigen Charakter erwarb sich Philipp Bauer zahlreiche Freunde. Er war von seinen Mitbürgern zum Quartiervorstand und bald darauf 1836 als Mitglied dritter Ordnung in den Senat gewählt worden. Aber es wurde ihm nicht mehr die Freude zu Theil, die fünf und zwanzigjährige Festfeier des an die Freiwilligen der Jahre 1814 und 1815 ergangenen Fahnenrufs, welche am 11. December 1838 begangen wurde, zu erleben. Wenige Tage zuvor, am 2. December, wurde er durch eine unheilbare Unterleibskrankheit im kräftigsten Mannesalter dahin gerafft.

Sein Sohn Gottlieb Bauer ist Theilhaber der unter der Firma Bauer und Steinberger rühmlich bekannten photographischen Anstalt.

Ludwig Christian Wagner

war am 5. April 1799 zu Wetzlar geboren. Schon als Knabe _{1839.} ₁₈₁₃ machte er sich bei seinen Gespielen durch sein auffallendes Talent im Zeichnen bemerkbar, welches rechtzeitig zu entwickeln ihm leider nicht beschieden gewesen ist. Aeußere Verhältnisse und die Liebe zu seiner Mutter bewogen ihn, seine Neigung zu unterdrücken und sich in Frankfurt der kaufmännischen Laufbahn zu widmen. Im Sommer 1813 trat er bei dem Lederhändler Engelhard in die Lehre, genügte von 1818—1819 seiner heimathlichen Militärpflicht, arbeitete dann wieder bei seinem ehemaligen Lehrherrn und verband sich 1822 mit dem hiesigen Lederhändler Graumann zum selbständigen Geschäftsbetrieb. Aber erst durch ein von ihm 1825 geschlossenes glückliches Ehebündniß hatte er eine vollkommen unabhängige Lage erlangt, die ihm verstattete, sich in den Musestunden seiner Lieblingsneigung zu überlassen, ja fünf Jahre später durch den Austritt aus dem Geschäfte sich vollständig freizumachen, um von jetzt an ausschließlich dem Berufe zu leben, wofür ihn die Natur bestimmt zu haben schien. Anfangs hatte er ohne fremde Anweisung gezeichnet und gemalt, dann aber bei dem trefflichen Rabl gründlichen Unterricht genommen, wodurch er in seiner angeborenen Vorliebe für die heimathliche Waldlandschaft dermaßen bestärkt wurde, daß ihm der glänzende Him-

mel Italiens, welches er 1831 zu sehen die Freude hatte, seine deutschen Buchen= und Eichenwälder nicht vergessen machen konnte. Die
Sehnsucht nach der heimischen Waldeinsamkeit führte ihn bald zurück.
Indessen finden sich noch viele landschaftliche Skizzen als Früchte
jener italienischen Reise. Bevor er diese angetreten, war ihm ein
längerer Aufenthalt in Schleißheim und München von entschiedenem
Vortheil. Im Jahr 1835 setzte er seine Studien in Düsseldorf
fort. Hier konnte sein enges Freundschaftsverhältniß mit Lessing,
Schirmer und andern ausgezeichneten Mitgliedern der dortigen Aka-
damie, und ihre gemeinschaftlichen Ausflüge am Rhein und Neckar
auf seine weitere Entwickelung den erfolgreichsten Einfluß nicht verfehlen, ohne daß der Künstler, so dürfen wir ihn jetzt nennen, seiner
von den Freunden stets geachteten selbständigen Richtung untreu geworden wäre. Die Kunstausstellungen zu Frankfurt, Straßburg,
Hannover, Hamburg, Stettin und des rheinischen Kunstvereins sahen
zu jener Zeit viele Beweise seines glücklichen Fortschritts. Wald-
und Gebirgslandschaften bildeten fast ausschließlich den Vorwurf seiner Bestrebungen, und seine Liebe zu diesem Genre war so groß
wie sein Talent. Wenn Lessings Waldparthien mehr Poesie entfalten, ist Wagners Baumschlag wahrer. Ungeachtet des Einflusses
seiner Düsseldorfer Freunde und seines fleißigen Studiums nach
Ruisdaels herrlichen Vorbildern, ist doch in Wagners Arbeiten die
Grundlage der Rahl'schen Schule niemals zu verkennen, ebensowohl
in der gemüthlichen Auffassung der Natur und in dem meisterlichen
Baumschlage, als in der allzulebhaft=grünen Färbung seiner Landschaften. Wagner malte gleich vortrefflich in Oel und Aquarell, und
wußte die Radirnadel mit großem Geschick zu führen. Den Beweis
liefert namentlich eine täuschende Copie des seltenen Blattes von
Jacob Ruisdael, welches Bartsch unter der Bezeichnung „die Reisenden" (No. 4) beschrieben hat, und eine andere Landschaft mit
Wasser und wilden Schweinen, 1838. Quer Folio. Seine auf häufigen Ausflügen mit seinem Freunde Rosenkranz nach dem bayerischen Hochlande, Salzburg und anderen Gebirgsgegenden gesammelten
landschaftlichen Skizzen sind Zeugen seines unermüdlichen Eifers und
Fleißes. Es kann nur als ein Verlust für die Kunst angesehen werden, daß diesem Talente, dem die Künstlerbahn so spät eröffnet worden, auch ein allzu frühes Lebensziel gesteckt war. Nachdem er längere Zeit gekränkelt hatte, starb er am 21. August 1838 während
eines Besuchs in seiner Vaterstadt Wetzlar im kaum vollendeten vier-
zigsten Lebensjahr.

Wagner besaß einen biederen, höchst liebenswürdigen Charakter, zwar von edlem Stolze beseelt, doch gemüthlich im Umgange, große Aufopferungsfähigkeit und werkthätigen Sinn für Linderung menschlicher Leiden. Alle, welche mit ihm in Berührung kamen, wurden geistig angeregt.

Nach seinem Tode kaufte seine Wittwe aus Pietät viele seiner Gemälde zurück, was mit der Grund sein mag, daß man sie in den Kabineten der Liebhaber nicht häufig findet. Die meisten sind mit seinem Namen bezeichnet. Eine vorzügliche Waldlandschaft befindet sich in der vormals Daems'schen, jetzt städtischen Sammlung.

Nagler hat in seinem Lexicon aus diesem Künstler drei gemacht, indem er ihn einmal als Kunstliebhaber zu Frankfurt, dann als Landschaftmaler zu Wetzlar und endlich als L. B. Wagner, der angeblich 1810 zu Frankfurt geboren wurde, aufführt.

Karl Friedrich Wendelstadt

ward am 13. April 1786 in Neuwied geboren, wo sein Vater damals als fürstlicher Leibarzt lebte [1]. Später verlegte dieser seinen Wohnsitz nach Wetzlar, starb aber bald, den Sohn als sechsjährigen Knaben hinterlassend. Dr. Grambs in Frankfurt nahm sich seiner väterlich an, erzog ihn und ließ ihn im Zeichnen und Malen unterrichten, sandte ihn auch später nach Paris, um unter Davids Leitung sich weiter auszubilden. Dort lernte er seine nachherige Frau, Anna Antoinette Bailly von Grenoble, kennen, ließ sich mit ihr im December 1812 civiliter trauen und kehrte nach Frankfurt zurück [2]. Hier lebte er seitdem auf Permission und ertheilte in Familien und einigen Erziehungsanstalten Unterricht im Zeichnen. Unterdessen war sein Wohlthäter Dr. Grambs Mitvorsteher des Städel'schen Kunstinstituts geworden und glaubte den Anlaß ergreifen zu sollen, um bei Abtretung seiner Kunstsammlung gegen eine Leibrente an das Institut die Anstellung seines Schützlings als Inspektor der Anstalt mit einem Gehalt von 2000 Gulden und freier Wohnung auszubedingen. Am 1. April 1817 trat Wendelstadt diese Stelle an und

c. 1792
1846.

---

[1] Zu seinem Verdrusse wurde er häufig Wendelstadt genannt. Die Angaben Naglers über Ort und Zeit der Geburt des Künstlers sind irrig.

[2] Auch Frau Wendelstadt lag in jüngeren Jahren der Malerei ob. Bei der Ausstellung von Arbeiten Frankfurter Künstler 1827 sah man von ihr ein männliches Portrait und ein in den Wolken schwebendes Kind, beide in Oel gemalt.

1819 erlangte er, nachdem er sich ein Jahr zuvor mit seiner Frau kirchlich hatte trauen lassen, für sich und seine Familie das hiesige Bürgerrecht. Seit 1825 übernahm er im Institut auch den Unterricht im freien Handzeichnen.

Wendelstadts eigentliches Fach war die Historien- und Portraitmalerei. Was er hierin leistete verdient Anerkennung; aber er war nicht sehr productiv. Außer dem Altarblatte: Christus und Maria Magdalena in der Weißfrauenkirche und einer Grablegung Christi am Altar der St. Peterskirche, beide Copien nach italienischen Meistern, sodann einem Portrait des Dr. Grambs im Städel'schen Institut, dem Bilde seines Söhnchens Karl Eduard in ganzer Figur, einer Copie der Verkündigung der Geburt Christi an die Hirten nach J. H. Roos, und einer weiblichen Figur, beide letztere von dem Museum an die Stadtbibliothek gelangt, sind mir keine Oelgemälde von ihm bekannt geworden; doch will ich keineswegs behaupten, daß nicht noch andere von seiner Hand existiren. In den letzten Jahren seines Lebens beschäftigte er sich auch mit Versuchen in der Glasmalerei. Proben davon waren im Jahr 1838 ausgestellt, doch scheint es ihm auch hierin an Ausdauer gefehlt zu haben.

Radirungen und Blätter in Crayonmanier sind folgende von ihm bekannt:

1. Christus mit den Jüngern auf dem Wege nach Emaus. C. F. Wendelstadt fec. (C. F. verschlungen.) Quer 4°. Radirt.
2. Ein alter Mann en face mit Mütze, einen Lichtstummel in der rechten Hand haltend. Halbfigur. Oben rechts C. W. fec. 4°. Radirt.
3. Ein junges Mädchen, einen Bündel auf dem Kopfe tragend. A. v. d. Velden del. C. Wendelstadt fec. Folio. Radirt.
4. Ein Bauer zu Pferd, letzteres ungesattelt, nach links gewendet. A. v. d. Velden del. C. Wendelstadt fec. 4°. Radirt.
5. Ein sitzender bärtiger Bauer mit breitrandigem Hut, nach rechts gewendet. J. Berkheyden del. C. Wendelstadt fec. Kreidemanier. 4°.
6. Ein auf einem viereckigen Stein sitzender Bauer vom Rücken gesehen. C. Dusart del. C. Wendelstadt fecit. 1805. Oben rechts No. 8, links 8. Radirt. 8°.
7. Ein stehender junger Bauer mit breitrandigem Hut und niedergetretenen, zerrissenen Schuhen, nach rechts gewendet. Er hat die rechte Hand in der Rocktasche, die linke auf der Brust in die Weste gesteckt, und schlägt wie schlafend die Augen nieder. Unten rechts No. 7, oben links 2. Kl. Folio. Radirt.
8. Ein liegendes Schaaf, nach rechts gewendet, nach J. Berkheyden. Crayonmanier. C. W. 8°.
9. Ein liegendes Schaaf, nach links gewendet, nach J. Berkheyden. Crayonmanier, mit dem Namen bez. 8°.

10. Ein am Fuße eines großen Baumes sitzender Hirt, nach J. Berkheyden. Lavismanier. Gr. 8°.
11. Landschaft mit einem Bauern, welcher zwei Esel treibt, nach Dujardin. Kl. 4°. Radirt.
12. Der mit Dornen gekrönte Heiland, in Kreidemanier lithogr. 1830. Folio.
13. Der Kopf eines Alten mit Pelzmütze, nach rechts gewendet. R. W. bez. (Zweifelhaft, vielleicht nach einer Zeichnung Rembrandts). 6°. Radirt.

Von diesen Blättern habe ich nur die sieben ersten und das zuletzt genannte gesehen; die andern sind nach Nagler verzeichnet, welcher meine No. 7 nicht kennt, während seine No. 8 und 9 ein und dasselbe Blatt sein dürfte, nämlich meine No. 6, die aber 1805 bezeichnet ist.

Wendelstadt hinterließ eine Privatsammlung werthvoller Radirungen, Handzeichnungen und altitalienischer und deutscher Gemälde. Von den letzteren hatte er 1828 lithographirte Umrisse in fünfzehn Großquartblättern veröffentlicht.

Im Jahr 1840 begab er sich nach Antwerpen, um einer daselbst abgehaltenen Gemäldeauction beizuwohnen, kehrte aber nicht zu den Seinigen zurück. In Folge von Mißverständnissen mit andern dort Anwesenden und von diesen erlittener Beleidigung gab er sich am 17. September 1840 den Tod.

Wohl nicht mit Unrecht legte man dem Inspektor Wendelstadt zur Last, die damalige Abministration des Städel'schen Instituts zur Veräußerung mancher guten Gemälde veranlaßt, auch bei dem Verkaufe der Doubletten der Kupferstichsammlung geringere Exemplare für die Anstalt zurückbehalten und die besseren weggegeben zu haben.

Sein Sohn Karl Eduard, hier geboren am 28. Juni 1815 und gestorben am 6. November 1841 [1]), war ein sehr talentvoller, zu den schönsten Hoffnungen berechtigender Bildhauer, dessen früher Tod als ein Verlust für die Kunst betrachtet werden kann. Den ersten Unterricht hatte er in dem Städel'schen Institut erhalten, dann unter Henschel in Cassel studirt und seine letzte Ausbildung in München bei Schwanthaler empfangen, der ihn als einen seiner besten Schüler liebte.

Sein Leben war zu kurz, als daß er viel geschaffen haben könnte; aber das, was sein Meisel schuf, zeugt von großen Anlagen, wie namentlich seine Hagar mit Ismael, die Büsten Beethovens, Franz Lißts, Thalbergs und des Herzogs von Leuchtenberg; sodann die Figur der Afrika an der neuen Börse dahier und endlich das Modell zu einer

---

¹) Auch hier sind Naglers Angaben unrichtig.

coloffalen Statue Karls des Großen, an beffen Ausführung den Künft=
ler der Tod verhinderte. Das Standbild wurde später von Schwe=
des, einem jüngeren Schüler Zwergers (nicht von diefem felbft, wie
Nagler berichtet) in röthlichem Sandftein, aber leider nicht in den
Dimenfionen und dem Charakter des Modells, ausgeführt. Karls
hohe Heldengeftalt, wie fie im Modell erfchien und allgemein bewun=
dert worden war, ift in der Ausführung zu einer unterfetzten, geiftlofen
Figur geworden. Die Koften hat das Städel'fche Inftitut beftritten.

Ein lithographirtes Blatt: Agar labet den Ismael in der Wüfte,
mit der Unterfchrift: »Auxilium de Sancto« ift bezeichnet: Chr. Lotsch
inv. Romae. Ed. Wendelstadt fec. Jan. 1832. Rund in Folie.

Als Dilettanten machten fich feit dem Anfange des 19. Jahr=
hunderts auch die beiden Gefchwifter S t r i c k e r bemerkbar:

Chriftiane Friederike Stricker

_{c. 1810
1840.} war am 3. April 1780 zu Weilburg geboren und kam um 1810
mit ihrem Bruder nach Frankfurt. Von befonderer Liebe zur Kunft
befeelt, nahm fie bei Zfchocke Unterricht im Zeichnen und Malen,
worin fie fich fchon früher verfucht hatte. Mehr ihrem angeborenen
Talent, als jenem Unterrichte ift es zuzufchreiben, daß fie bald nicht
nur im Kreife ihrer näheren Bekannten, fondern auch weiterhin als
tüchtige Blumenmalerin in Gouache und Aquarell bekannt und ihr
Unterricht von jungen Damen gefucht wurde. In Goethe's „Kunft
und Alterthum" wird ihrer ehrend gedacht. Sie ftarb unvermählt
am 27. October 1840. Ihr jüngerer Bruder

Philipp Salentin Wilhelm Stricker,

gleichfalls in Weilburg geboren am 10. Februar 1782, gelangte
1810 bei feiner Verheirathung mit der Tochter des würdigen Seniors
Dr. Hufnagel als Kaufmann in das hiefige Bürgerrecht. Ein gefchick=
ter Zeichner, befchäftigte er fich in freien Stunden damit, die beften
Radirungen von Ridinger, Rugendas, J. A. Klein und Andern mit
der Feder zu copiren. Doch zeichnete er auch häufig nach der Natur,
meiftens Pferde, Schiffe und landfchaftliche Gegenftände. Von feinen
r a d i r t e n Blättern find die Büffel nach P. de Laar am gelungen=
ften. Er ftarb am 13. Juni 1830.

Johann Valentin Tüchert,

Bildhauer von Herbstadt in Franken, wo er am 23. Januar 1761 ¹⁷⁸⁴⁄_{1841.}
geboren ward, empfing den ersten Unterricht bei Zeberd in Königs-
hofen, bildete sich dann weiter in Würzburg und zuletzt bei dem Bildhauer Pfaff zu Mainz. Er arbeitete in Stein und Holz. Um 1783
verfertigte er die Statuetten und andere Bildhauerarbeit an dem
d'Orville-Bernardischen Hause zu Offenbach, und nahm dann, nachdem er im Wege der Gnade das Bürgerrecht erlangt hatte, im Mai
1784 seinen Wohnsitz in Frankfurt. Bei diesem Anlasse hatte er sich
erboten, „die steinerne Statua Salvatoris" am Kastenhofspital nach dem
zu übergebenden Modell unentgeltlich zu verfertigen. Dieses Werk
wurde aber nachher von Oehme ausgeführt. Tücherts Kunst war
mehr eine decorative, die sich an vielen öffentlichen und Privatgebäuden geschmackvoll erwies. Die Bildhauerarbeit an dem von Schweitzer'-
schen Hause auf der Zeil, das von Bethmann'sche Epitaphium auf
dem Peterskirchhofe und die Sockel und Capitäle der Säulen in der
Paulskirche sind von ihm modellirt und ausgeführt. Wegen hohen
Alters war er jahrelang zur Unthätigkeit verurtheilt. Er starb am
18. September 1841 im einundachtzigsten Lebensjahr. Sein Neffe
und Schüler

Matthäus Krampf,

am 24. November 1798 in Herbstadt geboren, fand nach seines
Vaters Tod 1808 bei seinem Oheim Zuflucht und eine neue Heimath. Nachdem er dessen Kunst erlernt und sich während einer
vierjährigen Wanderung in München, Wien, Paris und andern größeren Städten weiter ausgebildet hatte, kehrte er 1823 zur glücklichen Stunde nach Frankfurt zurück. Die nüchterne Geschmacklosigkeit
in der Civilbaukunst begann, wiewohl langsam, sich zum Bessern zu
wenden, die Bildhauerei fand wieder ihren Platz in der Architektur;
desto fühlbarer war der Mangel an tüchtigen Bildhauern. Krampfs
Arbeiten im Fache der Ornamentik erhielten Beifall. Obgleich nicht
im Besitze des gesetzlichen Vermögens, wurde ihm 1824 auf sein
Ansuchen, nach erlangter Dispensation durch die Gesetzgebende Versammlung, das Bürgerrecht ohne die üblichen Leistungen ertheilt. Er
hatte sich bei diesem Anlasse erboten, ein Crucifix oder einen anderen
Gegenstand für die neue Barfüßerkirche unentgeltlich zu verfertigen,
was indessen unterblieb.

Bei der im Jahr 1827 stattgehabten Ausstellung der Werke hiesiger Künstler sah man von ihm ein in Holz geschnittenes Crucifix, sodann die Grablegung Christi und Maria mit dem Christuskinde und dem kleinen Johannes, beide halberhaben in Gyps modellirt. Irrigerweise wurde dem Künstler damals der Taufname Julius beigelegt. Von ihm sind auch theilweise die Capitäle an dem Säulenportal der Stadtbibliothek. Krampf lag seinem Berufe mit vielem Eifer und Erfolg ob; aber körperliche Schwäche hemmte schon frühe seine Thätigkeit. Die letzten vierzehn Jahre seines Lebens brachte er auf qualvollem Krankenlager zu, wovon ihn der Tod am 3. November 1858 erlöste.

Rosa Huth,

$\frac{1815}{1843}$ geboren in Frankfurt am 6. Januar 1815, begann ihre künstlerische Laufbahn mit Blumenmalen, ging aber bei sich weiter entwickelndem Talent zur Portraitmalerei über. Nach einigen glücklichen Versuchen in diesem Fache unterzog sie sich dem gründlichen Unterricht des geschickten Portraitmalers und Zeichners Conrad l'Allemand. Seitdem fand sie während einer zehnjährigen Thätigkeit allseitige Anerkennung. Ihre Arbeiten sind frei von dilettantischer Schwäche, die Zeichnung ist fest und sicher. Sie hat nahe an 1500 Portraite, theils nach der Weise ihres Lehrers in Kreide gezeichnet, theils in Aquarell gemalt. Darunter zeichnen sich als besonders gelungen aus die Bildnisse der Herzogin von Mecklenburg-Strelitz, des österreichischen Generals Belli-Rodetzky, und des Pfarrers Dr. Friederich, das letztere von Deuker in Kupfer gestochen. In den angesehensten Familien ertheilte sie Unterricht. Auch im Lithographiren hat sie sich mehrfach versucht; das gelungene Portrait des Zeichenlehrers Reges dient als Beleg. Bei den ersten Versuchen, in Oel zu malen wurde die strebsame Künstlerin im kaum vollendeten achtundzwanzigsten Lebensjahr am 28. Januar 1843 vom Tode ereilt.

Heinrich Friedrich Höffler,

$\frac{1793}{1844}$ geboren zu Frankfurt am 29. März 1793, bekämpfte in der Jugend mit unermüdlichem Eifer die Hindernisse, welche ihm seine Verhältnisse und der damals allgemein fühlbar gewesene Mangel an Bildungsmitteln für die Kunst entgegenstellten. Es gelang ihm indessen, unter tüchtiger Leitung seine Vorschule zu machen. Im November

1817 verließ er Frankfurt und begab sich, den Weg zu Fuß zurück-
legend, nach Paris, wo er vier Jahre mit angestrengtem Fleiße in
dem Atelier des berühmten Gros dem Studium der Figur oblag;
hierbei förderte ihn wesentlich der häufige Besuch der Kunstschätze des
Louvre. Im Jahr 1822 nach Frankfurt zurückgekehrt, nahm er im
Verein mit Passavant, F. Fellner, M. Oppenheim und einigen Andern am Modellzeichnen in dem Städel'schen Institut Antheil; hauptsächlich beschäftigte ihn die Portraitmalerei. Er errichtete eine Zeichen-
und Malschule, die ihn später ausschließlich in Anspruch nahm. Sein
ernster, strebsamer Geist blieb, unberührt von den Aeußerlichkeiten
des Lebens, nur seinem Berufe und in den Nebenstunden mit Vorliebe dem Studium der Natur zugewandt. Bei der im Jahr 1827
stattgehabten Ausstellung von Werken Frankfurter Künstler sah man
von ihm zwei Studienköpfe und ein männliches Portrait in Oel gemalt. Eine langwierige Krankheit machte seinem Leben allzufrühzeitig
ein Ende — er starb am 15. Mai 1844, betrauert von seinen zahlreichen Schülern, von denen sein Sohn Johann Adolf, geboren
1825, als tüchtiger Landschaftmaler unter den lebenden Künstlern eine
ehrenvolle Erwähnung verdient.

Joseph Dechs

war am 2. März 1787 zu Regensburg geboren. Sein Vater, der
Maler Anton Dechs, der um 1790 seinen Wohnsitz nach Offenbach
verlegt hatte, unterrichtete ihn in seiner Kunst. Joseph etablirte sich
gleichfalls in Offenbach, kam aber regelmäßig nach Frankfurt, um
hier Unterricht im Zeichnen und Malen zu ertheilen. Er portraitirte
in Oel und Miniatur. Im Auftrage des Fürsten Primas malte er
dessen Bildniß für das Museum. Es befindet sich jetzt auf der Stadtbibliothek. In dem Prehn'schen Kabinet sieht man ein kleines männliches Brustbild von ihm. Nach Dechs hat auch Felsing das Bild
des Malers A. B. Rothnagel gestochen. Oval, 8°. Der Großherzog
von Hessen ernannte ihn zum Professor der Zeichenkunst. Seit 1820
hatte Dechs das hiesige Bürgerrecht erlangt und seinen Wohnsitz in
Frankfurt genommen, wo er am 13. December 1844 starb.

Die Bemerkung, daß Kunstsinn und dilettantische Kunstübung
in der zweiten Hälfte des vorigen und im Anfange des gegenwärtigen
Jahrhunderts hier vorzugsweise von den Damen der höheren Kreise mit
Liebe und entschiedenem Erfolge gepflegt wurden, bestätigt auch Frau

Susanna Maria Rebecca Elisabeth von Adlerflycht geb. von Riese.

1775
1846

Unter der Leitung ihres Lehrers Johann Daniel Bager hatte sie sich schon in jüngeren Jahren im Zeichnen und Malen große Fertigkeit erworben. Auch nachdem sie sich im Mai 1797 mit dem nachherigen Senator und Schöffen Justinian von Adlerflycht vermählt hatte, blieb sie ihrer Lieblingsbeschäftigung treu und zeigte dadurch, daß diese nicht, wie so häufig, in eitler Mädchenlaune, sondern tiefer ihren Grund hatte. Frau von Adlerflycht malte in Aquarell- und Oelfarben Blumen, Früchte, Landschaften, Portraite und Genrestücke nach andern Meistern und nach der Natur. Ihre Befähigung zum selbstständigen Schaffen hat sie am besten bewiesen durch das von ihr während einer Rheinfahrt im Jahr 1811 gezeichnete und nachher in Farben ausgeführte Panorama des Rheinthals von der Mündung der Nahe bis zur Mosel. Die Idee war damals noch ganz neu. Veranlaßt durch Herrn Cotta von Cottendorf, wurde nach dieser Zeichnung 1823 in Stuttgart eine Lithographie verfertigt. Diese ist bezeichnet: „Elisabeth v. A., lithogr. von Keller;" sie wurde später dem Kupferstecher Delkeskamp überlassen, welcher seitdem sein vortreffliches Rheinpanorama, zuerst 1825 in größerem Maßstabe und künstlerisch vervollkommnet, herausgegeben hat. Die erste Idee zu diesem schönen und nützlichen Werke dürfte also der Frau von Adlerflycht angehören. Der Kunstsinn dieser Dame bewährte sich auch in dem von ihr geschmackvoll gesammelten kleinen Gemäldekabinet. Sie war geboren am 23. September 1775 und starb am 15. März 1846.

Mit gleicher Berechtigung gebührt in diesen Blättern eine Stelle der Frau

Polyxene Basse, geb. von Goldner.

1798
1836

Sie war die Tochter des fürstlich Isenburgischen Ministers, nachherigen Großherzoglich Hessischen Geheimeraths Karl von Goldner und am 3. April 1798 zu Offenbach geboren. Ihr bedeutendes Talent in der Landschaftmalerei in Tusch, Sepia und Oelfarben hatte sie unter der Leitung von Joseph Oechs ausgebildet und es darin zu einer mehr als bloß dilettantischen Vollkommenheit gebracht. Zwar ist mir bis jetzt nur vergönnt gewesen, eine einzige ihrer Arbeiten, im Besitze ihres Sohnes, des Herrn Pfarrers Dr. Basse, persönlich zu sehen; aber diese ließ mich kaum die Hand einer Di-

lettantin erkennen. Es ist eine kleine in Oel gemalte Landschaft im
Geschmacke Jacob Ruisdaels, vielleicht auch nach ihm, mit so richtigem Gefühl, so delicat und doch mit voller Freiheit und Sicherheit
des Pinsels vollendet, der Baumschlag, das Wasser so vorzüglich und
das Colorit so kräftig, daß ich das Bild unbedenklich einem der
besseren deutschen Maler aus dem Anfange dieses Jahrhunderts zugeschrieben haben würde. Als Jungfrau und in den ersten Jahren
ihrer 1817 mit Handelsmann Karl Basse geschlossenen Ehe mußte
sie sich während einer langwierigen Krankheit manche trübe Stunde
mit ihrer Kunst zu erheitern. Aber Muttersorgen und die Pflichten
der Hausfrau zwangen sie später, den Pinsel ruhen zu lassen. Sie
starb am 28. September 1836.

Johann Andreas Benjamin Reges

war am 31. Januar 1772 in Frankfurt geboren. Er hatte sich unter $^{1772}_{1847}$
Nothnagels, seines Taufpathen, Leitung zum geschickten und correkten
Zeichner im historischen Fache ausgebildet. Einige mit seinem Namen
bezeichnete Rabirungen, Bauernscenen in niederländischem Geschmack,
wie es scheint nach Nothnagel, verrathen viele Fertigkeit. Weniger
gelungen sind seine Versuche in der Oelmalerei, wie eine in dem
Sitzungszimmer des Appellationsgerichts befindliche Darstellung des
sterbenden Seneca zeigt, die er 1796 bei Gelangung zum Bürgerrecht als Probestück übergeben hatte. Dagegen erwarb sich Reges
nicht geringe Verdienste als vieljähriger Lehrer an dem von Cöntgen
gegründeten „Zeichnungsinstitut." Gleichzeitig leitete er den Unterricht im Zeichnen am Gymnasium und in andern Schulen und nahm
als Quartiervorstand und Mitglied der Gesetzgebenden Versammlung
an den öffentlichen Geschäften des hiesigen Gemeinwesens thätigen
Antheil, weßhalb ihm auch in den Jahren 1822 – 1827 viermal die
Ehre zu Theil wurde, bei Rathswahlen zur dritten Ordnung in die
Kugelung gebracht zu werden, jedoch ohne daß ihm das Glück günstig
gewesen. Wegen seines ehrenfesten, liebenswürdigen Charakters genoß
Reges die allgemeine Achtung seiner Mitbürger, sowie als tüchtiger
Lehrer die Liebe seiner zahlreichen Schüler und Schülerinnen aus
allen Klassen der Gesellschaft. Er hatte sich zweimal vermählt: im
Jahr 1796 mit Maria Rosine Hochecker, der jüngeren Tochter von
Franz Hochecker, und nach deren Tod 1810 mit Maria Christina
Kayser. Er starb am 18. Januar 1847.

Joseph Nikolaus Peroux,

1795
1840. warb am 26. Juni 1771 zu Ludwigsburg, nicht, wie Nagler angiebt, 1769 zu Ludwigslust, geboren. Er empfing die erste Anleitung in der Kunst durch den Galleriedirector Nicolaus Guibal zu Stuttgart, einem Schüler von Raphael Mengs, und setzte seine Studien auf der Karlsschule fort. Die Portrait- und Historienmalerei hatte er sich als Ziel seines künstlerischen Berufs erwählt. Im Jahr 1795 vermählte er sich in Frankfurt mit Anna Catharina Müller[1]) und nahm hier seinen Wohnsitz. Die Unruhen des Kriegs, den Künsten nicht hold, veranlaßten ihn zu einer Wanderung nach Norden; er weilte geraume Zeit in Hamburg und zuletzt in Lübeck. Hier errichtete er eine Kunstschule und hatte das Glück, einen Jüngling, dessen Namen Deutschland jetzt mit Stolz nennet, zuerst auf die Bahn der Kunst zu führen. Es war Friedrich Overbeck, der noch in späteren Jahren, als er schon zu den Koryphäen der neudeutschen Kunst zählte, seinem ersten Lehrer mit dankbarer Pietät zugethan blieb. Aus Rom schrieb er ihm einst:

„Wie oft, lieber Lehrer — Sie erlauben, daß ich Sie immer noch so nenne — denk' ich an Sie und die Zeit, da Ihr Unterricht das erste Liebesfeuer zur göttlichen Kunst in mir anfachte. Wollte Gott, jener Wunsch: daß wir uns einst im Vatikan wiedersehen möchten, könnte wirklich in Erfüllung gehen! Wie sollte mich Ihre Gegenwart von Neuem anspornen, darnach zu ringen, wahrzumachen, was Sie einst zu mir sagten: wenn ich fleißig sei, so würde ich Raphael erreichen können! Ach! noch immer denke ich eitler Mensch an dieses Wort, und es klingt mir noch in der Seele, als ob Sie es gestern gesagt hätten! Aber so etwas ist auch nothwendig; denn wenn der Anblick der höchsten und vortrefflichsten Werke mich ganz und gar niedergebeugt hat, dann kann mich nur eine solche Erinnerung aufrichten und von Neuem stärken, um weiter zu bringen."

Gewiß ein schönes Zeugniß für den Lehrer, wie für den Schüler! Allgemeinen Beifall erndete Clemens Brentano bei einem 1831 zu Ehren Overbecks auf dem hiesigen Forsthause veranstalteten Festessen durch die humoristische Bemerkung: der beste Schwabenstreich, den Peroux gemacht habe, sei der gewesen, daß er Overbecks Lehrer geworden.

Nach den Schreckenstagen des Novembers 1806, die in Lübecks und des Vaterlands Geschichte ein dunkles Blatt füllen, war Peroux nach Frankfurt zurück gekehrt. Hier erhielt er zunächst von dem Groß-

---

[1]) Man hat von ihr kleine Landschaften in Wasserfarben.

herzog den Auftrag zu zwei größeren historischen Gemälden für das Museum. Das eine stellt Günther von Schwarzburg dar, wie er sterbend sich mit seinem Gegner Karl versöhnt, das andere Christus als Kinderfreund. Diesem gebührt vor dem ersteren, welches in Auffassung, Zeichnung und Ausführung gänzlich mißlungen ist, unbedingt der Vorzug. Es ist jetzt in der städtischen Gemäldesammlung aufgestellt. Besondere Erwähnung verdient ein von Perour für den Hospitalmeister Gruner, einen bekannten hiesigen Kunstfreund, im October 1817 zum Reformationsjubiläum ausgeführtes Gemälde, das sich noch im Besitze der Erben befindet. Die von Anton Kirchner ausgegangene Idee, welche der Künstler in diesem Bilde zu verherrlichen suchte, ist: der Sieg der religiösen Wahrheit durch die Macht des Geistes, unter dem Schutze hochherziger Fürsten. Die Wahrheit in Gestalt einer Jungfrau wird entschleiert, Waldus und Wikleff, Huß und Hieronhmus von Prag haben das Werk begonnen, noch ist's bei Weitem nicht gelungen; aber Luther und Zwingli, unterstützt von Melanchton und Calvin, sind schon bereit, dasselbe zu vollenden. Spalatin und Decolampadius ermuntern den Kurfürsten von Sachsen und den Landgrafen von Hessen, beide Fürsten, die Hand am Schwert, rüsten sich, Gut und Blut für die Freiheit des Glaubens einzusetzen. Das Bild ist mit sichtbarer Liebe und, wie alle Oelgemälde Perours, mit einem zarten, etwas zu weichen Pinsel ausgeführt, die Anordnung im Ganzen ist gelungen. Es ist 31½'' h. und 25½'' br.

Perours zahlreiche Portraite zeichnen sich hauptsächlich durch Aehnlichkeit aus. Vorzugsweise ist hier das im Jahr 1815 für den Buchhändler Eichenberg, und 1817 nochmals für den Justizrath Karl Hoffmann mit besonderem Fleiße gemalte Bildniß Ernst Moritz Arndts zu gedenken. Alle, welche in jenen Tagen der deutschen Erhebung den wackeren Arndt mit hellem Blicke, in stolzer jugendlicher Manneskraft in Frankfurt umherschreiten und wirken sahen, begrüßen in Perours Gemälde ein liebes Andenken an eine schöne vergangene Zeit. Diejenigen aber, welche den verehrten Greis nur in der Paulskirche sahen, werden ihn freilich in dem jugendlichen Bilde kaum wieder erkennen. Als Kunstwerk kommt es wenig in Betracht. Wohlgetroffen ist auch das Portrait des lutherischen Pfarrers und Consistorialraths Deelen, welches H. Ritter durch den Stich bekannt gemacht hat.

Als Miniaturmaler hat Perour Besseres geleistet; davon liefert u. a. das Portrait des Pferdemalers Pforr den Beweis.

Die mimischen Darstellungen der Hendel-Schütz gab er in 24 Blättern und später eben so viele zu Nikolaus Vogts Geschichte des Rheins nach des Verfassers eigenen Entwürfen heraus, wodurch er sich damals vielen Beifall erwarb.

Perouz war ein stiller sinniger Mann, der mit einem liebenswürdigen Charakter die angenehmsten äußeren Formen verband. Nachdem er 1809 das Unglück gehabt hatte, seine erste Gattin zu verlieren, war er 1813 mit der Schwester des Malers Petsche in die Ehe getreten, jedoch 1833 abermals Wittwer geworden. In demselben Jahre hatte ihn die Administration des Städel'schen Kunstinstituts zum Bibliothekar-Gehülfen ernannt, welcher Stelle er bis zu seinem am 12. Januar 1849 erfolgten Tode, in soweit sein hohes Alter und seine Kräfte es gestatteten, gewissenhaft vorstand. Perouz hat unserer Stadt als Bürger und schaffender Künstler über ein halbes Jahrhundert angehört und ein gutes Andenken hinterlassen.

Anton Radl,

1774
1852. einer der letzten, aber auch der tüchtigsten hiesigen Maler, die ihre Bildung noch im achtzehnten Jahrhundert auf dem alten handwerksmäßigen, aber soliden Wege erlangt hatten, war, der jüngste von vier Geschwistern, am 16. April 1774 zu Wien geboren.[1]) Da er schon in seinem sechsten Jahre den Vater, einen Zimmermaler, verloren hatte, so fiel die ganze Sorge der Erziehung der wackeren Mutter anheim, die des Knaben frühe Neigung zur Kunst gerne unterstützte, ihn anfangs die Kupfer einer Bilderbibel abzeichnen ließ und ihn häufig nach der Gemäldegallerie des Belvedere begleitete, um durch den Anblick der herrlichen Werke seinen Kunstsinn anzuregen und zu bilden. Nach erlangtem vorschriftmäßigen Alter als Schüler in die Zeichenakademie aufgenommen, studirte er mit Lust und rastlosem Fleiße, konnte aber die Akademie nur zweimal wöchentlich besuchen, weil er schon in zarter Jugend genöthigt war, seinen Unterhalt durch Coloriren und Zimmermalerei zu erwerben.

Als im Jahr 1790 wegen Ausbruchs der französischen Revolution in Oesterreich alle jungen Leute zum Militairdienst gezogen wurden, erwog Radl mit seiner Mutter, welche schon zwei Söhne unter Joseph II. vor Belgrad verloren hatte, seine Pflicht, der Mutter

---

[1]) Nicht 1775, wie in Naglers Künstlerlexicon, oder 1772, wie in dem Neuen Nekrolog der Deutschen behauptet wird.

den letzten Sohn zu erhalten. Von ihren frommen und heißen
Segenswünschen begleitet, mit einem Rosenkranz und wenigem Gelde
versehen, reiste er nach Brüssel zu dem seinem Vater befreundet ge=
wesenen Maler Kormer, bei welchem er väterliche Aufnahme und
einen tüchtigen Unterricht fand. Aber nur ein Jahr durfte er sich
dessen erfreuen. Das Herannahen der französischen Armee nöthigte
alle Ausländer, die Stadt zu verlassen. Seine Wanderung führte
ihn nach Aachen, dann nach Cöln und endlich nach Frankfurt, wo
er am 1. Januar 1794 bei furchtbarer Kälte, die Haare weiß be=
reift, einzog. Ohne alle Bekanntschaft und Empfehlung sah er einer
trüben Zukunft entgegen; aber seine gewinnende Persönlichkeit erwarb
ihm schon nach einigen Tagen das Vertrauen des damals vielbe=
schäftigten J. G. Prestel, in dessen Familie er wie ein Kind des
Hauses sieben heitere Jahre verlebte. Auch bei dem Architekturmaler
J. L. E. Morgenstern und dessen Sohne war er gerne gesehen.

In der Kupferstecherkunst erkannte er Prestel als seinen Lehrer.
Unter dessen Leitung handhabte er mit Fleiß und Eifer den Grabstichel
und die Radirnadel im Interesse des Verlags seines Meisters. Zahl=
reiche vorzügliche Blätter von seiner Hand, theils eigene Erfindungen,
theils Nachahmungen alter Meister, sind dessen Zeugen. Diese Ar=
beiten nach guten Vorbildern, besonders nach Jacob Ruisdael, neben
dem eifrigen Studium der Natur waren ihm zugleich für seine Aus=
bildung als Landschaftmaler von dem entschiedensten Nutzen. Sein em=
pfänglicher Geist wußte das Charakteristische der verschiedenen Baum=
gattungen mit einer Schärfe aufzufassen und einer Wahrheit darzustellen,
wie es zu seiner Zeit noch ungekannt war und worin er seitdem noch
nicht übertroffen worden ist. Seine zahlreichen in den benachbarten
Waldungen aufgenommenen Gouachegemälde würden unübertrefflich
schön zu nennen sein, wenn ihre Färbung eben so vollkommen, wie die
Zeichnung wäre. Es ist besonders der zu bestimmte, zu hart grüne Ton
in den Schatten, der das Auge nicht befriedigt, ein Fehler, welcher theil=
weise in der den Deckfarben mangelnden durchsichtigen Klarheit einige
Entschuldigung finden dürfte, jedenfalls aber allen Künstlern seiner Ent=
wickelungsperiode zur Last fällt. In seinen der Natur entnommenen
vortrefflichen Aquarellen — Parthien aus dem Taunus, dem Schwarz=
walde und vom Donauufer — tritt jener Mangel weniger hervor,
und fast ganz frei davon sind die einfachen Tusch= und Sepiazeich=
nungen, welche durch die Vortrefflichkeit und Zartheit des Pinsels oft
wahrhaft überraschen. Die von ihm für den Kunstverleger Wilmans
im Jahr 1818 aufgenommenen Ansichten der vier Freien Städte

446

und deren Umgebungen lassen darüber keinen Zweifel. Der Künstler
hat hier aus den wenig malerischen Gegenden Norddeutschlands oft
die lieblichsten landschaftlichen Bilder geschaffen, in denen überall der
leichtgeblätterte, meisterhaft individualisirte Baumschlag den Glanzpunkt bildet. [1])

Eine Reise nach seiner Vaterstadt zum kurzen Besuche seiner
Verwandten benutzte er gleichfalls zu ergiebigen landschaftlichen Studien längs der Donau, und noch im Alter wurde dem Künstler die
Freude, die Schweiz zu sehen, ohne daß er, der ungünstigen Witterung halber, Gelegenheit gefunden hätte, für seine Mappe eine besondere Bereicherung zu gewinnen.

Auch Nabls landschaftliche Oelgemälde sind vorzüglich. Sie
wurden von hiesigen und auswärtigen Liebhabern stets eifrig gesucht.
Indessen lag dennoch seine größte Stärke in der Aquarelle, deren
langgewohnte Behandlung man in der Färbung der Oelbilder —
nicht immer zu deren Vortheil — wiederzuerkennen glaubt. Auch
fehlt es den letzteren bei aller Vortrefflichkeit der Ausführung zuweilen an dem leichten und durchsichtigen Farbenauftrag des Aquarells.
Einige kleine auf Kupfer gemalte Waldlandschaften machen hiervon eine
erfreuliche Ausnahme. Diese lassen kaum etwas zu wünschen übrig.

In der großherzoglichen Gallerie zu Darmstadt befinden sich
sechs größere Landschaften des Meisters, worunter sich eine Waldparthie mit breit einfallendem Sonnenlicht besonders auszeichnet.
Auch in der hiesigen städtischen Sammlung sieht man eine Wald-
und eine Felsenlandschaft, beide s. Z. für das Museum gemalt.
Im Privatbesitze der Herren Pfarrer Deichler, Med. Dr. Kellner
und Jehn befinden sich gleichfalls ausgezeichnete Stücke. Ich selbst
bewahre eine ganz vorzüglich schön und fein ausgeführte kleine Waldlandschaft mit besonders gut charakterisirtem Baumschlag und weidendem Hornvieh. Dieses Bildchen hat für mich noch das besondere
Interesse, daß ich es von dem ersten Pinselstrich bis zur Vollendung
unter des Meisters Hand entstehen sah und sein Anblick mir stets
die liebenswürdige Persönlichkeit und die gemüthliche Unterhaltung
des Künstlers während des Malens in das Gedächtniß zurückführt.

---

[1]) Die Original-Tuschzeichnungen der in Quartformat ausgeführten Ansichten
von Hamburg und Bremen befinden sich gegenwärtig im Besitze des Herrn G.
Finger, des Raths, die von Frankfurt und Lübeck aber in dem meinigen. Es
sind zusammen etwa 75 Blätter, in vier schöne Maroquinbände gebunden. Nabl
erhielt von dem Verleger für jede einzelne Aufnahme vier Louisdor.

Das Talent unseres Künstlers blieb indessen keineswegs auf das Landschaftsfach beschränkt; er war nicht nur ein geschickter Thiermaler, wie die vorzüglichen Staffagen seiner Landschaften zeigen, sondern machte auch das Volksleben zum Vorwurfe seiner künstlerischen, oft wahrhaft humoristischen Darstellungen. Dahin zählen namentlich einige heitere Kirchweihscenen, als flüchtig colorirte Kohlenzeichnungen entstanden, später aber auch in Gouache und in Oel ausgeführt, ferner der Empfang der französischen republikanischen Truppen vor dem Fürsteneck nächst der Brücke, das Gefecht vor dem Bockenheimer Thor am 22. April 1797 in dem Augenblick als der Friede von Campo Formio bekannt wurde und die Franzosen sich der Stadt noch bemächtigten wollten. Mit zu seinen interessantesten Blättern gehören die Decorationen zu den Opern Titus, Palmyra und Corsar nach G. Fuentes, wovon zwei colorirt erschienen. Seine schönsten aber sind unstreitig: eine Mondscheinlandschaft nach A. van der Neer aus dem Etling'schen Kabinet, und das Kornfeld nach Jacob Ruisbael, ferner: ein Viehstück (der weiße Ochse) nach Paul Potter, und eine Bärenjagd nach F. Snayers, die beiden letzteren aus der Gallerie von Söder, in Aquatinta, braun und auch colorirt gedruckt. Ueberhaupt darf hier nicht unbemerkt bleiben, daß sehr viele der vorzüglichen unter Prestels Namen erschienenen Blätter, insbesondere die vortrefflichen Landschaften nach Jacob Ruisbael, ihre Vollendung nur unserm Meister verdanken. Es war eine schon anderwärts gerügte Unbilligkeit Prestels, die Namen seiner tüchtigsten Gehülfen im Dunkeln zu lassen.

Nach Rabls Zeichnungen hat J. G. Reinheimer drei Soldatenscenen der französischen Revolutionsarmee, eine Ansicht der Stadt, von der Mainseite, mit dem diesseitigen Brückenthurme, eine Weinprobe, im Keller u. a. m. geätzt.

Ein von dem Künstler selbst radirtes, höchst seltenes Quartblättchen, einen Wald mit Wasser darstellend, worin Kühe weiden, ist sehr geistreich und mit der größten Feinheit der Zeichnung behandelt, entbehrt aber noch der nöthigen Haltung durch Licht und Schatten, wie er es nach einem von ihm selbst in Tusch schattirten Exemplar zu vollenden beabsichtigte, woran er aber durch Entwendung der Platte verhindert wurde.

Von Rabls Gouachebildern, sowohl landschaftlichen, als Scenen aus dem Volksleben, ist eine ziemliche Anzahl durch seinen Freund Dr. Grambs an das Städel'sche Kunstinstitut gelangt. Die von dem Künstler gleichfalls in Gouache ausgeführten, im Farbendruck bei Preſtel erſchienenen Burgruinen und Schlöſſer der Maingegend: Harbenberg, Freudenberg, Henneberg, Steinheim, Hain, Rödelheim, Stauffen ꝛc. erwarb theilweiſe der Herzog von Weimar.

Radl war ein anſpruchloſes, heiteres Gemüth, ohne Falſch, eine echte Künſtlernatur nach altehrenfeſter Weiſe, ohne alles äußerliche Aufblähen, wie man es ſo häufig findet, und doch ſeines Werthes ſich bewußt, nie vorlant im Urtheil, fremdes Verdienſt gerne aner- kennend, verſtändig, gerade und ehrlich im Umgange, würdevoll und doch angenehm in ſeiner äußeren Erſcheinung, ein munterer Geſell- ſchafter, liebevoller Familienvater, beliebt bei Allen, die ihn näher kannten. Aber auch auf dem Lebensweg dieſes wackeren Mannes fehlte es nicht an mancher trüben Stunde.

Im Jahr 1800 hatte er ſich mit Roſina Margaretha Hochſchlitz verheirathet, einer gemüth- und talentvollen Frau, die durch ihre große Geſchicklichkeit im Drucken der Preſtel'ſchen farbigen Aquatintablätter und anderer Kupferplatten, ſo wie durch Reinigen alter Kupferſtiche und Aufziehen ſelbſt der größten Zeichnungen, ihrem Gatten eine nicht unerhebliche Beihülfe gewährte. Er lebte mit ihr in der glück- lichſten Ehe; aber die ſieben Kinder, welche ſie ihm gebar, mußte er alle im zarten Alter dahin ſterben ſehen. Beſonders hart war ihm der Verluſt eines neun Jahre alten Sohnes, der frühe ein ausge- zeichnetes Talent für die Kunſt gezeigt hatte. Noch ſchwerere Prü- fung ſollte er erfahren, als ſeine Frau, vom Schlage getroffen, das Augenlicht verlor und während ihres achtjährigen, zuletzt mit Geiſtes- verwirrung verbundenen Siechthums ſeine treueſte Pflege erforderte. Erſt 1844 wurde ſie durch den Tod erlöſt.[1]) Während dieſer trüben Zeit fand er in der Geſellſchaft des Liederkranzes manche erheiternde Stunde. Obgleich nicht Herr des Geſanges, verſtand er doch mit Anmuth die Guitarre zu ſpielen und bewundernswürdig in einem vollen, runden Tone allerlei Melodien zu pfeifen. Bei Anordnungen von heiteren Feſten war er ſtets bereit, durch Malen von Trans- parenten behülflich zu ſein.

Das ausgezeichnete Talent und die liebenswürdigen Eigenſchaften des Künſtlers hatten ihm bei ſeinen jüngeren Berufsgenoſſen hohe Achtung und in weiteren Kreiſen viele Freunde erworben. Es ent- ſtand der Wunſch, dem Altmeiſter durch ein beſonderes Feſt wohl- verdiente Anerkennung zu bezeugen. Dieſes fand am 17. December 1843 in höchſt gemüthlicher Weiſe ſtatt. In dem Lokale des Städel'ſchen

---

[1]) Sie war im Mai 1770 dahier geboren und ſtarb am 17. Januar 1844.

Instituts war schon eine Ausstellung der Werke des Meisters veranstaltet worden. Am Festabend wurde er in dem Augsburgerhof
im geschmückten Saal, an dessen oberem Ende sein sehr ähnliches
von Frau Reinheimer gemaltes, mit Blumen bekränztes Bild aufgestellt war, von den Sängern des Liederkranzes begrüßt und mit
einer Ansprache des Inspektors Passavant empfangen. Auch seine
Schülerinnen, Damen aus den ersten Familien, wollten bei dieser
Huldigung nicht zurückstehen. Sie ließen dem verehrten Lehrer bei
dem Festmahle einen nach Ballenbergers Zeichnung kunstvoll gearbeiteten silbernen Pokal überreichen, gefüllt mit köstlichem Rüdes-
heimer aus dem Jahre seiner Geburt und begleitet von einem Korbe
des nämlichen Weines nebst einem heiteren Gedichte der Fräulein
Rofa Gontard:

> „Im Keller lag ich lang verborgen,
> In eines dunkeln Fasses Nacht,
> Bis Deines Festes froher Morgen
> Mich an das Licht der Welt gebracht.
>
> Wir sind jetzt beide alte Knaben,
> Geboren in demselben Jahr;
> Drum darf ich wohl beim Mahl Dich laben,
> Weil ich ein Jüngling mit Dir war.
>
> Dem Veteran der Tafelrunde
> Dem bring' ich meinen Gruß daher;
> Er prüfe mich in dieser Stunde,
> Ob ich nicht kräftig bin wie er.
>
> Ein ächter Künstler altert nimmer,
> In ihm glüht fort der Jugend Kraft,
> So bleibet auch der goldne Schimmer
> Dem edlen deutschen Rebensaft.
>
> Zwar stammst Du von der Donau Strande,
> Und meine Wiege stand am Rhein,
> Doch Freunde sind in jedem Lande
> Ein deutscher Mann und deutscher Wein.
>
> Was kümmert uns der Süd und Norden
> Nichts störe unsern Jubel-Chor;
> Wir sind zusammen alt geworden,
> Drum nimm ein herzlich Lebehoch!"

Die nähere Beschreibung dieses gemüthlichen Festes findet sich in
dem Frankfurter Conversationsblatte vom 27. und 28. December 1843.

Den heiteren Humor, welcher unseren Rahl durchs Leben be-

gleitete, bezeichnend, mögen hier noch einige von ihm selbst mitgetheilten Begegnisse seines Künstlerlebens eine Stelle finden:

„An der Donau", erzählt er, „zeichnete ich eine Felsenparthie,
die hoch in die blaue Luft ragt; wegen der blendenden Sonne hatte
ich meinen Regenschirm über mich ausgespannt. Da diese Parthie
dicht an der Straße lag, so fehlte es nicht an Zuschauern. Einer
derselben bückte sich, sah in meinen Schirm und sagte erstaunt:
„„Da dürfte ich aber auch ein Jahr hinein sehen, ich könnte nichts
erkennen."" Er glaubte, ich hole die aufgenommenen Gegenstände
aus dem Regenschirm heraus."

„Auf dem Sachsenhäuser Berge hatte ich von den vorüberziehen-
den Gärtnern viele Schmähungen zu erdulden. Ich nahm von da
aus die Stadt auf; die liebe Jugend versammelte sich um mich und
blieb bei mir stehen. Das dauerte aber der dabei wartenden Mutter
zu lange und sie ließ aus ihrem breitgeöffneten Munde die Donner-
worte erschallen: „Macht fort, ihr Schinnefer, daß'r on die
Arweit kummt, wollt'r aach so e Doagdieb wär'n, wie
dar gruß Karl, dar sich net schämt un stunnelang dohin
hockt un dumm Zeug mächt."

Rahl hing mit väterlicher Zuneigung an seiner Schwester Sohn,
dem ausgezeichneten Componisten Mayseder in Wien, den er als
einen Knaben von vier Jahren vom Tode errettet hatte, als er, in
einen Wasserbehälter gefallen, dem Ertrinken nahe war. Mit ihm stand
er beständig in freundschaftlichem Briefwechsel und übersandte ihm
noch bei seinen Lebzeiten einige der ihm werthesten Gegenstände, dabei auch den erwähnten Festpokal. Eine gleiche väterliche Fürsorge
erwies er einem nahen Verwandten seiner Frau, dem jungen Maler
Wilhelm Beer, den er in den Abendstunden durch Lectüre, Belehrung und Ermahnung zu einem tüchtigen Künstler zu bilden suchte.
Dieser sein sehnlichster Wunsch konnte erst nach seinem Tode in Erfüllung gehen. Alterschwäche und körperliche Leiden mehrten sich, mit
Gott und der Welt zufrieden, sah er ruhig dem Tode entgegen, der
seinem bescheidenen, aber schönen Leben am 4. März 1852 das Ziel
setzte. Als sein treuer Freund C. W. Meyer sich zum letztenmal bei
ihm mit den Worten verabschiedete: „Lebe wohl, auf Wiedersehen!"
war seine Antwort: „Auf ewig." Zum Begräbnisse begleiteten ihn
mit vielen andern Freunden die hiesigen Künstler und, seinem Wunsche
gemäß, ein Männerchor des Liederkranzes, der mit erhebendem Gesange seinem werthen Genossen die letzte Ehre erzeigte.

Die hier gegebenen thatsächlichen Momente aus Rahls Leben

sind seinen eigenen aus Anlaß des erwähnten Festes von ihm einem Freunde in die Feder dictirten Mittheilungen entnommen.

Karl Heinrich Rosenkranz,

ein begabter Landschaftmaler, war 1802 in Frankfurt geboren. Nachdem er bei Reges die erste Anleitung im Zeichnen erhalten hatte, genoß er seit 1822 auf Kosten des damals noch nicht förmlich eröffneten Städel'schen Instituts den vortrefflichen Unterricht Anton Radls, dessen anregendes Vorbild den jungen Künstler ausschließlich dem landschaftlichen Fache zuführte. Sein erstes Streben war neben dem Studium der Natur und der Werke Jacob Ruisdaels und A. van Everdingens, darauf gerichtet, sich den Pinsel seines wackeren Lehrers anzueignen. Wie diesem gelangen ihm in der Regel Aquarell- und Sepiazeichnungen am besten, obwohl er sich auch der Oelfarbe mit Geschick zu bedienen verstand, wovon zahlreiche Beweise vorliegen. In seinem guten, verständig individualisirten Baumschlage, wie in der gewöhnlich etwas zu grünen Färbung seiner Landschaften ist Radls Schüler nicht zu verkennen. Im Studium der Natur war er unermüdlich; seine Kunstwanderungen nach dem bayerischen Hochlande, in die Gebirge Tyrols, Steiermarks, Thüringens und der Schweiz, wie an die Ufer der Elbe und des Rheins boten ihm reichlichen Stoff. Mehrere dieser Reisen machte er in Begleitung seines warmen Freundes, des talentvollen Ludwig Wagner, der gleich ihm Radls Schüler war. Nie kehrte er ohne erhebliche Ausbeute an geschmackvollen Skizzen zurück, deren Benutzung und Ausführung in Oel, Aquarell und Sepia er am heimischen Herde mit gewissenhaftem Fleiße oblag. Seine Aquarellaufnahme von vierundzwanzig Ansichten der Taunusbäder und sein Panorama der Bergstraße, letzteres 1831 von Igler gestochen, sind bei Fr. Wilmans erschienen. Mit Beifall wurden, besonders zur Zeit der deutschen Nationalversammlung, seine kleinen auf geöltes Papier gemalten Ansichten der Umgegend von Frankfurt, vom Rheine und andern Gegenden Deutschlands aufgenommen. Mit mehr Sorgfalt und künstlerischem Gefühl sind jedoch seine größeren Oelgemälde gearbeitet. Es ist nur zu bedauern, daß die Lüfte so widerwärtig ins Schwarze nachdunkeln.

Rosenkranz war seiner Kunst mit ganzer Seele ergeben, gemüthlich und liebenswürdig im Umgange, ein offener Charakter, guter Familienvater, aber sehr reizbaren Temperaments. Nach dem Verluste seiner ersten Frau hatte er ein zweites Eheband geknüpft,

mit welchem der Friede seines Lebens gewichen zu sein schien. Häus=
liche Zerwürfnisse und Sorgen, die er nicht zu bewältigen vermochte,
ließen ihn die Seelenruhe nicht mehr finden, deren vorzugsweise der
Künstler, wenn er Tüchtiges leisten soll, bedarf. In einem Momente
leidenschaftlicher Aufregung endete der unglückliche Mann 1851 durch
einen Pistolenschuß im noch nicht vollendeten neunundvierzigsten Jahr
sein Leben. Er hatte ein besseres Schicksal verdient.

Johann Adam Ackermann,

¹⁸⁰⁴ im Jahr 1780 zu Mainz geboren, hatte in seiner Vaterstadt die
Landschaftmalerei erlernt, sich sodann in Paris unter David als
Geschichtsmaler auszubilden gesucht, war jedoch später zur Landschaft
zurückgekehrt. Mit dem Kurfürst=Erzkanzler, dem nachherigen Groß=
herzog von Frankfurt zu dem er, der Sage nach, in näherer Be=
ziehung gestanden haben soll und der sich jedenfalls seiner väterlich
angenommen und ihn zu seinem Hofmaler ernannt hatte, war er
nach Aschaffenburg gekommen, aber schon 1804 nach Frankfurt über=
gesiedelt. Während der primatischen Regierung wurde er hier als
Zeichenlehrer an der Englisch=Fräuleinschule angestellt, und ging später
auf Kosten des Fürsten nach Rom, wo er etwa ein Jahr verweilte.
Nach seiner Rückkehr trat er seine Lehrerstelle bei den Englischen
Fräulein wieder an und übernahm zugleich den Zeichenunterricht an
der Selectenschule, was ihm als Fremden 1817 Schutz gegen die
Verfolgungen der zünftigen Maler gewährte. In dem folgenden Jahre
ward ihm die Freude, in Begleitung des hiesigen Kunstfreundes Esaias
Philipp von Schneider Italien zum zweitenmal zu sehen und jenem
bei der Erwerbung von Kunstgegenständen, namentlich vorzüglicher
Zeichnungen der bedeutendsten damals in Rom lebenden deutschen
Künstler zu berathen. Diese werthvollen Zeichnungen sind nach des
Besitzers Tod sämmtlich von Herrn Hermann Mumm erworben
worden.

Ackermanns Arbeiten, namentlich seine Winterlandschaften, die
er mit Vorliebe malte, sind nicht ohne Verdienst, doch hat er mehr
Kunstgefühl und Geschmack, als eigenes schaffendes Talent besessen.
Seine Motive schöpfte er in der nächsten Umgebung, im Taunus,
Spessart und Odenwald. Die Ansicht von Frankfurt hat er von ver=
schiedenen Seiten gemalt. Auch findet man von ihm innere Kirchen=
ansichten und Klosterhallen nicht ohne Geschick in Aquarell und Sepia
gezeichnet. Die großherzogliche Gallerie zu Darmstadt bewahrt zwei

landschaftliche Ansichten: Auerbach an der Bergstraße und eine Gegend bei Borghetto unweit Rom, beide von gleicher Größe. Das ehemalige Kaufhaus zu Mainz, ein höchst interessantes mittelalterliches Gebäude, welches 1813 niedergerissen wurde, hat er gleichfalls sehr gut in Aquarell gemalt. Ob die bekannte Darstellung, wie Karl der Große von der Jagd heimkehrend im Walde sitzt, während Eginhard und Emma vor ihm knieen, auf Stein gezeichnet, Vogl inv. Ackermann del. 1812, unserem Ackermann angehört, konnte ich mit Sicherheit nicht ermitteln, doch ist es kaum zu bezweifeln. Er starb in Frankfurt am 27. März 1853.

Nagler spendet ihm in dem Künstlerlexicon allzuviel Lob und legt ihm den unrichtigen Taufnamen Ferdinand bei, auch läßt er ihn 1778, dagegen in den „Monogrammisten" Th. 1 No. 97, 1781 zu Frankfurt geboren werden. Meine Angaben gründen sich auf die Kirchenbücher.

Georg Friedrich Ackermann,

der jüngere Bruder des Vorgenannten, zu Mainz geboren 1787, war [1806/1843] ebenfalls Maler und zur primatischen Zeit hierher gekommen. Er lieferte verschiedene Ansichten der hiesigen Stadt und Umgegend, auch Thierstücke, in Aquarell. Was mir davon zu Gesicht gekommen ist, war höchst unbedeutend. Auch seine Versuche im Radiren aus den Jahren 1807—1813 sind nicht von Belang; sie beschränken sich auf zehn bis zwölf Copien von Thiergruppen nach Huet und einigen niederländischen Meistern. Da er verwachsen war, auch in seiner Kunst wenig zu leisten vermochte, so sah er sich nach einer sicheren Versorgung um, die ihm durch Anstellung bei dem Stempelbüreau bis zu seinem 1843 erfolgten Tode gewährt wurde.

Johann Wolfgang Igler,

geboren in Frankfurt am 20. März 1796, war ein geschickter Kupfer- [1796/1833] stecher, dessen angeborene Begabung eine glücklichere Bahn anzukündigen schien, als dem Manne zu Theil geworden ist. Von armen, dem Handwerkerstande angehörigen Aeltern geboren, ward ihm dennoch die Gunst, das Gymnasium besuchen zu können, wo er sich zwar als fleißiger Schüler zeigte, aber die Liebe zum Zeichnen und Aus- schneiden von Silhouetten auch während der Unterrichtsstunden nicht zu unterdrücken vermochte. Im Silhouettiren ganzer Figuren und Gruppen mit der Scheere hatte Igler schon als Schüler der Quinta eine bewundernswerthe Fertigkeit. Den Zeichenunterricht erhielt er im Gymnasium bei Reges. Sei es, daß die Mittel zum Studiren fehlten oder, was wahrscheinlicher ist, daß der künstlerische Drang die Oberhand behielt, Igler schritt nicht bis zu den höheren Klassen vor, wählte den selten lohnenden Beruf des Kupferstechers und trat, wenn ich recht berichtet bin, bei F. L. Neubauer in die Lehre. Der Grund, warum der Mann, ungeachtet entschiedener Begabung und eines ernsten, soliden Charakters, sich nicht zu einer höheren Stufe in seiner Kunst empor zu arbeiten vermochte, bleibt unerklärt. Der tägliche Kampf mit den dringendsten Bedürfnissen des Lebens, vielleicht auch Pflichten der Pietät, zwangen ihn zu dem mühsamen Beruf des Schrift- und Kupferstechens für Buchhändler und andere Geschäftsleute, eine Beschäftigung, womit sich ein höherer Aufschwung schwer vereinigen läßt. Im Jahr 1831 stach er für Wilmans das von Rosenkranz aufgenommene Panorama der Bergstraße mit den Ansichten von Frankfurt und Heidelberg. Viel Zeit verwendete er auch auf Versuche zur Anfertigung unnachahmbarer Banknoten, durch deren Erfindung er seine Lage wesentlich zu verbessern hoffte. Der Mann führte ein einsames, eheloses Leben, welches am 16. November 1853 im Bürgerhospital sein Ziel fand.

Jacob Alt,

geboren zu Frankfurt 1789, genoß seinen ersten Unterricht im Zeichnen und Malen in der Schule von Johann Friedrich Beer und nach dessen Tod bei dem Sohne Peter Beer. Im Jahr 1810 ging er nach Wien, wo er seitdem seinen Wohnsitz nahm. Er besuchte einige Zeit die dortige Akademie, machte dann verschiedene Reisen nach Italien, Dalmatien, Ungarn ꝛc. und verlegte sich hauptsächlich auf die Landschaft- und Architekturmalerei, sowohl in Aquarell- wie in Oelfarben. Sehr viel war er auch im lithographischen Fache beschäftigt. In der kaiserlichen Gallerie des Belvedere befindet sich eine Aussicht aus den giardini publici zu Venedig nach der gegenüberliegenden Insel S. Giorgio Maggiore, bez. J Alt 1834, Leinwand 1' 2½" h., 1' 6" br. Diese kurzen Notizen beruhen auf des Meisters eigener Mittheilung. Nagler bemerkt: „Alt machte sich durch herrliche Gemälde in Gouache berühmt und bewies sich nicht weniger als ächter Künstler in der Oelmalerei. Treue, wahre Auffassung der Natur, tiefes Gefühl für das Eigenthümliche der Landschaft, reine, unmanierirte, lebendige Darstellung, eine gewisse Gemüthlichkeit in der Zusammensetzung sind bei ihm hervorstechend. Im Baumschlag und in den Luftparthien nähert er sich großen Meistern. Auch in seinen zahlreichen lithographirten Ansichten aus dem Lande ob und unter der Enns, aus Salzburg und Steyermark, vom Ursprung der Donau bis zum schwarzen Meer, und aus andern Gegenden Oestreichs hat er sich als gewandter Künstler bewährt. Er arbeitete noch 1860 mit ungebrochener Kraft.

Sein Sohn Rudolph, geboren in Wien 1812, hat sich als geschickter Landschaftmaler bekannt gemacht. Auch von ihm befinden sich einige Gemälde in der kaiserlichen Gallerie. Ein anderer Sohn, Franz, brachte im October 1860 einige gute Aquarelle: das Haus des Rienzi in Rom; Aussicht von St. Pietro in Vincolo daselbst; Canalansicht in Rotterdam; Rotonde mit den Goblins nach Raphael in Dresden; das Innere der St. Lorenzkirche zu Nürnberg, eine Partie vom Dome zu Frankfurt u. a. bei dem hiesigen Kunstverein zur Ausstellung.

Ferdinand August Michael Fellner,

geboren in Frankfurt am 12. Mai 1799 [1]), besuchte das hiesige Gymnasium von Ostern 1806 bis Ostern 1817, studirte, dem Wunsche seines Vaters entsprechend, aber ohne inneren Beruf, von 1817 bis 1820 in Heidelberg und von 1821 bis 1824 in Göttingen die Rechte, erlangte im April desselben Jahrs den Doctorgrad, bestand das Staatsexamen und wurde im Frühjahr 1825 in die Zahl der Advolaten aufgenommen. Dem väterlichen Willen hatte er soweit Genüge geleistet; aber die praktische Laufbahn des Sachwalters zu betreten, war ihm unmöglich. Die Kunst war seine Liebe, sie hatte er in der Schule und während der Universitätsjahre mit leidenschaftlicher Hingebung gepflegt. Eine große Zahl noch vorhandener origineller dilettantischer Productionen aus jener Zeit sind dessen Zeugen. Seine eigentliche Fachwissenschaft war ihm Nebensache; mit desto größerem Eifer lag er dem Studium der alten Classiker, der deutschen und italienischen Poesie und Geschichte, der Architektur und der Costümekunde ob, wobei ihn vorzugsweise das Mittelalter anzog. Auch die Musik füllte einen Theil seiner Mußestunden aus.

1799
1859.

---

[1]) Nicht 1800, wie anderwärts behauptet ist.

So vorbereitet, zog er, nachdem das profane Jus nebst dem Examen hinter ihm lag, äußerlich unterstützt durch das Städel'sche Institut, in welchem er sich kurze Zeit an einem Privatvereine jüngerer Künstler zum Modellzeichnen betheiligt hatte, im October 1825 erleichterten Herzens nach München, um fortan ungetheilt der Kunst zu leben.

Wenn auch dort weniger der persönliche Umgang mit andern Künstlern, ins besondere mit Peter Cornelius, als vielmehr das durch den letzteren vertretene neue Kunststreben seinen entschiedenen Einfluß auf unsern Fellner nicht verfehlen konnte und sehr bald aus dem bloßen Dilettanten einen tüchtigen Künstler schuf, so hat dieser doch durch sein ganzes Leben eine eigene, selbständige Richtung bewahrt. Fellner war Autobidakt im wahrsten Sinne des Worts; denn außer der frühesten Anleitung im Zeichnen durch Reges hat er sich niemals fremdem Unterricht unterzogen. Er war Manierist, aber seine Manier war keine entliehene, sondern sein ausschließliches, alle seine Arbeiten kennzeichnendes Eigenthum. Seine Zeichnung ist immer großartig und genial, sie fällt auch da, wo er sich zu der sorgfältigsten Ausführung herbeiließ, niemals ins Kleinliche und Aengstliche. Aber nur selten nahm er sich hierzu die Zeit. Im Detail ausgeführte Zeichnungen hat er verhältnißmäßig wenige geliefert. Seinem lebendigen, auch bei ruhenden Händen stets producirenden Geiste genügte es, dem Gedanken in großen Umrissen Ausdruck gegeben, ihn gleichsam auf dem Papier fixirt zu haben; auf die Einzelheiten kam ihm wenig an, wie Goethe sagt:

> Der Gedanken, das Entwerfen,
> Die Gestalten, ihr Bezug,
> Eines wird das Andre schärfen,
> Und am Ende sei's genug.

Dieser Gedankenreichthum, der fort und fort zum Entwerfen drängte und nicht Zeit zur Ausführung fand, mag mit der Grund sein, weßhalb Fellner hauptsächlich nur als Zeichner eine hervorragende Stellung in der modernen Kunst einnahm, ja erst spät und auch dann nur sparsam sich im Malen versuchte und es in der eigentlichen Technik dieser Kunst zu einer mit der Zeichnung gleichen Schritt haltenden Vollkommenheit nicht gebracht hat. Ihm selbst genügten selten seine Arbeiten, auch wenn Andere sie vorzüglich fanden. Schwer war eine Zeichnung von ihm zu erlangen, die trefflichsten Entwürfe wurden oft, wenn nicht dem Kamin übergeben, doch in der Mappe verschlossen, woraus sie dann von wahren und falschen Freunden halb gewaltsam befreit wurden.[1]

Außer seinen Geschwistern sind deßhalb nur wenige vertraute Freunde so glücklich, sich des Besitzes einiger dieser werthvollen Erzeugnisse seiner Kunst rühmen zu können. Durch die Freundlichkeit der Geschwister bin ich in den Stand gesetzt, ein ziemlich vollständiges Verzeichniß der von ihnen mit treuer Pietät aufbewahrten Schätze seines Nachlasses aus allen Perioden seines Lebens mittheilen zu können. Außer ihnen besitzt auch Herr J. H. Wirsing, der vieljährige Freund des Künstlers, eine gewählte Sammlung seiner Arbeiten, wovon viele in einem gediegenen Aufsatze des Rheinischen Taschenbuches von 1855 eingehend besprochen sind.

Anfangs war Fellners Zeichnung, obgleich das entschiedene Talent niemals verleugnend und deßhalb von Peter Cornelius bei der ersten Probevorlage freudig anerkannt, doch noch steif und an das Grotesk-Phantastische streifend. In seinen späteren, mit der Feder in Tusch und Sepia oder auch nur in Bleistift mit bewunderungswürdiger Sicherheit und Leichtigkeit ausgeführten Arbeiten hat er diese Mängel größtentheils abgelegt, und selbst da, wo sie nicht ganz vermieden sind und das Maaß wahrer Schönheit hier und da überschreiten, werden sie durch die reiche Phantasie, die Großartigkeit der Conception und die Genialität der Production leicht vergessen. Nach diesen der ungefesselten Einbildung des Künstlers entsprungenen Werken, und nicht nach den für Verleger und Taschenbücher nach gegebener Vorschrift in beengtem Raume gelieferten, immerhin werthvollen, Illustrationen, muß Fellner beurtheilt werden. Jene sichern ihm für alle Zeiten den Namen eines bedeutenden Künstlers.

Das mittelalterliche Epos, Legenden, Volkssagen, Geschichte und neuere Dichtungen boten seiner lebhaften Phantasie den reichen Stoff seiner großartigen Gebilde; aber mit gleichem Geiste erfaßte er auch die humoristischen Seiten des originellen Volkslebens, wovon die ergötzlichen Darstellungen zu den sieben Schwaben (1832), der

---

[1] In einem „Ed. T." unterzeichneten Aufsatze in No. 285 der Didaskalia von 1859 wird behauptet, daß in dieser Weise die Fellner'schen Zeichnungen, welche das „Städel'sche Museum" besitze, durch Professor Steingaß nach Frankfurt gebracht worden seien. Aber das Städel'sche Institut besitzt nur eine einzige Federzeichnung von Fellner, und diese hatte der Künstler selbst s. Z. dem alten Kunstverein zur Verloosung überlassen. Es ist die Darstellung, wie der grimme Hagen den Priester über Bord wirft — keine der bedeutenderen Arbeiten des Meisters.

Käferloher Markt, und viele andere Zeichnungen klassische Be=
lege liefern.

Die Zahl seiner meist im Besitze der Familie gebliebenen Oel=
gemälde ist verhältnißmäßig unbedeutend, im Ganzen etwa zwanzig,
wovon viele unvollendet geblieben sind. Seine ersten Arbeiten in
Oel waren die beiden Kaiserbilder für den Römer: Conrad III., von
dem Künstler selbst gewidmet, und Friedrich der Schöne, von einigen
Bürgern gestiftet. Der erstere ist in dem glücklich gewählten Mo=
ment dargestellt, wo er, mit gehobenem Schwerte den Zug in das
heilige Land gelobend, in der Linken die Reichssturmfahne haltend,
vom Throne steigt, um sich an die Spitze seiner Mannen zu stellen.
Die stattliche Gestalts Friedrichs faßt das in der Scheide ruhende
Schwert mit der Linken; die Kampfeslust scheint nicht groß zu sein.
Das Lob, welches der Verfasser des erwähnten Aufsatzes im Rheini=
schen Taschenbuch der „Größe der Technik" in beiden Gemälden
spendet, muß auf ein bescheidenes Maaß zurückgeführt werden und
kann jedenfalls auf Friedrichs Figur keine Anwendung finden, wo=
gegen Fellners Kaiserbilder in Ausdruck und Charakteristik unzweifel=
haft viele andere in dem Saale übertreffen.

In Erfindung und Ausführung vorzüglich gelungen ist eine
Madonna mit dem Kinde, welche unser Künstler im Jahr 1850
mit besonderer Liebe für seine Mutter gemalt und dabei sich selbst,
als Betender vor dem Christuskinde knieend, portraitähnlich darge=
stellt hat. Es ist bezeichnet: Matri Ferdinandus filius fec. MDCCCL.
Außerdem verdienen eine andere Madonna mit Christus und dem
kleinen Johannes, und dann einige charakteristische weibliche Por=
traite aus München und Stuttgart rühmende Erwähnung.

Im Radiren hat der Künstler nur einen kleinen Versuch ge=
macht. Das einzige zu meiner Kenntniß gekommene Blättchen in
gr. 8° stellt einen bei seinem Hunde im Walde ruhenden Jäger dar.
Es ist ohne Belang.

Im Juli 1831 verlegte Fellner aus noch nicht hinreichend er=
klärtem Anlasse in raschem Entschlusse seinen Wohnsitz von München
nach Stuttgart, und diese Stadt hat den Künstler von da an bis
an sein Lebensende besessen, ohne daß er sie kaum einigemal ver=
lassen hätte. Sein Umgang war hier, wie in München, auf wenige
Kunstgenossen und Freunde beschränkt; zu den letzteren zählte in
München Professor Maßmann, in Stuttgart Moritz von Schwind.

Er arbeitete meist bei verschlossener Thüre, nur sich selbst in
seiner Kunst und in den Mußestunden dem engen Freundeskreis

lebend, in dem er sich stets als liebenswürdiger, aufopfernder Genosse zeigte. Auf Aeußerlichkeiten und Dinge, welche nicht mit der Kunst in Bezug standen, legte er geringen, nur zu geringen Werth. Seine Spaziergänge und sein Verweilen in der Kneipe waren für ihn oft die fruchtbarsten Stunden. Keine charakteristische Erscheinung, keine humoristische Scene entging seiner Beobachtung; um sie dem Gedächtnisse besser einzuprägen hatte er die Gewohnheit, die Umrisse interessanter Persönlichkeiten und Begebnisse unbemerkt unter dem Tische mit dem Daumen in die Luft zu zeichnen.

Um dieses Künstlers Charakter, Lebensweise und Bildungsgeschichte richtig darzustellen, müßte einer seiner vertrautesten Umgangsgenossen die Feder ergreifen; er würde sicher im Stande sein, ein eben so lehrreiches als anziehendes Bild zu zeichnen und durch Fellners Beispiel neuerdings den Beweis zu liefern, daß wahre Künstler geboren und nicht auf Akademien erzogen werden.

Nur wenige Wochen vor seinem am 14. September 1859 plötzlich erfolgten Tode hatte er seinen Geschwistern die Absicht kundgegeben und förmlich zugesagt, für den Rest seines Lebens nach Frankfurt zurück zu kehren, was er wohl schon früher ausgeführt haben würde, wenn er nicht, seit so vielen Jahren an ein ziemlich isolirtes Leben gewöhnt, sich daraus loszureißen eine gewisse Scheu empfunden und vielleicht auch aus socialen Rücksichten in der Vaterstadt für seine zwanglose Künstlerunabhängigkeit gefürchtet hätte.

Auf dem freundlich gelegenen Friedhofe des Dorfes Wangen unfern Stuttgart, einem Lieblingsaufenthalt des Künstlers, fand er, seinem Wunsche gemäß, seine Ruhestätte. Diese ziert jetzt ein von seinen Geschwistern gestiftetes einfaches, aber dem Sinne des Geschiedenen entsprechendes, achtzehn Fuß hohes Denkmal von weißem Sandstein im gothischen Styl. Die vordere Seite zeigt das Familienwappen.

Fellners sehr ähnliches Portrait befindet sich, wie schon erwähnt, auf dem für seine Mutter gemalten Madonnenbilde, wovon in neuester Zeit Hermann Hartmann eine gelungene Photographie geliefert hat; außerdem besitzt es auch Herr J. H. Wirsing in einer Zeichnung. Die Veröffentlichung eines von beiden durch den Stich würde allen Freunden der Künstlers willkommen sein.

Zum Schlusse folgt hier das Verzeichniß der Oelgemälde und Originalzeichnungen, welche theils von früheren Schenkungen, theils aus Fellners Nachlaß herrührend, von dessen Geschwistern aufbewahrt werden:

A. Oelgemälde aus den Jahren 1843—1853.

1. Madonna mit dem Jesuskinde und dem Künstler selbst als Anbetender. Die Figuren in halber Lebensgröße. (Siehe oben.)
2. Madonna mit Christus und Johannes.
3. Eine andere Madonna.
4. Die heilige Cäcilia.
5. Scene aus dem Sommernachtstraum, schwebende Elfen, Puck mit sich führend.
6. 7. 8. Drei interessante weibliche Portraite aus München und Stuttgart. Weiter: eine Anzahl unvollendeter Gemälde aus der biblischen Geschichte, der Legende der Heiligen, Goethe's Faust, Egmont ɛc.

B. Originalzeichnungen.

I. Früheste Periode bis zu des Künstlers Abgang nach München 1825:

1. In der Nacht vor der Schlacht bei Philippi erscheint dem M. Junius Brutus im Zelte sein böser Geist. Federzeichnung.
2. Aus Bürgers Lenore:
   Die Ankunft auf dem Kirchhof, der Reiter verwandelt sich in ein Todten= gerippe. Tusch.
3-5. Aus dem Nibelungenlied:
   a) Siegfried mit seinen Rittern nach Worms ziehend. Kap. III.
   b) Siegfrieds Kampf mit Lindegast und des ersteren Sieg. Kap. IV.
   c) Siegfried auf der Jagd, den gefangenen Bären mit sich führend. Kap. XVI. Sehr ausführliche Federzeichnung. Heidelberg 1819. Royal Folio.
6. Aus Shakspears Macbeth:
   Die drei Hexen stehen um den Kessel, die Könige erscheinen; die Höhle ist nur durch das unter dem Kessel brennende Feuer erleuchtet. Act IV. Sc. 1. Tusch.
7-11 Aus Schillers Tell:
   a) Walther Fürst, Arnold von Melchthal und Stauffacher. Act I. Sc. 4. Melchthal: „In den Augen sagt ihr?"
   b) Dieselben: Act I. Sc. 4. Stauffacher: „Und so wie wir drei Män= ner jetzo unter uns ɛc."
   c) Freiherr von Attinghausen und Rudenz. Act II. Sc. 1. „Nein, wenn wir unser Blut dran setzen sollen, so sei's für uns."
   d) Der Schwur auf dem Rütli. Act II. Sc. 2.
   e) Geßler mit Gefolge, Tell. Landleute. Act III Sc. 3. „Mit diesem zweiten Pfeil erschoß ich Euch, wenn ich mein liebes Kind getroffen hätte."
12. 13. Aus Schillers Wallensteins Tod:
   a) Wallenstein und Seni. Act I. Sc. 1.
   b) Wallenstein und Gräfin Terzki. Act I. Sc. 7. Tusch.

14. Aus Schillers Jungfrau von Orleans:

Johanna und Lionel. Act III. Sc. 10. „Was hab' ich gethan! Gebrochen mein Gelübde." Tusch.

15. 16. Aus Shakspears Romeo und Julia:

a) Romeo: „Gieb deinen treuen Liebesschwur für meinen." Act II., Sc. 2.

b) Derselbe: „Ich steig' hinab, laß Dich noch einmal küssen." Act III., Sc. 5.

Beide vorzüglich fein ausgeführte Federzeichnungen, die erste in Sepia, die zweite in Tusch. Kl. Folio. Göttingen 1823.

II. Zeit des Aufenthalts in München von 1825—1831.

17. 18. Aus dem neuen Testament:

a) Bekehrung der Samariter. Christus mit der Samariterin am Brunnen. Tusch.

b) Christus von dem Versucher auf des Berges Zinne geführt, spricht zu ihm: „Hebe Dich weg von mir Satan." Bleistift.

19. Aus dem Nibelungenlied:

Hagen am Ufer der Donau; die Nixen prophezeien ihm seinen Untergang. Federzeichnung. Royal Folio. München 1826.

20. Zur Schweizergeschichte:

Carton zur Schlacht bei Sempach. Kohlenzeichnung.

In diese Periode gehört auch eine Anzahl Studien nach lebenden Modellen, Pferden, zu Gewändern rc.

III. Zeit des Aufenthalts in Stuttgart. Erste Hälfte 1831—1845.

21. Zu Robert der Teufel:

Alice, von Bertram verfolgt, umfaßt das Kreuz. Aquarell.

22. Zu Wielands Oberon:

Titania, auf dem Geisterpferd durch den Wald fliehend. Aquarell.

23. Zu Lenau's Raubschütze:

Der Geist des Erschlagenen, von seinem früheren Gefährten im Walde nach dem Jenseits befragt, erwiedert: „Es ist halt nichts." Tusch.

24. 25. Zur Legende der Heiligen:

a) Die heil. Elisabeth mit den zu Rosen verwandelten Broben. Aquarell.

b) Maria mit dem Jesuslinde, zu Seiten der Erzengel Michael und die heil. Euphrasia. Aquarell.

26. Zu Justinus Kerners Gründung des Klosters Hirsau:

Traum der Stifterin, welcher die Erbauung des Klosters zur Folge hatte. Federzeichnung.

27. Erfindung der Buchdruckerkunst:

Gutenberg zeigt in seiner Werkstätte dem um seinen Vorschuß besorgten Fust den ersten gedruckten Bogen vor; zur Seite ist Schöffer mit Anfertigung von Typen beschäftigt. Tusch. Folio. Stuttgart 1836.

28. Zum Nibelungenlied:

Hagen wird von den Donaunixen gewarnt. Kap. XXV. Federzeichnung.

29. **Zum alten Testament:**

Moses auf dem Berge Sinai zeigt dem Volke die Gesetzestafeln. Sehr feine Federzeichnung. Quer 4°. Stuttgart 1840.

30. **Zu Hartmann von der Aue:**

Der arme Heinrich, von der Miselsucht befallen, wird durch das freiwillig und aus Liebe dargebotene Blut einer reinen Jungfrau geheilt. Federzeichnung.

31-37. **Zu Gudrun, sieben Blätter:**

a) Titelblatt, Gudrun in altdeutscher Schrift von Blumen- und Blattgehängen umgeben. Aquarell.

b) Hagen das Kind wird von dem Vogel Greif geraubt und in sein Nest getragen. Federzeichnung.

c) Der junge Hagen findet die drei Königstöchter vor einer Waldhöhle und wird von ihnen aufgenommen. Federzeichnung.

d) Kampf des jungen Hagen mit dem Greifen. Federzeichnung.

e) Der junge Hagen mit den drei Königstöchtern am Ufer des Meeres, wird von dem Grafen von Garabie auf seinen Schwur, daß er Christ sei, an Bord des Schiffes genommen. Federzeichnung.

f) Hagen auf dem Schiffe schleudert an den Haaren gefaßt dreißig bewaffnete Pilger in das Meer und zwingt die Schiffer, ihre Fahrt nach Irland zu richten. Federzeichnung.

g) Hagen, mit den drei Königstöchtern in Irland gelandet, wird von seiner Mutter, der Königin Ute erkannt, sein Vater, König Sigeband, begrüßt seinen Sohn, mit dem Hofstaate aus dem Zelte tretend. Federzeichnung.

38-53. **Zum Don Quixote, sechszehn ausgeführte Federzeichnungen:**

a) Allegorisches Titelblatt. Die Idylle und die Satyre in Gestalt von Genien am bekränzten Altar der Poesie.

b) Architektonisch ausgeführtes Titelblatt mit der bekränzten Büste des Cervantes.

c) Arbeitszimmer des Dichters, mit der Niederschrift des Romans beschäftigt.

d) Portrait des Don Quixote in der Manier alter Holzschnitte.

e) Don Quixote in seinem Studierzimmer, umgeben von Rüstungsstücken, prüft die Stärke seines auf der Stuhllehne befestigten Helms durch Schwerthiebe.

f) Don Quixote wird von dem Schenkwirth zum Ritter geschlagen und von dem Schenkmädchen, das er für eine Prinzessin hält mit den Waffen geschmückt.

g) Vignette. Der Ortsgeistliche verbrennt in Gegenwart des Barbiers, der Haushälterin und der Nichte die Ritterbücher.

h) Don Quixote kämpft mit dem einen Wagen reisender Damen begleitenden Stallmeister, da er jene für geraubte Prinzessinnen hält.

i) Erzählung des Ziegenhirts von dem aus Liebe gestorbenen gelehrten Chrysostomus und seiner Geliebten Marcella. Diese wird von Chrysostomus belauscht.

k) Don Quixote, auf dem Rücken seiner Rozinante stehend, verwünscht das Volk, welches seinen Sancho Pansa prellt.

l) Die Bahre mit der bekränzten Leiche des Chrysostomus ist von den Trägern niedergesetzt; neben derselben seine begleitenden Freunde Ambrosius und Vivaldo, ferner Don Quixote und Sancho Pansa. Marcella, die Schäferin, steht auf dem Felsen und vertheidigt sich gegen die Vorwürfe des Ambrosius, der ihr den Tod seines Freundes zur Last legt.

m) Don Quixote zeigt seinem Knappen Sancho Pansa zwei von verschiedenen Seiten heranziehende Schaafheerden, die er für feindliche Heere hält.

n) Vignette. Don Quixote gezwungen die Nacht vor der Walkmühle zu halten, weil sein am Boden sitzender Knappe Sancho Pansa aus Furcht vor dem Pochen der Stampfen, die Füße der Rozinante zusammen gebunden hat.

o) Don Quixote erkämpft Mambrins Helm, bestehend in dem Bartbecken, welches ein über Land reitender Barbier als Schutz gegen die Sonnenstrahlen auf dem Kopfe trägt. Aus Schreck sinkt der Barbier vom Esel und läßt das Bartbecken in den Händen des Siegers.

p) Don Quixote, welcher die zur Galeere verurtheilten, von ihm befreiten Räuber zwingen will, zu seiner Dame Dulcinea von Toboso zu pilgern, um die Heldenthaten ihres Ritters zu verkünden, wird von denselben mit Steinen angegriffen, vom Pferde gerissen und zum Theil seiner Waffen beraubt.

q) Allegorische Verzierung für die Rückseite des ersten Theils.

54. 55. Zu Shatspears Macbeth:

a) Macbeth wird auf der Haide von den drei Hexen mit seinem künftigen Range begrüßt. Act I. Sc. 3. Federzeichnung.

b) Lady Macbeth nachtwandelnd, von dem Arzte und der Kammerfrau beobachtet. Act V. Sc. 1. Federzeichnung.

IV. Zeit des Aufenthalts in Stuttgart. Zweite Hälfte 1846—1859.

56. 57. Zu Goethe's Faust, Tusch und Aquarell:

a) Nachdem Faust die Beschwörung beendigt, tritt Mephistopheles als fahrender Schüler aus dem sinkenden Nebel hinter dem Ofen hervor.

b) Mephistopheles als Faust verkleidet, unterrichtet den angehenden Schüler.

58. Zu Goethe's Wahrheit und Dichtung:
Duell des jungen Goethe mit Derones. Aquarell.

59. Zur Legende der Heiligen:
Die Meerfahrt der drei Marien; fliehend vor der Verfolgung der Juden entrinnen sie auf einem kleinen Fahrzeug ohne Ruder und Segel. Bleistift. Folio. Stuttgart 1848—1855.

60. **Aus Dante's Hölle:**
Dante im zweiten Vorhof der Hölle sinkt ohnmächtig in die Arme Virgils. Gesang V. 139—142. Bleistift. Folio. Stuttgart 1848—1855.

61. **Aus Gottfried von Straßburg:**
Anstatt Wein wird Tristan der Minnetrank gereicht; er bietet denselben zuerst der Königin Isolde. Bleistift. Folio. Stuttgart zwischen 1848 und 1855.

62-64. **Zu Shakspears Macbeth, 1848—1855:**

a) Titelblatt. Die Gerechtigkeit zu Gericht sitzend. Zu ihrer Rechten Macduff, das Haupt Macbeths gegen sie emporhebend, links zu ihren Füßen die Leiche der Lady Macbeth, im Hintergrund Krieger. Bleistift. Folio.

b) Macbeth auf der Haide wird von den drei Hexen mit seinem künftigen Range begrüßt. Bleistift. Folio.

c) Lady Macbeth im Schlafe vom Arzte und der Kammerfrau beobachtet. Bleistift. Folio.

d) Lady Macbeth nachtwandelnd im minder vorgerücktem Stadium der Krankheit. Aquarell. Folio.

65. 66. **Zum Nibelungenlied, 1848—1855:**

a) Die Königin Ute deutet ihrer Tochter Chriemhilde den Traum. Bleistift. Folio.

b) Die Nixen der Donau prophezeien dem Hagen Unglück. Bleistift. Folio.

Eine Sammlung Trachten, besonders aus dem Mittelalter, in früher Jugend begonnen und bis zum Tode fortgesetzt. Skizzen aus allen Perioden.

Verzeichniß

einiger Künstler, welche sich in Frankfurt nur vorübergehend aufgehalten oder, wenn gleich hier ansässig, sich
doch nicht besonders bemerkbar gemacht haben.

Adler, N. N. scheint ein Schüler Nothnagels gewesen zu sein, wenigstens ist ein von ihm rabirter Kopf mit Feder-Mütze ganz
in dessen Manier behandelt. 8°.

Arold, N. N. wahrscheinlich nur Dilettant, rabirte unter andern
eine kleine Landschaft in F. Kobells Geschmack. Quer 8°.

Aufmuth, Joh. Michael, Bildhauer, geb. um 1710, gest. 1756.

Aufmuth, Leonhard, Bildhauer, war 1778 in der St. Catharinenkirche beschäftigt.

Bechtold, Maler, erhielt im Jahr 1470 für den heil. Christoph und
verschiedene andere Malereien im Römer siebenzehn Gulden.

Becker, J. J., aus Bonn, Portraitmaler, arbeitete im zweiten Decennium dieses Jahrhunderts in Frankfurt, wurde aber auf
Anbringen der Zunftmaler ausgewiesen.

Bender, Johann Valentin, Pastellmaler und Musiker, geb. 1774,
gest. 1825.

Böhmer, Karl, aus Darmstadt, war seit 1804 Zeichenlehrer an der
israel. Realschule dahier. Geb. um 1780, gest. 1831.

Breckheimer, J. H., wahrscheinlich von Frankfurt, malte um 1780
Conversationsstücke in Junkers Manier.

Chaborb, Joseph, aus Chambery, geb. 1786, Schüler von Regnault,
bezog als erster Hofmaler des Fürsten Primas einen Jahresgehalt von 1000 Gulden, wofür er dem Fürsten sein eigenes
Portrait und den sterbenden Perikles malte, welche beide
sich jetzt auf der Stadtbibliothek befinden.

Clausius, Johann Christian, Zeichner und Goldarbeiter. In dem
Meisterbuche befindet sich ein schön getuschtes Landschäftchen
von seiner Hand, bez. J. C. C. 1739.

Dieterich, Hans L. Michael, „Kunstmaler" dahier, geb. 1771. Sein sogenanntes Meisterstück vom Jahr 1803, eine im Sitzungs= zimmer des Appellationsgerichts hängende Landschaft, zeugt von keiner Meisterschaft.

Düblon, N. N., Kupferstecher in der Mitte des achtzehnten Jahr= hunderts, stach sehr mittelmäßig das Portrait des Seniors Joh. Ph. Fresenius.

Ebersbach, Joh. Jacob, Kupferstecher in der Mitte des achtzehnten Jahrhunderts.

Eckersberg, N. N., wahrscheinlich aus Frankfurt, radirte eine Frau mit ihrem Kinde im Geschmacke des A. Ostade. Kl. 8°.

Eisenbach, Johann Remigius, „Kunstmaler", geb. um 1696, gest. 1774.

Eisenbach, Johann Heinrich, „Kunstmaler" in der Mitte des acht= zehnten Jahrhunderts.

Finsterwalder, Johann Jacob, von Frankfurt, Zeichner und Maler, Enkel von Franz Hochecker, arbeitete lange als Gehülfe bei Reges und Scheel, geb. 1787, gest. 1839.

Föhrlein, Johann, von Frankfurt, „Kunstmaler", geb. um 1701, gest. 1759.

Franquinet, Wilhelm Heinrich, von Maestricht, Portraitmaler und Lithograph, geb. 1785, arbeitete hier 1816—1817 und wurde auf Anbringen der zünftigen Maler ausgewiesen.

Frey, Stephan Joseph, „Kunstmaler", um die Mitte des achtzehnten Jahrhunderts.

Gärtner, Johann Jacob, „Kunstmaler", geb. um 1697, gest. 1753.

Gimbel, N. N., von Frankfurt, malte um 1780—1800 kleine gut gezeichnete und gefärbte Landschaften in Oel, mit schönem Horn= und Schaafvieh belebt. In dem Prehn'schen Ka= binet befinden sich sechs dergleichen auf Elfenbein, die in= dessen nicht zu seinen besten Arbeiten gehören. In Basel sah ich zwei kleine Landschaften dieses Künstlers, welche der Besitzer für J. Ruisdaels auszugeben keinen Anstand nahm.

Glaßer, Egid Nikolaus, Zeichner und Goldarbeiter. In dem Meister= buche befindet sich bei seinem Namenseintrage eine sehr feine Bleistiftzeichnung: Loth und seine Töchter auf der Flucht. 1704.

Glaeser, Gotthelf Lebrecht, Portrait= und Historienmaler, lebte vor= übergehend in Frankfurt, und malte unter andern die Portraite des Dr. Wöhler und des Malers Schmidt, des sog. „Raphaels", beide sehr ähnlich. Das letztere befindet sich in der großherzoglichen Gallerie zu Darmstadt. Er soll als hessischer Hofmaler um 1844 im Eleud gestorben sein.

Grünebaum, Adam, Portrait= und Historienmaler. Von ihm sah man in der Ausstellung Frankfurter Künstlerarbeiten 1827, außer einigen Portraiten, den „Tod Abels" und: „Lasset die Kindlein zu mir kommen;" auch eine büßende Magdalena nach Battoni.

Habener, Florian, aus Obernehm, Portraitmaler, arbeitete hier 1816—1817.

Haßmann, Philipp Friedrich, „Kunstmaler", geb. um 1679, gest. 1730.

Hauser, Louise, Miniaturmalerin, vielleicht nur Dilettantin, brachte 1827 eine Madonna della Sedia nach Raphael, das Bild eines vornehmen Spaniers nach Velasquez, das Bild der Kaiserin Josephine nach Saint, einen männlichen und einen weiblichen Kopf nach der Natur, sämmtlich in Miniatur gemalt, zur Ausstellung.

Hebenstreit, Johann Heinrich, „Kunstmaler", geb. um 1677, gest. 1723.

Heinzelmann, Anton, Architekturmaler, lebte hier um 1720. Er zeichnete u. a. das Innere der St. Catharinenkirche zu Oppenheim in Aquarell.

Höffler, J. D., aus Dresden, arbeitete im letztem Viertel des acht= zehnten Jahrhunderts einige Zeit bei Nothnagel sen. und lieferte recht gute Portraite und Phantasiestücke in Pastell. In dem Prehn'schen kleinen Kabinet sieht man von ihm drei sich am Feuer wärmende Amoretten, grau in Grau. Rund.

„Jacques, B. à Francofort 1744, dédié à M. Dörzapff" fand ich bezeichnet: eine recht gute, Loth mit seinen Töchtern dar= stellende Federzeichnung, auf einem Pergamentblatte in Folio mit kalligraphischer Erklärung in französischer Sprache.

Jänicke, Johann Gerhard, kaiserl. Notar, radirte sein eigenes Bild 8°. und einen brüllenden Tiger in einer Landschaft: De= siné et gravé par J. G. Jaenicke à Francofort 1773, Qu. Folio; geringe Arbeit. Er starb 1813.

Kerle, Hans, Kunstgießer gegen Ende des sechszehnten Jahrhunderts, goß Glocken und Epitaphienplatten. Eine Glocke auf dem Pfarrthurm trägt die Inschrift: Soli Deo Gloria. Im Nahmen Gottes Flos ich. Hans Kerle In Frankfurdt Gos Mich Ao. 1591.

Kiesewetter, Gabriel, Maler, Rothnagels und Trautmanns Schwiegervater, starb 1753.

Klotz, Kaspar, Historien- und Portraitmaler von München, geb. zu Mannheim 1773, lebte mit seiner Familie von 1812 bis 1817 theils in Frankfurt, theils in Oberrad, mußte aber auf Andringen der Zunftmaler seinen Wanderstab weitersetzen.

Köhler, Johann David, „Kunstmaler", geb. um 1676, gest. 1725.

König, Franz Bernhard, Bildhauer, geb. um 1715, gest. 1783.

Legel, C. H., Landschaftmaler in der zweiten Hälfte des achtzehnten Jahrhunderts. In dem Prehn'schen Kabinet befinden sich einige Stücke von ihm.

de Lose, Joseph Jacob, königlich bayer'scher Hofmaler, geb. um 1755, hier gest. 1813.

de Marne, Clermont, Zeichner und Goldarbeiter, war aus den Niederlanden hierher geflüchtet. Dem Eintrag seines Namens im Meisterbuche ist eine gute Zeichnung auf Pergament: die Rückkehr des verlorenen Sohnes darstellend, beigefügt. 1653.

Mayr, W. C., hat 1745 viele Darstellungen der Krönungsfeierlichkeiten des Kaisers Franz I. nach Junk in Kupfer gestochen.

Mende, Christian, geschickter Geschichts-, Portrait- und Genremaler aus Kitzingen, lebte von 1816 bis gegen 1822 und dann wieder 1848 hier. Sein Geburts- und Sterbejahr ist unbekannt.

Menschel, N. N., wahrscheinlich nur Dilettant, radirte eine Landschaft im Geschmacke von Kobell.

Meylin, Johann Burkhard, „Kunstmaler" in der Mitte des achtzehnten Jahrhunderts.

Müller, Johannes, Portraitmaler aus Bonn, arbeitete hier von 1815—1817.

Nazarri, Bartholomäo, Portraitmaler, 1699 in Bergamo geboren, Schüler von Ghislandi und Trevisani, hatte zwar seinen Wohnsitz in Venedig, befand sich aber fortwährend auf Reisen. Er war an fürstlichen Höfen beliebt und malte, außer zahllosen Portraiten, auch alte Köpfe in Denners Weise. Er wurde 1744 nach Frankfurt berufen, um Karl VII. und dessen Gemahlin zu malen. Eine Fürstin von Taxis hatte damals zwei kleine von ihm gemalte Bilder: Ecce homo und Maria Magdalena, den hiesigen Carmelitern geschenkt. Sie befinden sich jetzt auf der Stadtbibliothek, sind aber, so überschwenglich sie auch von Hüsgen gelobt werden, von geringem Werthe. Er starb 1758.

Nopp, N. N., Kupferstecher, radirte Bauernstücke in Nothnagels Manier. 1807.

Peyer, Joachim Heinrich, Bildhauer, geb. um 1691, gest. 1771.

Pfaff, Andreas, geschickter Kunstgießer, starb 1754.

Quaglio, Joseph, Architekt und Architekturmaler zu Mannheim, später zu München, war bei Anfertigung der kurpfälzischen Illuminationstransparente für die Krönung Leopolds II. dahier beschäftigt. Er war 1747 zu Laino in Oberitalien geboren und starb 1828 in München.

Ramadier, F. A., Landschaftmaler von sehr untergeordneter Bedeutung, lieferte Ansichten der Stadtthore und Wartthürme, des Forsthauses, des von Bethmann'schen Museums ꝛc. in Aquarellfarben. Neubauer stach einige Blätter nach ihm. Seine Familie gehörte zu den französischen Refugiés; sie hatte in der Revolution ihr Vermögen eingebüßt, weßhalb er sich von seiner Kunst, die er in der Jugend nur als Dilettant geübt hatte, kümmerlich ernähren mußte. Er starb um 1833.

Rapp, N. N., wahrscheinlich nur Dilettant, radirte einen rauchenden Bauern mit hoher Mütze nach Nothnagel.

Rebesberger, N. N., Portraitmaler im Anfang des gegenwärtigen Jahrhunderts.

Rollent, Joseph Nikolaus, „Kunstmaler", um die Mitte des achtzehnten Jahrhunderts.

Schaerlenzll, N. N., Nothnagels Schüler, radirte u. a. einen Fuchs bei seiner Beute.

Scheel, Georg Friedrich, wurde im Jahr 1778 als „Kunstmaler" dahier aufgenommen.

Schmidt, Joseph, „Kunstmaler", geb. 1767, gest. 1824.

Schmidt, Kaspar Conrad, Radirer, wahrscheinlich nur Dilettant, ätzte 1780 als ersten Versuch die Ansicht des vormaligen Vassompierre'schen, nachher Gwinner'schen, jetzt von Rothschild'schen Gutes Neuhof, mit (mißlungener) Fernsicht nach der Friedbergerwarte. 4°. Eine rauhe, aber kräftige Arbeit. (Aeußerst selten.)

Schönberger, Lorenz, geboren zu Vöslau bei Wien um 1770, der bekannte, von seinen Zeitgenossen überschätzte Landschaftmaler, hielt sich um 1810 längere Zeit in Frankfurt auf, wo er zwei seiner besseren Bilder, einen Sonnenaufgang und einen

Sonnenuntergang für Karl von Dalberg malte, der sie dem Museum überließ, von welchem sie in neuester Zeit in die städtische Sammlung übergegangen sind. Weiteres bei Nagler.

Schräblin, N. N., soll ein Schüler Rothnagels gewesen sein. Er radirte einen todten Christus, von Engeln bewacht, nach Carracci und einen Kopf nach Rembrandt.

Schrader, Georg, „Kunstmaler", in der letzten Hälfte des achtzehnten Jahrhunderts.

„Sturz, H., Frft. 1807" ist bezeichnet: eine Copie des Rattenfängers nach Dieterich, 8°, und ein Kopf mit Schnurr= und Knebelbart, 12°, beide schlecht radirte Blätter, wahrscheinlich Versuche eines Dilettanten.

Urban, Joseph Christian, „Kunstmaler", geb. um 1710, gest. 1761.

Weicard, N. N., radirte den Kopf eines Priesters nach Nothnagel.

Wille, Johann Friedrich, „Kunstmaler" von Wassenheim, geb. um 1684, hier gest. 1757.

Willmasser, Johann Friedrich, „Kunstmaler", geb. um 1700, hier gest. 1754.

Willmasser, Johann Gottfried, „Kunstmaler", geb. 1704, gest. 1754.

Winkler, Johann Dietrich, Zeichner und Goldarbeiter. In dem Meisterbuche befindet sich ein schön getuschter Blumenstrauß, bez. J. D. Winkler fec. 1771.

Zentner, N. N., Kupferstecher, arbeitete in der zweiten Hälfte des achtzehnten Jahrhunderts kurze Zeit in Frankfurt.

Zoffani, Johann (auch Zufall), Maler und Radirer, soll nach Hüszen 1745 hier gearbeitet haben, was aber mit dem Jahr seiner Geburt, 1733, nicht wohl harmonirt.

Werke der Bau= und Bildhauerkunst aus früherer Zeit.

An Bauwerken und Sculpturen von künstlerischer Bedeutung ist Frankfurt niemals reich gewesen. Der Sinn seiner Bewohner war von jeher auf das Praktische gerichtet. Um so mehr ist die Zer= störungswuth zu beklagen, welcher seit dem vorigen Jahrhundert und bis gegen die Mitte des gegenwärtigen die architektonischen Denkmale der Vorzeit auch in unserer Stadt rettungslos verfallen gewesen sind. Erst in der neuesten Zeit scheint man sich eines Besseren besinnen zu wollen, was in dem materiellen Jahrhundert doppelte Anerken= nung verdient.

Die Bartholomäus= oder Domkirche

ist die bedeutendste, durch ihre enge Beziehung zur Geschichte des deutschen Kaiserreichs merkwürdigste und nachweisbar älteste Kirche Frankfurts; denn wenn gleich das Vorhandensein einer Kapella regia schon im achten Jahrhundert keinem Zweifel unterliegt, so finden wir doch die documentirte Nachricht über einen mit Namen bezeich= neten Andachtsort, die Salvatorkirche, zu erst in zwei im Zu= sammenhang stehenden Urkunden aus den Jahren 874 und 880. In der ersteren bestätigt Ludwig der Deutsche eine bedeutende Schenkung, welche "quaedam femina nomine Rovtlint per nostram licentiam tradidit ad sanctam Mariam ad nostram capellam in Franconofurt«, und in der zweiten erklärt sein Nachfolger Ludwig III. am 17. No= vember 880, daß sein Vater gewisse umfangreiche Liegenschaften und Gefälle seiner in Frankfurt „zu Ehren des Erlösers" erbauten Kapelle sammt den von der Rovtlint der nämlichen Kapelle geschenkten Gütern überwiesen, auch verordnet habe, daß zwölf Geist= liche in dieser Kirche den Gottesdienst versehen und nebst dem Abte Willicherius aus den Einkünften der geschenkten Güter ihren Unter= halt bestreiten sollten, was alles er, der König, neuerdings bestätige.

Ueber die Bedeutung des Wortlautes der Urkunde von 874 sind die Ansichten sehr getheilt. Fichard ¹) und Römer-Büchner ²) beziehen die Worte »ad sanctam Mariam« auf eine besondere, schon vor oder doch neben der Salvatorkirche bestandene, Marienkirche; Andere halten beide für identisch; aber Kriegk ³) hat, übereinstimmend mit der schon von Euler vertretenen Ansicht, nachgewiesen, daß die Schenkung der Rodtlint sich nur auf einen Marienaltar in der königlichen Salvator-kapelle beziehen kann und daß diese letztere, „ein wunderbarer Bau" Ludwigs des Deutschen, wie sich der Mönch von St. Gallen aus-brückt, schon im Jahr 873 vollendet und im Gebrauche gewesen ist.

Die Salvatorkirche hatte sich auch der Gunst der nachfolgenden Könige, Karls des Dicken und Otto's I. und II., in gleicher Weise zu erfreuen. Im Anfange des dreizehnten Jahrhunderts war sie aber bereits sehr baufällig geworden. Die Thürme drohten den Ein-sturz. Pabst Gregor IX. forderte die Gläubigen zu Beiträgen für ihre Wiederherstellung dringend auf und verhieß dafür einen beson-deren Ablaß. Es scheint, daß es sich damals um einen förmlichen Neubau gehandelt habe. Am Bartholomäi-Tage 1239 wurde die Kirche, obgleich noch nicht ganz vollendet, durch Liudolf, Bischof von Ratzeburg, zu Ehren des Erlösers und des heiligen Bartho-lomäus eingeweiht. Das äußere Ansehen dieser älteren Kirche ist mit Gewißheit nicht nachzuweisen. Passavant glaubte ihre Gestalt in einer an den Rand des Protokolls über die Grundsteinlegung des Pfarrthurms vom Jahr 1414 gekritzelten Zeichnung zu finden, hat daher diese, in gerade Linien gezogen, in dem Anhange zu seiner „Kunstreise durch England und Belgien" zur Anschauung gebracht. Hiernach hätte die alte Kirche Rundbogen-Fenster und zwei runde Thürme gehabt. Aber welche Gewähr kann man in dem zufälligen Randgekritzel eines müßigen Protokollisten finden? Woher weiß man, daß dieser überhaupt nur die Absicht gehabt, das Bild der Salvator-kirche zu zeichnen? Mehr Anspruch auf Wahrscheinlichkeit hat die Hypothese Römer-Büchners ⁴), daß das Modell einer Kirche, welches der an der linken Seite der Chorstühle in Holz geschnitzte heilige Carolus als angeblicher Gründer der Bartholomäuskirche auf der Hand trägt, das Abbild der alten Kirche sei. Hiernach würde diese

---

¹) Wetteravia, I. 1.
²) Die Wahl- und Krönungskirche der deutschen Kaiser ꝛc. S. 4.
³) Archiv, neue Folge, Bd. I., S. 72 ff.
⁴) Die Wahl- und Krönungskirche, S. 20.

Spitzbogen-Fenster und vier eckige Thürme gehabt haben. Indessen muß auch diese Vermuthung mit allem Vorbehalt aufgenommen wer=
den. Dem Holzschnitzer, welcher den vermeintlichen Gründer der Kirche an den Chorstühlen anbringen wollte, konnte es genügen, dem=
selben ein beliebiges Modell eigener Phantasie in die Hände zu geben; es sollte ja nur ein symbolisches Zeichen sein. [1] Uebrigens vindicirt Römer-Büchner selbst an anderer Stelle der alten Salvatorkirche nur zwei Thürme. [2]

In Ansehung der Geschichte der Entstehung und späteren Er=
weiterung der Bartholomäuskirche (oben S. 4) kann ich auf J. B. Müllers „Historische Nachrichten von dem weitberühmten kaiserlichen Wahl= und Domstift St. Bartholomäi in Frankfurt" und auf die eingehenden Untersuchungen von Fichards [3], Kirchners [4], Römer=
Büchners [5] und Kriegks [6] verweisen.

Von dem alten Bau aus dem dreizehnten Jahrhundert steht jetzt nur noch das auf sechs Säulen ruhende Schiff vom Thurme gegen den Chor, so wie die nach der Südseite gerichtete „rothe Thür", welche durch den späteren Vorbau der sogenannten Scheidskapelle [7] jetzt nur noch von Innen sichtbar ist. In neuerer Zeit hat man sich nicht gescheut, die mittelalterlichen attischen Säulen des alten Schiffs in den Styl des fünfzehnten Jahrhunderts umzuändern, wo=
durch der Beweis ihres Alters verloren gegangen ist.

Der einschiffige, langgestreckte Chor wurde im Jahr 1315 be=
gonnen und 1338 beendigt. Der ausgedehnte Querbau von Süden nach Norden ist erst nach der Mitte des vierzehnten Jahrhunderts vollendet worden. Beide zeichnen sich durch einen schönen, großartigen Styl vor dem älteren etwas gedrückten Schiffe vortheilhaft aus. Das Stabwerk der hohen, schlanken Spitzbogen-Fenster ist einfach und zier=
lich, die Profilirung überall scharf. Das südliche und nördliche

---

[1] Auch das Hautrelief-Standbild des Weikard Frosch als Stifter der St. Catharinenkirche trägt nicht die wahre Nachbildung der von ihm gegründeten beiden Kapellen sondern ein ganz willkürliches Kirchen-Modell auf den Händen.

[2] Beiträge zur Geschichte der Stadt Frankfurt a. M., S. 67.

[3] Wetteravia I., 1.

[4] Geschichte der Stadt Frankfurt.

[5] Die Wahl- und Krönungskirche a. a. O.

[6] Archiv, neue Folge a. a. O.

[7] Von dem Patricier Nikolaus Scheid im Jahr 1487 erbaut. Ihre Ge=
wölbe waren mit Fresken bemalt, welche 1763 schonungslos dem Pinsel des Weißbenders verfielen.

Portal, beide mit (theilweise verstümmelten) biblischen Figuren und anderem Bildwerk in erhabener Steinhauerarbeit reich verziert, dürften aus der Zeit der Vollendung des Chors stammen. An dem nörd-lichen Portal findet man an der Mittelsäule der Hauptthüre dieselbe Maria mit dem Kinde, welche auch an den Münstern zu Straßburg und Freiburg angebracht ist. Römer-Büchner [1]) hält diese aus weißem Sandstein gearbeitete Figur für älter als die übrige Bildhauerarbeit am Dome. Der Christus und die Apostelfiguren, für welche die zu beiden Seiten der schönen, großen Rosette pyramidalisch ange-brachten Console mit Baldachins bestimmt waren, fehlen sämmtlich; wahrscheinlich sind sie niemals zur Ausführung gekommen. [2]) In Ansehung des Thurmbaues kann ich auf Seite 5 ff. zurückverweisen.

Im Innern bietet die Domkirche manches in künstlerischer oder mindestens in kunsthistorischer Beziehung Bemerkenswerthe. Der jetzige Hochaltar im Chor, zu den Seiten mit den Standbildern des heiligen Bartholomäus und Karls des Großen, wurde 1663 auf Kosten des Domprobstes Grafen Hugo Eberhard Craz von Scharpffenstein in Holz erbaut und damals mit einer die Himmelfahrt der Maria vor-stellenden Copie nach Rubens ausgestattet. Das an dem älteren Altar befindlich gewesene Gemälde des Meisters Johannes von Bam-berg (S. 13), wahrscheinlich die Verklärung Christi darstellend, wurde damals beseitigt. Seit mehreren Jahren ist an die Stelle jener Copie nach Rubens eine von Philipp Veit gemalte Himmelfahrt Christi getreten.

Die von dem Scholaster Frank von Ingelheim im Jahr 1427 [3]) gestifteten Wandgemälde im Chor wurden schon Seite 15 erwähnt. Sie sind von der Hand eines oder mehrerer der Cölner Schule angehö-rigen Künstler, vielleicht von einem Schüler des Meisters Stephan. Rechts vom Hochaltar in der im gothischen Styl gebildeten Wand-nische, dem Sitze der drei celebrirenden Geistlichen, befindet sich ein auf das Meßopfer bezügliches Gemälde in Oelfarbe: Neben dem in der Mitte sich zeigenden, mit Wunden bedeckten Heilande stehen, in Schmerz versunken, Maria und Johannes; darüber die Büsten der

[1]) Beiträge zur Geschichte der Stadt Frankfurt a. M. S. 72, und die Wahl- und Krönungskirche, S. 34.

[2]) In ähnlicher Weise, wie auch die für die Nischen des neuen Baues in der Liebfrauenstraße nach dem Liebfrauenberg hin projektirt gewesenen Figuren bis jetzt noch ihrer Ausführung harren.

[3]) Die Jahrzahl 1407 (Römer a. a. O.) dürfte auf dem Versehen eines späteren Restaurateurs der lateinischen Inschrift beruhen.

beiden Patrone der Kirche, St. Carolus und St. Bartholomäus, und über diesen in der Mitte das Schweißtuch der heiligen Veronika, von verschiedenen Wappen der Familie des Stifters umgeben. Der letztere kniet außerhalb auf beiden Seiten in ritterlicher Rüstung über den gleichen Wappen, wie oben. [1])

Zu Seiten des Hochaltars sieht man in derselben Weise, aber in größerem Umfange, links mit zahlreichen Figuren die Verklärung der Maria und rechts Christus, wie er der Magdalena im Garten erscheint. Beide sind in Oel mit etwas Wachs vermischt gemalt.

Rechts und links über den im Jahr 1354 verfertigten Chor-stühlen ist in der Höhe von etwa 4½ Fuß in einem Cyclus von Bildern die Legende des heiligen Bartholomäus, gleichfalls in Oel- und Wachsfarben, doch mit einem etwas geschickteren Pinsel als die zuerst erwähnten Malereien, dargestellt. Hüßgen scheint sie nicht ge-kannt zu haben; denn sie waren schon 1764, als man die Kirche frisch ausweißte, nebst den Malereien am Hochaltar übertüncht worden. Erst bei der 1827 stattgehabten inneren Reparatur entdeckte man die hinter der Tünche verborgenen Gemälde, die man im ersten Augen-blick irrthümlich der Schule Holbeins zuschreiben zu können glaubte. Man wusch die weiße Farbe mit geringer Vorsicht herunter, was nicht ohne bedeutende Benachtheiligung der Malereien abgehen konnte. Erst in den Jahren 1854—1856 wurden sie gelegentlich der um-fangreichen Wiederherstellung der Kirche durch einen fahrenden Maler Namens Kißinger restaurirt, dessen Wahl, wie mir scheint, keine glückliche gewesen ist. Die Gemälde treten recht bestimmt ins Auge; was aber daran noch ursprünglich ist, will ich nicht entscheiden. In-dessen fordert die Gerechtigkeit, anzuerkennen, daß die Zerstörung höchst bedeutend und die Restauration eine sehr schwierige gewesen ist. Uebrigens haben diese Malereien ohnehin mehr eine kunsthisto-rische als eine künstlerische Bedeutung; sie sind im Ganzen von ziem-lich roher und grasser Auffassung, obwohl es an einzelnen Schön-heiten nicht fehlt.

Noch andere Wandmalereien, welche bei der neuesten Restaura-tion des Domes unter der Tünche zum Vorschein kamen: das schon von älteren Schriftstellern erwähnte jüngste Gericht auf der westlichen Seite des Thurms, Adam und Eva am Eingange von dem letzteren in die Kirche, eine Anbetung der Könige und ein Christus am Kreuze

[1]) Vergl. die Abbildung dieses Gemäldes in F. H. Müllers: „Beiträge zur deutschen Kunst- und Geschichtskunde durch Kunstdenkmale." Darmstadt 1832.

in der Kirche selbst, wurden, weil man sie für defect und werthlos ansah oder die Kosten der Herstellung scheute, neuerdings überweißt. Besser hätte man wohl gethan, diese wieder aufgedeckten Reliquien der Vorzeit in ihrem Zustande zu belassen. Sie würden immerhin werthvoller und interessanter gewesen sein, als die moderne, monotone Weißbenderarbeit, womit man die Wände bestrichen hat.

Eine weitere Entdeckung ähnlicher Wandgemälde wurde 1857 in dem Kreuzgange der Kirche gemacht. Sie bringen in einem Cyclus umfänglicher Darstellungen die Leidensgeschichte Jesu sammt dem jüngsten Gericht zur Anschauung und verrathen einen tüchtigen Meister des fünfzehnten Jahrhunderts, welcher an gewisse Compositionen und Figuren des Michael Wohlgemuth erinnert. Besonders hervorzuheben ist die Gefangennehmung Christi, eine Composition von etwa 20 Figuren, (15′ h. 20′ br.) Die Hauptfigur, Christus, zeigt einen bewunderungswürdigen Ausdruck des Schmerzes, der Ergebung und des Mitleids. Auch der Kopf des Judas ist meisterhaft charakterisirt; eben so viele andere betheiligte Figuren. Gleiche Beachtung verdient ein anderes Bild: Ecce homo und die Kreuztragung.

Endlich fand sich noch im Sommer 1861 in der Sakristei, gerade über der Eingangsthür bei Abnahme des alten Verputzes eine Kreuzigung Christi mit Maria und Johannes, dem Ansehen nach gleichfalls dem fünfzehnten Jahrhundert angehörend. Besonders anmuthig erscheint hier die Mutter des Gekreuzigten. Weder diese, noch die Malereien im Kreuzgange sind bis jetzt vollständig von der Uebertünchung befreit und noch in dem Zustande, wie sie aufgefunden wurden. Dem Vernehmen nach beabsichtigt der Vorstand der katholischen Gemeinde, die Restauration einem Schüler Steinle's zu übertragen, was wohlgethan sein würde.

Betrachtet man diese umfangreichen, ohne Zweifel zum größeren Theil mit Privatmitteln in fast allen Theilen des Domes gestifteten Malereien, so überzeugt man sich von der hohen Achtung und Anerkennung, welche bei Frankfurts Bewohnern in jener frühen Zeit schon die Kunst gefunden und wie eifrig man mit frommem Sinne deren Hülfe zur würdigen Ausschmückung der Andachtsstätten gesucht hat. Die Aufklärung oder Flachheit des achtzehnten Jahrhunderts vermochte nicht das Gemüthsleben des verrufenen Mittelalters zu verstehen; man zerstörte in blinder Verachtung die „verfinsternden" Glasmalereien und dunkeln Fresken. Der Glaser und Weißbender mußte die Dummheiten der Verältern verbessern. Das hat aufgehört; fast allerwärts wird jetzt gerettet, was noch zu retten ist —

ein Eifer, welcher dem Zeitalter des haltlosen Fortschritts doppelt angerechnet werden muß.

Die in der Kirche an verschiedenen Altären und in der Wahl= kapelle befindlichen Oelgemälde sind, mit Ausnahme der schon er= wähnten Himmelfahrt Christi von Philipp Veit, von keiner beson= deren Bedeutung; denn die in der Mariakapelle hängende Kreuzigung aus van Dyks Schule und die büßende Magdalena von Brandel, vormals am Altar der heil. Grabkapelle, jetzt in der Wahlkapelle, können hier kaum in Betracht kommen. Ich bin nicht so glücklich gewesen, wie Victor Hugo, welcher in seinem Buche: »Le Rhin« (Bruxelles 1842) von einer bewunderungswürdigen Kreuzigung von Anton van Dyk, von einem Jesuskinde im Schooße der Maria von Rubens (Copie) und von einem gekreuzigten Christus im Schooße der Maria von Albrecht Dürer erzählt, die er in dem hiesigen Dome gesehen haben will. Von dem Allem ist nichts vorhanden. Wollte vielleicht der phantasiereiche Franzose mit dieser Dichtung das bekannte Gelüste seiner Landsleute nach dem Rhein und dessen Kunst= schätzen noch etwas reizen?

Größeres Interesse nehmen einige Grabdenkmale und andere Sculpturen in Anspruch. Zunächst im Chor das bekannte in neuerer Zeit viel besprochene

Grabdenkmal Günthers von Schwarzburg.

Dasselbe wurde am 11. December 1352 durch die Angehörigen und Freunde des unglücklichen Fürsten als Sarcophag vor dem Hoch= altar errichtet. Günthers ritterliche Gestalt ist, lebensgroß in einer Nische auf zwei Löwen stehend, im vollen Waffenschmuck erhaben in Stein gehauen. Rechts und links zur Seite des Fürsten innerhalb der Nische stehen unter gothischen Baldachins: oben St. Rochus und St. Georg, unten die heil. Catharina und die heil. Elisabeth. Von außen umgeben das Denkmal dreizehn Wappenschilde der Stifter. Herr Senator Usener hat im „Archiv" Heft 8, S. 77 sämmtliche Träger dieser Wappen verzeichnet.

Nach Römer=Büchner (die Wahl= und Krönungskapelle S. 68) war das Monument ursprünglich mit Wachsfarben (enkaustisch) be= malt. Die Untersuchung des durch seine chemischen Studien bekann= ten Malers Franz Xaver Fernebach hat jedoch ergeben, daß es Del= farben gewesen sind. Durch einen Kasten von Holz und über diesem eine gewirkte Decke, auf deren vier Ecken hohe Candelaber standen, war das Denkmal gegen jede Unbilde geschützt. So war es durch

vier Jahrhunderte mit rücksichtsvollster Pietät unangetastet geblieben,
bis es 1743 auf Befehl Karls VII. bei Seite geschoben wurde, um
für eine kirchliche Prunkfeier Platz zu gewinnen. Der Kaiser setzte
am 19. December dem Prinzen Doria im Dome den Cardinalshut auf.
(Hüsgen S. 509.) Das Grabmonument wurde an die gegenüber befindliche Wand rechts vom Eingange in die Wahlkapelle versetzt, so daß
dasselbe jetzt nach Art eines Standbildes aufrecht steht. Bei der Aufstellung ging man ziemlich leichtfertig zu Werk, indem man die umgebenden Wappenschilde ohne alle Rücksicht auf die ursprüngliche
Reihenfolge anbrachte. Bei der jüngsten Restauration (1854—1856)
wurde die ehemalige Ordnung, wie man sie bei Lersner I. S. 107
mit dem vollständigen Monument abgebildet findet, wieder hergestellt[1]), auch das letztere nach einer in dem Sondershausen'schen
Archiv aufbewahrten colorirten Zeichnung aus dem Jahr 1716 neuerdings in Farben gesetzt. Diese beleidigen jedoch durch ihre bunte
Frische das Auge in unangenehmer Weise und erregen gerechten
Zweifel gegen die Uebereinstimmung mit dem ursprünglichen Zustande. Zu bedauern ist, daß man keine Sorge getragen hat, das
Denkmal gegen Staub, Feuchtigkeit und andere Einwirkungen der
Zeit in irgend einer Weise zu schützen.

Weiteres, namentlich auch die verschiedenen Erklärungen der
mystischen Inschrift, möge man in Lersners Chronik, J. B. Müllers
Histor. Beschreibung des St. Bartholomäusstifts, Hüsgens Artist.
Magazin, Römers Wahl- und Krönungskirche und Useners Abhandlung im 8. Heft des Archivs für Frankfurts Geschichte und Kunst
nachlesen.

Der Maria-Altar

in der den gleichen Namen führenden Kapelle an der linken Seite
des Auftritts zum Chor ist in mancher Beziehung als das wichtigste
Kunstwerk der Domkirche zu betrachten. Das aus dreizehn fast lebensgroßen, freistehenden Figuren von Stein bestehende Bildwerk stellt
den Tod der Maria vor. Die hingeschiedene Mutter des Heilands
liegt, scheinbar schlafend, auf dem Sterbelager. Ein Engel drückt
ihr die Augen zu. Sie ist umgeben von den Aposteln, deren verschiedene ausdrucksvolle Haltung ihre durch das erschütternde Ereigniß hervorgerufene tiefe Wehmuth und andächtige Stimmung erkennen

---

[1]) Nur die drei Wappen, welche ehemals zu Füßen des Fürsten standen,
mußten jetzt über seinem Haupte einen Platz finden.

läßt. Die Anordnung der Gruppe zeigt richtiges Gefühl und Ver=
ständniß. Der Ausdruck der Köpfe und die Gewandung verdienen
Anerkennung und deuten jedenfalls auf einen Meister von nicht ge=
wöhnlicher Begabung. Ein sehr kunstvoll und zierlich durchbrochen in
Stein gehauener dreifacher gothischer Baldachin umrahmt und über=
schirmt die Gruppe und erhöht den feierlichen Eindruck des Ganzen.
Dieses war, wie sehr viele deutsche Bildhauerarbeiten des Mittel=
alters von Anfang an mit Farben bemalt und, besonders an den
gothischen Verzierungen, reich vergoldet. Sculptur und Farbe hatten
im Laufe der Zeit vielfach gelitten; sie wurden 1856 durch den Bild=
hauer Winterstein und den Decorationsmaler Mössinger mit Sorg=
falt und Umsicht treu nach dem ursprünglichen Zustande, soweit dieser
erkennbar war, mit nicht unbedeutenden Kosten wieder hergestellt, so
daß das Kunstwerk jetzt einen recht erhebenden Eindruck selbst bei
Denen nicht verfehlen kann, deren Gefühl das Bemalen plastischer
Kunstwerke widerstrebt. Wenngleich auch ich zu diesen mich zähle, so
kann ich doch das Gewicht der Gründe nicht verkennen, welche die
deutschen Steinmetzen der Vorzeit veranlassen konnten, der Mangel=
haftigkeit ihres Materials durch die Farbe zu Hülfe zu kommen.

Dieses schöne Werk, dessen Meister unbekannt ist, wurde im
15. Jahrhundert von Ulrich von Werstadt und dessen Frau, Gudge geb.
Schelm von Frankfurt, in die Marienkapelle gestiftet. An der linken
Seite des Sockels des Baldachins sind beide Stifter nebst ihren Kin=
dern, zehn Töchtern und sieben Söhnen, vor dem als Medaillon an=
gebrachten lieblichen Madonnenbilde knieend in halberhabener Arbeit
dargestellt. Es ist zu bedauern, daß wegen Ungunst der örtlichen
Beleuchtung die von dem Photographen Mylius gefertigte Photo=
graphie des Marienaltars nicht besser gelungen ist. Die Kosten des
letzteren und des auf dem Kirchhofe von denselben Ehegatten gestifteten,
jetzt gänzlich zerfallenen Oelbergs betrugen zusammen 800 Gulden.

Beachtung des Kunsthistorikers verdient besonders wegen der
interessanten Zeitcostüme das Grabdenkmal des Ritters Rudolph
von Sachsenhausen, eines der Getreuen des Königs Günther.
Er ist in ganzer Figur lebensgroß dargestellt und gleichfalls bemalt.
Hefner hat davon in seinen Trachten des Mittelalters (II. Tafel
133) eine getreue Abbildung geliefert. Ferner der Grabstein des
Stadtschultheißen Bartholomäus Haller von Hallerstein
(† 1551), ebenfalls in Lebensgröße halb erhaben in einen schönen
gelbröthlichen, dem Lithographiestein ähnlichen Stein gehauen und
wahrscheinlich deßhalb nicht bemalt. Weiter das interessante Grab-

denkmal des Schöffen und älteren Bürgermeisters Johannes von Holzhausen († 1393) und dessen Frau Gubela geb. von Goldstein († 1371). Dasselbe wurde 1809 bei dem Abbruche der Michaelskapelle aus dieser in die Bartholomäuskirche rechts am nördlichen Eingang versetzt. Beide Figuren sind in gothischer Einfassung lebensgroß neben einander, er auf einem Löwen, sie auf einem Hunde stehend, in Stein gehauen und farbig bemalt. Eine Abbildung findet man in Müllers Beiträgen ꝛc. II. 30 und in Hefners Trachten ꝛc. Tafel 134. Endlich das Denkmal des Rathsmannes Andreas Hirde, gleich rechts am nördlichen Eingange, stellt in weißem Sandstein die Verspottung Christi in zahlreichen erhabenen Figuren dar, eine recht verdienstliche Arbeit vom Jahr 1518.

Auf dem Kirchhofe an der nördlichen Seite ließ der in Frankfurts Geschichte so häufig mit Auszeichnung genannte Schöff Jacob Heller und seine Frau Catharina geb. von Melem im Jahr 1509 den sogenannten Calvarienberg errichten, eine freistehende Gruppe, Christus am Kreuze mit den beiden gleichfalls gekreuzigten Schächern. Unten stehen Maria, Maria Magdalena, Johannes und Joseph von Arimathia; alle Figuren lebensgroß in Stein von einem unbekannten, aber tüchtigen deutschen Meister würdig aufgefaßt und mit Fleiß und Geschick ausgeführt. Nach meinem Dafürhalten ist keine unter allen Bildhauerarbeiten des Domes, in so weit es sich nicht von architektonischer Ornamentik handelt, diesem Bildwerke an künstlerischem Werthe gleichzustellen. Leider geht dasselbe seinem raschen Verfalle entgegen, da für den Schutz des Kunstwerks gegen die Einwirkung der Elemente durchaus nicht gesorgt ist. Schon sind viele Theile verwittert.

Die übrigen Denkmale, Altäre, einige sehr schöne Tabernakel mit gothischer Stein-Ornamentik, Wappenschilde und was sonst noch in der Bartholomäuskirche geschichtlich oder künstlerisch beachtenswerth sein mag, findet man in Römers mehrgedachter Monographie mit Liebe und Sachkenntniß ausführlich besprochen, so daß ich mir verstatten kann, hierauf Bezug zu nehmen.

Die neueste Restauration der Bartholomäuskirche hat viele durch die Geschmacklosigkeit der Zeiten hinein gekommene Mißstände und Unzierden beseitigt, die Kirche ist vorläufig in ihrer ursprünglichen Größe und Reinheit wieder hergestellt, ja manche wesentliche Verbesserung und Verschönerung ist hinzugefügt worden. Dahin ist vor Allem zu zählen die Erweiterung des Langhauses durch Eröffnung der Thurmhalle, und die Erbauung zweier Emporbühnen im Geschmacke

des germanischen Styls, wofür dem leitenden Architekten, Herrn Rü=
gemer, die vollste Anerkennung gebührt.

Aber noch ist Vieles zu thun, wenn die Bartholomäuskirche das
großartige Ansehen erhalten soll, welche von der Wahl- und Krönungs-
kirche¹) der deutschen Kaiser mit Recht erwartet wird. Frankfurt darf
verlangen und man darf von Frankfurt erwarten, daß dieser nationalen Pflicht in würdiger Weise genügt werde. Die Unterstützung
des deutschen Volkes und seiner Fürsten wird ihm nicht fehlen. Zu
beseitigen und im Einklange mit dem Baustyl der Kirche zu ersetzen
sind noch mehrere geschmacklose Altäre aus der Zopfzeit, nicht minder
die wahrhaft ärmliche, einem Bretterkasten ähnliche Kanzel, die, wenn=
gleich neuen, doch mit dem Ganzen nicht harmonirenden Stühle, im
Schiffe der Kirche und die modernen weißen Scheiben der Fenster.
Diese würden durch die wiederentdeckte Kunst der Glasmalerei nach
dem Vorbilde des Cölner Domes zu ersetzen sein. Vor allem aber
sollte das schöne und reiche Frankfurt, nachdem es in neuester Zeit
für seine innere und äußere Ausschmückung so viel gethan hat und
noch zu thun beabsichtigt, die Domkirche von den sie umgebenden
Kramläden und Fleischschirnen befreien und, dem Beispiele anderer
deutschen Städte folgend, mit dem Ausbaue seines Pfarrthurms sein
stolzestes Festkleid anlegen. (Vergl. S. 7, 8.)

Die Nikolaikirche.

Als Kaiser Conrad III. um Pfingsten des Jahrs 1142 in Frankfurt einen großen Reichstag hielt, dem fast alle Fürsten und Bischöfe
des Reiches beiwohnten, ließ er, entweder weil die alte im kaiser=
lichen Palast befindlich gewesene Kapelle zu klein, oder weil sie wegen
der häufigen Ueberschwemmungen unbrauchbar geworden war, auf
dem Samstagsberge eine neue Capella regia erbauen. Diese wurde
am 28. Mai desselben Jahr durch Wizer, Bischof von Brandenburg,
zu Ehren des Herrn Jesu Christi und des heil. Nikolaus eingeweiht.
(Archiv II., 55.) Von dieser Zeit stammt noch der untere Theil des
Thurmes. Der Chor und der untere Theil der Kirche selbst gehört
wahrscheinlich dem dreizehnten Jahrhundert an. Rudolph von Habsburg ließ die Kapelle im Jahr 1290 von Neuem aufrichten und Adolph
von Nassau vereinigte dieselbe 1292 mit dem Bartholomäusstift.
Um die Mitte des fünfzehnten Jahrhunderts war sie Eigenthum der

¹) Letzteres ist sie wenigstens thatsächlich gewesen.

Stadt, der Thurm wurde erhöht, aber auch das unschöne Dach erbaut. Sie diente als Rathskapelle, worin der Rath vor Beginn seiner Sitzungen die Messe, später eine Predigt hörte. Seit 1570 wurde die Kirche als Waarenlager verwendet, 1721 ihrer Bestimmung zurückgegeben, 1813 nochmals in ein Magazin verwandelt und endlich in den Jahren 1841—1847, nachdem durch den Abbruch der heil. Geistkirche der Mangel einer evangelischen Kirche in diesem Stadttheile fühlbar geworden war, von Außen und Innen einer gründlichen Herstellung unterworfen und der lutherischen Gemeinde wieder zum Gottesdienst übergeben. Damals erhielt der Thurm eine neue, etwas höhere, durchbrochene gothische Spitze, leider nur von Gußeisen; der Erker an der südwestlichen Ecke der Gallerie, bis dahin von rohem Mauerwerk, wurde mit dem an der nordwestlichen Ecke befindlichen in Harmonie gebracht, die Kirche von dem sie verunstaltenden Wacht= und Schröterhäuschen befreit und der Eingang von der nördlichen Seite wieder eröffnet. Im Innern erhielt sie einen neuen, mit der Auferstehung Christi von Alfred Rethel geschmückten Altar und eine neue im Style des Ganzen gehaltene, geschnitzte Kanzel; auch wurden die schönen, geschichtlich merkwürdigen Grabdenkmale Siegfrieds zum Paradies († 1386) und seiner zweiten Frau Catharina zum Wedel († 1378) aus der heil. Geistkirche hierher versetzt. Längst hätte Frankfurt daran denken dürfen, diesem um die Wohlfahrt der Stadt so hochverdienten Bürger, dem bedeutendsten Staatsmanne, den sie jemals besessen, ein seiner würdiges öffentliches Denkmal zu errichten. Siegfrieds Standbild würde auf dem Römerberg oder besser noch auf dem Liebfrauenberg im Angesicht seiner Wohnstätte, auf welcher er nach der Mitte des vierzehnten Jahrhunderts die Häuser zum Paradies und zum Krimvogel nebst dem Orthause zu einem stattlichen Baue vereinigt hatte, eine passende Stelle finden und dem dankbaren Sinne der Bürgerschaft zur Ehre gereichen. [1]

---

[1] Hier kann ich den Mangel an Pietät und Aufsicht nicht ungerügt lassen, wovon ich Augenzeuge sein mußte, als die innere Wiederherstellung der Nikolaikirche in Angriff genommen wurde. Unmittelbar vor dem Altar befand sich der Grabstein des um die Stadt vielfach verdienten Schultheißen Johann Christoph Ochs von Ochsenstein (geb. 1674, † 1747). Ich kam gerade hinzu, als man die starke Bohlendecke, welche den Grabstein seit hundert Jahren geschützt hatte, hinweg schob. Die große und schöne Platte von Sandstein war mit dem reichen, erhaben gehauenen und von einer Inschrift umgebenen von Ochsenstein'schen Wappen geschmückt. Auch in den kleinsten und zartesten Theilen ließ

Eine alte räthselhafte Hautrelief=Bildnerei in Stein, welche sich
an der östlichen äußeren Seite der Kirche, wie es scheint ganz will=
kührlich eingemauert findet, ist in ihrer Bedeutung noch nicht aufge=
klärt. In einem Spitzbogen=Abschnitt eingemeißelt, sitzt ein Bischof
auf dem Faldistorium. Ihm zur Seite erblickt man zwei ziemlich
unkennbar gewordene Figuren, die man für Affen gehalten hat, welche
den Bischof angrinzen. Man will in dem Bischof den heil. Nikolaus
erkennen, welcher sich zum Berufe gemacht hatte, arme durch die Noth
der Aeltern an die Wolluft verkaufte Mädchen zu retten: die Affen,
als Symbol der Geilheit, grinzen ihn an. Der Gedanke wäre so
übel nicht; allein ich vermag in den beiden kleinen Figuren keine
Affen zu erkennen; es scheinen mir Kinder zu sein, wenigstens habe
ich noch keinen Affen mit dicken Waden gesehen, wie sie diese haben.
Ob die beiden Figuren grinzen oder lachen, ist schwer zu unterscheiden.
Täusche ich mich nicht, so ist hier St. Nikolaus als Kinderfreund
dargestellt. Derselbe Gegenstand findet sich etwas verändert auf der
westlichen Seite in ziemlicher Höhe in fast freistehenden Figuren,
ebenfalls in einem Bogen=Abschnitte, dargestellt. Eine dritte Arbeit
gleicher Art soll sich ehedem auf der nördlichen Seite hinter dem
Schröterhäuschen befunden haben; sie ist seit der letzten Restauration
verschwunden. Dem Ansehen nach haben diese Bildwerke ehemals
als Thürbogenverzierungen gedient und sind später an ihren gegen=
wärtigen Stellen eingemauert worden. An der nordwestlichen Ecke
steht hoch oben in einer Nische die in Stein gehauene Statuette des
heil. Nikolaus im bischöflichen Ornate. Auch sie scheint ursprünglich
eine andere Bestimmung gehabt zu haben.

Die Nikolaikirche ist viel zu klein, um dem Bedürfnisse der luthe=
rischen Gemeinde zu genügen; aber sie darf wenigstens im Aeußeren

die kunstvolle Arbeit nicht die mindeste Beschädigung erblicken. Sie schien so=
eben von dem Meister beendigt zu sein und gewährte in Bezug auf Ausführung
und Erhaltung des Grabdenkmals volle Befriedigung. Dringend empfahl ich
den Arbeitern die sorgsamste Schonung. Als ich aber nach einigen Tagen die
Stelle wieder betrat, hatten die Schiebkarren der Handlanger, welche den Bau=
schutt aus der Kirche schafften, ihren Weg über das seiner Decke beraubte Denk=
mal genommen. Die kunstvolle Arbeit war zerstört, die Grabstätte des Stadt=
schultheißen entweiht. Empört wandte ich mich hinweg, und vermied es, durch
weitere Schritte, welche das Geschehene nicht ungeschehen machen konnten, meinen
Verdruß zu vermehren.

Einen Bericht über die Wiederherstellung der Nikolaikirche enthält Hammerans
Frankfurter gemeinnützige Chronik, 1843 No. 24. 26.

als eins der schönsten und interessantesten gothischen Bauwerke der Stadt betrachtet werden.

Die Weißfrauenkirche.

Am 29. Mai 1142, also am Tage nach der Consecration der Nikolaikirche, wurde die Kapelle des Klosters der Reuerinnen (Büßerinnen) durch den Bischof Wiger von Brandenburg zu Ehren der heiligen Maria Magdalena geweiht. Dieses Kloster hatte sich von den ältesten Zeiten des besonderen Schutzes und der Begünstigung der Kaiser und Päbste zu erfreuen. Schon im Jahr 1228 belobte Gregor IX. die Bürger Frankfurts wegen der den büßenden Schwestern geleisteten Hülfe. In diesem Kloster fand Margaretha von Hohenstaufen, die Tochter des Kaisers Friedrich II. und Mutter Friedrichs mit der gebissenen Wange, Schutz gegen die Verfolgungen ihres Gemahls, Albrechts des Unartigen, Landgrafen von Thüringen, und neun Monate später (1271) die ewige Ruhe. Auch der streitfertige Theolog Flacius Illyricus endete in dem Weißfrauenkloster am 11. März 1575 sein qualvolles Leben.

Seit der Reformation war dieselbe dem protestantischen Gottesdienst überlassen und das Kloster mit seinen Einkünften in eine weibliche Versorgungsanstalt der lutherischen Gemeinde umgewandelt.

Die Weißfrauenkirche ist in architektonischer Hinsicht verhältnißmäßig von geringem Interesse. Der älteste noch stehende Theil ist wohl die jetzt als Pfarrstube dienende Kapelle der Familie von Holzhausen, deren Wappen man am Kreuzgewölbe angebracht findet. Auch in den beiden andern kleineren Seitenkapellen sieht man an den Decken und in den gemalten Fenstern die Wappen dieser und anderer Patricierfamilien.

Außerhalb rechts vom mittleren Eingange ist eine die Wasserhöhe während der unerhörten Ueberschwemmung von 1342 anzeigende Gedenktafel eingemauert.

In den Jahren 1856—1857 schritt man zu der längst nothwendig befundenen inneren und äußeren Wiederherstellung und theilweisen Umgestaltung der Kirche. Sie erhielt eine neue Kanzel und vortreffliche Orgel an der östlichen Seite, beide von dem geschickten Bildhauer Dielmann mit reichem Schnitzwerk, die Kanzel überdieß mit den Statuetten der vier Evangelisten und der Apostel Petrus und Paulus, im gothischen Styl verziert. Die entstellende Unregelmäßigkeit der Fenster wurde beseitigt und das äußerst nüchterne

Portal durch einen gothischen Vorsprung (vielleicht nicht ganz correkt) und ein kunstvoll in Stein gehauenes Bildwerk zweier verkündigenden Engel im Spitzbogen-Abschnitt von der Hand des Herrn von Nordheim mit der ganzen Façade in Harmonie gebracht, so daß jetzt die Kirche in einem würdigen Gewande erscheint und besonders im Innern einen wohlthuenden, Andacht erweckenden Eindruck macht.

Bei diesen Arbeiten kamen alte übertünchte Malereien aus dem fünfzehnten Jahrhundert zum Vorschein. Das jüngste Gericht an der östlichen Seite, jetzt zum größeren Theil durch die Orgel verdeckt, ist noch erträglich erhalten; an der westlichen Wand aber ließ sich Christus mit den Jüngern kaum noch erkennen, wurde daher neuerdings übertüncht. In besserem Zustande und nicht ohne kunsthistorisches Interesse sind dagegen die kleineren, dem Ende des fünfzehnten Jahrhunderts angehörenden Darstellungen aus dem Leben Jesu an der südlichen Wand.

Ein großer Altar mit einer in zahlreichen Figuren die Kreuzigung Christi vorstellenden Tafel, umgeben von sechs kleineren Bildern aus der Leidensgeschichte und mit alter Holzschnitzerei befand sich noch zu Anfang dieses Jahrhunderts in der Kirche. Diese aus dem Ende des fünfzehnten oder spätestens aus dem Anfange des sechszehnten Jahrhunderts stammenden interessanten Malereien mußten um 1815 einem modernen, von Karl Wendelstadt nach einem italienischen Vorbilde gemalten, Altarblatte weichen. Jene wurden in den Betsaal des Strafgefängnisses verwiesen, wo sie schwerlich zur Erbauung der Sträflinge etwas beitragen werden. Bei der neuesten Restauration der Weißfrauenkirche aber mußte auch Wendelstadts Copie: Christus erscheint nach der Auferstehung der Maria Magdalena, die usurpirte Stelle wieder verlassen; sie wurde an der westlichen Wand angebracht, weil an dem neuen Altare wegen dessen Verbindung mit der Kanzel überhaupt kein Gemälde Platz finden konnte. An derselben Wand hängt eine von der Hand eines guten oberdeutschen Meisters in Oel gemalte Kreuzigung Christi.

Zwei Steinsculpturen in beachtenswerther erhabener Arbeit sind aus der im Jahr 1786 abgebrochenen Barfüßerkirche hierher versetzt worden. Die eine an der südlichen Mauer mit sechs ausdrucksvoll gearbeiteten und wohlerhaltenen Figuren stellt die Kreuztragung auf dem Wege nach Golgatha dar, mit der Inschrift: „Herre vergeßet der Warheit nyt. 181A" (1417)[1]. Auf dem anderen größeren, aber

---

[1] Nicht 1474, wie anderwärts angegeben wird.

weniger gut gearbeiteten und erhaltenen Steinbilde an der nördlichen
Seite erblickt man Christus als Weltenrichter auf dem Himmelsbogen
thronend, zur Seite Maria und Johannes den Täufer. Unten werden
die Verworfenen vom Teufel zur Hölle getrieben, die Guten aber,
an deren Spitze der Pabst, vom Engel in den Himmel geleitet.
St. Petrus empfängt sie an der Pforte; seine Bewegung gegen den
voranschreitenden Pabst läßt es zweifelhaft, ob er denselben umarmen
oder aufhalten will. In einer unteren Abtheilung befindet sich ein
allegorisches Wappen mit dem gekreuzigten Heiland, von den Marter=
werkzeugen umgeben. Ein geflügelter Löwe und ein geflügelter Stier
bilden die Schildhalter. J. B. Ritter hat in seinem „Evangelischen
Denkmal" Seite 3 von beiden Sculpturen eine Abbildung gegeben.
Seine etwas bedenkliche Erklärung der Bedeutung dieser Darstellungen
mag dahin gestellt bleiben.

Die Zellen und das Refectorium des Weißfrauenklosters waren
ehedem mit geistlichen Historien in Fresco gemalt. Die Jahrzahl
1515 deutet auf einen der um jene Zeit in dem Carmeliterkloster
beschäftigt gewesenen Künstler.

Unter den kirchlichen Gebäuden galt früher die schon vor 1317
in den Privatbesitz übergegangene

Kapelle des Saalhofes

für das älteste. Urkundlich läßt sich ihre Entstehung nicht nachweisen.
Sie bildete einen Theil des um 822 von Ludwig dem Frommen
erbauten kaiserlichen Palastes, jetzt dessen einzigen Ueberrest, ist
aber nach der Ansicht v. Radowitz's (Archiv I., S. 117) erst in
der Mitte des zehnten Jahrhunderts, der obere Stock vielleicht erst
unter den Hohenstaufen, entstanden. Tiefer eingehend ist die Frage
von Krieg von Hochfelden im Archiv III., 1 ff. und in der: „Geschichte
der Militärarchitektur in Deutschland," Stuttgart 1859, untersucht
und durch Zeichnungen erläutert worden. Hiernach würde die Ent=
stehung der Kapelle in den Anfang des dreizehnten Jahrhunderts,
etwa um 1208 zu setzen sein. Zugleich ist dieser sachkundige Forscher
der sehr beachtenswerthen Ansicht, daß die Kapelle nicht zum Gottes=
dienst, sondern nur zur vorübergehenden Aufbewahrung der vom Tri=
fels entführt gewesenen Reichskleinodien unter Otto IV. bestimmt
gewesen.

Die Saalhofkapelle ist im Rundbogenstyl erbaut, von ziemlich
roher, fast möchte man sagen übereilter Arbeit, deßhalb mehr historisch

merkwürdig als von artistischer Bedeutung. Das unter der Kapelle befindliche Gewölbe, in welches von oben eine Oeffnung führt, scheint ehemals als Grabgewölbe, wenn nicht zu schauerlicheren Zwecken, ge= dient zu haben. Nach Hüsgens Angabe hat man im vorigen Jahrhundert in einer Nische der zehn Fuß dicken Mauer ein menschliches Gerippe entdeckt. Bei dem in neuerer Zeit erfolgten Umbaue eines Theils des Saalhofes wurde die Kapelle mit lobenswerther Pietät erhalten.

Die St. Leonhardskirche

wurde zu Anfang des dreizehnten Jahrhunderts auf der von Kaiser Friedrich II. den Bürgern von Frankfurt geschenkten veröbeten Hof= stätte erbaut, worauf ehemals der schon von Ludwig dem Frommen im Jahr 822 verlassene Palast Karls des Großen gestanden hatte. Sie war anfangs der heiligen Jungfrau Maria und dem heiligen Märtyrer Georg geweiht; als aber 1323 die Kirche durch den Benedictiner=Abt Mauritius von Vienne in Frankreich den Arm des heiligen Leonhards erhalten hatte, wurde ihr der Name des letzteren beigelegt. Kaiser Friedrich hatte die Kirche sammt dem Hofe und allen dazu gehörigen Gütern in seinen unmittelbaren Schutz genommen.

Der ursprüngliche Bau bestand in einer dreischiffigen Basilika mit gerader Holzdecke und zwei Thürmen, die letzteren mit kleinen gekoppelten Fenstern im Rundbogenstyl. Nur diese beiden am Chor stehenden Thürme mit ihren kuppelartigen steinernen Helmen sind nebst den beiden nördlichen, jetzt wegen eines späteren Vorbaues in der Kirche selbst gelegenen, mit Bildhauerarbeit im byzantinischen Styl vom Meister Engelberg verzierten Portalen (S. 4) noch erhalten. Der südliche Thurm trägt auf seiner Spitze ein steinernes Kreuz, der nördliche einen, jetzt erneuerten, Reichsadler — wahr= scheinlich als Zeichen des der Kirche verliehenen unmittelbaren Schutzes, nach Andern aber zum Andenken an die im Jahr 1339 seitens der Stiftsherrn dem Kaiser Ludwig dem Bayern gegen den Bannstrahl des Pabstes geleisteten Dienste. An der nördlichen äußeren Seite der Kirche war ein Balkon oder eine Art Kanzel angebracht, von wo aus angeblich dem Volke die kaiserlichen Privilegien verkündigt wurden, vielleicht auch in guter Jahreszeit gepredigt worden ist.

Im Laufe des fünfzehnten Jahrhunderts wurde die Kirche einem durchgreifenden Umbau unterworfen und gleichzeitig bedeutend erwei= tert. Die Leitung dieser Bauten besorgten Meister Henchin und fein Sohn Erwyn (S. 10). Die Kirche wurde überwölbt und erhielt nebst der Erweiterung des Chors noch zwei Seitenschiffe. Das Aeußere macht keinen erfreulichen, eher einen unangenehmen Eindruck und ist, abgesehen von den beiden alterthümlichen Thürmen, nicht einmal architektonisch interessant. Das Ganze bietet ein geschmackloses Gemisch des Baustyls aller Jahrhunderte. Dagegen sind im Inneren alle Verhältnisse rein und edel gehalten. Besonders schön und merkwürdig ist das kunstreiche, ganz freihängende und durchsichtige gothische Gewölbe der kleinen, von der Familie von Holzhausen gestifteten, Seitenkapelle. J. F. Morgenstern hat davon eine getreue radirte Nachbildung geliefert. Dem Portale des Engelbergus gegenüber steht noch ein in Stein gehauenes Taufbecken mit der Jahrzahl 1477; die vormals schönen Verzierungen sind sehr verschliffen.

Die Fenster der Kirche schmückten ehedem herrliche gemalte Scheiben, wovon jetzt nur noch einige Reste — immerhin die schönsten Proben hiesiger Glasmalerei — übrig geblieben sind (S. 12). Während der letzten Kriegsjahre hatte die Kirche als Lagerhaus gedient, wodurch viele der werthvollsten Glasmalereien verschwanden. Im Jahr 1813 wurde sie dem Gottesdienst zurückgegeben; aber schon 1851 mußte man sich zu einer abermaligen gründlichen Wiederherstellung entschließen. Durch mancherlei ungünstige Einwirkungen, insbesondere durch den häufigen Austritt des Mainstroms, hatte die Kirche im Laufe der Zeit bedeutend gelitten. Bei diesem Anlasse fanden auch die in den Kriegsjahren abhanden gekommenen Glasmalereien, welche theilweise ein hiesiger Bürger durch Kauf erworben und nun der Kirche wieder geschenkt hatte, ihre alte Stelle im Chor. Jedes der drei Fenster enthält fünfzehn gemalte Scheiben; in dem zur Linken fehlen aber drei, welche durch neue ersetzt wurden.

Die von Hüsgen erwähnten Gemälde sind nicht mehr vorhanden; dagegen stiftete 1813 der vormalige Großherzog Karl von Dalberg in die Kapelle des heiligen Leonhards das neue von Joseph Stieler gemalte, die Befreiung des Heiligen aus dem Gefängnisse darstellende Altarblatt; und Eduard Steinle verehrte 1854 eine von ihm gemalte Mutter Gottes für eine andere Kapelle. Des jetzt im Chor dieser Kirche befindlichen Abendmahls von Hans Holbein dem älteren, wurde schon Seite 34 gedacht.

Das Geläute der St. Leonhardskirche ist das schönste der Stadt. Die Hauptglocke wurde 1468 von Hans Moll gegossen.

Die Fenster und Gewölbe der Kirche sind mit zahlreichen Wappenschilden hiesiger größtentheils ausgestorbenen Patriciergeschlechter verziert, deren Namen man in Lersners Chronik II., 112 aufgezählt findet. Nachrichten über die Kirche geben auch Hüsgen S. 582 und Kirchner in der Geschichte der Stadt Frankfurt I., S. 225.

Die Liebfrauenkirche

wurde von Wigelo von Wanebach und dessen zweiter Gemahlin Catharina von Hohenhaus im Jahr 1322 als Kapelle zu St. Katharinen (auch Wigels Kapelle genannt) gestiftet, aber schon einige Jahre später bedeutend erweitert und durch den Erzbischof von Mainz als Collegiatkirche der heil. Jungfrau geweiht. Nach Wigelo's, noch im Jahr 1322 erfolgtem Tode vermachte dessen Wittwe im Verein mit seiner Tochter [1]) Ghsela, der Wittwe des auf einer Wallfahrt nach St. Jago gestorbenen Wiegel Frosch den größten Theil ihres Vermögens dem Stifte.

Die Kirche ist ursprünglich im rein gothischen Styl erbaut gewesen, aber im Laufe der Zeit durch mancherlei Aenderungen und Pfuschwerk verunstaltet worden. Selbst die wirklich schöne Fensterreihe der südlichen Façade mit Kleeblättern und Kreuzblumen in den spitzbogigen Zwickeln ist nicht mehr vollkommen in ihrer ursprünglichen Gestalt erhalten. Ihr ehemaliger Prospekt ergiebt sich aus der in Kleiners „Francofurtum floridum" enthaltenen Abbildung, wonach J. B. Müller in seiner Beschreibung von Frankfurt 1743 eine Copie lieferte. Das mittlere Portal schmückt eine angeblich aus dem Jahr 1330 stammende Bildhauerarbeit, die Anbetung der Könige mit zahlreichen kleinen in Hautrelief gehauenen Figuren. Im Inneren bietet die Kirche auch jetzt noch manches Interessante. Zunächst verdient das Denkmal des Stifters Erwähnung. Dasselbe ist an einer der südlichen Säulen des Schiffes aufgestellt, dürfte aber ehedem vor dem Hochaltar als Grabdecke gedient haben. J. H. Müller giebt in seinen: „Beiträge zur deutschen Kunst- und Geschichtskunde ꝛc." eine treue colorirte Abbildung des Steines. Wigelo steht, lebensgroß erhaben ausgehauen, in der Kleidung seiner Zeit auf einem Löwen, das Sinnbild der Stärke, in der linken Hand das Modell einer Kirche haltend. Rechts und links neben dem Haupte befindet sich sein Wappen. Die äußere Einfassung ist von einer geschmackvoll gearbeiteten Epheuranke umgeben. Die ursprüngliche Bemalung wurde mit Beibehaltung der alten Farben aufgefrischt, dabei

---

[1]) Sie stammte wahrscheinlich aus Wigelo's erster Ehe.

aber die alte eingehauene Inschrift zugekittet und durch eine andere, der Zeit nicht entsprechende, ersetzt. Die unter dem Löwen sichtbare Jahrzahl 1671 deutet auf die Restauration. Vigelo von Wanebach, Schöffe und älterer Bürgermeister (1312), war f. Z. der reichste Mann in Frankfurt, dem, von seiner Gemahlin kommend, der größte Theil der auf dem Rossebühel, jetzt Liebfrauenberg, gestandenen Häuser zugehörte.

Mit ausnehmend kunstreicher und beachtungswerther Holzschnitzerei in gothisch verschlungenem Laubwerk und Bändern sind die Stühle zu beiden Seiten des Chors verziert. Es wird wohl nichts Schöneres der Art in Frankfurt zu finden sein. Am oberen Eingange zu diesen Stühlen, links vom Hochaltar ist die Jahrzahl 1509 eingeschnitten. Hüsgen erwähnt dieser Holzschnitzerei auffallenderweise nicht.

Unter den zahlreichen, meist neueren Altären ist nur der Hochaltar wegen der um 1760 — 1770 durch den Stukaturarbeiter von Moers im Style jener Zeit ausgeführten Gypsarbeiten nennenswerth. Sie stellen die Himmelfahrt der Maria, darüber die heil. Dreifaltigkeit und zu beiden Seiten St. Peter und St. Paulus vor. Auch zwei kleine im Chor hängende altdeutsche Oelgemälde auf Tannenholz: Mutter Anna bei Zacharias und die Geburt Christi, sind beachtenswerth. Namentlich ist das letztere ein sehr gemüthliches Bildchen. Maria, im Wochenbett liegend, nimmt soeben die erste Suppe, während der Neugeborene gewaschen wird und ein Mädchen die Wiege bringt. Zweier anderen, sehr mittelmäßigen, Bilder von Donett und Roschach wurde schon Seite 236 und 250 gedacht. Die schönen Glasmalereien der Liebfrauenkirche sind längst verschwunden.

In einem dem Anschein nach bestellten Artikel des Frankfurter Conversationsblattes von 1860 No. 128. 129, mit der Aufschrift: „Baudenkmale in Frankfurt a. M. 1. Die Liebfrauenkirche, beleuchtet in ihrer Schönheit und in ihren der Sühne bedürfenden Bausünden", hat Herr Lithograph Johannes Broer diese Kirche in architektonischer Beziehung näher betrachtet. Nachdem er alle diesem Bauwerke ursprünglich anklebenden inneren und äußeren Mängel, Widersprüche und Unschönheiten, alle späteren Anhängsel und Pfuschereien nebst den nicht mehr zu beseitigenden Vorbauten neuerer Zeit schonungslos an das Licht gezogen, auch gegen den unschuldigen, um mehrere Fuß von der Kirche abstehenden, ursprünglich gar nicht zu dieser, sondern zur inneren Befestigungsmauer der Stadt gehörigen Thurm geeifert hat, kommt er schließlich zu dem Resultat, daß die Liebfrauenkirche, „abgesehen von dem Pfarrthurme, ganz entschieden das schönste Gebäude dieser Stadt ist". Ich würde geneigt sein, diesen kühnen Ausspruch ironisch zu verstehen, wenn nicht Herr Broer zugleich die Beseitigung aller dieser Kirche anklebenden architektonischen Missethaten mittelst eines umfassenden Um- und Ausbaues derselben warm befürwortet und dadurch den Ernst seiner An- und Absichten klar genug an den Tag gelegt hätte. Eine No. II. ist dieser ersten und einzigen Auslassung nicht gefolgt.

In welchem Gewande die Kirche aus der in allerjüngster Zeit (1861) begonnenen Restauration hervorgehen wird, muß abgewartet werden.

Die St. Catharinenkirche.

Der Scholaster Weickard Frosch, welcher nach dem in der Kirche befindlichen Epitaphium im Jahr 1360 starb, wird zwar als Stifter der Kirche nebst dem dazu gehörigen Kloster bezeichnet; allein es sprechen viele Gründe dafür, daß das letztere lange vor ihm bestanden und er nur durch reiche Dotation dessen Bestand gesichert und dessen Wirksamkeit erweitert habe. Sicher ist, daß die beiden kleinen mit dem Kloster verbunden gewesenen Kirchen oder Kapellen und das Hospital, welches später mit dem Heiliggeisthospital vereinigt wurde, von ihm gestiftet und dazu am 8. März 1345 die Grundsteine gelegt worden sind. Noch in demselben Jahre wurde darin der erste Gottesdienst gehalten.

Weickard Frosch, der Sohn des Schöffen Heilmann Frosch, war der heiligen Schrift und d. R. Doctor, Chorherr des Domstifts zu St. Bartholomäus dahier und Scholaster und Stiftsherr zu St. Stephan in Mainz, auch Hofkaplan des Kaisers Karl IV.

Die beiden ursprünglichen Kapellen, die eine zu St. Catharinen und St. Barbara, die andere zum heiligen Kreuz genannt, jede mit einem kleinen Thurme versehen, waren zu einer Kirche verbunden. Die Modelle dieser alten Doppelkirche wurden in dem ehemaligen Conventzimmer des Klosters aufbewahrt, sind aber jetzt verschwunden. Ihr äußeres Ansehen ist noch auf der zweiten Ausgabe des großen Merian'schen Stadtplans von 1636 deutlich zu erkennen (S. 152). Hartmann Ibach hielt 1522 darin die erste evangelische Predigt und die Nonnen des St. Catharinenklosters waren die ersten, welche sich hier vom Pabstthume lossagten. Von da an wurde die Kirche evangelisch und das Kloster eine, jetzt mit dem Weißfrauenkloster vereinigte, weibliche Versorgungsanstalt für die höheren Stände der lutherischen Gemeinde.

Gegen Ende des siebenzehnten Jahrhunderts war die kleine Kirche so baufällig geworden, daß man sich zu einem vollständigen Neubau entschließen mußte. Am 21. Januar 1678 hielt Conrad Schudt darin die letzte Predigt, am 4. Februar[1]) wurde mit dem Abbruche begonnen und schon am 15. März zur neuen Kirche der Grundstein gelegt. In diesen legte man: Die Augsburgische Confession, zusammengebunden mit dem lutherischen Catechismus, anstatt der Münzen eine silberne Platte, worauf verschiedene auf die Gründung der Kirche bezügliche Nachrichten eingegraben sind[2]), auch eine Flasche weißen und eine Flasche rothen Weines. Der Eifer der Bauherrn war so groß, daß die neue Kirche, so wie wir sie jetzt noch sehen, schon nach zwei Jahren unter der Leitung des städtischen Ingenieurs Melchior Heßler vollendet stand, und am 20. Februar 1681, an dem nämlichen Sonntage, an welchem 1522 die erste evangelische Predigt in der alten Kirche gehalten worden war, durch den Pfarrer Johann Conrad Sondershausen der Gottesdienst feierlich eröffnet werden konnte.

Die Kosten des Baues und der inneren Einrichtung beliefen sich, bedeutende Privatspenden zu besonderen Zwecken ungerechnet, auf 143,000 Gulden. Die reichen Malereien des getäfelten Deckengewölbes wurden von der Gesellschaft Frauenstein aus der Dr. Beyer'schen Stiftung bestritten. Die Kanzel und der Altar, beide von schwarzem Marmor, stifteten der herzoglich braunschweig-lüneburgische Resident Franz von Barkhaus und dessen Gemahlin. Die erstere kostete 1300, der letztere 2300 Gulden; beide sind von dem Steinmetzen Hans Martin Sattler von Idstein verfertigt, die Engelgestalten und übrigen Figuren und Verzierungen aber an Altar und Kanzel, gleichwie viele der höchst unordentlich und geschmacklos an der südlichen Wand angebrachten Epitaphien und Wappen, von J. W. Frölicher (S. 229), das Altarblatt: Christus am Oelberg, von Hermann Voß und die Darstellungen aus der biblischen Geschichte am Deckengewölbe und an den Brüstungen der Lettner von Grambs, Häuslin, D. Thü-

---

[1]) So besagt die im Grundstein befindliche Gedenktafel; aber nach Starks Geschichte dieses Kirchenbaues wurde schon am 28. Januar mit dem Abbruche der Anfang gemacht.

[2]) Sie zeigt, wie aus vorhandenen Abdrücken zu ersehen ist, die Wappen sämmtlicher damaligen Rathsglieder, Syndiker und Stadtschreiber, und verzeichnet die Namen aller bei dem Kirchenbau betheiligt gewesenen Personen.

lens u. a. gemalt (S. 228). Die drei großen hängenden Candelaber von Messing stiftete Cläser von Cläserthal. Die Glocken des Thurmes wurden 1679 von Benedict Schneidtewindt gegossen. Eine kleine und zwei größere Gedächtnißtafeln von Marmor über dem mittleren Fenster an der westlichen Seite der Kirche geben Aufschluß über deren Gründung und den Neubau. Westlich von der Kanzel befindet sich das alte Grabdenkmal des Stifters, lebensgroß halberhaben in Stein gehauen. Derselbe ist mit einem mit Hermelin ausgeschlagenen Priesterrocke bekleidet und hält symbolisch das Modell einer Kirche, nicht das der beiden ursprünglichen Kapellen, in den Händen. In den oberen Ecken sieht man sein Wappen. Die Umschrift lautet: Anno Domini MCCCLX Wykar Froys de Francenfort Scholasticus Sancti Steffani Mogunt. Fundator harum Basilicarum. Mit diesem Denkmal hat aber von Hefner in den „Trachten des christlichen Mittelalters" II. 49, das in derselben Kirche nahe dabei befindliche Epitaphium eines andern, in ritterlicher Rüstung dargestellten Weikard Frosch, welcher 1378 starb, verwechselt, indem er diesen Rittersmann anstatt des frommen geistlichen Stifters abbildete. Ueberdies verlegt er den Neubau der Kirche irrigerweise in das sechszehnte Jahrhundert.

Außen am östlichen Eingange befinden sich die Denkmale des gelehrten Hiob Ludolf (geb. 1624 † 1704) und des Schöffen Zacharias Conrad von Uffenbach (S. 263).

Es scheint als sei man bei dem Baue der Kirche etwas zu rasch zu Werke gegangen. Schon nach kaum hundert Jahren ward eine gründliche Reparatur nöthig befunden. Vorzugsweise hatte das gemalte Tafelwerk der Decke gelitten. Dasselbe wurde im Jahr 1778 weggerissen und die Decke weiß getüncht, was um so mehr zu bedauern ist, da, nach der von Johann Ulrich Kraus 1783 in Kupfer gestochenen inneren Ansicht der Kirche zu urtheilen, die Deckenmalereien recht schön gewesen sind. Das Altarblatt, wie die übrigen Malereien und die Bildhauerarbeit wurden 1780 durch A. B. Rothnagel, Joseph Schalk, Johann Daniel Schnorr, Johann Michael Datzrat und Leonhard Aufmuth restaurirt, die ältere Orgel durch eine neue von Heinrich Stumm und dessen Söhnen in Rauhen-Sulzbach ersetzt, die alten sogenannten Hellerscheiben aus den Fenstern beseitigt und der Kirche nebst dem Thurme auch von Außen ein neuer Anstrich gegeben. („Kurze Geschichte der zweiten evangelischen Hauptkirche zu St. Catharinen in Frankfurt a. M. von M. Joseph Jacob Stark. 1778.")

Die St. Peterskirche,

ursprünglich eine kleine vor der Stadt gelegene Kapelle, wurde im Jahr 1417 auf Kosten der Bürger Johann Ockstädt und Jacob von Humbracht erweitert und im Innern in gothischem Style ausgeschmückt, aber erst 1452 zu Ehren der Apostel Petrus und Paulus von Neuem geweiht. Sie enthielt vormals ein das heilige Abendmahl vorstellendes, angeblich von Abraham Diepenbek gemaltes Altarblatt, das aber 1813, als die Kirche vorübergehend als Magazin dienen mußte, in dem Betsaal des Zucht- und Arbeitshauses untergebracht wurde, wo es sich noch gegenwärtig und zwar an dem katholischen Altar in einem Zustande befindet, der die Meisterschaft zweifelhaft läßt. Als die Peterskirche nach dem Befreiungskriege wieder hergestellt wurde, glaubte man ihr in Wendelstadts Copie der Kreuzigung nach einem italienischen Original glanzvollen Ersatz zu gewähren. Auch die meisten der vormals in der Kirche befindlich gewesenen Grabdenkmale und Wappen hiesiger Geschlechter, der von Glauburg, Knoblauch, Bromm, Völker, Fichard ꝛc., sind, gleich dem von Hüsgen erwähnten, aus dem Jahr 1567 stammenden Familiengemälde des Buchdruckers Peter Brubach mit seinen vier Weibern und 22 Kindern, längst verschwunden. In architektonischer Hinsicht ist die Kirche ohne Bedeutung.

Der auf dem Kirchhofe ehemals befindlich gewesenen, zum geringen Theile noch vorhandenen Grabdenkmale ist, in so weit sie erheblich erschienen, an anderer Stelle gedacht worden (S. 130).

Die ehemalige Barfüßerkirche

wurde von Hüsgen Seite 459 in ihrer düsteren Unbedeutendheit geschildert. Von dem Innern derselben hat Peter Fehr eine erträgliche Ansicht geliefert; einzelne Theile findet man auch in dem seltenen Spruchbüchlein von Wilhelm Traudt vom Jahr 1653 veranschaulicht. Dieses alte, häßliche Gebäude wurde 1786 niedergerissen. An seiner Statt entstand 1789 in etwas veränderter Stellung die neue

Paulskirche,

deren Vollendung sich bis in das Jahr 1833 hinauszog. Von außen ein unzierlicher, massenhafter, ovaler Koloß, die Conception eines

Zimmermannes, mit verkümmertem Thurm und unschönen Treppen-
häusern, von drei Seiten engbegrenzt durch Privatgebäude, die nur
mittelst kleiner Gäßchen den Zugang gestatten, kann diese Kirche mit
ihrer verfehlten Akustik, ungeachtet ihrer geschmackvollen inneren Ausstattung, für ein schönes oder auch nur für ein seinem Zweck entsprechendes Werk nicht erachtet werden. Eine größere Bedeutung
haben diese Räume durch ihre ephemere Bestimmung in den Jahren
1848 und 1849 erlangt. Das kleine, aber bedeutsame Stückchen
deutscher Geschichte, welches sich an die Paulskirche knüpft, wird von
dem deutschen Volke nicht vergessen werden.

Die Kirche und Krankenhalle des Hospitals zum heil. Geist.

Die Geschichte des Ursprungs und der Zerstörung nebst einer
kurzen Beschreibung und Abbildung dieser ehrwürdigen Baudenkmale
aus der Mitte des fünfzehnten Jahrhunderts hat uns Herr Biblio-
thekar Dr. Böhmer in einem in dem Archiv, III, 75, abgedruckten
Aufsatze überliefert. Kirche und Säulenhalle sind 1840 kleinlichen
finanziellen Rücksichten zum Opfer gefallen. „Die Grundfläche der
Halle war nicht kleiner als die der berühmten Leggie des Orgagna
in Florenz; diese ist im Innern zwar höher, aber dafür auch minder
rein im Baustyl. In jeder Stadt Italiens würde sie als Zierde
gelten und die Aufmerksamkeit der Fremden erregen" (Böhmer).
Die zahlreichen Stimmen, welche sich damals für ihre Erhaltung erhoben, vermochten nicht, sie zu retten. Ein Anonymus hat sich das
Verdienst erworben, jene Stimmen in einem besonderen Schriftchen
unter dem Titel: Fürsprachen für die Halle des Heiligengeisthospitals zu Frankfurt a. M. Offenbach im März
1840. 8º, zu sammeln. Ich beschränke mich, darauf Bezug zu
nehmen. Heute noch würde ich mir Vorwürfe machen, wenn ich damals nicht zu Denen gehört hätte, welche gegen die blinde Zerstö-
rungswuth Verwahrung einlegten.

Zu den im Laufe dieses Jahrhunderts den Bedürfnissen der
Neuzeit geopferten älteren Bauwerke gehört auch

die St. Michaelskapelle,

deren schon Seite 10 gedacht wurde. Sie stand nördlich vom Dome
am sogenannten Pfarreisen in der Richtung von Osten nach Westen,

der Borngasse gegenüber. Ihre wahrscheinlich der Patricierfamilie von Holzhausen zuzuschreibende Gründung reicht in die graue Vorzeit. Sie wird 1297 zuerst erwähnt. Einige halten sie für die alte Marienkapelle, deren Existenz überhaupt nicht nachgewiesen ist. Für sich selbst war sie in baulicher Hinsicht ohne Bedeutung; aber sie enthielt neben dem Hochaltar einen „wunderlich in Holz geschnitzten Altar mit der Vorstellung des jüngsten Gerichts vom Jahr 1304". (Hüsgen: Nachrichten S. XVII, Note.) Auch hier hatte die Familie von Holzhausen, welcher man überall begegnet, wo es sich um rühmliche Auszeichnung und fromme Widmung in der Geschichte und Kunst der Vaterstadt handelt, eine Begräbnißkapelle mit einem in Holz geschnitzten, dem heil. Valentin geweihten, Altar vom Jahr 1326, mit der Anbetung der drei Könige. Dieselbe Familie besaß auch das Patronatsrecht der Kirche, verzichtete aber zur Zeit der Reformation darauf und übertrug die Gefälle, namentlich den Zehentantheil zu Niedererlenbach, an das Kastenamt. Das Grabmonument des Johann von Holzhausen und seiner Gemahlin Gudela von Goldstein wurde beim Abbruche der Kapelle in den Dom versetzt (S. 480).

Das Dominikaner = und das Carmeliterkloster nebst deren Kirchen

wurden, in so weit sie ein kunsthistorisches Interesse darbieten, schon Seite 31, 35, 38, 42 ff. und 90 erwähnt. Sie dienen jetzt profanen Zwecken.

Der Antoniterhof und die Capuzinerkirche,

mit deren Geschichte uns Herr Theol. Dr. Steitz im sechsten Hefte des mehrerwähnten Archivs bekannt gemacht hat, sind in kunsthistorischer Hinsicht ohne besonderes Interesse. Was an Gemälden und Sculpturen sich darin befand, wurde schon bei den betreffenden Künstlern bemerkt. Die Gründung des Klosters fällt in das Jahr 1236 und sein Ende in das Jahr 1803.

Die Deutschordenskirche und das Deutschherrenhaus in Sachsenhausen.

Die erstere wurde im Jahr 1485 gegründet und von dem Hoch= und Deutschmeister Clemens August, Kurfürst von Cöln, in der ersten

Hälfte des achtzehnten Jahrhunderts im Geschmacke der damaligen Zeit theilweise neu erbaut. Sie macht weder äußerlich noch im Innern einen erheblichen Eindruck, da sie ein besonderes baukünstlerisches oder historisches Interesse nicht beanspruchen kann. Bemerkenswerth ist nur der große aus schwarzem und weißem Gypsmarmor errichtete Hochaltar, zu dessen Seiten die kolossalen Standbilder des heiligen Georg und der heiligen Elisabeth von Donetts Hand hervortreten. An ihn knüpft sich die schmachvolle Geschichte des durch die Franzosen verübten Raubes des schönen Altarblattes von Piazetta. Dieses Bild, etwa 26 bis 28 Fuß hoch und 12 bis 14 Fuß breit, stellt in einer Gruppe von sechszehn überlebensgroßen Figuren die Auferstehung und Himmelfahrt der Maria vor. Es wurde im Jahr 1736, von Clemens August zum Schmucke des damals erbauten Hochaltars bestimmt, dem venetianischen Meister mit zwei tausend Gulden bezahlt. Joseph Wagner hatte es vor der Absendung nach Frankfurt in Kupfer gestochen.

Da die näheren Umstände, unter welchen jener Raub vollzogen wurde, nicht allgemein bekannt sind, so folgt hier deren auf die actenmäßigen Mittheilungen des Herrn Geistlichen Raths Hedler gestützte Erzählung.

Im Monat Juli 1796 hatte sich die französisch-republikanische Armee unter Kleber der Stadt genähert und dieselbe nach heftiger Beschießung und Einäscherung eines Theils der Judengasse in Folge einer mit der kaiserlichen Besatzung abgeschlossenen Capitulation am 16. Juli besetzt. Die nächste Maßnahme der feindlichen Gewalt war die Auferlegung einer Kriegscontribution von sechs Millionen Livres nebst Naturallieferungen im Betrage von zwei Millionen. Die sonstigen schamlosen Requisitionen des Divisionsgenerals Ernouf sind nicht alle aufzuzählen. Darunter tauchte zum erstenmal auch das Ansinnen der Auslieferung des in der Deutschordenskirche befindlichen Altarblattes auf. Der Magistrat wies das Verlangen mit der Erklärung zurück, die Kirche stehe nicht unter seiner Jurisdiction. Allein am 12. August, so berichtet der damalige Commende-Verwalter Hofrath Rosalino, erschienen unvermuthet mehrere Franzosen im Deutschen Haus und verlangten die Kirche zu sehen. Anfangs glaubte der Beamte, es sei auf die Besitznahme der Kirche zum Zwecke der schon früher angedrohten Einlegung eines Fouragemagazins abgesehen; allein zu seinem Schrecken mußte er hören, daß die gewaltthätigen Eindringlinge beauftragt seien, das Altarblatt nach Paris abzuführen. Noch in der Nacht wurde die Kirche von außen mit starken Wachen befetzt, am folgenden Morgen der Schlüffel abgefordert, das Gemälde durch mitgebrachte Handwerker unter Aufficht eines Malers von dem Altar herabgenommen, von dem Rahmen abgelöst, zufammengerollt, in einen Verfchlag gepackt und nebft dem in Strohmatten gewickelten vergoldeten Rahmen zunächft in die Wohnung des Kriegscommiffärs Polian in dem Gogel'fchen Haufe zur goldenen Kette gebracht, dann aber, kurz vor dem Abzuge der feindlichen Befatzung in den erften Tagen des Septembers unter Escorte des Gensdarmerie-Commandanten Gallois mittelft eines von dem Färber Rofenlecher requirirten, mit drei Pferden befpannten Wagens über Königftein und Würges weggeführt. Alfo wurde die in Jourdans Proclamation vom 11. Meffidor des 4. Jahrs der franzöfifchen Republik gewährleiftete Sicherheit des Eigenthums von den Franzofen gehandhabt.

Es blieb nichts zurück, als eine über dem Rahmen angebracht gewefene fchwarze ovale Tafel mit der Jnfchrift: Assumpta est Maria in coelum, gaudent Angeli. Beinahe follte man glauben, es fei diefe Jnfchrift zum Hohne zurückgelaffen worden. Noch lange konnte man fie an der leeren Wand des Altars lefen, bis im Jahr 1818 an der Stelle ein großes Crucifix aufgerichtet wurde.

Alle Vorftellungen des Commende-Verwalters und des Ordenspriefters Pfarrer Martini bei dem Stadtcommandanten, Brigadegeneral Durignot, und dem Kriegscommiffär Polian, um das Gemälde zurückzuerlangen, wurden mit der Erwiderung abgefertigt, den »Officiers des Arts« fei unmittelbar von dem Directorium zu Paris der Befehl und die Vollmacht ertheilt worden, in jedem eroberten Lande alle vorhandenen Kunftgegenftände jeder Art zu unterfuchen und, wenn fie diefe bedeutend fänden, nach Paris abzuführen.

Da fich nach dem Abzuge der Franzofen das Gerücht verbreitet hatte, das Altarblatt befände fich noch im Naffauifchen in der Nähe von Würges, fo fandte Rofalino befondere Boten an alle benachbarten Militär- und Civilbehörden mit dem fchriftlichen Erfuchen, das Bild in Befchlag zu nehmen und hierher zurückzufenden. Aber vergebens. Auch ein anderes Gerücht: die Bauern des Wefterwaldes hätten den retirirenden Franzofen das Gemälde wieder abgenommen, beftätigte fich nicht. Am 10. September aber fchrieb Rofenlechers Knecht aus Wittlich, daß ihn die Franzofen nicht zurückkehren ließen und Miene machten, ihn bis nach Paris mitzunehmen. Erft nach fechs Monaten foll derfelbe, nachdem er Pferde und Wagen in der Gegend von Nancy im Stiche gelaffen, hierher zurückgekehrt fein.

Jn einem zu jener Zeit amtlich aufgeftellten Verzeichniffe aller den Besitzungen des Deutschen Ordens in den Jahren 1792—1796 durch die Franzosen zugefügten Kriegsschäden war das Altarblatt Piazetta's zu dreißig tausend Gulden angeschlagen.

Schon unter der primatischen Regierung wurden Versuche gemacht, das Gemälde zurückzuerlangen; aber die Antwort des um die Vermittelung Angegangenen lautete: »Ex inferno nulla redemtio«, was mit der in der Kirche zurückgelassenen Tafel einen merkwürdigen Contrast bildet.

Auch nach Abwerfung der Fremdherrschaft und nach der zweiten Besetzung der feindlichen Hauptstadt durch die Heere der Verbündeten im Jahr 1815 waren alle Bemühungen, nach dem glücklichen Beispiele anderer deutschen Kirchen und Kunstgallerien, der Deutschordenskirche das Altarblatt wieder zu verschaffen, vergeblich, weil das Bild nirgends aufzufinden war. Erst 1844 entdeckte es der Inspector Passavant in der Gemäldesammlung der Stadt Lille. In dem Katalog dieser öffentlichen Gallerie findet sich, vielleicht nicht ohne Absicht, die falsche Angabe, das Bild stamme aus Augsburg.

Der Geistliche Rath Hedler versäumte nicht, von dieser Entdeckung seiner vorgesetzten Ordensbehörde alsbald die Anzeige zu machen und die Zurückforderung des Bildes auf diplomatischem Wege zu beantragen; auch hatte ein Herr W. J. Petri, welcher in dem Deutschordenshause aufgewachsen war und sich des Altarblattes und dessen Entführung aus seiner Jugendzeit noch genau erinnerte, davon eine sehr umständliche Beschreibung zur Feststellung der Identität und zum allfälligen Gebrauche abgefaßt. Allein schon am 21. November 1844 wurde dem eifrigen Geistlichen durch den Ordenskanzler Hofrath von Schön in Wien notificirt, daß das in Lille befindliche Altarblatt der Commende zu Frankfurt von der französischen Regierung nicht reclamirt werden könne und man lieber ein neues malen lassen wolle. Wahrscheinlich hielt man die Sache nicht für wichtig genug, um dem befreundeten König Louis Philipp Verlegenheiten zu bereiten.

Auch das in Aussicht genommene neue Altarblatt, welches Philipp Veit hatte malen sollen, unterblieb und die Commendekirche mußte sich, gegen Ausstellung eines Reverses, mit der früher am Hochaltar des Domes befindlich gewesenen Copie einer Himmelfahrt Mariens nach Rubens begnügen.

Eine auf Leinwand in Oel gemalte Farbenskizze des geraubten Altarblattes, allem Ansehen nach von Piazetta's eigener Hand, besitzt die Familie Manskopf. Diese Skizze ist etwa 2½' hoch und 1⅓' breit.

In der Commendekirche befinden sich noch einige andere Bilder, welche, wenngleich nicht von hohem Kunstwerth, dennoch Erwähnung verdienen. 1) In der Sakristei: der Heiland in halber Figur, zu beiden Seiten Maria und Johannes, von einem deutschen Meister des fünfzehnten Jahrhunderts, auf Leinwand. 2) Eine Gedenktafel am Grabmonumente des Ritters Dachenhausen von Horneck vom Jahr 1575. Der Ritter betet knieend vor dem gekreuzigten Heiland, sein Helm liegt zur Seite, ein schwebender Engel fängt in dem Kelche das Blut Christi auf, am Fuße des Kreuzes liegt des Ritters Hund; die bergige Landschaft zeigt viele Bauten, unter denen man das Colifeum zu erkennen glaubt. 3) Die Gedenktafel der im Jahr 1607 verstorbenen Frau des Commende-Verwalters Meinhardt, Barbara Ott von Mergentheim.

Weit älter als die Kirche ist das Deutschordenshaus. Es wurde 1221 von Kuno von Münzenberg gestiftet und ist, 1709 neu erbaut, noch jetzt das umfänglichste Gebäude in Frankfurt. Wenn man aber die mit Statuetten[1]) von Donett geschmückte steinerne Stiege mit doppeltem Aufgange abrechnet, so zeichnet sich dasselbe architektonisch nicht aus, im Gegentheil macht das im Zopfstyl überladene Portal, der nüchternen Einfachheit des Ganzen gegenüber, einen unharmonischen Eindruck. Das Marienbild am äußeren Eck nach der Brücke hin ist von Johann Bernhard Schwarzeburger verfertigt. Die vormals reich meublirt und ausgeschmückt gewesenen Säle und zahlreichen Zimmer des Hauses dienen jetzt als Casernenräume. Haus und Kirche sind nach Auflösung des Großherzogthums an den Deutschen Orden, unter Oesterreichs Schutz, zurückgefallen und bilden eine höchst mißständige Anomalie im souverainen Gebiet der Freien Stadt Frankfurt.

In dem Deutschordenshause lebte gegen Ende des vierzehnten und im Anfange des fünfzehnten Jahrhunderts ein hochbegabter Mann, dessen Namen zwar unbekannt geblieben, von dem aber ein Werkchen in deutscher Sprache auf uns gekommen ist, welches Luther theilweise im Jahr 1516 und vollständig 1518 unter dem Titel: „Eyn Deutsch Theologia" im Druck veröffentlicht hat. Luther bekennt in der Vorrede, daß ihm nächst der Bibel und des heil. Augustins Werk kein Buch vorgekommen, aus dem er mehr erlernt habe, was Gott, Christus, Mensch und alle Dinge sind, als aus diesem Büchlein.

---

[1]) Diese sind, insoweit sie überhaupt noch vorhanden, durch häufiges Uebertünchen fast ganz unkenntlich geworden.

Erst vor etwa zehn Jahren wurde ein aus dem Jahr 1497 stammendes Manuscript (Abschrift) dieses Werkchens in der Fürstlich Löwenstein-Wertheimischen Bibliothek zu Brombach (jetzt Kleinheubach) entdeckt unter dem auffallenden Titel: „Der Franckforter". Bis zum Beweise des Gegentheils haben wir wohl die patriotische Berechtigung, den Verfasser als ein Frankfurter Kind zu betrachten. Aus dem Vorworte des Abschreibers ergiebt sich, daß er, dem Vereine der mystischen Gottesfreunde des vierzehnten Jahrhunderts angehörend, „ein deutscher Herre, ein priester und ein custos in der deutschen Herren Hus zu Franckfurt" gewesen. Seinen Namen hat er nach den Grundsätzen des erwähnten Vereins absichtlich verborgen.

Thürme.

Das ganze Weichbild der Stadt dießeits und jenseits des Mains war schon am Ende des vierzehnten und Anfang des fünfzehnten Jahrhunderts mit doppelten trockenen Gräben, die Landwehr genannt, umgeben und diese an den wichtigsten Punkten durch Warten geschützt, die heute noch, dem Zahn der Zeit trotzend, der nächsten Umgebung Frankfurts eine malerische Staffage verleihen. Aus ihren Lugen herab gaben die Wächter durch Böllerschüsse das Zeichen nahender Gefahr, das dann vom Pfarrthurme der gesammten Bürgerschaft verkündigt wurde. Die Mainzer- oder Galgenwarte und die Röder Warte, letztere ohne Thurm, wurden 1396, die Bockenheimer 1406, die Sachsenhäuser 1470 und die Friedberger 1476 erbaut. Im Jahr 1634 war die letztere von den Croaten niedergebrannt worden; bei ihrer drei Jahre später erfolgten Wiedererbauung hatte man den Humor, die in deutschen Reimen besungenen Kriegsereignisse jener schweren Zeit in dem Thurmknopfe der Nachwelt zu überliefern. Der Bau der Sachsenhäuser Warte hat acht Hundert fünf und zwanzig Gulden gekostet. Eine ältere hatte auf dem Mühlberge über der Deutschherrenmühle gestanden, und einer Bornheimer Warte wird noch im Jahr 1504 gedacht.

Die Festungswerke der Stadt selbst waren, wenn auch an sich keine Zierde, doch mit einem reichen Kranze von Thürmen und Thürmchen besetzt, welche ihr ein imposantes Ansehen gaben. Im Anfange des gegenwärtigen Jahrhunderts schritt man, ziemlich verständlich von den westlichen Nachbarn dazu gedrängt, und in der trügerischen Hoffnung, die der Stadt in dem jüngsten Friedensschlusse zugestandene Neutralität desto sicherer zu wahren, zur Niederwerfung der Befestigungen, hinter denen man ehedem allein Schutz zu finden geglaubt hatte. Die Zeiten hatten sich geändert. An die wesentliche Verbesserung in gesundheitlicher Hinsicht, an die bedeutende Erweiterung und Verschönerung der Stadt wurde hierbei wenig gedacht, diese vielmehr nur als zufällige Errungenschaften betrachtet. Man ging daher, wenn auch nicht ohne vielfache Vorberathungen und Zuziehung auswärtiger Techniker, doch ziemlich planlos, mit einer gewissen Ueberstürzung zu Werke, nur daran denkend, wie die Gefahr einer neuen Belagerung am schnellsten zu beseitigen sei. Am 21. August 1804 erhielt das Bauamt den ersten Auftrag, mit der Demolirung zu beginnen; allein dem erschöpften Aerar fehlten die genügenden Mittel. Das Zerstörungswerk schritt nur langsam voran. Im November 1805 mußte man an den Patriotismus der Bürger appelliren, um deren persönliche Arbeitskraft unentgeltlich in Anspruch zu nehmen. Freudig wurde dem Rufe entsprochen; Reiche und Arme griffen zum Spaten; allein eine planmäßige Arbeit und nachhaltige Hülfe konnte damit nicht erzielt werden. Man hatte nur den nächsten Zweck: möglichst schnelle Abtragung der Wälle und Ausfüllung der Gräben mit den geringsten Kosten im Auge. Ein früherer Plan: die Niederlegung der Festungswerke durch Ueberweisung der ehedem für den Festungsbau jährlich bestimmt gewesenen Gelder nach und nach zu bewirken, mußte schon an der Dringlichkeit der Aufgabe scheitern und hatte sich später auch nicht des Beifalls des Fürsten Primas zu erfreuen. Die noch kärglicheren Mittel, welche der in seiner staatsmännischen Weisheit anfangs sehr überschätzte Dalberg zur Verfügung stellte, standen mit dem Umfange des wichtigen Unternehmens nicht entfernt im Verhältniß. Guiollett mußte sich helfen so gut es gehen wollte; er war genöthigt, der leidigen Speculation die Hand zu bieten, möglichst viele Bauplätze zu veräußern, um möglichst viel Geld zu machen.

Der Fürst, dessen Gutmüthigkeit, seinen meist ohne alle praktische Menschenkenntniß gewählten Creaturen gegenüber, häufig in charakterlose Schwäche ausartete, befand sich, obwohl er für seine Person äußerst wenig gebrauchte, in fortwährender Geldverlegenheit. Diese durch die unwürdigsten Manipulationen zu beseitigen oder zeitweise zu verdecken, waren seine Rathgeber, unter denen der Finanzminister Graf Benzel-Sternau hervorragte, eifrigst beflissen. Das Eigenthum des Staates und der Gemeinden wurde rücksichtslos verschleudert, Abgaben, wie das verhaßte Enregistrement erfunden, und der Fürst in Speculationen verwickelt, deren Resultat schließlich nur feinen Rathgebern zufiel. Unter der Menge von Beispielen nur das eine: Im Jahr 1812 veranlaßte man den Fürsten, gewiffe, in der Grafschaft Hanau belegene Domanialgüter, welche fich Napoleon refervirt hatte, anzukaufen, um fie fofort an eine von dem Grafen Benzel gebildete Actiengefellfchaft mit einem Gewinn von 190,000 Frcs. wieder zu verkaufen. Um die Actiengefellfchaft zu Stande zu bringen, zeichnete der Graf, wie er fagte aus reinfter Dienstbefliffenheit, unter fremdem Namen vier Actien, jede zu 20,000 Frcs., eröffnete aber als die Einzahlungen erfolgen follten, dem Fürsten, der ihm in einem befonderen Handbillet bereits feinen wärmften Dank für das „gelungene Gefchäft" zu erkennen gegeben hatte, wie ihn diefes fürstliche Handbillet fo reich im Inneren mache, daß es gleichfam fein Glück ftöre, Sr. Königl. Hoheit daneben noch um ein baares Gefchenk von vierzig Taufend Franken bitten zu müffen, da feine Verhältniffe es ihm unmöglich machten, die erfte Einzahlung zu leiften! Dalberg, an feiner fchwächften Seite angegriffen, refolvirte hierauf am 17. October 1812:

„Das meifterhaft zu Stand gebrachte Gefchäft verdient Belohnung. Ich bewillige mit wahrem Vergnügen erftlich ein Gefchenk von 40,000 Frcs. für den Grafen v. Benzel und feine Gemahlin. Zweitens ein Gefchenk von 40,000 Frcs. für den hochverdienten Herrn Minifter v. Eberftein und feine Gemahlin. Drittens ein Gefchenk von 40,000 Frcs. für Herrn und Frau v. Jenelon (der franzöfifche Gefandte am Großherzoglichen Hofe). Viertens, indem ich entfchloffen bin, an diefem Gefchäft nichts zu gewinnen, als das Wohl des Staats, fo bleiben von den gewonnenen 190,000 Frcs. noch 70,000 Frcs. übrig, davon fchenke ich 10,000 Frcs. dem Geh. Rath v. Ißftein für geleiftete Dienfte bei Mobilmachung deffen, was die Juden dem Staat fchuldig find. Fünftens fchenke ich davon 10,000 Frcs. dem Haus Rothfchild für deffen gute Mitwirkung. Sechftens die weiteren 50,000 Frcs. bleiben in Händen des Haufes Rothfchild als Abfchlagszahlung deffen, was ich demfelben fchulde. Siebentens: Alles diefes ift durch die mobil gemachten Judengelder zu bewirken und f. Z. der General-Caffa von den gewonnenen 190,000 Franken zu vergüten.

Carl, Großherzog."

Während einer längeren Abwefenheit des Grafen Benzel hatte der Großherzog die Functionen des Finanzminifters perfönlich übernommen. In diefer Eigenfchaft betrieb er das Steuerwefen mit humoriftifcher Liebhaberei. Unter andern refcribirte er am 4. Februar 1812 dem Generalcaffirer Staatsrath Steitz: „Im Vertrauen rathe ich Ihnen wohlmeinend, aus dem Monatsftatus nachzufehen, wie viel Honig in den drei Bienenkörben Afchaffenburg, Hanau und Fuld entbehrlich ift, und die Bienen fodann fleißig zu fchneiden"; und am 17. Juli 1812: „Ohne wirkliche Execution wird fchwerlich der Zweck

504

erreicht werden. Die Leute haben viele gute Eigenschaften, unterdessen ergiebt sich aus Allem, daß es durum hominum genus ist und hartes Holz kann wohl nicht anders als mit scharfen Beilen bearbeitet werden". Man sieht, die ewige Geldnoth hatte auch sein weiches Herz schon verhärtet.

Auf die Demolirung der Festungswerke zurückkommend, so dürfen wir die erzielte Erweiterung der Stadt und den Gewinn unserer weithin gepriesenen Promenade immerhin freudig anerkennen; allein dennoch bleibt zu bedauern, daß aus finanziellen, in den Bedrängnissen der Zeit gelegenen Rücksichten an einen großartigeren Gesammtplan zur Verjüngung der Stadt nicht gedacht werden konnte. In Bremen durfte man anders verfahren. Dort sind die vormaligen Festungswälle und Gräben nicht zur Anlage enger Straßen zwischen thurmhohen Häusern mit tiefen, meist nach Norden gelegenen Privatgärtchen preisgegeben worden; man hat die Sache von einem weniger engherzigen Standpunkte betrachtet und lieber das ganze gewonnene Areal zu öffentlichen Anlagen verwendet. Anstatt unserer Wallstraßen mit doppelter Häuserreihe baute man dort nur eine Reihe neuer Häuser, vor denen eine schöne, breite, die ganze Stadt umfassende Lindenallee hinzieht, woran sich bis zum Rande des klaren, gleichfalls die ganze Stadt vom südlichen bis zum nördlichen Weserufer umgebenden Teiches die Promenaden anschließen. Jenseits des Wassers gelangt man in die den unserigen ähnlichen Anlagen der Contrescarpe (Glacis), woran theilweise unmittelbar die freundlichen Landhäuser mit ihren Gärten grenzen, ohne, wie hier, durch eine staubige Fahrstraße davon getrennt zu sein. Der mit Geflügel aller Art bevölkerte Teich wird durch ein am Ufer der Weser eigends errichtetes Druckwerk reichlich mit frischem Wasser versorgt. Erst der Anblick dieser Bremer Anlagen läßt den Frankfurter mit Schmerz erkennen, was er haben könnte, aber für immer verloren ist.

Von den ehemaligen Festungsthürmen waren zwei in architektonischer Beziehung von besonderer Bedeutung. Der Thurm der Schneidwall=Bastion und der Escheresheimerthurm. Der erstere, wovon Fr. L. Neubauer nach Rabl's Zeichnung eine malerische Ansicht in Kupfer gestochen hat, ein auch von namhaften Militär=Ingenieuren als bedeutendes und architektonisch interessantes Vertheidigungswerk anerkannt, schien dem Schicksal seiner Genossen entgangen zu sein; allein 1818 ist auch er mit seinen alterthümlichen Nebengebäuden als der letzte niedergerissen worden, um den Speculanten des Untermainquai's Platz zu machen. Er war eine wahre Zierde der südwestlichen Stadtseite, so lange diese ihr mittelalterliches Kleid nicht abgelegt hatte; jetzt würde er freilich in der nüchtern = modernen Häuserreihe als ein störender Fremdling erscheinen.

Ein günstigerer Stern hat über dem Eschersheimerthurm gewaltet, dessen Antastung jetzt wohl als Vandalismus betrachtet werden würde. Sein Untergang war zur primatischen Zeit bereits beschlossen, als ihn noch in der zwölften Stunde die warme Fürsprache des französischen Gesandten, Grafen Hébourville, rettete. Dieser hatte sich zu dem Zwecke eine besondere Audienz bei dem Fürsten erbeten, und so verdankt Frankfurt die Erhaltung eines seiner ältesten Baudenkmale und schönsten Zierden gewissermaßen dem Auslande!

Der Thurm wurde unter Ludwig dem Bayern im Jahr 1346 erbaut. Er zeichnete sich immer durch seine schönen Verhältnisse und beträchtliche Höhe vor den übrigen Festungsthürmen aus, was ihm auch allein seine Erhaltung sicherte. Der runde Thurm ist von an= sehnlichem Umfange und doch schlank, er hat Söller, Umgang mit Zinnen und fünf Spitzen. Im Thorbogengewölbe will man Spuren alter Frescomalereien entdeckt haben. Bekannt ist die Sage von dem zum Tode verurtheilten Schützen, welcher mit neun Kugeln einen Neuner in die auf der höchsten Spitze befindliche Wetterfahne ge= schossen und dadurch seine Begnadigung erlangt haben soll.

Das Rathhaus zum Römer.

Im Jahr 1405 erkaufte der Rath von der 1458 ausgestorbenen Familie Köllner zum Römer das Haus zum Römer genannt, welches diesen Namen schon im Anfange des vierzehnten Jahrhun= derts geführt hatte, und ebenso das Haus zum goldenen Schwan, an dem jetzigen Paulsplatze. An deren Stelle wurde in den folgen= den Jahren 1405—1408, unter Zuziehung des Areals noch einiger anderen Häuser, das jetzige Rathhaus nebst den darunter befindlichen Säulenhallen und dem Kaisersaal erbaut. Diesen Bau leitete, wie schon Seite 9 erwähnt wurde, der Steinmetze Friedrich Königs= hofen, neben dem man jedoch noch andere Werkmeister zu Rath zu ziehen für gut fand. In dem Rechnungsbuche von 1415 heißt es u. a.: „Vier Gulden hat man Jacob von Cölln und sin Eydam zu Zehrung gegeben, alß man sie von deß Römer wegen besandt und verbott hatte, helffen zu rathschlagen um ein Kaufhauß dazumachen und zu bestellen." Seitdem nahm der davor gelegene Platz zur Hälfte, bis zur Rinne den Namen „Römerberg" an,

während die andere östliche Hälfte den Namen „Samstagsberg" bei=
behielt. Die nach dem Vorbilde des im Jahr 1314 erbauten und
1813 niedergerissenen Kaufhauses zu Mainz errichteten Hallen dien=
ten zu meffentlichen Waaren=Ausstellungen,[1]) der Saal zu besonderen
Feierlichkeiten, namentlich für die öffentlichen Sitzungen des alten,
am 6. September 1802 zum letztenmal gehegten Pfeifergerichts[2]) und
sodann während der Krönungen für die solennen, von den Erzämtern
bedienten Gastmahle des Kaisers, welcher sich vom Balkon im Kaiser=
ornate dem Volke zeigte.

Der Kaisersaal hat sich im Wesentlichen bis heute in seiner ur=
sprünglichen Gestalt erhalten. Die an den beiden langen Wänden
in der Höhe von etwa 6 Fuß hinlaufenden, auffallenderweise in der
Breite und Tiefe sehr ungleichen Blenden oder Nischen mit Spitz=
bogen haben, wie kaum zu bezweifeln, schon gleich anfangs die Be=
stimmung zur Aufnahme der Kaiserbilder gehabt, was dem Saale
den Namen gegeben. Eben so wahrscheinlich ist es, daß schon damals
einzelne Kaiserbilder hinein gemalt waren. In jener Zeit sind Maler
häufig im Römer beschäftigt gewesen. Die Kaiserbüsten, welche, 1827
durch Juetscher und Schulze restaurirt, noch jetzt in den Nischen
hinter den neuen Oelgemälden sichtbar sind, wurden 1711 durch
Meister Unsin und zwar von Konrad I. bis Ferdinand III. einschließ=
lich in Bronze, von Leopold I. an aber in natürlichen Farben gemalt.
Die Wand über der in das Wahlzimmer führenden Thüre deckte schon
in alter Zeit die Darstellung des Urtheils Salomons.

Die Stiege, dermalen von dem Römerberge nach dem Sitzungs=
zimmer der ständigen Bürgerrepräsentation führend[3]) und sich oben
rechts wendend, ging gerade aus und mündete in dem Boden des
Saales, in den sie unmittelbar führte. Ein hölzernes Gitter umgab
die Oeffnung. Fünfmal wurde der Saal neu hergestellt — in den
Jahren 1612, 1711, 1742, 1827 und 1841—1845.

Vor der Krönung des Kaisers Matthias 1612 wurde die ge=
wölbte, leicht mit Holz getäfelte Decke erneuert und, wie sich die

---

[1]) Im Sommer 1846 wurden die Wände von den häßlichen Schränken und
Buden befreit und hierdurch der Halle ihre ursprüngliche Schönheit zurückgegeben.

[2]) J. O. H. Fries: Abhandlung vom sogenannten Pfeifergericht. Frank=
furt a. M. 1752. 8°.

[3]) Die Eingangsthüre zu dieser Stiege vom Römerberge ist im Spitzbogen
mit einer durch kunstvoll getriebenes Laubwerk gebildeten eisernen Grillage ver=
ziert, deren wohl kaum eine zweite von gleicher Schönheit dahier zu finden
sein dürfte.

Stadtrechnung ausdrückt, mit „Krobischlenwerk (Grotesken?) verziert"; auch das Wahrzeichen: ein mit rückwärts gebundenen Händen liegender menschlicher Körper mit abgeschlagenem Haupte über dem ein Rabe fliegt, gemalt. Am 2. September 1608 war nämlich in dem Augenblick als ein wegen Mordversuchs zum Tode verurtheilter Hofenstricker Namens Hans Reible von Eckelshausen die Urphede schwur ein Rabe durch den Kamin in den Saal gekommen, hatte den Verurtheilten umkreiset und sich durch das Fenster wieder entfernt, ein Ereigniß, welches man in dem Saale selbst dem Gedächtniß aufbewahren zu müssen glaubte. (Lerfner I, 265, 497.)

Vor der Wahl des Kaisers Karl VI. im Jahr 1711, wurde der Saal neuerdings gemalt und das Wahrzeichen über das letzte Fenster rechts versetzt, wo man es bis zur neuesten Umwandlung sah. Das hölzerne Stiegengeländer wurde mit einem eisernen vertauscht und der Saal geplattet. Größere Veränderungen brachte 1740—1742 die Wahl Karls VII. Die Stiegenöffnung wurde zugedeckt und die sogenannte Kaiserstiege erbaut; die Seitenwände unter den Nischen, bis dahin auf der röthlich angestrichenen Mauer quadrirt, erhielten Holzgetäfel, der Fußboden wurde mit Dielen belegt und die neben der Thüre in den Hof gehenden, durch den Vorbau der Stiege unnütz gewordenen Fenster zugemauert. Die an ihrer Stelle jetzt sichtbaren Nischen, wurden erst bei der letzten Umwandlung angebracht. An dem Pfeiler, welcher das vierte von dem fünften Fenster rechts scheidet, befand sich auf einer Holztafel ein Zifferblatt, dessen Zeiger mit der Thurmuhr in Verbindung standen. Mitten an der Decke des Saales sah man einen achteckigen Schild mit dem doppelten Adler, an welchem bei feierlichen Anlässen ein großer Kronleuchter angebracht war. Ein kolossaler Ofen von Thon in der Ecke rechts am Eingange zum Wahlzimmer, wohl aus späterer Zeit stammend, war schon zu Anfang dieses Jahrhunderts beseitigt worden.

Als man nach Vollendung des neuen Bibliothekgebäudes den vorläufig aus dem Gymnasium in den Kaisersaal verpflanzt gewesenen Theil der städtischen Büchersammlung daraus entfernte, fanden sich Beschädigungen, deren Wiederherstellung in den Jahren 1827 und 1828 ausgeführt wurde. Man ging dabei von dem Grundsatze aus, die alten historischen Erinnerungen möglichst zu bewahren und untersagte deßhalb den dabei beschäftigten Malern auf das Strengste, sich irgend eine Veränderung, wäre es auch nur in unwesentlichen

Verzierungen, zu erlauben. Hieran hielten sie sich denn auch gewissen=
haft. Nur das Bild des Kaisers Leopold II. erhielt eine Stelle da, wo
sich vordem das Zifferblatt befunden hatte, und Franz II. schloß bedeu=
tungsvoll als der letzte an der einzigen noch übrig gewesenen Stelle
die Reihe der Römischen Kaiser. Beide wurden von Karl Thelott
gemalt. Alle diese Kaiserbüsten, mit Ausnahme etwa der beiden
eben genannten, konnten auf historische Aehnlichkeit und irgend einen
Kunstwerth nicht den mindesten Anspruch machen, sie dienten nur als
geschichtliche Erinnerung an die Reihenfolge der Herrscher und der
Saal hatte in seiner alten anspruchslosen Gestalt den historischen
Vorzug vor der gegenwärtigen, daß ihn so Deutschlands Kaiser und
Fürsten, so das deutsche Volk in den Tagen gesehen haben, an denen
sich das Haupt der Nation in des heil. Röm. Reiches Glanz und
Majestät dem Volke zeigte.

Kaum ein Decennium war seit der jüngsten Ausbesserung des
Saales verflossen, als sich die Anschauungen des Jahrs 1827 schon
so wesentlich geändert hatten, daß man umgekehrt durch die Aus=
schmückung und Verjüngung des Kaisersaales im Sinne der Neuzeit,
durch Aufstellung der von namhaften Künstlern möglichst ähnlich lebens=
groß in Oel gemalten Bildnisse der Kaiser vor den einzelen, nach
ihrem verschiedenen Umfange berücksichtigten Nischen und durch Be=
seitigung der dem heutigen Geschmack nicht mehr entsprechenden Ver=
zierungen die historische Bedeutung des Saales zu heben und zu ehren
glaubte. Wenn gleich hierdurch der Kaisersaal seine alterwürdige
Einfachheit und die Eigenthümlichkeit der stark vertieften Blenden ein=
gebüßt und gewissermaßen das Ansehen einer modernen Bildergallerie
erhalten hat, so ist doch an der ursprünglichen Gestalt und an der
Grundidee des Ganzen eigentlich nichts geändert, im Gegentheil wird
der Eindruck und die Erinnerung an den Glanz des deutschen Reiches
durch die imponirenden lebensgroßen Gestalten seiner Kaiser bedeutend
erhöht, und so hat auch der dieser Umgestaltung zu Grund liegende,
zuerst durch die Administration des Städel'schen Kunstinstituts an=
geregte, Gedanke seine volle Berechtigung. Das konnte man sich ge=
fallen lassen. Aber in allerneuester Zeit wurde von einer Seite, von
welcher man gewohnt ist, die Vergangenheit mit Verachtung behandelt
zu sehen, alles Ernstes der Antrag gestellt: die ganze Façade des
Römers niederzureißen und, das Lineal anlegend, die Säulenhalle
nebst dem Kaisersaal so weit vorzubauen d. h. so viel daran anzu=
flicken, als nöthig ist, um die durch die jetzige Façade gebildete Bogen=

linie des Römerbergs vom Webel bis zum Limpurgergäßchen in eine
gerade zu verwandeln! Glücklicherweise springt schon die aesthetische
Verkehrtheit dieses Plans zu sehr in die Augen, als daß dessen Verwirklichung und damit eine Versündigung gegen die altehrwürdige
deutsche Wahl- und Krönungsstadt, ja gegen die heiligsten Erinnerungen des gesammten deutschen Volkes zu fürchten wäre. Dem
gleichen Nivellirungsgelüste „jetztzeitigen" Flachsinns war auch das
vor einigen Jahren aufgetauchte Project der Ausfüllung des gerade durch seine amphitheatralische Erhebung so charakteristischen, historisch bedeutsamen Platzes entsprungen.

Daß die neuen Gemälde nicht alle von gleich künstlerischem
Werthe sind, daß sich manche darunter befinden, welche man anders
aufgefaßt und kunstgerechter behandelt wünschen möchte, ist ein Mangel,
worüber man sich nicht wundern darf. Die neue Ausschmückung des
Kaisersaales wird den patriotischen Widmungen deutscher Fürsten,
Städte und Privaten verdankt, denen die Wahl der Künstler überlassen bleiben mußte.

Als eine bedeutungsvolle Zugabe sind die Wahlsprüche der Kaiser
und die 1851 unter den einzelnen Bildnissen angebrachten, nach den
Originalen in Metall gegossenen Siegel zu betrachten, deren sich die
Monarchen zu bedienen pflegten.

Gründliche, in warmer Sprache geschriebene geschichtliche Nachrichten, zugleich mit genauer Angabe der Maler und Stifter der
Bildnisse findet der den Römersaal Besuchende in Benkard's:
„Geschichte der deutschen Kaiser und Könige, zu den Bildern des
Kaisersaals". Frankfurt 1861. 8°. In einem Anhange zu diesem
höchst interessanten Schriftchen werden die Kaiserbilder vom Standpunkte historischer Wahrheit betrachtet, und die Wahlsprüche der Fürsten, in so weit sie bekannt sind oder ihnen beigelegt werden, mitgetheilt. Auch J. Seybts „Kaiserbüchlein", Leipzig bei G. Wigand,
8°. giebt eine kurze Geschichte der deutschen Kaiser nebst 52 in Holz
geschnittenen Abbildungen. Reich ausgestattete Nachbildungen aller
Kaiserbilder sind bei Heinrich Keller erschienen.

Von den übrigen, sämmtlich als Sitzungs- und Canzleizimmer
der Verwaltungsämter verwendeten Räumen des Römers ist nur noch
das unmittelbar an den Kaisersaal stoßende vormalige Wahlzimmer
bemerkenswerth. Es wurde 1732—1733 in seiner gegenwärtigen,
einer gründlichen Wiederherstellung bedürfenden Gestalt an die Stelle
des alten erbaut. Die Decke ist von Lucas Anton Colomba

gemalt (S. 266), ob auch die fünf geschmacklosen allegorischen Kinder-
gruppen über den Thüren? möchte ich bezweifeln. Die Vergoldung
des breiten reich verzierten Frieses wurde von dem Maler Geibel
besorgt. Gegenwärtig dient der kleine Saal als Sitzungszimmer des
Senats. Darin war von jeher das lebensgroße Bildniß des regieren-
den Kaisers im vollen Ornat aufgestellt; bei dem jeweiligen Regie-
rungswechsel mußte es dem Bilde des neuerwählten weichen. Nur
Leopold II. wurde durch Franz II. nicht ersetzt und deßhalb sieht
man den ersteren, von Joseph Hickel gemalt, noch gegenwärtig
im Rathszimmer. Die übrigen in den verschiedenen Räumen des
Römers befindlichen, zum Theil vorzüglichen Gemälde wurden bei
den betreffenden Künstlern erwähnt, worauf hier verwiesen werden
muß. (S. 79, 110, 120, 126, 135 ff., 179, 209, 217, 261,
288, 292, 312 u. a.)

Unter den ältesten öffentlichen Gebäuden nimmt in architektonischer
Beziehung

Das Leinwandhaus

auch „Leinwatwage" genannt, unstreitig eine der bedeutendsten Stellen
ein. Es ist im gothischen Styl des vierzehnten Jahrhunderts in Stein
erbaut. Seine vier Eckthürmchen und die schöne Façade mit geschmackvoller Friese, Nischen und Postamenten, worin ehedem Säulchen und
Statuetten aufgestellt waren, geben dem Hause ein stattliches, ehr-
würdiges Ansehen. In Betracht der bekannten Armuth hiesiger Stadt
an historischen Baudenkmalen dieser Art, sollte dem Leinwandhause
eine sorgfältigere Pflege gewidmet werden als seine gegenwärtige Bestimmung nothwendig zu machen scheint. Auf der Stelle worauf es
erbaut ist, hatten vordem drei Judenhäuser gestanden. Von jeher
hat es zu öffentlichen Zwecken gedient. In den frühesten Zeiten hielt
der Rath darin seine Sitzungen. Im Jahr 1404 befand sich daselbst
die Stadtschreiberei, und 1411 wurden Gefängnisse darin eingerichtet,
die noch 1583 und wohl später im Gebrauch waren. Die unteren
Hallen dienten zur Niederlage für den bedeutenden Leinwandhandel
während der Messen, die oberen Räume bis in die neuere Zeit zu
demselben Zwecke. Schon in den Stadtrechnungen von 1399 kommen
Ausgaben für Nachtwachen in der Leinwatwage vor. Eine Zeit lang
hielten die reformirten Wallonen ihren Gottesdienst in dem Leinwandhause. In den Jahren 1813—1814 mußte es die gefangenen, typhus-

kranken Franzosen aufnehmen und wurde der Schauplatz grausiger Scenen menschlichen Elends. Diese Bestimmung scheint dem Gebäude nach allen seinen wechselvollen Schicksalen bleiben zu sollen; seit Einführung des modern-antiken Gerichtsverfahrens dient es als Assisenhof.

Die zunächst an das Leinwandhaus stoßende Stadtwage, gleichfalls ein großes, sehr altes, aber ganz nüchternes Gebäude, ist nur wegen der beiden schönen in Stein gehauenen, heraldischen Stadtadler an der nördlichen und östlichen Seite bemerkenswerth. An dem hinteren Baue nach dem Schlachthaus hin sieht man einen dritten größeren, in Fresco gemalten Wappenadler, weiß im schwarzen Felde.

Das Fahrthorgebäude

wurde in der letzten Hälfte des vierzehnten Jahrhunderts errichtet und im Juni 1840, nicht aus leidiger Zerstörungssucht, sondern wegen der unvermeidlich gewordenen Erhöhung des Mainufers niedergerissen. Es war ein in seiner Art schönes, jedenfalls zu dem malerischen, mittelalterlichen Ansehen Frankfurts wesentlich beitragendes und für die Stadt historisch merkwürdiges Bauwerk. F. M. Hessemer hat in dem ersten Hefte des Archivs S. 129 ff. darüber einige Nachrichten gegeben, die hier nicht zu wiederholen sind. Die schöne, von K. Ballenberger gezeichnete und lithographirte Ansicht des Fahrthores mit seinem wunderlichen Erker bildet das Titelkupfer. In löblicher Absicht hat man nach dem Abbruche des Thores den Erker an dem zur Seite errichteten, dem 1403 erbauten Reutenthurm sich anschließenden neuen Zoll- und Wachthause wieder angebracht, woselbst er aber, seiner ursprünglichen Beziehung und harmonischen Umgebung entrückt, einen höchst dürftigen, kaum bemerkbaren Eindruck macht, während das Bauwerk an seiner alten Stelle im Zusammenhange mit dem Ganzen das Interesse jedes Vorübergehenden rege machte.

Weniger bemerkenswerth war das im Jahr 1404 erbaute und aus gleichen Gründen, wie das Fahrthor, gleichzeitig mit diesem zum Abbruche gekommene

Holzpförtchen,

früher von dem daran gelegenen Wohnhause der Familie Weiß von Limpurg die Wysen-Pforte genannt. Auch ihm hat Hessemer im dritten Hefte des Archivs mit Beifügung einer von Schadt gestochenen Ansicht einige Worte der Erinnerung gewidmet. Die nach der Beseitigung des Schröterhäuschens an der Nikolaikirche hier untergebracht gewesenen Ochsenschädel aus der Krönungszeit werden jetzt von den Schrötern, welche dieselben s. Z. bei Erstürmung der sogenannten Ochsenküche im Kampfe mit den Metzgern erobert hatten, in ihrer Stube am Leonhardsthor aufbewahrt. Als nach dem Abbruche des Holzpförtchens die Wand des zur Linken stehenden Hauses frei wurde, zeigte sich eine Frescomalerei von jedenfalls älterem Ursprunge, als der Thorbogen. Ein großer St. Christoph ließ sich noch erkennen, das Uebrige war zerstört.

Die Stadtbibliothek

kommt hier nur als Bauwerk und in soweit Kunstgegenstände darin aufbewahrt sind in Betracht. Dem reichen Schatze an Büchern und Manuscripten, wohl über 60,000 Bände, deren unter der Feder befindliche Katalog hoffentlich im Drucke nicht allzu lange mehr auf sich warten lassen wird, gebührt eine selbständige eingehende Besprechung. Das Gleiche gilt von der bedeutenden städtischen Münz- und Medaillensammlung, um deren sorgfältige Ordnung und beträchtliche Vermehrung Herr Dr. Eduard Rüppell sich in neuester Zeit große Verdienste erworben hat.

Das Bibliothekgebäude wurde nach dem Plane des jüngeren Stadtbaumeisters Heß in den Jahren 1820—1825 an der äußersten östlichen Grenze der Stadt errichtet. Die Wahl des Platzes kann, obgleich jahrelang darüber berathen worden ist, eine glückliche nicht genannt werden. Es waren vorzugsweise finanzielle Rücksichten, welche nicht nur dem Baue an sich, sondern auch der zweckmäßigen Wahl des Platzes bei den bürgerlichen Collegien hindernd entgegen traten; ja es darf wohl angenommen werden, daß ohne das Vermächtniß des Senators Brönner von 25000 Gulden und das Geschenk des Staatsraths Simon Moritz von Bethmann von 3000 Gulden, beide an kurze, zum Entschluß drängende Fristen geknüpft, man vielleicht heute noch auf den Bau warten könnte. Schon im Jahr 1790 fürchtete Hüsgen, daß er den längst projectirten Bibliothekbau nicht erleben werde. Im Inneren der Stadt fand man das Areal, für eine Bibliothek, die nur von Gelehrten benutzt wird, zu theuer; die

zunächst dem Handelsstande vorzubehaltenden Räume konnten durch
Vermiethungen vortheilhafter verwerthet werden. Dort hinten dagegen
am stillen Ende der Stadt werden sich — so erwartete man ernstlich —
die gelehrten Leute, welche zu billigen Preisen wohnen wollen, um
die Bibliothek herum ansiedeln und sich, ungestört durch das Treiben
der Welt, in ihre Bücher vertiefen können. Die zahlreichen, meistens
im Westende wohnenden Fremden blieben selbstverständlich außer Betracht; die einheimischen Theologen, Schulmänner, Philologen, Ge-
schichtsforscher, Rechtsgelehrten und Aerzte aber, denen meistens durch
ihren Beruf die Zeit zum Besuche der Bibliothek sehr knapp zuge-
messen ist, sind ja der kleinste Theil der Bürgerschaft; es war zu
viel verlangt, daß bei dem ohnehin kostspieligen Bau auf ihr Bedürfniß besondere Rücksicht genommen werde; und das Bedenken gar,
daß Alle, welche die nöthige Zeit erübrigen und den langen Weg
über den Wollgraben oder Quai hin nicht scheuen, entweder von der
Sonne gebraten oder von allen Winden durchweht in den frostigen
Hallen der Bibliothek angelangt, ihre Gesundheit gefährdeten, ein solches
Bedenken mußte in den Augen derer, welche die Bibliothek nicht
besuchen in der That lächerlich erscheinen. Daß endlich die Lage des
festen, massiven Gebäudes dicht am hohen Ufer des Flusses, unfern
der den Uebergang vermittelnden Brücke in Zeiten des Kriegs dem
kostbaren, theilweise unersetzlichen Bücherschatze den Untergang zu-
ziehen könne, fiel nicht schwer in die Wagschale; denn Zeiten, wie
die von 1813 kehren wohl nicht wieder, und daß gar die Stadtbibliothek einst leicht der Brückenkopf der jetzt projectirten neuen
Brücke am Obermain werden könne, daran war doch im Jahr 1820
noch nicht zu denken. [1])

Rücksichtlich ihrer äußeren und inneren architektonischen Ausstattung kann die Stadtbibliothek als ein Prachtgebäude angesehen
werden. Sie ist in edlem Style aufgeführt; das großartige, vielleicht mit Rücksicht auf den mäßigen Umfang des Gebäudes zu großartige, mit sechs corinthischen Säulen geschmückte Portal macht einen
imposanten Eindruck, welcher zwar durch das halbe Küchenlatein der
Inschrift: STUDIIS LIBERTATI REDDITA CIVITAS [2]) etwas ge-

---

[1]) Eine ähnliche Calamität droht jetzt der Städel'schen Gemäldegallerie durch
deren beabsichtigte Verlegung in den äußersten Westen der Stadtgemarkung.

[2]) Richtiger würde es nach Schopenhauers Vorschlag heißen: Litteris
recuperata libertate civitas.

dämpft, aber doch bei dem Eintritt in die geräumige Vorhalle, in welcher die schöne breite Stiege mit doppeltem Aufgange zum oberen Stocke führt, gerechtfertigt wird. Nur Schade, daß der Bau unternommen wurde, ohne vorherige Verläsfigung über die inneren Erfordernisse eines öffentlichen Bibliothekgebäudes, ohne Zuratheziehung eines erfahrenen Bibliothekars über die Raum = und sonstigen Bedürfnisse, insbesondere der hiesigen Bibliothek, kurz ohne Aufstellung eines Programms. Die Folge war, daß das Gebäude zwar im Jahr 1825 für den damaligen Büchervorrath knapp ausreichte, aber jetzt schon viel zu klein ist. Theilweise wenigstens hätte dies vermieden werden können, wenn bei der Eintheilung und Benutzung der inneren Räume mehr dem praktischen Bedürfniß, als in verschwenderischer Weise der äußeren Schönheit Rechnung getragen worden wäre. Eine öffentliche Bibliothek erfordert mehrere Lesezimmer; aber es ist nicht ein einziges vorhanden. Die Construktion des Daches bietet, wie die Erfahrung bis zur neuesten Zeit gelehrt hat, keine genügende Sicherheit gegen das Eindringen des Regens, selbst in die unteren Räume. Doch was helfen alle Klagen? Die gründliche Abhülfe des Uebels wird nicht in dem Anhängsel eines den schönen Bau in seinen Verhältnissen verunstaltenden Seitenflügels, womit man sich tröstet, sondern nur in einem Neubau an anderer Stelle gefunden werden können. Aber dieser Gedanke ist zu kühn, um auf Verwirklichung hoffen zu dürfen.

In der unteren Vorhalle wird des Eintretenden Blick sogleich durch Marchesi's herrliches Goethe=Denkmal gefesselt, ein Kunstwerk, dessen Vortrefflichkeit bereits Seite 424 gewürdigt worden ist. Hinter demselben rechts und links vom Eingange zum Prehn'schen Gemäldekabinet (S. 563) sind die Marmorbüsten Anton Kirchners und des Schöffen Gerhard Thomas aufgestellt, erstere von Schmidt von der Launitz, letztere von Zwerger, beide ein Geschenk Marquard Scufferhelds.

Auf der entgegengesetzten Seite der Vorhalle findet man einen kolossalen ägyptischen Götzen aus Granit und einen ägyptischen Grabstein, beide Geschenke des Herrn Dr. Rüppell, ferner, dem ehemaligen Gallusthor entnommen, die Bildsäulen Karls des Großen und des heil. Bartholomäus in dreiviertel Lebensgröße, nebst einem geschickt in Stein gehauenen heraldischen Doppeladler, der mit seinen Fängen einen unter ihm liegenden Löwen fasset; sodann verschiedene aus der heil. Geistkirche herrührende Grabmonumente mit Hautrelief=Büsten hiesiger Patricier; endlich eine kolossale antike Vase, welche

bei Sendlingen ausgegraben und von Frau von Schweitzer hierher
geschenkt wurde. Einige ägyptische Alterthümer und verschiedene aus
der heil. Geistkirche stammende Rudera werden in dem Prehn'schen
Kabinet verwahrt.

In den Nischen des weiten Stiegenhauses sind die Büsten des
rheinischen Geschichtsforschers Senator Niklas Vogt, des Bibel-
übersetzers und Mystikers Senator Johann Friedrich von Meyer,
des Philosophen Arthur Schopenhauer und des Philologen Karl
Friedrich Hermann aufgestellt, alle durch Geburt oder längeren
Aufenthalt Frankfurt angehörend. Ihnen soll in nächster Zeit noch
die Marmorbüste des berühmten Rechtsgelehrten von Savigny bei-
gesellt werden.

In den oberen Räumen der Bibliothek wird in besonderen Glas-
schränken eine kleine Sammlung interessanter Antiquitäten und Kunstgegenstände aufbewahrt, welche in neuerer Zeit durch die Liberalität
hiesiger Bürger bedeutend vermehrt worden ist. Herr Dr. Rüppell
verehrte eine höchst werthvolle Sammlung von ihm persönlich in
Aegypten erworbener Alterthümer, deren genaue sachverständige Verzeichnung und beschreibende Erklärung von dem gelehrten Schenkgeber
sicher erwartet werden darf, sobald die gleiche höchst verdienstliche Arbeit bezüglich des reichen Münzschatzes von ihm vollendet sein wird.
Auch der letztere verdankt der Liberalität dieses Gelehrten und dessen
ordnender Hand seine erst in der neuesten Zeit erlangte volle wissenschaftliche Bedeutung.

Eine andere Abtheilung enthält die aus früherer Zeit herrührenden, in dem städtischen Gebiet und bei Herrernheim ausgegrabe-
nen, bereits von Leröner beschriebenen und abgebildeten römischen
und germanischen Alterthümer, wozu die Andreas Finger'schen
Erben und Herr Rector Römel neuerdigs erhebliche Beiträge geliefert haben.

Die in zwei weiteren Schränken aufbewahrten Kunstgegenstände,
namentlich Malereien und Elfenbeinschnitzereien, sind theilweise schon
von Hüsgen verzeichnet. Es würde zu weit führen, alle diese Curio-
sitäten hier einzeln zu erwähnen. Einige wenige verdienen indessen
besonders hervorgehoben zu werden. Dahin gehört vor Allem:

1. Das Evangelienbuch auf Pergament in groß Folio aus dem vierzehnten Jahrhundert, mit zierlich gemalten Initialen und mit
   einer viel älteren, in den vorderen Holzdeckel eingefügten, kunst-

33 *

voll in Relief geschnittenen Elfenbeintafel, worauf ein nach der Sitte der Zeit gekleideter Priester in Assistenz von fünf Diaconen und eben so viel Sängern das Meßopfer nach dem Gregoriani=schen Ritus verrichtet. Auf dem Altar stehen Kelch und Patene mit den Hostien, zur Seite liegen zwei Bücher, von denen das eine aufgeschlagen ist. Dieses mit auffallender Sorgfalt und Schärfe höchst ausdrucksvoll gearbeitete Kunstwerk wird von Ken=nern dem neunten Jahrhundert, mithin dem Zeitalter Karls des Großen oder seiner nächsten Nachfolger zugeschrieben, und darf als ein in artistischer, wie in kunsthistorischer Beziehung höchst seltener, werthvoller Kunstschatz betrachtet werden, dergleichen in Deutschland wenige zu finden sein mögen. Das Buch wurde nach einem Inventar der Domsakristei um die Mitte des fünf=zehnten Jahrhunderts von dem Patricier Hartmann Becker dem Bartholomäusstifte verehrt. In den oberen Ecken der vor=deren Decke gewahrt man das Heller'sche und ein anderes in Miniatur gemaltes Wappen mit einem Fischkopfe, wahrscheinlich das von Appenheim'sche. Beide sind sehr verblichen. Die kost=bare Elfenbeintafel aus dem neunten Jahrhundert, womit das Evangelienbuch geschmückt ist, hatte vermuthlich schon viel früher, vielleicht als obere Decke eines Diptychons in dieser oder einer anderen hiesigen Kirche gedient. J. D. Passavant hat in dem ersten Hefte des Archivs (S. 132 ff.) von diesem werthvollen Besitzthume der Stadtbibliothek eine genaue erläuternde Beschreibung nebst Abbildung gegeben, und bei Hüßgen (S. 542) findet man ein vergrößertes Fac=simile des auf dem einen der beiden kleinen, kaum 14 Milli=meter hohen Bücher eingegrabenen, nur mit der Lupe lesbaren Canons.

2. Ein anderes, die Episteln enthaltendes, Pergament=Manuscript in gr. 4°, mit gemalten Initialen, wahrscheinlich dem zwölften Jahr hundert angehörend, gleichfalls auf beiden Holzdecken mit Elfen=beinsculpturen verziert. In der Mitte der vorderen Seite stehen in einem zierlichen Rahmen zwei Figuren unter einem Baume in Unterredung. Ihre Bedeutung ist unklar, ja es ist selbst zweifel=haft, ob sie mit den übrigen sie umgebenden Sculpturen in Ver=bindung stehen und gleich diesen einen biblischen Bezug haben. Die Arbeit dieses Mittelstücks scheint viel älter zu sein als die es einfassenden Darstellungen aus dem Leben der Maria, welche in das

zwölfte Jahrhundert zu versetzen sein dürften. Auf der hinteren Seite der Decke sitzt, gleichfalls in Elfenbein geschnitten, Christus als Weltheiland auf einem kapellenartigen Throne. Alle diese Sculpturen sind auf Goldgrund befestigt. Das Manuscript stammt, wie das zuerst erwähnte, aus der Bibliothek des Bartholomäusstifts.

3. Zwei kleine in Elfenbein geschnitzte Crucifixe, mehrere Pokale und einige Statuetten in Alabaster sind neueren Ursprungs und minder erheblich.

4. Das in Oel gemalte lebensgroße Brustbild Dr. Martin Luthers, angeblich von Lucas Cranach dem älteren, jedenfalls ein in dieses Meisters Weise behandeltes Gemälde aus jener Zeit. Ein in einem Rahmen unter Glas aufbewahrter eigenhändiger Brief des Reformators mit dessen Unterschrift ist in de Wette's Sammlung, und ein gleichfalls eigenhändiger Brief Melanchtons bei Bretschneider abgedruckt.

5. Das angebliche Brustbild der Catharina von Bora in halber Lebensgröße, eine vorzügliche, dem Pinsel des jüngeren Holbein sich nähernde Arbeit, ist ein Geschenk der Familie Prehn.

6. Nicht als Kunstwerk, aber als besondere Merkwürdigkeit ist ein Erdglobus zu betrachten, welcher von dem gelehrten Jomard in den »Monuments de la géographie« (No. 15, 16) als der dritt-älteste bekannte und für eine der größten Seltenheiten erkannt wurde, weßhalb er für die Pariser Sammlung davon eine Copie nehmen ließ.

Die Stadtbibliothek besitzt zwar außer den beiden schon genannten, noch eine größere Anzahl älterer Pergament- und Papiermanuscripte mit Malereien und Initialverzierungen; von besonderer Erheblichkeit sind aber nur wenige, darunter

a) Das Decretum Gratiani in gr. Folio auf Pergament, aus dem vierzehnten Jahrhundert, mit 38 auf den Inhalt der einzelnen Kapitel bezüglichen geschichtlichen Malereien und vielen mit Figuren, Thieren und Arabesken in Farben verzierten Initialen.

b) Ein Missale auf Pergament aus dem fünfzehnten Jahrhundert mit einer blattgroßen Kreuzigung Christi auf Goldgrund. Zur Seite des Kreuzes stehen Johannes und Maria, die letztere von besonderer Schönheit. Außerdem sind die mit phantastischen Figuren verzierten Anfangsbuchstaben bemerkenswerth.

Als Theil der im Jahr 1690 von der Stadt angekauften bedeutenden Bibliothek des Patriciers Johann Maximilian zum Jungen kam auch das beinahe vollständige Werk Albrecht Dürers an Kupferstichen und Holzschnitten in einem mit der Jahrzahl 1578 bezeichneten Folio-Lederband an die Stadtbibliothek. Die sämmtlichen Blätter waren ohne bestimmte Ordnung, wahrscheinlich so wie sie der erste Besitzer gesammelt hatte, in dem Buche eingeklebt. Im Jahr 1794 übernahm Hüsgen deren Verzeichnung und Ordnung. Er löste die Kupferstiche von ihren Unterlagen ab und klebte sie nach der Ordnung seines eigenen gedruckten Verzeichnisses der Werke Dürers auf die nämlichen beschmutzten Blätter des Buches so geschmacklos und ungeschickt mit Kleister wieder ein, daß man den Zustand dieser sonst werthvollen Sammlung nur mit Betrübniß erblicken kann. Die Holzschnitte ließ er unberührt. Auffallend bleibt es, daß die meisten der nicht allzu lange nach Dürers Tod mit sichtbarer Liebe gesammelten Kupferstiche nur sehr mittelmäßige und matte Abdrücke zeigen, während umgekehrt die in dem Buche unberührt gebliebenen Holzschnitte zum größeren Theil in guten, kräftigen und klaren Exemplaren vorhanden sind. Eine Sage, deren Grund oder Ungrund ich nicht ermitteln konnte, will eine stattgehabte Vertauschung guter mit geringen Abdrücken behaupten! So viel bleibt gewiß, daß die Kupferstiche durch Hüsgens Behandlung nicht gewonnen haben und diese jedenfalls höchst ungeschickte Arbeit besser unterblieben wäre.

Außer einigen andern Kupferstichen älterer deutschen Meister, wie Martin Schön und Israel van Mecken, bewahrt die Stadtbibliothek auch das Werk Ridingers, ferner eine nicht uninteressante, obwohl unvollständige Sammlung von Bildnissen Frankfurter Rathsglieder, Gelehrten, Künstler ꝛc. und endlich in sechs Foliobänden die schon anderwärts erwähnte Gerning'sche Sammlung Frankfurter Ansichten.

Die zwölf kolossalen Büsten römischer Kaiser, nach italienischen Modellen in Thon gearbeitet und gut vergoldet, deren Hüsgen gedenkt, sind in neuerer Zeit auf den Speicher der Stadtbibliothek verwiesen. Sie stammen aus Merians Nachlasse und wurden von einem Gliede seiner Familie (Heldevier) der Stadt geschenkt. Schon aus Pietät hätte ihnen eine schicklichere Stelle in dem Bibliothekgebäude angewiesen werden sollen.

Daß in der Stadtbibliothek die aus den aufgehobenen Klöstern, beziehungsweise aus dem Museum stammenden Oelgemälde, insoweit sie nicht in der dem Publikum zugänglichen städtischen Sammlung aufgestellt sind, bewahrt werden, ist schon früher bemerkt worden (S. 33), und von der gleichfalls in der Bibliothek niedergelegten Brönnerischen Kupferstichsammlung wird später noch besonders die Rede sein.

Einfach und würdig, seinem Zwecke entsprechend, ist

das Denkmal der Hessen

vor dem Friedbergerthor bei dem von Bethmann'schen Landhause. König Friedrich Wilhelm II. von Preußen errichtete dasselbe 1793 dem Andenken der tapfern Hessen, welche hier am 2. December 1792 bei der Erstürmung und Wiedereroberung Frankfurts aus der Gewalt der Franzosen mit ihrem Führer den Heldentod starben. Auf einem künstlich aus leicht hingeworfenen Basaltstücken gebildeten Felsen ruht ein einfacher Würfel von deutschem Marmor, gedeckt mit antikem Helm, Schild und Mauerbrecher (Widder). An den vier Seiten sind 6' hohe Tafeln von Erz mit gegossenen Inschriften eingefügt, wovon die östliche lautet: Friedrich Wilhelm II. König von Preussen den edlen Hessen, die im Kampfe fürs Vaterland hier siegend fielen. Die nördliche Inschrift giebt die Namen der Gefallenen; es sind außer dem Obersten, Prinz Karl von Hessen-Philippsthal, dem Major E. D. von Donop, den Hauptleuten C. von Wolff, D. Desclaire und C. W. von Münchhausen, den Lieutenants F. C. C. Rademacher und von Rabenhausen, ferner dem Fähnrich C. Hundeshagen, acht und vierzig Unteroffiziere und Gemeine. Auf der südlichen Seite ist der Tag der Heldenthat vorgemerkt und die westliche enthält nochmals eine Widmung in lateinischer Sprache. Hinter den Basaltstücken an der nördlichen Seite liest man tief an der Erde auf einem blauen Steine, worauf eine antike brennende Lampe eingehauen ist, den Namen des an dieser Stelle gefallenen Prinzen mit den Worten: Nunquam exul.

Die Erfindung dieses sinnigen Denkmals gehört dem Oberhofbaumeister Langhanß in Berlin, nach dessen Modell es ausgeführt wurde. Im Jahr 1844 ließ König Friedrich Wilhelm IV. die wenigen durch den Zahn der Zeit entstandenen Beschädigungen wiederherstellen, was unter der Legende auf der westlichen Seite vorgemerkt ist.

Wohnhäuser der Bürger

haben sich in früheren Zeiten nur wenige durch einen besonderen Styl ausgezeichnet. Sie waren meistens von Holz erbaut und unansehnlich. Wohngebäude von Stein waren so selten, daß mehrere derselben zur besonderen Auszeichnung die Benennung zum „Steinernen Haus" erhielten.

Das schönste der letzteren Art, das von Stalburgische Stammhaus, verfiel gegen Ende des achtzehnten Jahrhunderts der Zerstörung. Es wurde Seite 45 eine Beschreibung davon gegeben. Noch erhalten, aber nicht nach Verdienst unterhalten ist das aus dem Jahr 1464 stammende Steinernehaus am Markte, dessen nicht zu unterschätzende architektonische Bedeutung in der bemerkenswerthen gothischen Façade beruht, dergleichen man anderwärts wohl mit reicheren Verzierungen, selten aber in so einfach schönen Verhältnissen antrifft. Die inneren Räume sind, wenn man von dem schönen, wohl aus späterer Zeit herrührenden Kamin des Saales im ersten Stock absieht, von keiner besonderen Erheblichkeit. Herr Dr. Euler hat in den Mittheilungen des Vereins für Geschichte und Alterthumskunde in Frankfurt, Bd. 1, S. 219 ff. einen Abriß der Geschichte dieses Hauses gegeben.

Das Fürsteneck an der Fahrgasse, in dem gleichen, doch bei Weitem nicht so reinen Styl und Ebenmaaß, in Stein erbaut, ist im Ganzen weit besser erhalten als das vorerwähnte. Es fällt äußerlich durch seine beträchtliche Höhe und seine zinnengekrönten Eckthürmchen in die Augen und enthält noch einen bei dem neuerdings (1860) stattgehabten inneren Umbau von dem gegenwärtigen Besitzer mit lebenswerther Sorgfalt geschonten alterthümlichen Saal, der wegen der schönen Holzschnitzereien an dem eingelegten Getäfel der Wände und an den Thüren, nebst deren kunstreichen Schlössern und Beschlägen, sowie der Stuccaturarbeit an der Decke, wenn auch aus späterer Zeit als das Haus selbst stammend, mehr Beachtung verdient als ihm bisher zu Theil geworden ist. Dieser Saal ist die einzige Räumlichkeit, welche Frankfurt in diesem Gewande noch so gut erhalten besitzt. Zu bedauern ist, daß einer der letzten Besitzer des Hauses die hohen Spitzbogen über den Eingangsthüren zumauern ließ, wodurch sein äußeres Ansehen bedeutend verloren hat. Das Fürsteneck befand sich in den ältesten Zeiten im Besitze der Kurfürsten von Mainz, später (1350) gehörte es einem Juden Namens

Liepmann, dann wurde es von Johann von Holzhausen bewohnt, und in den Jahren 1439—1441 scheint dasselbe von Philipp von Fürstenberg, „der an der Stelle eines Schultheißen saß", in seiner gegenwärtigen Gestalt neu aufgebaut worden zu sein. Den Namen Fürste neck mag das Haus im Munde des Volkes längst gehabt haben, bevor es urkundlich (1424, 1435, 1441) so benannt wurde. Die Benennung kommt wahrscheinlich von den ursprünglichen Besitzern, den Kurfürsten von Mainz. Battonn erzählt, daß in dem Getäfel des erwähnten Saales ein rundes Wappen von Thon eingepaßt war, bei dessen Herausnahme man auf der Rückseite die Inschrift entdeckte: „Christianus Steffen, Possirer und Haffner Fecit 1615." Aus dieser Zeit dürfte überhaupt die innere Ausstattung des Saales stammen.

Ein stattliches Bürgerhaus aus gleicher Zeit wie die vorgenannten stand noch am Ende des siebenzehnten Jahrhunderts auf dem Römerberge, der Nikolaikirche gegenüber. Es war, wie der Merianische Plan zeigt, von bedeutendem Umfange, im gothischen Styl erbaut, an der Façade mit drei Erkerthürmchen geschmückt und im Hofe mit einem besonderen thurmartigen Treppenhaus versehen. Es wurde zum Lichtenstein, auch der kleine Römer genannt und kommt schon in Urkunden von 1352 vor. Das jetzt an seiner Stelle stehende höchst nüchterne Gebäude J. 161 läßt keine Spur der alten Herrlichkeit mehr erkennen.

Zwei andere ansehnliche Privatgebäude nächst dem Liebfrauenberg lassen sich auf dem großen Merianischen Stadtplan noch deutlich erkennen: Das Haus zum Paradies und zum Krimvogel, von dem Schultheißen Sifried von Marburg 1367 neu in Stein erbaut, ging später in den Besitz der Gesellschaft Alt-Limpurg über, welche dasselbe 1775 in seine gegenwärtige Gestalt gänzlich umbauen ließ. Das gegenüber stehende Haus zum großen Braunfels gelangte 1694 durch Kauf in den Besitz der Gesellschaft Frauenstein, durch welche es mancherlei Veränderungen erfuhr. Diesem Anlasse verdankten namentlich auch die in dem unteren Saale noch in neuester Zeit sichtbar gewesenen, jetzt aber verschwundenen Malereien von der Hand des Meisters Unsin ihren Ursprung (S. 235). An das Braunfels knüpft sich das geschichtliche Interesse, daß es den Kaisern Matthias, Ferdinand II., Leopold I. und II. und Franz II. während der Wahlund Krönungstage, sowie dem Könige Gustav Adolph während seiner Anwesenheit dahier 1631 und 1632 als Wohnung diente.

Einige in Holz erbaute Häuser auf dem Römerberg sind durch ihre äußeren Erkerverzierungen und Holzschnitzereien bemerkenswerth. In letzterer Beziehung zeichnet sich vor allen andern das linke Eckhaus am Eingange der Wedelgasse, zum Salzhaus, auch zum hohen Homburg genannt, vortheilhaft aus. Dasselbe wird zwar schon 1340 genannt, dürfte aber in seiner gegenwärtigen Gestalt in die Mitte des siebenzehnten Jahrhunderts zu setzen sein. Weniger seiner Baufälligkeit halber als wegen der in Aussicht stehenden Erweiterung des Römers wird dasselbe leider nicht lange mehr erhalten werden können. Ob es im Falle des Abbruchs möglich sein wird, die reichen und interessanten Holzschnitzereien der Giebelfaçade zu retten und anderweit zu verwenden, ist sehr zu bezweifeln. Jedenfalls verdient die kunstvolle Schlosserarbeit an einigen der nach der Wedelgasse gerichteten Thürbogen=Verzierungen die sorgsamste Schonung und möglichst geeignete Verwendung an dem künftigen mit dem Römer harmonirenden Neubaue.

Von einer gewissen baulich=historischen Bedeutung ist das im Jahr 1562 entstandene rechte Eckhaus am Eingange zum Markt und ein ähnliches am Domplatze am Eingange in die Kannengießergasse. Der vorspringende Erker des letzteren wird auf Grund der leeren Sage, daß Luther von da herab gepredigt habe, die Lutherkanzel genannt.

In mancher Beziehung interessant ist auch das theilweise dem siebenzehnten Jahrhundert angehörende Haus am Markt, Eck der Höllgasse M. 196, zur goldenen Wage genannt. Das in Stein erbaute Erdgeschoß zeigt von außen reiche und fleißige Steinmetzenarbeit; die Schlosserarbeit der Fenstervergitterung verdient Beachtung. Im Hofe führt ein thurmartiges Stiegenhaus mit steinerner Treppe bis zum Dache, über welchem sich ein geräumiges Belvedere mit einem auf gewundenen Marmorsäulen ruhenden und mit einer sauber gearbeiteten Marmormuschel versehenen Wasser=Springwerk befindet, weiterhin aber, um sechs bis acht Fuß höher, sich eine bedeckte Gartenlaube erhebt, worin wohl eine Gesellschaft von 25 Personen an der Tafel Platz finden könnte. Diese salonartige Laube bietet eine überraschende Aussicht zunächst nach Osten auf den dem Auge so nahe tretenden Pfarrthurm, daß man diesen an keinem anderen Punkte der Stadt in gleicher Höhe so bequem schauen kann; dann südlich über den Main nach Sachsenhausen bis zur fernen Warte, im Westen und Norden über den größten Theil der Häuser hinweg nach dem Nikolai-,

Pauls- und Eschersheimer Thurm weithin in die Gemarkung der
Stadt. Der Mann, welcher sich diesen anmuthigen Hausgarten in
luftiger Höhe zu schaffen gewußt, war sicher ein recht poetisches Gemüth, dem es nicht an praktischem Sinn und nicht an den zeitlichen
Mitteln gebrach, sich die Verkümmerung des Genusses frischer Luft
innerhalb des ehemaligen Festungsgrabens vergessen zu machen. An
manchem kühlen Sommerabend mag er oder sein Nachfolger, die
Sorgen des Tages abschüttelnd, in heiterer Gesellschaft bei Musik
und Wein da oben Erholung gefunden haben. Die Wände des Pa-
villons sind noch mit musikalischen Instrumenten in Medaillons bemalt, und die ganze Einrichtung zeigt, daß sie ihre Entstehung einem
feinen Gefühl für das Schöne verdankt. Auf vielen älteren Häusern
hat man kleine Balkone, sogenannte Belvedere, aber so wie dieses
habe ich hier noch kein zweites gefunden. In dem größeren Zimmer
des ersten, in Holz erbauten, Stockwerks befindet sich noch eine Decken-
verzierung in Holzschnitzerei und Gyps, alttestamentarische Scenen
in Medaillons darstellend. Die Arbeit ist historisch interessant, aber
ohne erheblichen Kunstwerth. Das Gleiche gilt von einem in dem
kleinen Saale befindlichen runden Plafondgemälde in Oel, welches
etwa dem Johann Baptist Innocenz Colomba, wenn nicht einem
noch späteren Maler, zuzuschreiben ist.

An die labyrinthisch in einander laufenden, theilweise düsteren
Räume dieses Hauses knüpft sich die Sage von allerlei nächtlichem
Gespensterspuck. Ueber die ältere Beschaffenheit dieses Stadttheils
findet man einige Andeutungen in der durch Herrn Dr. Euler herausgegebenen „Beschreibung der kaiserlichen Stadt Frankfurt a. M." von
Baldemar von Peterweil. (Mittheilungen des Vereins für Geschichte
und Alterthumskunde in Frankfurt Bd. I. S. 81—83.)

An und für sich ohne alle architektonische Bedeutung ist das
Haus zum Stolzenberg Litr. L No. 9, Eck der Fahrgasse und
des Garküchenplatzes; dennoch enthält dasselbe in einem größeren Eck-
zimmer des ersten Stocks eine Plafondverzierung mit starkerhabener
Gyps- oder Thonstuccaturarbeit, verschiedene in nicht ganz verständ-
liche Verbindung gebrachte, einen Kreis bildende olympische Götter-
gestalten (Saturn, Merkur, Bacchus rc.) darstellend, in deren Mitte
der den Ganymed tragende Adler Jupiters schwebt. Das Haus wurde
schon 1443 von dem St. Bartholomäusstift an Ulrich Apentecker und
dessen Frau Guda für vier Hundert Gulden verkauft. Seine gegenwärtige Gestalt hat es aber nach der im Keller und im ersten Stock

eingehauenen Jahrzahl 1659 erhalten. Der gedachte Plafond dürfte noch späteren Ursprungs sein. Einen besonderen künstlerischen Werth hat er nicht und ist überdies durch wiederholtes neueres Uebermalen in seinem Ansehen sehr beeinträchtigt worden.

Dem rastlosen Forschungseifer des Herrn Theol. Dr. Steitz ist es gelungen,

die Herbergen Luthers und Melanchtons

während des jeweiligen Aufenthalts beider Reformatoren in Frankfurt außer Zweifel zu stellen. Die Ergebnisse seiner umfänglichen und gründlichen Untersuchungen sind in dem „Neujahrsblatt des Vereins für Geschichte und Alterthumskunde in Frankfurt a. M. für 1861" niedergelegt. Eine Frescomalerei an dem einen und einige aus jener Zeit stammende alterthümliche Baureste in dem andern geben mir Anlaß, dieser Häuser, welche mehr durch die an sie sich knüpfenden historischen Erinnerungen, als in baulicher Hinsicht merkwürdig sind, hier kurz zu gedenken.

Luther stieg auf seiner gefahrvollen Reise nach Worms und zurück im Jahr 1521 in dem jetzt zum von Bethmann'schen Besitzthum am Baseler Hof gehörigen, damaligen Gasthaus „zum Struß" (Strauß) am Eck der Buch- und Schüppengasse (15, neu) bei Wolf Bronner genannt Parente, zweimal ab. Auf der Hinreise waren Justus Jonas und Nikolaus Amsdorf seine Begleiter. Nach allen Umständen ist kaum zu bezweifeln, daß das jetzt noch vorhandene Haus, wenige Veränderungen abgerechnet, das nämliche ist, in dessen Räumen der große Reformator von der Ermüdung des beschwerde- und sorgenvollen Ganges, den er damals zu gehen hatte, kurze Rast und, ermuntert durch theilnehmende Freunde, Stärkung fand. Auch Martin Bucer und Wolfgang Capito nahmen im Jahr 1536 darin ihr Absteigequartier.

An der vorderen Façade dieses Hauses sieht man heute noch einen lebensgroßen Strauß in Fresco abgebildet. Nach Versner II., 820 (800) war dieser Vogel im Juli 1577 in dem Hause lebendig zu sehen. Die dabei befindliche Inschrift lautet: „Ein Strauß war anderthalb Jahr alt, an Größe und Form gleich dieser Gestalt, von Tunis in Barbarienland ward uns Anno 1577 bekannt." Schon im Jahr 1558 war in demselben Hause ein Strauß gezeigt worden

(J. F. Fauſt von Aſchaffenburg, Collectaneen, I. 194). Jedenfalls ſtammt die jetzt noch ſichtbare, obgleich etwas verwaſchene Abbildung nicht aus jener Zeit, iſt vielmehr eine wahrſcheinlich im vorigen Jahrhundert von geſchickter Hand ausgeführte Erneuerung des urſprünglichen Bildes, wovon ſich noch Spuren erkennen laſſen. Eben ſo wenig hat dieſe Abbildung dem Hauſe den Namen gegeben, den es bereits im Jahr 1521 führte.[1])

Philipp Melanchton verweilte mehrmals in Frankfurt. Zum erſtenmal im Jahr 1524 auf ſeiner Reiſe nach Bretten; das zweitemal auf der Heimreiſe von Tübingen im Herbſte 1536 einige Tage im Hauſe des nachherigen Schöffen und Bürgermeiſters Anton Eller. Des Reformators dritter, zehnwöchentlicher Aufenthalt in hieſiger Stadt, vom 12. Februar bis zum 20. April 1539, war durch ſeine Anweſenheit mit dem Kurfürſten Johann Friedrich während des Tagens der proteſtirenden Stände veranlaßt. Damals wohnte er bei Liſa von Rückingen, der Wittwe des Hans Bromm und Mutter des Claus Bromm, höchſt wahrſcheinlich im Hauſe „zum Falken“ in der Buchgaſſe. Wo Melanchton während ſeines vierten, mehrtägigen Aufenthalts dahier im Auguſt 1543 gewohnt habe, iſt nicht ermittelt; Herr Dr. Steitz vermuthet, daß er ſchon damals bei ſeinem Freunde Claus Bromm, deſſen Mutter 1541 geſtorben war, und zwar im Falken abgeſtiegen ſei. Zum letztenmal verweilte Melanchton in Frankfurt 1557 auf ſeiner Reiſe zum Religionsgeſpräch in Worms. Diesmal war es „Claus Brommen Haus“ an der Zeil, jetzt der Darmſtädter Hof, worin er ſeine Herberge nahm. Auf der Hinreiſe raſtete er bei ſeinem Freunde nur eine Nacht; auf der Rückreiſe aber verweilte er acht Tage in Begleitung ſeines Schwiegerſohnes Caspar

---

[1]) Aehnliche Frescomalereien fanden ſich ehemals dahier an vielen öffentlichen und Privatgebäuden. Sie waren theilweiſe von namhaften Malern, wie Tobias Stimmer, Philipp Uffenbach, Conrad Unſin u. a. ausgeführt, und zeigen, daß auch hier der Geſchmack an dieſer Gattung der Malerei ein ziemlich allgemeiner war. Von ſolchen äußeren Hausverzierungen findet man jetzt nur noch wenige Spuren. Der Gemälde an dem ehemaligen Brückenthurm, am Holzpförtchen und in der Klingergaſſe iſt ſchon anderwärts gedacht worden. In dem Thorbogen des Eſchersheimer Thurmes ſollen ſich noch jetzt verblichene Spuren ſolcher Malereien zeigen. Ich geſtehe, daß ich ſie nicht entdecken konnte. An der inneren Wand der Stadtwage wurden im 15. Jahrhundert die Schutzheiligen der Stadt: St. Bartholemäus und Karl der Große zu Seiten eines Tabernakels von geübter Hand gemalt und in neuerer Zeit theilweiſe wiederhergeſtellt.

Peucer und anderer Reformations-Genossen, wie Paul Eber, Joachim Camerarius, Johannes Pistorius von Nida und Hubert Languet aus Burgund.

Claus Brommen Haus war ein stattliches, umfangreiches Gebäude, welches noch später häufig hohen fürstlichen Personen zur Wohnung diente und vorzugsweise hierzu gewählt wurde. Während der Kaiserwahl Ferdinands I. 1558 wohnte darin der Herzog Christoph von Württemberg; während der Wahl und Krönung Maximilians II. 1562 der Pfalzgraf Albrecht, Herzog von Ober- und Niederbayern, und im Jahr 1570 übernachtete darin der Landgraf Wilhelm von Hessen. Heute noch steht von dem Claus Brommen-Haus der westliche Seitenflügel im Hofe. An einem alten kapellenartigen Gewölbe erblickt man das Bromm'sche und Rauscher'sche Wappen mit der Umschrift: „Claus Bromm und Anna Rauscherin aus Leipzig erbawten mich 1557". Der obere Stock des in Holzarchitektur errichteten Baues enthält noch drei aus der Zeit des Gründers herrührende Zimmer. Die Decken sind getäfelt und, gleich den äußeren Ueberhängen, von schön geschnitzten Trägern gestützt. Die mit Holz bekleideten Wände wurden später übertüncht; früher waren sie, wie noch an einzelnen Stellen bemerkbar ist, mit Arabesken verziert. Nur die Oefen stammen aus dem siebenzehnten Jahrhundert. „So dürfen wir," heißt es in dem Neujahrsblatte, worin sich eine interessante Abbildung eines der erwähnten Zimmer befindet, „uns auch das Vorderhaus denken." Eine schöne von K. Th. Reiffenstein nach dem alten Merianischen Stadtplan entworfene Zeichnung in dessen höchst interessanter Sammlung meist nicht mehr vorhandener hiesigen Baudenkmale zeigt uns ein aus einem Erdgeschoß und ersten Stock bestehendes, in Holz erbautes Haus. „Ein zierlicher Erker mit drei Fenstern, der auf steinernem Unterbau ruhte und in einer hohen, schlank aufstrebenden Spitze empor stieg, bildete die Mitte. Zu beiden Seiten befanden sich im ersten Stock je vier Fenster nach der Straße. Das Erdgeschoß zeigte weniger Symmetrie; ein Thor öffnete sich neben dem Viehhof; zwischen diesem und der Eingangspforte, die unmittelbar neben dem Erker lag, waren drei gekoppelte Fenster." Eine ausführlichere Beschreibung findet man in dem mehrerwähnten Neujahrsblatte.

Nach Claus Bromms Tode im Jahre 1587 war dessen Wittwe genöthigt, das Haus im Wege des Vergleichs als Entschädigung für gewisse, hier nicht zu erörternde Ansprüche an die Stadt abzutreten.

Diese veräußerte daſſelbe. Im Jahr 1612 war Peter Overbeck der Eigenthümer; aber 1626 erwarb es die Stadt von Neuem für 12000 Rthlr. und vertauſchte es „ſammt ſeinem ganzen Begriff" in demſelben Jahr gegen das damals dem Landgrafen Georg II. von Heſſen-Darmſtadt gehörige Klapperfeld und eine weitere Entſchädigung von 4000 Gulden. Nachdem die älteren Gebäude nach der Straße hin ſchon gegen Ende der erſten Hälfte des vorigen Jahrhunderts ſämmtlich niedergeriſſen worden waren, wurde am 21. Mai 1754 zum Neubau des heutigen Darmſtädter Hofs der Grundſtein gelegt. Die geſchichtlichen Ermittelungen des Herrn Dr. Steitz haben den gegenwärtigen hohen Eigenthümer veranlaßt, die Wiederherſtellung und Erhaltung der noch übrigen aus dem ſechszehnten Jahrhundert ſtammenden Theile des intereſſanten Baues anzuordnen.

Eines der bedeutenderen aus ſpäterer Zeit ſtammenden Privat-gebäude der Stadt,

das Rothe Haus,

war ſeit ſeiner Erbauung in der erſten Hälfte des ſiebenzehnten Jahrhunderts ein berühmter Gaſthof, in welchem Reiſende höchſten Ranges abzuſteigen pflegten. Im Jahr 1647 beſchloß darin der Kurfürſt-Erzbiſchof Anton Caſimir von Mainz ſein Leben. Der Bürger Johann Forſch hatte daſſelbe 1631 auf der Stelle von ſechs kleineren, um ſechs Tauſend Gulden erkauften Häuſern ſo erbaut, wie es auf dem Merian'ſchen Grundriß zweiter und dritter Ausgabe zu ſehen iſt. Der Bau ſoll damals zweiunddreißig Tauſend Gulden gekoſtet haben. Ein ſpäterer Beſitzer Namens Günther kam wegen Falſchmünzerei in Unterſuchung und in deren Folge das Rothe Haus zum Zwangsverkauf. Der Käufer ließ 1769 die ganze vordere Façade abbrechen und ſie nach dem Geſchmacke ſeiner Zeit umändern. Ueber dem Altan wurde eine getreue Abbildung des alten Hauſes angebracht und ſpäter zu beiden Seiten der Hausthüre koloſſale Sta-tuen von Stein aufgeſtellt, welche aber, als man in neuerer Zeit das Rothe Haus für die Tarisſche Poſt einrichtete, wieder beſeitigt worden ſind. Daß das Anſehen des Hauſes durch die neueſten Veränderungen der Façade gewonnen habe, dürfte ſchwer zu be-haupten ſein.

Das großartigſte Wohngebäude der Stadt iſt noch immer

528

der Palast des Fürsten von Thurn und Taxis.

Um das Jahr 1730 durch den italienischen Architekten Dell'
Opera im altfranzösischen Styl erbaut, bietet er, wenn man von
der ungünstigen Lage in der Escharsheimerstraße absieht, alles, was
von einer geschmackvollen Fürstenwohnung verlangt werden kann. An
den stattlichen Hauptbau im geräumigen Hofe schließen sich zu beiden
Seiten die nach der Straße gehenden, durch die Einfahrt mit einer
darüber befindlichen Gallerie verbundenen Flügel. Gut gearbeitete
Marmorstatuen schmücken die verschiedenen Räume. Ganz besondere
Beachtung verdient die in einem Tempel des Gartens aufgestellte
Minerva, ein kunstvolles, dem Meisel des berühmten Franz dü Ques-
noy (Fiaminghe) zugeschriebenes Bildwerk. Der Palast enthält 140
prachtvolle Gemächer und zwei große achteckige Säle, wovon den oberen
eine hohe, von Colomba gemalte Kuppel deckt. Die Wände und Pfeiler
sind mit Spiegeln, Stuccaturarbeit, Gypsmarmor, Frescomalereien
von Bernardini, Bellavita und dem älteren Schütz, mit vergoldeten
Leisten und kostbaren Gobelins-Tapeten verziert, die Fußböden mit
Nußbaumholz eingelegt, die Bildhauerarbeit ist von dem Franzosen
St. Laurent geschnitzt, überhaupt der Palast zwar in einfachem, aber
dennoch reichem fürstlichen Geschmack ausgestattet und bis jetzt im
Wesentlichen in seiner Ursprünglichkeit erhalten worden. Derselbe
diente nicht nur dem Eigenthümer, sondern auch später dem vormaligen Großherzog von Frankfurt zeitweise als Residenz. Kaiser Franz
nahm 1813 nach der Leipziger Schlacht darin seine Wohnung und
hier war es, wo die alten Bürgercapitaine unter Feyerleins Wort-
führung dem Monarchen ihre Bitte für die Wiederherstellung der
Freiheit Frankfurts mit so glücklichem Erfolge vortrugen.

Seit 1817 ist der Taxissche Palast der hohen Deutschen Bundes-
versammlung für ihre Sitzungen und zur Wohnung des kaiserlich
Oesterreichischen Präsidialgesandten überlassen; in den bewegten Jahren 1848 und 1849 aber hatte das Reichsministerium davon Besitz
genommen. Nach dem Taxisschen Palaste nimmt

das von Schweitzerische Haus

an der Zeil, jetzt zum Russischen Hof genannt, unstreitig unter allen
im achtzehnten Jahrhundert entstandenen Privatgebäuden den ersten
Rang ein. Es steht auf dem Platze des ehemaligen Viehhofs, welcher
sich schon im Anfang des sechszehnten Jahrhunderts dort befunden

hatte. Erst um 1780 wurde derselbe verlegt und hierauf von dem Handelsmann Franz von Schweitzer der gegenwärtige, noch immer für einen der schönsten der Stadt geltende palastartige Bau nach dem Plane und unter der Leitung des ausgezeichneten Architekten, Oberbaudirectors Nikolaus von Pigage aus Mannheim[1]) in einem edeln, der Antike sich nähernden Styl aufgeführt. Im Inneren führt eine breite steinerne Stiege, an deren Auftritt zwei Löwen von Marmor ruhen, mit zierlichem Geländer von Bronzestäben zum ersten Stock. Durch ein geräumiges, mit Statuen und Büsten nach antiken Mustern geschmücktes Vorzimmer gelangt man in den Balkensaal, so prachtvoll wie Frankfurt bis jetzt keinen zweiten aufzuweisen hat; denn der neue Concertsaal im Junghof übertrifft ihn zwar, seiner Bestimmung gemäß, bedeutend an Umfang, kann aber, was kunst- und geschmackvolle Ausstattung, was harmonische, gediegene Schönheit betrifft, mit ihm nicht entfernt in Vergleich kommen. Die Plafonds des Saales, des Vorzimmers und des Stiegenhauses sind von Januarius Zick[2])

---

[1]) Er war der Sohn eines Hofarchitekten des Königs Stanislaus, um 1721 in Lothringen geboren. Nachdem er sich auf längeren Reisen in Frankreich, England und Italien in seinem Fache gründlich ausgebildet hatte, trat er 1748 in die Dienste des Kurfürsten von der Pfalz. In Mannheim erbaute er den linken Flügel des Residenzschlosses und die Reitschule, entwarf die Zeichnung für den Hochaltar der Schloßkapelle und den Plan der Schwetzinger Gartenanlagen, führte auch mehrere Bauten dieses Gartens aus. Zu der Nähe von Düsseldorf erbaute er das kurfürstliche Schloß Benrath; auch gab er die bekannte Beschreibung der Düsseldorfer Gallerie: Catalogue raisonné etc. mit Abbildungen von Christian von Mechel heraus. Er starb 1796 zu Mannheim.

[2]) Januarius Zick, geboren zu München 1734, Historienmaler und Radirer, ein talentvoller Künstler, der sich nach Rembrandt bildete, aber dessen magische Färbung nicht zu erreichen vermochte. Seine ersten Studien machte er unter der Leitung seines Vaters Johann und auf der Münchener Akademie; später weilte er einige Zeit in Rom und wurde nach seiner Zurückkunft kurtrierischer Hofmaler zu Coblenz. Er malte mit gleicher Kunstfertigkeit in Oel und Fresco. Im Schlosse zu Coblenz und in dem dortigen St. Florinsstift sieht man von ihm reiche Deckenmalereien, eben so in der Dominikanerkirche zu Bamberg, in der Nikolaikirche zu Würzburg, in den Abteien zu Wiblingen und Zwiefalten, in der Spitalskirche zu Mannheim und an vielen andern Orten. Seine Arbeiten, obwohl nicht frei von einer sich von der Natur entfernenden Manier, fanden zur Zeit großen Beifall. Wie man auch über dieses Künstlers Leistungen denken mag, seine Werke zeigen meist eine gewisse geniale Conception und sehr kunstgewandte Ausführung. Naglers geringschätziges Urtheil: „Er gehörte zu den alten Zunftmalern, welche durch große Handfertigkeit imponirten und durch brillante Färbung das Auge zu bestechen wußten," ist ein ungerechtes. Zick starb 1812 in Ehrenbreitstein.

mit mythologischen und allegorischen Malereien geschmückt, die Wände durchaus mit Gypsmarmor bekleidet. Im Vorhofe sieht man in einer eigens dazu vorgesehenen Nische einen lebensgroßen Silen mit dem jungen Bacchus im Arme. Er wurde im Jahr 1745 von W. Rottermondt in Metall gegossen. Nach einer in demselben Hofe auf einer eingemauerten Marmortafel befindlichen Inschrift wurde dieser Bau 1794 vollendet.

Kunstfreunde und Kunstsammlnngen in Frankfurt.

Ein Rückblick auf die lange Reihe der in Frankfurt thätig gewesenen Künstler, von denen die wenigsten ihre Existenzmittel von
außen beziehen konnten, und der Anblick ihrer zahlreichen, noch heute
im öffentlichen und Privatbesitze befindlichen Werke lassen keinen Zweifel, daß Sinn und Geschmack für die schönen Künste hier, wenn auch
nicht zu allen Zeiten und in gleichem Maaße wie in andern ober-
und niederdeutschen Städten, ihre Vertreter und Förderer gefunden
haben. In den ältesten Zeiten waren es die Bauherrn der Kirchen,
fromme Donatoren[1] und Klostergeistliche, namentlich die Predigermönche, zuweilen auch der Magistrat, welche den Architekten, Bildhauern und Malern Beschäftigung gewährten. Später fanden reiche
Privaten und wohlhabende Künstler Freude daran, sich mit Werken
der Kunst zu umgeben. Der älteste bekannte Kunstsammler in Frankfurt war der Goldschmied und Maler Heinrich Lautensack von
1550 bis gegen 1580. In dem folgenden Jahrhundert besaß Abraham Schellens, den Lersner ohne weiteren Nachweis auch als Maler bezeichnet, reiche Sammlungen von Gemälden und andern Kunstsachen. Derselbe oder vielleicht sein Sohn war es, bei welchem der
französische Reisende Monconys in den Jahren 1663—1664 manches Vortreffliche, namentlich ein Buch mit Zeichnungen von Matthäus
Grünewald, Kupferstiche alter Meister, Metall- und Holzschnitte von
Albrecht Dürer zu sehen bekam. Nicht minder vorzügliche Kunstwerke
fand er in den Kabineten des jüngeren Matthäus Merian, der
Herren de Neufville, von Fleischbein und von Malapert.
Die kostbare Sammlung Joachim von Sandrarts, Gemälde und

---

[1] U. a. der Scholaster Frank von Ingelheim (1427), die Patricier
Ulrich von Werstabt und dessen Hausfrau Gutge Schelmin (1434), Jacob
Heller (1509), Johann Maximilian zum Jungen 2c.

Zeichnungen, hatte derselbe schon früher nach Amsterdam mitgenommen und dort veräußert. Der Maler Heinrich von der Borcht, der ältere, hatte eine bedeutende Gemmensammlung und andere Gegenstände antiker Kunst aus Italien hierher gebracht, die später in den Besitz des Grafen Arundel übergingen. Um dieselbe Zeit besaß der kunstgelehrte Bernhard Mylbingher eine große Sammlung von Büchern, Kupferstichen und Holzschnitten. In dem Nachlasse des Joh. Matthäus von Merian (1716) fanden sich nach dem gedruckten Verzeichnisse 326 Oelgemälde seines Vaters und anderer Meister.

Auffallend ist es, daß ungeachtet des allgemeinen Rückgangs der Künste sich dennoch die Zahl ihrer Verehrer im Laufe des achtzehnten Jahrhunderts bedeutend vermehrte. Der eifrigste von allen war der Banquier Heinrich von Uchelen. Derselbe gehörte einer der angesehensten hiesigen Familien an.[1]) Er war im Jahr 1682 geboren und hatte, obgleich von seinem Vater für die Handlung bestimmt, dennoch eine gelehrte Bildung erhalten, die ihn zum Studium der Wissenschaften und schönen Künste so mächtig hinzog, daß er bald seinen Beruf gänzlich vernachlässigte und schließlich das Opfer seines Hangs zur Poeterei und seiner leidenschaftlichen Kunstliebe geworden ist. Er sammelte Bücher, griechische, römische und andere Münzen, Antiquitäten, besonders aber kostbare Gemälde und Zeichnungen. Er ging so weit, von jedem namhaften Maler seiner Zeit eine Arbeit besitzen zu wollen, legte deßhalb eine Reihe von Stammbüchern an, worin er sich mit großen Kosten von allen Gelehrten und Künstlern Europa's Gedenkblätter schreiben und malen ließ. In einem später in den Besitz des Herzogs Anton Ulrich von Sachsen-Meiningen gelangten Bande, einem der unbedeutendsten, befanden sich Zeichnungen von Jan Huysum, de Heem, Houbraken, de Heus, Benedetto Lutti ꝛc. Heinrich von Uchelen kann neben seinem Zeitgenossen Zacharias Conrad von Uffenbach als einer der frühesten Autographensammler in Deutschland betrachtet werden; denn seine Stammbücher waren nicht sowohl dem Andenken der Freunde, als den Handschriften und Zeichnungen berühmter Personen gewidmet. Seine in der That krankhafte Kunstliebhaberei hatte seine Finanzen zuletzt dermaßen zerrüttet, daß er, nachdem über sein Vermögen der Concurs ausgebrochen war, ein Jahr später, 1746, im Hospital endete. J. F. von Uffenbach ließ sich durch das von Uchelen'sche Gemäldekabinet zu

[1]) Dr. Eduard Rüppell giebt über dieselbe im Archiv für Frankfurts Geschichte und Kunst, Heft 7, S. 29, 30 eine kurze Nachricht.

einem in seinen „Nebenarbeiten" abgedruckten wässerigen Gedicht begeistern.

Andere Sammler jener Zeit waren die beiden eben genannten Brüder von Uffenbach (Bücher und Kunstsachen), der Arzt Dr. Kißner und nach ihm sein Sohn Dr. Johann Christian Kiß= ner, Dr. Ochs, Diesterweg, der kurmainzische Residbent Pfeiff, Dr. v. d. Lahr (Münzen und Kupferstiche), Baron von Heckel[1]), geb. um 1682, † 1760, der Mäcen des älteren Schütz, Dr. Pasquai, geb. um 1719, † 1777 (vorzügliche Gemälde und Kupferstiche), und der Weinhändler Georg Wilhelm Bögner, von dem Hüs= gen[2]) erzählt, daß er während länger als vierzig Jahren die vorzüg= lichsten Gemälde gesammelt, aber die Marotte gehabt habe, seine Bilder, anstatt durch ihren Anblick sich und Andere zu erfreuen, schichtenweise umgekehrt an die Wände zu stellen und sobald ein Zimmer angefüllt war, dasselbe für immer zu verschließen, um in einem andern auf gleiche Art weiter zu sammeln. Kein hiesiger Kunst= freund, nicht einmal Bögners eigene Kinder, konnten sich rühmen, zu seinen Lebzeiten ein Stück dieser Sammlung gesehen zu haben, ja man konnte sagen, daß er manches schöne Bild dreißig Jahre und länger besessen, das er selbst beim Ankaufe zum ersten= und letzten= mal gesehen hatte! Erst nach dieses wunderlichen Liebhabers Tode im Jahr 1778 öffnete sich die Schatzkammer, die Bilder wurden während sechs Monaten der öffentlichen Beschauung ausgesetzt und dann versteigert. Es fanden sich nahe an 900 Gemälde, wofür im Ganzen die für jene Zeit sehr bedeutende Summe von 27000 Gul= den erlöst wurde. Die Sammlung hatte wegen ihrer mysteriösen Entstehung die Neugierde aller Liebhaber des In= und Auslandes gereizt; durch die große Concurrenz wurden die Preise unverhältniß= mäßig in die Höhe getrieben.

Gleichzeitig mit den Vorgenannten machten sich der Hofrath von Loen, Hofkammerrath Bolz, ein Herr Carl von der Burg und besonders ein Kunstfreund Namens Göring durch ihre ver= trefflichen Gemälde= und Kupferstichsammlungen bemerklich. Die des letzteren wurde indessen nach seinem Tode theils hier, theils in Hol= land und in der Schweiz zu Spottpreisen verschleudert. Dasselbe Schicksal hatten die Gemälde, Kupferstiche und Bildhauerarbeiten eines andern Sammlers, Karl Geyß, so wie die minder bedeutende der

---

Prinzeffin Henriette Charlotte Amalie von Anhalt-Deffau.
Die Gemälde des Handelsmannes Jacob Bernus wurden 1781
unter Hüsgens Leitung versteigert[1]); ebenso 1782 das Gemäldekabinet
Dorhorfts, und in demselben Jahr die vortrefflichen Gemälde-,
Kupfer- und Münzsammlungen von Johann Noe[2]) und Johann
Peter Gogel. Wenige Jahre später, 1784, kamen die Gemälde,
Kupferstiche und Bücher des Herrn von Berberich zum öffentlichen
Verkaufe.[3]) Das Gleiche widerfuhr 1786 dem gewählten Kabinet
des Raths Ehrenreich.

Es konnte nicht fehlen, daß in Folge dieser häufigen Feilbietungen
und Zerstückelungen größerer und kleinerer Kunstsammlungen, wozu
auch noch sehr viele von außen auf den Markt gebracht wurden[4]),
wieder andere Liebhaber zum Ankaufe und zur Bildung neuer Sammlungen angeregt wurden. Von der Mitte bis gegen das Ende des
Jahrhunderts entstanden die zum Theil vortrefflichen Gemälde- und
Kupferstichkabinete des Geheimen Raths Schmidt von Rosan, des
Raths Goethe, meist nur aus Arbeiten damals lebender hiesiger
Künstler bestehend, des Senators Wallacher (über 12,000 Portraite),[5]) des Handelsmannes Johann Christian Gerning,
des Hofraths d'Orville, des Hofraths Passe, des Agenten Hohnl,
dessen Gemälde, Handzeichnungen und übrigen Kunstsachen im Jahr 1801
zum Verkaufe kamen, der Kaufleute Johann Friedrich Müller
und Johann Friedrich Ettling,[6]) des Freiherrn von Günder-

---

[1]) Es waren 416 Gemälde, wofür 4374 Gulden erzielt wurden.
[2]) Fünf Hundert Gemälde, wofür im Ganzen 17,151 Gulden erlöst wurden.
[3]) Zwei Hundert vier und achtzig Bilder mit einem Erlös von 2809 Gulden.
[4]) Man vergleiche die große Sammlung hiesiger Kunstauctionskataloge, welche
von den Prehn'schen Erben an die Stadtbibliothek geschenkt worden ist.
[5]) Ein großer Theil davon gelangte in den Besitz des Buchhändlers Rein-
berg, der die Sammlung bis auf etwa fünfzig Tausend Blätter vermehrte.
Auch sie wurde wieder zerstreut.
[6]) Die Ettling'sche Sammlung, eine der bedeutendsten, welche Frankfurt
jemals besessen, zählte 528 Oelgemälde der deutschen und niederländischen Schule,
wovon die meisten in ihrer Categorie als gut und viele als vorzüglich bezeichnet werden konnten, außerdem viele Kupferstiche und Radirungen, worunter
das Werk Rembrandt's fast vollständig: auch Statuen, Basreliefs, Bronze x.
Nach des Gründers Tod — er war 1712 geboren und starb 1786 — ging die
Sammlung an seine Schwester über, deren vier Erben sie später auf Grundlage
einer lächerlich geringen Schätzung unter sich vertheilten und nach und nach theils
öffentlich, theils aus der Hand veräußerten. Zuletzt fand noch im Jahr 1838 eine
Versteigerung statt. Es waren damals noch 49 Gemälde übrig, wofür 3357 Gulden erlöst wurden. Dabei befand sich die ausgezeichnet schöne, von Rabl in

robe, des Banquier de Neufville, des Geh. Raths von Guaita, des Weinhändlers J. H. G. Lausberg,[1]) des Handelsmannes J. G. Huth,[2]) des Geh. Raths von Schweitzer,[3]) des Criminalraths Dr. Siegler,[4]) des Postsecretärs und des Dechanten Burger,[5]) des Banquier Remy Bansa, des Postsecretärs Chandelle und des Hofraths Hüsgen. Es wird am Platze sein, diesem letzteren, um Frankfurts Kunst- und Künstlergeschichte so verdienten Manne, einige Zeilen der Erinnerung zu widmen, da über dessen Person und Lebensverhältnisse bis jetzt nur wenig bekannt geworden ist. Was ich in dieser Beziehung mitzutheilen vermag, giebt zwar über seinen Lebensgang noch kein vollständiges Licht; aber es ist alles, was ich zu ermitteln vermochte.

Heinrich Sebastian Hüsgen

war der Sohn des fürstlich Brandenburg-Anspachischen Hofraths Wilhelm Friedrich Hüsgen. Dieser hatte sich gegen die Mitte des vorigen Jahrhunderts mit einer Frankfurterin, Sara Barbara Stern, vermählt und seinen Wohnort hier genommen, ohne das Bürgerrecht zu erwerben, was ihn jedoch nicht hinderte, da er für einen tüchtigen Juristen galt, unter fremdem Namen hier und bei den Reichsgerichten wichtige Processe zu führen. Die Schilderung, welche Goethe von dem Rath Hüsgen macht, ist eben nicht sehr schmeichelhaft. Seine Gestalt war groß, lang ohne hager, breit ohne beleibt zu sein. Sein Gesicht, nicht allein von den Blattern entstellt, sondern auch des einen Auges beraubt, sah man anfangs nur mit Apprehension. Er war übrigens mit Gott und der Welt zerfallen. Gesellschaft

---

Aquatinta geätzte Mondscheinlandschaft von A. v. d. Neer für 1505 Gulden. In der Erbtheilung hatte man dieses kostbare Bild zu fünfzehn und bei einer späteren Taxation zu 550 Gulden angeschlagen! Jetzt befindet sich dasselbe im Besitze des Herrn Anselm von Rothschild.

[1]) Wurde 1815 öffentlich verkauft. Der schon 1804 von Chr. von Mechel verfaßte Katalog weist 366 Gemälde aus allen Schulen und 20 Sculpturen nach. Totalerlös 33,352 Gulden. Die Sammlung gehörte neben der Ettling'schen zu den renomirtesten der Stadt.

[2]) Achtzig Gemälde, im April 1816 versteigert.

[3]) Der Versteigerungskatalog vom Jahr 1816 weist 159 Gemälde nach.

[4]) Im März 1818 versteigert; der Katalog enthält 149 Gemälde, wofür 11,350 Gulden erlöst wurden.

[5]) Letztere um Ostern 1820 versteigert; der Katalog umfaßt 129 Gemälde aus der deutschen und niederländischen Schule.

ober Gäſte, ſagt Goethe, habe ich nie bei ihm geſehen. „Angezogen und aus dem Hauſe gehend, erinnere ich mir ihn in zehn Jahren kaum zweimal."

Im November 1745 gebar ihm ſeine Frau den erſten und, ſoviel ich ermitteln konnte, einzigen Sohn Heinrich Sebaſtian. Am 30. November empfing dieſer die Taufe. Ueber die Erziehung und den Bildungsgang des Knaben fehlen alle Nachrichten. Seine Jugend hat er hier verlebt; aber es iſt ungewiß, welchen Schulunterricht er genoſſen. Mit Grund iſt anzunehmen, daß dieſer kein ſehr geregelter geweſen iſt. Nach Goethe's Schilderung war der Knabe „täppiſch, nicht roh, aber grabaus. Ohne beſondere Neigung, ſich zu unterrichten, ſuchte er lieber die Gegenwart des Vaters zu vermeiden, indem er von der Mutter alles, was er wünſchte, erhalten konnte". Den Schreibunterricht erhielt er mit Goethe gemeinſam. Gymnaſial- und Univerſitätsſtudien hat er nicht gemacht, vielmehr war er dem Handelsſtande beſtimmt und zu dem Zweck nach der Schweiz geſandt worden, zeigte aber zu dieſem Berufe wenig Neigung und kehrte ohne beſtimmtes Lebensziel in das Vaterhaus zurück. „Unter einer ſclaviſch-pedantiſchen Erziehung", ſagt Gerning im Teutſchen Merkur von 1799, „wäre Hüsgens Geiſt, der einer freundlichen Lenkung und Ermunterung bedurfte, beinahe unterdrückt worden". So mag ſein weder von der Wiſſenſchaft genährter, noch von einem belebenden geſelligen Verkehr im Familienkreis angeregter Geiſt eine einſeitige, in ſich gekehrte Richtung und eine gewiſſe herbe Stimmung erhalten haben, die ihn einſam durchs Leben gehen ließ, nur ſeiner vom Vater geerbten Neigung[1]) zur Kunſt und Kunſtgeſchichte nachhängend. Dieſe Vorliebe ſcheint ſchon frühe in dem jungen Manne geweckt und auf den von ihm unternommenen Reiſen genährt worden zu ſein. Zunächſt beſuchte er die Gallerien von Mannheim und Düſſeldorf, dann die reichen Sammlungen Hollands und Brabants und endlich 1780 München und Wien, wo er viele Bekanntſchaften anknüpfte, die ihm ſpäter zu Statten kamen. Beſonders bildend für ſeinen Kunſtgeſchmack war der Aufenthalt in Wien. Noch im ſpäteren Alter gewährten ihm die im Belvedere empfangenen Eindrücke die ſüßeſte Erinnerung. Den Vorwurf des Mangels an Unterrichtstrieb hat Hüsgen gewiß nicht in der Allgemeinheit verdient, wie er ihm von Goethe gemacht wird, ihn jedenfalls durch ſeinen kunſthiſtoriſchen Forſchungseifer thatſächlich widerlegt.

---

[1]) Artiſt. Magazin S. 342.

Im November 1782 — Hüsgen hatte bis dahin als Permissionist in seiner Vaterstadt gelebt — suchte er das Bürgerrecht nach. Es wurde ihm ohne Anstand bewilligt. In der von ihm eingereichten Bittschrift heißt es u. a.:

„Nicht ohne Schüchternheit wage ich es Ew. Hochedel. Gestrengen und Herrlichkeit ein Anliegen in tiefster Ehrerbietung vorzutragen, das ich länger bei mir nicht unterdrücken kann. Es ist der lang gehegte Wunsch, ein Frankfurter Bürger zu werden, eine Wohlthat, auf die ich ein angeborenes Recht haben könnte, wenn sie mein seel. Vater bei seiner Verehelichung mit meiner Mutter für sich nachgesucht hätte. Meine Eltern sind Ew. Herrlichkeit vermuthlich nicht unbekannt, hier bin ich geboren und erzogen, hier ist meine Vaterstadt und obgleich mit Hochdero Erlaubniß mich bisher hier aufgehalten habe, so weiß ich doch keine andere Heimat und wünsche nichts sehnlicher, als mich an dem Ort fester firiren zu dürfen, den ich hernach mit keinem in der Welt vertauschen möchte."

„Ich bekenne mich zur reformirten Religion, bin noch ledig und gedenke es auch bis dato noch zu bleiben. Mein kleines Vermögen ist meinen Bedürfnissen angemessen und meine Beschäftigungen mit dem Studio der Kunst und Alterthümer sind bisher Manchem nicht unnützlich gewesen, dafür aber auch selten unbelohnt geblieben. Uebrigens wird mir jedermann das Zeugniß geben, daß ich bisher einen stillen, ordentlichen Lebenswandel geführt. Unterdessen gelangt an Hochdieselben mit Gegenwärtigem mein ganz gehorsamstes, angelegenstes Bitten, mir die biesigen bürgerlichen Rechte huldvollst angedeihen zu lassen, wogegen ich ehrfurchtsvoll versichere, keine andere, wenn ich je heurathen sollte, als eine hiesige Bürgerin zu ehelichen oder mich des Bürgerrechts wieder verlustig zu machen."

„Ew. Hochedel. Gestrengen und Herrlichkeit

ganz gehorsamster

Heinrich Sebastian Hüsgen, Selbststeller."

Der Inhalt dieser Schrift möge die fehlenden biographischen Nachrichten theilweise ersetzen.

Hüsgen hatte durch seine Bestrebungen auf dem Gebiete der Kunst- und Alterthumsgeschichte sich einen großen Kreis von Freunden und Bekannten unter den Gebildeten aller Stände erworben. Er war namentlich befreundet mit Goethe, mit Heinrich Merk von Darmstadt, mit Sophie la Roche, mit dem gelehrten Canonicus Battonn, mit Christian Gerning und besonders mit dessen Sohn, dem Dichter des Taunus. Der Verwendung des letzteren mochte er wohl auch den Titel eines landgräflich Hessen-Homburgischen Hofraths verdanken, nachdem ihm bereits früher der kunstliebende Graf Oettingen den Rathstitel verliehen hatte. Seine Correspondenz mit Isaak von Gerning war eine sehr lebhafte und vertraute. Am 15. August 1797 schrieb er u. a. dem jüngeren Freunde nach Wien:

„Letzt abgewichenen Freitag Morgen erschien ganz unerwartet ein Fremder in meinem Zimmer, den ich vor seinem wohlgemästeten Bauch nicht er= kannte, bis ihn seine Stimme bei der Frage verrieth: Kennen Sie denn Ihren alten Freund nicht mehr? und siehe da, es war Goethe in eigener hoher Person, und ungeachtet er eine geraume Zeit bei mir blieb, so bliebe er doch erbärmlich steif und zurückhaltend. Das Einzige, was er mir durch seine Zunge mittheilte, war, daß er gesonnen sei, in die Schweiz zu reisen. Als ich ihn am andern Tag besuchte, war er redsprächiger und gefühl= voller. — Was halten Sie aber von dem sonderbaren Verfahren Goethens, der vor seiner Abreise etwas that, was er in seinem ganzen 48jährigen Leben nicht gethan hat, nämlich alle Briefe durchs Feuer zu vernichten, darunter ihn diejenigen des Selbstödters Merk wegen ihres Geistesinhalts zwei Tage Ueberwindung kosteten." [1]

Außer seinem 1780 im Selbstverlag erschienenen Hauptwerke: **Nachrichten von Frankfurter Künstlern und Kunstsachen,** und dem als zweite, verbesserte Auflage zu betrachtenden **Artisti= schen Magazin** von 1790, schrieb Hüßgen:

1. **Verrätherische Briefe von Historie und Kunst.** Frankfurt a. M. 1776; und deren Fortsetzung 1783. 8°.
2. **Raisonnirendes Verzeichniß** aller Kupfer= und Eisenstiche, so durch Albrecht Dürers geschickte Hand gefertigt worden. Frankfurt a. M. 1778. 8°.

Dieses Schriftchen hatte Hüßgen später unter dem Titel: „Menschen= spiegel" umgearbeitet und Dürers Compositionen mit auf die Neuzeit bezüglichen Erklärungen begleitet. Es scheint aber nicht veröffentlicht wor= den zu sein.

3. **Ausführliche Nachricht** von der großen Ergießung des Mayn= stroms in und bei der Reichsstadt Frankfurt im Jahr 1784. Ein Bogen 4°.
4. **Getreuer Wegweiser** von Frankfurt und dessen Gebiet, nebst einem Grundriß der Stadt. 1802. 8°.
5. **Zahlreiche Aufsätze** in hiesigen und auswärtigen Zeitschriften, namentlich in Meusels Miscellaneen artistischen Inhalts.

Hüßgen war Mitglied mehrerer patriotischen Gesellschaften. Sein Bild im mittleren Mannesalter hat Johann Heinrich Wicker in einem kleinen unregelmäßigen Oval gestochen. Die Aehnlichkeit kann ich nicht beurtheilen. Wicker soll im Treffen glücklich gewesen sein. Die Arbeit selbst ist sehr gering, das Blatt aber äußerst sel= ten, noch seltener ein zweites, in Hüßgens höherem Lebensalter in der Manier von J. J. Koller gestochenes Portrait, wovon ich das einzige mir zu Gesicht gekommene Exemplar besitze. Dasselbe ist zwar ein Abdruck vor aller Schrift; allein es ist handschriftlich als Hüßgens Portrait bezeichnet und Frau Johanna Rosina Sänger,

---

[1] Die Urschrift dieses Briefs befindet sich in meiner Autographensammlung.

geb. Prehn, welche in ihrer Jugend Hüsgen häufig in ihrem Eltern=
haufe gesehen und sich seiner Gesichtszüge genau erinnert, bestätigt
die Echtheit, weßhalb ich eine von J. Eissenhardt radirte getreue
Nachbildung hier beigefügt habe.

Hüsgens Vermögen war sehr mäßig, der Geldertrag seiner litte=
rarischen Arbeiten gering. Er sah sich deßhalb genöthigt, seine Kunst=
liebe mit einem Kunstverlag, zu dem namentlich Prestel reichlich bei=
trug, und mit einem Kunsthandel zu verbinden.
Am 8. August 1807 endigte der fleißige Mann sein fast aus=
schließlich der Kunst gewidmetes Leben. Er hatte in der letzten
Zeit ziemlich allein gestanden. Seine älteren Freunde waren ihm
theils vorangegangen, theils nach auswärts gezogen. Er war unver=
mählt geblieben; der Abschied vom Leben mochte ihm nicht schwer fallen.

Sein artistischer Nachlaß, bestehend aus antiken geschnittenen
Steinen, Elfenbeinsachen, Emaillen, Miniaturen, Oelgemälden, wo=
runter eine schöne Landschaft von Jacob Ruisdael, Kupferstichen und
Handzeichnungen, wurde für Rechnung seiner Nichte und Testaments=
erbin, der Wittwe Diest, geb. Stern, im Mai 1808 öffentlich ver=
steigert und brachte, ausschließlich der beinahe vollständigen Samm=
lung der Werke Albrecht Dürers, welche nebst einer Haarlocke des
großen Künstlers[1] der verstorbene Rath Schlosser auf Stift Neu=
burg aus der Hand erkauft hatte, einen Erlös von beiläufig vier
Tausend fünf Hundert Gulden.

Von allen bisher genannten älteren hiesigen Kunstsammlungen
besteht keine einzige mehr; alle sind zerstreut und theilweise in die
öffentlichen Gallerien von Dresden, Düsseldorf, Cassel und Pommers=
felden übergegangen. Gewiß die wenigsten ihrer Bestandtheile haben
in neueren hiesigen Sammlungen Platz gefunden, ja selbst von diesen
letzteren sind viele der bedeutenderen abermals unter den Hammer
gekommen oder bereits dazu bestimmt. Dahin gehören die Gemälde=
sammlungen des Senators Guiollet, des Handelsmannes H. Zunz,[2]

---

[1] Näheres über diese seltene Reliquie findet man in Meusels neuen Mis=
cellaneen artist. Inhalts S. 205 ff., in Wielands: Neuer teutscher Merkur
von 1799 S. 260, und in Hellers: Leben und Werke Albrecht Dürers Bd. 2
S. 272. Die Locke soll nach Schlossers Tod in den Besitz des Professors Eduard
Steinle gelangt sein.

[2] Der von Professor Braun verfaßte Katalog zählt 141 gute Oelgemälde,
die im April 1819 zum öffentlichen Verkaufe kamen.

540

des Schöffen von Holzhausen, [1]) des Hospitalmeisters Gruner, [2])
des Geh. Raths von Barkhaus-Wiesenhütten, [3]) des Weinhändlers K. H. Schulz, [4]) des Buch- und Kunsthändlers J. F.
Wilmans, [5]) des Handelsmannes Moritz Goldschmidt, [6]) so
wie die ausgezeichneten Kupferstichsammlungen des Banquier C. A.
Hohwiesner, [7]) des Weinhändlers Gottfried Mappes, [8]) und
die minder bedeutende des Buchhändlers

Johann Friedrich Wenner.

Dieser verdient als einer der eifrigsten Förderer der Kunst hier
vorzugsweise genannt zu werden. Sein angeborener, von einem gebildeten Geist getragener Kunstsinn erkaltete nicht in Deutschlands
trübster Zeit, spornte ihn vielmehr zu seine Kräfte weit übersteigenden
Opfern. Ihm gebührt die Ehre, viele junge Talente, welche später
der deutschen Kunst eine neue Bahn zu brechen berufen waren, frühe
erkannt und ihre Bestrebungen thatkräftig gefördert zu haben. In
den Jahren 1810 und 1811 hatte sich ein kleiner Kreis junger
Künstler in Frankfurt zusammen gefunden, deren Namen: Joseph
Karl Stieler, Johann Keller, Karl Mosler, Karl Barth
und Peter Cornelius, seitdem als Koryphäen der deutschen Kunst
genannt werden. Wenners Haus bot ihnen gastliche Aufnahme
und uneigennützige Unterstützung. Damals malte Cornelius unter

---

[1]) Versteigert im April 1820. Der von Hofrath Leder verfaßte Katalog
zählt 302 Oelgemälde aus der byzantinischen, altitalienischen, altdeutschen Schule
und aus allen Schulen der späteren Zeit.

[2]) Versteigert im September 1820. Es waren 126 Oelgemälde.

[3]) Sie enthielt nur 58, aber vorzügliche Gemälde, welche im April 1825
zur Versteigerung kamen.

[4]) Die aus 106, zum Theil guten Gemälden bestehende Sammlung kam
im Jahr 1825 unter meiner Leitung zum Verkaufe.

[5]) Im Ganzen 153 vortreffliche Oelgemälde, welche im September 1839
versteigert wurden. Davon sind vierzig der besten in dem Taschenbuch der
Liebe und Freundschaft von 1821–1828 durch zierliche Kupferstiche veröffentlicht worden.

[6]) Drei und siebenzig Gemälde; Erlös (1827) 1350 Gulden.

[7]) Sie wurde im September 1819 und April 1820 versteigert. Der von
C. E. G. Prestel verfertigte Katalog umfaßt in 2 Theilen 316 Octavseiten. Eine
kleine Gemäldesammlung war schon im April 1819 verkauft worden.

[8]) Der von C. E. G. Prestel verfaßte Katalog füllt 172 Octavseiten und
enthält fast ausschließlich Arbeiten moderner Meister. Die Versteigerung fand
im März 1825 statt und ergab einen Erlös von nahe an 13,500 Gulden.

Beihülfe Moslers und Kellers im ehemaligen Schmidtschen, jetzt Mummischen Hause Darstellungen aus der Mythologie, auch verschiedene Portraite in Oel, namentlich die Bildnisse des Kunsthändlers J. F. Wilmans und seiner Frau, sodann für das Museum die heil. Familie mit der Mutter Anna, eine Composition, welche bei allen Schwächen der Ausführung dennoch schon den künftigen Meister ahnen läßt. Sie befindet sich jetzt in der städtischen Sammlung. Aber, was damals schon den Ruhm des jungen Genius laut verkündete, waren die zwölf herrlichen Zeichnungen zu Goethe's Faust, welche zum größeren Theil hier in Frankfurt entstanden und dann von Rufcheweyh für Wenners Verlag gestochen worden sind. Aus des letzteren Nachlaß hat das Städel'sche Institut die Originalzeichnungen im Jahr 1838 erworben. Mit Bezug auf diese Meisterwerke urtheilte Goethe schon damals: „Cornelius hat sehr geistreiche, gutgedachte, ja oft unübertrefflich glückliche Einfälle zu Tage gefördert; es ist sehr wahrscheinlich, daß er es noch sehr weit bringen wird, wenn er nur erst die Stufen gewahr werden kann, die noch über ihm liegen." — Unter gleich großmüthigen Bedingungen, wie die Zeichnungen zum Faust, übernahm Wenner auch den Verlag von Moslers Abbildungen altcölnischer Gemälde. Auf einer Reise nach Rom wurde er mit vielen deutschen Künstlern näher befreundet. Overbek malte für ihn das bekannte Bild Italia und Germania, jetzt im Besitze des Königs Ludwig von Bayern (S. 343). Von Reinhard übernahm er den Verlag mehrerer landschaftlichen Radirungen; von den Gebrüdern Riepenhausen das Leben der Genoveva und von Thorwaldsen den Alexanderzug.

Wenners Liebe und Eifer für die Kunst waren indessen größer als seine Mittel; diese ließen ihn zuletzt im Stiche; aber bei dem Verluste seines Vermögens ist ihm die ungeschwächte Achtung seiner Mitbürger geblieben. Er war am 27. Januar 1772 hier geboren und starb am 5. Juni 1835.

Fast in gleichem Maaße wie Wenner hat sich auch C. W. Silberberg durch die seit 1801 von ihm gegründete großartige Kunsthandlung um den hiesigen Kunstverkehr verdient gemacht. Er war ein tüchtiger Kenner, aber mehr Liebhaber als Geschäftsmann. Sein reicher Vorrath der vorzüglichsten und seltensten Kupferstiche, Radirungen und Handzeichnungen wurde nach ausgebrochenem Concurse, ohne daß nur ein Katalog veröffentlicht worden wäre, wahrhaft verschleudert.

Was Karl von Dalberg, den ephemeren Souverain von Frankfurt betrifft, dessen Regierung in die Zeit der Wirksamkeit der

eben gedachten Männer fällt, so kann ihm das Zeugniß des guten
und redlichen Willens, für Kunst und Wissenschaft Erhebliches
zu thun, nicht versagt werden; dagegen offenbarte sich auch in diesem
Punkte die gleiche Schwäche des Charakters, derselbe Mangel an
richtiger Erkenntniß dessen, was noththat, die nämliche Unfähigkeit
in der Wahl seiner Rathgeber und das oft wahrhaft kindliche Vertrauen in diese, wie dies alles auch in anderen Beziehungen während
seiner siebenjährigen Regierung an den Tag trat. Mißgriffe aller
Art waren die Folgen. Man braucht nur zu erinnern an die lächerliche Gründung einer Universität, deren Facultäten in vier Städten
des Ländchens resdiren sollten; an das maaßlose Vertrauen, womit
einem Chr. G. Schütz jun. die sämmtlichen Klostergemälde über-
antwortet wurden, an die Berufung des Franzosen Chabord zum
ersten Hofmaler mit namhaftem Jahresgehalt, wofür er sein eigenes
Bild dem Fürsten malte, und Anderes mehr. Die wenigen noch
sichtbaren Merkmale des primatischen Einflusses im Gebiete der Kunst
sind einige jetzt in der städtischen Sammlung befindlichen Bilder von
sehr untergeordnetem Werthe, mit deren Anfertigung Dalberg einige
hiesige und von außen zugereiste Maler betraut hatte, deren Producte
er dann dem von ihm begünstigten Museum verehrte, zu dessen
Glanze sie nichts beigetragen haben. Ihre Gründung und Blüthe
verdankt diese Anstalt zunächst der Anregung des vortrefflichen Niklas Vogt und dem Eifer und der thätigen Theilnahme seiner ersten Mitglieder. Was später daraus geworden, ist bekannt.

Ein recht gewähltes Gemäldekabinet besaß der im Jahr 1826
verstorbene Handelsmann Mack-Wiegel; es ist längst zerstreut. Die
große, manches Werthvolle enthaltende Sammlung des vor einigen
Jahren verschiedenen Advokaten Dr. Goldschmidt sieht in naher
Zukunft der Veräußerung entgegen.

Noch ungetrennt im Besitze der Erben befindet sich dagegen die
ausgezeichnete Gemälde- und Kupferstichsammlung des verstorbenen
Schöffen Franz Brentano, welche die Werke Marc Antons
beinahe vollständig aufzuweisen hat, und deren Ruf durch ein Originalgemälde von A. van Dyk: Christus im Schooße der Maria, von
den Angehörigen umgeben, ein Werk von großartiger Composition und
ungemein freier Behandlung aus des Meisters mittlerer Zeit,[1] ferner

---

[1] Es stammt aus der Minoritenkirche in Mainz, von wo es zum Schutze
gegen den Raub der Franzosen nach Wien geflüchtet worden war. Franz Kugler
bezeichnet irrig den Herrn G. Brentano als Eigenthümer des Bildes.

durch eine Kreuzigung von Lucas von Leyden, eine Verkündigung des Christenthums oder, wie Andere wollen, die Bekehrung des Königs Egberth, von Memeling, eine Madonna von Guido Reni, eine andere von Sasso-Ferrato, sowie durch vortreffliche Gemälde von Dirk Steuerbout, Wouwermans, A. v. d. Neer, David Tenier, J. Ostade, Johann Heinrich Roos und viele andere weithin bekannt geworden ist. Das von Füger gemalte, wohlgetroffene Bildniß Birkenstocks, des Gründers dieser mit Kenntniß und Geschmack angelegten und von dem Schwiegersohn Franz Brentano in gleichem Sinne fortgesetzten Sammlung, schaut mit Wohlgefallen auf die ihn umgebenden Kunstschätze, unter denen noch drei andere Familienportraite von Stieler[1] und viele vortreffliche Aquarellzeichnungen von Eduard Steinle zu erwähnen sind, dergleichen man in demselben Hause auch bei Herrn Anton Brentano begegnet,

---

[1] Joseph Karl Stieler, geboren zu Mainz am 1. November 1781 und gestorben zu München als königlicher Hofmaler am 9. April 1858, einer der Koryphäen der neueren deutschen Portraitmaler, lebte in den Jahren 1808—1810 in Frankfurt, wo er in dem Brentano'schen Hause die freundlichste Aufnahme und Unterstützung fand. Damals malte er die Bildnisse Franz Brentano's, dessen Gemahlin und dessen Töchterchen. Mit dem genial aufgefaßten Bilde des letzteren, in unbekleideter Halbfigur, war der Künstler selbst so wohl zufrieden, daß er die Originalstudie mit sich nach Italien nahm, wodurch dieses Werk gewissermaßen der nächste Anlaß zu Stielers späterem Lebensglück geworden ist. An der italienischen Grenze nämlich wurde er, weil er versäumt hatte, seinen Paß von dem Gesandten in Wien visiren zu lassen, an der Weiterreise gehindert. Der Künstler ist in Verzweiflung und weiß sich nicht zu helfen. Da kommt Fürst Metternich des Wegs, sieht den Kummer des jungen Mannes, spricht ihn an, interessirt sich für ihn, nachdem er die Studie des Mädchens gesehen, sendet den Paß zum Visiren nach Wien und empfiehlt den Inhaber überdies an den Vicekönig, Prinzen Eugen. Von diesem in Mailand wohlwollend aufgenommen, malt er dessen Bildniß, auch die meisten Personen des Hofes, und wird vom Prinzen nach München empfohlen, wohin er, nachdem er von Rom eine seiner Arbeiten an den König gesandt hatte, 1812 berufen wurde, um daselbst unter den günstigsten Verhältnissen eine bleibende Heimath und ehrenvolle Stellung zu finden. Noch in Rom hatte er für den Großherzog von Frankfurt die Befreiung des heil. Leonhards aus dem Kerker als Altarblatt für die St. Leonhardskirche gemalt. Das Bildniß des Bischofs von Worms, Johannes von Dalberg, eines eifrigen Beförderers der Wissenschaften im sechzehnten Jahrhundert, hatte Stieler während seines hiesigen Aufenthalts für das Museum verfertigt. Es befindet sich jetzt in der städtischen Gemäldesammlung. Als Curiosum möge noch bemerkt sein, daß das Buch, welches der Bischof in der Hand hält, nicht von Stieler selbst, sondern mit dessen Genehmigung in jugendlicher Laune von seinem Freunde Usener gemalt wurde. Weiteres über den ausgezeichneten Künstler ist bei Nagler zu finden.

deſſen kunſtbegabte Gemahlin überdies durch ihr ſchönes und vielſeitiges Talent ihre Räume mit Gemälden eigener Hand ſinnig aus=zuſchmücken weiß. Es ſind zahlreiche Landſchaften und Genrebilder nach andern Meiſtern und auch von ihrer eigenen Erfindung, theils in Oel, theils in Aquarellfarben, die ſie gleichtüchtig zu behandeln verſteht.

Ein anderes Glied dieſer kunſtliebenden Familie, der verſtorbene Banquier Georg Brentano=Laroche, hat ſeinem Sohne, dem Herrn Dr. Louis Brentano die ausgezeichnete Sammlung wunderbar ſchöner Miniaturen von Jean Fouquet von Tour, dem Hofmaler Ludwigs XI, hinterlaſſen. Es ſind vierzig Blätter, meiſt Darſtellungen aus dem neuen Teſtament, welche der Künſtler für das Brevier des Maitre Eſtienne, am Hofe des Königs, gemalt hat, wahre Perlen der altfranzöſiſchen Kunſt, von großartigem Styl und feierlicher Schönheit der Conception und Compoſition, verbunden mit der höchſten Pracht, Sauberkeit und Zierlichkeit der Ausführung, obwohl die letztere nicht durchgehends von einer Hand und von gleichem Werthe. Eduard Steinle hat dieſe Sammlung, welche von dem Beſitzer in eigends dazu gefertigten Schränkchen eben ſo ſorgfältig wie geſchmackvoll gefaßt und aufgeſtellt iſt, in einem gedruckten Heftchen beſchrieben. Durch den geſchickten Photographen Schäffer wurde die ganze Sammlung photographiſch nachgebildet; allein die ſehr ungleich ausgefallenen Blätter geben nur einen ſchwachen Begriff von der Schönheit der Originale, was nicht dem Photographen, ſondern nur der Ungunſt der Farben beizumeſſen iſt.

Bei Herrn Louis Brentano findet man außerdem noch eine kleine Zahl vorzüglicher Oelgemälde moderner Meiſter.

Herr Dr. Karl von Guaita, derſelben Familie angehörend, hatte den glücklichen Gedanken, das Andenken ſeines Oheims Clemens Brentano durch bildliche Darſtellungen aus deſſen Gedichten in einem eigens dazu beſtimmten Zimmer ſeines Hauſes zu ehren. Profeſſor Eduard Steinle, mit der Ausführung betraut, konnte ſich derſelben mit ſo ſicherem Erfolge unterziehen, da er, mit dem Dichter in deſſen letzten Lebensjahren nahe befreundet, gewiß mehr als irgend ein Anderer befähigt war, deſſen Ideen zu erfaſſen und die ſchwierige Aufgabe glücklich zu löſen. Nach der gegebenen Räumlichkeit ſich richtend, verfertigte der geniale Künſtler ſechs mit ſchwarzer Kreide gezeichnete und ſchattirte, dann colorirte Cartons. Ein größerer und zwei kleinere führen uns Scenen aus den Rheinmärchen vor Augen: Müller Radlauf, wie er die von ihm gerettete Prinzeſſin Ameley nach

Mainz bringt; dann Rablauf als König von Mainz, wie ihm vom Vater Rhein die schöne Amely als Braut zugeführt wird, und die nächtliche Vereinigung der Genien der in den Oberrhein sich ergießenden Flüße und Bäche bei Mondschein am Loreley. Zwei andere in gleicher Weise behandelte Cartons geben Darstellungen aus den Novellen und Erzählungen: eine Scene aus „Die mehreren Wehmüller" und eine aus den fahrenden Schülern; endlich, den drei ersteren gegenüber, in größerem Umfange eine Darstellung zum dritten Gesange der Romanzen vom Rosenkranze.

Der Anblick dieser wunderbar schönen und großartigen Schöpfungen der Kunst läßt es in der That zweifelhaft, wem hier die Palme gebühre, ob dem Dichter, ob dem Maler? Beide haben sich in dem Werke gegenseitig ergänzt. Wer nicht dazu angethan ist, dem Künstler auf den mystischen Gängen seiner religiösen Conceptionen allerwärts zu folgen, wird nicht einen Augenblick anstehen, diesen bewundernswürdigen Leistungen auf dem Gebiete der Romantik und des Humors unbedingt vor jenen den Vorzug einzuräumen. Durch die von dem Eigenthümer beabsichtigte photographische Vervielfältigung dieser Cartons wird er sich ein wahres Verdienst erwerben.

Außer diesen besitzt Herr Dr. von Guaita noch den colorirten Carton einer heiligen Familie und eine Tuschzeichnung nach dem Brentano'schen Mährchen „Fanferlieschen Schönefüßchen," beide gleichfalls von Steinle. Nach der letzteren ist ein Stahlstich von Andreas Schleich bei J. D. Sauerländer erschienen. Ferner vier große Aquarelle von K. Th. Reiffenstein: Motive vom Vierwaldstädtersee, der Ortlerspitze, der Aiguille d'Argentière und Venedig; vorzügliche Aquarelle von J. F. Dielmann, K. Morgenstern u. A.; endlich eine Folge von vierzig sehr frei behandelten landschaftlichen Ansichten des älteren Schütz, geschmackvoll in zwei Zimmern als Tapete verwendet. Den sinnigsten, mit Pietät gepflegten Schmuck der von dem Besitzer dieser Kunstschätze bewohnten Räume bilden die schönen Zeichnungen und landschaftlichen Malereien seiner am 11. April 1855 zu früh verstorbenen talentvollen Gattin, einer gebornen Forsboom.

Das von dem unvergeßlichen Staatsrath Simon Moritz von Bethmann [1]) gegründete „Bethmann'sche Museum," für dessen Pflege und Erweiterung der gegenwärtige Besitzer, Herr Generalconsul

---

[1]) Hier geboren am 31. October 1768 und gestorben am 28. December 1826.

Freiherr von Bethmann, mit wahrer Pietät besorgt ist, bewahrt
Danneckers Ariabne, mit Recht weithin gerühmt als eines der
bedeutendsten Werke deutscher Bildhauerkunst. Dannecker vollendete
dasselbe 1814 in carrarischem Marmor. Die Gruppe hat etwas mehr
als Lebensgröße. Sie ist so vielfach nachgebildet [1] und besprochen,
daß hier eine umständliche Schilderung überflüssig erscheint. Herr
von Bethmann hat diesem hohen Meisterwerke, auf dessen Besitz Frankfurt stolz ist, eine eben so zweckmäßig, wie geschmackvoll eingerich-
tete neue Kunsthalle gewidmet, worin neben einem zweiten Werke
Danneckers, dem in Gyps ausgeführten Cupido, und den Gypsabgüssen
der berühmtesten antiken Statuen und Büsten, [2] auch das Original-
Gypsmodell zu Thorwaldsens Einzug Alexanders des Großen
in Babylon aufgestellt ist. Dieses Basreliefmodell, das zweite, welches 1812 gleichzeitig mit dem auf dem Monte-Cavallo befindlichen
unter Thorwaldsens unmittelbarer Leitung nach der sogenannten verlorenen Form gegossen wurde, ist ein Werk, dessen eben so geniale
Conception als rasche Vollendung dem Meister selbst besondere Genugthuung gewährte. Es hat eine Länge von 140 Fuß. Nur zweimal hat es der Künstler später in Marmor ausgeführt; einmal für
den Grafen von Sommariva und gleichzeitig (1818), etwas erweitert,
für den König von Dänemark. Das erstere befindet sich jetzt in
der Villa Carlotta am Comersee im Besitze des Erbprinzen von Meiningen, das zweite auf der Christiansburg. Das imposante Werk ist
getreu der Schilderung des Curtius Rufus nachgebildet. Eine ausführliche Beschreibung findet man in dem gedruckten „Verzeichniß der
Kunstgegenstände im plastischen Ariadneum des Freiherrn Moritz von
Bethmann." Frankfurt 1856. 8°.

Dieses kleine, aber an innerem Werthe höchst schätzbare Museum
ist mit seltener Liberalität dem Publikum täglich geöffnet, darf daher
gewissermaßen zu den öffentlichen, der Stadt zur Zierde gereichenden
Kunstanstalten gezählt werden, deren Verlust schmerzlich empfunden

[1] Doch noch niemals in der Größe des Originals. Das punktirte Modell
wird von dem Herrn von Bethmann besonders aufbewahrt.

[2] Die Gruppe des Laokoon, die Mediceische Venus, der Apoll von Belvedere, Abonis, Antinous, Ganymed, Diana, der Borghesische Fechter, Castor
und Pollux, Silen mit dem jungen Bachus, der Ballspieler, Germanicus, Ceres,
Venus, ferner die Büsten des Jupiter, Homer, Demosthenes, Socrates, Hippo-
krates, Brutus u. s. w., meistens von Getti, dem geschickten Gießer Napoleons,
über die Antiken selbst geformt und deßhalb besonders werthvoll.

werben würbe, wenn ber Eigenthümer, was von seinem Patriotismus nicht zu erwarten ist, jemals anbers barüber verfügen sollte.

In seiner mit bem Museum in Verbinbung stehenben Villa be= sitzt Herr von Bethmann auch gute moberne Gemälbe, namentlich italienische Meister.

Noch ein anberes, in carrarischem Marmor ausgeführtes Vas= relief von Thorwalbsen in ber von Bethmann'schen Familiengruft auf bem neuen Friebhof verbient bie Aufmerksamkeit ber Kunstfreunbe. Es ist bas Denkmal bes in ber Jugenbblüthe verstorbenen älteren Brubers bes gegenwärtigen preußischen Cultusministers von Beth= mann = Holweg. Derselbe hatte sich in Folge seiner muthvollen unb aufopfernben Anstrengungen bei einem in bem Stäbtchen Baben bei Wien währenb seiner Anwesenheit ausgebrochenen Branbe eine töbtliche Krankheit zugezogen, bie ihn im December 1813 zu Florenz, wo er Genesung suchte, in bas frühe Grab zog. Dieses wurbe ihm auf bem englischen Friebhof zu Livorno bereitet. Der jüngere Bruber war in Begleitung bes berühmten Geographen Karl Ritter gleich= falls auf einer Reise in Italien begriffen, in Florenz mit bem Ster= benben zusammen getroffen unb hatte noch am Tobesbette aus Wien ein an ben Dahingeschiebenen gerichtetes Dankschreiben bes Kaisers empfangen. In Rom bestimmte er, im Vereine mit Ritter, Thor= walbsen zur Uebernahme ber Ausführung eines Denkmals, welches anfangs, in brei Vasreliefs bestehenb, ben Sarkophag über bem Grabe zu Livorno schmücken sollte. Später entschloß man sich, basselbe in ber Vaterstabt bes Verblichenen zu errichten. Thorwalbsen hatte bie Ausführung innerhalb Jahresfrist versprochen; aber nach ber be= kannten Weise großer Künstler, bie sich später in Ansehung bes Goethe = Denkmals wieberholt hat, wurben bie Vasreliefs erst 1830, also nach siebenzehn Jahren, abgeliefert unb nunmehr, nicht an einem Sarkophag, sonbern in bie Mauer ber Familiengruft eingelassen: Ein scheibenber Jüngling, abgerufen von bem Genius bes Tobes mit verlöschenber Fackel, bem sterbenb ber herzueilenbe Bruber noch einen Eichenkranz, bas Sinnbilb männlicher Tugenb, reicht; bie trauernbe Mutter, bie schmerzlich sehnsüchtig aus ber Ferne nach bem Schei= benben bie Arme ausbreitet, ungetröstet burch bie ihr zur Seite stehenbe unb bie im tiefsten Leib ihr zu Füßen liegenbe Tochter; ber Flußgott bes Arno, an bessen Ufern ber Jüngling enbete; eine Abrastea, welche bie Thaten bes Geschiebenen aufzeichnet unb gerechten Lohn verheißt; ber Löwe enblich, bas Sinnbilb bes Muthes — biese Bilbungen machen auf ben sinnigen Beschauer ergreifenben Einbruck, welcher nur burch

die allzu jugendliche Gestalt der von ihren Töchtern kaum zu unter-
scheidenden Mutter einigermaßen gestört wird. [1])
Die von der Schließerin der Gruft erzählte werdende grundlose
Sage, daß Holweg in Folge der Rettung eines Knaben aus den
Fluthen des Arno den Tod gefunden habe, wird auch in Fueßli's
Reisewerk: „Die wichtigsten Städte am Mittel- und Niederrhein"
wiederholt und überdies die Bedeutung des Denkmals nicht überall
richtig aufgefaßt.

Familiengemälde aus früher Zeit bewahren Herr Baron Karl
von Holzhausen und Herr Johann Noe Gogel auf ihren
nahe vor der Stadt gelegenen Landsitzen. Ein größeres Gemälde von
Lucas Cranach: „Lasset die Kindlein zu mir kommen," ist seit alter
Zeit im Besitze der Familie von Holzhausen.

Der im Jahr 1865 verstorbene Handelsmann Andreas Finger,
ein sehr wählerischer Kunstfreund, hinterließ seinen Erben die von ihm
gegründete eben so kostbare als umfängliche Kupferstichsammlung, besonders reich an Abdrücken vor der Schrift und erster Qualität.
Seine fast vollständige Sammlung von Reformations-Gedächtnißme-
daillen und Frankfurter Gold- und Silbermünzen wird durch den
Sohn, Herrn Friedrich Eduard Finger, eifrigst fortgesetzt.

Vorzügliche ältere niederländische Oelgemälde, Handzeichnungen
und antike Münzen sieht man in dem auch auswärts bekannten Kabinet des Herrn Georg Finger, des Raths. Auch Herr Lorenz
Finger, der Neffe, hat sich seit mehreren Jahren ein sehr vollständiges Münzkabinet geschaffen.

Ausgezeichnet ist die Sammlung des Herrn Dr. Häberlin an
griechischen und römischen Silbermünzen. Derselbe besitzt auch eine
in bürgerlichen Familien seltene Reihenfolge von Ahnenbildern.

Herr Heinrich Anton Cornill d'Orville hat sein Augen-
merk fast ausschließlich auf das Werk Albrecht Dürers gerichtet. Wohl
kaum in einer andern Privatsammlung wird man die Kupfer- und
Holzschnittblätter dieses großen deutschen Meisters in gleicher Vollständigkeit, in so ausgesucht schönen Abdrücken und so wohl geordnet
wiederfinden. Außerdem besitzt dieser warme Kunstfreund, jetzt der
Vorsitzende in der Administration des Städel'schen Kunstinstituts, höchst
werthvolle Blätter von Martin Schön.

Mit großer Kenntniß hat Herr Senator Franz Bernus in
seinen geschmackvollen Räumen eine reiche Sammlung meist moderner

---

[1]) Vergl. Frankfurter Museum von 1856 Nr. 17.

Kunstwerke vereinigt, wovon hier nur die hauptsächlichsten genannt werden können. An Original-Oelgemälden besitzt derselbe: von Philipp Veit das ausgezeichnet schöne und wohlgetroffene Bildniß seiner Gemahlin, Kniestück in Lebensgröße, und die beiden Marien am Grabe Christi. Von Eduard Steinle: Maria mit dem Christuskinde, von Engeln umgeben, im Hintergrunde die Stadt Rom. Von Jacob Becker: „Der Kirchgang." Von Ruben: „Ave Maria." Von Moritz von Schwind: Musiker in einer Einsiedelei. Von Steinbrück: die Originalskizze seiner Genoveva. Von Stieler: das Portrait der Frau von Tettenborn. Von Meyer in Rom: Ein öffentlicher Schreiber zu Neapel und: Ausschiffung in Capri. Von Brackelaer: Das Kind in der Wiege mit einer Katze auf den Fluthen eines Dammbruchs treibend. Von Smargiasti: Der Golf von Bajae, Morgenbeleuchtung, und Sorrento, Abendbeleuchtung. Von Karl Morgenstern: Sorrento, Mittagsbeleuchtung. Von Weller aus Mannheim: Zitterspieler, von Frauen belauscht, italienische Scene. Von Schirmer: Pästum im Mondschein. Von Thöning: Die Insel Capri, holländische Brigantine und Thunfischfang. Von Grepisch: Zwei Ansichten von Neapel. Von J. E. G. Prestel: Ungarisches Gestüt. Von Zwecker: Türkische Pferde. Sodann eine Reihe interessanter Familienportraite aus dem 17., 18. und 19. Jahrhundert von J. D. Welker (1670), Philipp Veit, Eduard Magnus, v. Strahlendorf und Moritz Daffinger; ferner gute Oelgemälde älterer Frankfurter Meister: J. H. Roos, Justus Junker, Chr. G. Schütz sen., Georg Pforr u. a.; endlich viele vorzügliche Aquarelle und Federzeichnungen von Philipp Veit, Eduard Steinle, Gärtner, Hessemer, Settegast, Schall, Stielke, und in einem Album vereinigt, von Ferdinand Fellner, Ernst Fries, Franz Pforr, Ferdinand Brackelaer, Ridinger, Klein, Dielmann, J. E. G. Prestel rc. Besondere Erwähnung verdient noch eine ausgezeichnet schöne lebensgroße Marmorstatue des Paris vom Director Bissen in Kopenhagen.

Der Banquier Herr Moritz Gontard sammelte mit richtigem Geschmack gute alte niederländische und auch moderne Gemälde, namentlich von Jacob Ruisdael, Hobbema, Everdingen, Ostade, Dirk van Bergen, Colame, Muyden rc. Eben so ältere deutsche, niederländische und italienische Radirungen. Er ist in seinen Erwerbungen sehr bedachtsam und besitzt nichts mittelmäßiges.

Die kleine aber sehr gewählte Sammlung des Herrn Tillmann Jacob Spelz verräth dessen feines Kunstgefühl. Außer einem auf dem Kreuze ruhenden Christuskinde von Guido Reni, einer

wahren Perle der Kunst, besitzt derselbe einen dem Carlo Dolce zugeschriebenen Christus mit der Dornenkrone auf Goldgrund, eine
Madonna mit dem Christus- und Johannes-Knaben von Andrea del
Sarto, ein vortreffliches Familiengemälde von Gonzales Coques, das
Innere einer Kirche mit vorzüglicher Staffage von Peter Neefs, eine
andere Kirche von J. L. E. Morgenstern, zwei kleine Landschaften
der allerfeinsten Qualität mit reicher Staffage von Johann Breughel,
eine großartige Landschaft von Nikolaus Poussin, zwei kleine Landschaften von Joseph Vernet, eine Landschaft von C. Poelemburg und
manches Andere. Besondere Erwähnung verdienen einige Meisterwerke der Kupferstecherkunst in ersten Abdrücken, wie die Vermählung
der Maria von Longhi nach Raphael (No. 20), die Madonna di
S. Sisto von Friedrich Müller, die Transfiguration von Raphael
Morghen (vor der Schrift), die Kreuzschleppung von Toschi 2c.

Herr Baron Mayer Karl von Rothschild vereinigt in
seiner Sammlung einen reichen Schatz kostbarer in Silber getriebener
und in Elfenbein geschnittener Antiquitäten nud Rococo-Möbel mit
vorzüglichen Gemälden älterer und moderner Meister, wie Nikolaus
Berghem, Gabriel Metzü, Ferdinand Kobell, Willie, Greuze, Gudin
u. a. und Frau Wilhelm K. v. Rothschild besitzt Bilder von
Meissonier, Roqueplan, Schotel, Koekkoek, Verboeckhoven 2c.

Besondere Erwähnung verdient auch des Herrn Dr. M. Reiß
zwar nicht sehr zahlreiche, aber höchst gewählte Sammlung vorzüglicher Werke der hervorragendsten neueren belgischen und holländischen
Meister, eines Koekkoek, Eckhout, Schelfhout, Schotel, Verboeckhoven,
Jons u. a.

Die Gemälde des vor einigen Jahren verstorbenen Handelsmannes Jacob Philipp Leerse gen. Manskopf sind nur noch
theilweise im Besitze der hiesigen Erben. Außer einem großen Fa-
milienbilde von Anton van Dyk, dessen Originalität jedoch wegen des
Vorhandenseins des gleichen Gegenstandes von dem nämlichen Meister
in der kurfürstlichen Gallerie zu Cassel in Zweifel gezogen wird, besitzt die Familie etwa zwanzig Gemälde von Georg Pforr, auch
Pferdestücke von Wouwermans, Querfurt und Ferdinand Kobell, und
die Original-Oelskizze des im Jahr 1796 von den Franzosen aus
der Deutschordenskirche zu Sachsenhausen geraubten Altarblattes von
Piazetta.

Sehr werthvolle Handzeichnungen von P. Cornelius, Overbeck,
Thorwaldsen, Julius Schnorr, Rambour, Koch, Reinhard, Schadow,
A. Rabl u. A. bewahrt Herr Hermann Mumm.

Der vortrefflichen Gemälde und Zeichnungen Ferdinand Fell=
ners, welche sich im Besitze seiner Geschwister und seines Freundes,
des Herrn J. H. Wirsing befinden, ist schon anderwärts gedacht
worden. Der letztere bewahrt auch Zeichnungen anderer einheimischer
Künstler und einige ältere Oelgemälde von Paul Veronese, Mig=
nard u. A.

Des Herrn Karl Anton Milani Sammlung antiker Silber=
und Bronze=Medaillen, in Holz und Stein geschnittener Figuren, ge=
schliffener Gläser, altdeutscher und niederländischer Gemälde 2c. ist
noch nicht sehr umfangreich, aber mit dem feinsten Kunstsinn und
seltener Kenntniß gewählt.

Außer den Genannten besitzen gute, zum Theil sehr vorzügliche
Gemälde und Zeichnungen:

Herr Jean Robert Andreae, moderne Meister.

„ J. L. Eyssen, jetzt dessen Erben, viele Werke Ballenbergers
in Oel und Aquarell.

„ Karl dü Fay, gute moderne Meister, namentlich eine Dar=
bringung im Tempel von Philipp Veit.

„ Hermann Lebrecht Fleck, ältere Meister.

„ H. H. Goldschmidt, ältere und neuere Meister.

„ L. Goldschmidt, Gemälde von Velasquez, Angelica Kaufmann,
Isabey, Fleury, Contüre, C. Rahl 2c.

„ H. H. Hildebrandt, viele gute Aquarell=, Tusch= und Feder=
zeichnungen, besonders Frankfurter Meister.

„ M. A. Hörster, altdeutsche und altitalienische Gemälde.

„ Paul Hoffmann, ältere und neuere Meister.

„ Louis Jäger, meistens Frankfurter Künstler.

„ Samuel Zeidels, ältere und neuere Meister.

„ Fr. Heinrich John, Werke von C. F. Lessing, Anton Radl,
F. Bamberger, H. Scheffer, A. Lasinsky u. a.

„ Senator Fried. Jacob Keßler, ältere und neuere Meister.

„ Major von Lukacsich, ältere Gemälde, namentlich einige von
J. H. Roos.

„ Subdirector Ludwig, meistens Frankfurter Meister.

„ Louis Maas, Bilder aus allen Schulen.

„ Wilhelm Metzler, Gemälde und Zeichnungen moderner
Meister.

„ Wilhelm Meyer, Handzeichnungen, auch deutsche und nie=
derländische Radirungen.

Herr Karl Mylius, Handelsmann, moderne Meister.

„ Julius Nestle, eben so und zwei interessante innere Ansichten
der Stadt Frankfurt von C. G. Schütz.

Frau von Oetinger geb. von Günderrode, vorzügliche Gemälde von
J. H. Roos, Melchior Roos, eine sterbende
Maria aus der niederdeutschen Schule und
schöne Zeichnungen von Frau von Panhuys.

Herr Ph. Chr. Rieb, Bilder von St. Jean, E. Schleich, H. Kaufmann, Ch. Chaplin, Schelfhout u. a.

„ Med. Dr. Ernst Roberth, ältere und neuere Meister.

„ Julius Franz Röber, moderne Meister; malt auch selbst.

„ Friedrich Karl Rücker, Handelsmann, ältere Gemälde.

„ Dr. Eduard Rüppell, moderne italienische Meister und eine
Landschaft von Calame.

„ Consulent Dr. Rumpf, ältere, besonders Frankfurter Meister.

„ von Saint George, Gemälde von Permeggiano, L. F. Lessing,
Alfred Rethel, A. Achenbach, K. F. Sohn,
A. Riedel, Karl Morgenstern u. a.

„ J. F. F. A. Sarg, gute moderne Meister.

„ Gustav Theodor Scherbius, ebenso.

Frau Rath Schlosser bewahrt alle ihre werthvollen Kunstschätze
auf Stift Neuburg am Neckar. Nur zwei
kleine interessante Portraitgemälde: die in
den Jahren 1629 und 1757 im Amte gestandenen Bürgermeister in der Tracht ihrer
Zeit und gefolgt von ihrer Dienerschaft, befinden sich noch hier (S. 351).

Herr Joh. Georg Seufferheld, moderne Gemälde und eine vortreffliche Landschaft von A. van der Neer.

„ Gastwirth Johann Georg Strauß, ältere Gemälde.

„ Sigmund Sulzbach, Handelsmann, moderne Meister.

„ Senator Dr. Ufener, ältere Gemälde und eine bis auf wenige
Blätter vollständige Sammlung der Werke
Chodowiecki's in guten und seltenen Abdrücken.

Sollte hier das Kabinet irgend eines Kunstfreundes übergangen
oder sonst etwas vergessen sein, so ist es sicher nicht absichtlich geschehen und wird gerne Entschuldigung finden. Schließlich glaube ich
meine eigene Sammlung von etwa 125 Oelgemälden der niederländischen und deutschen Schule nur mit Rücksicht auf deren Auswahl
erwähnen zu dürfen. Ohne Beeinträchtigung meiner Sammellust auf

antern Feldern — Handzeichnungen, Radirungen, Autographe — konnte ich meine Wahl nicht über die Grenzen einer bescheidenen Rangstufe ausdehnen; dennoch wurde meinem kleinen Kabinet öfter der Beifall der Kenner zu Theil.

Aber alle diese Privatsammlungen werden voraussichtlich früher oder später dem gleichen Schicksal verfallen wie ihre Vorgängerinnen; ich würde kaum einen genügenden Anlaß gehabt haben, ihrer zu gedenken, wenn es nicht nothwendig gewesen wäre, das Interesse und die Förderung, welche die Kunst zu allen Zeiten hier gefunden hat, thatsächlich festzustellen. Es ist tröstlich, daß der in natürlichen Gründen beruhende stäte Wechsel des Privatbesitzes die Theilnahme an den Leistungen der schönen Künste nicht beeinträchtigt, eher fördert. Die Zahl der hiesigen Kunstfreunde hat sich, wie wir sehen, im Allgemeinen nicht vermindert; doch sind die wenigsten eigentliche Sammler im Sinne der Vorzeit; überdies findet die moderne Kunst weit mehr Vertreter als die ältere, was an sich nicht zu mißbilligen ist. Um so erfreulicher ist die Wahrnehmung, daß Frankfurts Bürger ihre durch zahlreiche und großartige Stiftungen im Gebiete der Wohlthätigkeit längst bewährte patriotische Gesinnung auch zu Gunsten der Wissenschaften und schönen Künste zu allen Zeiten auf's Freigebigste bethätigt haben. Es ist dadurch, trotz der vielen Zersplitterungen, eine beträchtliche Anzahl älterer Kunstwerke der Stadt erhalten geblieben.

Frühere bedeutende Schenkungen an Büchern und Kupferstichen zur Stadtbibliothek hier unberührt lassend, gedenke ich nur der interessanten Sammlung in Oel gemalter Portraite älterer hiesigen Aerzte und Gelehrten in dem Senkenbergischen Stift, von welchen die des Gründers Dr. Johann Christian Senkenberg, von A. M. Tischbein, und des Gelehrten Hiob Ludolf von Clostermans, besonders zu nennen sind; ferner einer ähnlichen Sammlung von Bildnissen hiesiger evangelischer Geistlichen in dem Conventzimmer des Prediger-Ministeriums, woselbst auch noch einige andere Gemälde aus dem fünfzehnten Jahrhundert aufbewahrt werden. Darunter ist vorzugsweise eine Kreuzigung hervorzuheben, welche sich nicht allein durch die vielen edlen und ausdrucksvollen Köpfe der Freunde des Heilands, namentlich der weiblichen, sondern auch durch seine kräftige Färbung vortheilhaft auszeichnet. Leider hat diese vorzügliche Arbeit eines tüchtigen oberdeutschen Meisters durch die Zeit und schlechte Retouche bedeutend gelitten.

Durch Vermächtniß des Buchhändlers und Senators

Johann Karl Brönner [1]

gelangte deffen bedeutende Kupferstichsammlung nebst einem Kapital von zwei Tausend Gulden an das während der fürstlich primatischen Regierung gestiftete Museum. „Ich vermache," lautet die Verordnung vom 25. April 1810, „dem hiesigen seit Kurzem gebildeten Museo meine ganze Sammlung an Kupferstichen, um solche zum Nutzen des hiesigen Publikums aufzubewahren, zugleich aber auch ein Kapital von zwei Tausend Gulden, um aus den Zinsen meine Sammlung zu vermehren."

Mit dieser Bewahrung und Vermehrung wurde seitens des Museums der Maler Christian Georg Schütz, der Vetter, betraut; aber — damit bei dem Lichte der Schatten nicht fehle — nach des Conservators Tod fand sich, daß derselbe den von Brönner eigenhändig angefertigten Katalog mehrmals umgeschrieben hatte und daß in den späteren Abschriften viele bedeutende Kunstblätter fehlten, die in den unvorsichtigerweise nicht beseitigten früheren noch aufgeführt standen, während das Brönner'sche Original ganz verschwunden war. Das neueste Verzeichniß enthält immer noch 10,200 Nummern; aber auch von diesen wurden viele vermißt, welche sich theilweise in Schützens Nachlaß, noch mit dem Stempel des Museums versehen, vorfanden und zurückgefordert wurden. Viele waren gegen geringere Abdrücke vertauscht worden. Neben dieser offenbaren Veruntreuung hatte sich Schütz überdies eine unverzeihlich nachlässige Behandlung der mitunter seltenen und sehr werthvollen Kunstblätter bei deren öffentlichen Ausstellung zu Schulden kommen lassen, wodurch viele beschmutzt und beschädigt worden sind. Es ist das eine höchst betrübende Erfahrung, welche, obwohl schon anderwärts besprochen, hier nicht mit Stillschweigen übergangen werden konnte.

Die Brönner'sche Kupferstichsammlung wurde in neuerer Zeit nebst dem dazu gehörigen Kapital und den übrigen Kunstwerken des Museums zur ferneren Aufbewahrung an die Stadtbibliothek abgegeben. Hier sind die Kupferstiche zwar wohl aufgehoben, aber dem

---

[1] Johann Karl Brönner, Buchhändler, später Senator, war am 4. Juni 1738 hier geboren und starb am 22. März 1812 kinderlos. Dem Senckenbergischen Stift vermachte er hunderttausend Gulden behufs der Aufnahme von sechs nicht unter sechszig Jahren alten Männern als lebenslängliche Pfründner, dem Allgemeinen Almosenkasten und dem Waisenhaus je vier Tausend Gulden, dem heil. Geisthospital und dem Zuchthausfond je zwei Tausend Gulden, und zum Baue der neuen Stadtbibliothek einen Beitrag von fünfundzwanzig Tausend Gulden.

sich dafür interessirenden Publikum kaum zugänglich. Zweckentsprechen=
der und darum wünschenswerth würde es sein, wenn diese werth=
volle Sammlung dem Städel'schen Kunstinstitut zur Ergänzung seiner
eigenen überlassen werden könnte. Dem stehen aber leider admini=
strative Hindernisse im Wege, deren Beseitigung nur von einer weniger
engherzigen, dem Geiste der Stiftung mehr entsprechenden und, wie
es mir scheint durchaus statthaften Auslegung des Städel'schen Testa=
ments seitens der Administration erwartet werden kann.

Das Städel'sche Kunstinstitut, die großartigste Stiftung,
welche Frankfurt in der Neuzeit dem Kunstsinne und Patriotismus
eines seiner Bürger verdankt, gehört zwar mit seiner Wirksamkeit
nicht mehr in den vorgezeichneten Rahmen dieses Buchs; allein den=
noch darf ich dasselbe hier, wo von patriotischen Widmungen im In=
teresse der Kunst die Rede ist, nicht mit Stillschweigen übergehen.
Der Banquier

Johann Friedrich Städel,

einer von Straßburg stammenden Patricierfamilie angehörig, [1]) wurde
am 1. November 1728 hier geboren. Einen auch nur kurzen Lebens=
abriß des Mannes zu liefern, ist mir unmöglich, weil mir hier=
zu kein genügendes Material zu Gebot steht. Hoffentlich wird sich
die Administration seiner Stiftung, im Besitze aller Nachlaßpapiere,
dieser auf ihr ruhenden Pietätspflicht bald entledigen. Städels früh
erwachte Liebe zur Kunst ward fast zur ausschließlichen Leidenschaft,
die er durch massenhafte Ansammlung von Gemälden, Zeichnungen,
Kupferstichen und plastischen Kunstwerken befriedigte. Sein großes,
durch einfaches Leben vermehrtes Vermögen gewährte ihm hierzu reiche
Mittel und zugleich genügende Muße, um keine Gelegenheit zu ver=
säumen, sein Interesse an der Förderung der Künste zu bethätigen.
In diesem Streben fand er zwar damals in Frankfurt viele Gleich=
gesinnte; aber in dem Wunsche, die Kräfte aller zum gemeinschaft=
lichen Wirken im Interesse der Kunst und der Künstler in einem
Mittelpunkt zu vereinigen, stand er allein. Seine Bemühungen schei=
terten an der Selbstsucht und gegenseitigen Rivalität derer, von welchen

---

[1]) Die Beilage zu No. 47 der Zeitung „Deutschland" von 1856 enthält
interessante Nachrichten über die Familie Städel in Straßburg. Die Aeltern
des Stifters des Kunstinstituts waren der hiesige Bürger und Handelsmann
Johann Daniel Städel und Maria Dorothea Städel geb. Petzel.

er für seine Absichten Unterstützung gehofft hatte. Das Zeich=
nungs=Institut war der großen Aufgabe, welche Städel im
Auge hatte, nicht gewachsen; eben so wenig konnten ihm die an sich
zweckmäßigen, aber dürftigen Ausstellungen verkäuflicher Kunstwerke
in dem Saale des Handelsmannes Johann Christian Kaller
als ein genügendes Mittel zur Anregung des Kunstsinns und Bildung
des Kunstgeschmacks gelten. Die Künstler standen vereinzelt, jeder
auf sich selbst angewiesen. Auch das erst später in's Leben getretene
Museum konnte nur eine sehr beschränkte Abhülfe gewähren. Dieser
für eine Stadt wie Frankfurt höchst unerquickliche Zustand ließ in
Städel den Gedanken an die Gründung einer großartigen öffentlichen Kunstanstalt zu Gunsten seiner Vaterstadt frühe zur Reife kom=
men. Er war unvermählt und im Besitze bedeutender Glücksgüter.
Schon am 26. Januar 1793 hatte er die erste dahin zielende testamentarische Verfügung getroffen; aber die Einführung des napoleoni-
schen Gesetzbuchs nöthigte ihn am 18. Januar 1812 zu einer neuen
Abfassung, wozu er vorher die großherzogliche Bestätigung erwirkt
hatte. Nachdem jedoch Frankfurt in Folge des Sturzes der Fremdherrschaft in sein altes Recht zurückgetreten war, traf er in beharr-
licher Verfolgung seines edlen Zweckes die dritte und letzte Verordnung vom 15. März 1815, wodurch er alle seine Kunstsammlungen,
sein Haus und sein ganzes übrige, eine Million Gulden übersteigende
Vermögen zur Gründung der herrlichen Anstalt bestimmte, die seitdem
als „Städel'sches Kunstinstitut" eine der Hauptzierden Frankfurts bildet. Der Stiftungsbrief ist zwar bereits anderwärts durch
den Druck veröffentlicht, aber dennoch gebührt ihm hier eine Stelle.
Er lautet wörtlich:

Nachdem ich, der hiesige Bürger und Handelsmann Johann Friederich
Städel, seit langem den Entschluß gefaßt habe, meine beträchtliche Sammlung von Gemälden, Kupferstichen und Kunstsachen, nebst meinem gesammten
dereinsten zurücklassenden Vermögen, in soweit letzteres nicht durch besondere
Legate eine Verminderung erleidet, der Stiftung eines besonderen, für sich
bestehenden und meinen Namen führenden Kunstinstituts zum Besten hiesiger
Stadt und Bürgerschaft zu widmen, auch zu dem Ende bereits früherhin und
namentlich unterm 26sten Jänner 1793 und 18ten Januar 1812 testamentarische
Verordnungen von mir errichtet worden sind, inzwischen aber meine geliebte
Vaterstadt in ihre Selbstverwaltung, und nach Abschaffung der französischen
Einrichtungen und Gesetze, in den Genuß der vorhin dahier gegoltenen habenden
gemeinen und statuarischen Rechte zurückgetreten ist; so habe ich mich ent-
schlossen, unter Cassir= und Annullirung der obgedachten und aller frühern
leztwilligen Dispositionen, mit Beobachtung der Förmlichkeiten des gemeinen
Rechts, bey, Gott sey Dank! noch genießenden vollen Seelenkräften, wie es

nach meinem Ableben mit meinem rücklassenden zeitlichen Vermögen gehalten werden soll, hiermit zu verordnen. Ich will und verordne solchemnach wie folgt:

§. 1. Meine Sammlung von Gemählden, Handzeichnungen, Kupferstichen und Kunstsachen, sammt dazu gehörigen Büchern, soll die Grundlage eines zum Besten hiesiger Stadt und Bürgerschaft hiermit von mir gestiftet werdenden Kunstinstituts sein. Dieses Städelsche Kunstinstitut setze ich zu meinem Universal-Erben in meinen gesammten dereinstigen Nachlaß an beweglichem und unbeweglichem Vermögen, mit alleiniger Ausnahme der von mir in der Testaments-Beylage für meine Verwandte, Freunde und andere Personen gestifteten oder noch fernerhin, durch von mir ge- und unterschriebene, oder auch nur unterschriebene Zettel gestiftet werdenden Legaten, in bester Rechtsform hiermit ein.

§. 2. Da meine Absicht dahin gerichtet ist, daß dieses von mir gestiftete Städelsche Kunstinstitut der hiesigen Stadt zu einer wahren Zierde gereichen und zugleich deren Bürgerschaft nützlich werden möge; so will ich, daß nicht nur meine vorräthige Sammlung an Gemählden, Handzeichnungen und Kupferstichen, nebst denen in das Kunstfach einschlagenden Büchern, auch sonstigen Kunstsachen erhalten, und von Jahr zu Jahr vermehrt — bey vorkommenden Gelegenheiten durch Austausch der vorhandenen schlechtern und mittelmäßigen Stücke gegen bessere, vervollkommnet, sondern auch angehenden Künstlern und Liebhabern, an bestimmten Tagen und Stunden unter gehöriger Aufsicht zum Gebrauch und Ansicht ganz frey und unentgeltlich geöffnet werde.

Zugleich aber verordne ich, daß Kinder unbemittelter dahier verbürgerter Eltern ohne Unterschied des Geschlechts und der Religion, welche sich den Künsten und Bauprofessionen widmen wollen, zur Erlernung der Anfangs-gründe des Zeichnens, durch geschickte Lehrer, oder in dem dahier bereits bestehenden Städtischen Zeichnungs-Institut — und wenn sie ihre glückliche natürliche Anlagen und Fähigkeiten bey diesem ersten Unterricht erprobet, auch durch Fleiß und gute Aufführung sich einer weitern Unterstützung würdig gemacht haben, durch andere Meister in der historischen- und Landschafts-malerey, im Kupferstechen in allen Manieren, in der reinen und angewandten Mathematik, ganz besonders aber in der Baukunst, und denen in das Kunst-fach einschlagenden Wissenschaften, unentgeldlich unterrichtet werden — und die nöthige Unterstützung dahier, auch wohl, nach befindenden Umständen und der sich bey einem oder dem andern Individuum zeigenden eminenten Fähigkeiten und guten Aufführung, in der Fremde, — um sich zu nützlichen und brauchbaren Bürgern und Künstlern zu bilden, aus diesem meinem Kunstinstitut erhalten sollen.

§. 3. Die ganze Einrichtung dieses meines gestifteten Kunstinstituts; somit auch die Anstellung und Verabschiedung des nöthigen Stiftungs-Per-sonals; — die Regulirung der Besoldungen; die Verlegung des Instituts aus meinem auf dem Roßmarkt gelegenen Hause in ein anderes geräumigeres zu dem Zweck eigends zu erkaufen- und neu zu erbauendes Haus, wo sodann das erstere an den Meistbietenden zu verkaufen wäre; die Veräußerung der zu meinem Nachlaß gehörigen Immobilien und Mobilien; die Verwaltung des ganzen Stiftungs-Fonds, dessen Capitalien auf dahiesige und auswärtige Hypothelen, auf den Inhaber lautende Obligationen aller Gattung — bey in- und auswärtigen Anlehen, in Consortien, auch auf Versätze von Obliga-tionen, disponirt werden können (wobey ich doch besonders verfüge, daß die bey meinem Ableben sich vorfindende Wechselbriefe längstens nur noch auf ein Jahr von der Verfallzeit an, wenn sonst kein erheblicher Anstand obwaltet, nach dem Gutfinden der Stiftungsadministratoren prolongirt, daß aber nachher und nach Ablauf dieser Zeit, schlechterdings keine Darleihen auf simple mit keinem Pfand versehene Wechsel weiter gemacht werden dürfen); die jährliche Vergrößerung dieses meines Stiftungs-Fonds aus einem Theil der jährlichen Zinsen, damit derselbe bey sich etwa ereignenden Verlusten nicht in der Folge geschwächt werde, und vielmehr von Zeit zu Zeit zunehme; die Einziehung der Aktiv-Ausstände; die Wahl der Lehrer, welche den jungen Leuten Unterricht ertheilen — die Bestimmung, welche Subjecte aus dem Institut Unterstützung genießen sollen? wie viel? und auf wie lange? — die Prüfung deren Moralität und die Ahndung eines unsittlichen Betragens; ihre alsbaldige Abschaffung, wenn sie sich, ihre Eltern oder Vormünder, durch ein ungebührliches Betragen der empfangenen Unterstützung unwürdig machen; alles dieses, so wie die ganze unumschränkte Verwaltung des Instituts und was in irgend einer Hinsicht damit in Verbindnng stehet, bleibt ohne irgend eine obrigkeitliche Rücksprache oder Genehmigung einholen zu dürfen, dem freien Ermessen der von mir gleich weiter unten angeordneten Stiftungs-Administratoren lediglich überlassen. Ich ernenne nemlich

§. 4. zu Vorstehern und Administratoren dieses meines von mir gestifteten und zum Universal-Erben instituirten Städelschen Kunstinstituts, wie auch zu Vollziehern meiner lezten Willensverordnungen nach alphabetischer Namens-Ordnung nachfolgende meine Freunde, welche mir die Annahme gütigst zugesagt haben — als nämlich:

Herrn Doctor Juris Johann Georg Grambs,
Herrn geheimen Finanz-Rath Johann Gerhard Hoffmann,
Herrn Handelsmann Philipp Nicolaus Schmidt,
Herrn Handelsmann Johann Carl Städel, [1]) und
Herrn Doctor Juris Carl Friedrich Stark.

Da ich zu ihnen das volle Zutrauen hege, daß sie dieses mein gestiftetes Kunstinstitut wohl verwalten werden, so verordne ich zwar, daß sie sogleich nach meinem Ableben und ihre Nachfolger in der Zukunft bey dem hiesigen Schöffen- und Appellations-Gerichte, wenn gleich dessen Namen und Einrichtung sich in der Folge ändern würde — auf diese meine Stiftungsurkunde in Eidespflicht zu nehmen sind — es ist aber dabey mein Wille, daß diese Männer für ihre freywillig übernommene Verwaltung auf keinerlei Art verantwortlich gemacht werden sollen.

Diese meine ernannte Herren Administratoren sollen sammt oder sonders als die Repräsentanten des von mir zum Universal-Erben eingesetzten Städelischen Kunstinstituts um die Einweisung in den Besitz meiner Verlassenschaft bey der Behörde nachsuchen, und nachdem diese erfolgt seyn wird, als ernannte Testamentsvollzieher die von mir gemachten Partikular-Vermächtnisse vorschriftsmäßig aus der Verlassenschafts-Masse berichtigen.

Bey dem Abgang eines oder des andern der Administratoren, ergänzen

---

[1]) Da Herr Johann Carl Städel noch bey Lebzeiten des Stifters verstorben, so wurde von demselben Herr Carl Ferdinand Kellner an dessen Stelle als Administrator ernannt.

dieselben sich durch freye Wahl mit einer würdigen Person aus der dahiesigen Bürgerschaft, und wenn die Stimmen getheilt wären, durch das Loos. Bey Abfassung sonstiger Administrationsbeschlüße entscheidet die Mehrzahl der Stimmen, und sollten sich in der Folge etwa wichtige Fälle ereignen, bey welchen die Herren Administratoren eine noch anderweitige Berathung für dienlich und zweckmäßig erachten sollten: so wünsche ich, daß sie sich alsdann vorzüglich an den jetzigen zweiten Herrn Bürgermeister und Director des Gerichts erster Instanz, Herrn Johann Wilhelm Metzler wenden möchten, von dessen Freundschaft und patriotischen Gesinnungen ich vollkommen gewärtige und überzeugt bin, daß er sie zum Besten meiner Stiftung zu allen Zeiten mit seinem gütigen Rath und gründlichen Einsichten mit Vergnügen unterstützen werde.

§. 5. Gleichwie aus dem oben erklärten Zwecke und der Absicht dieser meiner Stiftung, so wie aus der den Administratoren im §. 3. ertheilten unbeschränkten Gewalt, die Administrationsbefugnisse sich von selbst ergeben, und es überflüßig wäre, außer dem bereits oben erwähnten in ein näheres und umständlicheres Detail dieserhalben einzugehen, also will ich nur zur Richtschnur der Administration noch Folgendes bemerken: Es liegt nemlich

a) in meinem Willen, daß dieses von mir gestiftete Städelische Kunstinstitut für sich bestehen, und mit keinem andern, ja selbsten mit keinem Kunstinstitut jemals verbunden, und daß solches von den von mir ernannten und angeordneten Vorstehern ausschließlich verwaltet und besorgt werden solle. So sehr ich auch

b) wünsche, daß in der Zukunft dieses Institut durch Beiträge, Vermächtnisse und Geschenke anderer Kunstliebhaber und Unterstützer der schönen Künste vermehrt werde, so dürfen doch solche Beiträge unter Bedingnissen, welche dem Geiste meines Instituts oder meinem erklärten Willen im mindesten zuwider sind, schlechterdings nicht angenommen werden, wenn auch der augenscheinliche Vortheil des Instituts dabey zu Tage liegen sollte.

c) dürfen von den zum Kunstinstitut gehörigen Gemälden, Handzeichnungen, Kupferstichen, Büchern und andern Kunstsachen keine ausgeliehen, oder unter irgend einem Vorwand aus dem Locale des Instituts, es sey an wen es wolle, mithin auch nicht an einen der Mitadministratoren verabfolgt werden, und gleichwie

d) ich bereits oben §. 2. erwähnt habe, daß den Mitadministratoren frey stehet, selbst unter den von mir hinterlassen werdenden Gemälden, Zeichnungen und Kupferstichen, auch sonstigen Kunstsachen und Büchern, diejenigen abzusondern und auszuschließen, welche nicht würdig befunden würden, in dem Institut aufbewahrt zu werden, also sollen auch die Administratoren nur solche als Gaben-Vermächtnisse und Schenkungen annehmen, welche die nemliche Prüfung ausgehalten haben, maßen ich in Ansehung meiner eigenen Sammlung nemliche vorsichtige Auswahl verordnet habe Niemand dadurch sich beleidigt finden kann.

§. 6. Meine beiden Handlungsdiener, Herr Gottfried Köcher und Herr Johann Gottfried Jäger, beide von hier, deren erster seit 20 Jahren, der andere seit 7 Jahren sich in meinen Diensten zu meiner völligen Zufriedenheit befunden und noch befinden, sollen zwar, mit Beybehaltung ihres bisherigen Gehalts, welcher ihnen von Jahr zu Jahr jedesmal mit Fünfzig Gulden vermehrt werden, und eines von der Administration zu bestimmenden

Quantums für die Kost, im Hause des Instituts bey dem Personale des Instituts angestellt werden, jedoch nur so lange, als dieses mit dem Beyfall und der Zufriedenheit der Herren Vorsteher geschehen kann, indem meine Absicht nicht ist, ihnen auf den Gegenfall ein erworbenes Recht auf ihre Lebenszeit einräumen zu wollen, vielmehr steht nach §. 3. auch ihre Entlassung in dem Befinden der Herren Vorsteher, und wenn einer oder der andere sich verehelichen würde, so hat derselbe ohne Widerrede das dermalige Locale des Instituts zu verlassen, und wegen einer in der Nähe des Kunstinstituts zu beziehenden Wohnung den Beyfall der Herren Administratoren sich zu erbitten, sofort mit der Summe sich zu begnügen, welche ihm dieselben jährlich für das Logis zu bestimmen sich geneigt finden lassen werden.

§. 7. Da ich mein ganzes Vertrauen in die Einsicht und Rechtschaffenheit der von mir ernannten und künftig entweder noch weiter von mir — auf den Fall, daß einer oder der andere vor mir verstürbe — ernannt oder von ihnen vorschriftsmäßig aus der hiesigen Bürgerschaft erwählt werdenden Herren Administratoren sowohl bey der ersten Einrichtung als bey dem Fortgange dieses Städelischen Kunstinstituts, setze, und es weder räthlich noch nützlich ist, alle künftige Einrichtungen im Voraus durch Instructionen zu bestimmen; so genüget es mir, den Geist und die Absicht meines Instituts in dem Vorstehenden sattsam ausgedruckt, und den Herren Vorstehern alle unbeschränkte Macht und Gewalt zur Erreichung meiner wohlgemeinten Intention ertheilt zu haben. Doch will ich

§. 8. soviel nemlich die jährlichen Einnahmen und Ausgaben, die desfalls zu führende ordentliche Buchhalterey, und was dahin gehörig ist, belangt, zu beständigen Stiftungs=Rechnungs=Revisoren hiermit ernannt haben: 1) den zeitigen Herrn Stadtschultheißen, 2) den jedesmaligen Herrn Syndicum primarium, 3) den zeitigen Herrn Seniorem des löblichen Bürger=Ausschusses, und 4) zwey von letzterem aus seiner Mitte zu wählende des Rechnungswesens verständige Mitglieder. Diesen Herrn Revisoren sollen Bücher und Rechnungen jährlich an einem bestimmten Tage in einer Session der Herren Vorsteher des Instituts zur Revision vorgelegt werden. Für diese Bemühung bestimme ich jedem derselben eine jährliche Remuneration von zehen Dukaten in Gold, welche demselben aus dem Stiftungsfond zu verabreichen sind.

Nebst diesem ist mein Wunsch, daß die hiesige Bürgerschaft durch die Administration von Zeit zu Zeit von dem Fortgange des Instituts und seinen wohlthätigen Wirkungen eine allgemeine Kenntniß erhalte.

§. 9. Gleichwie nun dieses, und was in den beyliegenden und noch ferner etwa beyzulegenden Schedeln, (welche als gegenwärtigem Testamente wörtlich einverleibt anzusehen sind) enthalten, mein reiflich überlegter liebster Wille ist, also will und verlange ich, daß derselbe in allen Stücken genau befolgt werde, und daß daferne derselbe wider Verhoffen als ein solennes Testament nicht bestehen könnte, dennoch als Codicill und auf jede andere Art und Weise, als den Rechten nach am besten geschehen kann und mag, aufrecht und bey Kräften erhalten werde.

Urkundlich meiner eigenhändigen vor dem Herrn Notar und sieben besonders requirirten Testamentszeugen vollzogen Unterschrift und Besiegelung. So geschehen Frankfurt am Main Mittwochs den fünfzehnten März im Jahr Eintausend Achthundert und Fünfzehn.

Johann Friedrich Städel.

Hiermit hatte Städel dem Kranze reicher, lebensfrischer Stiftungen, worauf Frankfurt mit Recht stolz ist, eine neue glänzende Perle eingereiht. Sie wird seinen Namen bis zu den fernsten Zeiten in lebendigem Andenken erhalten. Er starb am 2. December 1816 in seinem kurz zuvor begonnenen neunundachtzigsten Lebensjahr; und so trat die von ihm gegründete Anstalt gerade in dem Moment in's Leben, als der endlich errungene Friede seine Segnungen verbreitete und Peter Cornelius im Vereine mit Friedrich Overbeck und den andern Genossen, getragen von den Schwingungen der Zeit, der neuen deutschen Kunst Bahn zu brechen begann. Glücklicher hätte der Augenblick nicht gewählt werden können, als ihn hier das Schicksal bestimmt hatte.

Die Geschichte der ersten Einrichtung des Instituts, der gerichtlichen Hindernisse, welche ihm vorübergehend entgegen traten, seiner weiteren Entwickelung und Wirksamkeit, der bis jetzt erzielten oder versäumten Erfolge, wie der begangenen Fehlgriffe einer eingehenden Untersuchung und Besprechung zu unterziehen, ist hier nicht meine Aufgabe.

Städel hatte mit edler Selbstverläugnung der Administration freie Hand gelassen, alles dasjenige, was von seinen hinterlassenen Kunstgegenständen zur Aufnahme in die öffentliche Sammlung nicht tauglich befunden werde, auszuscheiden, überhaupt davon zu verkaufen oder zu vertauschen, was ihr angemessen erscheine. Von dieser Befugniß hat dann auch der Vorstand gleich anfangs einen sehr umfänglichen Gebrauch gemacht, indem ein sehr großer Theil von Städels Gemälden als ungeeignet ausgeschossen und später theils einzeln, theils in öffentlicher Versteigerung versilbert wurde. Daß bei dieser Ausscheidung durchgehends mit der erforderlichen Sachkenntniß und Umsicht verfahren worden sei, wurde von vielen Seiten mit Grund in Zweifel gezogen. Indessen haben, wenn man daraus auf den Werth der Gegenstände schließen dürfte, die im April 1834, freilich zu einer sehr ungünstigen Zeit, versteigerten 319 Gemälde doch nur einen Erlös von beiläufig 4400 Gulden ergeben.

Einen sehr erfreulichen Ersatz fand das Institut dagegen gleich bei dem Beginne seiner Wirksamkeit durch den glücklichen Ankauf der de Neufville'schen Gemälde und durch den Erwerb der höchst werthvollen Sammlung des Dr. Grambs an Gemälden, Handzeichnungen und Kupferstichen gegen eine jährliche Leibrente von 5000 Gulden. Grambs, ein Freund Städels und Mitglied der Verwaltung des Instituts, war ein sehr eifriger und sachverständiger

Kunstfreund, deſſen Vorleſungen im Muſeum über Xylographie und Chalkographie ſ. Z. Aufmerkſamkeit erregten. Die Leibrente hat er nur ein Jahr lang genoſſen, da er ſchon im December 1817 im Alter von ein und ſechszig Jahren ſtarb.

Verzeichniſſe der Sammlungen des Stäbel'ſchen Kunſtinſtituts an Gemälden und plaſtiſchen Kunſtwerken ſind bis jetzt mehrere im Druck erſchienen und werden zeitweiſe durch neue Auflagen ergänzt. Durch die Schrift: „Eine Wanderung durch die Gemäldeſammlung des Stäbel'ſchen Kunſtinſtituts," 1855 hat J. D. Paſſavant den be= ſuchenden Kunſtlaien die Auffindung der hauptſächlichſten Gemälde erleichtert. Ueber die Bücher und Kupferwerke iſt gleichfalls ein Ver= zeichniß erſchienen. Von den Handzeichnungen und Kupferſtichen ſind keine Kataloge veröffentlicht, was auch kaum ausführbar wäre. Dieſer Theil des Beſitzthums des Inſtituts iſt höchſt umfangreich und äußerſt werthvoll. Das Kupferſtichkabinet wurde vor zwei Jahren durch die Sorgfalt des Cuſtos, Herrn G. Malß, unter Mitwirkung des Herrn Anton Brück ſyſtematiſch, zweckmäßig und geſchmackvoll geordnet, wo= durch es dem ſich dafür intereſſirenden Publikum bequem zugänglich geworden iſt. Auch die an ausgezeichneten Kupferwerken reiche Biblio= thek wird an den hierzu beſtimmten Tagen zahlreich beſucht.

Es iſt kaum glaublich, aber dennoch wahr, daß die Eröffnung des Stäbel'ſchen Kunſtinſtituts, in deren Folge ſich viele fremde Künſtler in der Hoffnung auf ein friſch aufblühendes Kunſtleben hatten be= ſtimmen laſſen, hier zeitweiſe ihren Wohnſitz zu nehmen, den un= ſchuldigen Anlaß zu einer vom Brodneid dictirten Beſchwerde der zünftigen Maler = Innung gegeben hat. Am 7. December 1816 be= antragten die Vorſteher der Innung — Hotter und Scheel — auf ein altes Recht ſich berufend, wonach der hieſige Aufenthalt frem= der Maler auf höchſtens drei Monate zu beſchränken ſei, die Aus= weiſung von fünfzehn namhaften Künſtlern. Die Behörde ging zwar auf eine ſo weite Ausdehnung des Zunftzwanges nicht ein; aber dennoch war des letzteren Anſehen noch ſo mächtig, daß, nachdem man ſich eine Art Cenſur über die Befähigung jedes einzelnen der hier wei= lenden fremden Maler (wenn ich recht vermuthe, durch den, obgleich fremden, doch geduldeten Vetter Schütz) verſchafft hatte, neun Malern:

---

¹) Schon in Meuſels Muſeum von 1789 wird Klage geführt: „Will ſich auch ein Künſtler hier aufhalten, ſo hat er viel Verfolgung von der Zunft zu erwarten; denn dieſe giebt nicht leicht zu, daß ſich ein fremder Künſtler in Frankfurt feſtſetze."

J. J. Becker, Lützenkirchen, Tieller, Johann Müller, Franquinet, G. Schlesinger, Schulz, Habener und Meube, die Aufenthaltserlaubniß von dem Polizeiamte gekündigt wurde. Einige davon fanden zwar noch längere Nachsicht; allein der Vorgang gab dennoch Anlaß zu den mißliebigsten öffentlichen Erörterungen [1]), die vielleicht bewirkt haben, daß seitdem ähnliche Dinge nicht mehr vorgekommen und für immer unmöglich geworden sind.

Wenn auch weniger glänzend als die Städel'sche Stiftung, doch von gleichem Bürgersinn eingegeben war die Schenkung der

Familie Prehn.

Johann Valentin Prehn, der Vater, geboren im September 1749, gestorben im September 1821, war ein Mann, den sein Kunstsinn und lebhaftes Interesse für alles, was sich auf die Geschichte der Vaterstadt bezog, über das Niveau seiner bürgerlichen Stellung erhob. Er war Conditor und hatte sich schon seines Berufs wegen frühe mit Modelliren und Formstechen beschäftigt; später füllte er damit aus Liebhaberei seine Mußestunden aus. Mit vielem Geschick bossirte er die verschiedensten Gegenstände in Wachs, Thon und andern Massen, wobei er geschmackvolle Formen mit richtiger Zeichnung zu verbinden wußte, was sich auch in den Arbeiten seines Geschäfts, denen anderer Conditoren gegenüber, bemerkbar machte. Außerdem verfertigte er aus Holz allerlei niedliche mit Messing, Elfenbein, Perlmutter und andern Materialien eingelegte Aufsätze, die ihn in freier Zeit an der Dreh= und Hobelbank beschäftigten. Ein rastloser Kunstsammler, war er während eines Zeitraums von mehr als fünfzig Jahren bemüht, sein Besitzthum an Gemälden, Handzeichnungen, Kupferstichen und Francofurtensien zu vermehren; besonders aber ging sein Streben auf Bildung eines Kabinets ganz kleiner Oelgemälde, was ihm durch Ausdauer in merkwürdiger Weise gelang. Alle, wovon das größte wohl kaum das Maaß von sechs Zoll in der Länge oder Breite übersteigen wird, faßte er einzeln in selbstverfertigte, vergoldete Rähmchen und dann wieder in verschiedene Schränkchen zusammen. Sein Beispiel gab dem älteren Morgenstern die erste

[1]) Man vergleiche die betreffenden Artikel im Nürnberger Correspondenten No. 100, im Allgemeinen Anzeiger der Deutschen No. 98 und im Frankfurter Staatsristretto No. 113 vom Jahr 1817 mit der Schrift: „An die Herren Administratoren des Städel'schen Kunstinstituts in Frankfurt a. M.," vom 28. April 1817.

36*

Idee, zur Gründung seiner bekannten Sammlung kleiner Copien nach Originalgemälden guter Meister. Prehns Sammlung besteht meistens aus Originalen. Außer diesen enthielt sein Nachlaß noch über 300 größere Oelgemälde und viele Miniaturmalereien.

Sein jüngerer Sohn Ernst Friedrich Karl Prehn hatte sich dem Handelsstande gewidmet, opferte aber gleich dem Vater einen großen Theil seiner Zeit der Kunstliebhaberei und der dilettantischen Kunstübung. Unter andern sah ich von seiner Hand acht Federzeichnungen nach Radirungen von J. van Vliet, Bettler, Rattenfänger, wandernde Krämer ꝛc., mit ausnehmendem Fleiße den Originalen nachgebildet. Das Kabinet kleiner Gemälde und die übrigen Kunstsachen hatte er aus dem väterlichen Nachlasse auf sein Erbtheil übernommen, und war auf die Vermehrung des ersteren eifrigst bedacht. Mit dem Gedanken beschäftigt, dasselbe dem Städel'schen Kunstinstitut zu hinterlassen, überraschte ihn am 16. April 1834 der Tod. Indessen hatte er dennoch seine Wünsche bereits niedergeschrieben; seine Geschwister, der jetzt auch verstorbene Conditor Johann Friedrich Prehn und Frau Johanna Rosina Sänger, von gleichen Gesinnungen beseelt, waren alsbald bereit, den Wunsch des Bruders gewissenhaft zu erfüllen. Das durch Herrn H. H. Hildebrandt vermittelte Anerbieten: das kleine Kabinet als ein untrennbares Ganzes dem Städel'schen Kunstinstitut zu überlassen, glaubte die Administration auf Grund der Bestimmungen des Stiftungsbriefs §. 5, a, d, ablehnen zu müssen. Hierauf wurde die Sammlung mit der Bedingung, daß dieselbe unter der Benennung Prehn'sches Gemäldekabinet als unveränßerliches Ganzes hiesiger Stadt und Bürgerschaft erhalten bleibe und in einem besonderen Locale zur unentgeltlichen Besichtigung aufgestellt werde, dem Senat zum Geschenke angeboten. Dieser nahm dasselbe am 11. Juni 1839 unter ehrender Anerkennung der von den Schenkern bethätigten patriotischen Gesinnung förmlich an. Das Prehn'sche Gemäldekabinet wurde vorläufig in einem Zimmer des Erdgeschosses der Stadtbibliothek aufgestellt, woselbst es an zwei Tagen in der Woche zu bestimmten Stunden nach Anleitung eines von J. D. Passavant verfaßten Katalogs, der indessen von dem s. Z. durch J. F. Morgenstern für Prehn verfertigten mehrfach abweicht, von dem Publikum besehen werden kann. Es sind 855 Oelgemälde vom kleinsten Format, was allein schon es erklärlich macht, daß gar manche davon vor der Prüfung einer strengen Kritik nicht bestehen können. Aber es befinden sich darunter auch recht viele gute und interessante Arbeiten, zumal von Frankfurter und auch andern, zum Theil seltenen Meistern, deren Vereinigung in einer ihrer Art nach einzigen Sammlung jedenfalls von besonderem Interesse ist und den Gründern ein dankbares Andenken sichert.

In dem nämlichen Zimmer werden auch einige gute Bildnisse älterer Frankfurter Gelehrten und Patricier, darunter namentlich das des verdienstvollen Johann Maximilian Zum Jungen von Samuel Hoffmann und des Prädicanten Hartmann Beyer, so wie das bekannte 1824 von Bettina von Arnim genial entworfene Gypsmodell eines Goethe-Denkmals aufbewahrt.

Eine Anzahl größerer, nachträglich von Frau Sänger der Stadt zum Geschenk überlassenen Oelgemälde ist mit der städtischen Sammlung in dem vormals von Bethmannischen Museumsgebäude vereinigt.

Diese städtische Sammlung, welche nicht mit der des Städel'schen Kunstinstituts verwechselt werden darf, verdankt ihre hauptsächlichste Grundlage nächst den Gemälden der aufgehobenen Klöster dem neuesten der Stadt zugewendeten patriotischen Vermächtnisse des am 10. Juli 1856 im Alter von zwei und achtzig Jahren kinderlos verstorbenen hiesigen Bürgers und Handelsmannes

Johann Georg Christian Daems.

In seinem am 4. November 1845 errichteten Testament verordnete derselbe:

§. 5. „Der Stadt Frankfurt vermache ich meine ganze Oelgemäldesammlung, weniger wegen dem Werth, den sie etwa haben kann, als in dem festen Vertrauen in die bekannten patriotischen Gesinnungen meiner Mitbürger, daß Kunstfreunde und Kunstsammler, sowie lebende Künstler ihr durch Erwerbungen, Zutheilungen, Vermächtnisse und Geschenke in ihrer größeren Vermehrung und Vielseitigkeit erst den Werth geben werden, den eine große Gemäldesammlung in einer Stadt wie Frankfurt der Kunst, den Künstlern und der Stadt selbst gewähren kann. Ich wünsche, daß sie an einem passenden Orte zur öffentlichen Beschauung und Benutzung für Künstler an bestimmten Tagen aufgestellt werde; erst wenn dieses mit Sorgfalt geschehen kann, sollen die Vollstrecker meines letzten Willens zur Ueberlieferung meiner Sammlung verpflichtet sein, und ich erwarte, daß dieses binnen zwei Jahren nach meinem Tode geschehen kann; so lange soll solche in ihrer Aufstellung belassen und die Räume geschlossen bleiben."

Aus Rücksicht für seine Verwandten und mit gutem Vorbedacht nahm der Erblasser in einem späteren Codicill alle Familiengemälde und viele kleineren Bilder, als ungeeignet für eine öffentliche Sammlung, von dem Vermächtnisse aus.

Selbst angeregt durch seine Vorgänger zu dieser patriotischen Widmung, wollte Daems damit zugleich seinen von ähnlichen Gesinnungen belebten Mitbürgern als Beispiel dienen und ihnen selbst für vereinzelte Zuwendungen einen Vereinigungspunkt schaffen, woran es bis dahin gefehlt hatte, da das Städel'sche Kunstinstitut seiner exclusiven Stellung wegen dazu nicht dienen kann, was eben so sehr den Genuß, wie die Erhaltung so vieler guten im Besitze der Stadt befindlichen Gemälde wesentlich beeinträchtigen mußte, indem diese theils in verschiedenen Amtslocalitäten des Römers zerstreut und wenig beachtet, theils wegen Mangels zur Aufstellung geeigneter Räume in der Stadtbibliothek zusammengestellt, dem Publikum kaum zugänglich sind.

Die Daems'schen Gemälde, zwei Hundert und zwanzig an der Zahl, worunter sich einige von hohem Kunstwerth befinden [1]), nebst sechs und dreißig von Frau Sänger geschenkten, fünf von dem Maler Johann Conrad Bager vermachten und einigen andern der Stadt eigenthümlichen Bildern, ferner die aus dem Anfange des sechszehnten bis zum Ende des siebenzehnten Jahrhunderts stammenden Glasmalereien, welche Herr Schnyder von Wartensee aus seinem Stammschlosse im Canton Luzern entnommen und 1844 der Stadt geschenkt hat, wurden vorläufig in dem ehemals von Bethmann'schen Museumsgebäude vereinigt, bis ein größerer und zweckmäßigerer Raum zur Aufstellung aller städtischen Gemälde gefunden sein wird. Daß dies recht bald geschehen möge, ist im Interesse aller Kunstfreunde und in dem der Erhaltung und Vermehrung dieses werthvollen, der Stadt zur Zierde gereichenden Besitzthums dringend zu wünschen.

---

[1]) Für die beiden Gemälde von Anton van Dyk und David Teniers d. j., waren dem Erblasser nach dessen Versicherung mehrmals zwanzig Tausend Gulden geboten.

Berichtigungen und Zusätze.

---

1. Seite 16 Zeile 5 von unten, und Seite 19 Zeile 16 von oben lese man 1467 statt 1476.
2. S. 18 Z. 2 v. oben, u. an einigen späteren Stellen l. knieend st. kniend.
3. Seite 25 Zeile 15 von oben l. 40 st. 41.
4. Zu S. 57. Durch freundliche Mittheilung des Herrn Theol. Dr. Steitz erhielt ich im Augenblicke des Drucks dieser Zusätze noch die Bestätigung ex actis eccles. Tom. IV., 628 u. 630, daß E. Feyerabend am 22. April 1590 am Schlage gestorben ist.
5. Zu S. 100. Zu den glücklichen Nachahmern der historischen Werke Elsheimers muß auch Adrian Stalbent gezählt werden.
6. Zu S. 111. J. Faust von Aschaffenburg nennt in seinen Collectaneis Spangenberg einen „niederländischen Maler und Lautenisten."
7. Seite 112 Zeile 5 von unten l. vorgekommenen st. vorgekommene.
8. Zu Seite 128, Schimmel. In dem Rathsprotocoll vom 15. September 1614 heißt es: „Gemählde u. Beschreibung der Plünderung der Judengasse durch Job. Ludwig Schimele, Bürger u. Briefmahler. Hätte er es selbst gedruckt, soll er verhaftet werden." Die interessante Aufzeichnung befindet sich jetzt im Besitze des hiesigen Vereins für Geschichte und Alterthumskunde. Muthmaßlich rühren die bekannten Darstellungen der Wegführung und Hinrichtung der Rechter von derselben Hand her.
9. Seite 163 Zeile 11 von unten l. Kniestücke st. Knieestücke.
10. Seite 169 Zeile 6 von unten l. 1665 st. 1668.
11. Zu Seite 241. Johann Helfrich Riese wurde am 17. Februar 1656 in Cassel geboren und am 22. September 1725 dahier beerdigt.
12. Zu Seite 293 Zeile 2 von oben. Weitere Prüfung hat mich überzeugt, daß dieses Hüsgen in seinem höheren Lebensalter darstellende Blatt, obgleich in Rollers Manier behandelt, doch nicht wohl von diesem Künstler, welcher Frankfurt schon 1777 für immer verließ, gestochen sein kann.
13. Seite 371 Zeile 2 von oben ist nach dem Worte „vorzüglichen" einzuschalten: Landschaften.
14. Seite 431 Zeile 8 von unten l. Mußestunde st. Musestunde.
15. Zu Seite 479. Hüsgen, Faber und Hirsching, auch Römer-Büchner (Wahl- und Krönungskirche S. 39) setzen ohne Quellenangabe die Stiftung des Bildwerks in der Marienkapelle (Salvechörlein) in das Jahr 1480, während Lersner, II. 167, dieser Stiftung im Jahr 1345 gedenkt. Beide Angaben beruhen offenbar auf einem Mißverständniß; denn in der Seite 23 von mir erwähnten Handschrift des Bernhard Rorbach, eines Enkels des Stifters, liest man wörtlich: „Dieser ulrich v. werstadt hat lassen machen unser frauwen hymelfart [1]) uff dem altare yn dem Salvechorigin yn der phar

---

[1]) Soll heißen Tod.

zu sant Bartholomeus und von ussen uff dem kyrchhoffe unsern herren got am oley berge, die koften beyde zusamen uff VIII$\underline{c}$ gulden zu den tzyten, und lygt auch vor dem altare vn selbigem choregin begraben und er starbe uff dienstag unser lieben frumen dag visitacionis anno domini XIIII$\underline{c}$ XLIII."

Die Stiftung des Bildwerks im Salvechor kann demnach nicht 1480 stattgehabt haben. In der That erzählt auch von Fichard in der Ge= schlechter=Geschichte (Mspt.) sub voce v. Werstadt auf Grund der Ori= ginalurkunde: 1434 Fer. 2 post diem Francisci macht Ulrich v. Werstadt, genannt Schelm, sein Testament; am Eingange desselben erwähnt er: „Als ich dann zu Eren der würdigen Mutter Goddes Marien langes Willen und vorgehabt han eyne gebuwetze zu machen von unser lieben frauwen ende in der parkirchen zu sant Bartholomeus zu Frf. an dem alm (Salm, Salve?) an der Wande, dobey myn liebe Hußfr. selge begraben lyget, und han darzu bescheiden 200 Gulden guter Wr., die ich auch gereide uß hand gegeben han, solich gebuwetze und werke damyd zu machen." Hieraus ergibt sich, daß die Stiftung spätestens 1434 durch das Testa= ment, wenn nicht schon früher, geschehen ist. Sollte etwa die wirkliche Ausführung sich bis zum Jahr 1480, also sieben und dreißig Jahre nach des Stifters Tod verzogen haben? Das ist kaum anzunehmen. Die Zahl 200 ist in dem Manuscript durch Correktur undeutlich und könnte auch 800 heißen.

Wenn J. B. Müller in seinen „historischen Nachrichten über das Dom= stift" von zwei den Oelberg vorstellenden Gemälden spricht, welche beide Ulrich v. Werstadt für 800 Gulden, das eine in das „Sal= menchörlein," das andere auf den Kirchhof gestiftet habe, so beruht dies ohne Zweifel auf unrichtiger Bezeichnung. Das Salvechor wurde cor= rumpirt auch Salmenchor genannt.

16. Zu Seite 484. Die Sage: Matthias Flacius Illyricus sei in der Weiß= frauenkirche beerdigt worden, stellt sich als grundlos dar, wenn man weiß, daß um jene Zeit die Bestattung in den Kirchen durch Rathsver= ordnung überhaupt verboten war, ja nicht einmal bei den Leichen der hiesigen Prädicanten bewilligt wurde, und wenn man damit die auf einen zahlreichen Leichenconduct durch die Stadt nach dem Peterskirchhofe deu= tenden Worte in Beyers Bericht über des Flacius Beerdigung: „Die 12 Martii multis piis comitantibus funus sepultus est" in Verbindung bringt. Das Sterbebett des unglücklichen Mannes umstanden, außer einigen an= dern Freunden, sein Arzt Adam Lonicer und der Prediger Hartmann Beyer. Die letzte Zufluchtstätte verdankte der Hartverfolgte dem muth= vollen Schutze der protestantischen Priorin des Klosters, Catharina v. Meerfeld (W. Preger: Matthias Flacius Illyricus und seine Zeit, 2. Hälfte S. 518—527).

17. Zu Seite 491, Liebfrauenkirche. Bei der jüngsten, noch nicht vollendeten Restauration hat man die 1856/1857 als unschön und unpassend aus dem Dome beseitigten Altäre, nachdem sie fünf bis sechs Jahre auf dem Kirch= hofe im Freien gelegen hatten, in die Liebfrauenkirche verpflanzt. Ich stelle nur die Thatsache fest, ohne weitere Reflexionen daran zu knüpfen.

Perſonen- und Sachregiſter.

576